Exposition of Gungtongbogam

궁통보감 강해

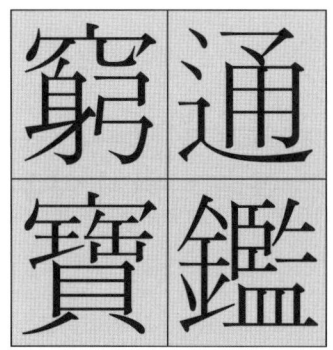

窮通寶鑑

궁통보감
강해講解

exposition of
gungtongbogam

이을로

동학사

코끼리는 진흙 목욕을 원하고,
깨진 바가지에는 물이 담기지 않는다

　　무더위에 휘청대는 코끼리와 같은 팔자가 있다. 이 경우 균형을 잡기 위해 강하고 긴 코를 자르고, 약하고 작은 꼬리를 키워야 한다는 억부(抑扶)의 시각이 있다. 또 한편으로는 무더위가 문제이므로 먼저 진흙 목욕을 시켜서 체온을 내려야 한다는 조후(調候)의 잣대도 있다. 억부와 조후 중 어떤 방법을 쓸 것인가? 이는 팔자를 분석하기에 앞서 필수적인 선택이다.

　　조후론은 음양의 진퇴가 담긴 간지의 조합이 팔자이므로, 팔자는 음양이 만들어내는 기후와 가장 밀접한 관련이 있다고 본다. 그리고 기후를 조절하는 조후가 억부보다 근본적이고 자연스러운 접근법이란 시각에서, 조후를 최초로 체계적으로 다룬 책이 궁통보감(窮通寶鑑)이다. 청나라 초기에 작자 미상으로 간행되어 현재까지도 명리학의 기본서로 인정받고 있으며, 궁통보감이 명리를 공부하는 사람들에게 인정받는 무엇보다 가장 큰 매력이라면 각 일간의 용신을 월별로 단순 명쾌하게 제시하고 있다는 점이다.

　　또한 궁통보감은 단순 명쾌한 조후용신의 잣대로 좋은 팔자인지 나쁜 팔자인지를 보다 쉽고 단호하게 판별해낸다. 만약 더위와 추위를 해결하는 글자가 없으면 깨진 바가지로 단정한다. 일반 이론에서는 바가지가 깨졌어도 운에서 맑은 물이 들어오면 발전의 기운이 있다고 보지만, 궁통보감에서는 이미 깨진 바가지이므로 어떤 물이 와도 담길 수 없다고 본다. 즉, 운이라는 흐름보다 팔자의 구성 자체로 부귀빈천 중 어느 것을 어느 정도 담을 수 있을지 판단한다.

　궁통보감은 조후와 억부라는 명리학의 양대 산맥 중 하나인 조후론을 체계적이고 깊이 있게 정리한 책으로, 명리학을 공부하는 사람이라면 누구나 읽어봐야 할 명리학의 3대 기본서 중 하나이다.

　이 책은 궁통보감의 원문을 보다 쉽게 이해할 수 있도록 의역을 하고 필요한 경우 보충 설명을 하였으며, 궁통보감 내용의 이해를 돕기 위하여 여러 이론서에 있는 관련 사주와 상담사주를 가능한 많이 추가하여 실었다. 특히, 사례 사주에서는 조후론은 물론 억부와 격국 등 판단에 필요한 다양한 적용 기준을 설명하였으며, 상담사주에서는 핵심 내용의 판단 방법과 실제 상담 분위기를 통해 통변의 방법을 익힐 수 있도록 하였다.

　또한, 사주풀이에 사용된 궁성이론은 현재도 임상 중임을 밝혀둔다.

　계절과 질서를 향한 우리의 충동과 사주팔자가 주는 충동은 동일하다.
　이 결론을 맛보려는 이에게 이 책을 바친다.

2007년 12월

두강원 (斗崗院)에서 이을로

이 책의 구성과 학습 방법

1. 책의 구성

10개의 천간을 12개의 달로 나누어 각 달의 특성을 설명하고, 상황에 따라 달라지는 해당 용신을 알아본다. 12개월은 寅월부터 丑월까지 순서대로 나열하였으며, 각 달은 다음과 같이 크게 세 가지 내용으로 되어 있다.

1) 원문과 해설

궁통보감 원전의 번역에는 특별한 표시없이 이해를 돕기 위한 해설을 덧붙였다. 원전사주의 풀이에는 원전의 해설 외에 서락오(徐樂吾)의 주석과 참조사항을 더하여 설명하였다.

2) 각 달의 종합 해설

권위 있는 명리 서적에서 발췌한 사주를 독자적인 시각으로 풀이하고, 실제 상담했던 사주를 예로 들어 해설하는 두 가지 방법을 원칙으로 하였다.

3) 상담사례

상담사례는 각 계절별로 실었다. 핵심 논점에 대한 풀이와 함께 실제 상담 분위기를 실어서 실제 상담을 충분히 경험할 수 있도록 하였다.

2. 원전

이 책은 서락오(徐樂吾)의 『궁통보감평주(窮通寶鑑評註)』를 원전으로 하였다. 다른 주석서와 내용이 다른 경우는 『궁통보감.난강망(窮通寶鑑.欄江網)』(서락오, 1998년, 무릉출판유한공사)을 참고로 하였다.

3. 번역 방법과 오류 수정

원전은 이해를 돕기 위하여 직역(直譯)을 하지 않고 의역(意譯)을 하였으며, 원문의 해설에서 원문이란 원전인 『궁통보감평주』의 본문을 의미한다. 또한 원전의 사주와 내용에 오류가 있는 경우에는 해당 항목을 수정하고 ㈜를 달아 설명하였다.

4. 육친 표시

각 오행에는 오행의 육친 속성을 함께 적었다. 예를 들어, 水비겁은 오행으로는 水이고, 육친으로는 비겁에 해당된다는 의미다. 또한 육친의 명칭은 약칭으로 사용하였다. 예를 들어, 인비(印比)는 인수와 비겁, 비겁(比劫)은 비견과 겁재, 관살(官殺)은 정관과 편관을 의미하며, 편관과 칠살은 같은 의미로 사용하였다.

5. 격국 해설

원전이나 해설에 나오는 격국들은 격국이 처음 나오는 부분에 ㈜를 달아 상세하게 해설하고, 이후에는 격국 해설이 들어 있는 해당 페이지를 표시하였다.

6. 학습 방법

궁통보감은 명리학에 입문하는 사람뿐만 아니라 중급이나 고급 과정의 학습을 원하는 사람들에게도 필요한 핵심내용을 담고 있다. 원전의 핵심내용을 익히기 전에 십간 십이지지별 종합 해설과 상담사례를 먼저 읽어보아 전체적인 분위기를 익힌 후 본격적으로 공부를 하는 것도 좋은 방법이다. 또한, 십간별 용신 요약을 활용하여 관련 내용을 참조하며 공부한다.

●질문 사항●
내용에 대한 질문은 두강원 홈페이지(www.uleenet.com)의 역학질문 게시판을 이용하십시오.

차 례

1장 십간별 용신 요약

2장 궁통보감의 의의와 궁성이론

3장 십간의 월별 주용신과 보조용신

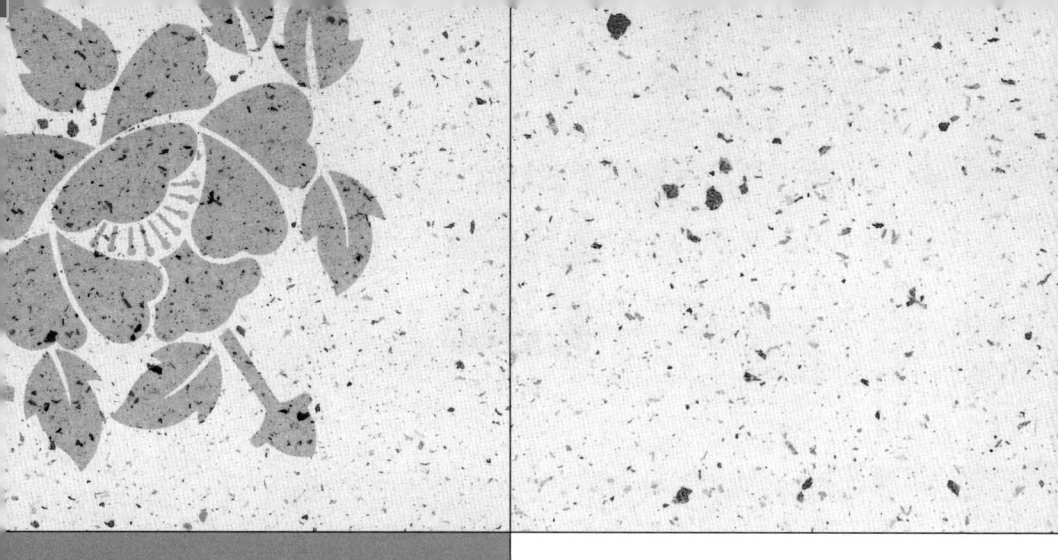

- 일간별로 월별 주용신과 보조용신을 요약하였다.
- 요약 중 앞부분에 있는 것이 주용신이고, 나머지가 보조용신이다.
- 계절별로 공통의 용신이 사용되는 경우에는 삼춘(三春), 삼하(三夏) 등으로 묶었다.
- 요약 끝부분에 자세한 내용이 실린 본문 쪽수를 표시하였다.

1

십간별
용신 요약

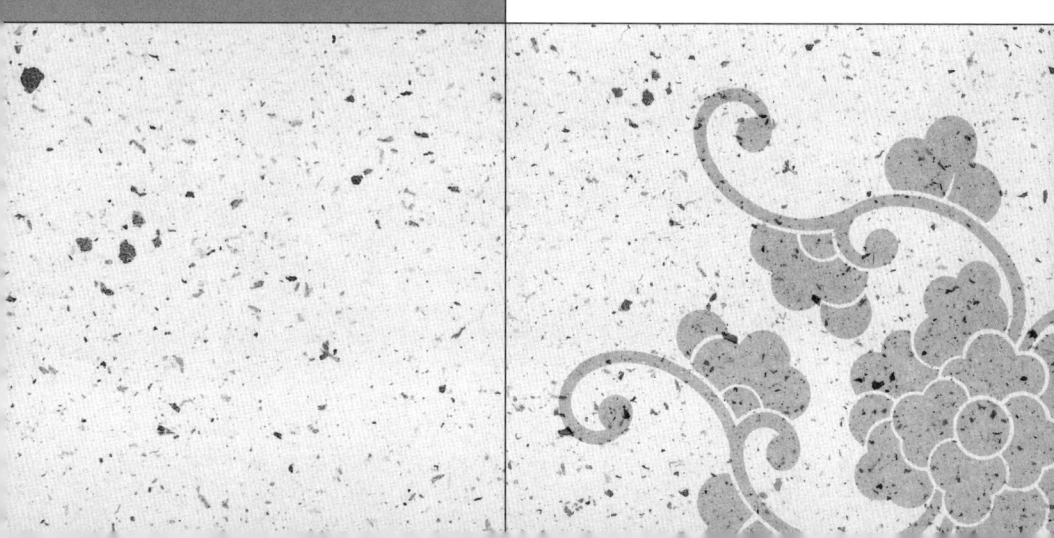

甲木 갑목

寅月甲木 _ 인월갑목은 이른 봄에 있어 겨울의 차가운 기운이 아직 남아 있는 상태다. 丙火식신으로 조후하고, 癸水정인으로 윤택하게 한다. 庚金칠살과 丁火상관이 함께 있으면 좋은 명이다. ▶ p.54

卯月甲木 _ 木기운이 강하다. 庚金칠살로 제극해야 하며, 戊土정재로 火를 설기하여 庚金을 보호한다. 천간에 丁火상관이 투출하면 목화통명(木火通明)이 되어 좋다. ▶ p.66

辰月甲木 _ 木기운이 약하다. 庚金칠살을 먼저 쓰며, 다음으로 壬水편인을 써서 庚金의 기운을 약하게 하여 甲木을 돕는다. ▶ p.72

巳月甲木 _ 巳월은 왕성했던 木기운이 물러가고 월령 丙火가 세력을 얻는 달이다. 癸水정인을 써서 조후하고, 丁火상관으로 보좌하여 목화통명(木火通明)을 이루며, 庚金칠살로 보좌한다. ▶ p.79

午月甲木 _ 木기운이 허하고 불타는 계절에 있으므로 午未월을 같은 이치로 본다. 癸水정인을 먼저 쓰고 丁火상관은 庚金이 강할 때 보조하며, 庚金칠살로는 수원(水源)을 삼는다. ▶ p.90

未月甲木 _ 木기운이 허하고 불타는 계절에 있으므로 午未월을 같은 이치로 본다. 未월은 삼복 중에 찬 기운이 생겨서 丁火가 물러나므로 丁火상관을 먼저 사용하고, 庚金칠살과 癸水정인으로 보조한다. ▶ p.90

申月甲木 _ 金土가 왕성한 계절로 나무는 마르고 시드는 시기다. 丁火상관으로 庚金을 단련하며, 庚金칠살로 甲木을 다듬는다. 丁火가 없는 경우에는 壬水편인으로 살인상생(殺印相生)을 이룬다. ▶ p.106

酉月甲木 _ 酉월의 金이 왕성하므로 제련이 필요한 나무이다. 우선 丁火상관을 써서 金을 제련하고, 다음에 丙火식신으로 조후하며, 그 다음으로는 庚金칠살을 쓴다. ▶ p.111

戌月甲木 _ 木기운이 사라지는 조토(燥土)의 달에 있다. 丁火상관으로 관살을 제극하고, 癸水정인으로 자윤(滋潤)하며, 戊土편재와 庚金정관으로 보좌한다. ▶ p.120

亥月甲木 _ 壬水편인이 건록(建祿)의 자리에 있어 甲木이 뜰 우려가 있다. 庚金칠살로 甲木을 다듬고 丁火상관으로 庚金을 단련하며, 丙火로 조후하고 戊土로 水를 막는다. ▶ p.133

子月甲木 _ 木이 추운 상태에 있다. 丁火상관을 먼저 쓰고, 庚金칠살로 甲木을 쪼갠다. 丙火식신으로는 조후하여 보좌한다. ▶ p.142

丑月甲木 _ 너무 추워서 만물이 살 수 없는 계절에 있다. 먼저 庚金칠살을 사용해서 차가운 甲木을 쪼개 丁火상관을 이끌어 쓰며, 丙火식신으로 따뜻하게 조후한다. ▶ p.151

乙木을목

申月乙木 _ 월에 金기운이 사령하므로 丙火상관으로 조후하고 제살하며, 癸水편인으로 관인상생(官印相生)을 시켜서 화살(化殺)하고, 己土편재로 水火를 보좌한다. ▶ p.204

酉月乙木 _ ① 상반월 : 붉은 계수나무로 꽃이 열리지 않았으므로 癸水편인으로 꽃을 피우게 도와주며, 丙火상관으로 조후하고 제살한다. 壬水정인은 癸水가 없는 경우에 사용한다.
② 하반월 : 붉은 계수나무가 꽃을 피우니 햇빛을 향하는 게 좋다. 丙火상관으로 조후하고 제살하며, 癸水편인으로 관인상생(官印相生)이 되게 한다. 壬水정인은 癸水가 없는 경우에 사용한다. ▶ p.210

戌月乙木 _ 뿌리가 마르고 잎이 떨어지는 시기에 있다. 癸水편인으로 일간을 자양할 필요가 있고, 辛金칠살로 癸水의 원천을 삼는다. ▶ p.218

亥月乙木 _ 壬水가 사령하여 춥다. 우선 丙火상관을 써서 양기(陽氣)로 향하는 것이 좋고, 戊土정재로 乙木이 물에 뜨는 것을 막는다. ▶ p.224

子月乙木 _ 꽃이 어는 시기에 있다. 丙火상관을 중히 사용하여 언 것을 녹이며, 戊土정재로 물의 기운을 막고 己土로 보좌한다. ▶ p.229

丑月乙木 _ 몹시 추운 한겨울에 있으므로 丙火상관을 써서 조후한다 ▶ p.238

21

寅月丙火 _ 월에서 생록(生祿)을 얻어 火가 점차 강해지는 달에 있다. 壬水칠살로 火를 제어하고, 庚金편재로 水를 만들어 보좌한다. ▶ p.249

卯月丙火 _ 양기가 점차 상승하는 시기로 오로지 壬水칠살을 사용한다. 己土상관은 壬水가 없는 경우에 사용하며, 己土를 쓰는 경우 화토상관(火土傷官)이 된다. ▶ p.259

辰月丙火 _ 열기가 강해지는 계절에 있다. 壬水칠살을 사용하여 열기를 식히고, 壬水가 없는 경우에는 甲木편인을 사용한다. 팔자에 甲木이 없는 경우에는 庚金편재로 壬水를 돕고 土를 설기시킨다. ▶ p.268

巳月丙火 _ 화염이 강하므로 壬水칠살을 사용해서 火를 다스려 수화기제(水火旣濟)를 이루고, 庚金편재로 물의 근원을 얻는다. 癸水정관은 壬水가 없는 경우에 쓴다. ▶ p.274

午月丙火 _ 월령이 양인(羊刃)으로 매우 뜨겁다. 壬水칠살로 열기를 식히고, 庚金편재로 水의 원천을 삼는다. ▶ p.284

未月丙火 _ 월이 화염조토(火炎燥土)이므로 壬水칠살을 사용하여 자윤(滋潤)하고, 庚金편재로 壬水를 돕는다. ▶ p.290

22

窮通寶鑑

申月丙火 _ 양기가 쇠약해지는 달에 있다. 壬水칠살을 써서 빛이 퍼지게 돕는다. 壬水가 많을 경우에는 戊土식신을 사용한다. ▶ p.296

酉月丙火 _ 황혼의 태양으로 호수에만 작은 빛이 있다. 壬水칠살은 신왕한 경우에 사용하고, 癸水정관은 壬水가 없는 경우에 대신 사용한다. ▶ p.302

戌月丙火 _ 불기운이 약해지는 것을 꺼리므로 甲木편인을 써서 불을 북돋우는 것이 우선이며, 壬癸관살로 자윤(滋潤)하는 것은 그 다음이다. ▶ p.309

亥月丙火 _ 태양이 월을 못 얻은 상황으로 사주 구조를 참조하여 용신을 정한다. 甲木편인은 강한 水관살을 설기하고 약한 丙火를 도우며, 戊土식신은 水관살을 조절하고, 庚金편재는 木인수가 강할 때 쓴다. 壬水칠살은 火비겁이 왕성할 때 사용한다. ▶ p.315

子月丙火 _ 양의 기운이 일어나지만 용신은 亥월과 같다. 甲木편인은 강한 水관살을 설기하고 약한 丙火를 도우며, 戊土식신은 水관살을 조절한다. 庚金편재는 木인수가 강할 때 쓰고, 壬水칠살은 火비겁이 왕할 때 사용한다. ▶ p.321

丑月丙火 _ 월의 기운이 양(陽)을 향하므로 추위를 겁내지 않는다. 甲木편인으로 土식상의 설기를 막고, 壬水칠살을 귀함을 이루는 원천으로 삼는다. ▶ p.328

십간별 용신 요약

丁火 정화

寅月丁火 _ 정인이 사령하여 木이 강하다. 庚金정재로 甲木정인을 쪼개고, 甲木정인으로 丁火를 이끈다. ▶ p.337

卯月丁火 _ 습한 木으로 타지 않는다. 庚金정재로 먼저 甲木을 쪼개고, 甲木정인으로 丁火를 인도한다. ▶ p.343

辰月丁火 _ 월령에 있는 戊土가 丁火를 설기시켜서 약하다. 甲木정인을 사용해 土식상을 조절하고, 庚金정재로 甲木을 쪼개 丁火로 인도한다. ▶ p.352

巳月丁火 _ 계절로부터 생을 받아 왕성하다. 壬水정관으로 왕성한 기운을 약하게 하고, 甲木정인으로 보좌한다. 庚金정재는 甲木을 쪼개 목화통명(木火通明)을 이루게 한다. ▶ p.356

午月丁火 _ 달[月]이 건록(建祿)으로 火기운이 강하다. 壬水정관으로 火를 다스리고, 甲木정인으로 丁火를 돕는다. 庚金정재로는 甲木을 쪼개면서 또 한편으로 壬水를 돕는다. ▶ p.363

未月丁火 _ 丁火의 기운이 약해지고, 찬 기운이 생겨나는 달에 있다. 甲木정인으로 약한 일간을 돕고 壬水정관으로 甲木을 도우며, 庚金정재로 甲木을 쪼개면 좋다. ▶ p.372

三秋丁火 _ 火기운이 물러나서 丁火가 약해진다. 甲木정인으로 火를 돕는데 甲이 없으면 乙로 도우며, 庚金정재로 甲木을 쪼개 丁火를 돕고, 丙火겁재로 金을 조절하고 甲을 말린다. ▶ p.378

① 신월정화(申月丁火) : 甲木과 丙火 위주로 한다.

② 유월정화(酉月丁火) : 甲木과 丙火와 庚金을 모두 사용한다.

③ 술월정화(戌月丁火) : 甲木을 사용하여 戊土를 제지한다.

三冬丁火 _ 계절이 차가운 때이므로 丁火가 약하다. 甲木정인을 써서 목화통명(木火通明)을 이루고, 庚金정재로 보좌한다. 癸水칠살과 戊土상관은 사주 구조에 따라 적절히 사용한다. ▶ p.395

寅月戊土 _ 木관살의 기운이 강한 달에 있다. 먼저 丙火편인을 써서 따뜻하게 하고, 다음에 甲木칠살을 써서 土를 헤치며, 癸水정재로 자윤(滋潤)한다. ▶ p.422

卯月戊土 _ 木관살의 기운이 강한 달에 있다. 먼저 丙火편인을 써서 따뜻하게 하고, 다음에 甲木칠살을 써서 土를 헤치며, 癸水정재로 자윤(滋潤)한다. ▶ p.422

辰月戊土 _ 월령에 있는 장간 戊土가 권한을 가진 달이다. 먼저 甲木칠살을 써서 土를 헤치고, 다음에 丙火편인을 써서 따뜻하게 하며, 癸水정재로 자윤(滋潤)한다. ▶ p.433

巳月戊土 _ 양기(陽氣)가 상승하나 양기 속에 찬 기운이 있다. 甲木칠살로 강한 戊土기운을 파헤치고 丙火편인과 癸水정재로 보좌한다. ▶ p.439

午月戊土 _ 불기운이 강한 달에 있으므로 壬水편재를 사용하여 불기운을 끈다. 甲木칠살은 壬水가 있을 경우에 사용하고, 丙火편인과 辛金상관은 사주 구조를 참조하여 사용한다. ▶ p.445

未月戊土 _ 여름 흙이라 메마르다. 먼저 癸水정재를 써서 흙을 적셔주고, 癸水가 있는 경우에 丙火편인으로 수화기제(水火旣濟)를 이루며, 甲木칠살로 흙을 헤친다. ▶ p.452

申月戊土 _ 양기(陽氣)는 들어가고 음기가 나오기 시작하는 달에 있다. 먼저 丙火편인으로 조후하고 癸水정재로 윤택하게 하며, 甲木편관으로 두터운 土를 헤친다. ▶ p.457

酉月戊土＿ 월의 기운이 일간의 기운을 설기하여 戊土가 약하고 차다. 丙火편인으로 일간을 도우면서 조후하는 것이 급하고, 壬癸재성이 土를 자윤(滋潤)하게 한다. ▶ p.464

戌月戊土＿ 월에 같은 오행이 있어 자신의 기운이 강하다. 甲木칠살로 土를 파헤치고, 癸水정재로 약한 甲木을 도우며, 丙火편인으로 조후한다. ▶ p.469

亥月戊土＿ 양기가 조금 남아 있다. 甲木편관을 써서 戊土를 신령(神靈)하게 하고, 丙火편인으로 따뜻하게 한다. ▶ p.478

子月戊土＿ 매우 춥고 얼어붙는 달에 있다. 丙火편인으로 조후하고, 甲木칠살로 丙火를 보좌한다. ▶ p.486

丑月戊土＿ 매우 춥고 얼어붙는 달에 있다. 丙火편인으로 조후하고, 甲木칠살로 丙火를 보좌한다. ▶ p.486

寅月己土_ 丑월의 기운이 남아 있으므로 언 논밭에 있는 초목이다. 丙火정인으로 조후한다. ▶ p.495

卯月己土_ 甲木과 癸水와 丙火가 있어야 한다. 甲木정관을 사용하여 땅을 헤치고, 癸水편재 물을 취해서 땅을 윤택하게 하며, 丙火정인으로 따뜻하게 한다. ▶ p.501

辰月己土_ 곡식을 가꾸는 시기에 있다. 丙火정인으로 먼저 흙을 따뜻하게 하고, 癸水편재로 흙을 윤택하게 하며, 甲木정관을 써서 水火를 소통시킨다. ▶ p.509

三夏己土_ 잡기재관(雜氣財官)의 시기로 곡식이 밭에 있다. 癸水편재를 취하여 마른 땅을 적시고, 丙火정인으로 햇볕을 쬐어 곡식이 자라게 하며, 辛金상관으로 癸水를 보좌한다. ▶ p.515

三秋己土_ 겉은 비고 안은 채워지며, 찬 기운이 일어나는 때에 있다. 癸水편재로 땅을 윤택하게 하는 한편 金기운을 빼내며, 丙火정인으로 따뜻하게 하고 辛金상관으로 癸水를 보좌하며, 甲木정관으로 흙을 파헤친다. ▶ p.528

三冬己土_ 흙이 축축하고 얼어 있는 상태다. 丙火정인으로 따뜻하게 만들어서 생산하게 하며, 甲木정관으로 丙火를 돕고 강한 흙을 막으며, 丁火편인과 戊土겁재로 보조한다. ▶ p.540

寅月庚金 _ 木이 강한 시기에 있다. 먼저 丙火편관을 써서 庚金을 따스하게 하고, 甲木편재로 土를 파헤친다. 丁火정관은 보조로 사용한다. ▶ p.557

卯月庚金 _ 월의 지장간 乙木과 庚金이 합하여 강해질 우려가 있다. 먼저 丁火정관을 써서 金을 제련하며, 甲木편재로 丁火를 돕고 庚金비견으로 甲木을 쪼갠다. 丙火편관은 丁火가 없는 경우에 쓴다. ▶ p.563

辰月庚金 _ 월의 지장간에 戊土가 있어 庚金이 묻힐 우려가 있다. 甲木편재로 戊土를 파헤치고, 丁火정관으로 보좌한다. ▶ p.573

巳月庚金 _ 월의 지장간 중 丙戊가 월인 巳火의 건록(建祿)이고, 庚金은 장생(長生)이 된다. 먼저 壬水식신을 써서 중화를 이루고, 戊土편인과 丙火칠살로 보좌한다. 단, 선후(先後)에 집착하지 말고 팔자 구조에 따라 적절히 사용한다. ▶ p.579

午月庚金 _ 불기운이 맹렬해서 庚金이 약하다. 壬水식신으로 불을 조절하고, 癸水상관으로 壬水를 보좌한다. ▶ p.587

未月庚金 _ 찬 기운이 생기고 土월을 만나서 강하다. 丁火정관을 먼저 사용하고, 甲木편재로 丁火를 돕는다. ▶ p.592

申月庚金 _ 매우 강하고 예리해지는 달에 있다. 丁火정관으로 제련하고, 甲木편재로 丁
火를 돕는다. ▶ p.600

酉月庚金 _ 양인(羊刃)인 酉金이 계절을 얻어 강하다. 丁火정관으로 金을 달구고 甲木편
재로 丁火를 도우며, 丙火편관을 겸하여 쓴다. ▶ p.605

戌月庚金 _ 戌 중 戊土가 사령하여 土가 강한 달에 있다. 먼저 甲木편재를 써서 土를 파
헤치고, 壬水식신으로 金을 씻어 빛을 발하게 한다. ▶ p.612

亥月庚金 _ 물이 차고 성질이 한랭한 상태다. 먼저 丁火정관을 써서 庚金을 제련하고
丙火칠살로 조후한다. ▶ p.620

子月庚金 _ 찬 계절에 있다. 丁火정관을 써서 제련하고 甲木편재로 丁火를 도우며, 丙
火칠살을 써서 따뜻하게 한다. ▶ p.625

丑月庚金 _ 차고 축축한 진흙의 달이다. 丙火편관으로 먼저 따뜻하게 하고 丁火정관으
로 庚金을 제련하며, 甲木편재로 불기운을 돕는다. ▶ p.635

寅月辛金 _ 아직 찬 기운이 남아 있는 달로 辛金이 월의 도움을 받지 못한다. 己土편인으로 辛金을 돕고, 壬水상관으로 辛金을 씻어서 역할을 하게 하며, 庚金겁재로 월의 甲木을 조절한다. ▶ p.639

卯月辛金 _ 양기(陽氣)가 일어나는 달이다. 壬水상관을 써서 金기운을 씻어주고, 甲木정재로 壬水가 金기운을 씻는 것을 방해하는 土를 조절한다. ▶ p.646

辰月辛金 _ 월령이 일간을 도와 강하다. 먼저 壬水상관을 써서 金을 드러나게 하며, 甲木정재로 월의 戊土를 파헤친다. ▶ p.656

巳月辛金 _ 여름을 눈앞에 두고 있으므로 뜨거운 상태다. 壬水상관으로 열기를 식혀주고 癸水식신으로 보조하며, 甲木정재로 물을 막는 土를 조절한다. ▶ p.661

午月辛金 _ 월 중 丁火가 사령하여 기운이 약하다. 壬水상관으로 조후하고, 己土편인으로 약한 丁火를 도우며, 癸水식신으로 壬水를 돕는다. ▶ p.666

未月辛金 _ 월 중 장간 己土가 辛金의 빛을 가릴 우려가 있는 달이다. 壬水상관으로 먼저 흙을 윤택하게 하고, 庚金겁재로 壬水를 보좌한다. ▶ p.673

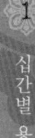

寅月壬水 _ 병지(病地)의 달에 있어 기운이 약하므로 庚金편인으로 물의 근원을 삼는다.
丙火편재로 조후하고, 戊土칠살로 물이 범람하지 않게 한다. ▶ p.724

卯月壬水 _ 찬 기운과 더운 기운이 섞여 있는 달이다. 먼저 戊土칠살로 제방을 삼고, 辛
金정인으로 물의 원천을 삼으며, 庚金편인을 사용하여 木식상의 기운을 조절한다. ▶ p.729

辰月壬水 _ 戊土인 산이 바다의 기운을 막을까 두렵다. 甲木식신을 사용하여 왕성한 土
를 헤치고, 庚金편인으로 물의 원천을 삼는다. ▶ p.734

巳月壬水 _ 丙火가 사령하여 약하다. 壬水비견으로 돕고 辛金정인으로 물의 원천을 삼
으며, 庚金편인으로 보좌한다. ▶ p.742

午月壬水 _ 오월임수는 丁火가 사령하여 약하다. 우선 癸水겁재를 써서 丁火를 제극하
고 庚金편인으로 일간을 도우며, 辛金정인으로 보좌한다. ▶ p.751

未月壬水 _ 己土가 사령하여 약하다. 辛金정인으로 壬水의 근원을 삼고 甲木식신으로
土를 제극하며, 癸水겁재로 壬水를 보좌한다. ▶ p.756

33

申月壬水 _ 월에서 생을 얻어 강한 물이다. 戊土칠살을 제방으로 사용하며, 丁火정재를 사용하여 戊土를 돕고 庚金을 제극한다. ▶ p.761

酉月壬水 _ 금백수청(金白水淸)의 상태가 된다. 甲木식신을 써서 戊土가 흙탕물로 만드는 것을 막으며, 庚金편인은 甲木이 없는 경우에 사용한다. ▶ p.768

戌月壬水 _ 물로 향하는 달에 있어 성격이 너그럽다. 甲木식신으로 土를 헤치고, 丙火로 조후한다. ▶ p.777

34

亥月壬水 _ 亥 中 壬水가 사령하여 매우 왕성하다. 戊土편관으로 壬水의 왕성함을 막고, 丙火편재로 戊土를 도우며, 庚金편인으로 甲木이 戊土를 해치는 것을 막는다. ▶ p.782

子月壬水 _ 양인(羊刃)의 달에 있어 매우 왕성하다. 戊土편관으로 왕성한 물을 막고, 丙火편재로 戊土를 도와 조후한다. ▶ p.787

丑月壬水 _ 왕성함이 극에 달하였다가 다시 약해진다. 丙火편재로 조후하고 甲木식신으로 丙火를 도우며, 丁火정재로 丙火를 보좌한다. ▶ p.793

窮通寶鑑

寅月癸水 _ 우로(雨露)처럼 유약하다. 辛金편인으로 물의 원천을 삼으며, 丙火정재로 따뜻하게 한다. 庚金정인은 보조로 사용한다. ▶ p.800

卯月癸水 _ 乙木식신이 사령하여 약하다. 庚金정인으로 수원(水源)을 삼고, 다음에 辛金편인을 쓴다. ▶ p.805

辰月癸水 _ 상반월인 청명(清明) 이후와 후반월인 곡우(穀雨) 이후를 나누어 본다.
① 상반월 : 불이 강하지 않으므로 오로지 丙火정재를 사용한다.
② 후반월 : 丙火정재를 사용하고, 辛金편인과 甲木상관으로 보좌한다. ▶ p.813

巳月癸水 _ 丙火가 사령하여 조열(燥熱)한 달에 있다. 辛金편인으로 癸水의 원천을 삼고 庚金정인으로 보좌하며, 壬水겁재로 辛金을 극하는 丁火를 합으로 묶는다. ▶ p.821

午月癸水 _ 뿌리가 없어 매우 약하다. 庚辛인수가 일간을 돕게 하며, 壬癸비겁으로 癸水일간을 돕는다. ▶ p.826

未月癸水 _ 상반월과 하반월의 金기운에 차이가 있으므로 사용하는 방법이 약간 다르다. 庚辛인수가 일간을 생하게 하며, 壬癸비겁으로 癸水일간을 돕는다.
① 상반월 : 火가 강하므로 비겁으로 돕는 것이 좋다.
② 하반월 : 金기운이 오므로 비겁을 사용하지 않아도 된다. ▶ p.830

申月癸水 _ 申 中 庚金이 사령하여 지나치게 강하고 예리하다. 丁火편재를 사용하여 金을 단련하고, 甲木상관으로 丁火를 돕는다. ▶ p.836

酉月癸水 _ 금백수청(金白水淸)의 상태다. 辛金편인으로 일간을 보좌하고, 丙火정재로 조후하여 金水를 따뜻하게 한다. ▶ p.842

戌月癸水 _ 월의 지장간 戊土가 일간을 지나치게 제극해서 약한 상태다. 辛金편인으로 수원(水源)을 삼고 甲木상관으로 戊土를 소토(疏土)하며, 壬癸비겁으로 甲木을 돕는다. ▶ p.846

亥月癸水 _ 亥 中 甲木이 있어 왕성하면서도 약하다. 庚辛인수를 써서 일간을 돕고, 丁火재성으로 인수를 조절한다. ▶ p.852

子月癸水 _ 찬 계절에 있다. 먼저 丙火정재를 사용하여 추위를 해결하고, 辛金편인으로 癸水일간을 돕는다. ▶ p.857

丑月癸水 _ 냉기가 강한 상태다. 먼저 丙火정재로 해동하고, 壬水겁재로 水火가 어울려 태양이 더 빛나게 하며, 戊土정관으로 물기운을 조절한다. ▶ p.863

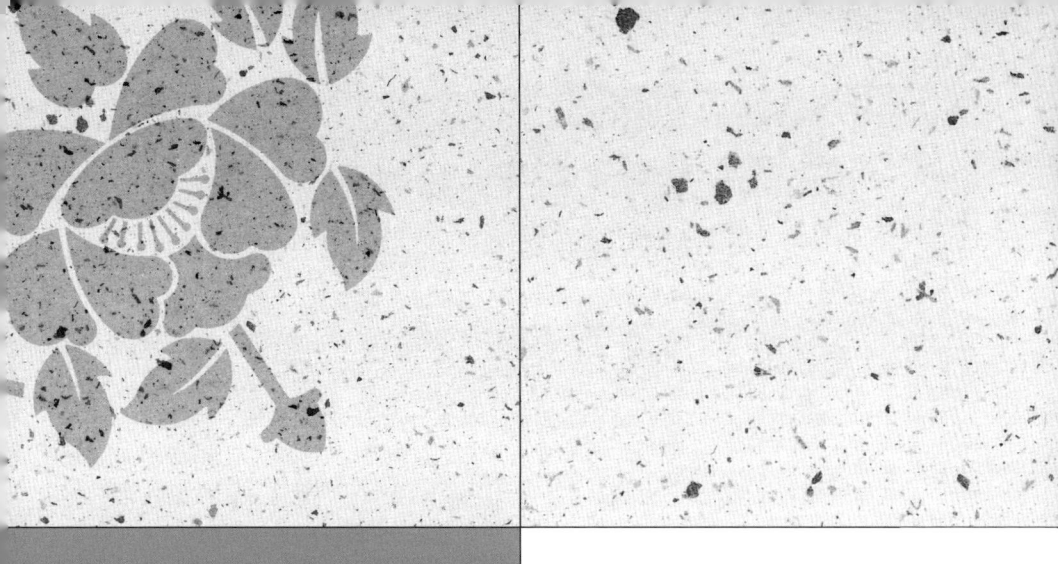

궁통보감은 10개의 일간을 12개 월지별로 희신과
용신을 정리해놓은 것이다. 10개의 일간이 어느 계
절에 태어나서 어떤 성정을 가졌는지 살피는 것에
서 출발하며, 일간의 성정이 뜨거우면 식혀주고,
반대로 얼어 있으면 따뜻하게 해주는 조후(調候)의
방법을 제시하므로 조후론의 기본서라고도 한다.

2
궁통보감의
의의와
궁성이론

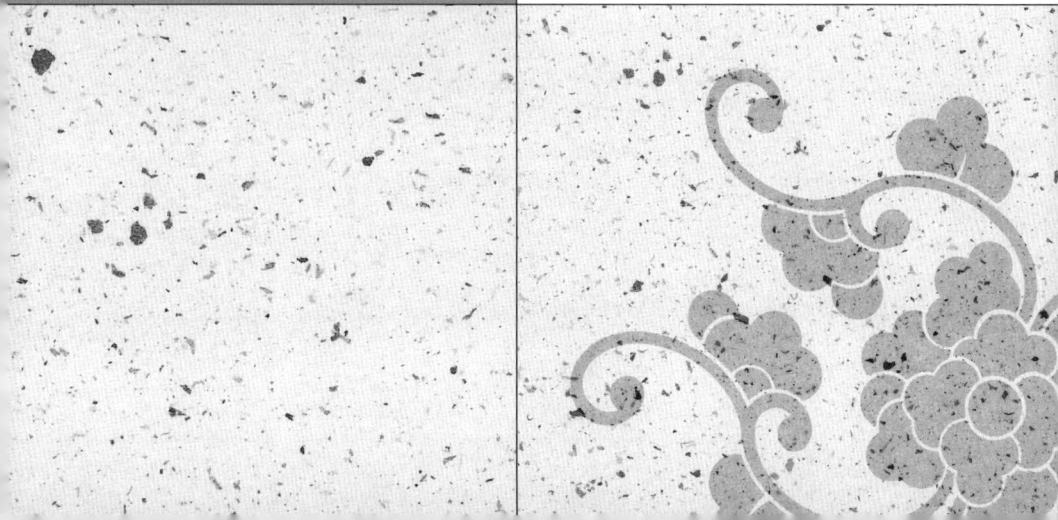

궁통보감의 의의와 유래

1. 궁통보감의 의의와 구성

　『궁통보감(窮通寶鑑)』은 일간과 월령과의 관계를 밝혀놓은 명리의 기본서로 명리학을 공부하는 사람이라면 반드시 읽어야 할 필독서이다. 10개의 일간이 어느 계절에 태어나서 어떤 성정을 가졌는지 살피는 것에서 출발하며, 일간의 성정이 뜨거우면 식혀주고, 반대로 얼어 있으면 따뜻하게 해주는 조후(調候)의 방법을 제시하므로 조후론의 기본서라고도 한다. 주요 내용은 10개의 일간을 12개 월지별로 희신과 용신을 정리해놓은 것이며, 월별 희용신을 설명하기에 앞서 십간에 해당되는 오행의 기본과 희기(喜忌), 오행을 춘하추동 계절별로 정리한 계절별 총론, 실제 사주풀이 등을 설명하였다.

　이전의 명리서에서는 잡다한 논리와 길흉신을 이용하여 사주 팔자를 판단하지만, 『궁통보감(窮通寶鑑)』에서는 오직 각 십간의 성정, 음양의 진퇴, 팔자의 배합 등으로 희용신이 있는지를 살피고 격국(格局)의 고하를 판단한다는 것이 특징이다.

2. 궁통보감의 유래

　『궁통보감(窮通寶鑑)』은 작자 미상의 『난강망(欄江網)』을 바탕으로 완성된 책이다. 책에 나오는 대부분의 사주 주인공이 명나라 사람들로 저자가 명나라 또는 청나라 사람일 것으로 추측된다.

　청나라 초 강희제(康熙帝, 1661~1722) 때 일관(日官)이 『난강망』의 이름을 『조화원약(造化元鑰)』으로 바꾸었고, 청나라 말 광서제(光緒帝, 1871~1908) 때 여춘태(余春台)가 다시 이름을 『궁통보감』으로 바꾸었다. 여춘태는 궁통보감의 원서(原序)에서 이에 대해 "아는 이가 『난강망』 선본(繕本. 귀중본)을 가져와서 읽어 보니, 논의가 합당하고 오행생극의 오묘함에 대해 알 수 있었다. 이를 약간 수정하여 참된 명학의 지침이 되고 자평의 모범이 되도록 하며, 그 이름을 고쳐서 『궁통보감』이라 하여 군자가 명을 아는 학문을 넓히도록 하였다."고 밝혔다.

　이후 청나라의 서락오(徐樂吾)가 『궁통보감평주(窮通寶鑑評註)』와 『조화원약평주(造化元鑰評註)』를 편찬하여 궁통보감을 널리 알렸다. 또한 서락오가 『궁통보감』을 평주하면서 방간목각(坊間木刻), 굉도당건상본일종(宏道堂巾廂本一種), 연석인일종(鉛石印一種) 등 3개의 판본을 비교하여 교정하였다는 기록으로 보아, 당시에도 『궁통보감』의 판본이 여러 개였다는 것을 알 수 있다.

　이 책은 서락오의 『궁통보감평주』를 원전으로 삼아 해설하였으며, 출판된 여러 다른 평주와 내용이 다른 부분은 『궁통보감.난강망』(1998년, 중국의 무릉출판유한공사 발행)을 중심으로 하였다.

궁성이론과 주요 이론

1. 궁성이론 개요

대만의 하건충(何建忠)은 팔자심리추명학(八字心理推命學, 1994년)과 천고팔자비결총해(千古八字秘訣總解, 1997년)에서 전통적인 궁성이론을 바탕으로 새로운 시각의 궁성 판단방법을 제시하였으며, 보통 궁성이론이라 하면 이러한 하건충의 이론을 말한다. 이 책에서도 궁통보감의 원문에 소개된 사주 이외의 사주를 설명하면서 하건충의 궁성이론(宮星理論)을 많이 적용하였다.

궁성이론에서 궁(宮)은 팔자의 자리로 궁위(宮位)라고도 하며, 성(星)은 팔자의 육친인 십성(十星)이다. 그리고 궁성 간의 관계를 밝혀 팔자를 판단하는 것이 궁성이론이다. 사주팔자를 판단할 때 궁성을 빼놓을 수 없는데, 전통적으로 사주를 근묘화실(根苗花實)로 설명하고 연주를 조상의 자리로 보는 것이나, 각 궁위에 있는 십성이 희용기구한신 중 무엇에 해당하느냐에 따라 해당 육친의 길흉을 보는 것도 궁성이론의 한 방법이다.

◼ 각 궁위의 천간과 육친성 배치

시	일	월	연
戊	庚	壬	甲
(편인)	(비견)	(식신)	(편재)
癸	乙	丁	己
(상관)	(정재)	(정관)	(정인)

궁성이론에서는 위와 같이 팔자의 각 궁에 고유의 천간과 육친을 배치한다. 각 궁에 배치하는 천간의 중심은 일간이며, 일간에는 천간 중 주체성이 가장 강한 庚金을 배치한다. 나머지 천간은 庚金을 중심으로 배치하는데, 원리는 기존의 명리이론과 유사하다. 사간(四干)에는 양간(陽干)을 배치하고, 사지(四支)에는 음간(陰干)을 배치하며, 간지 상하간에 합이 이루어지게 한다.

◼ 궁성의 건전 여부 판단

궁성의 힘이 온전한지 연간을 기준으로 건전 여부를 판단해본다.
① 연간 편재궁에 정재성이 위치하면 연간 편재궁이 조왕(助旺)하고 정재성도 조왕(助旺)하다.
② 연간 편재궁에 비견성이 위치하면 연간 편재궁이 파궁(破宮)이 되고 비견성은 손실된다.
③ 연간 편재궁에 정인성이 위치하면 연간 편재궁이 손실되고 정인성은 파성(破星)이 된다.

④ 연간 편재궁에 편관성이 위치하면 연간 편재궁은 손실되고 편관성은 생왕(生旺)하다.

이와 같은 방법으로 궁위(宮位)의 상태를 판단하며, 각 궁위에 있는 육친성과 궁위의 건전 여부는 조왕 〉 생왕 〉 손실 〉 파궁과 파성의 순으로 역량이 있다고 본다. 만약 각 궁위에 있는 육친성이 파성이 되고 궁도 파궁이 되면 해당 궁성의 육친과 인연이 적다고 본다.

```
시  일  월  연 (坤命)
壬  辛  丁  庚
辰  丑  亥  子
```

위 사주의 경우 남편성은 월간 식신의 자리에 관살이 있어 파성이 되었고, 남편궁은 남편의 자리인 월지에 식상이 있어 파궁이 되었다. 그러므로 궁성의 상황만으로도 남편과 인연이 없다는 것을 알 수 있다.

❸ 궁성을 이용한 심리 판단

궁성이론에 따라 각 궁에 배치된 고유의 천간은 육친의 심리와 결합하여 다음과 같이 해석한다.

천간	甲	乙	丙	丁	戊	己	庚	辛	壬	癸
십성	편재	정재	편관	정관	편인	정인	비견	겁재	식신	상관

① 甲 : 편재 속성. 물질세계를 중시하지만 집착하지 않으며, 조작 능력과 지각 능력이 탁월하다.

② 乙 : 정재 속성. 육신의 욕망이 강하고 온화하며 육신의 욕망에 민감하다.

③ 丙 : 편관 속성. 의협심이 강하고 권위의식이 있으며, 추진력이 있고 일처리가 투명하다.

④ 丁 : 정관 속성. 법을 준수하고 이성적이며 단체활동에 관심이 있다.

⑤ 戊 : 편인 속성. 물질에 대해 담백하고 고독하다. 간섭을 받거나 간섭하는 것을 싫어한다.

⑥ 己 : 정인 속성. 겸손하고 너그러우며, 수양하고 분류하는 일을 잘 한다.

⑦ 庚 : 비견 속성. 강건하며 자주적이고 독립적이다.

⑧ 辛 : 겁재 속성. 경솔하고 격렬하며 공격성이 있는 자유주의자이다.

⑨ 壬 : 식신 속성. 감성이 풍부하고 분석 능력이 있으며 문예 등에 취미가 있다.

⑩ 癸 : 상관 속성. 민감하고 환상주의자이며 남에게 인정받기를 원한다. 새로운 것을 선호하고, 법규를 지키는 것을 싫어한다.

시	일	월	연	(乾命)
甲	壬	庚	丙	
辰	戌	寅	午	

위 사주의 경우 일간과 친밀도가 높은 월간, 시간, 일지의 역삼각 중 궁에서 힘을 받아 조왕(助旺)한 것은 시간의 甲木식신뿐이며, 일간 壬水 자체가 식신의 기질을 갖고 있다. 이는 식신이 편화(偏化)되어 상관으로 변하고, 팔자의 관살혼잡(官殺混雜)과 결합하여 부부관계에 나쁜 영향을 미친다.

2. 선전과 상순

시	일	월	연 (乾命)
庚	壬	甲	乙
戌	申	申	酉

궁성이론에서 팔자의 궁위에 있는 상하 간지의 흐름이 꼬여 있는지, 순탄하게 흐르고 있는지를 보는 것이 선전(旋轉)과 상순(相順)이다. 예를 들어 위 사주는 일과 시의 천간과 지지가 庚→壬, 戌←申으로 흐름이 서로 다르게 꼬여 있다. 이와 같이 흐름이 꼬여 있는 상태를 선전이라고 한다.

이 때 천간과 지지가 각 한 자리씩 떨어져 있는 상태로 꼬여 있으면 1급 선전, 두 자리씩 떨어져서 꼬여 있으면 2급 선전이며, 심리적인 영향은 3급까지만 고려한다. 팔자에 선전이 있는 경우는 이혼, 사망 등의 일이 생기고, 해당 육친과 갈등이 있는 경우가 많다. 선전은 팔자와 대운, 팔자와 세운과의 관계에서도 따진다.

반대로 일시의 천간과 지지의 흐름이 庚→壬, 申→戌로 같은 방향이면 상순(相順)이라고 한다. 이 경우는 간지 간의 친밀도가 높다. 특히, 같은 순(旬)에 있는 간지가 상순이면 친밀도가 더욱 높고, 상순이 되는 간지 중 어느 한 간지가 공망이 되면 친밀도가 낮아진다.

3. 자공망

시 일 월 연(乾命)
壬 丙 庚 丙
辰 午 寅 辰

궁성이론에서는 일반적으로 알려져 있는 공망 이외에 자공망(自空亡)의 개념을 쓰고 있다. 공망이란 천간 10자와 지지 12자를 결합하였을 때 지지가 천간보다 두 글자가 많아서 짝을 이루지 못하는 2개의 지지를 가리킨다. 텅 비어 있다는 뜻으로 일이 마음먹은 대로 안 된다.

여기에서 나온 개념이 자공망이며, 어떤 궁으로 진입할 때 진입한 기둥을 기준으로 공망을 따져서 일지가 공망이 되는 경우이다. 이 경우 일간은 자신의 신체궁인 일지를 공망으로 하면서 해당 육친의 자리에 진입(進入)하지 않기 때문에 해당 육친과 인연이 적어진다.

예를 들어, 위 사주는 일간 丙火가 庚金편재로 진입하는 경우 월주 庚寅의 입장에서 보면 일지인 午가 공망이 되는 상황이다. 이 경우 편재인 아버지와 인연이 없다.

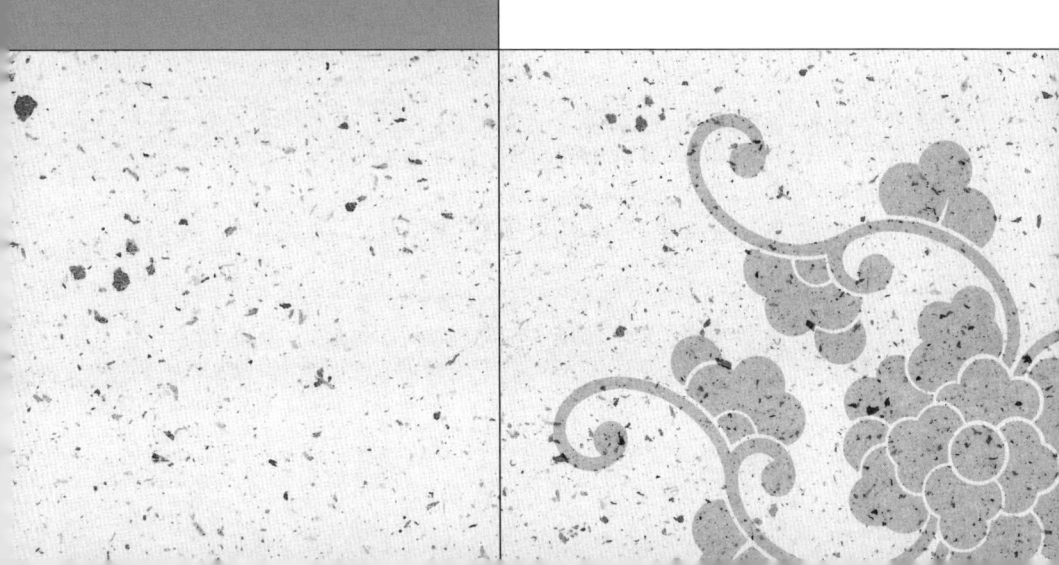

10개의 천간은 木, 火, 土, 金, 水 오행으로 구분된다. 즉, 甲乙은 木, 丙丁은 火, 戊己는 土, 庚辛은 金, 壬癸는 水이다. 궁통보감은 이렇게 정해진 각 일간의 해당 오행의 성질과 태어난 달이 속한 계절의 특성을 함께 고려하여, 일간별로 희용기구한신을 정하는 방법을 제시하고 있다.

3

십간의
월별 주용신과
보조용신

1. 木을 논함

【원문】

木性騰上而無所止 氣重則欲金任使 木有金則有惟高惟斂之德
목성등상이무소지　기중즉욕금임사　목유금즉유유고유렴지덕

仍愛土重 則根蟠深固 土少則有枝茂根危之患 木賴水生 少則
잉애토중　즉근반심고　토소즉유지무근위지환　목뢰수생　소즉

滋潤 多則漂流 甲戌 乙亥 木之源 甲寅 乙卯 木之鄕 甲辰 乙巳
자윤　다즉표류　갑술　을해　목지원　갑인　을묘　목지향　갑진　을사

木之生 皆活木也 甲申乙酉木受剋 甲午乙未木自死 甲子乙丑
목지생　개활목야　갑신을유목수극　갑오을미목자사　갑자을축

金剋木 皆死木也 生木得火而秀 丙丁相同 死木得金而造 庚辛
금극목　개사목야　생목득화이수　병정상동　사목득금이조　경신

必利 生木見金自傷 死木得火自焚 無風自止 其勢亂也 遇水返
필리　생목견금자상　사목득화자분　무풍자지　기세란야　우수반

化其源 其勢盡也 金木相等 格謂斲輪 若向秋生 反爲傷斧 是
화기원　기세진야　금목상등　격위착륜　약향추생　반위상부　시

秋生忌金重也
추 생 기 금 중 야

【해설】　　　　木은 위로 올라가려는 성질이 있어 멈추지 않으므로, 기운이 강할 때는 金으로 제극하여야 한다. 木이 팔자에 金을 갖고 있으면 金의 극제가 심하지만 충분히 감당할 수 있다. 木은 土가 많은 것을 좋아하는데, 이는 나무의 뿌리가 튼실하게 뻗을 수 있기 때문이다. 반대로 土기운이 부족하면 나뭇가지는 무성하지만 뿌리가 위태롭다.

木은 水가 생하는 것에 의지한다. 水가 적으면 木을 적셔서 윤택하게 하지만, 水가 많은 경우에는 木이 물에 뜬다.

甲戌과 乙亥는 木의 근원이고, 甲寅과 乙卯는 木의 고향이며, 甲辰과 乙巳는 木의 생지(生地)가 된다. 이상의 木은 모두 생목(生木)이다.

甲申과 乙酉는 木이 지지의 金으로부터 극을 받으며, 甲午와 乙未는 木의 사지(死地)가 되며, 甲子와 乙丑은 납음오행(納音五行)이 金으로 木을 극한다. 이상의 木은 모두 사목(死木)이다. 생목은 丙丁火를 얻으면 설기가 가능하므로 빼어난 상이며, 사목은 庚辛金을 얻으면 다듬어져서 이루어지는 것이 있으므로 이롭다. 그러나 생목이 金을 보면 상하고, 사목이 火를 보면 불타므로 바람이 없어도 그 세력이 어지럽게 된다.

木이 水를 만나면 근원을 만나는 것이므로 변화가 있고, 木기운이 커져서 金과 木의 세력이 대등한 경우는 나무를 깎아서 바퀴를 만드는 것과 같아 격이 이루어졌다고 한다. 그러나 木이 가을에 태어난 경우에는 도끼로 인해 손상되므로, 가을 金 계절에 태어난 사람은 金이 많은 것을 꺼린다.

3

십간의 월별 주용신과 보조용신

2. 木을 계절별로 논함

1 춘목(春木)

【원문】

木生於春 餘寒猶存 喜火溫暖 則無盤屈之患 藉水資扶 而有舒
목생어춘 여한유존 희화온난 즉무반굴지환 자수자부 이유서

暢之美 春初不宜水盛 陰濃則根損枝枯 春木陽氣煩燥 無水則
창지미 춘초불의수성 음농즉근손지고 춘목양기번조 무수즉

葉槁根乾 是以水火二物 旣濟方佳 土多而損力 土薄則才豐 忌
엽고근건 시이수화이물 기제방가 토다이손력 토박즉재풍 기

逢金重 傷殘剋伐 一生不閑 設使木旺 得金則良 終身獲福
봉금중 상잔극벌 일생불한 설사목왕 득금즉량 종신획복

【해설】　　　나무[木]가 봄에 태어난 경우에는 아직 겨울의 찬 기운이 남아 있어서 火로 따뜻하게 해주는 것을 좋아한다. 따라서 불을 만나면 나무가 똑바로 나아가고 구부러질 염려가 없다.

봄 나무를 水가 도와주면 자라는 아름다움이 있다. 그러나 이른 봄의 나무는 水가 너무 왕성하면 좋지 않으니 水로 인해 음습(陰濕)해지면 뿌리가 상하고 가지가 말라 죽는다. 또한 봄 나무는 양기가 점차 커지는 시기에 있어서 건조하므로 水가 없으면 잎과 뿌리가 마른다. 따라서 水火 기운이 조화를 이뤄 수화기제(水火旣濟)가 되면 좋다.

봄 나무에 土가 많으면 木의 힘이 손상되고, 土가 적으면 재물이 풍족하다. 봄 나무가 강한 金을 만나서 손상되면 일생이 편안하지 않다. 그러나 木이 왕성하여 金을 얻으면 평생 복이 있다.

② 하목(夏木)

【원문】

夏月之木 根乾葉燥 盤而且直 屈而能伸 欲得水盛而成滋潤之
하 월 지 목　근 건 엽 조　반 이 차 직　굴 이 능 신　욕 득 수 성 이 성 자 윤 지

力 誠不可少 切忌火旺而招焚化之憂 故以爲凶 土宜在薄 不可
력　성 불 가 소　절 기 화 왕 이 초 분 화 지 우　고 이 위 흉　토 의 재 박　불 가

厚重 厚則反爲災咎 惡金在多 不可欠缺 缺則不能琢削 重重見
후 중　후 즉 반 위 재 구　악 금 재 다　불 가 흠 결　결 즉 불 능 탁 삭　중 중 견

木 徒以成林 疊疊逢華 終無結果
목　도 이 성 림　첩 첩 봉 화　종 무 결 과

【해설】　　　　여름 나무는 뿌리와 잎이 건조하여 반대로 곧게 퍼지려는 성질이 있다. 水가 많을수록 木을 윤택하게 하므로, 水가 적으면 안 된다. 여름 나무에 火가 많으면 나무가 불타버릴 염려가 있으므로 흉하다. 여름 나무는 土가 적당히 있는 것이 좋고, 너무 많으면 재액이 있고 허물이 되어 좋지 않다. 여름 나무에 金이 많으면 싫어하지만, 부족하면 나무를 자르고 다듬을 수 없으므로 이 또한 좋지 않다. 여름 나무가 또다시 木을 보면 숲을 이루고 꽃을 많이 피우지만 결과가 없는 상이다.

③ 추목(秋木)

【원문】

秋月之木 氣漸凄涼 形漸凋敗 初秋之時 火氣未除 尤喜水土以
추 월 지 목　기 점 처 량　형 점 조 패　초 추 지 시　화 기 미 제　우 희 수 토 이

相滋 中秋之令 果已成實 欲得剛金而脩削 霜降後不宜水盛 水
상자 중추지령 과이성실 욕득강금이수삭 상강후불의수성 수

盛則木漂 寒露節又喜火炎 火炎則木實 木多有多材之美 土厚
성즉목표 한로절우희화염 화염즉목실 목다유다재지미 토후

無自任之能
무자임지능

【해설】 　　　가을은 날씨가 점점 차지는 계절로 나무[木]가 시들고
죽어간다. 그러나 이른 가을에는 火기운이 남아 있어 水와 土가 도와주는
것을 기뻐한다. 酉월은 결실을 이루는 때이므로 강한 金으로 자르고 다듬
어야 한다. 상강(霜降) 후에 水가 왕성하면 나무가 물에 떠서 흉하고, 한
로(寒露) 후에 火의 열기를 얻으면 결실이 있다. 木이 많으면 재목이 될
수 있어서 좋지만, 土가 많으면 木이 土를 감당할 능력이 부족하다.

④ 동목(冬木)

【원문】

冬月之木 盤屈在地 欲土多而培養 惡水盛而忘形 金總多不能
동월지목 반굴재지 욕토다이배양 악수성이망형 금총다불능

剋伐 火重見溫暖有功 歸根復命之時 木病安能輔助 須忌死絕
극벌 화중견온난유공 귀근복명지시 목병안능보조 수기사절

之地 只宜生旺之方
지지 지의생왕지방

【해설】 　　　겨울 나무는 추워서 땅에 굽어 있으므로 흙[土]으로 많
이 덮어서 길러야 한다. 水가 많아서 나무[木]가 잠기는 것을 싫어하고,

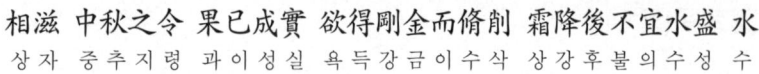

金이 많아도 나무를 자를 수 없다. 火를 거듭 보면 따뜻함으로 추위를 해결하므로 나무에게 도움이 된다. 겨울은 나무가 근본으로 돌아가는 때이므로, 木이 어려움을 해결하려면 사절지(死絶地)로 향하는 것을 피하고 생왕지(生旺地)로 향해야 한다.

3. 甲木의 월별 용신

삼춘갑목(三春甲木)

【원문】

春月之木 漸有生長之象 初春猶有餘寒 當以火溫暖 則有舒暢
춘월지목 점유생장지상 초춘유유여한 당이화온난 즉유서창

之美 水多變剋 有損精神 重見生旺 必用庚金斷鑿 可成棟樑 春
지미 수다변극 유손정신 중견생왕 필용경금착착 가성련량 춘

末陽壯水渴 藉水資扶 則花繁葉茂 初春無火 增之以水 則陰濃
말양장수갈 자수자부 즉화번엽무 초춘무화 증지이수 즉음농

氣弱 根損枝枯 不能華秀 春末失水 增之以火 則陽氣太盛 燥渴
기약 근손지고 불능화수 춘말실수 증지이화 즉양기태성 조갈

相加 枝葉乾枯 亦不華秀 是以水火二物 要得時相濟爲美
상가 지엽건고 역불화수 시이수화이물 요득시상제위미

【해설】　　　　寅월의 나무는 점차 성장하는 상이지만, 이른 봄이라 아직 찬 기운이 남아 있으므로 불로 따뜻하게 해주는 것이 당연하다. 불기운이 있어야 봄의 甲木이 뻗어 나가 아름답다.

　　봄의 甲木에 물이 너무 많으면 정신의 손상이 있다. 묘월갑목(卯月甲

木)인 경우는 또다시 생왕(生旺)의 기운을 만나므로 반드시 庚金을 사용해서 甲木을 다듬어주어야 국가를 이끄는 중책을 맡을 사람이 된다. 土월인 辰月에는 양기가 강해져서 물이 고갈되므로 물로 甲木을 도와줘야 꽃과 잎이 무성하다. 인월갑목(寅月甲木)의 경우 불이 없는데 물을 더해주면 음기만 강하고 기운이 약해져서 뿌리가 손상되고 잎이 말라 무성해질 수 없다. 辰月에는 물이 부족한데 강한 불기운이 서로 겹쳐서 역시 무성해질 수 없다. 그러므로 봄의 甲木은 물과 불, 두 기운을 시기에 맞게 써야 아름답다.

🔢 인월갑목(寅月甲木)

주용신 丙   보조용신 癸庚丁

인월갑목은 이른 봄에 있어 겨울의 차가운 기운이 아직 남아 있는 상태다. 丙火식신으로 조후하고, 癸水정인으로 윤택하게 한다. 庚金칠살과 丁火상관이 함께 있으면 좋은 명이다.

【원문】

正月甲木 初春尚有餘寒 得丙癸透 富貴雙全 癸藏丙透 名寒木
정월갑목 초춘상유여한 득병계투 부귀쌍전 계장병투 명한목

向陽 主大富貴 倘風水不及 亦不失儒林俊秀 如無丙癸 平常人也
향양 주대부귀 당풍수불급 역불실유림준수 여무병계 평상인야

【해설】   인월갑목은 이른 봄에 있어 겨울의 차가운 기운이 남아 있으므로 천간에 丙火식신과 癸水정인이 나타나 있고, 서로 붙어 있으면서 방해하지 않으면 부귀하다. 癸水가 지장간에만 있고 천간에 나

타나지 않으며 丙火만 나타나 있으면, 차가운 甲木이 불을 향하니 식신을 써서 부귀를 이룬다. 만약 丙火와 癸水가 있으면 풍수(風水)가 안 좋아도 준수함을 잃지 않지만, 그렇지 않으면 보통 사람이다.

【원문】

正二月甲木 素無取從才從殺從化之理 或一派庚辛 主一生勞
정 이 월 갑 목　소 무 취 종 재 종 살 종 화 지 리　혹 일 파 경 신　주 일 생 로

苦 剋子刑妻 再支會金局 非夭卽貧 如無丙丁 一派壬癸 又無戊
고　극 자 형 처　재 지 회 금 국　비 요 즉 빈　여 무 병 정　일 파 임 계　우 무 무

己制之 名水泛木浮 死無棺槨 如一派戊己 支會金局 爲才多身
기 제 지　명 수 범 목 부　사 무 관 곽　여 일 파 무 기　지 회 금 국　위 재 다 신

弱 富屋貧人 終身勞苦 妻晩子遲 或無庚金 有丁透 亦屬文星
약　부 옥 빈 인　종 신 로 고　처 만 자 지　혹 무 경 금　유 정 투　역 속 문 성

爲木火通明之象 又名傷官生財格 主聰明雅秀 一見癸水傷丁
위 목 화 통 명 지 상　우 명 상 관 생 재 격　주 총 명 아 수　일 견 계 수 상 정

但作厚道迂儒 或柱中多癸 滋助木神 傷滅丁火 其人奸雄梟險
단 작 후 도 우 유　혹 주 중 다 계　자 조 목 신　상 멸 정 화　기 인 간 웅 효 험

曹操之徒 言淸行濁 笑裏藏刀
조 조 지 도　언 청 행 탁　소 리 장 도

【해설】
인묘월갑목(寅卯月甲木)은 녹왕(祿旺)의 달이므로 스스로의 기운을 포기하고 강한 육친에 따르는 종재(從財), 종살(從殺), 종화(從化) 같은 특수격으로 보지 않는 것이 일반적이다. 인묘월갑목이 한 무리의 庚辛을 보면 관살 과다로 일생 동안 힘들고 고생하며 자식과 부인을 형극하고, 지지가 金관살국을 이루면 요절하거나 가난하다.
또한 인묘월갑목이 丙丁이 없는 상황에서 壬癸가 세력을 이루고, 戊

己土가 壬癸를 조절하지 못하면 물이 넘쳐서 甲木이 떠버리는 수다목부(水多木浮)의 형세가 된다. 이는 죽어서 관이 없는 것과 같이 의지처가 없는 것이다.

戊己土가 세력을 이루고 지지가 金관살국이면 종재(從財)가 되지 않고 재다신약(財多身弱)이 된다. 재다신약인 경우 부옥빈인(富屋貧人)이 되어 부잣집에 태어난 가난한 사람이다. 평생 고생이 많고 결혼이 늦어지며 자식과의 인연도 늦어진다.

만약 인묘월갑목에 庚金이 없고 丁火가 천간에 있으면 목화통명(木火通明)의 상이 되거나, 상관인 丁火가 재성을 만드는 상관생재(傷官生財)가 되어 총명하고 준수한 인물이 된다. 그러나 癸水가 丁火를 丁癸충하여 손상하는 경우에는 단지 후덕하고 도리를 아는 선비에 불과하다.

인묘월갑목에 癸水가 너무 많을 경우, 한편으로는 甲木을 적셔주지만 한편으로는 丁火를 손상시키므로 조조와 같이 간사하고 말과 행동이 달라 웃음 뒤에 칼을 품고 있는 위인이다.

【원문】

若庚申 戊寅 甲寅 丙寅 一行金水運 發進士 或甲午日 庚午時
약경신 무인 갑인 병인 일행금수운 발진사 혹갑오일 경오시

此人必貴 但要好運相催 不宜制了庚丁 或支成金局 多透庚辛
차인필귀 단요호운상최 불의제료경정 혹지성금국 다투경신

此又不吉 號曰木被金傷 若無丙丁破金 必主殘疾
차우불길 호왈목피금상 약무병정파금 필주잔질

```
시  일  월  연 (乾命)
丙  甲  戊  庚
寅  寅  寅  申


甲  癸  壬  辛  庚  己
申  未  午  巳  辰  卯
```

【해설】　　　사주가 위와 같고, 운이 金水로 흐르면 진사(進士)의
공명은 이룰 수 있다.

```
시  일  월  연
庚  甲  ○  ○
午  午  ○  ○
```

　위와 같이 甲午일 庚午시의 명조일 때, 길운이 돕고 시간 庚金이 午火
중 지장간 丁火로부터 극제를 받지 않으면 반드시 귀하게 된다. 그러나
인묘월갑목이 지지가 金관살국이고 庚辛이 강하게 투출한 경우에는 木
이 金에게 손상되어 불길하다. 이 경우 丙丁火가 金을 극제하지 않으면
칠살이 강화되어 반드시 몸에 질병이 있다.

或支成火局 洩露太過 定主愚懦 常有啾唧災病纏身 終有暗疾
혹지성화국 설로태과 정주우나 상유추즐재병전신 종유암질

支成木局 得庚爲貴 無庚必凶 若非僧道 男主鰥孤 女主寡獨 支
지성목국 득경위귀 무경필흉 약비승도 남주환고 여주과독 지

成水局 戊透則貴 如無戊制 不但貧賤 且死無棺木 故書曰 甲木
성수국 무투즉귀 여무무제 부단빈천 차사무관목 고서왈 갑목

若無根 全賴申子辰 干得才殺透 平步上靑雲
약무근 전뢰신자진 간득재살투 평보상청운

【해설】　　　　봄의 甲木이 지지에 火식상국을 이루면 설기가 지나쳐서 위인이 우매하고 나약하다. 항상 소란스럽고 큰 재난과 질병으로 몸이 얽매이고, 결국은 팔자가 편고(偏枯)한 흉이 발동하여 운기적으로 병에 노출되기 쉽다.

봄의 甲木이 지지에 木비겁국을 이뤄 기세가 강한 경우에는 이를 제어하는 庚金칠살을 얻으면 귀하게 되지만, 庚金이 없으면 승도(僧道)의 명이다. 남자는 재성을 지나치게 극제하여 외로운 홀아비이고, 여자는 관살을 무시하여 외로운 과부의 상으로 흉명이다.

봄의 甲木이 지지에 水비겁국을 이룬 경우에는 천간에 戊土재성이 투출하면 귀하지만, 戊土가 水를 극제하지 않는 경우 가난할 뿐 아니라 죽어서 들어갈 관도 없는 명이다.

책에서 이르기를, 뿌리 없는 甲木이 申子辰의 물에 의지하고 천간에 土재성과 金칠살이 투출하면 청운의 꿈을 이룰 수 있는 명이라 하였다.

【원문】

凡三春甲木 用庚者 土爲妻 金爲子 用丁者 木爲妻 火爲子 總
범 삼춘갑목 용경자 토위처 김위자 용정자 목위처 화위자 총

之正二月甲木 有庚戌者上命 如有丁透 大富大貴之命也
지정이월갑목 유경술자상명 여유정투 대부대귀지명야

【해설】　　　　봄에 태어난 甲木이 칠살 庚金을 쓰는 경우에 대개 희
신인 土가 처이고 용신인 金이 자식이 되며, 상관 丁火를 쓰는 경우에는
희신인 木이 처이고 용신인 火가 자식이 된다.

　　인묘월갑목은 팔자에 庚金칠살과 戊土정재가 있는 명이 좋은 명이며,
이 때 상관 丁火가 천간에 투출하면 크게 부귀하다.

【원문】

孝廉
효 렴

59

시	일	월	연 (乾命)
乙	甲	甲	戊
亥	辰	寅	寅

辛	庚	己	戊	丁	丙	乙
酉	申	未	午	巳	辰	卯

3
십
간
의
월
별
주
용
신
과
보
조
용
신

【해설】　　　　효렴(孝廉)[주] 벼슬을 하였다. 인월갑목을 윤택하게 하는 水인수는 있지만, 조후하는 寅 중 丙火가 천간에 투출하지 않아 귀함이 작다.

　寅辰 사이에 卯木이 공협(控夾)되고, 시지의 亥水가 卯木을 불러와서 왕성한 형세다. 이 경우 丙火식신으로 설기해야 하지만 투출한 丙火가 없고, 丙火를 담고 있는 寅木이 공망이 되어 역할이 떨어져서 귀함이 작을 수밖에 없다.

[주] 효렴은 매년 군(郡)에서 효도하고 청렴하여 선정되는 사람이다. 이들을 추천 받아 중앙정부에서 관리로 임명하였다.

【원문】

茂才[주]
무 재

시	일	월	연 (乾命)
庚	甲	丙	甲
午	寅	寅	申

癸	壬	辛	庚	己	戊	丁
酉	申	未	午	巳	辰	卯

【해설】　　　단지, 수재(秀才)에 불과하였다. 팔자에 투출한 土재성이 없고, 庚金칠살이 살지(殺地)에 앉아 있다. 재성의 도움이 없고 스스로도 약하므로 칠살이 역할을 못 한다. 그나마 운도 남방으로 흘러 풍파가 있을 사주이다.

㈜ 무재는 수재와 같은 말이다. 중국에서는 과거에 응시하는 선비나 생원을 수재라고 하였다.

인월갑목 해설

시	일	월	연(乾命)
丙	甲	庚	辛
寅	辰	寅	卯

壬	癸	甲	乙	丙	丁	戊	己
午	未	申	酉	戌	亥	子	丑

인월갑목이 지지에 寅卯辰 木비겁국을 이루어 신왕하다. 이렇게 강한 경우에 庚金칠살을 얻으면 귀한 사주로 보지만, 庚金기운이 너무 강해서 한 무리의 庚辛을 보는 정도까지 가면 일생 힘들고 고생만 한다. 그러므로 우선 庚辛의 상황이 어떤지 살펴야 한다.

庚辛 모두 월령의 절지(絶地)와 태지(胎地)이므로 기력이 없고, 시간 丙火가 강력하게 견제를 하고 있으므로 庚辛이 강력하게 무리를 지었다고 볼 수는 없다.

인월갑목이 庚金이 없는 경우 재성을 지나치게 극하기 때문에 홀아비

십간의 월별 주용신과 보조용신

팔자로 볼 정도로 庚辛을 중요하게 생각하지만, 위에서 살펴본 바와 같이 庚辛이 무력하여 용신으로는 적당하지 않다. 그러므로 차선의 방법으로 월령의 생조를 받아 기운이 있으며, 팔자의 왕성한 기운을 설기하는 丙火식상을 용신으로 삼는다.

　대운의 흐름과 실제 상황을 보면, 어린 시절의 土운은 金을 생하고 군겁쟁재(群劫爭財)를 하는 운이라 고생하였다. 丙戌대운인 용신운에 군에서 공을 세워 벼슬을 하였고, 乙酉운에 사망하였다. 이는 酉金이 왕성한 木을 몹시 화나게 하여 土재성을 극하였기 때문이다. 재성은 건강과 수명을 나타내는 육친이다. 또한 사망 시기에 庚辛金이 득지하고, 용신인 火가 사지(死地)에 이른 것도 이유이다.

시	일	월	연 (坤命)
丙	甲	壬	丁
寅	子	寅	酉

己	戊	丁	丙	乙	甲	癸
酉	申	未	午	巳	辰	卯

　인월갑목의 팔자에서 癸水가 지장간에 있고 丙火가 천간에 투출해 있으면 부귀한 사주라 하였는데, 과연 그런지 위 사주를 통해 살펴보기로 한다.

　부자의 3요소는 일간이 힘이 있어 장악력이 있고, 재물을 만드는 식상의 기운이 건실하며, 재물을 뜻하는 재성이 힘이 있는 것이다. 이렇게 볼 때 癸水가 지장간에 있다는 것은 인수로서 인월갑목의 힘을 강하게 하는 것이고, 丙火가 천간에 투출하였다는 것은 식상이 활동력이 있다는 것을 의미한다. 그러나 단지 이 두 가지만으로 부자가 되는 것은 아니고 재성이 힘이 있어야 하는데, 위 사주는 팔자 자체에 재성이 없는 것이 흠이다.

또한 인월갑목이 丁火상관이 있고 癸水가 충을 안 하면 목화통명(木火通明)으로 상관생재(傷官生財)가 된다고 한다. 그러나 위 사주는 丁火가 丁壬합으로 묶어버리기 때문에 목화통명을 기대하기가 어렵다. 즉, 팔자원명에 재물을 얻을 수 있는 기틀이 없으므로 재물과는 인연이 없다.

명주가 여자이므로 남편복을 보면, 酉金 남편별이 화금상전(火金相戰)으로 역할이 떨어지고, 土재성이 팔자에 없어 火가 식상의 역할을 톡톡히 하므로 남편복도 없다.

그럼 운의 흐름은 어떤가? 전체적으로 木火의 기운이 강해서 水를 생해줄 관살 金이 용신이 되고, 통관해주는 재성 土가 희신이 된다. 그런데 대운의 흐름도 木火로 흘러 좋지 않다.

실제로 명주는 2007년 현재 서울 변두리에서 작은 노래방을 하고 있다. 2003년에 빚보증을 섰다가 그 후유증으로 생계를 꾸리기도 어려우며, 무위도식하는 남편과의 이혼을 심각하게 고려하고 있다.

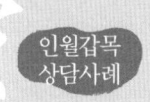

인월갑목
상담사례

약병을 깨라네요

팔자를 볼 때 너무 작은 부분에 집착하면 큰 숲이 보이지 않는다. 또한, 지금 머리 위에 소나기가 온다고 평생 비에 젖어 살 팔자라고 한다면 이 역시 그릇된 판단이다. 운명을 보는 분이 다음의 사주를 보고 당장 이혼해야 한다고 판단하였다는데, 그것이 얼마나 황당한 판단인지 살펴본다.

3

십간의 월별 주용신과 보조용신

시	일	월	연(坤命)
甲	甲	庚	丙
子	辰	寅	申

癸 甲 乙 丙 丁 戊 己
未 申 酉 戌 亥 子 丑

위 팔자에서 자신을 뜻하는 글자는 일간의 甲이라는 나무이다. 나무도 두 종류가 있는데, 하나는 위 팔자와 같이 기둥이나 대들보로 쓰는 큰 나무이고, 하나는 초목이나 잡풀같이 연약하고 부드러운 나무이다. 그리고 위 팔자는 甲이라는 큰 나무 밑에 적당히 물기가 있는 흙이 있고, 태어난 달도 나무의 계절이다. 게다가 자신을 뜻하는 글자 옆에 또 다른 큰 나무가 있어서 자신을 돕고 있다. 즉, 자신을 뜻하는 나무의 기운이 매우 크고 왕성하다.

한편 팔자를 보는 원칙은 기운이 왕성하면 기운을 빼주고, 약하면 힘을 북돋아주는 기운이 있는지 보는 것이다. 위 사주는 자신의 기운이 조금 왕성하므로 기운을 빼주어 나무의 기운을 약하게 해야 하는데, 이 경우 쇠 성분으로 쳐주는 것이 제격으로 쇠는 위 명주에게 남편에 해당된다. 그리고 위 사주에서 남편을 뜻하는 글자가 월간의 庚이라는 쇠다.

월간 庚金의 상황을 보면 남편 글자가 자신의 팔자에 들어와 상황이 조금 좋지 않지만, 일간이 태어난 해인 申이 남편 글자인 庚金의 뿌리가 되니 丙庚沖으로 녹아버릴 염려는 없다. 정리하면, 자신이 강한 것이 병이고 자신의 기운을 약화시키는 남편이 약이며, 남편은 깨질 염려가 없다. 이런 상황에 이혼 운운하는 것은 약병을 깨버리는 것과 같다.

이런 방법으로 자신의 기운과 남편의 팔자를 보는 것을 명이라고 하며, 운명을 본다는 것은 명이라는 차와 운이라는 길을 함께 보는 것이다. 차가 좋은데 길이 엉망이거나, 길은 고속도로인데 차가 영 시원치 않으면 절름발이 운명인 셈이다. 또한 무엇보다 중요한 것은 팔자에서 필요한 기운이 적당한 시기에 오는 것이다.

위 사주는 전체적인 운의 흐름이 32세 이전에는 왕성한 자신을 더욱 왕성하게 하는 물기운이 왔다. 자신이 왕성한데 더 왕성하게 하는 기운이 와서 흉하긴 하지만, 공부할 기운이 공부할 적당한 시기에 왔으므로 아주 흉하다고 할 수는 없다. 이런 운에 제대로 된 대학을 못 나왔다면 생활을 잘못한 것이다. 이후 대운 32세부터 62세까지는 전체적으로 쇠기운이 지배한다. 자신에게는 쇠기운이 남편이고, 남편이 팔자의 병을 고치는 치료약으로 약 기운이 왔으니 무엇을 더 바라겠는가?

이렇게 큰 흐름을 볼 때 남편이 제 역할을 다하고 자신에게 소중한 성분이다. 그런데 이혼을 해야 한다니 말도 안 된다.

또 다른 방법으로 운의 흐름을 위와 같이 크게 보지 않고 작게 나누어 보는 방법이 있다. 이 방법으로 보면 현재 자신은 酉라는 쇠기운에 와 있어 남편의 기운이 왕성해지는 시기이며, 자신에게 약이 되는 기운이 온 것이다. 자신이 왕성한데 남편도 왕성하여 약간 부딪치겠지만 약 기운인 것은 틀림없다. 그리고 이 때 부딪치는 기운은 물기운으로 완화시키면 된다. 물기운은 자신에게 학문이고 직관이니까 이 기운을 끌어다 쓸 수 있는 일을 스스로 찾아본다.

다시 말하지만 운기의 흐름을 볼 때 이혼은 전혀 말이 안 되며, 반대로 남편과 더욱 알뜰살뜰하게 정을 키워나갈 시기다. 또한, 이혼할 기운을 전혀 찾아볼 수 없다.

② 묘월갑목(卯月甲木)

> 주용신 庚 보조용신 戊丁
>
> 木기운이 강하다. 庚金칠살로 제극해야 하며, 戊土정재로 火를 설기하여 庚金
> 을 보호한다. 천간에 丁火상관이 투출하면 목화통명(木火通明)이 되어 좋다.

【원문】

二月甲木 庚金得所 名陽刃駕殺 可云小貴 異途顯達 或主武職
이 월 갑 목 경 금 득 소 명 양 인 가 살 가 운 소 귀 이 도 현 달 혹 주 무 직

但要才資之 柱中逢才 英雄獨壓萬人 若見癸水 困了才殺 主爲
단 요 재 자 지 주 중 봉 재 영 웅 독 압 만 인 약 견 계 수 곤 료 재 살 주 위

光棍 重刃必定遭凶 性情凶暴
광 곤 중 인 필 정 조 흉 성 정 흉 포

【해설】　　　묘월갑목의 팔자에서 庚金이 힘을 얻는 경우 양인가살
(陽刃駕殺)이라 하여 조금 귀하게 되거나, 다른 방법으로 발전할 수 있
다. 만약 土재성이 金관살을 돕는 경우 무관(武官)이 된다.

묘월갑목의 사주 중에 土재성이 있으면 영웅이 혼자 만인을 제압하는
형상이다. 그러나 팔자에 癸水를 보면 왕성한 비겁이 土재성을 치고, 金
관살의 기운을 설기하여 재관(財官)을 약하게 하므로 깊이 있는 인물이
되지 못한다. 卯는 甲의 양인(羊刃)인데 팔자에 또 卯양인이 있으면 흉
하며, 명주의 성정이 흉악하고 포악하다.

【원문】

書曰 木旺宜火之光輝 秋闈可試 木向春生 處世安然有壽 日主
서왈 목왕의화지광휘 추위가시 목향춘생 처세안연유수 일주

無依 却喜運行才地
무의 각희운행재지

【해설】　　　　책에서 말하길 "木이 왕성하고 火가 빛나면 목화통명
(木火通明)의 상이 되어 과거 급제하며, 木이 봄에 태어나면 처세가 안
정되고 자연스러워 오래 살며, 묘월갑목이라도 팔자 구조로 볼 때 의지
할 기운이 없는 경우에는 재성운으로 흐르는 것이 좋다." 하였다.

【원문】

乏庚 富而不貴 運入南離凶 兩干不雜 木火通明 爲人淸雅 子多
핍경 부이불귀 운입남이흉 양간부잡 목화통명 위인청아 자다

而賢
이현

시	일	월	연(乾命)
丁	甲	丁	甲
卯	寅	卯	午

甲	癸	壬	辛	庚	己	戊
戌	酉	申	未	午	巳	辰

【해설】　　　　묘월갑목에 庚金칠살이 없어 丁火를 용신으로 한다. 따라서 부자였으나 귀하지는 않았다. 비록 초반운이 남방 火운으로 가지만 팔자에 癸水가 없어 흉하고, 辛未와 壬申과 癸酉운은 용신을 제극하여 흉하다. 양간부잡격(兩干不雜格)[주]에 목화통명의 사주로 위인이 기품이 있고 자식이 많으며 어질었다. 목화통명의 사주이지만 庚金이 甲木을 제어하는 맛이 없어 크게 귀하지는 않았다.

[주] **양간부잡격**　천간의 글자가 두 자씩 두 가지로 되어 있는 경우이다. 천간에 두 자만 있어서 혼란스럽지 않아 귀격이며 부귀하다고 본다. 그러나 사주가 여덟 글자로 구성되어 있는데, 단지 천간에 있는 두 자가 같다고 하여 귀격으로 보는 것은 문제가 있다. 양간부잡격은 신왕사주가 되기 쉬운데, 팔자의 전체 구조와 희용신의 상황에 따라 귀천이 달라질 수 있다.

【원문】

庚丁兩透 選拔定然 爲人色重招殃 兄弟無力
경 정 량 투　선 발 정 연　위 인 색 중 초 앙　형 제 무 력

시	일	월	연 (乾命)
庚	甲	丁	己
午	戌	卯	未

庚	辛	壬	癸	甲	乙	丙
申	酉	戌	亥	子	丑	寅

【해설】　　　　묘월갑목에 제극하는 庚金칠살과 목화통명을 이루는 丁火상관이 모두 투출하여 과거에 급제하는 것이 당연하다. 그러나 庚

金이 卯월에 있어서 약하고 丁火가 투출하였으며, 丁火가 午火를 깔고 있어 식상이 관살을 너무 심하게 제어하고 있다.

甲木일간이 午火를 봐서 홍염살(紅艶殺)[주]이 있으므로 색(色)으로 인해 재앙이 있게 된다. 또한, 비겁이 무력한 재다신약(財多身弱)의 팔자이다. 그러나 운이 金水로 흘러 부귀를 잃지는 않았다.

[주] 홍염살은 허영과 사치가 심하고 음란하며, 바람을 피우게 작용하여 부부관계에 좋지 않은 살이다. 구조는 다음과 같다

일간	甲	乙	丙	丁	戊	己	庚	辛	壬	癸
홍염	午	午	寅	未	辰	辰	戌	酉	子	申

묘월갑목 해설

甲戌과 乙亥일주는 처궁이 공망이 되는 일좌공망(日座空亡)이라 하여 가정에 풍파가 있다고 한다. 이런 단법(單法)으로 팔자를 간단하게 판단할 수 있으면 좋겠지만, 단법은 단법으로 그치는 것이 일반적이며 그 자체가 한계가 있다.

일좌공망은 말 그대로 일간이 앉은 자리인 육구궁 즉 일지가 공망이라는 뜻이다. 단법을 적용하면 처궁인 육구궁이 공망이므로 가정의 풍파와 관련이 있어 보이지만, 실제 상황을 보면 甲乙일의 戌亥와 결합된 일주가 모두 가정에 풍파가 있는 것은 아니다. 또, 甲戌일의 공망이 申酉인데 戌亥를 공망이라고 하는 것도 문제가 있다. 운세를 보는 방법 중 정법(正法)은 팔자를 구성하고 있는 오행의 전체적인 기세를 살피는 것이다. 그런 다음에 운의 흐름에서 팔자의 억부(抑扶)와 조후(調候)를 이루는 요소가 적당한 때에 오는지 살피는 것이 운세를 보는 기초이다.

```
    시   일   월   연(乾命)
    乙   甲   乙   癸
    亥   戌   卯   未

  丁  戊  己  庚  辛  壬  癸  甲
  未  申  酉  戌  亥  子  丑  寅
```

앞에서 묘월갑목이 癸水를 보면 재관이 약하다고 하였는데, 위 사주를 통해 재성이 어떤 상황인지 살펴보자. 이 사주의 처성은 연지 未土와 일지 戌土이다. 연지의 未土재성은 부모의 자리에 있는 재성으로 힘을 발휘할 수 없으며, 卯未합으로 발이 묶여 있다. 일지의 戌土는 처궁에 처성이 있어서 자리를 차지하여 별 문제가 없어 보이지만, 이 또한 卯戌합으로 발이 묶여 있다.

팔자의 오행의 형세를 보면 지지가 亥卯未 木비겁국이고, 연간 癸水는 시지 亥水에 뿌리를 두고 木을 생조하여 전체적으로 木기운이 강하다. 무리를 이룬 비겁이 재성을 극하는 형세로 군겁쟁재(群劫爭財)의 상황이 되어버렸다. 이럴 때 木을 조절하는 庚金이나 木을 설기하는 丁火가 있으면 군겁쟁재의 상황이 해결될 수 있다. 그런데 이 중 庚金관살은 水인 수가 유력하여 인수를 생한다. 결국 庚金은 군겁쟁재의 상황을 부채질할 수 있으므로 용신으로 적당하지 않으며, 용신은 戌 중 丁火가 된다.

용신의 상황은 팔자에서 천간에 癸水가 투출해 있어 무력하고, 대운의 흐름에서도 火가 힘을 받을 데가 없다. 바로 묘월갑목에 癸水가 강하고, 이를 설기하는 火식상이 없어 재관을 무력하게 하는 상황이다. 운을 못 만나 유산을 지키지 못하고, 극처무자(剋妻無子)로 생을 마감한 명이다.[사주 출처 『적천수(滴天髓)』]

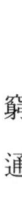

시	일	월	연(乾命)
癸	甲	癸	壬
酉	寅	卯	寅

庚	己	戊	丁	丙	乙	甲
戌	酉	申	未	午	巳	辰

위 사주가 앞에서 예로 든 사주와 다른 점은 아예 처를 뜻하는 재성이 없고, 水인 수가 더 강하다는 것이다. 재성이 없는 무재사주(無財四柱)에 비겁이 이렇게 강하면 우선 부부 불화가 있을 수 있다. 그러나 이런 명이 모두 이혼하고 바람을 피우는 것은 아니다. 만약 팔자에 사회적 규율에 따르고 헌신하는 관살이 유력하면 정상적인 부부생활을 할 수도 있다. 관살 중 칠살은 일간을 극하고 음양이 동일해서, 일간이 절제하고 의지력을 높이는 성분이 된다.

이 사주를 보면 천간에 壬癸가 모두 투출하여 칠살의 기운을 빼고, 월령 卯월이 칠살의 절지(絶地)에 해당하므로 칠살이 무력하다. 묘월갑목에 癸水가 투출하여 재관이 약하므로, 칠살의 기운이 부부 불화가 있을 수 있는 팔자의 흐름을 바로잡지도 못하는 형편이다.

실제, 유부남인데 가출해서 외간 여자와 정을 통하고 있다. 2007년 현재 뚜렷한 직장이 없이 여자에게 얹혀 살고 있으며, 돈이 생기면 경마장과 도박장을 전전하다가 돈이 떨어지면 낚시터에서 세월을 보내는 한량이다.

남자의 경우 부부가 불화하는 명의 특징은 ① 재성이 일간과 멀리 있거나 기세가 약하고, ② 재성이 기신이 되거나 파괴되며, ③ 일지가 기신이며, ④ 팔자에 재성혼잡(財星混雜), 도화(桃花), 홍염(紅艶) 등으로 바람기가 있다.

③ 진월갑목(辰月甲木)

주용신 庚　　**보조용신** 壬

木기운이 약하다. 庚金칠살을 먼저 쓰며, 다음으로 壬水편인을 써서 庚金의 기운을 약하게 하여 甲木을 돕는다.

【원문】

三月甲木 木氣相竭 先取庚金 次用壬水 庚壬兩透 一榜堪圖 但
삼 월 갑 목　목 기 상 갈　선 취 경 금　차 용 임 수　경 임 량 투　일 방 감 도　단

要運用相生 風水陰德 方許富貴 或見一二庚金 獨取壬水 壬透
요 운 용 상 생　풍 수 음 덕　방 허 부 귀　혹 견 일 이 경 금　독 취 임 수　임 투

清秀之人 才學必富 或天干透出二丙 庚藏支下 此鈍斧無鋼 富
청 수 지 인　재 학 필 부　혹 천 간 투 출 이 병　경 장 지 하　차 둔 부 무 강　부

貴難求 若有壬癸破火 堪作秀才
귀 난 구　약 유 임 계 파 화　감 작 수 재

【해설】

진월갑목은 木기운이 약하므로 먼저 庚金칠살을 쓰고, 나중에 壬水편인을 쓴다. 진월갑목 사주에 庚金과 壬水가 모두 투출한 경우 공명이 있다. 단 운에서 도와줘야 하고, 풍수의 음덕이 있으면 부귀를 이룰 수 있다. 만약 진월갑목에 1~2개의 庚金이 있으면 오직 壬水식신만 취하여 화살(化殺)한다. 이 경우 위인이 맑고 탁월하여 재주와 학식이 뛰어나다. 천간에 丙火가 2개 투출하고 庚金이 지장간에만 있는 경우, 제살태과(制殺太過)로 庚金의 날이 무뎌지거나 없어지므로 부귀를 이룰 수 없다. 팔자에 壬癸水가 있어서 庚金을 무력하게 하는 불기운을 꺼줘도 부귀와는 거리가 있으며, 공부하는 학생일 뿐이다.

或柱中全無一水 戊己透干 支成土局 又作棄命從才 因人而致
혹주중전무일수 무기투간 지성토국 우작기명종재 인인이치

富貴 妻子有能 或見戊己 及比劫多者 名爲雜氣奪才 此人勞碌
부귀 처자유능 혹견무기 급비겁다자 명위잡기탈재 차인로록

到老 無馭內之權 女命合此 女掌男權 賢能內助 若比劫重見 淫
도로 무어내지권 여명합차 여장남권 현능내조 약비겁중견 음

惡不堪
악불감

【해설】　　　　진월갑목이 팔자에 水인수가 없고 戊己土재성이 천간
에 투출하며, 지지가 土재성국이 되는 경우 기명종재(棄命從財)가 된다.
명주는 다른 사람의 도움으로 부귀를 얻고 처자가 능력 있는 사람이다.
진월갑목에 재성인 戊己土가 천간에 있고 木비겁이 많으면 재물을 놓고
다투는 군겁쟁재(群劫爭財) 또는 잡기탈재(雜氣奪財)의 형상이 된다. 이
경우 남자는 늙도록 고생하며 집안을 다스릴 힘도 없다. 여자도 마찬가
지로 늦도록 고생을 하는데 남자의 권한을 갖고 남자를 내조하는 격이
다. 비겁을 거듭 보는 경우에는 음란하고 악하다.

或支成金局 方可用丁 不然 三月無用丁之法 惟有先庚後壬取
혹지성금국 방가용정 불연 삼월무용정지법 유유선경후임취

用 書曰 甲乙生寅卯 庚辛干上逢 離南推富貴 坎地却爲凶
용 서왈 갑을생인묘 경신간상봉 이남추부귀 감지각위흉

【해설】 　　　진월갑목에 지지가 金관살국으로 관살이 너무 왕성한 경우에 丁火를 용신으로 하지만, 그 밖의 경우는 丁火를 쓰지 않는다. 진월갑목은 庚金을 주용신으로 하고, 壬水를 보조용신으로 하는 것이 원칙이다. 이르기를 寅卯월 甲乙일간의 천간에 庚辛이 있는 경우, 봄의 나무[春木]가 관살을 매우 꺼리므로 火식상을 만나면 부귀하고, 水인수를 만나면 흉하다고 하였다.

【원문】

此命乏丁 喜運入南方 富貴不大之命
차 명 핍 정 　 희 운 입 남 방 　 부 귀 불 대 지 명

시	일	월	연	(坤命)
丙	甲	庚	乙	
寅	申	辰	丑	

丁	丙	乙	甲	癸	壬	辛
亥	戌	酉	申	未	午	巳

【해설】 　　　팔자에 庚金칠살이 왕성하므로 火식상으로 다스려야 한다. 丙火보다는 화롯불인 丁火를 쓰는 것이 좋은데, 투출한 丁火가 없으므로 운이 남방으로 가는 것이 좋다. 부귀가 크지 않고, 申酉戌 서방운에 실패한다. 甲木이 丙寅시를 만나므로 복성귀인(福星貴人)이 되지만 운의 흐름에서 귀함을 살리지 못하였다.

【원문】

尙書命
상 서 명

<table>
<tr><td>시</td><td>일</td><td>월</td><td>연(乾命)</td></tr>
<tr><td>庚</td><td>甲</td><td>壬</td><td>丙</td></tr>
<tr><td>午</td><td>辰</td><td>辰</td><td>寅</td></tr>
</table>

<table>
<tr><td>己</td><td>戊</td><td>丁</td><td>丙</td><td>乙</td><td>甲</td><td>癸</td></tr>
<tr><td>亥</td><td>戌</td><td>酉</td><td>申</td><td>未</td><td>午</td><td>巳</td></tr>
</table>

【해설】　　　　왕성한 甲木이 용신 庚金을 만나고 辰土가 午火를 설기하며, 壬水가 투출하여 중화를 이룬 명으로 용신을 돕는 申酉戌운이 좋다. 상서(尙書)^{주)} 벼슬을 하였다.

――――――――――

㈜ 상서는 진나라 때 천자와 신하 사이에 오가던 문서에 관한 일을 보던 벼슬로, 후대에 육부의 장관을 이르는 말이 되었다.

【원문】

此命用丁 乏丁常人也
차 명 용 정　핍 정 상 인 야

```
시  일  월  연 (乾命)
丁  甲  壬  丙
卯  辰  辰  寅

己  戊  丁  丙  乙  甲  癸
亥  戌  酉  申  未  午  巳
```

【해설】　　　庚金칠살이 없으므로 丁火상관을 써서 왕성한 甲木의 기운을 빼내어 목화통명(木火通明)을 이룬다. 높은 벼슬에 오르는 귀한 사주이다.^{주)} 丁火가 없으면 보통사람에 불과하다.

주 일부 주석서에서는 '용신 丁火가 丁壬합이 되어 사주에 있는 병을 치료하지 못하므로 평범한 명'이라고 해석하기도 한다. 그러나 丁壬 사이에 甲이 있어서 합이 되지 않으며, 지지 바닥에 寅卯辰木을 깔고 있으므로 丁火가 합을 한다고 보는 것은 무리가 있다.

【원문】

四柱木旺金缺 非僧道 卽無子
사 주 목 왕 금 결　비 승 도　즉 무 자

```
시  일  월  연 (乾命)
戊  甲  甲  壬
辰  寅  辰  午

辛  庚  己  戊  丁  丙  乙
亥  戌  酉  申  未  午  巳
```

【해설】 　　　甲木일간이 寅木의 자리에 앉고 습토(濕土)를 얻어 왕성한데, 이를 제극하는 庚金이 없고 설기하는 火식상도 없다. 또한 壬水도 멀리 있어서 도움이 안 된다. 팔자 배합이 무정하고, 왕성한 비겁이 재성을 치는 군겁쟁재의 상이므로 승도(僧道)가 아니면 자식이 없다. 연지의 午 중 丁火는 일간과 너무 멀리 있어서 무정하고, 연간 壬水가 천간에 있어서 수극(受剋)이 되므로 용신으로 삼기 어렵다.

진월갑목 해설

시	일	월	연 (乾命)
丙	甲	丙	癸
寅	辰	辰	卯

戊	己	庚	辛	壬	癸	甲	乙
申	酉	戌	亥	子	丑	寅	卯

　　진월갑목이 무력해 보이지만 지지가 寅卯辰 木비겁국이 되어 왕성하다. 신왕한 甲木이므로 丁火상관이나 金칠살을 용신으로 하는 것이 맞지만 팔자에 용신으로 쓸 수 있는 丁火나 庚金이 없다.

　　차선으로 丙火식신이나 辰 중 戊土편재를 용신으로 삼을 수 있는지 살펴본다. 용신 원칙에 따르면 지지가 金관살국을 이룬 것이 아니므로 시간인 丙火를 쓰는 것보다 土재성으로 설기하는 것이 좋다. 용신으로 삼는 土재성은 월령을 차지하고 있고, 천간 丙火로부터 생을 받고 있어 용신으로 부족함이 없다. 즉, 이 사주는 火土가 희용신이 된다.

　　실제로 명주는 辛亥운에 굶어서 얼어 죽었다. 辛亥운 중 辛金은 병신

합수(丙辛合水)로 일간의 기운을 더 왕성하게 하고, 亥水는 수생목(水生木)하여 기신의 역할을 한다. 만약 천간에 庚金이 투출하였다면 지지 辰土의 강한 기운으로 일간을 규제할 수 있으므로 굶어 죽는 일은 없었을 것이다. "2개의 丙火가 투출하고 庚金이 없는 경우 부귀를 이룰 수 없다"는 원문에 있는 원칙도 굶어 죽은 것과 관련하여 참고한다.[사주 출처 『적천수(滴天髓)』]

	시	일	월	연 (乾命)
	戊	甲	壬	丙
	辰	辰	辰	午
己	戊	丁	丙	乙	甲	癸
亥	戌	酉	申	未	午	巳

이르기를 진월갑목이 천간에 戊己土재성이 투출하고, 지지가 土재성국이 되는 경우에는 기명종재(棄命從財)가 되어 부귀를 이룰 수 있다고 하였다. 단, 水인수가 없어야 한다. 水가 세력이 있는 경우 자신을 포기하지 않으므로 일반적인 억부용신을 적용해야 하는 사주가 된다. 만약 인수의 세력이 미약한 경우에는 이른바 재다신약(財多身弱)이다. 바로 위 사주와 같은 경우이다. 신약한 사주이므로 대운이 水木으로 흘러야 운발이 아름다운데, 이 사주는 火金으로 흐르고 있다. 2007년 현재는 丙火운에 와 있는데, 팔자의 강한 재성인 기신을 생하는 구신운이다.

복부비만이 심해서 집에서 아이를 돌보고 있는 남성으로 직장을 들어갈지 아니면 작은 구멍가게라도 할지 망상으로 시간만 죽이고 있으며, 부인은 직장생활을 하고 있다.

丙火가 투출하고 천간에 庚金이 없는 경우 庚金의 날이 무뎌져서 부
귀를 이룰 수 없다고 하였는데, 만약 이 팔자에 庚金이 투출하면 지나치
게 많은 재성을 자연스럽게 흡수하여 관인상생(官印相生)으로 흐름을
이어갈 수 있다. 그러면 丙火대운이 현재처럼 흉하지는 않을 것이다.

④ 사월갑목(巳月甲木)

주용신 癸   보조용신 丁庚

巳월은 왕성했던 木기운이 물러가고 월령 丙火가 세력을 얻는 달이다. 癸水정
인을 써서 조후하고, 丁火상관으로 보좌하여 목화통명(木火通明)을 이루며, 庚
金칠살로 보좌한다.

【원문】
四月甲木退氣 丙火司權 先癸後丁
사 월 갑 목 퇴 기 병 화 사 권 선 계 후 정

【해설】   사월갑목은 寅卯辰월의 왕성했던 木기운이 물러가고
월령에서 丙火가 세력을 얻는다. 먼저 癸水정인을 써서 조후를 하고, 甲
木이 유력한 경우 丁火상관으로 보좌하여 목화통명을 이룬다.

【원문】
庚金太多 甲反受病 若得壬水 方配得中和 此人性好清高 假裝
경 금 태 다 갑 반 수 병 약 득 임 수 방 배 득 중 화 차 인 성 호 청 고 가 장

富貴 即蔭襲顯達 終日好作禍亂 善辨巧談 喜作詩文 此理最驗
부 귀 즉 음 습 현 달 종 일 호 작 화 란 선 변 교 담 희 작 시 문 차 리 최 험

【해설】　　　　사월갑목에 庚金이 지나치게 강하면 木의 기운이 약해지는 퇴기(退氣)의 달에 있는 약한 甲木에게 庚金의 기운이 오히려 병이 된다. 그러나 팔자에서 壬水를 얻으면 중화가 된다. 이 경우 위인의 성격은 맑고 높지만, 巳월의 장간에 火土가 있어서 조토(燥土)가 金을 생하는 힘이 떨어지므로 겉으로 보기에만 부귀하다. 또, 壬인수는 부모 조상의 육친이므로 조상의 음덕으로 발전하지만 결국 실패한다. 말하기 좋아하고 글쓰기를 좋아한다.

【원문】

如一庚二丙 稍有富貴 金多火多 又爲下格
여일경이병 초유부귀 금다화다 우위하격

【해설】　　　　사월갑목이 팔자에 庚金 1개와 丙火 2개가 있으면 약간의 부귀를 이룰 수 있지만, 金이 많고 火도 많으면 甲木에 대한 극설(剋洩)이 겹쳐져서 극설교집(剋洩交集)의 상황이 되므로 하격이다.

【원문】

或癸丁與庚齊透天干 此命可言科甲 卽風水淺薄 亦有選拔之
혹계정여경제투천간 차명가언과갑 즉풍수천박 역유선발지

才 癸水不出 雖有庚金丁火 不過富中取貴 異途官職而已 壬透
재 계수불출 수유경금정화 불과부중취귀 이도관직이이 임투

可云一富 若全無點水 又無庚金丁火 一派丙戊 此無用之人也
가운일부 약전무점수 우무경금정화 일파병무 차무용지인야

【해설】　　　　사월갑목에 癸水와 丁火와 庚金이 모두 천간에 투출한 경우는 庚金의 생조를 받는 癸水가 자윤(滋潤)하고, 丁火가 甲木의 수기(秀氣)를 나타내게 하여 벼슬을 하며, 풍수(風水)가 나쁘더라도 탁월한 재주가 있다. 丁火와 庚金은 투출하였으나 癸水가 투출하지 않은 경우에는 재물로 벼슬을 사거나 다른 방법으로 관직에 나아간다. 사월갑목에 壬水가 투출하면 큰 부자이다. 만일 水가 전혀 없는데 庚金과 丁火도 없고 한 무리의 丙火와 戊土만 있으면, 불기운은 강해지고 땅은 메마른 형세라 하천한 위인이다.

【원문】

明府
명부

시	일	월	연(乾命)
乙	甲	乙	丁
亥	寅	巳	卯

戊	己	庚	辛	壬	癸	甲
戌	亥	子	丑	寅	卯	辰

【해설】　　　　천간에 乙木이 투출하여 양쪽에서 보좌하고, 지지에 寅亥합이 되므로 甲木일간이 왕성하다. 이를 丁火상관으로 설기하여 명부(明府) 벼슬을 하였다.

3
십간의 월별 주용신과 보조용신

【원문】

庚丁兩透 進士
경 정 량 투 진 사

시	일	월	연(乾命)
庚	甲	乙	丁
午	辰	巳	卯

戊	己	庚	辛	壬	癸	甲
戌	亥	子	丑	寅	卯	辰

【해설】　　　甲木이 수고(水庫)인 인고(印庫)에 앉아 약하지 않으며, 庚金칠살과 丁火상관이 투출하여 중화되었다. 진사(進士) 벼슬을 하였다.

【원문】

大貴
대 귀

시	일	월	연(乾命)
甲	甲	癸	丙
子	戌	巳	午

庚	己	戊	丁	丙	乙	甲
子	亥	戌	酉	申	未	午

【해설】　　　　癸水가 투출하고 子戌의 사이에 亥水가 공협(控夾)이 되어 있으며, 시간 甲木이 일간을 도와서 약하지 않다. 그러나 연간 丙火가 월령을 얻고 지지 巳午를 깔고 있어서 설기가 심한 것이 팔자의 병이다.

　월간 癸水가 丙火를 제극하고 한편으로는 일과 시에 쌍으로 투출해 있는 甲木을 생조하므로 용신으로 삼는다.[주] 운이 용신을 돕는 金水운으로 흘러 크게 귀하다.

[주] 이 사주를 신왕으로 보고, 설기하는 식상 丙火를 용신으로 삼는 경우도 있다. 이 경우 戊戌과 己亥운이 식상생재(食傷生財)를 이루어 귀한 것으로 설명하는데, 설기하는 火 식상이 매우 강하므로 이 사주를 신왕으로 보는 것은 문제가 있다.

【원문】

此命火土煞乾癸水 行午運損目 後作乞丐
차 명 화 토 살 건 계 수　행 오 운 손 목　후 작 걸 개

시　일　월　연 (乾命)

丙　甲　癸　丙

寅　子　巳　午

庚　己　戊　丁　丙　乙　甲

子　亥　戌　酉　申　未　午

【해설】　　　　火土가 癸水를 말려서 午운에 눈이 상하고, 이후 거지가 되었다.^{주)}

㊀ 『자평진전평주(子平眞詮評註)』에서도 전참정(錢參政)의 사주로 소개하였다. 이 사주에 대해 『조화원약(造化元鑰)』에서는 전혀 다른 평을 하고 있는데, 癸水인수가 子水의 건록(建祿)을 얻고 있으므로 정기신(精氣神)의 기운이 중화를 이루므로 丙申과 丁酉운은 길하며, 戊戌재성운에는 인수를 제극하므로 흉한 명이라 하였다. 다음은 『조화원약』에 소개되어 있는 거지의 사주이다.

```
시  일  월  연 (乾命)
丙  甲  癸  丙
寅  寅  巳  午
```

위 사주는 앞에 나온 사주와 일지 子가 寅으로 바뀐 점이 다르다. 이런 이유로 癸水의 뿌리가 되는 子水가 없고 庚金이 생해주지 못하므로 물이 마를 염려가 있다. 그러나 앞의 사주는 癸水의 뿌리가 있으므로 마를 염려가 없다.

사월갑목 해설

```
시   일   월   연 (乾命)
庚   甲   辛   乙
午   子   巳   亥

癸  甲  乙  丙  丁  戊  己  庚
酉  戌  亥  子  丑  寅  卯  辰
```

사월갑목은 원래 기운이 쇠약하다. 게다가 천간에 庚辛金이 있고 지지에 巳午火가 있으므로 金과 火의 극설(剋洩)이 겹쳐 있는 상황이다.

따라서 水인 수가 용신이 된다. 극설이 겹쳐서 3명의 처와 4명의 자식을 극하였다.

丁丑대운의 丁은 극설이 더 심해지고 丑은 子丑土로 기반(羈絆)이 되어, 불을 어둡게 하고 물의 기운을 막아 사망하였다.

[사주 출처 『적천수(適天髓)』]

위천리(韋千里)는 『팔자제요(八字提要)』에서 사월갑목 庚午시의 경우는 丑土로 火金을 이어줄 필요가 있다고 하였지만, 위 사주와 같이 극설이 교차된 경우에는 적용되지 않는다. 『팔자제요』의 원문과 해설 내용은 다음과 같다.

"甲日巳提 木氣盡泄 時落於午 益添火焰 庚金偏官 雖坐生於巳 火旺則金氣被鎔 書云 木行南離 名爲散氣之文 火金交戰 祇要有帶水之 土以構通之 再有水木 相助 五行有情而不悖矣

(갑일사제 목기진설 시락어오 익첨화염 경금편관 수좌생어사 화왕즉금기피용 서운 목행남리 명위산기지문 화금교전 지요유대수지토이구통지 재유수목 상조 오행유정이불패의)"

甲木이 巳월이면 木기운이 다 빠지는 형세다. 이 때 시(時)에서 午火를 만나니 火의 함정에 빠진 격이다. 비록 庚金칠살이 巳火의 자리에서 장생을 만나지만 왕성한 火에 녹게 된다. 글에 이르기를 木이 火로 가므로 산기지문(散氣之文)이라 하였다. 火金이 서로 다투는 형상으로, 물기 있는 흙인 辰土와 丑土로 火金을 생으로 이어주고 水가 木을 도와주면 오행의 기운이 유정하여 혼란스럽지 않다.

시 일 월 연 (乾命)
庚 甲 丁 癸
午 辰 巳 丑

庚 辛 壬 癸 甲 乙 丙
戌 亥 子 丑 寅 卯 辰

일간을 중심으로 하여 영향력이 가장 큰 삼각형은 일주와 월지, 시지이다. 이 삼각형 안에 식상과 재성이 모여 있으면 재물과 인연이 있다. 또한 중화를 돕는 용신이 팔자 자체에서 힘이 있고, 운에서도 용신을 돕는 명이면 큰 재물을 모은다. 위 사주는 이 기준에 맞으므로 재물을 이룰 수 있는 기본 틀이 마련된 셈이다. 위 팔자는 시간에 庚金칠살이 있고, 월에 丁火가 투출하여 신약하므로 연간의 癸水인수를 용신으로 한다. 용신의 상황은 午火 살지(殺地)에 있는 무력한 庚金이 너무 멀리 있어서 癸水용신을 돕지 못하지만, 丑土에 癸水의 뿌리가 있고 일지 辰土도 수고(水庫)이므로 癸水의 의지처가 된다. 그러므로 癸水를 용신으로 삼을 수 있다. 운을 보면, 甲寅운까지는 신약한 일간을 돕는 희신운이므로 화평한 세월을 보냈다. 이어지는 癸丑운부터 辛亥운까지는 癸水용신을 돕는 운으로 재물이 마음먹은 대로 따라주었다.[사주 출처 『적천수(適天髓)』]

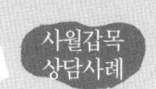

부인의 가출

찾아오신 남자분은 50세가 넘어 보였다. 첫인상이 까다로워 보였으나 말투는 전혀 안 그랬다. 시골 아저씨같이 유순한 말투가 사람을 편안하게 해주었다. 그러나 쉬지 않고 말하는 게 흠이라면 흠이다. 말이 많으면 실속이 없고, 짧은 침묵이 가장 긴 시간이라고 했던가? 이 분의 구구절절한 사연을 들으며 이런 생각을 잠시 해보았다.

부인의 황당한 가출사건을 이야기하는 모양새가 마치 남의 이야기를 하듯 하였다. 자신의 말대로 부인에 대한 마음을 비운 것이 사실이라면 상담을 청하지나 말지 상담실엔 뭐 하러 왔나 생각하며 가출한 부인의 사주팔자를 들여다보았다.

```
시  일  월  연 (坤命)
丁  甲  丁  癸
卯  寅  巳  卯


甲  癸  壬  辛  庚  己  戊
子  亥  戌  酉  申  未  午
```

부인은 불기운이 강한 달에 나무로 태어났다. 큰 장작이 되어 사정없이 불을 사르고 있는 형상이다. 불은 쇠를 녹이는 성분이며 이 사주에서는 쇠기운이 남편인데, 이렇게 불이 강해서야 남편이 발 디딜 틈이 없다. 이 와중에 巳에 숨어 있는 남편별이 암충(暗沖)으로 흔들리고, 남편자리는 형(刑)으로 깨져 있어 아무리 봐도 남편의 역할이 없다. 甲寅일에 태어난 여자는 고란과숙살(孤鸞寡宿殺)로 독수공방하고, 간지가 같은 오행으로 부부가 생사 이별하며, 남연살(男戀殺)로 애인을 숨겨둔다는 전통적인 신살론을 들먹이지 않더라도 팔자 전체적으로 부부관계가 좋지 않음을 금방 알 수 있다. 부인에게

불기운은 상관이 되는데, 상관 기운이 역할이 없는 남편을 마구 쳐대 남편을 망치는 팔자이다. 말 그대로 상할 상(傷), 남편 관(官), 상관으로 흘러가는 상황이다. 잠시 말없이 전체적인 흐름을 보고 있는데 역학에 관심이 있다는 중년 남자분이 푸념 겸 질문을 던지기 시작하였다.

"집사람과는 1996년 1월에 늦은 결혼을 했지요." 1996년을 보면 팔자에 숨어 있던 남편별이 대운에서 강하게 들어오므로 결혼과 인연이 있고, 기문둔갑으로 보면 1995년 12월에 金이 겸왕한 칠살운에 태음(太陰)과 개문(開門)이 있고 인수가 천의(天宜)이므로 이 때부터 부인에게 남자 기운이 움직이기 시작한다. 운기에 맞는 결혼을 하였으므로 출발이 잘못되었다고 볼 수는 없다.

"집사람에게 가게를 차려주었는데 2004년 6월 망해버렸습니다." 이 말 뒤에 부인 가게에 1억이 들었는데, 가게를 차려준 지 얼마 안 되어 이런 저런 이유로 돈을 달라고 하더니 급기야는 투자금을 한 푼도 못 건지고 몽땅 없앴다고 한다. 그런데 이상한 것은 부인의 전체 기운이 재복이 있는 편이고, 2004년에 아무리 겁재운이 왔다고 해도 1억이 넘는 돈을 없앨 운이 아니다. 기문둔갑으로 보니 '을가경위 일기피형(乙加庚爲 日奇被刑)' 으로 분쟁이 있고 부부 불화수이며, 외간 남자를 뜻하는 관살에 음란의 기운인 태음이 붙어 남자와의 바람으로 인한 손실수로 보인다. 이런 말을 하자 자기 부인에게 절대 그런 일이 없을 것이라고 한다. 불쌍한 양반, 이미 깨진 그릇을 안 깨졌다고 우긴다고 깨진 그릇이 다시 붙나.

"집사람은 2005년 10월 초 갑자기 가출하였습니다. 있는 곳이 짐작되지만 제가 용렬하기도 하고 겁이 나기도 해서 찾지 않고 있습니다. 집사람이 돌아올까요?" 부인의 기운을 보니 2006년은 남편을 밀어내는 기운이 강해져서 전혀 돌아올 리가 없고, 2007년은 담소(膽小)에 허위달변(虛僞達辯)운이므로 구설만 분분하고, 2008년은 남자인 관살운이 온다. 이 남자가 남편인지 다른 남자를 뜻하는지는 알 수 없다.

좀더 자세히 부인의 사주팔자를 분석하여 부부관계를 알아보자. 이르기를 癸水와 丁火와 庚金이 있는 경우에는 庚金과 癸水가 자윤(滋潤)하고, 丁火로 수기(秀氣)를 나타낼 수 있어 귀한 사주라 하였다. 癸水와 丁火 중 어느 것을 용신으로 할지는 일간의 왕약(旺弱)에 따라 달라진다. 만약 신약하다면 庚金과 癸水가 더 필요하고, 신왕하다면 丁火가 더 필요하다. 위 사주의 경우는 택묘(宅墓)인 일지와 시주에서 투출한 것이 모두 丁火로 설기가 심하다. 비록 甲일간이 지지에 寅卯辰 木비겁국을 깔고 있으나 신약한 사주로 분류되어야 한다. 또한 용신을 정함에 있어서 사월갑목은 丙火가 주장을 하므로 金水의 자윤이 우선되는 것도 참고한다. 그러므로 용신은 연간의 癸水이다.

癸水 용신의 상황을 보면 사지(死地)인 卯木 위에 있고, 巳火 월령은 절지(絶地)에 해당된다. 이런 상태라면 癸水를 돕는 庚金의 도움이 절대적으로 필요하지만 천간에 투출된 것이 없다. 즉 용신 무력에 편고된 사주이다.

여기에 남편을 뜻하는 관살은 투출하지 않고, 팔자에 식상의 기운이 몰려 있어 부부 불화를 예상할 수 있다. 실제, 부부 불화로 辛酉운인 乙酉년 乙酉월 남편이 출근한 후 아이를 시집에 맡기고 갑자기 가출하였다.

※ 사월갑목 丁卯시를 판단할 때 참조할 사항

甲木이 巳월을 만나면 운성으로 병지(病地)에 있고, 火가 왕성하여 木은 메마른 상황이다. 시지 卯木의 양인(羊刃)이 있으나 시간에 丁火가 있어서 木이 타버린다. 불[火]의 왕성함과 나무[木]의 메마름을 해결하려면 물이 있어야 한다. 그러므로 水인수가 병을 해결하는 약이 되지만 水를 억누르면 반대로 병이 된다. 그러나 金이 도우면 맑고 윤택해지므로 금상첨화이다. 『팔자제요(八字提要)』의 관련 원문은 다음과 같다.

"木至四月 位立衰地 火旺木渴 枝葉枯憔 時支卯木爲刃 時干丁火爲傷 大有火旺木焚之
槪 欲去旺火之病 療木之燥 非水而何 然則水印洵去病之藥 抑亦旋乾轉坤之神 再見金以
助之者 盆見淸潤可喜 添花錦上矣
(목지사월 위립쇠지 화왕목갈 지엽고초 시지묘목위인 시간정화위상 대유화왕목분지개 욕거
왕화지병 요목지조 비수이하 연즉수인순거병지약 억역선건전곤지신 재견금이조지자 익견
청윤가희 첨화금상의)"

⑤ 오월갑목(午月甲木) · 미월갑목(未月甲木)

오월갑목

주용신 癸   보조용신 丁庚

木기운이 허하고 불타는 계절에 있으므로 午未월을 같은 이치로 본다. 癸水정인을 먼저 쓰고 丁火상관은 庚金이 강할 때 보조하며, 庚金칠살로는 수원(水源)을 삼는다.

미월갑목

주용신 丁   보조용신 庚癸

木기운이 허하고 불타는 계절에 있으므로 午未월을 같은 이치로 본다. 未월은 삼복 중에 찬 기운이 생겨서 丁火가 물러나므로 丁火상관을 먼저 사용하고, 庚金칠살과 癸水정인으로 보조한다.

【원문】

五六月甲木 木性虛焦 一理共推 五月先癸後丁 庚金次之 六月
오육월갑목 목성허초 일리공추 오월선계후정 경금차지 육월

三伏生寒 丁火退氣 先丁後庚 無癸亦可 或五月乏癸 用丁亦可
삼복생한 정화퇴기 선정후경 무계역가 혹오월핍계 용정역가

要運行北地爲佳
요운행북지위가

【해설】   오미월갑목(午未月甲木)은 木기운이 허하고 불타는 계절이므로 午未월을 같은 이치로 본다. 오월갑목은 먼저 癸水정인을 쓰고 丁火상관으로 보조한다. 다음으로 庚金칠살을 쓴다.

미월갑목은 삼복 중에 찬 기운이 생겨서 丁火가 물러나므로 먼저 丁

火상관을 사용하고 庚金칠살로 보조한다. 팔자 중 癸水가 없어도 이 방법을 쓴다. 만약 오월갑목에 癸水정인이 부족할 경우 丁火상관을 사용할 수 있지만 운의 흐름이 水로 흘러야 한다.

【원문】

總之五六月用丁火 雖運行北地 不致於死 却不利運行火地 號
총 지 오 육 월 용 정 화 수 운 행 북 지 불 치 어 사 각 불 리 운 행 화 지 호

日木化成灰 必死 行西程又不吉 號曰傷官遇殺 不測災來 惟東
왈 목 화 성 회 필 사 행 서 정 우 불 길 호 왈 상 관 우 살 불 측 재 래 유 동

方則吉 北方次之 此五六月用丁之説也
방 즉 길 북 방 차 지 차 오 육 월 용 정 지 설 야

【해설】 午未월 甲木이 丁火를 쓰는 경우 대운의 흐름이 水로 흐르면 죽지는 않는다. 그러나 火로 흐르면 木火 진상관격(眞傷官格. p.125의 진상관 참조)이 되어 나무[木]가 타서 재가 되므로 죽는다. 대운이 金으로 흐르면 甲木은 상관월에 관살을 만난 것이므로 재앙이 많다. 대운이 木으로 흐르면 길하고, 水로 흐르는 것이 그 다음이다. 이상은 午未월 丁火의 쓰임을 말해준다.

【원문】

凡用神太多 不宜剋制 須洩之爲妙
범 용 신 태 다 불 의 극 제 수 설 지 위 묘

【해설】 팔자에 용신의 글자가 많은 경우 이를 극제하는 것은 좋지 않고 설기해야 좋다. 예를 들어, 상관이 용신으로 상관의 글자가 많은 경우 인수로 상관을 극하는 것보다 재성으로 상관을 설기한다.

【원문】

五六月甲木 木盛先庚 庚盛先丁 五月癸庚兩透 爲上上之格 六
오 육 월 갑 목 목 성 선 경 경 성 선 정 오 월 계 경 량 투 위 상 상 지 격 육

月庚丁兩透 亦爲上上之格 用神旣透 木火通明 自然大富大貴
월 경 정 량 투 역 위 상 상 지 격 용 신 기 투 목 화 통 명 자 연 대 부 대 귀

或丁火太多 癸水亦多 反作平人
혹 정 화 태 다 계 수 역 다 반 작 평 인

【해설】 午未月의 甲木일간에 木이 왕성하면 庚金을 우선 쓰
고, 庚金이 왕성하면 丁火를 먼저 쓴다. 午월에 癸水와 庚金이 모두 투출
하면 상격의 사주이고, 未월에 庚金과 丁火가 모두 투출한 경우도 상격
이다. 용신이 이미 천간에 투출하면 목화통명(木火通明)이 되어 큰 부귀
를 이룬다. 丁火와 癸水가 너무 많은 경우는 보통 사람이다.

【원문】

若柱中多金 名曰殺重身輕 先富後貧 運不相扶 非貧卽夭 或庚
약 주 중 다 금 명 왈 살 중 신 경 선 부 후 빈 운 불 상 부 비 빈 즉 요 혹 경

多 有一二丙丁制伏 又有壬癸透干 泄金之氣 此又爲先貧後富
다 유 일 이 병 정 제 복 우 유 임 계 투 간 설 금 지 기 차 우 위 선 빈 후 부

【해설】 午未月의 甲木일간이 사주에 金관살이 많고 水인수가
없으면 살중신경(殺重身輕)으로 관살은 강하고 일간은 약하다. 이 경우
먼저는 부유하지만 나중에 가난해진다. 이런 팔자를 운에서 돕지 않으
면 가난하거나 요절한다. 庚金칠살이 많은 경우 1~2개의 丙丁식상이
관살을 제어하고, 壬癸인수가 천간에 투출하여 金관살을 관인상생(官印
相)으로 설기하면, 먼저는 가난하지만 나중에는 부자가 된다.

窮
通
寶
鑑

【원문】

或滿柱丙火 又加丁火 不見官殺 謂之傷官傷盡最爲奇 反成淸
혹 만 주 병 화 우 가 정 화 불 견 관 살 위 지 상 관 상 진 최 위 기 반 성 청

貴 定主才學過人 科甲有望 但歲運不宜見水 若柱中有壬水 運
귀 정 주 재 학 과 인 과 갑 유 망 단 세 운 불 의 견 수 약 주 중 유 임 수 운

又逢水 必貧夭死
우 봉 수 필 빈 요 사

【해설】　　　　　午未월의 甲木일간에 火식상이 가득하고 金관살이 없
는 경우 이를 상관상진(傷官傷盡)이라고 하는데, 일간 甲木의 기운이 식
상의 탈기로 인해 아주 약해짐을 가리킨다. 이 경우 귀하게 되며, 재주와
학문이 보통사람보다 뛰어나서 출세한다. 단, 운에서 水인수를 보면 좋
지 않으며, 만일 사주 중에 壬편인이 있고 운에서 水인수를 만나면 가난
하거나 요절한다.

【원문】

但凡木火傷官者 聰明智巧 却是人同心異 多見多疑 雖不生事
단 범 목 화 상 관 자 총 명 지 교 각 시 인 동 심 이 다 견 다 의 수 불 생 사

害人 每抱忌妒之想 女命一理同推
해 인 매 포 기 투 지 상 여 명 일 리 동 추

【해설】　　　　　木일간이 火식상을 만나는 경우 목화상관(木火傷官)이
라 하며, 대부분 총명하고 지혜롭다. 그러나 편고를 면할 수 없으니 사람
을 볼 때마다 마음이 다르고 의심이 많다. 사람을 해치지는 않지만 시기
와 질투심이 강하다. 여자인 경우도 동일하다.

【원문】

或四柱多土 干上有乙木 切勿作棄命從才

혹사주다토 간상유을목 절물작기명종재

【해설】　　　　午未월의 甲木일간 사주에 土재성이 많아도 천간에 乙 겁재가 있으면 일간 甲木이 乙木의 기운에 의지할 수 있다. 즉, 스스로를 포기하고 土재성을 따르지 않으므로 기명종재(棄命從財)의 사주로 판단 하지 않는다.

【원문】

時月兩透己土 名二土爭合 男主奔流 女主淫賤 見二甲則不爭

시 월 량 투 기 토　명 이 토 쟁 합　남 주 분 류　여 주 음 천　견 이 갑 즉 부 쟁

矣 亦屬平庸之輩 或四柱有辰 干見二己二甲 此人名利雙全 大

의　역 속 평 용 지 배　혹 사 주 유 진　간 견 이 기 이 갑　차 인 명 리 쌍 전　대

富大貴

부 대 귀

【해설】　　　　午未월의 甲木일간이 월간과 시간에 己土가 있으면, 甲일간이 己土와 동시에 합을 하려고 하므로 남자는 분주하며 여자는 음란하고 천하다. 이 경우 甲이 하나 더 있으면 합을 하려고 다투지 않지 만 역시 평범한 사람이다. 만약 지지에 변화를 일으키는 용(龍)인 辰土 가 있고, 천간에 2개의 己土와 甲木이 있으면 부귀하다.

【원문】

若在六月 見辰支 名爲逢時化合格 以癸水爲妻 丁火爲子 若二

약 재 육 월　견 진 지　명 위 봉 시 화 합 격　이 계 수 위 처　정 화 위 자　약 이

己一甲爭合 取支中比劫爲用 以甲爲用者 壬癸爲妻 甲乙爲子
기 일 갑 쟁 합　취 지 중 비 겁 위 용　이 갑 위 용 자　임 계 위 처　갑 을 위 자

其餘用庚者 土妻金子 用丁者木妻火子 女命以妻作夫 用作子
기 여 용 경 자　토 처 금 자　용 정 자 목 처 화 자　여 명 이 처 작 부　용 작 자

十干皆同
십 간 개 동

【해설】 　　　미월갑목이 지지에 辰土가 있고 천간에 己土가 있으면
甲己합화격(合化格)㈜이 된다. 이 경우 희신인 癸인수가 처, 丁식상이 자
식이다. 또한 2개의 己土가 하나의 甲木과 합을 하려고 다투면 지장간에
있는 비겁을 용신으로 삼는다. 甲乙木이 용신인 경우 희신인 壬癸인수
가 처, 용신인 甲乙이 자식이다. 庚金이 용신이면 희신인 土가 처, 용신
인 金이 자식이고, 丁火가 용신이면 木이 처, 火가 자식이다. 여자는 처
를 남편으로 보며, 이것은 십간이 모두 동일하다.

95

㈜ **합화격**　합화(合化)에서 합신(合神)은 甲己합, 乙庚합, 丙辛합, 丁壬합, 戊癸합을 말하
고, 화신(化神)은 합하여 변화하는 오행이다. 합화격은 천간에서 甲己합, 乙庚합, 丙辛
합, 丁壬합, 戊癸합으로 간합(干合)이 되면 이루어지며, 진화(眞化)와 가화(假化)가 있다.
가화는 쟁합(爭合) 등으로 화(化)를 방해하거나, 화신을 극하는 오행이 있는 경우이다.
진화에는 몇 가지 조건이 있는데 ① 일간과 합하는 글자가 월간이나 시간에 있어야
하고, ② 출생월이 화하는 오행과 같은 달이며, ③ 화신과 같은 오행이 팔자 내에서 강
해야 한다. 또한 ④ 가화격(假化格)이 운에서 화격(化格)이 되는 운을 만나는 경우에도
진화로 변하여 발전한다. 즉, 진화의 조건을 합화의 종류별로 정리하면 다음과 같다.
• 갑기화토(甲己化土) : 辰戌丑未월생으로 팔자에 土가 많아야 한다.
• 을경화금(乙庚化金) : 申酉월생으로 팔자에 金이 많아야 한다.
• 병신화수(丙辛化水) : 亥子월생으로 팔자에 水가 많아야 한다.
• 정임화목(丁壬化木) : 寅卯월생으로 팔자에 木이 많아야 한다.
• 무계합화(戊癸合火) : 巳午월생으로 팔자에 火가 많아야 한다.
합화격은 사주 속에 화신이 많을 때는 이를 설기하는 운이 좋고, 화신이 적을 때는 이
를 생하는 운이 좋다. 또 화신과 상극이 되는 운은 좋지 않다.

【원문】

或是己土 不見戊土 乃爲假從 其人一生縮首 反畏妻子 若無印
혹시기토　불견무토　내위가종　기인일생축수　반외처자　약무인

綬 一生貧苦 六月尤可 五月決不可
수　일생빈고　육월우가　오월결불가

【해설】　　　甲木을 돕는 乙木이 없고, 午未월 甲木이 己土만 보고
戊土를 못 보면 가종(假從)이 되므로 평생 머리를 숙이고 처자를 겁낸다.
水인수가 없으면 재다신약(財多身弱)으로 평생 가난하다. 오월갑목은 水
인수가 더욱 필요하지만, 미월갑목은 지장간에 乙木 뿌리가 있어 덜하다.

【원문】

年月丙丁兩透 支中有癸 癸運大發 官至侍郎
연월병정량투　지중유계　계운대발　관지시랑

시	일	월	연 (乾命)
甲	甲	丙	丁
子	寅	午	巳

己	庚	辛	壬	癸	甲	乙
亥	子	丑	寅	卯	辰	巳

【해설】　　　甲木일간이 巳午未 火식상국을 만나고 丙丁火가 투출
하여 목화통명(木火通明)에 진상관격(眞傷官格. p.125의 진상관 참조)
이다. 인수와 비겁이 필요하며, 子 중 癸水가 용신으로 지지에 용신이 있

으므로 원기암장(元機暗藏)이라고 한다. 진상관인 경우는 인수와 비겁 운이 좋다. 용신이 기운을 얻는 癸水운에 크게 발전하여 시랑(侍郎) 벼슬을 하였다.

【원문】

兩干不雜 專用子水[㈜] 一生富貴
양 간 부 잡　전 용 자 수　　일 생 부 귀

	시	일	월	연 (乾命)
	辛	甲	辛	甲
	未	子	未	辰

戊	丁	丙	乙	甲	癸	壬
寅	丑	子	亥	戌	酉	申

【해설】　　　　양간부잡격(兩干不雜格. p.68 참조)으로 일지 子水를 써서 평생 부귀하였다. 子水는 일간을 유력하게 하고, 未土를 윤택하게 하여 辛金을 생한다. 사주가 중화되고 운이 서북으로 달려 운이 용신을 도왔다.

─────────────────────

㈜ 원문의 전용정화(專用丁火)는 내용상 맞지 않아 전용자수(專用子水)로 정정하였다.

【원문】

支成水局 困了丁火 雖主富貴 乏子
지 성 수 국　곤 료 정 화　수 주 부 귀　핍 자

	시	일	월	연 (乾命)
	戊	甲	癸	乙
	辰	子	未	巳

丙	丁	戊	己	庚	辛	壬
子	丑	寅	卯	辰	巳	午

【해설】　　　　용신인 丁火가 기력이 없어 파괴되므로 부귀하였으나 자식이 없었다. 未土 중 丁火는 월간 癸水에게 개두(蓋頭)되었고, 지지는 申子辰 수국(水局)이 되어 용신이 역할을 할 수 없었다.

【원문】

庚金得祿 官至尙書
경금득록 관지상서

	시	일	월	연 (乾命)
	丙	甲	辛	甲주)
	寅	戌	未	申

戊	丁	丙	乙	甲	癸	壬
寅	丑	子	亥	戌	酉	申

【해설】　　　　庚金은 申金에서 건록(建祿)이 되므로 상서(尙書) 벼슬을 하였다. 건록에 재관을 쓰는 명이다. 재성인 戌未가 연지 申金을 생

하고, 申 중 壬水가 土를 자윤한다. 그러나 시(時)의 丙火가 투출한 辛金
을 묶고 寅申충이 되어 흉사하였다.

───────────────

㉾ 명나라의 상서 최임수(崔呈秀)의 팔자로, 『삼명통회(三命通會)』에서는 사주의 甲申년
을 甲戌년으로 표시하였다.

【원문】

女命 三嫁乏子
여 명 삼 가 핍 자

───

시	일	월	연 (坤命)
戊	甲	乙	辛
辰	戌	未	巳

壬	辛	庚	己	戊	丁	丙
寅	丑	子	亥	戌	酉	申

【해설】   여자의 사주로 세 번 시집을 가고 자식이 없었다. 이유
를 살펴보면 오행 중 金水가 희용신이며, 희신인 남편 辛金이 투출하여
남편과 인연이 없다고 할 수 없다. 그러나 甲木을 생해줄 癸水는 암충
(暗沖)이 되고 戊土가 개두하였다. 또한 팔자에 조토(燥土)의 세력이 강
해 용신인 癸水를 제극하니 생기가 전혀 없는 甲木이 되었다. 즉, 용신
이 무력하여 자식이 없었다.

시	일	월	연 (乾命)
丁	甲	壬	庚
卯	辰	午	辰

庚	己	戊	丁	丙	乙	甲	癸
寅	丑	子	亥	戌	酉	申	未

오월갑목에 癸水와 庚金이 모두 투출하면 상격인 사주이고, 미월갑목에서 庚金과 丁火가 모두 투출한 경우도 상격인 사주라고 하였다. 이와 관련하여 위 사주를 살펴본다.

오월갑목이 시간에 丁火가 있고, 丁火 바닥의 寅卯辰의 생조(生助)를 받고 있어 설기가 과한 신약사주이다. 팔자의 모양에서 뛰어난 점은 午월의 불기운이 연과 일의 지지인 辰土에 설기를 당하고, 辰土는 습토로 물을 내포하고 있어 甲木을 생조하며, 辰土 중 乙木이 甲木의 의지처가 될 수 있다는 점이다.

한편 월지 午火는 연지 辰土를 생하고, 辰土는 연간 庚金을, 庚金은 壬水인수를 생하며 水는 甲木일간을 생조한다. 즉, 전체적인 흐름이 약한 甲木일간을 생조하는 데 문제가 없고, 甲木의 수원(水源)이 되는 庚金도 역할을 할 수 있으며, 丁火가 있어서 庚金이 甲木을 치는 것을 막아주므로 팔자의 짜임새가 매우 좋다.

이 사주를 평할 때 연(年)의 庚金칠살이 중요하지 않다고 생각할 수 있으나, 만약 庚金이 없으면 土재성이 곧바로 甲木의 목줄인 水를 극하게 되므로 이를 조정하는 庚金을 중요한 요소로 봐야 한다.

결론적으로 이 사주는 신약에 속하지만 오행이 고루 있어 짜임새가 좋고 흐름이 원활하므로 상격인 사주이다. 신약이므로 용신은 金水관인이 된다.

운의 흐름은 초반부터 金水로 아름답게 흐른다. 단, 중반의 丙戌대운은 火가 강하여 문제가 될 수 있다. 일찍 관운을 타서 관찰사까지 하였다.[사주 출처 『적천수(適天髓)』]

시	일	월	연 (坤命)
己	甲	己	戊
巳	辰	未	戌

壬	癸	甲	乙	丙	丁	戊
子	丑	寅	卯	辰	巳	午

명주는 2001년 辛巳년부터 바람을 피우기 시작하였으며, 2003년 癸未년 양력 7월인 己未월에 상대에게 거액의 사기를 당했다. 이르기를 午未월의 甲木일간이 월간과 시간에 己土가 있으면 여자는 음란하고 천하다 하였다. 이를 바탕으로 실제상황이 일어나게 된 운기적인 원인을 살펴본다.

첫째, 일간의 양 옆에 있는 己土와 甲이 쟁합(爭合)하여 천한 명이라는 것을 떠나서 재성이 너무 많은 것이 흠이다. 사주는 미월갑목이 己土정재가 투출하고 모두 힘이 있는 상황이다. 시(時)에 巳火식신이 있고 나머지는 모두 재성이다. 즉, 팔자의 힘이 있는 재성이 일간을 주도한다. 인수가 직관이라면, 재성은 정욕이고 욕심이며 자기 마음대로 하려는 성분이다. 사주에서 재성의 기운이 너무 강해 인수가 찌그러지는 상

황을 재괴인(財壞印) 또는 재파인(財破印)이라 하며, 위인이 부끄러움을 모르고 추문을 달고 살 소지가 있다.

둘째, 명주의 남편은 戊土 중 辛金, 巳火 중 庚金이 된다. 명주의 마음이 이 중 辛金인 남편성으로 향할 경우 어떤 일이 일어날까? 戊戌의 공망은 辰巳인데, 甲辰일주이므로 이른바 일지에 공망이 닿아버리는 자공망(自空亡)에 해당된다. 일지는 자신의 자리인데, 명주가 이를 공망으로 만들면서까지 멀리 있는 辛金으로 가기 어렵다. 즉, 팔자의 남편별과는 친밀함과 이동성이 떨어진다. 다음으로 시지의 庚金은 일지 辰土 중에 있는 乙木과 암합하고 일간과 가까이 있으므로 유정한 상황이다. 이런 전체 상황으로 볼 때 辛金이 첫 번째 남편이라면 庚金은 두 번째 남편이 되며, 두 번째 남편과 더 친밀한 형상이다. 만약 애인이 생긴다면 남편보다 애인과 더 많이 친밀한 구조이다.

셋째, 위 사주는 재다신약이라기보다는 종재격(從財格)에 해당된다. 희용신은 식상과 재성이고, 기구신은 인수와 비겁이다. 37대운부터 乙卯비겁운이 시작되어 이후 비겁과 인수대운으로 흐르므로 운발이 불미(不美)하다.

세운을 보면 2001년 辛巳년에는 관살의 기운이 온다. 지장간에 숨어 있는 암관(暗官)만 있는 무관사주(無官四柱)에 관살이 오면 성욕이 일어난다고 하였다. 재괴인의 영향과 함께 보면 바람이 날 수 있는 상황이다. 2003년 癸未년은 세군(歲君)이 인수로 흉운이고, 戊癸火로 연간의 재물을 묶어버리므로 재물의 손해가 있음도 알 수 있다.

삼추갑목(三秋甲木)

【원문】

三秋甲木 木性枯槁 金土乘旺 先丁後庚 丁庚兩全 將甲造爲畫
삼추갑목 목성고고 금토승왕 선정후경 정경량전 장갑조위화

戟 七月甲堪爲戟 非丁火不能造庚 非庚不能造甲 丁庚兩透 科
극 칠월갑감위극 비정화불능조경 비경불능조갑 정경량투 과

甲定然 庚祿居申 殺印相生 運行金水 身伴明君 或庚透無丁
갑정연 경록거신 살인상생 운행금수 신반명군 혹경투무정

一富而已 主爲人操心太重 不能坐享 或丁透庚藏 亦主靑衿小
일부이이 주위인조심태중 불능좌향 혹정투경장 역주청금소

富 或庚多無丁 殘疾病人 若爲僧道 災厄可免
부 혹경다무정 잔질병인 약위승도 재액가면

103

【해설】　　　가을 甲木은 金土가 왕성해서 나무가 마르고 시드는 시기이므로, 丁火를 주용신으로 하고 庚金을 보조로 사용한다. 丁火와 庚金이 온전하면 가을 甲木은 훌륭한 창이 된다. 신월갑목(申月甲木)인 경우는 더욱 그렇다. 丁火가 없으면 庚金을 단련할 수 없고, 庚金이 없으면 甲木을 다듬을 수 없다. 따라서 천간에 丁火와 庚金이 모두 투출하면 반드시 벼슬을 한다.

　　庚金이 申金의 녹지(綠地)에 있는 경우 申에 지장간 壬水가 있어 살인상생(殺印相生)이 되므로 운이 金水로 흐르면 몸이 어진 임금을 따르는 것과 같다.

　　庚金이 투출하고 丁火가 없으면 庚金을 제련할 수 없으므로 귀함과는 거리가 있고 단지 부자일 뿐이다. 명주는 지나치게 조심성이 많아서 즐거움을 누리지 못한다. 만약 丁火가 투출하였는데 庚金은 지장간에만

숨어 있으면 庚金이 너무 단련되므로 벼슬은 못 하고 공부만 하거나 작은 재물만 있다. 庚金이 많고 丁火가 없으면 칠살이 무리를 이루어 병들기 쉽거나 승도가 되거나 재액을 피할 수 없다.

【원문】

或四柱庚旺 支內水多 不作棄命從殺 見土多可作從才而看

혹 사 주 경 왕　지 내 수 다　부 작 기 명 종 살　견 토 다 가 작 종 재 이 간

【해설】　가을 甲木일간의 사주에 庚金이 강하고 지지에 水가 과다하면 살인상생(殺印相生)으로 보지 기명종살(棄命從殺)의 종격(從格)으로 보지 않는다. 그러나 가을 甲木이 土재성을 많이 보는 경우에는 水인수를 지나치게 극하여 살인상생이 이루어지지 못하므로 종재격(從財格)으로 본다.

【원문】

庚多無癸 而壬水多 戊己亦多 此則專用一點丁火 方可制金以

경 다 무 계　이 임 수 다　무 기 역 다　차 즉 전 용 일 점 정 화　방 가 제 금 이

養群土 此命大富 丁藏富小 不顯 丁露定作富豪 得二丁 不坐

양 군 토　차 명 대 부　정 장 부 소　불 현　정 로 정 작 부 호　득 이 정　부 좌

死絕 必然富貴雙全 卽風水不及 亦可富中取貴 納粟奏名

사 절　필 연 부 귀 쌍 전　즉 풍 수 불 급　역 가 부 중 취 귀　납 속 주 명

【해설】　가을 甲木일간에게 庚金이 많고 癸水가 없으며, 壬水와 戊己土가 많은 경우에는 丁火를 쓴다. 재관인(財官印)이 사주에 구비되어 있으며, 丁火가 金을 제련하고 土를 배양하므로 큰 부자의 팔자이다. 丁火가 투출하면 큰 부자이지만 그렇지 않으면 재물이 적다. 丁火를

2개 얻고 사절지(死絶地)에 앉지 않아 유력하면 부귀를 모두 이룰 수 있다. 풍수가 좋지 않아도 재물을 써서 귀하게 된다.

【원문】

或癸疊疊制伏丁火 雖滿腹文章 終難顯達 得運行火土 破癸 略
혹 계 첩 첩 제 복 정 화　수 만 복 문 장　종 난 현 달　득 운 행 화 토　파 계　약

可假就功名 歲運皆背 刀筆之徒
가 가 취 공 명　세 운 개 배　도 필 지 도

【해설】 가을 甲木일간에게 癸水가 중첩되어 있어 丁火를 극하는 경우, 水인수의 기운이 있어 문장이 뛰어나지만 큰 발전은 기대하기 어렵다. 운이 火土로 흘러서 중첩된 癸水를 극하면 잠시는 공명을 이루지만, 운이 火土로 흐르지 않으면 공명의 수준이 하급관리에 머문다.

【원문】

支成水局 戊己透干 制去癸水 存其丁火 又可云科甲 但此等命
지 성 수 국　무 기 투 간　제 거 계 수　존 기 정 화　우 가 운 과 갑　단 차 등 명

主爲人心奸巧詐 好訟爭非 因貪致禍 奸險之徒 決非安分之人也
주 위 인 심 간 교 사　호 송 쟁 비　인 탐 치 화　간 험 지 도　결 비 안 분 지 인 야

【해설】 가을 甲木의 지지가 水인수국이고, 戊己土가 투출하여 癸水를 제거하고 丁火를 보존하면 벼슬을 할 수 있다. 그러나 위인이 간사하고 송사와 시비를 좋아하며, 탐욕으로 화를 불러오는 삿되고 위험한 자로 현실에 만족하지 않는다.

【원문】

孝廉 辰運災
효렴 진운재

시	일	월	연 (乾命)
乙	甲	甲	乙
亥	子	申	未

丁	戊	己	庚	辛	壬	癸
丑	寅	卯	辰	巳	午	未

【해설】 효렴(孝廉) 벼슬을 하였다. 지지에 水인수가 강하고 천간에 木비겁이 강하여 신왕한데, 丁火로 설기함이 없다. 辰운은 申子辰 水인수국이 되어 신왕한 甲木을 더 왕성하게 하므로 재액이 있었다.

⑥ 신월갑목(申月甲木)

주용신 丁 보조용신 庚壬

金土가 왕성한 계절로 나무는 마르고 시드는 시기다. 丁火상관으로 庚金을 단련하며, 庚金칠살로 甲木을 다듬는다. 丁火가 없는 경우에는 壬水편인으로 살인상생(殺印相生)을 이룬다.

【원문】

七月甲木 丁火爲尊 庚金次之 庚金不可少 火隔水不能鎔金 故
칠월갑목 정화위존 경금차지 경금불가소 화격수불능용금 고

丁火鎔金 必賴甲木引助 方成洪爐 若有癸水阻隔 便滅丁火 壬
정화용금 필뢰갑목인조 방성홍로 약유계수조격 편멸정화 임

水無礙 且能合丁 但須見戊土 方可制水存火
수무애 차능합정 단수견무토 방가제수존화

【해설】　　　신월갑목은 庚金칠살보다 丁火상관이 중요하지만 庚
金이 약해도 안 된다. 丁火가 庚金을 제련하기 위해서는 水의 방해가 없
어야 한다. 水의 방해가 있을 때는 甲木이 水의 기운을 끌어가서 丁火상
관을 도와야 金을 녹일 수 있다. 만약 癸水편인이 있으면 바로 丁火의 역
할을 못 하게 하고, 壬水는 丁壬합을 할 수 있다. 戊土정재가 있는 경우
에는 戊癸합으로 水를 제어하고 丁火를 살릴 수 있다.

【원문】

用庚金 行戊運連捷 庚運轉侍郎
용경금 행무운연첩 경운전시랑

시	일	월	연(乾命)
丁	甲	丙	丙
卯	寅	申	午

癸	壬	辛	庚	己	戊	丁
卯	寅	丑	子	亥	戌	酉

【해설】　　　　庚金을 용신으로 한다. 戊土운에 벼슬길에 들어, 庚金
운에 시랑(侍郎)이 되었다. 庚金칠살이 火식상에게 지나치게 제극이 되
어 火를 설기하는 戊己운이 좋았고, 庚金운에는 용신이 유력하여 시랑
벼슬을 하였다.

【원문】
茂才
무 재

시	일	월	연 (乾命)
丁	甲	壬	己
卯	戌	申	亥

乙	丙	丁	戊	己	庚	辛
丑	寅	卯	辰	巳	午	未

【해설】　　　　丁火로 설기해야 하지만 丁壬합으로 기반(羈絆)이 되
었다. 壬水라는 병이 있으나 병을 치료할 己土는 戊土보다 역량이 떨어
진다. 즉 병은 있는데 치료할 약이 무력하므로 단지 수재(秀才)에 불과
하였다.

【원문】
縣令 丑運去官
현 령 축 운 거 관

```
            시   일   월   연(乾命)
            丙   甲   庚   戊
            寅   寅   申   午


      丁   丙   乙   甲   癸   壬   辛
      卯   寅   丑   子   亥   戌   酉
```

【해설】   현령(縣令) 벼슬을 하고 丑土운에 물러났다. 庚金칠살
이 건록(建祿)의 자리에 있어 강하다. 또한 庚金을 단련하기에는 丙火보
다 丁火가 알맞지만 丁火가 없다. 팔자 배합이 덜 좋아서 亥子丑 통관
(通關)운임에도 불구하고 현령에 머물렀다.

신월갑목 해설

```
            시   일   월   연(乾命)
            乙   甲   庚   癸
            亥   申   申   亥


      癸   甲   乙   丙   丁   戊   己
      丑   寅   卯   辰   巳   午   未
```

      명주는 평생 벼슬 한 번 제대로 못 해본 위인이다. 신월갑목은 庚金보
다 丁火가 중요하다는 원문 내용을 중심으로 벼슬을 못 한 이유를 살펴
보자.

시지 亥인수를 만나 절처봉생(絶處逢生)의 상황이고, 시간 乙木이 돕고 있어 관인상생(官印相生)을 이룬 것처럼 보인다. 그러나 申월에 甲木이 살지(殺地)에 앉아 있고, 월의 庚金이 투출하여 일간이 약한 것이 흠이다. 구조용신으로 보면 신약이므로 水인수와 木비겁운으로 흐르는 것이 좋은데 중년 이후에나 들어오는 것이 아쉽다.

사주인 체(體)를 분석하는 방법인 정기신(精氣神) 원칙에 의하면 정(精)은 인수가 되고, 기(氣)는 일간이 되며, 신(神)은 식상과 관살이 된다. 정과 기는 약하고 신인 火식상이 없으므로 丁火가 필요하다.

또한 음양의 기운으로 나누어볼 때 음기가 강하여 양기인 丁火가 있어야 하는데, 정과 기가 약하여 식상의 설기를 감당하지 못하는 것도 큰 흠이다.

시	일	월	연 (乾命)
丁	甲	庚	戊
卯	寅	申	申

丁	丙	乙	甲	癸	壬	辛
卯	寅	丑	子	亥	戌	酉

위 사주를 甲戊庚 삼기(三奇)가 있으며, 연(年)에 戊재성이 있어서 귀격으로 풀이하기도 한다. 그러나 이런 조건이라도 천격인 경우가 있으므로 단지 이것만으로 귀한 사주라고 볼 수는 없다.

신월갑목으로 천간에 丁火와 庚金이 모두 투출하면 반드시 벼슬을 한다는 원문과 관련하여 위 사주를 풀어보자.

신월갑목이 약세이지만 지지가 木비겁국을 이루어 甲일간이 결코 힘이 없지 않다. 유력한 甲木은 시간 丁火에 설기되어 자신의 본분을 드러내고, 丁火는 강한 庚金칠살을 제련하여 정기신(精氣神)의 짜임새가 좋다.

또한 신월갑목이 한랭하여 인수인 壬癸水를 꺼리지만, 이 사주는 金 관살이 강해서 신약하므로 관인상생하는 水인수가 필요하다. 水인수가 운에서 올 때 음기를 더 강하게 하여 사주가 편고(偏枯)될까 염려할 수 있다. 그러나 水 중 壬水가 올 경우 시간의 丁火와 丁壬합이 되어 유정하게 일간을 돕는 기운이 되며, 癸水가 올 경우는 연간에 戊土가 있어서 戊 癸火하므로 팔자의 짜임이 더욱 돋보인다.

구조용신도 인비(印比)인 水木이 되는데, 초년부터 중년 이후까지 희용신의 흐름이므로 운세의 흐름도 아름답다.

위는 존슨 전 미국 대통령의 사주이다. 子丑대운에 여러 차례 상원의원에 당선되었으며, 1963년 癸卯년에 케네디 전 대통령이 암살되어 대통령이 되었고, 1964년 甲辰년에 대통령에 당선되었다.

7 유월갑목(酉月甲木)

주용신 丁   **보조용신** 丙庚

酉월의 金이 왕성하므로 제련이 필요한 나무이다. 우선 丁火상관을 써서 金을 제련하고, 다음에 丙火식신으로 조후하며, 그 다음으로는 庚金칠살을 쓴다.

【원문】

八月甲木 木囚金旺 丁火爲先 次用丙火 庚金再次
팔월갑목 목수금왕 정화위선 차용병화 경금재차

【해설】　　　酉월의 나무[木]는 왕상휴수사로 수(囚)의 상태이며, 酉월의 쇠[金]는 왕(旺)하다. 그러므로 왕성한 金을 제련하기 위해 우선 丁火상관을 용신으로 한다. 다음으로 丙火식신을 쓰고, 그 다음에 庚金칠살을 쓴다.

【원문】

一丁一庚 科甲定顯 癸水一透 科甲不全

일 정 일 경　과 갑 정 현　계 수 일 투　과 갑 부 전

【해설】　　　유월갑목에 丁火상관과 庚金칠살이 드러나면 귀하지만, 癸水인수가 천간에 있는 경우에는 丁火상관을 丁癸충하므로 온전히 귀하지 못하다.

【원문】

丙庚兩透 富大貴小 丙丁全無 僧道之命

병 경 량 투　부 대 귀 소　병 정 전 무　승 도 지 명

【해설】　　　유월갑목에 丙火식신과 庚金칠살이 투출한 경우, 丙火식신이 생재하고 조후작용을 하므로 재물을 얻을 수 있지만 귀함은 적다. 유월갑목의 팔자에 丙丁식상이 전혀 없으면 강한 金으로부터 甲木을 보호할 방법이 없으므로 하천한 승도(僧道)가 된다.

【원문】

丙透無癸 富貴雙全 有癸制丙 尋常之人

병 투 무 계　부 귀 쌍 전　유 계 제 병　심 상 지 인

【해설】 　　　　유월갑목에 丙火식신이 투출하고 癸水인수가 없으면 부귀가 온전하지만, 癸水가 丙火를 극하는 경우에는 평범한 사람이다.

【원문】

支成火局 可許假貴 戊己一透 可作富翁
지 성 화 국　가 허 가 귀　무 기 일 투　가 작 부 옹

【해설】 　　　　유월갑목이 지지에 火식상국을 이루면 丙火가 투출한 것보다 못하지만 조금은 귀하게 될 수 있다. 戊己재성이 투출한 경우에는 식신생재격(食神生財格)[㊟]이 되어 재물을 모은다.

㊟ **식신생재격** 식신이 용신인 사주에 재성이 있으면 식신생재격이라고 한다. 또는 팔자 구조에서 식신이 재성을 원활하게 생하는 경우를 말하기도 한다. 아우생아격(兒又生兒格)과도 관련이 있다. 식신생재격은 대개의 경우 일간이 약할 때는 사용하지 않고 일간이 왕성할 때 격으로 삼는다. 즉, 일간이 왕하고 재성이 약할 때 식상을 만나거나, 일간이 강하지만 관살이 없거나 무력하여 관살을 용신으로 할 수 없으므로 식상을 용신으로 하는 경우이다. 이 격은 희신이 생하는 것을 용신으로 정하는 일반적인 용신 원칙과 다르다. 식신생재격과 상관생재격에서는 식신과 상관이 용신이고 재성이 희신이 된다.

【원문】

或支成金局 干露庚金 爲木被金傷 必主殘疾 得丙丁破金 亦主
혹 지 성 금 국　간 로 경 금　위 목 피 금 상　필 주 잔 질　득 병 정 파 금　역 주

老來暗疾 或支成木局 干透比劫 反取庚金爲先 次用丁火
로 래 암 질　혹 지 성 목 국　간 투 비 겁　반 취 경 금 위 선　차 용 정 화

【해설】 유월갑목이 지지가 金관살국이고 천간에 庚金칠살이 투출한 경우 甲木이 상하여 질병에 노출된다. 丙丁식상이 金관살을 파괴해도 甲木일간이 극설교집(剋洩交集)^{주)}의 상태가 되어 늙어서 질병이 있다.

만약 지지 木비겁국이고 천간에 甲乙비겁이 투출하면 가을 나무가 가지만 무성한 형상이므로 庚金칠살로 다듬는 것이 우선이고, 다음으로 丁火상관을 쓴다.

㈜ 극설교집은 제극하는 관성과 설기하는 식상이 모여 있는 경우이다. 대개의 경우 극설이 사주를 신약하게 하는 원인일 때 사용한다. 극설교차(剋洩交叉) 또는 극설교가(剋洩交加)라고도 한다.

【원문】

丁火高照 太守命
정화고조 태수명

시	일	월	연 (乾命)
丁	甲	乙	乙
卯	子	酉	未

戊	己	庚	辛	壬	癸	甲
寅	卯	辰	巳	午	未	申

【해설】　　　　일지 子水가 酉金의 기운을 설기하여 甲木일간을 돕고, 丁火가 투출하여 왕성한 木을 설기하며 한편으로는 월령 酉金을 제련하여 배합이 아름답다. 辛巳와 庚辰운에 관성이 득지(得地)하여 태수(太守) 벼슬을 하였다. 만약 丙丁식상이 너무 강하고 일지 子水가 관인상생의 역할을 하지 않았으면, 용신인 관성을 지나치게 제극하여 좋은 명이 되지 못했을 것이다.

【원문】

支藏丙火 時逢乙丁 參政命
지 장 병 화 시 봉 을 정　참 정 명

시	일	월	연 (乾命)
丁	甲	乙	庚
卯	子	酉	寅

壬	辛	庚	己	戊	丁	丙
辰	卯	寅	丑	子	亥	戌

【해설】　　　　앞에서 예로 든 태수(太守)의 명과 비슷하다. 丁火가 庚金을 제련하고 寅 중 丙火가 조후하며, 연간에 庚金칠살이 투출하여 더 귀하게 되었다. 참정(參政) 벼슬을 하였다.

【원문】

朱文端公造
주 문 단 공 조

시	일	월	연 (乾命)
甲	甲	乙	乙
子	子	酉	巳

戊	己	庚	辛	壬	癸	甲
寅	卯	辰	巳	午	未	申

【해설】 　　　주문단(朱文端) 공의 명조이다. 巳酉 金관살국이고 일시에 子水로 관인상생(官印相生)이 되며, 巳 중 丙火가 조후해 귀하게 되었다.

【원문】

孝廉 卯終
효 렴 묘 종

시	일	월	연 (乾命)
丁	甲	丁	丙
卯	寅	酉	戌

甲	癸	壬	辛	庚	己	戊
辰	卯	寅	丑	子	亥	戌

【해설】　　천간에 丙丁식상이 투출하여 관살을 지나치게 제극하므로 크게 귀하지 않다. 다행히 운이 亥子丑으로 흘러 효렴(孝廉) 벼슬을 하였으며, 卯운에 사망하였다.

유월갑목 해설

```
시   일   월   연 (乾命)
庚   甲   丁   丙
午   午   酉   申

甲   癸   壬   辛   庚   己   戊
辰   卯   寅   丑   子   亥   戌
```

유월갑목이 지지에 金관살국이고 庚金칠살이 투출한 경우 질병에 노출된다는 원문의 내용과 관련하여 위 사주를 살펴본다.

유월갑목의 사주가 지지 金관살국이고, 시간의 庚金칠살이 일간에 바짝 붙어 있다. 또한 庚金칠살의 앉은 자리가 午火상관의 자리로 마땅치는 않지만, 월의 기세를 얻고 있고 일간과 가까이 있어서 영향이 없지 않다.

火식상이 천간에 투출하여 관살을 제어한다고는 하지만, 甲木일간의 입장에서 보면 도와주는 기운인 인수의 원신(源神)이 없으므로 설기하는 힘으로만 작용한다. 金관살은 극(剋)으로, 火식상은 설(洩)로 작용하므로 이른바 극설교집(剋洩交集)의 경우이다. 이런 상태에서 庚子대운을 만나면 庚金은 극을 더욱 부추기고, 子는 왕성한 午火를 자극하여 왕자노발(旺者怒發)이 되므로 극설 중 설을 더 부추긴다. 또한 일간의 수

명궁인 일지를 子午충으로 흔드는 운이다. 이 때문에 庚子대운에 요절하였다.[사주 출처 『연해자평(淵海子平)』]

```
시  일  월  연 (乾命)
戊  甲  己  丁
辰  子  酉  卯

壬  癸  甲  乙  丙  丁  戊
寅  卯  辰  巳  午  未  申
```

위 사주에 대해 천간에 己土재성이 투출하고 유력하여 재기통문호(財氣通門戶)를 이루었으므로 부자라고 말하기도 한다. 그러나 甲木일간으로 월간에 己土재성이 투출한 경우에도 가난한 사람이 많으므로 이런 단순한 접근 방식으로만 사주를 보는 것은 문제가 있다.

유월갑목은 丁火를 용신으로 한다는 원문의 내용을 중심으로 위 사주를 살펴보자.

『궁통보감(窮通寶鑑)』의 용신 개념은 『적천수(適天髓)』보다 심효첨(沈孝瞻)이 쓴 『자평진전(子平眞詮)』의 용신 개념에 더 가까워서, 용신을 격국의 성패에 작용하는 요소로 본다. 즉, 『적천수』에서는 용신을 대부분 체용(體用) 중 용(用)의 분야인 운에서 길흉을 살피는 데 적용하지만, 『궁통보감』에서는 용신을 체(體)인 사주팔자의 구조에서 부귀빈천을 이룰 수 있는 요소로 본다.

유월갑목이 약하다고 하지만, 이 사주는 子辰 水인수국을 바닥에 깔고 있으므로 일간의 원신(源神)이 힘이 있다. 게다가 甲木을 약하게 하는 酉金관살을 卯木의 생조를 받는 丁火상관이 조절하고 있다. 혹시 일지 子 중 癸水가 丁火를 극할 수 있지만, 천간에 투출하지 않고 甲木이 바로 위에 있으므로 그럴 염려는 없다. 그리고 일지 子水는 金관살의 극을 흡수하여 일간을 돕고, 시지 辰土재성을 합으로 이끌어 일간과 유정한 관계로 만드는 역할을 한다.

　결론적으로 팔자 구조가 절묘하고 오행의 원류를 이루었으므로 부귀할 수 있는 체(體)가 된다. 또한 운의 흐름도 신약사주가 중년 이후에 木비겁과 水인수로 흘러 나쁘지 않다. 박태준(朴泰俊) 전 포항제철 회장의 명조이다.

유월갑목
상담사례

홀로서기

많은 분들과 상담을 하다보면 다 고만고만한 사연들을 만나는데, 이번에 상담을 청하신 분은 눈을 동그랗게 뜨고 초롱별처럼 평생 혼자 살겠다는 여성이다.

시	일	월	연 (坤命)
壬	甲	丁	辛
申	寅	酉	亥

甲	癸	壬	辛	庚	己	戊
辰	卯	寅	丑	子	亥	戌

팔자에 金기운이 남편인데, 金이 3개로 세 명의 남편을 가지고 있는 셈이다. 이른바 관살혼잡(官殺混雜)으로 남편과 애인이 뒤섞인 상태다. 흔히 시집을 일찍 가면 이별한다고 늦게 결혼하라고 하는 사주이다.

대운의 흐름을 보면 2007년 현재 남자 기운이 동하고 있고, 팔자의 기운이 남자를 살살 달래서 내게 이익이 되게 하는 구조이므로 혼자 살기는 어려울 것으로 판단된다.

팔자 구조가 이런데도 불구하고 부득이 악착을 떨며 혼자 살 각오와 다짐을 하는 경우 혼자 살아갈 수 있는지는 남편의 상황만 봐서는 알 수 없다. 혼자 힘으로 생활할 수 있을 정도는 되어야지 혼자 살아갈 수 있다. 즉, 혼자 살려면 경제적 자립도 큰 변수가 된다는 뜻이다. 그런데 경제적 상황을 보면 재물과는 영 인연이 없다. 이유는 다음과 같다.

① 팔자에 재물을 뜻하는 글자가 없는 이른바 무재사주(無財四柱)이다.

② 자신을 치는 기운이 너무 강해서 재물을 쥘 능력이 없는 신약사주이다.

③ 대운의 흐름이 재물을 깨는 흐름이다.

이런 상황이라면 결코 자립을 못 한다. 결국 남편에게 의지해서 사는 것이 가장 편하다. 정리하면, 결혼을 하는 것이 좋고 재물인 밥그릇은 종지 크기다.

백수라고 하는데 부모님께 돈 타서 재미있게 놀러 다니며 부모님 고생시키지 말고 빨리 마음을 바꿔 시집가는 것이 좋겠다. 그게 운명이다.

⑧ 술월갑목(戌月甲木)

주용신 丁 **보조용신** 癸戊庚

木기운이 사라지는 조토(燥土)의 달에 있다. 丁火상관으로 관살을 제극하고, 癸水정인으로 자윤(滋潤)하며, 戊土편재와 庚金정관으로 보좌한다.

【원문】

九月甲木 木星凋零 獨愛丁火 壬癸滋扶 丁壬癸透 戊己亦透
구 월 갑 목 　 목 성 조 령 　 독 애 정 화 　 임 계 자 부 　 정 임 계 투 　 무 기 역 투

此命配得中和 可許一榜 庚金得所 科甲定然
차 명 배 득 중 화 　 가 허 일 방 　 경 금 득 소 　 과 갑 정 연

【해설】　　　술월갑목은 木기운이 사라지고 조토(燥土)의 달이므로 丁火식상만 좋다고 할 수 없다. 壬癸인수가 적시고 도와줘야 한다. 丁火와 壬癸水, 戊己재성이 투출하면 중화가 되므로 귀하게 될 수 있다. 또한 庚金칠살이 자리를 잡으면 크게 귀하게 된다.

【원문】

或見一二比肩 無庚金制之 平常人也 倘運不得用 貧無立錐 一
혹 견 일 이 비 견 　 무 경 금 제 지 　 평 상 인 야 　 당 운 부 득 용 　 빈 무 립 추 　 일

命 甲辰 甲戌 甲辰 甲戌 身伴君王 富貴壽考 此爲天元一氣 又
명 　 갑 진 　 갑 술 　 갑 진 　 갑 술 　 신 반 군 왕 　 부 귀 수 고 　 차 위 천 원 일 기 　 우

名一才一用 遇比用才 專取季土 或見庚丙 甲 可許入泮 白手
명 일 재 일 용 　 우 비 용 재 　 전 취 계 토 　 혹 견 경 병 　 갑 　 가 허 입 반 　 백 수

成家 用火者木妻火子 子肖妻賢
성 가 　 용 화 자 목 처 화 자 　 자 초 처 현

【해설】　　　술월갑목이 1~2개의 비견을 보고, 庚金칠살이 없어 비견을 제극하지 못하면 평범한 사람이다. 그리고 운세의 흐름이 비견의 기운을 더 강하게 하는 흐름이 되면 빈천하여 바늘 하나 꽂을 땅도 없는 위인이다.

십간의 월별 주용신과 보조용신

```
시    일    월    연 (乾命)
甲    甲    甲    甲
戌    辰    戌    辰
```

위 사주는 천간에 비견이 있고 庚金칠살이 없으나 부귀를 이룬 예외의 경우이다. 이 사주는 지지가 천간을 도와 재물도 있고 장수하는 사주이다. 천간이 모두 甲木인 천원일기격(天元一氣格)[주]으로 용신은 재성 하나만 사용하며, 이러한 용신 방법은 辰戌丑未土인 경우에만 가능하다. 이 사주가 庚金칠살과 丙火식신, 甲木비견을 봐도 공부를 하고 집안을 일으킬 수 있다.

술월갑목이 庚金칠살을 만나는 경우 월령 戌土에 火기운이 있어서 火를 용신으로 하면 木이 처이고 火가 자식이다. 자식은 착하고, 처는 현숙하다.

[주] **천원일기격** 사주가 하나의 천간으로만 구성된 경우로 천전일기격(天全一氣格)이라고도 한다. 천원일기나 지진일기(支辰一氣)는 한 가지의 천간이나 지지로 이루어져 맑고 귀하다고 본다. 그러나 다른 격들과 마찬가지로 육친의 상황과 왕약에 따른 오행통변이 우선이다.

『적천수(滴天髓)』에서 이르기를 "천전일기 불가사지덕막지재(天全一氣 不可使地德莫之載)"라 하였다. 천간이 하나의 오행으로만 된 경우 귀한 사주라고 하지만, 지지에서 덕을 베풀지 않으면 아무 소용이 없다는 뜻이다. 이는 귀하게 되기 위해서는 어떤 격국을 막론하고 상하정협(上下情協)으로 천간과 지지가 서로 보호하고 도와줘서 배반하지 않아야 함을 말한다.

【원문】

或四柱木多 用丙用丁 皆不足異 岜用庚金爲妙 凡四季甲木 總
혹 사 주 목 다 　용 병 용 정 　개 부 족 이 　단 용 경 금 위 묘 　범 사 계 갑 목 　총

不外乎庚金 譬如木爲犁 能疏季土 非庚爲犁嘴 安能疏土 雖用
불 외 호 경 금 　비 여 목 위 리 　능 소 계 토 　비 경 위 리 취 　안 능 소 토 　수 용

丙丁 癸庚決不可少也 九月却不取土妻庚子 當取水妻木子 凡
병 정 　계 경 결 불 가 소 야 　구 월 각 불 취 토 처 경 자 　당 취 수 처 목 자 　범

甲木 多見戊己 定作棄命從才而看 從才格 取火妻土子
갑 목 　다 견 무 기 　정 작 기 명 종 재 이 간 　종 재 격 　취 화 처 토 자

【해설】

술월갑목에 木비겁이 많으면 丙火를 쓰든 丁火를 쓰든 크게 차이가 없고, 오직 庚金칠살을 써야만 좋다. 사계(四季)인 辰戌丑未월의 甲木일간은 庚金칠살을 떠나 생각할 수 없다. 즉, 甲木이 사계(四季)의 밭을 가는 쟁기라면 庚金칠살은 쟁기의 날과 같다. 그러므로 술월갑목이 丙丁식상을 용신으로 하는 경우에도 癸水정인과 庚金칠살이 적으면 안 된다.

그러나 술월갑목은 庚金이 木을 도와 두터운 土를 소토(疏土)하는 데 그 뜻이 있으므로 庚金칠살을 용신으로 土재성을 희신으로 하지 않고, 水인수가 희신이며 木비겁이 용신이 된다.

또한 술월갑목이 戊己재성을 많이 보면 기명종재격(棄命從財格)이 되며, 이 때는 土가 용신이므로 火는 처이고 土는 자식이 된다.

【원문】

或見一派丙丁傷金 不過假道斯文^{주)} 有壬癸破了丙丁 技藝之流
혹견일파병정상금 불과가도사문 유임계파료병정 기예지류

無壬癸破火 支又成火局 乃爲枯朽之木 有庚亦何能爲力 定作
무임계파화 지우성화국 내위고후지목 유경역하능위력 정작

孤貧下賤之輩 男女一理
고빈하천지배 남녀일리

【해설】　　　　술월갑목에 丙丁식상이 무리를 지어 있어 金관살을 손
상하면 가짜 학자에 불과하다. 이 경우 壬癸인수가 있어서 丙丁이 庚金
을 손상하는 것을 막아도 단지 기예(技藝)를 하는 자에 불과하다. 壬癸
인수가 火를 제극하지 않고 지지가 火재성국이면 火가 강해서 나무가
말라 죽으므로 庚金칠살이 있어도 아무 소용이 없다. 이 경우 남녀 모두
외롭고 가난하며 하천한 사람이다.

___

주) 사문은 유학의 도의(道義)나 문화, 유학자를 높여 이르는 말이다.

【원문】

或有假傷官 得地逢生 此正合甲乙秋生貴元武之說 用水制傷
혹유가상관 득지봉생 차정합갑을추생귀원무지설 용수제상

官者 以金爲妻 水爲子 或丁戊俱多 總不見水 又爲傷官生財格
관자 이금위처 수위자 혹정무구다 총불견수 우위상관생재격

亦可云富貴 此格取火爲妻 土爲子
역가운부귀 차격취화위처 토위자

【해설】 술월갑목에 木火상관인 가상관(假傷官)⒦이고 甲木이 지지의 물로부터 생을 받는 경우는 水火가 모두 쓰임을 얻는 경우이므로, 甲乙이 가을에 출생하여 무관의 명예를 얻는다는 설명과 맞다. 水인 수를 사용하는 경우 金관살을 처, 水인수를 자식으로 본다. 또한 술월갑목이 丁火상관과 戊土편재가 많고 木을 생하는 물이 천간에 투출하지 않으면 상관생재격(傷官生財格)이 되므로 부귀하다. 이 경우는 火식상이 희신이므로 처이며, 土재성은 용신으로 자식이 된다.

㉣ **진상관과 가상관** 진상관(眞傷官)이란 월지에 상관이 있고 상관이 천간에 투출한 것이다. 예를 들어 巳午월 甲乙일로 천간에 丙丁火가 투출한 경우이다. 또는 甲乙일이 지지에 寅午戌이나 巳午未가 있는 경우처럼 지지에 상관이 강한 경우이다. 물론 이 경우 종아(從兒)가 되지 않아야 한다. 또한 진상관에 해당되더라도 사주 전체에 인수가 태왕하여 상관을 제극하면 진상관이 가상관으로 변한다.

가상관(假傷官)은 월지에 상관이 없고, 상관으로 용신을 삼는 경우이다. 즉, 강한 일주를 설기해야 하지만 상관이 월주에 없는 경우, 또는 신왕한 사주에 상관만 있고 재성이 없는 경우로 무재신왕한 사주를 가상관격이라고 한다. 단, 辰戌丑未월의 진상관과 가상관은 진가(眞假)를 막론하고 모두 영향력이 약하다.

진가상관격(眞假傷官格)을 구분하는 이유는 운의 희기를 보기 위해서인데, 대개의 경우 진상관격은 인수운을 만나야 좋으며, 가상관격은 상관운을 만나야 길하고 인수운은 불길하다. 이에 대해 『사주첩경(四柱捷徑)』에서는 "진상관격 역갈기진 운행인수 두각출두, 가상관격 기영력팽 운행상관 명진사해(眞傷官格 力竭氣盡 運行印綬 頭角出頭, 假傷官格 氣盈力膨 運行傷官 名振四海)"라고 설명하였다. 즉, 진상관격은 힘이 다하고 기가 소진되어 운이 인수로 흐르면 두각을 나타내고, 가상관격은 기가 가득하고 힘이 부풀어 운이 상관으로 가면 이름을 사해에 떨친다는 의미다. 그러나 진상관인 경우에도 상관을 용신으로 하는 경우가 가끔 있다.

【원문】

凡甲多庚透 大貴 庚藏 小貴 若柱中多庚 則又以丁爲奇 富貴
범갑다경투 대귀 경장 소귀 약주중다경 즉우이정위기 부귀

人也 如庚申年 丙戌月 甲申日 壬申時 此主功名顯達 有文學
인야 여경신년 병술월 갑신일 임신시 차주공명현달 유문학

若無庚丙年月 又無火星出干 雖曰好學 終困名場
약무경병년월 우무화성출간 수왈호학 종곤명장

【해설】 　　　戌月 甲木일간에 甲木이 많고 庚金칠살이 투출하면 크게 귀하고, 庚金이 감춰지면 귀함이 작다. 또한, 팔자 중에 庚金이 많을 경우 丁火를 쓰면 부귀하다.

시	일	월	연(乾命)
壬	甲	丙	庚
申	申	戌	申

　　예를 들어 위 사주의 경우는 귀하게 되어 발전하며 문학에 소질이 있는 사람이다. 만약 庚金과 丙火가 연월에 없고 丙丁이 천간에 투출하지 않으면, 공부하는 것을 좋아하지만 공명을 떨치기는 어렵다.

【원문】

九月甲木 尙用丁癸 見戊透必貴 如戊戌 壬戌 甲子 甲申 支成
구월갑목 단용정계 견무투필귀 여무술 임술 갑자 갑신 지성

水局 干有壬水 正合貴元武之說 配得中和 一榜之命 家計豐足
수국 간유임수 정합귀원무지설 배득중화 일방지명 가계풍족

但庚丁未透出干 不能館選
단경정미투출간 불능관선

【해설】　　　　술월갑목은 오로지 丁火상관과 癸水정인만 사용하며,
戊土편재가 투출하면 반드시 귀하다.

```
시　일　월　연(乾命)
甲　甲　壬　戊
申　子　戌　戌
```

　　예를 들어 위 사주는 지지가 申子辰 水인수국이고 천간에 壬水가 투
출한 경우로, 이 경우 무관(武官)의 명예를 얻는다는 말과 일치하는 사
주이다. 투출한 壬水와 戊土가 팔자에서 중화를 이루면 공명이 있고 집
도 풍족하다. 단, 庚金칠살과 丁火상관이 천간에 투출하지 않으면 관직
에서 성공하기 어렵다.

【원문】

甲乙比肩 又逢比劫運 主弟兄財劫爭訟 刑妻損子 甲乙生正二
갑을비견 우봉비겁운 주제형재겁쟁송 형처손자 갑을생정이

月 無制無洩 主長髮師姑
월 무제무설 주장발사고

【해설】　　　戌월 甲木일간이 팔자에 甲乙비겁이 있고 운에서 비겁운을 만나는 경우, 군겁쟁재(群劫爭財)가 되어 형제간에 재산 다툼이 있거나 처나 자식이 상한다. 또한 甲乙木이 寅월이나 卯월에 태어나고 제극하거나 설기하는 것이 없으면 머리 기른 중과 같이 하천한 명이 된다.

【원문】

庚丁兩旺 一品當朝[주)]

경 정 량 왕　일 품 당 조

시	일	월	연 (乾命)
庚	甲	庚	壬
午	午	戌	午

丁	丙	乙	甲	癸	壬	辛
巳	辰	卯	寅	丑	子	亥

【해설】　　　천간에 庚金이 투출하고 壬水가 있어 관인상생(官印相生)이 되며, 지지의 午火가 庚金을 제어한다. 그러나 지지가 寅午戌로 火가 강해서 甲木이 마르기 쉬우므로 壬水를 용신으로 한다. 운에서 가상관인 壬水가 득지(得地)하고, 木비겁운으로 흘러 일품 벼슬을 하였다.

㈜ 당조는 조정을 뜻한다.

【원문】

武庠 富而且壽

무 상　부 이 차 수

	시	일	월	연 (乾命)
	戊	甲	丙	庚
	辰	戌	戌	戌

癸	壬	辛	庚	己	戊	丁
巳	辰	卯	寅	丑	子	亥

【해설】　　　무상(武庠) 벼슬을 하였으며, 월간과 시간에 丙戊가 투출해서 식신생재격(食神生財格. p.113 참조)을 이뤄 부자이고 장수하였다. 庚金칠살이 있어 무관이 되었으나 팔자에 火土기운이 많아 편조(偏燥)하므로 낮은 벼슬에 그쳤다.

【원문】

乏庚 丁火入墓 早貧賤 晚景大發 但庸人耳
핍경 정화입묘 한빈천 만경대발 단용인이

	시	일	월	연 (乾命)
	甲	甲	甲	己
	子	子	戌	丑

丁	戊	己	庚	辛	壬	癸
卯	辰	巳	午	未	申	酉

【해설】　　　　甲木이 많은데 이를 제극하는 庚金관살이 없고, 甲木을 설기하는 丁火도 戌土에 있어 입묘(入墓)되었다. 己土 용신으로 己巳와 戊辰운에 재물을 얻었으나 庚金이 없어 木을 다듬어 그릇을 만들지 못하고, 丁火가 입묘되어 수기(秀氣)를 발하지 못해 평범한 사람이었다.

술월갑목 해설

시	일	월	연 (乾命)
乙	甲	甲	甲
亥	寅	戌	子

壬	辛	庚	己	戊	丁	丙	乙
午	巳	辰	卯	寅	丑	子	亥

　식상이 투출하지 않아 군겁쟁재(群劫爭財)다. 일간이 군왕(君王)이라면 재성은 신하(臣下)인데, 군왕은 강하고 신하는 매우 쇠약한 구조이다. 그러므로 신하인 재성이 용신, 신하를 돕는 식상이 희신이다.

　희용신과 관련하여 운세 흐름을 보면, 초반운인 亥子인수운은 군왕이 배가 부른데 밥을 더 주는 형상으로 아주 어려운 시기를 보냈으며, 丁丑운은 식상과 재성이 겹친 운으로 집안을 일으켜 세웠다. 戊寅과 己卯운은 무력한 戊己土는 아무 역할을 못 하고 寅卯 기신이 왕성하여 집안이 망하고 처자를 잃었으며, 卯운에 왕성한 木이 수명을 의미하는 재성을 극하여 사망하였다.[사주 출처『사주첩경(四柱捷徑)』]

```
시  일  월  연 (乾命)
甲  甲  庚  壬
子  寅  戌  辰

丁  丙  乙  甲  癸  壬  辛
巳  辰  卯  寅  丑  子  亥
```

술월갑목은 丁火상관과 壬癸인수 그리고 戊己재성이 팔자에 있으면서 유력하면 귀하고, 여기에 庚金칠살이 투출하면 크게 귀하다 하였다. 이 기준으로 볼 때 위 사주는 丁火상관이 투출하지 않은 것이 흠이다. 丁火가 없는 경우 가을 끝에 위치한 술월갑목의 조후가 안 되고, 팔자의 모든 기운이 비겁에 집중되어 재성을 친다. 비겁이 치는 재성의 경우, 연지의 재성은 일간 甲木과 너무 멀리 있어 집중력이 떨어지고, 재성이 인수의 자리에 있으므로 파성(破星)이 되어 역할을 하기 힘들다. 월지의 재성은 辰戌충으로 흔들리고, 庚戌월주 기준으로 볼 때 寅卯가 공망으로 자좌공망(自坐空亡)이 되어 명주가 진입하기 곤란하므로 이 또한 역할을 하기 힘들다. 또한 일간 진입의 원리상 일간이 재성의 본래궁인 寅木의 자리로 향해도 재성이 극을 당하는 자리로 재성궁이 파궁(破宮)이 되었다. 그러므로 재성의 역할이 떨어지는 구조이다. 즉, 위 사주는 재성을 치는 구조로 재성이 역할을 하기 힘들다.

명주는 43대운인 乙卯비겁운에 부인과 별거하고 2003년에 이혼하였으며, 2006년 현재 자식보다 어린 외국 여성과 동거하고 있다.

십간의 월별 주용신과 보조용신

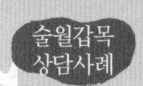

술월갑목
상담사례

재다신약 부옥빈인

남편의 바람으로 소송을 시작한 지 1년 6개월로 판사의 최종 조정을 남겨두고 있는
데, 조정을 받아들여 별거를 할 것인지 아니면 50이 다 된 나이에 혼자 살 것인지 상담
을 청해왔다. 운기를 보는 사람은 이런 경우 냉정하게 판단한다. 인연이나 부부, 화목,
자식 등을 떠나서 이혼 후에 자립할 능력이 있는지에 초점을 맞춰서 본다. 사주팔자를
살펴보자.

시 일 월 연 (坤命)
乙 甲 丙 庚
丑 戌 戌 子

己 庚 辛 壬 癸 甲 乙
卯 辰 巳 午 未 申 酉

자신을 의미하는 甲의 버팀목이 없으면 흙[土]인 재물을 따를 명인데, 시(時)에 乙木
기운이 있어서 재물을 따를 수 없다. 결국 약한 사주로 분류된다. 웬만큼 기운이 있으
면 남편의 글자인 庚金은 흙인 재물을 파헤치는 쟁기가 되므로 팔자의 약점을 치료하
는 성분이 된다. 그러나 기운이 13점으로 매우 약할 경우에는 가슴을 후벼 파는 칼날
이 된다.

그렇다면 과감하게 이 칼날을 버리고 혼자 가면 먹고 살 수 있을까? 팔자에 재물의
기운은 많은데 재물을 쥘 수 있는 손은 곱아 있다. 더욱이 52세부터 운에서 이 곱은 손
이 더 펴지지 못하게 방해하는 쇠기운이 온다. 즉, 재다신약 부옥빈인(財多身弱 富屋貧
人)의 형세다. 이런 상황이면 혼자 설 수 없으므로 이혼하라는 말은 못 한다. 그래서 "남

편과 같은 지붕을 쓸 수밖에 없네요."라고 상담을 마무리하였다.

상담하고 몇 달이 지난 2007년 5월 상담자의 딸에게 연락이 왔다. 만류에도 불구하고 결국 2006년 말에 이혼하였다고 한다.

9 해월갑목(亥月甲木)

주용신 庚 **보조용신** 丁丙戊

壬水편인이 건록(建祿)의 자리에 있어 甲木이 뜰 우려가 있다. 庚金칠살로 甲木을 다듬고 丁火상관으로 庚金을 단련하며, 丙火로 조후하고 戊土로 水를 막는다.

【원문】

十月甲木 庚丁爲要 丙火次之 忌壬水泛身 須戊土制之
십 월 갑 목 경 정 위 요 병 화 차 지 기 임 수 범 신 수 무 토 제 지

【해설】　　　해월갑목은 우선 庚金칠살과 丁火상관이 필요하며, 丙火식신은 그 다음에 사용한다. 또한 해월갑목은 壬水편인이 건록을 차지하여 물이 넘쳐서 甲木이 뜨는 수다목부(水多木浮)가 되면 흉하므로, 戊土편재로 壬水편인을 제극한다.

【원문】

若庚丁兩透 又加戊出干 名曰去濁留清 富貴之極 即乏丁火 亦
약 경 정 량 투　우 가 무 출 간　명 왈 거 탁 류 청　부 귀 지 극　즉 핍 정 화　역

稍有富貴 或甲多制戊 庚金無根 平常人也 庚戊若透 雖出比劫
초 유 부 귀　혹 갑 다 제 무　경 금 무 근　평 상 인 야　경 무 약 투　수 출 비 겁

必定富而壽
필 정 부 이 수

【해설】　　　　해월갑목에 庚金칠살과 丁火상관은 물론 戊土편재까
지 투출하면, 혼탁함은 없이 깨끗함만 남아 매우 부귀를 이룬다. 단, 丁
火상관이 적으면 부귀가 작다. 甲木이 많아 戊土를 극하는 군겁쟁재(群
劫爭財)이면 토생금(土生金)을 못 해 庚金의 뿌리가 잘라지므로 보통사
람이다. 庚金과 戊土가 투출하면 비겁이 있어도 재물이 있고 오래 산다.

【원문】

或多比劫 只一庚出干 坐祿逢生 乃爲捨丁從庚 略富貴 或支見
혹 다 비 겁　지 일 경 출 간　좌 록 봉 생　내 위 사 정 종 경　약 부 귀　혹 지 견

申亥 戊己得所 以救庚丁 可許科甲 若單己透 其力弱小 不過
신 해　무 기 득 소　이 구 경 정　가 허 과 갑　약 단 기 투　기 력 약 소　불 과

貢監而已 用庚 土妻金子 用丁 木妻火子
공 감 이 이　용 경　토 처 금 자　용 정　목 처 화 자

【해설】　　　　해월갑목에 비겁이 많은데 庚金칠살이 천간에 1개 투
출하면, 庚金칠살이 약하므로 건록 위에 있거나 재성으로 약한 살을 생
해야 한다. 이 때 甲木일간은 약한 庚金을 녹이는 丁火상관을 버리고 부
득이 庚金칠살을 쓰며 약간의 부귀는 이룰 수 있다.

만약 해월갑목이 申金이나 亥水를 보고 戊己土가 힘을 얻으면, 戊己土가 亥 중의 지장간 壬水를 제극하고 申 중 庚金을 생하여 庚金칠살과 丁火상관을 쓸 수 있으므로 공명을 이룬다. 그러나 천간에 己土가 하나만 투출하면 힘이 없으므로 단지 재물을 바쳐서 공감(貢監)[㈜] 같은 작은 벼슬을 얻을 뿐이다.

해월갑목의 용신 원칙은 庚金칠살과 丁火상관을 쓰는 것이다. 庚金을 쓰면 토처금자(土妻金子)이고, 丁火를 쓰면 목처화자(木妻火子)이다.

㈜ 공감은 곡식이나 재물을 내고 국자감의 생원이 되는 것이다.

【원문】

火土得位[㈜] 官至一品
화 토 득 위   관 지 일 품

시	일	월	연 (乾命)
甲	甲	乙	己
子	子	亥	巳

戊	己	庚	辛	壬	癸	甲
辰	巳	午	未	申	酉	戌

【해설】 지지에 子水와 亥水 등이 있어 水가 범람하므로 巳 중 丙火와 戊土를 써서 水인수를 조절한다. 초반의 金水운은 흉하였으나 일품(一品) 벼슬을 하였다.

㈜ 庚金이 살지(殺地)에 있는데 득위하였다는 것은 문제가 있어 원문의 금토득위(金土得位)를 화토득위(火土得位)로 바꾸었다. 일부 『궁통보감(窮通寶鑑)』주석서에는 이 사주를 辛巳년 己亥월로 표기한 것도 있다.

【원문】

崇用戊土 先貧後富
단 용 무 토 선 빈 후 부

시	일	월	연 (乾命)
丙	甲	辛	壬
寅	戌	亥	辰

戊	丁	丙	乙	甲	癸	壬
午	巳	辰	卯	寅	丑	子

【해설】　　　　　辛金이 생조하는 壬水가 투출하여 수다목부(水多木浮)의 형세다. 戌 중 戊土로 水를 제지하고, 시간 丙火로 조후하는 식신생재격(食神生財格. p.113 참조)이다. 丙辰운부터 부자가 되었다.

【원문】

此爲燈火拂劍 異路恩封 妻賢子肖
차 위 등 화 불 검 이 로 은 봉 처 현 자 초

```
시   일   월   연 (乾命)
壬   甲   己   辛
申   辰   亥   丑


壬   癸   甲   乙   丙   丁   戊
辰   巳   午   未   申   酉   戌
```

【해설】　　　　甲辰과 乙巳일주가 壬申이나 癸酉시를 만난 경우를 등화불검(燈火拂劍)[㉱]이라고 한다. 과거 급제가 아닌 다른 방법으로 녹봉과 토지를 얻었으며, 처와 자식이 잘 되었다.

㉱ 甲辰과 乙巳의 납음(納音)은 복등화(覆燈火)이며, 壬申과 癸酉는 검봉금(劍鋒金)이다. 여기에서 등화불검이라는 말이 나왔다.

【원문】

戊出天干 止流水 號曰六甲趨乾 官至封侯^{주1)}
무 출 천 간　지 류 수　호 왈 육 갑 추 건　관 지 봉 후

```
시   일   월   연 (乾命)
乙   甲   癸   戊
亥   子   亥   辰


庚   己   戊   丁   丙   乙   甲
午   巳   辰   卯   寅   丑   子
```

【해설】　　　　연간의 戊土가 亥子의 물을 막고 육갑추건격(六甲趨乾格)[2]이 되어 제후(諸侯)가 되었다.

㉾ 1) 봉후는 제후를 봉하는 것, 또는 제후를 의미한다.
　　2) 육갑추건격은 甲木이 건궁(乾宮)의 亥水를 볼 때 이루어지는 격이다. 亥水는 寅木
　　　을 寅亥합으로 끌어오고, 寅木은 甲木의 건록(建祿)이 되므로 귀격으로 본다.

시	일	월	연 (乾命)
己	甲	辛	壬
巳	子	亥	辰

戊	丁	丙	乙	甲	癸	壬
午	巳	辰	卯	寅	丑	子

【원문】

火土失令 略有衣食 但孤貧多疾
화 토 실 령 　약 유 의 식 　단 고 빈 다 질

【해설】　　　　甲己합이 되지만 화(化)오행을 받쳐주는 火土가 실령하였다. 巳 중 丙火와 辰 중 戊土는 팔자의 거센 물로 인해 무력하고, 천간에 투출하지 않아 역할이 없다. 외롭고 빈한하며 질병이 많았으나, 丙辰과 丁巳운에 戊土가 힘을 받아 약간의 의식(衣食)은 있었다.

시	일	월	연 (乾命)
甲	甲	辛	壬
子	寅	亥	子

己	戊	丁	丙	乙	甲	癸	壬
未	午	巳	辰	卯	寅	丑	子

위 팔자의 丁巳대운이 어떤지 살펴보자. 위 사주는 종강격(從强格)에 해당하는 사주로 용신은 인비(印比)인 水木이 된다. 해월갑목의 용신은 庚金과 丁火를 벗어날 수 없다고 하였으나, 위 팔자는 일반적인 정격이 아닌 종강격으로 보고 용신을 정한다.

종강과 종왕(從旺)은 외격(外格)의 하나로, 인수와 비겁이 태왕하여 일주 오행을 따르는 사주다. 인성이 많아 인성을 종하는 경우는 종강격, 비겁이 많은 경우는 종왕격(從旺格)으로 구분하기도 하며, 이 둘이 큰 차이가 없으므로 합해서 종강격이라고도 한다. 종강의 희용신은 인수와 비겁운이 길하고 재관운이 불길하며, 비겁이 많아 종왕격이 된 사주는 인수와 비겁운이 길하고 식상운도 나쁘지 않다. 위 팔자는 辛金정관이 병지(病地)에 있고, 주변에 설기하는 水가 너무 강해서 역할을 할 수 없으므로 종강격이 틀림없다.

종강격일 때 丁巳식상운은 어떨까? 위 명의 경우 인수가 강한 것이 문제다. 『적천수(滴天髓)』에서는 종강일 경우 식상운도 나쁘지 않다고 하였지만, 명주는 水木대운에 벼슬을 하고 丁巳대운에 왕신인 亥水를 충해서 왕자노발(旺者怒發)이 되어 사망하였다.[사주 출처 적천수(滴天髓)]

시　일　월　연 (乾命)

戊　甲　丁　庚

辰　戌　亥　辰

甲　癸　壬　辛　庚　己　戊

午　巳　辰　卯　寅　丑　子

　해월갑목에 庚金칠살과 丁火상관과 戊土편재가 모두 투출한 경우 매우 부귀하다고 하였다. 庚金은 甲木일간을 다듬어주고, 丁火는 庚金을 제련하며, 戊土는 亥월의 물을 조절하는 역할을 하기 때문이다. 위 사주는 천간에 庚丁戊가 모두 투출하여 이상적인 구조로 보인다.

　이렇게 이상적인 구조로 판단하는 이유에는 亥월의 물기운 때문에 甲木이 강해진다는 가정이 바탕이 된다. 그러나 위 팔자의 월지 亥를 중심으로 보면 주변에 火土의 기운이 강해서 甲木을 충분히 밀어줄 처지가 아님을 금방 알 수 있다. 또한, 팔자에 전체적으로 土재성이 너무 많다. 따라서 해월갑목임에도 불구하고 재다신약(財多身弱)이 된다. 신약한 팔자이므로 희용신은 인비인 水木이 된다.

　위 팔자는 영화배우 이소룡[본명 이진번(李振藩)]의 것으로 1973년 〈사망유희(死亡遊戱)〉 촬영 도중 급사하였다. 庚寅대운에 속하는 1973년 癸丑년의 운기를 보면 팔자에서 월간 丁火는 해월갑목의 조후를 하면서 甲木의 수기(秀氣)를 발하는 곳인데, 세군(歲君) 癸水가 이를 충한다. 또한 연(年)에서 오는 丑기운은 甲木일간을 돕는 亥水를 막아버리는 기신 역할을 하고, 육신을 나타내는 일지를 丑戌형한다.

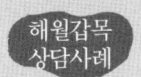

남편의 기 살리기

전화로 미리 약속한 시간에 찾아오신 분은 50대의 평범한 주부처럼 보이는 분이었다. 무슨 목적으로 상담을 청하는지 묻자 "이것저것 봐주세요."라고 내던지듯이 말을 하였다.

시 일 월 연(坤命)
庚 甲 癸 癸
午 戌 亥 巳

庚 己 戊 丁 丙 乙 甲
午 巳 辰 卯 寅 丑 子

괴강살(魁罡殺)에 물기가 많아 강한 사주이다. 남편을 뜻하는 글자가 자리를 얻지 못하고 명주에게 바짝 붙어 있는 것이 눈에 띈다. 사주 구조로 봐서 남편이 능력도 없고 역할도 못 한다. 다시 한 번 팔자를 들여다보며 요모조모 줄긋기를 해봐도 마찬가지다. "남편분이 있으나 마나라서 남편복으로 살기는 애당초 기대할 수 없는 사주네요."라는 말로 상담을 시작하자, 자연스럽게 남편에 대한 야속함과 다 큰 철없는 딸들의 이야기 등으로 신세한탄이 이어진다. 사람이 사는 게 다 거기서 거기지만 참으로 별스런 삶을 사는 이들이 아주 많다. 운기를 보면 활동을 하고 주머니에 돈이 있어야 돌아갈 운기인데 올해는 풀리기 어렵겠다. 운기 설명을 듣다가 현재 건강 관련 업소를 하고 있으며 금전문제로 어려움이 있다는 이야기를 한다.

건강과 관련된 일을 한다는 말을 듣고 건강을 살펴보니, 말씀 내내 깊은 한숨을 몰아쉬고 눈이 번들거리며 트림을 하고 이마를 자주 만지는 모양이 영락없이 허화가 뜬 상태로 허화를 가라앉혀야겠다.

　1시간만에 상담을 마치고 일어서면서 "요새 사는 게 너무 힘들어서 남편에게 기대야 하는데 방법이 없나요?" 라고 묻는다. 글쎄……, 먼저 남편의 기를 살려야 할 것 같다. 그래서 당신은 못 믿어, 당신은 아무것도 못 하잖아, 이런 태도를 버리라고 당부하였다. 예를 들어 장독을 옮길 때도 난 무거운 장독을 못 옮겨, 당신이 옮겨줘, 이런 태도가 남편을 강하게 만든다.

　위 사주 구조를 다시 자세히 살펴보면, 해월갑목의 용신 원칙은 庚金칠살과 丁火상관을 위주로 하며 丙火와 戊土로 보좌한다. 이 사주는 癸水정인이 월간에 투출하여 신왕사주이다. 庚金은 관인상생(官印相生)이 우려되고, 水木은 신왕으로 용신에서 제외된다. 따라서 기신을 다스리는 火土 중 戊土를 용신으로 삼는다. 운의 흐름을 보면 중년 이후에 火土로 향하므로 운이 좋은 편이다.

　이번에는 남편별인 관살을 보자. 연지에 있는 巳 중 庚金은 앉은 자리가 살지(殺地)로 좋지 않고, 戌 중 辛金은 午 중 丙火와 암합(暗合)하여 기반(羈絆)이 된다. 투출한 庚金칠살은 寅午戌 화국(火局)의 자리에 있어 무력하고, 일간이 庚午시주로 진입하는 경우 戊亥가 공망이 된다. 즉, 일지가 공망이 되는 자공망(自空亡)이 되어 진입을 못 한다. 이와 같이 남편별과 인연이 없으며, 남편궁인 월지가 기신궁이고 巳亥충으로 흔들리는 것도 남편의 덕을 못 보게 하는 요소들이다.

⑩ 자월갑목(子月甲木)

주용신 丁	보조용신 庚丙

木이 추운 상태에 있다. 丁火상관을 먼저 쓰고, 庚金칠살로 甲木을 쪼갠다. 丙火식신으로는 조후하여 보좌한다.

【원문】

十一月甲木 木性生寒 丁先庚後 丙火佐癸 癸水司權 爲火金之
십 일 월 갑 목　목 성 생 한　정 선 경 후　병 화 좌 계　계 수 사 권　위 화 금 지

病 庚丁兩透 支見巳寅 科甲有准 風水不及 選拔有之 若癸透
병　경 정 량 투　지 견 사 인　과 갑 유 준　풍 수 불 급　선 발 유 지　약 계 투

傷丁 無戊己輔救 殘疾之人 或壬水重出 丁火全無者 庸人也
상 정　무 무 기 보 구　잔 질 지 인　혹 임 수 중 출　정 화 전 무 자　용 인 야

得丙方妙
득 병 방 묘

【해설】　　　　자월갑목은 木이 차가워지므로 丁火상관을 먼저 쓰고 庚金칠살은 나중에 쓰며, 조후하는 丙火식신으로 癸水정인을 다스린다. 庚金으로 甲木을 쪼개 丁火로 甲木을 쓸 수 있게 하는 게 용신의 본질이다.

　　子月은 癸水가 사령하여 庚金의 기운을 설기하고 丁火를 충하므로 火金의 병이 된다. 庚金과 丁火가 투출하고 지지에 巳火와 寅木을 보면 풍수(風水)가 도와주지 않아도 공명을 이룰 수 있다. 癸水가 투출하여 丁火를 손상하는데 戊己土의 도움이 없으면 질병이 있다. 또한 壬水가 거듭 나타나고 丁火가 丁壬합으로 기반(羈絆)이 되어 없어지면 어리석지만, 丙火를 얻으면 丙壬충으로 壬水가 있어도 丁火를 쓸 수 있는 묘함이 있다.

【원문】

或支成水局 加以壬透 名爲水泛木浮 死無棺木
혹 지 성 수 국　가 이 임 투　명 위 수 범 목 부　사 무 관 목

【해설】　　　　자월갑목이 지지에 水인수국을 이루고 壬水가 투출해 물 기운이 더 강해지면, 물이 범람하여 甲木이 뜨므로 죽어도 담길 관이 없다.

【원문】

總之十一月甲木 爲寒枝 不比春木淸茂 耑取庚丁 透壬無丙 不

총지십일월갑목 위한지 불비춘목청무 단취경정 투임무병 불

過刀筆異途 武職有驗

과도필이도 무직유험

【해설】　　　　자월갑목은 차가운 계절에 있는 나무이므로, 봄의 푸르고 무성한 나무가 庚金을 꺼리는 것과 달리 庚金칠살과 丁火상관을 쓴다. 壬水가 투출하고 丙火식신이 없어서 丙壬충이 안 되고 丁壬합으로 丁火상관을 쓸 수 없으면 하급 관리가 되거나 과거가 아닌 다른 방법으로 벼슬을 하며 무관이 된다.

【원문】

用庚 土妻金子 用火 木妻火子

용경 토처금자 용화 목처화자

【해설】　　　　자월갑목이 金을 쓰는 경우 土가 妻이고 金은 자식이며, 火를 쓰는 경우는 木이 처이고 火가 자식이 된다.

【원문】

印綬格

인수격

```
시   일   월   연 (乾命)
甲   甲   戊   乙
子   寅   子   亥

辛   壬   癸   甲   乙   丙   丁
巳   午   未   申   酉   戌   亥
```

【해설】   지지가 亥子 水인수국으로 인수격(印綬格)이다. 물을
막는 戊土가 천간에 투출하였으나 丙火가 투출해서 돕지 않아 戊土의 힘
이 부족하다. 귀하게 되지는 못하고, 만년의 火운에 큰 부자가 되었다.

【원문】

庚丁兩透 又加丙除寒氣 官至王侯
경 정 량 투 우 가 병 제 한 기 관 지 왕 후

```
시   일   월   연 (乾命)
丁   甲   庚   丙
卯   午   子   子

丁   丙   乙   甲   癸   壬   辛
未   午   巳   辰   卯   寅   丑
```

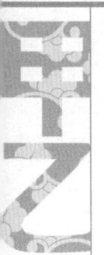

【해설】　　　자월갑목에 庚金과 丁火가 모두 투출하고, 연간에 丙火
가 있어 조후하므로 추운 기운을 해결한다. 살인격(殺刃格)으로 왕후(王
侯)에 이르렀다.

【원문】

大將軍命
대 장 군 명

	시	일	월	연(乾命)
	庚	甲	戊	乙
	午	辰	子	巳

辛	壬	癸	甲	乙	丙	丁
巳	午	未	申	酉	戌	亥

【해설】　　　연지의 巳 중 丙火가 조후하고, 시주에 庚金과 丁火가
모두 있다. 庚金이 甲木을 쪼개서 丁火를 인도하므로 대장군(大將軍)이
되었다.

　동일한 명으로 辛未시에 출생한 남자의 경우, 庚金이 甲木을 쪼개지
않아 무관이 되는 데 그쳤다.

【원문】

一派水局 申運溺死
일 파 수 국 신 운 익 사

```
시   일   월   연 (乾命)
壬   甲   戊   乙
申   辰   子   巳

辛   壬   癸   甲   乙   丙   丁
巳   午   未   申   酉   戌   亥
```

【해설】　지지가 申子辰 水인수국이고 壬水가 투출하였다. 戊土가 도도한 물기운을 막지 못하여 수범목부(水泛木浮)가 된다. 申운은 원명에 물기운이 강한데 물기운을 더 강하게 하는 운이므로 물에 빠져 죽었다.

자월갑목 해설

```
시   일   월   연 (乾命)
丙   甲   戊   庚
寅   寅   子   寅

乙   甲   癸   壬   辛   庚   己
未   午   巳   辰   卯   寅   丑
```

147

3

십간의 월별 주용신과 보조용신

자월갑목이 子월에 생왕(生旺)하고, 寅木의 자리에 앉아 있어 신왕하고 차다. 연간 庚金은 甲木을 쪼개는 역할을 하고, 월간 戊土는 子월의 물기운을 제어하며, 장생의 자리에 있는 시간 丙火는 조후 역할을 하므로 천간 중 버릴 게 하나도 없다. 사주의 짜임새가 좋아 상서(尙書) 벼슬까지 지냈다.[사주 출처 『자평진전(子平眞詮)』]

시	일	월	연 (乾命)
甲	甲	丙	己
子	戌	子	亥

己	庚	辛	壬	癸	甲	乙
巳	午	未	申	酉	戌	亥

자월갑목이 바닥에 물기운이 너무 많아 신왕한 사주이다. 팔자의 기신이 되는 한랭한 水를 해결할 방법을 찾는다. 먼저 丙火가 丁火를 대신하여 한랭한 甲木을 따뜻하게 하고, 팔자의 水火 균형을 맞출 수 있다. 그러나 丙火가 子水 살지(殺地)에 있고, 바닥이 亥子 수국(水局)이므로 역할을 못 한다.

다음은 투출해 있는 己土재성으로 물을 막는 것을 생각해볼 수 있다. 그러나 이 또한 여의치 않다. 己土는 戊土보다 역량이 떨어지는 음토(陰土)이고 앉은 자리 亥水도 절지(絶地)가 된다. 이 경우 己土는 물을 막기보다는 물과 범벅이 되어 흙탕물을 만들 우려가 있다.

이와 같이 용신으로 할 수 있는 火土 희용신이 역할을 못 한다. 특히 丁火상관으로 조후하고 설기하여 수화기제(水火旣濟)를 이루게 하는 것이 자월갑목의 용신 원칙인데, 이렇게 중요한 역할을 하는 丁火는 투출하지 않고 암장(暗藏)되어 있고, 子 중 癸水와 쌍충(雙沖)이 되는 상황이다. 여기에 甲木을 쪼개 丁火로 인도하는 庚金도 없어 파격(破格)이다.

운의 흐름을 보면 물기운이 강해지는 중년의 癸酉와 壬申운이 흉할 것으로 예상된다. 실제로 처와 함께 서울 변두리에서 작은 한식집을 하다가 壬申대운인 1999년에 무리한 가게 확장으로 망하여 무일푼이 되었으며, 2007년까지 변변한 수입이 없는 남성이다. 壬申대운 중 壬水는 그나마 조후를 하는 丙火와 丙壬충을 하고, 대운의 지지 申金은 팔자와 결합하여 申子辰 수국(水局)을 이루므로 사주의 병을 더 키우는 대운이다.

子
月
甲
木

자월갑목
상담사례

사람의 그릇은 정해져 있다

해거름에 동태찌개 한 냄비 때문에 이혼을 하게 됐다며 30세가 넘은 여자분이 상담을 청해왔다.

시 일 월 연 (坤命)
丙 甲 壬 壬
寅 申 子 子

乙 丙 丁 戊 己 庚 辛
巳 午 未 申 酉 戌 亥

"검은 쥐해, 검은 쥐달[月]에 뿌리 없는 나무로 태어나서 자기 잘난 맛에 사는 팔자이군요. 자신의 기운이 물에 잔뜩 불은 나무처럼 부풀려 있어서 남편이 꺾을 수 없는 구

3
십
간
의
월
별
주
용
신
과
보
조
용
신

조입니다. 사주에 물이 너무 많아서 작은 불길도 소중한데, 불을 지피는 장작은 물기가 많아서 연기만 나는 형세입니다. 여자 팔자로는 좀 부족하지요."

눈을 동그랗게 뜨고 이야기에 곧바로 반응하는 여자분의 얇은 표정을 외면하고 이야기를 계속하였다. "팔자에 있는 남편 글자를 바로 위에 앉아서 깔아뭉개고 있으니 잘못하면 맞으며 살 수 있고, 30세 이후의 대운 기운이 남편궁을 흔들어 부부간에 큰 분란이 우려됩니다. 신가을 백호창광(辛加乙·白虎猖狂)이라. 이는 호랑이가 미쳐 날뛰는 형상이고, 엉켜 있는 들풀에 호랑이 다리가 걸린 형상으로 가업이 무너진다 하였으니 가정이 무너질 수 있습니다. 이런 운에 색(色)에 신음하고 정에 날뛰는 형상이므로 틀림없이 남편 아니면 애인 문제가 있습니다. 또, 팔자에 부모 글자가 너무 많아서 시부모 모시는 일과 거리가 멀고, 공부와도 인연이 없어 머리로 생각하지 않고 멋대로 행동하며 사는 팔자입니다." 그러자 공부는 신문을 펴 들기만 해도 머리에 쥐가 난다는 말을 시작으로 하나둘 자신의 상황을 이야기하였다.

결혼한 지 얼마 안 됐는데 하루걸러 부부싸움을 하였고, 남편이 바람이 나자 시집 식구들이 똘똘 뭉쳐서 자신을 몰아내 결국 이혼하였다는 것이다. 이것이 2003년 癸未년 己酉운의 일이다. 시부모가 남편을 말리지 않느냐고 묻자 이 분 대답이 가관이다.

"남편을 말려달라고 하자 시어머니 말씀이 너는 동태찌개 하나 제대로 끓여준 적이 있냐는 거예요. 남편과 바람이 난 여자는 시부모를 초대해 동태찌개와 술을 사줬다는 거예요."

그러니까 이 분은 시집 온 후로 동태찌개 한 번을 제대로 안 해줬다는 이유로 시어머니에게 벌써부터 찍혀 있었다는 것이다. 약간 어이없는 말 같지만 고기를 입에 못 대는 시어머니가 생선찌개 타령을 했을 것이고, 이 분은 팔자의 모양대로 뻐세게 나갔던 모양이다. 이렇게 왕성한 팔자 구조로 시부모를 사근사근 봉양하는 건 바라기 어렵다. 찌개 하나 때문에 이혼할 수야 없겠지만, 하나를 보면 열을 아는 게 세상일 아닌가 싶다.

이렇듯 사람의 그릇은 대충 정해져 있다. 그러나 자신의 장단점을 알아서 스스로 보완하려고 노력했다면 이렇게 이혼까지 가지는 않았을 것이다. 역시 자신의 기운에 맞지 않는 일을 한다는 것은 매우 어려운 일이다.

⓫ 축월갑목(丑月甲木)

주용신 庚 보조용신 丁丙

너무 추워서 만물이 살 수 없는 계절에 있다. 먼저 庚金칠살을 사용해서 차가운 甲木을 쪼개 丁火상관을 이끌어 쓰며, 丙火식신으로 따뜻하게 조후한다.

【원문】

十二月甲木 天氣寒凍 木性極寒 無發生之象 先用庚劈甲 方引
십 이 월 갑 목 천 기 한 동 목 성 극 한 무 발 생 지 상 선 용 경 벽 갑 방 인

丁火 始得木火有通明之象 故丁次之
정 화 시 득 목 화 유 통 명 지 상 고 정 차 지

【해설】　　　축월갑목은 매우 추운 계절이라 만물이 살 수 없다. 먼저 庚金칠살을 사용하여 차가운 甲木을 쪼개면 丁火상관을 이끌어 쓸 수 있고 목화통명(木火通明)의 상이 된다. 따라서 축월갑목에게는 庚金이 우선이고, 丁火는 그 다음에 사용한다.

【원문】

庚丁兩透 科甲恩封 庚透丁藏 小貴 丁透庚藏 小富貴 無庚者
경 정 량 투 과 갑 은 봉 경 투 정 장 소 귀 정 투 경 장 소 부 귀 무 경 자

貧賤 無丁者 寒儒 或有丁透重重 亦是富貴中人 但須比肩 能
빈 천 무 정 자 한 유 혹 유 정 투 중 중 역 시 부 귀 중 인 단 수 비 견 능

發丁之燄 自有德業才能 如無比肩 尋常之士 稍有衣食而已 或
발 정 지 염 자 유 덕 업 재 능 여 무 비 견 심 상 지 사 초 유 의 식 이 이 혹

십간의 월별 주용신과 보조용신

支多見水 卽有比肩 亦屬平常
지다견수 즉유비견 역속평상

【해설】　　　축월갑목에 庚金칠살과 丁火상관 2개가 동시에 투출한 경우 임금으로부터 관직을 받을 정도로 크게 귀하게 되고, 庚金은 투출하였는데 丁火가 암장되어 있으면 귀함이 작다. 또, 丁火는 투출하였는데 庚金이 암장되어 있어도 작은 부귀는 있다.

축월갑목에 庚金이 없으면 빈천하고, 丁火가 없으면 가난한 선비다. 만약 庚金이 없더라도 丁火가 투출하여 유력하면 부자이지만, 이 경우 木이 있어서 丁火의 불을 피울 수 있어야 훌륭한 인물이 된다. 불을 피울 木이 없으면 평범한 선비로 의식(衣食)을 해결하는 정도이다. 지지에 水인수가 많고 木비견이 있으면 축축한 나무에 불꽃이 없는 상이므로 보통사람이다.

【원문】

總之臘月甲木 雖有庚金 丁不可少 乏庚略可 乏丁無用 經云
총지랍월갑목　수유경금　정불가소　핍경략가　핍정무용　경운

甲木無根 男女夭壽
갑목무근　남녀요수

【해설】　　　축월갑목을 종합해보면 庚金칠살이 있더라도 丁火상관이 적으면 안 된다. 이르기를 "甲木이 뿌리가 없으면 남녀 모두 요절한다." 하였다.

【원문】

此命有丁不貴 因支下多水 溼木不能生燄
차 명 유 정 불 귀   인 지 하 다 수   습 목 불 능 생 염

시	일	월	연 (乾命)
甲	甲	丁	己
子	辰	丑	丑

庚	辛	壬	癸	甲	乙	丙
午	未	申	酉	戌	亥	子

【해설】　　　　丁火가 투출하였으나 지지에 申子辰이 있어 축축하다.
물기 있는 나무가 탈 수 없으므로 귀하지는 않고 부자만 되었다.

【원문】

孤貧 壽至百歲
고 빈   수 지 백 세

시	일	월	연 (乾命)
乙	甲	乙주)	癸
亥	午	丑	亥

戊	己	庚	辛	壬	癸	甲
午	未	申	酉	戌	亥	子

【해설】 水木이 강해서 甲木이 왕성하다. 午 중 丁火가 있지만 암충(暗沖)이 되고, 癸水가 투출하여 역할을 못 한다. 팔자가 왕성하여 장수 하였지만, 편고(偏枯)한 팔자로 고독하고 빈한하였다.

㈜ 원문에는 癸丑월로 되어 있지만 癸亥년은 乙丑월이 맞다.

【원문】

財旺生官格 庚丁兩透 火又會局 鼎甲
재 왕 생 관 격 경 정 량 투 화 우 회 국 정 갑

시	일	월	연 (乾命)
庚	甲	丁	己
午	戌	丑	亥

庚	辛	壬	癸	甲	乙	丙
午	未	申	酉	戌	亥	子

【해설】 왕성한 丑戌재성이 庚金칠살을 생하므로 재왕생관(財旺生官)㈜이 된다. 지지가 寅午戌 화국(火局)으로 투출한 丁火를 도와 庚金칠살을 제극한다. 추운 나무가 양기로 운행하는 귀격으로 정갑(鼎甲) 벼슬을 하였다.

㈜ 재왕생관은 왕성한 재성이 관성을 생조하는 경우이다. 생을 받는 관성이 용신이 되는 경우에만 해당되며, 관성이 흉 역할을 하는 경우 해당되지 않는다.

【원문】

癸水傷丁 貧而且賤
계 수 상 정   빈 이 차 천

```
        시   일   월   연 (乾命)
        癸   甲   丁   己
        酉   辰   丑   丑

     庚   辛   壬   癸   甲   乙   丙
     午   未   申   酉   戌   亥   子
```

【해설】　　　　앞에 나온 사주와 달리 시간에 癸水가 투출하여 甲木
을 설기하는 丁火를 상하게 하므로 빈천하다.

【원문】

富貴雙全 由午中丁火幇助月干也
부 귀 쌍 전   유 오 중 정 화 방 조 월 간 야

```
        시   일   월   연 (乾命)
        庚   甲   丁   己
        午   辰   丑   丑

     庚   辛   壬   癸   甲   乙   丙
     午   未   申   酉   戌   亥   子
```

【해설】 부귀를 모두 가질 수 있었던 것은, 庚金칠살이 투출하여 甲木을 쪼개 丁火를 인도하고, 午 중 丁火가 월간에 투출한 丁火를 돕기 때문이다.

축월갑목 해설

시	일	월	연 (坤命)
庚	甲	丁	甲
午	寅	丑	子

庚	辛	壬	癸	甲	乙	丙
午	未	申	酉	戌	亥	子

156

1925년생 여자의 명이다. 남자에게 庚金은 관성으로 귀함을 나타내고 丁火는 재물을 만드는 원신(源神)이 되지만, 여자에게 丁火가 너무 강하면 甲木의 수기(秀氣)를 표출하는 것을 버리고 관(官)을 상하게 하는 상관의 역할을 한다.

이 여성의 부부관계를 관성인 남편별 중심으로 살펴보자. 여자에게 남편궁은 월지가 되는데, 월지 丑土는 金의 묘지(墓地)가 되니 관고(官庫)로 부성입묘(夫星入墓)되었다. 또한, 칠살 庚金이 시(時)에 있으나 앉은 자리가 寅午戌 화국(火局)으로 극을 당하고, 월간 丁火는 寅午戌 화국과 연일(年日)에 있는 甲木의 생조로 강해져서 상관의 역할을 한다.

실제, 남편을 잃고 재혼하였으나 재혼한 남편도 요절하였다.[사주 출처 『사주첩경(四柱捷徑)』]

```
시  일  월  연 (乾命)
丙  甲  癸  壬
寅  戌  丑  辰

庚  己  戊  丁  丙  乙  甲
申  未  午  巳  辰  卯  寅
```

축월갑목에게는 무조건 불이 필요하다! 조후론(調候論)을 잘못 이해한 사람은 대뜸 이렇게 말한다. 그러나 『궁통보감(窮通寶鑑)』의 축월갑목 부분을 자세히 살펴보면, 조후의 목적이 목화통명(木火通明)에 있다. 그러므로 庚金으로 동토(凍土)의 죽어 있는 甲木을 쪼개고, 丁火를 인도하는 게 기본이다. 이 때 丙火는 조후를 하는 보조 요소로 쓰인다. 즉, 丙火와 丁火의 쓰임이 다르다.

위 사주는 시간 丙火가 寅午戌 화국의 기운을 받아 조후 역할을 하겠지만, 甲木을 이끄는 것은 丁火에 비해 역할이 떨어진다. 또한 귀하게 만드는 庚金관살이 없어서 명주가 발전하기는 어렵다.

연월의 水인수가 살지(殺地)에 있어 인수로서의 역할을 못 하고, 火土의 설기가 심해 재다신약(財多身弱)^{주)}에 가까우므로 팔자의 균형을 깨는 재성이 기신이다. 이런 가운데 처궁 일지는 묘지(墓地)로 처성입묘(妻星入墓)되어 있으므로 처의 문제를 끌어안고 있는 팔자이다. 여기에 중년 대운이 火土 기구신운으로 빠져서 운세의 흐름도 아름답지 못하다. 그러므로 명주는 발전하기 어렵고, 부부관계가 좋지 않은 팔자라는 결론이다.

실제 부부관계를 보면, 첫 번째 부인은 아이 하나를 낳고 합의이혼하였고, 두 번째 부인은 자살로 의심되는 사건으로 사망하였으며, 2007년 현재 아이를 못 낳는 여성과 결혼하여 살고 있다.

㉾ 재다신약은 재성이 많고 일간이 약한 경우로 재왕신경(財旺身輕)이라고도 한다. 재다
신약의 원인은 두 가지인데, 하나는 오행 생극의 비정상적 관계인 상외(相畏) 현상으
로 극을 하는 비겁이 극을 당하는 재성으로부터 오히려 공격을 당하기 때문이고, 다
른 하나는 재성이 인수를 극하는 재괴인(財壞印)으로 인해 일간의 젖줄이 파괴되기
때문이다.

재다신약 사주의 영향이 가장 크게 나타나는 부분이 재물과 부부관계다. 재물과 관련
해서는 '명위재다신약 종위부옥빈인(名爲財多身弱 終爲富屋貧人)' 줄여서 부옥빈인
이라 하여, 부잣집에 태어난 가난한 사람이며 평생 고생이 많은 명이다. 고서에서도
혹평하기를 "부잣집 문전에서 굶어 죽는다. 바늘 꽃을 땅이 없다"고 하였다. 이렇듯
재다신약 사주가 가난하다고 보는 가장 큰 이유는 재물이 눈앞에 많지만 자기 것으로
취하는 능력이 떨어지기 때문이다. 신왕해야 재관을 감당할 수 있다는 말대로 재물을
감당할 능력이 부족한 것이다.

또한 재다신약은 부부관계가 좋지 않은 명이다. 왜냐하면 재다(財多)란 처성이 많다
는 것이고, 신약(身弱)은 처성을 감당할 능력이 떨어진다는 것이기 때문이다. 이 중 처
성이 많다는 것은 처성이 유력하다, 처성이 산재되어 있다는 것으로 볼 수 있으며, 처
에 대한 집중력이 떨어지기 때문에 바람기가 있다. 성격이 강한 처를 만나기 쉬워 공
처가가 되거나 부인의 말에 좌우지 되는 줏대 없는 삶을 살기도 한다. 또한, 처성이
유력한 경우 인수를 치는 재괴인(財壞印) 현상이 일어나서 고부 갈등이 심하기 쉽다.

재다신약 이외에 처덕이 없는 대표적인 경우는 인수가 용신인데 재성이 이를 극하는
경우, 관살이 기신인데 재성이 이를 생조하는 경우이다.

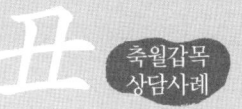

축월갑목
상담사례

그 여자의 남편과 남자

주섬주섬 퇴근할 준비를 하고 있는데 전화가 왔다. 금방 택시를 타고 갈 테니 잠시만 기다려달라는 것이다. 어쩔 수 없이 퇴근할 시간이라는 토를 달고 가벼운 마음으로 약속을 해버렸다.

잠시 후 오신 분은 40세가 좀 넘어 보이는 분으로 몸매에 비해 얼굴이 앳되고, 반 부츠에 자주색 머플러 차림의 세련된 분위기였다. 자리에 앉으며 자신과 두 남자의 사주를 꺼내놓았는데, 아래가 그 분의 사주이다.

시 일 월 연 (坤命)
庚 甲 辛 丙
午 辰 丑 申

甲 乙 丙 丁 戊 己 庚
午 未 申 酉 戌 亥 子

엄동설한에 꽝꽝 언 땅, 얼어붙은 나무이다. 언 몸을 녹여야 하므로 우선 불을 찾아보는데, 멀리 丙火 하나는 철의 장막에 막혀 못 온다. 또한 바닥의 한 줌 午火는 옆에서 수증기 癸水가 방해하고, 위에서는 쇠삿갓인 庚이 눌러대므로 저 살기도 바쁘다.

팔자에 庚辛申 쇠기운이 내 남자인데 남자가 많이 있어서 사랑놀음으로 바쁘고, 홍등가에서 남자와 놀기 십상이다. 어쨌든 쇠기운을 달래줄 물기운에 의지하여 28세 이전인 亥水운에 결혼을 한다. 그러나 결혼하고 보니 申은 내 몸이 공망이라 못 가고, 辛 또한 내 원천이 비어버리므로 갈 수가 없으며, 庚을 임으로 삼자니 힘은 없는데 표정만 사악하다. 이렇듯 팔자를 하나하나 짚어가며 설명하자 이 분 표정이 갑자기 어두워지며 두 남자의 사주풀이를 재촉한다. 두 남자의 운세를 살펴보니 하나는 내 몸 담기에 문제가 없고, 하나는 자기 몸 건사하기도 바쁘다.

50세가 되어 양다리를 걸치고 있는 분으로 남편은 잘 나가고 있으며, 만나는 남자는 작년에 이혼하고 2007년 현재까지도 치근덕대고 있는데 어떻게 처리해야 할지 고민 중이란다.

4. 乙木의 월별 용신

삼춘을목(三春乙木)

【원문】

三春乙木 爲芝蘭蒿草之物 丙癸不可離也 春乙見丙 卉木向陽
삼춘을목 위지란호초지물 병계불가리야 춘을견병 훼목향양

萬象回春 須癸滋養根基 丙癸齊透天干 無化合制剋 自然登科
만상회춘 수계자양근기 병계제투천간 무화합제극 자연등과

及第 故書曰 乙木根荄種得深 只須陽地不宜陰 漂浮只怕多逢
급제 고서왈 을목근해종득심 지수양지불의음 표부지파다봉

水 剋制何須苦用金
수 극제하수고용금

【해설】   지초나 난초, 쑥 등의 식물로 비유되는 봄의 乙木에는 丙火상관과 癸水편인이 반드시 필요하다. 봄의 乙木이 丙火를 만나면 초목이 햇빛을 따라 봄에 있는 형상이니, 이 때는 癸水가 乙木의 뿌리를

물로 축여줘야 한다. 봄의 乙木에 丙火와 癸水가 모두 천간에 투출하고, 합(合)으로 기운이 바뀌거나 제극으로 손상되지 않으면 자연히 귀하다. 봄의 乙木에 대해서 말하기를 "亥水 등에 뿌리를 깊게 내려야 하며 반드시 햇빛을 받는 곳에 있어야 한다. 金水의 그늘진 곳을 피하는데, 이는 乙木이 물에 떠 있는 상태일 경우 물을 많이 보는 것이 좋지 않기 때문이다. 또한 乙木을 제극하려고 굳이 金관살을 사용하여 고통을 줄 필요는 없다." 하였다.

1 인월을목(寅月乙木)

주용신 丙   보조용신 癸

아직 겨울의 찬 기운이 남아 있는 상태다. 丙火상관으로 따뜻하게 조후하고, 癸水편인으로 乙木을 자양(滋養)한다.

【원문】

正月乙木 必須用丙 因天氣尤有餘寒 非丙不暖 雖有癸水 恐凝
정 월 을 목　필 수 용 병　인 천 기 우 유 여 한　비 병 불 난　수 유 계 수　공 응

寒氣 故以丙火爲先 癸水次之
한 기　고 이 병 화 위 선　계 수 차 지

【해설】　　　인월을목은 아직 찬 기운이 남아 있으므로 반드시 丙火상관을 사용한다. 丙火만으로 乙木을 따뜻하게 할 수 있으며, 乙木에게 癸水편인이 필요하지만 한편으로는 乙木을 더 차게 할 우려가 있다. 그러므로 인월을목은 丙火를 먼저 사용하고 癸水는 그 다음에 사용한다.

丙癸兩透 科甲定然 或有丙無癸 門戶闡揚 或丙多乏癸 名曰春
병계량투 과갑정연 혹유병무계 문호천양 혹병다핍계 명왈춘

旱 獨陽不長 濁富之人 或丙少癸多 又爲困丙 終爲寒士 或癸己
한 독양부장 탁부지인 혹병소계다 우위곤병 종위한사 혹계기

多見 爲溼土之木 皆下格
다견 위습토지목 개하격

【해설】　　　　인월을목에 丙火상관과 癸水편인이 투출한 경우 귀하게
된다. 만약 丙火는 투출하고 癸水가 없으면 팔자의 문이 열려 丙火로 향하
니 마치 밝은 세상으로 향하는 것과 같고, 丙火는 많고 癸水가 부족하면
봄 가뭄이 들어 양기가 오래 못 가는 형세로 부정한 재물을 모으는 사람이
다. 丙火는 적고 癸水가 많으면 丙火가 곤란해지므로 가난한 선비다. 또
한, 癸水와 己土편재가 많으면 습하고 찬 흙에 있는 나무이므로 하격이다.

【원문】

用丙者木妻火子 用癸水見火多者 金妻水子
용병자목처화자 용계수견화다자 금처수자

【해설】　　　　인월을목이 丙火를 용신으로 하는 경우 木이 처이고
火가 자식이며, 불기운이 많아 癸水를 용신으로 하는 경우에는 金이 처
이고 水가 자식이 된다.

【원문】

貴在丙子 尚書
귀재병자 상서

```
     시   일   월   연 (乾命)
     丙   乙   壬   丁
     子   卯   寅   丑


  乙  丙  丁  戊  己  庚  辛
  未  申  酉  戌  亥  子  丑
```

【해설】　　　조후하는 丙火상관이 천간에 투출하고, 乙木을 자양 (滋養)하는 癸水편인은 子水에 있다. 시(時)에 丙癸가 모두 있으므로 귀하며 상서(尙書)가 되었다. 丁壬합으로 일간을 돕고 水火가 서로 거리낌이 없으며, 申酉戌의 金관살운도 팔자에 子水가 있어 소통시켜준다.

【원문】

歸祿格 丙癸得所 官至大學士
귀록격 병계득소 관지대학사

```
     시   일   월   연 (乾命)
     己   乙   甲   戊
     卯   亥   寅   子


  辛  庚  己  戊  丁  丙  乙
  酉  申  未  午  巳  辰  卯
```

【해설】 시(時)에 건록(建祿)이 있어 귀록격(歸祿格)[주]이며 신왕한 사주이다. 월지의 장간에 있는 丙火는 寅에서 생을 받고, 연지 子水의 지장간 癸水의 건록이 子가 된다. 寅 中 丙火를 용신으로 한다. 亥子는 투출한 戊土재성이 제극하고, 운이 巳午未 남방 식상운으로 흘러 대학사(大學士) 벼슬을 하였다.

[주] **귀록격** 건록이 시지에 있는 경우로 일록귀시격(日祿歸時格)이라고도 한다. 예를 들어, 甲일간이 寅시를 만나는 경우이다. 이 격은 팔자에 관살의 기운이 강하고 형충파해(刑沖破害)가 되는 것을 꺼린다. 또한 팔자가 신왕해야 하며, 운에서 식상이 오는 것을 좋아한다.

건록은 갑록재인(甲祿在寅), 을록재묘(乙祿在卯), 병무록재사(丙戊祿在巳), 정기록재오(丁己祿在午), 경록재신(庚祿在申), 신록재유(辛祿在酉), 임록재해(壬祿在亥), 계록재자(癸祿在子)를 말한다.

【원문】

御史
어 사

시	일	월	연 (乾命)
庚	乙	丙	甲
辰	卯	寅	寅

癸	壬	辛	庚	己	戊	丁
酉	申	未	午	巳	辰	卯

【해설】　　　지지가 寅卯辰 木비겁국을 이루어 태왕한 사주이다. '태왕희설 극왕방조 태쇠극상 극쇠설기(太旺喜洩 極旺幇助 太衰剋傷 極衰洩氣)'의 원칙에 따라 丙火식상을 용신으로 한다. 辰 中 癸水가 乙木을 자윤(滋潤)하고, 기신인 庚金관살은 용신 丙火가 제거한다. 어사(御史) 벼슬을 하였다. 대운의 火운은 길하지만, 관살이 득지(得地)하는 金운은 흉하다.

인월을목 해설

시　일　월　연(乾命)

癸　乙　丙　甲

未　巳　寅　午

癸　壬　辛　庚　己　戊　丁

酉　申　未　午　巳　辰　卯

　　원문에서는 인월을목에 대해 丙火상관이 많고 癸水편인이 부족하면 봄 가뭄이 들어 양기가 오래 못 가는 형세로, 부정한 재물을 모으는 사람 즉 탁부지인(濁富之人)이라 하였다. 위 사주는 인수는 무력하고 식상이 과다하므로, 원문의 기준으로만 보면 학문과 인연이 없고 재물과는 인연이 있다.

　　보통 식상은 일간의 뛰어난 기운 즉 수기(秀氣)를 발하는 성분이라고 하며, 식상이 발달하면 학업성적이 좋다고 본다. 그러나 흡수와 직관의 역할을 하는 육친인 인수가 없이 식상만 있으면 소리만 요란한 빈 깡통이 될 수 있다. 또한, 식상이 관살을 제어하는 성분이고 관살이 인내와

헌신, 수용을 뜻하는 육친임을 고려해볼 때 수용의 성분을 극하는 식상의 육친이 유력하다고 무조건 학업성적이 뛰어나거나, 학문적 성취가 뛰어난 팔자로 보는 일반적인 시각에는 문제가 있다.

원문에서 탁부지인이라고 본 의미를 곰곰이 생각해보면, 금방 없어질 부정한 재물과 관련이 있으므로 진정한 부자라고 볼 수는 없다. 그러나 청부(淸富)든 탁부(濁富)든 재물은 재물이라는 것에 초점을 맞추면 팔자에서 상관생재(傷官生財)가 되므로 부자의 기틀은 갖춘 셈이다. 여기에 인월을목으로 월령을 얻고, 인월을목의 희용신 즉 조후하는 丙火와 자양하는 癸水가 투출하였으므로 탁한 재물을 만지는 더러운 팔자라고만 볼 수는 없다.

위 사주는 미국 영화배우 존 트라볼트(John Joseph Travolta)의 것이다. 식상이 강하고 오행 중 火가 강하므로 배우로 출세할 수 있는 명이다. 중학교를 중퇴하고 영화계에 뛰어들어 2007년 현재 자가용비행기 격납고가 두 개나 있는 대저택에 살고 있다.

이 배우가 가장 큰 성공을 거둔 것은 〈토요일 밤의 열기〉가 상영된 1977년이다. 戊辰대운 중 1997년 丁巳년의 운세를 살펴본다. 이 사주는 지지 寅午戌 화국(火局)에 巳午未 방합을 이루어 불기운이 매우 강하다. 이에 반해 시간의 癸水는 아주 무력하다. 팔자 전체에 불기운이 강하고, 앉은 자리인 未土로부터 극을 당하여 뿌리가 없기 때문이다. 연간에 甲木겁재가 있으나 앉은 자리가 사지(死地)이고, 주변에 불기운이 너무 강해서 乙木일간의 도움이 못 된다. 그러므로 癸水의 생조(生助)를 포기하고 불기운에 따르는 종아격(從兒格)이 된다.

종아의 용신 원칙은 다음과 같다.

① 종아의 비겁운 : 식상을 생하므로 나쁘지 않다.

② 종아의 식상운과 재성운 : 가장 좋은 운이다.

③ 종아의 관살운 : 식상을 생하는 비겁을 해치므로 나쁘다.

④ 종아의 인수운 : 식상을 해치므로 가장 나쁘다.

　종아의 용신 원칙을 대입해보면 戊辰대운 중 丁巳년의 성공을 예상할 수 있다. 또한 1977년 이후 재기에 성공한 것이 1994년의 〈펄프 픽션〉인데, 이 해는 庚午대운에 해당하는 甲戌년이다. 바로 종아에 가장 좋은 운인 식상운과 재성운이다.

　　　시　일　월　연 (坤命)
　　　辛　乙　戊　乙
　　　巳　丑　寅　未

　乙　甲　癸　壬　辛　庚　己
　酉　申　未　午　巳　辰　卯

　인월을목에 우선 필요한 것이 丙火상관의 조후이고, 그 다음이 癸水편인의 생조이다. 이 사주에서 丙火의 상황을 보면, 월지 寅木에 丙火가 암장되어 있으나 일지 丑 중 癸水에 제극이 되고, 운의 도움으로 丙火가 와도 시간 辛金이 병신합수(丙辛合水)로 묶어버리므로 역할을 할 수 없다. 다음으로 乙木을 생조하는 癸水도 丙火와 비슷한 상황으로 역할을 할 수 없으므로 파격(破格)으로 분류되는 사주이다.

　남편의 상황을 살펴보자. 명주의 남편에 대한 태도를 알아볼 때 가장 먼저 들어가는 곳이 남편성인 시간 辛金이고, 다음으로 진입하는 곳은 辛金의 지지인 巳火의 자리 아니면 남편궁인 월지다.

　그런데 남편성인 辛金은 지지와 화금상전(火金相戰)이 되고 암합(暗合)으로 묶여 있어 역할을 할 수 없으며, 남편궁은 주변이 모두 土이므로 흙에 묻히는 상황이다. 즉, 팔자에서 남편의 역할이 살아나기 힘들다.

실제, 도박에 빠진 남편과 2003년(癸未년)에 이혼한 후 자식과 살고 있는 여성이다.

② 묘월을목(卯月乙木)

> **주용신** 丙　**보조용신** 癸
>
> 양기가 상승하는 달에 있다. 우선 태양화(太陽火)인 丙火상관을 써서 뛰어난 기운이 나타나게 하고, 다음으로 우로수(雨露水)인 癸水편인을 써서 나무[木]를 키운다.

【원문】

二月乙木 陽氣漸升 木不寒矣 以丙爲君 癸爲臣 丙癸兩透 不透
이월을목 양기점승 목불한의 이병위군 계위신 병계량투 불투

庚金 大富大貴 或天干透庚 支下無辰 不能化金 得癸透養木亦
경금 대부대귀 혹천간투경 지하무진 불능화금 득계투양목 역

貴 若見水庫 則爲假化 平常人也
귀 약견수고 즉위가화 평상인야

【해설】　　묘월을목은 양기가 상승하는 달이다. 차지는 않지만 우선 태양화(太陽火)인 丙火상관을 쓰고, 우로수(雨露水)인 癸水편인을 다음으로 쓴다. 丙火와 癸水가 투출하고 庚金이 투출하지 않으면 큰 부귀를 이룬다.

만약 격을 잡되게 하는 庚金이 투출하고 지지에 辰土가 없으면 당령한 乙木이 합을 안 하므로 乙庚金이 안 되지만, 癸水편인이 투출하여 관인상생(官印相生)으로 乙木을 도우면 이 역시 귀하게 된다. 수고(水庫)인

窮
通
寶
鑑

辰土를 보는 경우에는 乙木이 庚金과 가화(假化)를 하므로 평범한 사람이 될 뿐이다.

【원문】

二月乙木 耑用丙癸 或支成木局 有癸透乃作貴命 更得丙洩木
이월을목 단용병계 혹지성목국 유계투내작귀명 경득병설목

氣 上上之命 但須透癸 或水多困丙 多戊化癸 皆下格
기 상상지명 단수투계 혹수다곤병 다무화계 개하격

【해설】　　　묘월을목은 丙火상관과 癸水편인을 쓰는 것이 필수이다. 만약 지지가 목국(木局)을 이뤄 인수곡직격(仁壽曲直格)이 되고 癸水가 투출하면 귀하다. 여기에 丙火를 얻어 강한 木기운을 소통시키면 상격 중의 상격이 된다. 단, 癸水가 투출하였으나 물이 많아 丙火를 피곤하게 하는 경우에는 戊土가 많아서 癸水를 戊癸합으로 변화시킨다 해도 하격이다.

169

【원문】

用丙者 木妻 火子 用癸者 金妻水子
용병자 목처 화자 용계자 금처수자

【해설】　　　묘월을목이 丙火상관을 용신으로 하는 경우 木이 처이고 火가 자식이며, 癸水편인을 용신으로 하는 경우에는 金이 처이고 水가 자식이 된다.

【원문】

此乃夾祿格 貴小富大 但子女多刑
차내협록격 귀소부대 단자녀다형

시	일	월	연 (乾命)
己	乙	癸	壬
卯	丑	卯	午

庚	己	戊	丁	丙	乙	甲
戌	酉	申	未	午	巳	辰

【해설】　　　　　건록(建祿)인 卯木이 2개 있고, 丑卯 사이에 寅겁재가 끼어 있어 협록격(夾祿格)⒥으로 신왕하다. 신왕을 해결하는 丙火가 투출하지 않았으므로 멀리 있는 丁火식신을 쓴다. 午 중 己土편재가 투출하여 재물은 있다. 그러나 천간에 투출한 壬癸식상이 용신인 丁火를 피곤하게 하므로 귀하게 되지는 못한다. 용신이 수극(受剋)되어 자녀에게도 파란이 있었다.

⒥ 협록격은 甲의 건록이 寅인데, 丑卯가 지지에 있고 건록이 그 사이에 끼어 공협(拱夾)된 경우이다. 협록격이 되면 주변 사람의 도움을 받을 수 있고, 원명에 건록에 해당하는 글자가 없어야 좋다. 다음과 같은 경우가 협록격이다.
　다음과 같은 경우가 협록격이다.
　① 甲일간 : 丑卯의 지지가 있는 경우
　② 乙일간 : 寅辰의 지지가 있는 경우
　③ 丙戊일간 : 辰午의 지지가 있는 경우
　④ 丁己일간 : 巳未의 지지가 있는 경우
　⑤ 庚일간 : 未酉의 지지가 있는 경우

⑥ 辛일간 : 申戌의 지지가 있는 경우

⑦ 壬일간 : 戌子의 지지가 있는 경우

⑧ 癸일간 : 亥丑의 지지가 있는 경우

그러므로 예로 든 원문의 사주는 진정한 의미에서 협록격이라고 볼 수 없다.

【원문】

此乃曲直格 加丙照癸滋 官至總兵
차 내 곡 직 격 가 병 조 계 자 관 지 총 병

시 일 월 연 (乾命)

丙 乙 丁 甲

子 未 卯 寅

甲 癸 壬 辛 庚 己 戊
戌 酉 申 未 午 巳 辰

【해설】　　　지지가 亥卯未 목국(木局)이고, 甲寅이 있으므로 곡직격(曲直格)이다. 丙火상관이 설기하고 癸水편인이 자윤(滋潤)하여 총병(總兵) 벼슬을 하였다. 이 사주는 곡직격이지만 乙木일간이 未土 묘궁(墓宮) 위에 있어 무력하고, 癸水가 있으나 암장(暗藏)되어 있고 천간에 투출하지 않아 벼슬이 총병에 그쳤다. 만약 乙未일이 아니고 乙亥일이나 乙卯일이었으면 높은 지위에 올랐을 것이다.

【원문】

曲直仁壽格 無東方運 一介寒士 惜哉
곡 직 인 수 격 무 동 방 운 일 개 한 사 석 재

시	일	월	연(乾命)
庚	乙	乙	癸
辰	未	卯	亥

戊	己	庚	辛	壬	癸	甲
申	酉	戌	亥	子	丑	寅

【해설】 곡직인수격(曲直仁壽格)이다.^{주)} 동방운이 없어 배고픈
선비가 된 것이 애석하다.

주) 辰土 위에 庚金이 있으므로 원문에서 위 사주를 곡직인수격으로 본 것은 문제가 있
다. 곡직인수의 파격이며, 신왕사주로 본다면 일간을 설기하는 丙火상관이 원명에
없고 운이 水金 기구신운으로 흘러 발전이 없다고 볼 수 있다.

【원문】

出將入相^{주)}
출 장 입 상

시	일	월	연(乾命)
丙	乙	辛	丙
子	卯	卯	子

戊	丁	丙	乙	甲	癸	壬
戌	酉	申	未	午	巳	辰

【해설】　　　　乙木일간이 전록(專祿)이다. 연간의 丙火상관은 왕성한 乙木일간을 설기하면서 한편으로는 辛金칠살을 합거(合去)하고, 癸水는 乙木일간을 자양(滋養)한다. 수화기제(水火旣濟)의 공이 있는 귀격으로 매우 귀하다.

㊟ 출장입상은 나가서 장수가 되고, 들어와서는 재상이 된다는 뜻이다.

【원문】

亥卯未逢於甲乙　富貴無疑　木全寅卯辰方　功名有准　活木忌埋
해 묘 미 봉 어 갑 을　부 귀 무 의　목 전 인 묘 진 방　공 명 유 준　활 목 기 매

根之鐵　支下有庚辛　戕賊其根　木則朽矣
근 지 철　지 하 유 경 신　장 적 기 근　목 즉 후 의

【해설】　　　　甲乙木이 亥卯未 목국(木局)이 되어 인수곡직격이 되는 경우 부귀공명을 이룬다는 것은 의심할 여지가 없다. 살아 있는 나무는 뿌리에 쇠가 있는 것을 꺼리므로, 지지 암장에 庚辛관살이 있는 경우 뿌리가 상하여 나무가 썩게 된다.

3

십간의 월별 주용신과 보조용신

시	일	월	연 (乾命)
癸	乙	丁	甲
未	亥	卯	寅

甲	癸	壬	辛	庚	己	戊
戌	酉	申	未	午	巳	辰

　묘월을목이 지지에 寅卯辰 木비겁국과 亥卯未 방합을 이루어 일간이 신왕하다. 다행히 월간의 丁火식신이 木기운을 설기한다. 애석한 것은 亥水에 뿌리를 둔 癸水가 丁癸충하므로, 이른바 간두반복(干頭反覆)이 되어 수기(秀氣)가 손상된다는 것이다.

　실제, 낮은 벼슬은 하였지만 가난하고 자식이 없었다.

　명주가 자식과 인연이 없는 것은 간두반복 외에 자좌공망(自坐空亡) 이론으로 설명할 수 있다. 원래 월간은 식신의 자리다. 식신의 자리에 식신이 앉아 있으므로 자리를 얻은 경우인데 자식이 없는 것은, 丁卯의 입장에서 보면 공망이 戌亥로 일주를 공망으로 만들어 명주가 丁卯로 진입할 수가 없기 때문이다. 결과적으로 자식과 인연이 없다.

시	일	월	연 (乾命)
庚	乙	丁	甲
辰	亥	卯	辰

甲	癸	壬	辛	庚	己	戊
戌	酉	申	未	午	巳	辰

묘월을목 사주로 지지 木비겁국에 木방합을 이루어 일간의 기세가 강하다. 묘월을목이 수기(秀氣)를 발하게 하는 태양화(太陽火)인 丙火상관은 투출하지 않았으나, 월간의 유력한 丁火가 설기하고 일지 亥水가 乙木의 뿌리를 축여주며 시간에 庚金정관이 투출하여 시상일위귀격(時上一位貴格)^{주)}을 이루므로 사주의 짜임새가 좋다.

丁火의 설기가 약하지만 대운의 흐름이 巳午未 火식상국으로 흘러 이를 보충하고, 신왕에 土金재관을 쓰므로 중년운의 흐름도 아름답다.

1992년 사법시험을 수석으로 합격한 후 검사를 지내고 2000년부터 국회의원을 하고 있다.

㈜ 시상일위귀격은 시상일귀격(時上一貴格)이라고도 한다. 이 격은 신왕사주이며 뿌리 있는 칠살이 시(時)에 있고, 칠살을 용신으로 하는 경우에 이루어진다.

묘월을목
상담사례

결혼이 굴욕이라니

팔자 구조에 대한 종합적인 이해를 통해 자연스럽게 결론이 나오고, 이 결론을 바탕으로 변화를 만드는 것이 상담이다. 그래서 메일로 문의하는 것을 달가워하지 않으며 답글을 해준 적이 거의 없다. 다음의 상담 여성도 2006년 8월 1일 메일을 통해서 처음 알게 되었는데, 완곡하게 거절하는 답글을 보내놓은 뒤 까맣게 잊고 있었다.

2006년 9월 2일 저녁 해거름에 파주에서 이 여성이 찾아왔다. 자리에 앉자마자 찐 감자 두 알을 껍질을 벗겨서 공손하게 건네주는 얼굴이 앳되게 보였다. 그리고 먼저 메일로 보냈던 사연에 덧붙여 그간의 사정을 세세하게 꺼내놓기 시작하였다.

애인은 모 그룹의 잘 나가는 직원으로 부친은 젊어서 병사하였으며 홀어머니를 모시고 살고 있다. 그간 보통 애인들처럼 사귀었고, 결혼을 약속한 후 궁합을 보면서 문제가 생겼다. 시어머니 될 분이 계속 왕래해오던 보살님에게 궁합을 물으니, 이 여성의 팔자가 결혼하고 며칠 안에 신랑이 죽을 팔자이므로 결혼을 하지 말라고 했다는 것이다. 이런 말을 듣고 시어머니 될 분이 궁합을 이유 삼아 결혼을 결사반대하니 난감한 노릇이다. 대책이 안 서는 상황이 되어버린 것이다. 혹시 결혼을 반대하기 위해 이런 핑계를 대는지, 아니면 자신의 팔자가 진짜로 그런지 봐달라고 하였다.

시	일	월	연 (坤命)
甲	乙	丁	甲
申	亥	卯	寅

짜임새가 탁월한 아주 좋은 팔자는 아니다. 그렇다고 남편을 해치는 팔자도 아니다. 봄에 태어난 나무는 우로수(雨露水)인 癸水로 키워주고 태양인 丙火가 있어서 기

176

窮
通
寶
鑑

운을 뽑아줘야 하는데, 이 팔자에는 우로수 대신 시냇물인 亥水가 있고 태양은 없으나 대신 촛불인 丁火가 있다. 부족하긴 하지만 이 정도면 기운의 소통에는 문제가 없는 구조이다.

남편의 글자를 보면 자신을 뜻하는 글자와 정이 있고, 여자 팔자에 혼탁함이 없으므로 중급 정도의 팔자로 분류할 수 있다. 남편을 쳐내고 죽이는 그런 혼탁함은 없다는 것이다. 결혼하자마자 남편이 죽는다고 하였다는데, 여자 팔자에는 그런 기운이 없으므로 남편감의 팔자를 들여다봤다. 역시 요절하고 횡사할 기운은 찾아볼 수 없다.

숨가쁘게 설명을 끝내자 이 분, 기쁜 표정도 없이 긴 한숨만 내쉰다. 마음에 안 드는 며느릿감을 내치는 가장 좋은 핑계거리로 궁합을 내세웠다는 것을 어느 정도는 감을 잡은 눈치였다. 이 여성과 세 번째 만난 것이 2007년 5월 초이다. 녹음기를 틀어놓은 듯이 되풀이하여 팔자 평을 해주고 있는데 애인에게 전화가 걸려오자 날카롭게 쏘아붙인다.

"이렇게 구걸하는 거, 이렇게 결혼하려는 거 굴욕 아냐? 진짜 굴욕이야."

사랑해서 결혼하려고 노력하는 게 굴욕이라……. 이 분이 자리를 뜬 후 팔자를 다시 들여다보았다. 남편을 죽이지는 않지만 부부관계가 그리 좋은 팔자는 아니라는 생각이 들었다. 결혼이 굴욕이라는 말을 들어서일까?

원만한 결혼을 유지하는 명에는 다음과 같은 특징이 있다.
① 남편별인 관살이 일간과 가까이 있어 유정하다.
② 관살이 파괴되지 않고 유력하다.
③ 관살이 희용신이 된다.
④ 팔자가 탁하지 않고 맑다.
⑤ 월지인 남편궁이 희용신에 해당된다.
⑥ 궁성론(宮星論)으로 볼 때 일간이 관살과 남편궁으로 진입이 가능하다.
이 중 3~4개 이상을 갖추면 원만한 결혼생활을 할 수 있다.

❸ 진월을목(辰月乙木)

【원문】

三月乙木 陽氣愈熾 先癸後丙
삼 월 을 목 양 기 유 치 선 계 후 병

【해설】   진월을목은 양기가 더욱 강해지므로 우선 癸水편인을 쓰고, 다음에는 水가 강하거나 木이 강하면 음목(陰木)이므로 庚金으로 극하는 것보다 丙火상관을 먼저 쓴다.

【원문】

癸丙兩透 不見己庚 玉堂之客 見己庚者 平常之人 或一乙逢庚
계 병 량 투 불 견 기 경 옥 당 지 객 견 기 경 자 평 상 지 인 혹 일 을 봉 경

不見己者 亦主小富貴 但不顯達 或多水見己 只恐高才不第 見
불 견 기 자 역 주 소 부 귀 단 불 현 달 혹 다 수 견 기 지 공 고 재 부 제 견

戊堪發異途 或庚己混雜 丙癸全 則爲下格
무 감 발 이 도 혹 경 기 혼 잡 병 계 전 즉 위 하 격

【해설】   상관패인(傷官佩印)으로 癸水편인과 丙火상관이 투출하고 재관(財官)인 己土와 庚金이 없으면 귀하지만, 己土와 庚金을 보면 보통사람이다. 乙庚이 있고 己土가 없는 경우에는 약간의 부귀는 얻을

수 있으나 큰 발전은 없다. 만약 水가 많고 己土도 있으면 재능은 있으나 과거 급제를 못 할 우려가 있고, 戊土가 있으면 다른 방법으로 벼슬을 한다. 많은 물을 막기에는 戊土가 더 적당하다. 庚金과 己土가 혼잡된 경우에는 癸水와 丙火가 온전해도 하격이다.

【원문】

或見水局 丙戊高透 亦主科甲 或柱中全無丙戊 支合水局 此離
혹 견 수 국　병 무 고 투　역 주 과 갑　혹 주 중 전 무 병 무　지 합 수 국　차 리

鄕之命
향 지 명

【해설】 진월을목이 지지 水인수국이고 丙火상관과 戊土정재가 천간에 투출하여 유력하며 상하(上下) 유정하면 과거에 급제한다. 이는 丙火는 乙木의 수기(秀氣)를 발하고 戊土는 물기운을 막기 때문이다. 水인수국이며 丙火와 戊土가 없으면 나무가 물에 떠서 고향을 떠나게 된다.

【원문】

或見一派癸水 又有辛金 則作旺看 得一戊己制癸 亦可云小富
혹 견 일 파 계 수　우 유 신 금　즉 작 왕 간　득 일 무 기 제 계　역 가 운 소 부

貴 若一派壬癸 不特貧賤 而且夭折 有一戊己 方云有壽 但終爲
귀　약 일 파 임 계　불 특 빈 천　이 차 요 절　유 일 무 기　방 운 유 수　단 종 위

技術之人
기 술 지 인

【해설】 진월을목이 한 무리의 癸水편인을 보고 辛金칠살이 있으면 왕성한 상태이고, 이 때 戊己재성을 얻어서 癸水를 제극하면 작은

부귀는 얻는다. 한 무리의 壬癸인수를 보면 빈천하고 요절하며, 이를 제극하는 戊己土가 있으면 요절은 면하지만 결국 기술자에 불과하다.

【원문】

又或庚辰時月 名二庚爭合 乃貧賤之輩 如年見丁破庚 可云從
우 혹 경 진 시 월　명 이 경 쟁 합　내 빈 천 지 배　여 년 견 정 파 경　가 운 종

化 亦不失武職之權
화　역 불 실 무 직 지 권

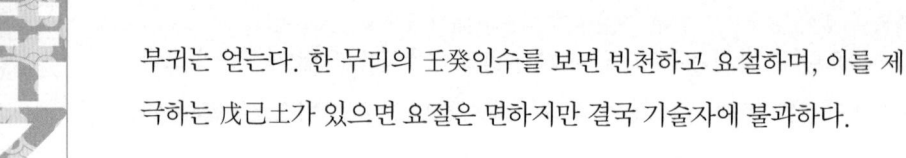

	시	일	월	연
	庚	乙	庚	丁
	辰	○	辰	○

【해설】　　위와 같은 경우 2개의 庚金정관이 乙庚합을 다투기만 하면 빈천하다. 그러나 연간에 丁火가 있어서 庚金을 제극하면 합을 이루지만 가화(假化)가 되어 무관의 권세를 잃지 않는다.

【원문】

用癸者 金妻水子 癸多用丙者 木妻火子
용 계 자 금 처 수 자　계 다 용 병 자 목 처 화 자

【해설】　　진월을목이 癸水를 용신으로 하면 金이 처이고 水가 자식이며, 癸水가 많아서 丙火를 용신으로 하면 木이 처이고 火가 자식이 된다.

【원문】

此作從化格 但不逢時 一富翁耳
차 작 종 화 격　단 불 봉 시　일 부 옹 이

시　일　월　연(乾命)

丁　乙　庚　庚

亥　酉　辰　午

丁　丙　乙　甲　癸　壬　辛

亥　戌　酉　申　未　午　巳

【해설】　　　　합화격(合化格. p.95 참조) 사주이지만 시(時)의 丁火가
화기(化氣)인 金을 극한다. 시(時)를 잘못 만나 단지 부자 소리만 들었다.

【원문】

六乙鼠貴格 丙火高透 戊土制水 官至按院
육 을 서 귀 격　병 화 고 투　무 토 제 수　관 지 안 원

시　일　월　연(乾命)

丙　乙　戊　甲

子　亥　辰　寅

乙　甲　癸　壬　辛　庚　己

亥　戌　酉　申　未　午　巳

【해설】　　　　　육을서귀격(六乙鼠貴格)^{주)}으로 丙火상관이 투출하고 戊土정재가 水를 제극하여 신왕재왕(身旺財旺)하다. 벼슬이 안원(按院)에 이르렀다.

주) 육을서귀격은 乙木일간이 丙子시를 만나는 경우에 이루어지는 격이다. 예를 들어, 乙亥일주가 丙子시를 만나면 子 중 癸水와 巳 중 戊土가 戊癸합으로 암합(暗合)을 한다. 이렇게 암합으로 팔자에 이끌려 온 巳火는 巳申합으로 申을 불러와서 申金이 장간에 있는 庚金의 건록(建祿)이 되며, 이 庚金을 乙木일간의 정관으로 취하여 귀하게 쓴다.

이 격이 이루어지는 조건은 ① 사주 중 관살이 없어서 합으로 불러오는 이점을 살릴 수 있어야 하며, ② 생시와 합형충(合刑沖)이 되는 글자가 없어야 한다. 이 조건에 맞는 경우로는 乙亥일과 乙未일의 丙子시가 있다.

【원문】

拔貢 但刑妻損子 兄弟全無 因支中戊土太多
발 공　단 형 처 손 자　형 제 전 무　인 지 중 무 토 태 다

시	일	월	연 (乾命)
甲	乙	甲	丁
申	巳	辰	酉

丁	戊	己	庚	辛	壬	癸
酉	戌	亥	子	丑	寅	卯

【해설】　　　　　팔자에 乙木의 기운을 발하는 丙火상관과 乙木을 배양하는 癸水편인이 암장되어 있다. 그러나 癸水는 戊癸합이 되고, 丙火는 申 중 壬水에 암충(暗沖)이 되어 벼슬이 발공(拔貢)에 불과하였다.

또한 일지 丙火가 건록의 자리에 있으나 巳申형으로 깨져버려서 처를 극한다. 자식이 없었고, 형제도 없었다. 이는 지지 중에 戊土가 너무 많기 때문이다.

진월을목 해설

```
시   일   월   연 (乾命)
丙   乙   丙   戊
戌   未   辰   戌


癸   壬   辛   庚   己   戊   丁
亥   戌   酉   申   未   午   巳
```

진월을목이 辰 중에 乙木이 있고, 未 중에도 乙木이 있으므로 뿌리가 있다. 그러나 火土인 식상과 재성의 기운이 워낙 거세서 종재격(從財格)으로 본다. 丙火식상은 일간에 바짝 붙어 수기(秀氣)를 발휘하게 하고, 봄의 土가 허한데 丙火의 생조를 받아 좋다. 또한 土재성을 金이 설기하거나 水가 생조하지 않으므로 종재격이 된다.

운의 흐름도 火土인 식상과 재성으로 흘러 아름답다. 글을 쓴 것이 3,000종에 달하고, 매우 귀하였던 신선의 사주로 알려져 있다.[사주 출처 『적천수(適天髓)』]

```
시  일  월  연 (乾命)
丙  乙  丙  戊
戌  巳  辰  申

己  庚  辛  壬  癸  甲  乙
酉  戌  亥  子  丑  寅  卯
```

언뜻 보면 일간 乙木을 중심으로 친밀한 삼각형이 식상이고, 辰土 중 戊土정재가 투출하여 식신생재(食神生財)이므로 문제가 없어 보인다. 또는 오행상생의 흐름이 모두 재성에서 끝나고, 水인수와 木비겁이 보이지 않으므로 종재격(從財格)[㉠]으로 볼 수도 있다. 그러나 월령 辰 중 乙木의 뿌리가 있고, 申辰에 子水가 공협(拱夾)이 되어 일간의 뿌리가 전혀 없다고 볼 수 없다. 결론은 식상과 재성의 설기가 심한 재다신약(財多身弱) 사주이다. 辰월은 불기운이 점차 강해지는 때이고 상관이 강하므로 상관패인(傷官佩印)을 찾게 된다. 즉, 火土의 설기가 심하므로 辰 중 癸水편인으로 용신을 삼는다.

한편 용신을 보면 월시에 丙火가 투출해 있어 용신운이 와도 역할을 하기 힘들며, 연간에 戊土가 있어 癸水를 합으로 기반(羈絆)할 수 있다는 것도 문제다. 결국 乙木을 기르는 癸水편인에 문제가 있고, 乙木을 설기하는 丙火만 설치는 사주이다.

대운을 보면 비록 水木 희용신으로 흐르지만, 이와 같이 팔자 자체가 이를 받아먹을 그릇이 안 되는 구조이므로 길한 운을 살릴 수 없다.

실제, 40세까지 화류계 생활을 하고 있는 여성이다. 화류계 생활을 하는 팔자의 특징을 보면 다음과 같다.

① 팔자 전체 구조에서 친밀한 삼각형에 식상이 포진하고 있다. 따라서

정(正)의 육친인 비견, 식신, 정재, 정관, 정인이 강화되면 편(偏)의 육친인 겁재, 상관, 편재, 편관, 편인으로 바뀌는 육친의 정(正)의 편화(偏化)현상이 일어나 상관의 속성이 강화된다.

② 월일이 乙→丙, 巳←辰으로 흐름이 뒤틀린 선전(旋轉)이 되므로 남편궁인 월지에 진입할 수 없다.

③ 巳戌 귀문관살(鬼門關殺)이 있다.

④ 드러난 남편별인 명관(明官)이 없고, 申 중에 숨어 있는 庚金과 戌 중 辛金의 두 암관(暗官)이 모두 합으로 기반이 되어 역할을 할 수 없다.

㊀ 종재격은 대개 재성으로만 이루어진 사주를 말하는데, 식상과 재성으로만 이루어진 사주도 종재로 보는 경우가 많다. 또한, 재성만 있는 사주보다 식상이 투출한 경우를 더 귀격(貴格)으로 본다. 그러므로 종재격을 볼 때는 식상의 움직임에 주의한다. 종재격의 경우 인수와 비겁운은 흉, 식상과 재성운은 길, 관살운은 반길반흉으로 보는 것이 일반적이다. 그러나 『성평회해(星平會海)』에서는 종재에 관살은 꺼린다고 하였다.

삼하을목(三夏乙木)

【원문】

三夏乙木 木性枯焦 四月專尚癸水 五六月先丙後癸 夏至前仍
삼 하 을 목　목 성 고 초　사 월 전 상 계 수　오 육 월 선 병 후 계　하 지 전 잉

用癸水 先得丙透 支下又有丙火 名曰木秀火明 得一癸透 科甲
용 계 수　선 득 병 투　지 하 우 유 병 화　명 왈 목 수 화 명　득 일 계 투　과 갑

中人 或透二丙一癸 可許採芹
중 인　혹 투 이 병 일 계　가 허 채 근

【해설】　　　　　여름 乙木은 메마르고 타는 상태로 사월을목(巳月乙木)의 경우 먼저 癸水편인이 필요하다. 오미월을목(午未月乙木)은 먼저 丙火 상관을 사용하고, 다음에 癸水편인을 사용한다. 그러나 하지 전에는 전적으로 癸水를 사용한다.

丙火가 투출하고 장간에도 丙火가 있는 경우는 목수화명(木秀火明)으로, 木은 수려하고 火는 밝게 빛난다고 한다. 여름 乙木이 癸水편인이 1개 투출하면 과거에 급제하고, 丙火상관 2개와 癸水편인 1개가 투출하면 가난한 생활을 한다. 여름 나무[木]는 癸水로 자윤(滋潤)하고 丙火로 수기(秀氣)를 나타내는 것이 원칙인데, 이는 丙火의 기세만 강하면 木이 타버리기 때문이다.

【원문】

或一派癸水 有丁無丙 平常之人 或一癸透干 異途顯宦 難由科
혹일파계수 유정무병 평상지인 혹일계투간 이도현환 난유과

甲 癸居子辰 異路小職 或丙藏支下 癸透年干 己出月上 雖非科
갑 계거자진 이로소직 혹병장지하 계투년간 기출월상 수비과

甲 異路功名 又或重重癸水 或支藏癸水 由行伍得功名
갑 이로공명 우혹중중계수 혹지장계수 유행오득공명

【해설】　　　　　여름 乙木에 한 무리의 癸水편인과 丁火식신이 있고 丙火 없으면 평범한 사람이다. 癸水가 천간에 1개 투출한 경우는 과거가 아닌 다른 방법으로 공명을 이루지만 과거 급제하기는 어렵다. 癸水가 투출하지 않고 子水와 辰土의 장간에만 있으면 과거가 아닌 다른 방법으로 벼슬을 한다. 만약 丙火는 장간에 있고 癸水가 연간에 있으며 己土가 월간에 있는 경우, 과거 급제는 못 해도 다른 방법으로 공명을 이룰 수 있다. 또는 거듭 癸水를 보거나 癸水가 장간에 있으면 군대에서 공명을 이룬다.

④ 사월을목(巳月乙木)

【원문】

四月乙木 自有丙火 尙取癸水爲尊 四月乙木專癸水 丙火酌用
사월을목 자유병화 단취계수위존 사월을목전계수 병화작용

雖以庚辛佐癸 須辛透爲淸
수이경신좌계 수신투위청

【해설】　　　　사월을목은 巳火의 장간에 丙火상관이 있으므로 癸水
편인이 필요하다. 巳월에 水가 절지되므로, 사월을목의 경우 癸水를 중
히 쓰고 丙火는 팔자 구조를 참조하여 쓴다. 庚辛관성이 모두 癸水를 생
하나 庚金은 乙木과 합할 수 있으므로 辛金편관이 투출해야 격이 맑다.

【원문】

癸透 庚辛又透 科甲定然 獨一點癸水 無金 是水無根 雖出天干
계투 경신우투 과갑정연 독일점계수 무금 시수무근 수출천간

不過秀才小富 須要大運相扶 或土多困癸 貧賤之人 丙戊太多
불과수재소부 수요대운상부 혹토다곤계 빈천지인 병무태다

支成火局 瞽目之流 用癸者 金妻水子
지성화국 고목지류 용계자 금처수자

【해설】　　　　사월을목에 癸水편인과 庚辛관살이 투출하면 관인상
생(官印相生)이 되므로 자연스럽게 귀하게 된다. 천간에 癸水만 있고 金
이 없으면 뿌리가 없는 물이므로 공부하는 학생이나 작은 부자에 불과
하다. 그러나 대운에서 金水의 흐름을 보이면 발전한다. 土재성이 癸水
를 지나치게 극하여 어려운 상황으로 몰면 빈천한 사람이며, 丙火와 戊
土가 너무 많고 지지에 火식상국을 이루면 癸水는 아무 쓸모가 없다(장
님의 팔자라고 해석하기도 한다). 癸水를 용신으로 하는 경우 金은 처,
水는 자식이 된다.

【원문】

乙逢雙女木傷殘　若見辛金壽必難　不得丙丁來制伏　豈知安樂
을 봉 쌍 녀 목 상 잔　약 견 신 금 수 필 난　부 득 병 정 래 제 복　기 지 안 락

不久長
불 구 장

【해설】　　　　사월을목이 쌍녀(雙女)인 실녀(室女)의 별자리, 즉 酉
金칠살을 만나면 乙木이 손상된다. 여기에 辛金까지 있으면 장수하기
어렵다. 癸水가 있어서 금생수(金生水)하여 乙木으로 생이 이어지지 않
고 辛金이 투출한 경우, 丙丁식상이 투출한 辛金을 화극금(火剋金)으로
제복(制伏)하여 누르고 극하지 않으면 편안함이 오래 못 간다.

시	일	월	연 (乾命)
丙	乙	癸	丙
戌	卯	巳	午

庚	己	戊	丁	丙	乙	甲
子	亥	戌	酉	申	未	午

이 사주는 종아격(從兒格)으로 볼 수도 있고, 상관생재격(傷官生財格)으로 볼 수도 있다. 종아로 볼 것이냐 아니면 상관생재격으로 볼 것이냐는 먼저 일간인 乙木이 힘이 있느냐로 판단해야 한다. 왜냐하면 사월을목이 열기가 있더라도 팔자에서 불어 넣는 생기가 있으면 종아가 안 되기 때문이다. 위 사주도 단순히 개념으로만 보면 종아 내지 가종(假從)으로 볼 수 있지만, 사주를 자세히 분석하면 종아로 보기에는 문제가 있다.

공래(拱來)의 개념을 도입해보면 일지와 월지 사이에 辰土가 공협(拱夾)되어 있다. 辰土에는 戊癸乙 지장간이 있어 일간인 乙木의 뿌리가 되고, 癸水월간의 수고(水庫)가 되므로 한편으로는 乙木일간의 힘이 되고 강한 화기(火氣)를 눌러주는 기운이 된다. 또한 乙木이 卯에 뿌리를 내려 일간이 결코 약하지 않으므로 종아로 보는 데는 문제가 있다. 공협의 개념으로 보더라도 辰戌충이 되므로 역할이 없어진다고 생각할 수 있지만, 이는 戌土가 卯戌火로 합이 되므로 문제되지 않는다.

위 사주의 문제는 火의 자리에 앉아 있는 癸水인수를 생조할 金이 없다는 것이다. 이는 戌 중 辛金이 투출하지 않고 乙辛충으로 깨져 있으므

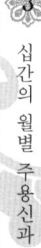

로 귀함과는 거리가 있는 사주라고 판단하면 된다.

　사월을목의 용신을 정하는 원칙은 丙火가 건록을 얻어 조후가 시급하므로 오로지 癸水를 사용한다. 사월을목에 壬水를 용신으로 하지 않는 이유는 巳 중 丙火와 충을 하여 역할을 다하지 못할 염려가 있기 때문이다. 또한 癸水를 용하는 것은 다음의 지장간 분석에서 보듯이 상관생재(傷官生財)의 기운이 있으므로 乙木의 탈기를 보충하는 의미도 있다.

$$
癸水의\ 지장간\ \begin{cases} 丙-상관-녹(祿) \\ 庚-정관-생(生) \\ 戊-정재-녹(祿) \end{cases}
$$

　그러므로 위 사주의 격은 월지 丙火가 투출하여 상관격(傷官格)이고, 인수가 미약하여 상관이 손상되지 않고 생재를 하므로 상관생재격(傷官生財格)이다. 용희신은 金관성이 희신, 水인수가 용신이 된다.

　운세의 흐름은 다음과 같다.

① 甲午·乙未운까지의 木火운은 사주 원국이 너무 조열(燥熱)하여 탈기가 심하고 고생이 되는 시기다.

② 丙申운에 이르러서는 공협이 된 글자 辰土와 대운 申金이 申子辰 수국(水局)을 이루어 메마른 나무가 물을 만나 충분히 火를 다스릴 수 있으므로 재물운이 열린다.

③ 丁酉운에 이르러 월지 巳火와 巳酉丑 금국(金局)을 이루므로 卯酉충이 일어나지 않고, 癸水를 생하여 수생목(水生木)하므로 사주가 중화를 이루어 크게 발전한다. 이 때 문제가 되는 운이 丁火운인데, 酉金의 자리가 양(陽) 운성으로 사지(死地)에 떨어지고, 앉은 자리가 金으로 절각(截脚)이 되는 운이므로 대흉은 일어나지 않는다.

④ 戊戌대운 중 戊土운은 이 사주의 병인 강한 火를 설기하는 것으로 봐

서는 길하다. 이 경우 火가 워낙 거세기 때문에 토극수(土剋水)하여 용신을 극하기보다는 火를 설기하는 것으로 본다. 戌土운은 공래된 수고(水庫)인 진토를 辰戌충하는 시기이고, 火기운이 점점 커져서 길흉이 반복되는 시기로 흉 쪽에 무게를 둔다.

⑤ 己亥대운 중 己土운은 비록 습토이고 용신운이지만, 유일한 인수인 癸水를 진극(眞剋)하므로 흉한 시기다.

사주의 주인공은 이병철 전 삼성회장의 형인 이병각(李秉珏) 사장으로 己亥운 辛亥년 辛亥월에 사망하였다. 亥운에 사망한 것은 '쇠신충왕 왕신발(衰神冲旺 旺神發)'로 설명이 된다. 즉, 약한 水가 왕성한 火를 충하여 왕성한 火기운이 발동하고, 그로 인해 乙木일간이 말라서 시들어 사망한다.

참고로 이 사주를 목화통명(木火通明)의 사주로 볼 수 있는지 알아보자. 木일간이 火식상을 만나는 경우 ① 신왕에 가상관(p.125 참조)이 이루어지면 목화통명이라 하고, ② 신약에 진상관(p.125 참조)이 이루어지면 木이 타버리는 목분비회(木焚飛灰)라 한다. 이런 기준에 의하면 위 사주는 목화통명보다는 목분비회에 가깝다. 丙丁일간이 木을 보는 경우에도 목화통명이라는 말을 쓴다.

시	일	월	연 (乾命)
丙	乙	癸	辛
子	巳	巳	丑

丙	丁	戊	己	庚	辛	壬
戌	亥	子	丑	寅	卯	辰

십간의 월별 주용신과 보조용신

사월을목이 천간에 癸水편인이 있고 辛金칠살이 수원(水源)을 발하므로, 원문의 기준에 의하면 귀한 사주로 분류된다. 그러나 실제로는 서울에서 개인택시 운전을 하며 근근이 생활하는 남성이다. 특히 46세 현재 결혼을 간절히 원하지만 못 하고 있는 노총각으로 귀함과는 거리가 먼 생활을 하고 있다. 이유는 다음과 같다.

① 천간에 癸水가 있으나 일지와 시간에 있는 강한 火를 제어하기에는 역부족이다.

② 일간이 辛丑재성으로 진입하면 일지를 공망으로 만드는 자좌공망(自坐空亡)이다.

③ 처성이 일간과 너무 멀리 있고, 장간에 재성이 혼잡되어 있다.

④ 처성이 구신이고, 처궁이 기신궁이다.

⑤ 32대운 己丑부터 기구신운으로 흐른다.

⑤ 오월을목(午月乙木)

주용신 癸 보조용신 丙庚辛

약한 나무가 가뭄을 만나는 형상이다. 하지 전 상반월에는 癸水편인을 사용하고, 하지 후 하반월은 삼복 중 음기가 생겨나는 시기이므로 丙火상관과 癸水편인을 같이 사용한다. 庚辛관살은 상황을 봐서 사용한다.

【원문】

五月乙木 丁火司權 禾稼俱旱 上半月屬陽 仍用癸水 下半月屬
오월을목 정화사권 화가구한 상반월속양 잉용계수 하반월속

陰 三伏生寒 丙癸齊用 柱多金水 丙火爲先 餘皆用癸水爲先 乙
음 삼복생한 병계제용 주다금수 병화위선 여개용계수위선 을

木重逢火位 名爲氣散之文 支成火局 洩乙精神 須用癸滋 癸透
목 중 봉 화 위 명 위 기 산 지 문 지 성 화 국 설 을 정 신 수 용 계 자 계 투

有根 富貴雙全 或庚辛年上 癸透時干 定許科甲 無癸者常人
유 근 부 귀 쌍 전 혹 경 신 년 상 계 투 시 간 정 허 과 갑 무 계 자 상 인

【해설】　　오월을목은 午 중 지장간 丁火가 정기(正氣)가 되므로 약한 나무가 가뭄을 만나는 형국이다. 하지 전인 상반월에는 巳월과 같이 癸水편인을 사용하고, 하지 후 하반월은 삼복 중 음기가 생겨나는 시기이므로 丙火상관과 癸水편인을 함께 사용한다. 팔자에 金水가 많으면 丙火를 쓰지만 그 밖에는 癸水를 쓴다.

　오월을목에 火식상 기운이 많으면 木기운이 흩어지고, 지지가 火식상국을 이루면 乙木의 설기가 심하므로 반드시 癸水로 적셔준다. 그러므로 癸水가 천간에 투출하고 뿌리가 있으면 부귀하다. 만약 庚辛이 연주에 있고 癸水가 시주에 있으면 귀하지만, 癸水가 없으면 평범한 사람이다.

【원문】
若見丙透 支成火局 陽焦木性 此人殘疾 無癸必夭 見壬可解 或
약 견 병 투 지 성 화 국 양 초 목 성 차 인 잔 질 무 계 필 요 견 임 가 해 혹

火土太多 其人愚賤 或爲僧道門下閒人
화 토 태 다 기 인 우 천 혹 위 승 도 문 하 한 인

【해설】　　오월을목이 만약 丙火가 투출하고 지지에 火식상국을 이루면 불기운이 乙木의 기운을 고갈시키므로 질병이 있다. 팔자에 癸水편인이 없으면 요절하지만, 癸水 대신 壬水정인이 있으면 요절을 면할 수 있다. 오월을목에 火土식상과 재성이 너무 많은 경우 위인이 어리석거나 신분이 낮으며, 승려이거나 부잣집 심부름꾼이다.

시	일	월	연 (乾命)
丙	乙	庚	甲
子	卯	午	寅

丁	丙	乙	甲	癸	壬	辛
丑	子	亥	戌	酉	申	未

일간이 건록(建祿)의 자리에 있고, 시지 子水가 일간을 돕는다. 더욱이 연주에 甲寅의 도움이 있으므로 신왕하다. 따라서 丙火식상으로 설기하거나 庚金관살로 제극하여야 한다.

丙火를 용신으로 하는 경우, 용신이 앉은 자리가 子水로 태지(胎地)이고 자리의 상하가 수화상충(水火相沖)하며, 월령의 午火는 子午충이 되어 병화를 돕지 못하므로 생조 역할을 하기 힘들다. 역할을 한다고 해도 운이 金水로 흘러서 아름답지 못하며, 월간 庚金을 용신으로 삼으려 해도 甲庚충에 지지가 寅午戌 火 바닥으로 살지(殺地)에 있으므로 이 또한 역할을 하기 힘들다.

이와 같이 용신으로 쓸 글자가 무력한데 乙亥운에 기구신인 水木에 든다. 이 때 완전히 망하고 거지가 되었다. [사주 출처 『자평진전(子平眞詮)』]

```
시   일   월   연 (坤命)
庚   乙   戊   癸
辰   未   午   亥

乙 甲 癸 壬 辛 庚 己
丑 子 亥 戌 酉 申 未
```

오월을목에 癸水가 투출하였으나 戊癸火로 기반이 된다. 이처럼 癸水
가 역할이 떨어지므로 팔자의 강한 火土가 생하는 庚金관살이 약한 乙
木을 친다. 을경합금(乙庚合金)을 예상할 수도 있지만, 오월을목이 무력
하기는 하지만 未土와 辰土에 뿌리가 있어 합을 하지는 않는다. 팔자에
火土가 강하고 용신 癸水가 역할을 못 하는 경우 질병으로 신장, 방광,
비뇨기 이상 등이 생기기 쉽다.

명주는 어려서부터 신부전증을 앓다가, 1997년(庚申운, 丁丑년) 일지
재성을 충하는 시기에 자매로부터 신장이식 수술을 받았다.

⑥ 미월을목(未月乙木)

주용신 癸   **보조용신** 丙庚辛

여름 기운이 물러나고 시드는 계절에 있는 나무이다. 癸水편인으로 乙木을 생
조하고, 丙火상관은 팔자에 金水가 많은 경우에 사용하며, 庚辛관살은 사주 구
조를 참조하여 겸용한다.

六月乙木 木性且寒 柱多金水 丙火爲尊 支成水局 乙得無傷 癸
육월을목 목성차한 주다금수 병화위존 지성수국 을득무상 계

水透干 大富大貴 無癸定作常人 過不行北 困苦一生
수투간 대부대귀 무계정작상인 과불행북 곤고일생

【해설】　　　미월을목은 차가워지기 시작하는 계절에 있으므로 사
주 중에 金水가 많으면 丙火상관으로 조후한다. 지지가 水인수국을 이
루고 乙木의 손상 없이 癸水편인이 투출하며 丙火가 있는 경우 큰 부귀
를 이룰 수 있다. 癸水가 천간에 투출하지 않으면 평범한 사람이다. 운
이 亥子丑으로 흘러야 아름답고, 그렇지 않으면 평생 힘들다.

【원문】

凡五六月乙木 氣退枯焦 用癸水切忌戊己雜亂 則爲下格 或甲
범 오육월을목 기퇴고초 용계수절기무기잡란 즉위하격 혹갑

木高透 制伏土神 名爲去濁留淸 可許俊秀 土多乏甲 秀氣脫空
목고투 제복토신 명위거탁류청 가허준수 토다핍갑 수기탈공

庸人而已
용 인 이 이

【해설】　　　午未월의 乙木은 木기운이 물러나서 시든다. 癸水편인
을 쓰는 경우 戊己土재성이 팔자에 혼잡하면 조후가 안 되므로 하격이다.
만약 甲木이 투출하여 土를 제극하면 탁함은 없어지고 맑음만 남으므로
준수하지만, 土가 많고 甲木이 없으면 뛰어난 기운이 없어져서 평범하다.

【원문】

或丙癸兩透 加以甲透制戊 選拔定然 若不見丙癸 只有丁火 亦
혹병계량투 가이갑투제무 선발정연 약불견병계 지유정화 역

屬常人 有壬 可充衣食
속상인 유임 가충의식

【해설】　　　미월을목에 丙火상관과 癸水편인이 투출하고, 甲木겁

재도 투출하여 戊土를 제극하면 공명을 이룬다. 만약 丙火와 癸水가 없

고 丁火만 있으면 평범하지만, 壬水가 있으면 의식(衣食)이 충족된다.

【원문】

或柱中無水 又無比劫出干 乃爲棄命從才 富大貴小 能招賢德
혹주중무수 우무비겁출간 내위기명종재 부대귀소 능초현덕

之妻 從才格以火爲妻 土爲子
지처 종재격이화위처 토위자

【해설】　　　만약 미월을목에 乙木을 돕는 水인수가 없고 천간에

木비겁이 투출하지 않으면, 기명종재(棄命從財)가 되어 부자이지만 귀

함이 적고 좋은 아내를 얻는다. 종재격인 경우는 土재성이 용신이 되므

로 火가 처, 土는 자식이 된다.

【원문】

或一派戊土出干 不見比肩 名爲才多身弱 終爲富屋貧人
혹일파무토출간 불견비견 명위재다신약 종위부옥빈인

【해설】　　　만약 미월을목에 한 무리의 戊土가 투출하고 乙木비견
을 보지 못하면, 재성이 많아 일간이 신약한 재다신약(財多身弱)이므로
겉은 부자이지만 실속은 없다.

【원문】

或丙辛化水 嫖賭破家 終非承受之兒
혹 병 신 화 수　표 도 파 가　종 비 승 수 지 아

【해설】　　　미월을목에게는 丙火가 필요하지만, 辛이 있어서 병신
합수(丙辛合水)를 하면 용신이 역할을 못 하여 가무, 행락, 도박으로 집
이 망하고 부모에게 물려받는 것이 없다.

【원문】

或一派乙木 不見丙癸 名爲亂臣無主 勞碌奔波 又加多支辛金
혹 일 파 을 목　불 견 병 계　명 위 란 신 무 주　노 록 분 파　우 가 다 지 신 금

僧道之輩
승 도 지 배

【해설】　　　만약 미월을목에 乙木비견이 무리를 지어 있고 丙火와
癸水가 없으면, 신하가 주인이 없는 것처럼 자기 아집대로 살아가므로
고생과 파란만 있다. 더욱이 지지에 辛金칠살까지 가세하면 승도(僧道)
와 같은 하천한 무리다.

【원문】

或一派甲木 無癸無丙 又無庚金 此人一生虛浮 總不誠實 有庚
혹일파갑목 무계무병 우무경금 차인일생허부 총불성실 유경

制甲 乃有謀之人 但嗜酒貪花 多慾敗德 不脩品行 男女一理
제갑 내유모지인 단기주탐화 다욕패덕 불수품행 남녀일리

【해설】　　　미월을목에 甲木겁재가 많고 癸水와 丙火, 庚金이 없
으면 평생 떠돌아다닌다. 庚金정관이 있어 甲木을 제극하면 음모를 잘
꾸미고 주색을 밝히며, 탐욕이 있고 단정치 않다. 이는 남녀 모두 같다.

【원문】

總之夏月乙木 峕用癸水 丙火酌用 庚辛次之
총지하월을목 단용계수 병화작용 경신차지

【해설】　　　여름 乙木을 정리하면, 癸水편인을 쓰고 丙火상관은
참고하며 庚辛관살은 그 다음에 쓴다.

미월을목 해설

시	일	월	연 (乾命)
癸	乙	癸	庚
未	未	未	辰

庚	己	戊	丁	丙	乙	甲
寅	丑	子	亥	戌	酉	申

3
십간의 월별 주용신과 보조용신

미월을목이 지지가 土 바닥이라 설기가 되어 약해 보이지만, 未土 중 장간 乙이 있어서 아주 약하지는 않다. 바닥의 土재성은 연간에 홀로 투출한 庚金정관을 생하고, 습토(濕土) 辰土에 뿌리를 내리고 있는 癸水가 월간에 바짝 붙어 유정해서 관살을 이끌어 일간을 생하므로, 용신의 역할을 충분히 하고 있다.

건명에 재관이 왕성하고, 일간이 재관을 감당하지 못할 정도로 약하지 않은데 용신이 유정하고 유력하므로 상급 사주이다. 또한 신약한 乙木의 대운이 희용신으로 흘러 편안히 관리생활을 한 명이다.[사주 출처 『적천수(適天髓)』]

시	일	월	연(乾命)
庚	乙	乙	辛
辰	丑	未	丑

戊	己	庚	辛	壬	癸	甲
子	丑	寅	卯	辰	巳	午

미월을목은 먼저 癸水를 쓰고, 丙火와 庚辛金을 참조하여 쓴다. 이 사주는 바닥이 온통 土재성인데 천간에 관살이 투출하여 매우 쇠약하다. 월간 乙木이 未土에 뿌리가 있어 도움이 될 것 같지만 乙辛충이 되어 역할을 못 한다. 재다신약(財多身弱)에 관살혼잡(官殺混雜)이 되어 매우 쇠약하므로 먼저 水인수를 찾는다. 그러나 도와줄 물이 장간에만 숨어 있어 용신이 무력하다. 신약에 용신이 무력하므로 크게 발전하기는 힘들다.

운의 흐름을 보면, 젊어서 水木으로 흐르지만 水가 절각(截脚)되고 木

은 개두(蓋頭)가 되어 역시 크게 발전하기를 기대하기 힘들다. 특히 재성과다(財星過多)의 해(害)가 있는 사주로, 인수가 재성의 생을 받는 관성을 달래주는 소임을 다하지 못하는 구조이다. 그러므로 金관살과 乙木일간이 충돌한다. 질병은 금목상전(金木相戰)으로 인한 신경쇠약이나 우울증 등을 조심한다.

실제, 1985년(乙丑년)부터 신경쇠약 증세로 병원에 입원하여 2007년 현재까지 신경쇠약과 우울증 치료를 받고 있는 사람이다.

참고로, 우울증은 발산에 문제가 있을 때 일어난다. 신약사주이면서 상관이 인수의 극을 받는 경우나 水가 火를 극하는 구조인 경우에 일어나기 쉽다. 『적천수』에 '상내다침매지기자 심울지회(象內多沈埋之氣者 心鬱志灰)' 즉 "팔자가 가라앉아서 묻힌 경우 우울하고 의욕이 없다." 하였다.

또한 우울증과 관련 있는 신살이 귀문관살(鬼門關殺)로, 귀문관살이 있는 경우 심인성질환, 신경쇠약, 정신질환 등에 걸리기 쉽다. 귀문관살은 다음과 같이 일지를 기준으로 하여 사지(四支)와 대조해보며, 공망이 되면 영향이 적다.

일 지	子	丑	寅	卯	辰	巳	午	未	申	酉	戌	亥
귀문관살	酉	午	未	申	亥	戌	丑	寅	卯	子	巳	辰

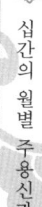

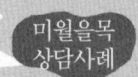

여자는 많지만 가질 수 없다

봄안개가 서서히 걷혀 가는 이른 시간에 약속한 분이 방문하였다. 1952년생으로 2007년 현재 56세이며, 2006년 5월에 처음 만났을 때 3명의 여성 사주를 가져와서 궁합을 본 이후 잊을 만하면 여러 여성의 사주를 가져와서 궁합을 본다. 그런데 가져오는 사주가 모두 25세 전후의 젊은 여자들의 것이다. 부인과는 1982년(庚戌운, 壬戌년)에 결혼하여 1992년(辛亥운, 壬申년)에 성격 차이로 이혼하였다는 것 외에는 아무것도 모른다. 이 날도 주머니에서 여성들의 사주가 적힌 조그만 메모지를 꺼내주어 기계적으로 궁합을 보기 시작하였고, 궁합 점수가 가장 높은 여성의 팔자풀이를 아무 말 없이 듣더니 얼굴을 붉힌 채 몇 가지 질문을 하고 자리를 털며 일어났다. 이 분이 돌아간 후 팔자를 다시 살펴보았다.

시 일 월 연 (乾命)
乙 乙 丁 壬
酉 丑 未 辰

甲 癸 壬 辛 庚 己 戊
寅 丑 子 亥 戌 酉 申

음력 6월의 乙木은 여름이 물러나고 가을이 시작되는 계절에 있어 나무가 서서히 시든다. 우선 癸水로 적셔줄 필요가 있다. 여기에 따사로운 햇볕인 丙火가 나무를 비춰주면 최고의 사주 구조이다. 또 庚辛의 기운이 더해지고, 서로 티격태격 다툼이 없으면 금상첨화이다. 즉, 부귀를 모두 가질 수 있는 완벽한 사주이다. 불과 물이 나무와 어우러져 작용을 해야 좋은 사주가 된다는 뜻이다.

그럼, 이 분 팔자에서는 이런 성분들이 어떤 상황에 처해 있는지 살펴보자.

첫째, 불. 햇볕이 없는 대신 丁火 촛불이 있다. 목생화(木生火), 화생토(火生土)로 재물로 향하는 길이 매끄럽다. 부족하지만 촛불 밑에서 돈을 세는 데는 지장이 없다. 그러나 위 사주는 정임합목(丁壬合木)으로 불이 묶였다. 폼만 잡고 있으므로 애당초부터 재물을 얻는 데 장애가 있는 셈이다.

둘째, 물. 壬水의 팔이 묶여 乙木일간에게 도움을 못 주지만 물은 물이다. 그런데 너무 멀리 있어 무정한 상황이다. 일간에게 도움이 못 되고, 바닥의 흙과 뒤섞여서 흙탕물로 변할 우려가 있다.

내가 빨아먹을 물은 흙탕물이고, 벗이 되고 의지처가 될 乙木은 죽을 자리인 살지(殺地)에 앉아 있다. 자기 살기도 바쁜데 누구에게 도움을 줄 수 있겠는가. 그래도 젖줄과 의지처가 폼은 잡고 있으므로 강한 흙기운을 따르는 종재격(從財格)도 못 된다. 즉, 재다신약 부옥빈인(財多身弱 富屋貧人)의 사주팔자이다. 여자와 재물이 사주팔자에 많이 있지만 정작 취할 힘이 없는 것이다. 이혼 후 재혼을 원하는 남자의 팔자로는 치명적인 구조이다.

삼추을목(三秋乙木)

【원문】

三秋乙木　金神司令　先丙後癸　惟九月峁用癸水　恐丙暖戊土爲
삼추을목　금신사령　선병후계　유구월단용계수　공병난무토위

病也
병야

【해설】　　　　　乙木이 가을에 태어난 경우 金관살이 사령하므로 먼저
丙火상관을 써서 조후하고 제살하며, 다음으로 癸水편인을 써서 관인상
생(官印相生)으로 화살(化殺)한다. 단, 술월을목(戌月乙木)은 흙과 나무
가 메마르므로 오로지 癸水만 쓴다. 戌월은 丙火가 戊土를 뜨겁게 하여
병이 되는 것을 두려워한다.

7 신월을목(申月乙木)

주용신　丙　　보조용신　癸己

월에 金기운이 사령하므로 丙火상관으로 조후하고 제살하며, 癸水편인으로
관인상생(官印相生)을 시켜서 화살(化殺)하고, 己土편재로 水火를 보좌한다.

【원문】

七月乙木 庚金乘令 庚雖輸情於乙妹 怎奈干乙難合支金 柱見庚
칠월을목 경금승령 경수수정어을매 즘내간을난합지금 주견경

多 乙難受載 或丙透干 又加己出埋金 此格可云科甲 有己透 加
다 을난수재 혹병투간 우가기출매금 차격가운과갑 유기투 가

丙 亦是上命 七月喜己土爲用 或不見丙癸 己土決不可少 此則
병 역시상명 칠월희기토위용 혹불견병계 기토결불가소 차즉

以火爲妻 土爲子
이화위처 토위자

【해설】　　　　　신월을목은 월의 장간에 庚金정관이 있다. 庚金은 乙
木과 乙庚金을 할 수 있지만, 팔자에 庚金이 너무 거세면 乙木이 합하는
정을 모두 받기 어렵다. 이 경우 천간에 丙火상관이 투출하여 庚金을 약

화시키고, 己土편재가 庚金을 묻으면 크게 귀하게 될 수 있다. 즉, 己土가 투출하고 丙火가 화생토(火生土)로 도우면 상격의 사주로, 신월을목은 己土가 있으면 좋다. 丙火와 癸水가 없는 경우 己土가 유력해야 하며, 己土를 쓰는 경우[주] 火가 처이고 土가 자식이다.

【원문】

或癸透 丙藏 庚少 此不用己 可許貢拔 無丙 有癸透者 不失刀
혹계투 병장 경소 차불용기 가허공발 무병 유계투자 불실도

筆門戶 有支下庚多 癸又藏者 無丙己二神 平常人物
필문호 유지하경다 계우장자 무병기이신 평상인물

【해설】　　　　만약 신월을목에 癸水편인은 투출하고 丙火상관은 지장간에 있으며 庚金정관이 약한 경우, 己土편재를 사용하지 못하지만 재물을 사용하여 벼슬에 선발될 수 있다. 丙火는 없고 癸水만 투출하면 배합이 적당치 않으므로 낮은 관리가 된다. 장간에 庚金이 많이 있고 癸水도 장간에만 있으며, 丙火와 己土가 없으면 평범한 사람이다.

【원문】

或生辰時 此爲從化 反主富貴 凡化合格 皆以所生之神爲用 化
혹생진시 차위종화 반주부귀 범화합격 개이소생지신위용 화

金者 戊爲用神 特忌丙丁煆煉破格 從化者以火爲妻 土爲子 其
금자 무위용신 특기병정하련파격 종화자이화위처 토위자 기

餘以金爲妻 妻必賢美 以水爲子 子必克肖 但忌刑沖 凡命皆然
여 이 금 위 처　처 필 현 미　이 수 위 자　자 필 극 초　단 기 형 충　범 명 개 연

不特此也
불 특 차 야

【해설】　　　　만약 신월을목에 庚辰시이면 합화격(合化格. p.95 참
조)이 되어 부귀하다. 합화격은 생하는 기운을 용신으로 하므로 합하여
金이 되는 경우 戊土를 용신으로 한다. 이 경우 丙丁火가 왕성해서 화합
하는 金을 극하는 것을 피하며, 戊土를 용신으로 하는 경우 火가 처이고
土가 자식이 된다. 그 밖에는 金이 처이고 水가 자식이 되는데, 이 경우
처는 지혜롭고 아름다우며 자식은 능력이 있고 예의바르다. 모든 운명
이 그렇듯이 합화격 역시 형충(刑沖)을 두려워한다.

【원문】

富僧 此庚旺無丙之故
부 승　차 경 왕 무 병 지 고

시	일	월	연 (乾命)
丁	乙	甲	庚
丑	卯	申	午

辛	庚	己	戊	丁	丙	乙
卯	寅	丑	子	亥	戌	酉

【해설】 재물이 많은 중이었다. 申월에 庚金정관이 투출하여 왕성한데, 이를 제살하는 丙火상관이 없어 귀함은 부족하다. 그러나 乙木일간이 卯木에 뿌리가 있고, 丁火가 庚金을 단련하므로 배합이 좋아 부자는 될 수 있었다.

【원문】

知縣 此化格 妻賢子肖
지현 차화격 처현자초

시	일	월	연(乾命)
戊	乙	庚	戊
寅	丑	申	午

丁	丙	乙	甲	癸	壬	辛
卯	寅	丑	子	亥	戌	酉

【해설】 지현(知縣)[주] 벼슬을 하였으며, 합화격으로 처가 현명하고 자식은 잘 되었다. 申월에 합을 하는 庚金이 투출하고 이를 생하는 戊土가 있어 화격이 되었지만, 화신(化神)을 지지에 있는 寅과 午가 극하므로 조금 귀하게 되었을 뿐이다. 일지 丑 중 癸水가 있고, 亥子丑운이 화신을 극하는 火를 조절하여 가화(假化)가 진화(眞化)가 되어 발전하였다.

주 지현은 송나라와 청나라 시대에 현(縣)에서 으뜸이 되는 벼슬이다.

【원문】

秋乙逢金 非貧卽夭 秋生乙木忌根枯 根旣枯槁 貧苦到老

추을봉금 비빈즉요 추생을목기근고 근기고고 빈고도로

【해설】 가을 乙木이 金관살을 더 만나면 빈천하거나 요절한다.
가을 乙木의 뿌리가 마르고 시들면 늙어서까지 빈천하고 고생한다.

신월을목 해설

시	일	월	연 (坤命)
甲	乙	壬	己
申	未	申	未

己 戊 丁 丙 乙 甲 癸
卯 寅 丑 子 亥 戌 酉

乙木이 申월 정관의 달에 낳아 신약한 사주로 볼 수 있지만, 申金에 壬
水정인을 가지고 있어 관인상생(官印相生)이 이루어지고 水木인비가 투
출하여 신왕한 사주로 볼 수도 있다. 사주가 왕약을 분간하기 힘들 만큼
중화를 이루었다. 편재 己土는 未土에 뿌리를 둔 상태로 申金정관을 생
조하고, 申金은 壬水정인을 생조한다. 정인 壬水는 월령에 뿌리를 둔 상
태로 천간에 투출하여 역할을 다하고 있다. 즉, 재성에서 출발한 오행의
흐름이 乙木일간에 이르기까지 아주 원활한 흐름을 보이고 있다.
　국제적인 일로 녹을 받은 귀부인의 사주이다. 귀하게 된 가장 큰 이유로
는 팔자 자체의 흐름이 원활함을 들 수 있다. 팔자 자체의 흐름이 원활하

면 운세에서 어떤 운기가 와도 소화할 수 있기 때문이다. 약간 신약해 보이는 느낌은 중반의 亥子丑인수운이 해결하고, 火식상운은 팔자 전체를 통관(通關)시키면서 조후도 겸하고 있어 문제가 안 되며, 土재성운은 재생관(財生官)에 이어 관인상생(官印相生)이 되므로 역시 문제가 안 된다.

궁성론으로 사주를 보는 경우, 甲申시주로 진입하면 午未 공망으로 자좌공망(自坐空亡)이 되므로 귀함과는 거리가 있는 사주라고 볼 수 있다. 그러나 시지 申의 자리는 본래 상관의 자리로 관살이 파성(破星)이 되고, 월지 申의 자리는 관살의 자리이므로 기운을 얻은 것인데, 굳이 자리를 얻은 관살을 제껴놓고 시지의 관살을 들먹이는 것은 억지다. 그러므로 궁성이론의 진입(進入) 원리로 보더라도 귀하게 되는 데는 전혀 문제가 없는 팔자이다.

이 사주에 대해 『사주첩경(四柱捷徑)』에서는 申 중 戊土정재가 未土에 뿌리를 두어 이른바 삼기득위(三奇得位)에 삼반귀물(三般貴物)을 이룬 사주라고 설명하였다. 그러나 편재 己土가 투출하였는데 굳이 지장간에 숨어 있는 戊土를 억지로 끌어들인다는 것은 무리가 있는 설명이다.

삼반귀물이란 정인, 정관, 정재다. 재관인수 여명봉지 필왕부 불능살 다 무혼잡 신강제복 유칭호(財官印綬 女命逢之 必旺夫 不能殺多 無混雜 身强制伏 有稱呼)라 하여, 사주에 적당히 기운이 있으면 귀하게 본다.

시	일	월	연	(乾命)
甲	乙	戊	壬	
申	亥	申	子	

乙	甲	癸	壬	辛	庚	己
卯	寅	丑	子	亥	戌	酉

원문에서는 火를 용신으로 하는 경우 토처화자(土妻火子)라 하여 자식을 용신으로 본다. 이 경우 월간 戊土정재가 월령에 뿌리가 있고 천간에 투출하여 처인 희신에는 문제가 없다. 그러나 자식은 문제가 있다. 신월을목이 약한 듯하지만 지지에 申子辰 수국(水局)을 이루고, 전체적으로 金水인 음기가 강하므로 火식상을 용신으로 한다. 용신의 글자가 원명에 없고, 운에서도 火가 오지 않으므로 자식 문제를 예상할 수 있다.

궁성이론으로 볼 때 시지인 자식의 식상궁에 관살이 있다. 그러나 궁이 손실된 상태이고, 자식성인 관살이 일주 중심으로 볼 때 공망이며, 관살이 기신인 점에 비추어 보면 자식과의 인연이 적다. 단, 월지 관살궁에 자식인 관살이 있어서 조왕(助旺)하므로 자식과의 인연이 전혀 없다고는 볼 수 없다. 실제 부인이 불임으로 2005년에 대리모를 구하여 2006년(丙戌년)에 자식을 보았다. 토처화자(土妻火子)의 운에 자식을 본 것이다.

⑧ 유월을목(酉月乙木)

상반월

주용신 癸　**보조용신** 丙壬

붉은 계수나무로 꽃이 열리지 않았으므로 癸水편인으로 꽃을 피우게 도와주며, 丙火상관으로 조후하고 제살한다. 壬水정인은 癸水가 없는 경우에 사용한다.

하반월

주용신 丙　**보조용신** 癸壬

붉은 계수나무가 꽃을 피우니 햇빛을 향하는 게 좋다. 丙火상관으로 조후하고 제살하며, 癸水편인으로 관인상생(官印相生)이 되게 한다. 壬水정인은 癸水가 없는 경우에 사용한다.

【원문】

八月乙木 芝蘭禾稼均退 以丹桂爲乙木 在白露之後 桂蕊未開
팔월을목 지란화가균퇴 이단계위을목 재백로지후 계예미개

當用癸水以滋桂萼 若秋分後 桂花已開 却喜向陽 又宜用丙 癸
단용계수이자계악 약추분후 계화이개 각희향양 우의용병 계

水次之 丙癸兩透 科甲名臣
수차지 병계량투 과갑명신

【해설】　　　봄의 乙木은 영지와 난초, 여름 乙木은 벼와 곡식으로
비유되며, 유월을목은 붉은 계수나무라고 한다. 酉月이 시작되는 백로
이후는 붉은 계수나무의 꽃이 열리지 않으므로 癸水로 꽃을 피우게 돕고,
추분 이후에는 붉은 계수나무의 꽃이 이미 펴서 햇빛을 향하는 것이 좋으
므로 丙火를 먼저 쓰고 癸水는 다음에 쓴다. 丙火와 癸水가 사주에 투출
하면 수화기제(水火旣濟)가 되어 乙木이 자라므로 높은 벼슬을 한다.

【원문】

或支成金局 宜暗藏丁 無丁制金 恐木被金傷 若無水火 此人勞
혹지성금국 의암장정 무정제금 공목피금상 약무수화 차인로

碌 或得癸水 爲子得母 其人一生豐盈 或丙癸兩透 戊土雜出
록 혹득계수 위자득모 기인일생풍영 혹병계량투 무토잡출

亦主異路功名
역주이로공명

【해설】　　　유월을목이 지지가 金관살국인 경우 乙木의 뿌리에 쇠
를 묻고 있는 것과 같으므로 흉하다. 丁火가 암장(暗藏)되어 있으면 좋
다. 丁火가 金을 제극하지 않으면 乙木이 金에게 손상된다. 만약 지지 金

관살국에 水火가 없으면 金을 설기도 안 하고 극도 안 하므로 노력을 하지만 고생한다. 癸水가 있는 경우에는 金을 설기할 수 있으므로 자식이 어머니를 얻는 것과 같아 평생 풍요롭다. 丙火와 癸水가 모두 투출하고 戊土재성이 혼잡된 경우에는 과거가 아닌 다른 방법으로 공명을 이룬다.

【원문】

生秋分後 有丙無癸 亦略富貴 若有癸無丙 名利虛花 若四柱不
생 추 분 후 유 병 무 계 역 략 부 귀 약 유 계 무 병 명 리 허 화 약 사 주 불

見丙癸 下格
견 병 계 하 격

【해설】　　　　　유월을목이 지지 金관살국이며, 추분 후에 출생하여 丙火상관은 있고 癸水편인이 없으면 약간의 부귀는 이룰 수 있다. 그러나 癸水는 있는데 丙火가 없으면 명예와 재물이 헛되다. 丙火와 癸水가 모두 없으면 하격이다.

【원문】

或癸在年(月)干 丙透時干 名爲木火文星 定主上達 生於秋分
혹 계 재 년 (월) 간 병 투 시 간 명 위 목 화 문 성 정 주 상 달 생 어 추 분

後方佳 或生上半月無癸 姑用壬水 不然 枯木無用 必作貧人 又
후 방 가 혹 생 상 반 월 무 계 고 용 임 수 불 연 고 목 무 용 필 작 빈 인 우

四柱多見戊己 下格
사 주 다 견 무 기 하 격

【해설】　　　　　유월을목으로 癸水편인이 연간 또는 월간에 있고 丙火상관이 시간에 투출하면 목화문성(木火文星)이라고 하며, 학문이 크게

발전한다. 추분 후에 태어나면 더욱 아름답다. 추분 전에 태어났는데 癸水가 없으면 壬水라도 써야 한다. 그렇지 않으면 메마른 나무로 쓸 데가 없으므로 반드시 가난한 사람이다. 사주에 戊己재성이 많으면 癸水를 극하므로 하격이다.

【원문】

用癸者 金妻水子 用丙者 木妻火子 用壬者 金妻水子
용 계 자 금 처 수 자 용 병 자 목 처 화 자 용 임 자 금 처 수 자

【해설】　　　유월을목이 癸水를 용신으로 하면 금처수자(金妻水子)이고, 丙火가 용신이면 목처화자(木妻火子)이며, 壬水를 쓰는 경우에는 금처수자(金妻水子)가 된다.

213

【원문】

甲乙遇强金 魂歸西土 青龍逢兌旺 且賤且貧
갑 을 우 강 금 혼 귀 서 토 청 룡 봉 태 왕 차 천 차 빈

【해설】　　　甲乙木이 강한 金관살을 만나면 木이 金에게 꺾이며, 甲乙청룡이 정서방(正西方)인 태궁(兌宮)의 왕성한 金을 만나는 것이므로 빈천하다.

【원문】

乙木生居酉 莫逢巳酉丑 富貴坎離宮 貧窮申酉守 木逢金旺已
을 목 생 거 유 막 봉 사 유 축 부 귀 감 리 궁 빈 궁 신 유 수 목 봉 금 왕 이

傷(주) 再遇金鄉 豈不損壽
상   재 우 금 향 기 불 손 수

3

십간의 월별 주용신과 보조용신

【해설】 乙木이 酉金칠살 위에 있고 巳酉丑 삼합 金을 만나지 않는 경우 부귀가 水인 감궁(坎宮)과 火인 이궁(離宮)에 있고, 빈궁함은 申酉에 있다. 木이 왕성한 金을 만나서 이미 상하였는데 또다시 金을 만나 수명이 손상된다.

㊣ 원문에는 목봉금왕사상(木逢金旺巳傷)으로 되어 있으나 木이 상하는 것이므로 巳를 이(已)로 정정하였다.

유월을목 해설

시	일	월	연 (乾命)
戊	乙	丁	丙
寅	丑	酉	辰

甲	癸	壬	辛	庚	己	戊
辰	卯	寅	丑	子	亥	戌

유월을목의 용신 원칙은 추분을 전후로 하여 달라진다. 추분 전은 癸水 편인으로 乙木을 돕고, 추분 후는 丙火상관으로 조후하면서 제살하는 것이 원칙이다. 1916년은 추분이 음력 8월 26일이고, 명주는 음력 1916년 8월 28일에 출생하였으므로 丙火와 癸水 중 丙火상관을 용신으로 더 중요하게 본다. 연간에 丙火가 투출하여 귀하게 될 수 있는 요건을 갖추었지만, 火는 土를 생하고 지지 진유합금(辰酉合金)에 酉丑이 합을 하여 金관살의 기운이 강해 극설교집(剋洩交集)이므로 일간이 신약하다. 팔자 상황이 이러므로 원문의 용신 원칙과 달리 丙火보다는 癸水편인을 용신으로 쓴다.

유월을목이 추분 후에 출생하여 丙火는 있고 癸水가 없으면 약간의 부귀만 이룰 수 있다고 하였다. 그러나 지지 辰丑이 습토로 癸水를 품고 있으며, 운이 亥子丑과 寅卯辰의 희용신으로 흘러 癸水가 투출하지 않은 단점을 보충하고 있다. 또한 월간에 丁火식신이 투출하고, 시간에 戊土정재가 투출하였으므로 팔자 자체가 재물을 쉽게 만들 수 있는 구조이다.

1946년 대성산업공사를 창립하여 대성그룹으로 키운 김수근(金壽根) 명예회장의 명으로, 2001년(乙巳운, 辛巳년)에 사망하였다. 사망한 해는 일간을 乙辛충하고, 지지와 巳酉丑 삼합을 이루어 관살이 강해지는 해다.

시	일	월	연 (坤命)
丙	乙	癸	甲
子	丑	酉	辰

丙	丁	戊	己	庚	辛	壬
寅	卯	辰	巳	午	未	申

유월을목에 癸水가 월간에 있고 丙火가 시간에 투출하면 木火라는 문성(文星)이 되어 발전하는 명이라 하였고, 여기에 戊己土가 많으면 하격이라 하였다. 이 사주를 보면 비록 시(時)에 丙火가 투출하였으나 子水 살지(殺地)에 앉아 자리가 마땅치 않으며, 子丑土에 연지 辰土가 있어 土가 강하므로 癸水의 역할도 떨어진다. 중년 巳午未 火운은 팔자의 기신인 土를 더욱 강하게 하여 흉하고, 특히 己巳와 戊辰운이 좋지 않다.

명주는 己巳운에 놀이방을 시작하여 癸未년에 지나친 경비 지출로 빚을 남기고 망하였다. 이 문제로 부부 불화가 심각하게 계속되어 2007년 현재 이혼을 생각하고 있다.

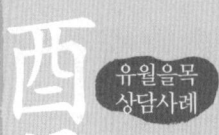

선건, 중독과 혼란수

우울증을 앓고 있는 분과 상담을 하는 것은 마치 외줄타기를 하는 기분이 든다. 이런 분이 오신 날은 상담이고 뭐고 만사가 귀찮아서 이것저것 뒤적이던 것을 접고 아무 생각 없이 산책이나 했으면 좋으련만, 지방에서 예약한 분에게서 어김없이 전화가 왔다. 간단히 신수나 봐달라며 가볍게 시작하였다.

"냉장고에 소주 2~3병이 없으면 잠을 못 자거든요." 주부가 할 소리는 아닌데 전화의 첫마디가 이랬다. 그럼 알코올중독증? 아니면 남편이 속을 썩이나? 그렇다면 남편 분의 팔자를 말할 텐데 그것도 아니고, 목소리가 지나칠 정도로 맑아 본인도 문제가 없는 듯하였다.

시	일	월	연	(坤命)
丙	乙	乙	乙	
戌	亥	酉	巳	

壬	辛	庚	己	戊	丁	丙
辰	卯	寅	丑	子	亥	戌

팔자 바닥이 巳酉丑 金관살국으로 가을 나무가 뿌리에 칼을 품고 있어 흉하다. 그러나 亥水 물기운이 강한 쇠기운을 살살 달래주고, 자신의 옆에 있는 丙火 태양이 쇠를 녹이면서 자신을 따뜻하게 해주고 있다. 이 정도면 짜임새는 좋은 셈이다.

한편 乙亥일에 태어나 일좌공망(日座空亡)으로 가정 내 풍파가 끊이지 않는다고 하지만 남편별이 남편궁에 떡 버티고 있으므로 부부 풍파는 없을 것이다. 그러나 천문살인 戌亥가 있고, 시주와 일주가 선전(旋轉)으로 꽈배기처럼 꼬여 있으므로 정신적 혼란수가 있거나 중독 증상에 취약하다.

운을 보니 대운에서 酉이 달려 들어와 巳酉丑 삼합이 된다. 일시적으로 남자 문제가 있을 법하다. 그래서 바람에 초점을 맞추자 팔자가 전혀 다르게 다가온다. 팔자 군데군데 남편과 애인이 뒤섞여 있는 혼탁한 사주이다. 乙亥일에 출생한 여자는 섹스에 민감하고 강하며, 사주의 격이 안 좋을 경우 남편이 있어도 역할이 부족하다. 자신이 생활을 꾸려 나가는 경우가 많고 음탕하기 쉽다. 이런 와중에 남자의 기운이 떼로 왔다. 2004년(甲申년)과 2005년(乙酉년)에는 이런 영향이 더 강하게 나타난다. "남자 문제가 있나요?" 넌지시 운을 떼자 엉겁결에 대답을 한다. "언제 정리될지 봐주세요."

2006년(丙戌년)이 상관 기운이므로 이 때나 운에서 정리하는 데 도움이 된다. 이렇게 쉽게 풀어서 설명을 하자 이 분이 어이없는 말씀을 하신다. "사실은 제 남편과 바람을 피우는 여자거든요." 그리고 남편과 자신의 사주 이야기, 남편과 통하는 여자가 엄청난 강적이라는 이야기, 남편과의 싸움, 이어진 우울증과 불면증 이야기 등 이런 저런 말들을 늘어놓는다. 그러면서 아무래도 자기는 그 여자를 이길 자신이 없다는 것이다. 이길 수 없다니? 이건 분명히 이길 수 있는 싸움이다. 상대방은 사회적, 도덕적으로 약점이 있으므로 이것만으로도 분명히 승산이 있다. 그리고 운세에서 도와주면 반드시 이기는 싸움이다. 이런 저런 이야기로 아무리 설득을 해도 얄밉게 약해빠진 말들만 골라서 한다. "오늘도 냉장고에 있는 소주 기운을 빌려서 잠을 청해야겠네요." 이렇게 소주 기운으로 잠을 청하는 일이 계속된다면 알코올중독이 될 수 있고, 그러면 그 여자와의 싸움에서 질 수도 있을 것이다.

⑨ 술월을목(戌月乙木)

【원문】

九月乙木　根枯葉落　必賴癸水滋養　如見甲申時　名爲藤蘿繫甲
구 월 을 목　근 고 엽 락　필 뢰 계 수 자 양　여 견 갑 신 시　명 위 등 라 계 갑

可秋可冬
가 추 가 동

【해설】　　　술월을목은 뿌리가 마르고 잎이 떨어지는 시기에 있
다. 그러므로 癸水편인의 도움이 필요하다.

	시	일	월	연
	甲	乙	○	○
	申	○	戌	○

위와 같이 술월을목에 甲申시이면 申 중에 金水가 있어 관인상생(官
印相生)이 되고, 乙木이 甲木에 의지하여 살아가게 돼 등라계갑(藤蘿繫
甲)이라 하며, 가을 乙木이나 겨울 乙木 모두 등라계갑이 되면 귀하다.

【원문】

若見癸水 又遇辛金發水之源 定主科甲 或有癸無辛 常人 有辛
약견계수 우우신금발수지원 정주과갑 혹유계무신 상인 유신

無癸 貧賤 或四柱壬多 水難生乙 亦是尋常之輩
무계 빈천 혹사주임다 수난생을 역시심상지배

【해설】　　　술월계수는 조토(燥土)의 달에 있어 고갈되기 쉬우므
로 癸水편인과 함께 癸水의 근원이 되는 辛金칠살이 있으면 귀하다. 그
러나 癸水는 있으나 辛金이 없으면 평범한 사람이고, 辛金은 있으나 癸
水가 없으면 빈천한 사람이다. 팔자에 壬水가 많은 경우는 수다목부(水
多木浮)로 水가 木을 자양하지 못하므로 이 또한 평범한 사람이다.

【원문】

或支多戊土 又透天干 作從才看 無比劫方妙 一逢比劫 富屋貧人
혹지다무토 우투천간 작종재간 무비겁방묘 일봉비겁 부옥빈인

【해설】　　　술월을목의 지지에 戊土정재가 많은데 천간에 또 투출
하면 종재(從財)다. 종격(從格)은 비겁이 없어야 격이 이루어지며, 비겁
이 있으면 재다신약(財多身弱)으로 겉은 부자이지만 실제로는 가난하다.

【원문】

用癸者 金妻水子 但子女艱難 季土剋制故也
용계자 금처수자 단자녀간난 계토극제고야

【해설】　　　술월을목에 癸水를 쓰는 경우 金이 처이고 水가 자식
이다. 자식이 없는 경우에는 戊土가 용신인 水를 극제하기 때문이다.

【원문】

名藤蘿繫甲 癸水得祿 科甲名臣
명등라계갑 계수득록 과갑명신

시	일	월	연(乾命)
丙	乙	甲	甲
子	酉	戌	寅

辛	庚	己	戊	丁	丙	乙
巳	辰	卯	寅	丑	子	亥

【해설】　　　　등라계갑의 사주이다. 酉 중에 수원(水源)인 辛金이 있고, 子水 중에 있는 癸水가 건록(建祿)의 자리에 있으면서 乙木일간을 생하므로 마르지 않는다. 辛癸가 모두 있고 중화를 이루어 과거 급제하고 명신이 되었다.

【원문】

辛癸兩透 木局破戌 行酉運選拔 位至尚書
신계량투 목국파무 행유운선발 위지상서

	시	일	월	연 (乾命)
	癸	乙	戊	辛
	未	卯	戌	丑

辛	壬	癸	甲	乙	丙	丁
卯	辰	巳	午	未	申	酉

【해설】　　　희용신 辛金과 癸水가 투출하고, 亥卯未 목국(木局)이 戊土를 제극한다. 酉운에 선발돼 수기(秀氣)를 내는 巳午未운에 상서가 됐다.

【원문】

支見辰可運化合 但非其時 孤貧有壽
지 견 진 가 운 화 합　단 비 기 시　고 빈 유 수

221

	시	일	월	연 (乾命)
	庚	乙	丙	庚
	辰	亥	戌	辰

癸	壬	辛	庚	己	戊	丁
巳	辰	卯	寅	丑	子	亥

【해설】　　　시지에 용(龍)인 辰土가 있고 乙庚金이 되어 합화격(合化格. p.95 참조)이다. 그러나 월이 申월이 아닌 戌월로 때를 잃었고, 丙火가 투출하여 庚金을 극하므로 외롭고 빈한하며 장수만 하였다.

3

십간의 월별 주용신과 보조용신

```
시   일   월   연 (乾命)
戊   乙   壬   癸
寅   卯   戌   巳

乙  丙  丁  戊  己  庚  辛
卯  辰  巳  午  未  申  酉
```

술월을목은 신약하므로 관인상생을 하는 辛金과 癸水가 없는 경우에 파격으로 보는 것이 원칙이다. 그러나 위 사주를 보면 월간 壬水가 乙木 일간을 돕고, 지지가 寅卯인 木비겁국으로 신왕하므로 癸水인수를 용신으로 할 수 없다. 신왕이므로 용신으로 쓸 수 있는 것은 식상과 재성, 관살이다. 이 중 辛金관살은 장간에만 있고 巳 중 丙火와 발이 묶여 쓰지 못한다. 연지 巳 중 丙火식상을 용신으로 할 수 있지만, 丙火는 천간 癸水에 의해 개두(蓋頭)되고 월간 壬水와 충이 되며, 일간과의 사이에 월지 戌土가 있어서 유정하지 않아 용신으로 제 역할을 할 수 있을지 의심스럽다. 그러나 辛金관살보다 형편이 좋으므로 丙火를 용신으로 삼는다. 다행히 시간에 戊土가 투출하여 용신 巳 중 丙火를 개두하는 癸水를 戊癸火하고, 월간 壬水의 물길을 막아 용신의 기운을 돕는다.

위인이 학문에 밝고 품행이 방정하였으나, 巳午未 火운에 벼슬과 잠시 인연이 있었고 큰 발전은 없었다.[사주 출처 『적천수(適天髓)』]

시　일　월　연(乾命)
甲　乙　壬　戊
申　丑　戌　申

己　戊　丁　丙　乙　甲　癸
巳　辰　卯　寅　丑　子　亥

　　이르기를 술월을목이 지지에 戊土재성이 많고 戊土가 천간에 투출하
면 종재격(從財格)이 되며, 이 경우 비겁이 하나라도 있으면 종격의 파
격이 되고 재다신약이 되어 부옥빈인의 팔자라고 하였다. 이 사주의 경
우 申丑戌申의 지지에 모두 土가 암장되어 있고 戊土가 투출되므로, 단
순히 규칙을 대입해보면 종재격(從財格)이 된다.

　　그러나 종재격이 되기 위해서는 乙木일간이 아주 무력해야 한다. 그
러나 일간의 상황을 보면 甲申시로 등라계갑이고 일지 丑 중 癸水가 생
을 하며, 丑土와 申金에 뿌리를 둔 壬水가 월간에 있어 결코 무력하지 않
다. 그러므로 재다신약까지는 아닌 일반적인 신약사주로 분류할 수 있
고, 희용신은 인비(印比)인 水木이 된다.

　　팔자에서 재물의 상황을 보면 재성 戊土는 편재궁에 있으므로 조왕
(助旺)하고, 재성궁인 일지에 편재가 있으므로 이 또한 조왕하다. 즉, 궁
성이론에 의하면 재물과 관계 있는 궁성이 모두 건실하다. 재물을 보는
3요소가 일간의 장악력, 활동력, 보관력이라면 재성이 건실하므로 보관
력에 문제가 없고, 일간이 결코 약하지 않으므로 장악력에도 큰 문제가
없다. 단지, 활동력을 뜻하는 식상 火가 월에 암장되어 있을 뿐 투출하지
않은 것이 흠이다.

　　운의 흐름을 보면 어려서부터 희용신인 水木으로 흘러 매우 좋으며,

재물 측면에서 볼 때 중년의 천간 火운도 나쁘지 않다. 1995년(乙丑운, 乙亥년)에 다음커뮤니케이션을 창업하고, 1997년(乙丑운, 丁丑년)에 한 메일넷 서비스를 개시한 이재웅 다음 사장의 명이다.

⑩ 해월을목(亥月乙木)

주용신 丙　보조용신 戊

壬水가 사령하여 춥다. 우선 丙火상관을 써서 양기(陽氣)로 향하는 것이 좋고, 戊土정재로 乙木이 물에 뜨는 것을 막는다.

【원문】

十月乙木 木不受氣 而壬水司令 取丙爲用 戊土爲次
시 월 을 목　목 불 수 기　이 임 수 사 령　취 병 위 용　무 토 위 차

【해설】　해월을목은 木의 생지(生地)이며, 장간에 木이 있어 木의 기운은 이미 움직였으나 아직 木의 상태가 완전하지 않다. 亥월은 춥고 壬水가 사령하여 양기로 향하는 게 좋으므로 우선 丙火상관을 쓰고, 壬水가 사령하여 乙木이 수다목부(水多木浮)로 물에 뜨게 되므로 이를 막아줄 戊土정재를 그 다음에 쓴다.

【원문】

丙戊兩透 科甲定然 有丙無戊 雖不科甲 亦入儒林 支多丙火 運
병 무 량 투　과 갑 정 연　유 병 무 무　수 불 과 갑　역 입 유 림　지 다 병 화　운

入火鄕 亦主顯達
입 화 향　역 주 현 달

【해설】　　　해월을목에 丙火상관과 戊土정재가 투출한 경우 자연히 귀하게 되며, 丙火를 戊土보다 중요하게 취급한다. 丙火는 있으나 戊土가 없는 경우에는 벼슬은 못 하지만 선비 생활은 한다. 지지에 丙火가 강하고 운의 흐름이 火식상운으로 흘러도 발전한다.

【원문】

或水多無戊 乙性漂浮 流蕩之徒 若不見丙巳 妻子難全 或一點
혹 수 다 무 무　을 성 표 부　유 탕 지 도　약 불 견 병 사　처 자 난 전　혹 일 점

壬水 卽多見戊土 亦爲不妙 得甲制戊 可許能幹 但爲人好生禍
임 수　즉 다 견 무 토　역 위 불 묘　득 갑 제 무　가 허 능 간　단 위 인 호 생 화

亂 構訟爭非 男女一理
란　구 송 쟁 비　남 녀 일 리

【해설】　　　해월을목에 水인수가 많고 이를 제지하는 戊土정재가 없는 경우 乙木의 성정이 물에 뜬 것과 같이 방탕하게 되며, 만약 丙火와 巳火상관을 보지 못하면 처자(妻子)가 온전치 않다. 壬水가 하나인데 戊土를 많이 보는 경우 역시 좋지 않으며, 甲木을 얻어 戊土를 제극하는 경우에는 등라계갑(藤蘿繫甲)으로 乙木이 甲木을 믿는 바가 있으므로 능히 재간은 있으나 위인이 화란과 송사 시비를 좋아한다. 남녀가 모두 같다.

【원문】

支成木局 時値小陽 此又如春木同旺 若有癸出 須取戊爲尊 加
지 성 목 국　시 치 소 양　차 우 여 춘 목 동 왕　약 유 계 출　수 취 무 위 존　가

以丙透 科甲之人 若無丙戊二字 自成自敗 終非承受之輩
이 병 투　과 갑 지 인　약 무 병 무 이 자　자 성 자 패　종 비 승 수 지 배

【해설】　　　을목이 지지 木비겁국이고 亥월인 소양(小陽)을 만나면 봄 나무가 왕성한 것과 같다. 癸水가 있으면 戊癸火하는 戊土를 쓰는 것이 중요하다. 戊土가 있고 丙火상관이 투출하면 과거 급제한다. 만약 丙火와 戊土가 모두 없으면 癸水가 팔자를 습하게 하여 水火의 균형이 깨지므로, 스스로 이룬 것을 무너뜨리며 결국 가업을 물려받지 못한다.

【원문】

丙戊祿在巳 惜不透干 可許一榜
병 무 록 재 사 　 석 불 투 간 　 가 허 일 방

시	일	월	연 (乾命)
丁	乙	乙	己
亥	巳	亥	亥

戊	己	庚	辛	壬	癸	甲
辰	巳	午	未	申	酉	戌

226

【해설】　　　해월을목에 필요한 丙火와 戊土의 건록(建祿)인 巳火가 일지에 있다. 그러나 丙火가 천간에 투출하지 않아 과거에 한 번 급제할 수 있는 정도의 명이다. 巳 중 丙火가 암충(暗沖)이 되는 것도 흠이다.

窮通寶鑑

【원문】

丙戊兩透 都史
병무량투 도사

시　일　월　연 (乾命)

己^{주)}　乙　癸　戊

卯　酉　亥　戊

　　庚　己　戊　丁　丙　乙　甲

　　午　巳　辰　卯　寅　丑　子

【해설】　　　　해월을목에 왕성한 水인수를 제극하는 戊土가 투출하고, 戊癸火하여 조후를 하므로 도사(都史) 벼슬을 하였다.

㈜ 원문에 丁卯시로 되어 있지만 乙일에는 己卯시가 맞으므로 정정하였다.

해월을목 해설

시　일　월　연 (乾命)

丙　乙　己　丙

子　亥　亥　子

　　丙　乙　甲　癸　壬　辛　庚

　　午　巳　辰　卯　寅　丑　子

십간의 월별 주용신과 보조용신

해월을목의 지지가 물 천지이므로 신왕(身旺)에 수다목부(水多木浮)의 형세다. 해월을목에는 丙火를 더 중시하지만, 이와 같은 형세면 흙으로 막는 것이 더 중요하고 시급하다. 월간에 己土가 있지만 음토(陰土)로는 도도한 물길을 막을 수 없고, 土를 생하는 丙火가 쌍으로 투출하였지만 子水의 자리에 앉아 실지(失地)하고 수화상충(水火相沖)이 되므로 역할을 못 한다. 운의 흐름이 水木으로 흘러서 신왕을 더욱 부채질하여 팔자에 필요한 火土의 기운을 손상시키므로, 평생 아무것도 이루지 못했다.[사주 출처 『적천수(適天髓)』]

만약 이 사주의 왕약을 판단할 때 십이운성의 양순음역(陽順陰逆)의 방법을 적용하면, 乙木이 子水에서는 병지(病地), 亥水에서는 사지(死地)에 있으므로 신약사주로 볼 수 있다. 따라서 운의 흐름도 水木을 희용신이 이어지는 것으로 잘못 해석하게 된다.

시	일	월	연 (乾命)
庚	乙	癸	戊
辰	亥	亥	辰

庚	己	戊	丁	丙	乙	甲
午	巳	辰	卯	寅	丑	子

시각장애자이면서 역학 상담을 하였고 결혼을 세 번 하였던 명이다. 각 항목별로 운기적인 이유를 살펴본다.

① 시각장애자 : 해월을목이 일지 亥水이고 연지와 시지가 辰 습토로 水가 강하다. 다행히 辰 중 戊土가 투출하여 水를 조절하고, 무계합화(戊癸合火)로 일간의 수기(秀氣)를 발하게 되므로 양기로 향할 수 있

는 기틀을 마련하고 있는 셈이다. 그러나 음기가 강하여 진정한 합화(合化)가 될 수 없는 상황에서 한 점의 불[火]도 없는 것이 아쉽다. 이렇게 水 과다에 火 부족인 구조는 명주가 시각장애자이다.

② 역학 상담자 : 하나의 육친이 강하면 편화(偏化)하는데, 인수가 과다하므로 편인의 역할이 강해진다. 편인이 강한 경우 수행자, 종교인, 역학인 등 편업(偏業)에 종사하기 쉽다.

③ 여러 번의 결혼 : 결혼을 세 번 한 것은 재성혼잡(財星混雜)과 궁성이론의 공망이론으로 설명된다. 辰土와 亥水 속의 戊土는 재성이 된다. 또 궁성이론으로 보면 일간 乙木은 가장 친밀도가 높은 처궁 일지로 진입한다. 처궁에 정인이 있으므로 일주는 다음에 정인궁(正印宮)인 연지로 도입(跳入)을 하지만, 일지를 공망으로 만들어 자좌공망(自坐空亡)이 되므로 도입을 할 수 없다. 결과적으로 연지의 재성, 일지의 처궁과도 인연이 없게 된다.[사주 출처 『명리실증총담(命理實證叢談)』]

229

🔟 자월을목(子月乙木)

| 주용신 丙 | 보조용신 戊己 |

꽃이 어는 시기에 있다. 丙火상관을 중히 사용하여 언 것을 녹이며, 戊土정재로 물의 기운을 막고 己土로 보좌한다.

【원문】

十一月乙木 花木寒凍 一陽來復 喜用丙火解凍 則花木有向陽
십 일 월 을 목　화 목 한 동　일 양 래 복　희 용 병 화 해 동　즉 화 목 유 향 양

之意 不宜用癸以凍花木 故尙用丙火
지 의　불 의 용 계 이 동 화 목　고 상 용 병 화

【해설】　　　자월을목은 꽃과 나무가 얼어 있으나 양기(陽氣)가 점차 시작되는 시기로 丙火상관을 사용하여 언 것을 녹이는 것이 좋다. 즉, 양기를 그리워하는 언 나무에게 癸水를 사용하는 것은 좋지 않으므로 오직 丙火만 사용한다.

【원문】

有一二點丙火出干　無癸制者　可許科甲　即丙藏支内　亦有選拔
유일이점병화출간　무계제자　가허과갑　즉병장지내　역유선발

恩封　得此不貴　必因風水薄　或壬癸出干　有戊制　可作能人　即丙
은봉　득차불귀　필인풍수박　혹임계출간　유무제　가작능인　즉병

在支内　亦是俊秀　若壬透無戊　貧賤之人
재지내　역시준수　약임투무무　빈천지인

【해설】　　　자월을목에 丙火상관이 1~2개 투출하고, 癸水편인이 丙火를 제극하지 않으면 과거 급제한다. 丙火가 지장간에만 있는 경우에도 선발될 수 있다. 이런 조건인데도 귀하게 되지 못하면 풍수(風水)가 흉하기 때문이다. 만약 壬癸인수가 천간에 나타나고 戊土정재가 이를 제극하면 유능한 사람이며, 丙火가 지장간에만 있어도 준수하다. 壬水가 투출하고 戊土가 없는 경우에는 병은 있는데 약이 없는 상황으로 빈천하다.

【원문】

支成水局　干透壬癸　丙丁全無　雖有戊制　貧乏到老　運至南方　稍
지성수국　간투임계　병정전무　수유무제　빈핍도로　운지남방　초

有衣食　丁火有亦如無　丁乃燈燭之火　豈能解嚴寒之凍　設無丙
유의식　정화유역여무　정내등촉지화　기능해엄한지동　설무병

230

窮通寶鑑

丁 戊己多見 金水奔流 下賤 或有戊己無火 亦屬常人 但不至下
정 무기다견 금수분류 하천 혹유무기무화 역속상인 단부지하

賤 或一派丁火 大奸大詐之徒 如無甲引丁 孤鰥到老 丁火見甲
천 혹일파정화 대간대사지도 여무갑인정 고환도로 정화견갑

必主麟趾振振 芝蘭繞膝
필 주 린 지 진 진 지 란 요 슬

．

【해설】　　　　자월을목에 지지가 水인수국이고 壬癸가 투출하였으
며 丙丁식상이 어디에도 없으면, 戊土정재가 壬癸를 제극하여도 늙어서
까지 가난하다. 운이 남방 火식상운으로 흐르면 의식(衣食)이 조금은 있
다. 丁火는 있어도 없는 것과 같은데, 이는 등불인 丁火로는 엄동설한의
얼음을 녹일 수 없기 때문이다. 丙丁이 없고 戊己재성이 많으면 金水의
흐름이 안 좋으므로 천하다. 만약 戊己는 있는데 火가 없으면 역시 평범
한 명이지만 천한 상황까지는 안 된다.

　또, 한 무리의 丁火만 있으면 丙火처럼 힘이 있다고 할 수 있지만 丁火
는 음화(陰火)로 음침하고 간교하다. 丁火의 입장에서 보면 고초인등(枯
草引燈)[주]이 되는 乙木이 생하는 것보다 甲木정인이 생하는 것이 좋다.
이렇게 되면 등라계갑(藤蘿繫甲)도 이루게 된다. 甲木이 丁火를 이끌지
못하면 늙을 때까지 외로운 홀아비다. 만일 丁火가 甲木을 보면 덕을 널
리 펼치며 자손이 슬하에 가득하다.

[주] 고초인등이란 丙火로 乙木을 말려서 등을 밝힌다는 뜻이다.

【원문】

或成水局 壬癸兩逢 則木浮矣 不特貧賤 而且夭折 得一戊救
혹성수국 임계량봉 즉목부의 불특빈천 이차요절 득일무구

方可
방 가

【해설】　　　　자월을목이 지지 水인수국이고 壬癸를 만나면 乙木이 물에 뜨게 되므로 빈천하며 요절하지만, 1개의 戊土정재가 水를 제극하여 조절하면 그렇지 않다.

【원문】

冬月乙木 雖取戊制水 不可作用 崑取丙火則可 用火者 木妻火
동월을목 수취무제수 불가작용 단취병화즉가 용화자 목처화

子 用土者 火妻土子
자 용토자 화처토자

【해설】　　　　겨울 乙木은 비록 戊土정재로 水를 제극할 수는 있으나 작용하는 힘이 떨어지므로, 오로지 丙火로 조후하는 것이 좋다. 火를 쓰면 木이 처이고 火가 자식이 되며, 土를 쓰면 火가 처이고 土가 자식이 된다.

【원문】

丙戊兩透 詞林
병무량투 사림

232

窮通寶鑑

시	일	월	연 (乾命)
丙	乙	戊	庚
子	巳	子	申

乙	甲	癸	壬	辛	庚	己
未	午	巳	辰	卯	寅	丑

【해설】　　　자월을목에 용신으로 쓸 수 있는 丙火와 戊土가 모두 투출하여 사림(詞林) 벼슬을 하였다. 지지가 申子 水인수국이 되지만 투출한 戊土가 이를 조절하고, 시간 丙火는 일지 巳火에 뿌리가 있다. 그러나 乙木일간이 巳火에 있어 무력하므로 사림을 하는 데 그쳤다.

【원문】

乙木生於冬至之後　坐下木局　得丙透干者　富貴之造　卽丁出干
을목생어동지지후　좌하목국　득병투간자　부귀지조　즉정출간

亦有衣祿　須忌癸制丁　乙木生於冬月　己土透干　又有丙透　大富
역유의록　수기계제정　을목생어동월　기토투간　우유병투　대부

大貴之造
대귀지조

【해설】　　　乙木이 동지 후에 출생하고 木비겁국에 앉아 있으며 丙火상관이 투출하면 부귀하다. 丁火가 투출해도 의식(衣食)은 있으나 癸水편인이 丁火를 극하는 것을 꺼린다. 乙木이 겨울에 태어나고 己土와 丙火가 투출하면 크게 부귀를 이룬다.

십간의 월별 주용신과 보조용신

```
시   일   월   연 (乾命)
丙   乙   丙   甲
戌   酉   子   申

癸  壬  辛  庚  己  戊  丁
未  午  巳  辰  卯  寅  丑
```

자월을목이 지지에 申酉戌 金관살국이고 재관(財官)이 강하다. 다행히 천간에 丙火상관이 2개 투출하여 강한 金을 제어하는 한편 조후 역할을 하여, 자식인 상관이 어미인 일간을 구하는 아능구모(兒能救母)의 구조이다.

실제, 사업을 해서 큰돈을 벌었다. 큰돈을 번 이유는 위와 같은 사주구조 이외에 재성과 상순(相順) 관계를 이루고, 재성이 천간의 생을 받아 기운이 있으며, 재성이 상관의 자리인 시지에 있어 생왕(生旺)하기 때문이다.

상순은 일주와 시주가 乙→丙, 酉→戌과 같이 순(順)으로 이어지는 것이다. 사주 중 상순관계가 있으면 관계가 긴밀해진다. 단, 상순이라도 공망이 되면 영향력이 떨어진다.[사주 출처 『적천수(適天髓)』]

```
시  일  월  연 (乾命)
丙  乙  戊  庚
子  丑  子  戌

乙  甲  癸  壬  辛  庚  己
未  午  巳  辰  卯  寅  丑
```

자월을목에게는 조후하는 丙丁火가 중요하고, 보조적으로 戊己가 子水의 기운을 막아주는 것이 필요하다. 그러나 戊己가 너무 많으면 水를 지나치게 압박하므로 길하지 않다.

위 사주는 월지 子水의 주변을 보면 土가 삿갓처럼 둘러싸여 있어 흐름이 막혀 있고, 시지 子水는 천간인 丙과 수화상충(水火相沖)이며 일지와 子丑土가 되어 역할을 하기 힘들다. 인수의 달이지만 乙木일간을 도와주지 못할 형편이다. 또한 천간에 戊土와 丙火가 투출하면 귀격(貴格)이라고 하지만, 시간 丙火는 절지(絶地)에 있고 수화상충이 되므로 있으나마나 한 상황이다. 즉 조후하는 丙火는 무력하고, 水를 막아주는 戊土는 팔자의 병이 되므로 귀함과는 거리가 멀다.

명주의 부부관계를 보면 재성혼잡(財星混雜)으로 흉하며, 처성이 기신이고 처궁이 기신궁이므로 부부간에 문제가 있다. 더욱이 辛卯운인 2006년(丙戌년)은 처궁인 일지를 형(刑)한다. 형으로 튀어나온 지장간 중 辛金을 연월일시의 순서로 작용한다는 선후론을 대입하여 살펴보면, 먼저 일간과 乙辛충하고 시(時)와는 丙辛합을 한다. 신약한 일간을 더욱 약하게 하고 丙火가 기반(羈絆)이 되어 재성을 치는 상황이다.

명주는 2006년 6월부터 부인과 별거를 시작하였다. 부인은 명주의 장래가 불안하다는 것과 성격 차이를 이유로 완강하게 이혼을 요구하고 있다.

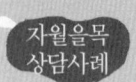

子月乙木

乙

自월을목
상담사례

잘못된 팔자최면 약이 없다

상담을 하다보면 자신의 팔자에 대해 잘못된 생각과 선입관을 가지고 있는 사람을 종종 만나게 된다. 울산에서 받은 메일도 마찬가지다. 주고받은 질문과 답변 일부를 소개한다.

[문] 읽어보시고 짧은 조언 한마디라도 답장을 주신다면 너무나 감사하고 기쁘게 받겠습니다. 결혼에도 별 뜻이 없고 자식에게 의지하고 싶은 마음도 없고, 아직까지는 재물에도 별로 끌리는 마음이 없으며, 현재 가진 것도 없으니 그냥 홀가분하게 은둔하여 도나 닦아볼까 하는 생각이 가끔 듭니다. 도를 닦고 싶은 마음이 드는 것은 깨끗이 다 놓아버리고 편안해지고 싶어서입니다. 얼마간 제 사주를 놓고 요리조리 뚫어지게 살펴보고 학인들의 도움을 좀 받아보아도 점점 더 미궁입니다. 팔자에 재물 글자가 없어서 식상생재가 아니므로 재물을 추구하기도 어렵습니다.

시	일	월	연 (坤命)
乙	乙	壬	丁
酉	巳	子	巳

己	戊	丁	丙	乙	甲	癸
未	午	巳	辰	卯	寅	丑

[답] 오행의 흐름으로 보면 금생수(金生水), 수생목(水生木), 목생화(木生火)로 식상에 몰려서 土를 생조할 준비가 되어 있는 사주라고 할 수 있지요. 38세 대운부터 火土 오행으로 흐릅니다. 준비가 되어 있는데 그릇이 나타나므로 그냥 재물을 담기만 하면 되는 운으로 재물과 전혀 인연이 없다고 할 수는 없지요.

236

窮通寶鑑

[문] 팔자가 관인상생이 되지 않으므로 명예를 추구하기도 어려울 것 같습니다. 좋은 배우자를 만나서 복닥복닥하며 살기도 애초에 아닌 것 같습니다. 가장 소중한 제 사주의 모습이 좀 밉살스럽게 보이기도 합니다.

[답] 팔자의 바닥이 巳酉丑 삼합으로 합을 이룹니다. 월지 子水의 입장에서 보면 유정한 합이 됩니다. 금생수(金生水)로 관인상생이 안 될 이유가 없지요. 팔자의 전체적인 기운이 식상에 몰려 있어 부부간에 문제가 있으나, 38세 전까지 酉金은 남편이 뿌리를 내릴 수 있는 관성운이고, 38세 이후 戊土는 재성 통관의 운으로 재생관(財生官)을 합니다. 팔자 자체의 병을 운이 해결해주는 형상입니다.

[문] 그래도 미우나 고우나 그 속에서 암시한 내용을 잘 조화시켜 보듬고 가야 할 일이라 이렇게 관심을 쏟게 됩니다. 겨울에 조그만 나무가 뿌리도 없이 얼어 죽게 생겼으므로 사회에 기여고 뭐고 간에 일단 자신부터 좀 살고 봐야 맞는 이치 같은데, 이 나무는 어찌 된 일인지 자기가 죽어가는데도 자꾸만 마음이 밖을 향하고 높은 뜻을 품으며 욕심을 부리네요. 진심으로 조언을 듣고 싶습니다.

[답] 한랭한 물기운이 壬子라는 물기둥을 이루므로 얼어붙었다고 생각할 수 있습니다. 그러나 천간에 떠 있는 丁火라는 불기운과 자신의 자리 밑에 있는 巳火라는 큰 불은 왜 보지 못하는지요? 혹시 壬水가 丁壬합으로 木이 되어 불기운이 기반이 되는 것을 염려할 수도 있지만, 반대로 물기운도 기반이 된다고 생각할 수 있습니다. 나쁜 쪽으로만 생각하면 끝도 없지요. 소음을 뚫고 청아한 자신의 소리를 내는 것이 사람이라는 악기입니다. 소음에 묻히는 것도, 소음을 오히려 키우는 것도 사는 데 별로 도움이 안 되는 태도라고 생각합니다.

⑫ 축월을목(丑月乙木)

【원문】

十二月乙木　木寒宜丙　有寒谷回春之象　得一丙透　無癸出破格
십이월을목　목한의병　유한곡회춘지상　득일병투　무계출파격

不特科甲　定主名臣顯宦　丙火藏支　食饌而已　干支無丙　一介
불특과갑　정주명신현환　병화장지　식희이이　간지무병　일개

寒儒
한유

【해설】　　　　축월을목은 추우므로 丙火상관을 사용한다. 丙火가 있으면 丑월의 동토(凍土)에 봄이 찾아온 형상이다. 丙火가 투출하고 癸水가 나타나서 격을 해치지 않으면 벼슬을 한다. 丙火가 투출하지 않고 지장간에만 있으면 먹고 살만 하고, 丙火가 없으면 배고픈 선비다.

【원문】

或四柱多己　不逢比劫　乃爲從才　富比王侯　若見比劫　貧無立錐
혹사주다기　불봉비겁　내위종재　부비왕후　약견비겁　빈무립추

【해설】　　　　축월을목에 己土가 많고 木비겁이 없으면 종재격(從財格)으로 그 부(富)가 왕후와 비슷하다. 그러나 비겁이 있으면 재다신약(財多身弱)으로 바늘 하나 꽂을 땅도 없을 정도로 가난하다.

【원문】

雖或一派戊己 見甲頗有衣祿 耑以丙火爲用 方妙

수혹일파무기 견갑파유의록 단이병화위용 방묘

【해설】　　　　축월을목에 한 무리의 戊己재성이 있고 甲木겁재가 있
으면 재다용겁(財多用劫)으로 의식(衣食)과 봉록이 있지만, 丙火상관을
써야 팔자 배합이 좋아진다.

【원문】

巳中丙戊得所 一榜 官至太守

사중병무득소 일방 관지태수

시	일	월	연 (乾命)
辛	乙	癸	壬
巳	卯	丑	午

庚	己	戊	丁	丙	乙	甲
申	未	午	巳	辰	卯	寅

【해설】　　　　시지 巳 중의 조후하는 丙火상관과 물을 제어하는 戊
土재성이 巳에서 건록(建祿)을 얻고, 운이 남방으로 흘러 관직이 태수
(太守)에 이르렀다.

【원문】

巳酉丑會金局 帶丙不得祿 一富而已

사유축회금국 대병부득록 일부이이

시	일	월	연 (乾命)
辛	乙	癸	壬
巳	酉	丑	午

庚	己	戊	丁	丙	乙	甲
申	未	午	巳	辰	卯	寅

【해설】　　　　앞의 사주와는 일지만 다르다. 지지 巳酉 삼합에 巳火가 묶이게 되므로 丙戌는 건록(建祿)의 자리를 잃었다. 또한 乙木은 일지 酉가 살지(殺地)에 있어 무력하다. 그러나 火의 힘이 조금 남아 있어서 작은 부자는 되었다. 巳시가 아니었으면 이나마도 이루지 못했을 것이다.

【원문】

此命殺重身輕 貧而且夭

차명살중신경 빈이차요

```
        시   일   월   연 (乾命)
        庚   乙   己   庚
        辰   巳   丑   子

    丙   乙   甲   癸   壬   辛   庚
    申   未   午   巳   辰   卯   寅
```

【해설】　　　辰丑에 뿌리를 둔 관살이 강하고 乙木은 약하다. 巳 중
丙火상관이 투출하지 않아 庚金을 제어하기 힘들다. 결국 살중신경(殺
重身輕)의 사주가 된다. 빈한하였으며 요절하였다.

축월을목 해설

```
        시   일   월   연 (乾命)
        乙   乙   辛   辛
        酉   酉   丑   巳

    甲   乙   丙   丁   戊   己   庚
    午   未   申   酉   戌   亥   子
```

　　시간에 乙木이 있으나 酉金의 자리인 살지(殺地)에 있어 일간에게 도
움이 안 되고, 지지가 金관살국이며 뿌리가 있는 辛金이 양투(兩透)하여
종살격(從殺格)이므로 土金재관이 희용신이다. 戊戌희신운에 벼슬을 시
작하였으며, 丁酉와 丙申운 중 丁火와 丙火는 왕성한 金관살에 반하여

흉할 것 같지만 절각(截脚)이 되어 역할이 없고, 酉金과 申金이 왕성한 관살을 더 왕성하게 하여 벼슬이 높아졌다. 乙未운 중 乙木은 종살에 비접운이므로 매우 흉하며, 未土는 巳火와 유취(類聚)를 이루어 금국(金局)을 깨뜨리고 종살에 일간 乙木의 터전이 되므로 사망하였다.

	시	일	월	연 (坤命)
	庚	乙	乙	癸
	辰	巳	丑	亥

壬	辛	庚	己	戊	丁	丙
申	未	午	巳	辰	卯	寅

축월을목이 巳火일지를 깔고 있지만 조후하는 丙火상관이 투출하지 않고, 연간 癸水가 천간에 투출하며 辰土와 丑土 중 癸水가 丙火를 해치므로 파격이 되었다. 또한 지지 巳丑은 金의 유취를 이루고 辰土는 庚金을 생하므로, 관살은 강하고 일주는 약하다. 이 경우 丙火가 투출하면 巳火 건록에 뿌리를 두고 왕한 관살을 제극하고, 또 한편으로는 乙木의 수기(秀氣)를 발하며 동토의 乙木을 조후하므로 일간을 설기하지 않고 진정으로 생하는 구조가 될 수 있다. 이 사주는 천간에 丙火가 투출하지 않아서 아쉽다.

우울증은 발산에 문제가 있을 때 일어난다. 신약사주이고 상관이 인수의 극을 받거나 水가 火를 극하면 일어나기 쉽다. 『적천수(適天髓)』에 이르기를 '상내다침매지기자 심울지회(象內多沈埋之氣者 心鬱志灰)', 즉 팔자가 가라앉고 묻힌 경우 우울하고 의욕이 없다고 하였다. 바로 위 사주와 같은 경우이다. 실제로 2004년에 우울증으로 치료를 받고, 2005년(丁卯운, 乙酉년) 양력 6월 9일 아파트에서 뛰어내려 자살한 1983년생 여성이다.

일간

丙丁 병정

1. 火를 논함

【원문】

炎炎眞火 位鎭南方 故火無不明之理 輝光不久 全要伏藏 故明
염염진화 위진남방 고화무불명지리 휘광불구 전요복장 고명

無不滅之象 火以木爲體 無木 則火不長焰 火以水爲用 無水
무불멸지상 화이목위체 무목 즉화부장염 화이수위용 무수

則火太酷烈 故火多則不實 火烈則傷物 木能藏火 到寅卯方而
즉화태혹렬 고화다즉불실 화렬즉상물 목능장화 도인묘방이

生火 不利於西 遇申酉而必死 生居離位 果斷有爲 若居坎宮 謹
생화 불리어서 우신유이필사 생거리위 과단유위 약거감궁 근

畏守禮
외 수 례

【해설】   활활 타는 불[火]이 진짜 불이며 남쪽에 있다. 그러나
환한 빛은 영구하지 못하니, 감추고 보호해야 그 빛이 사라지지 않는다.
火는 木으로 근본을 삼으니, 木이 없으면 火가 오랫동안 탈 수 없다. 또

한 火는 水로 용(用)을 삼으니, 水가 없으면 火가 지나치게 타버린다. 따라서 火가 많으면 결실이 없고, 火가 너무 뜨거우면 사물이 손상된다. 木은 火를 충분히 감출 수 있다. 火는 寅卯방에서 생하고, 酉에서는 불리하여 申酉에서 병궁(病宮)과 사궁(死宮)이 되므로 소멸한다. 火가 이궁(離宮)의 자리에 있으면 과감히 결단을 내려 이루는 것이 있고, 감궁(坎宮)의 자리에 있으면 수극화(水剋火)가 되어 조심하고 삼가는 예절이 있다.

【원문】

金得火和 而能鎔鑄 水得火和 則成旣濟 遇土不明 多主蹇塞 逢
금득화화 이능용주 수득화화 즉성기제 우토불명 다주건새 봉

木旺處 決定爲榮 木死火虛 難得永久 縱有功名 必不久長 春忌
목왕처 결정위영 목사화허 난득영구 종유공명 필불구장 춘기

見木 惡其焚也 夏忌見土 惡其暗也 秋忌見金 金難剋制 冬忌見
견목 악기분야 하기견토 악기암야 추기견금 금난극제 동기견

水 水旺則滅 故春火欲明 不欲炎 炎則不實 秋火欲藏 不欲明
수 수왕즉멸 고춘화욕명 불욕염 염즉불실 추화욕장 불욕명

明則太燥 冬火欲生 不欲殺 殺則歇滅
명즉태조 동화욕생 불욕살 살즉헐멸

【해설】　　　　金이 火를 만나서 조화를 이루면 제련이 되고, 水가 火를 않으면 수화기제(水火旣濟)를 이룬다. 또한 火가 土를 만나서 설기가 되어 밝지 않으면 막힘이 많으며, 火가 왕성한 木을 얻으면 영화가 있고, 木이 죽으면 火가 영구하지 못하므로 공명이 있더라도 오래가지 못한다.

봄의 火는 木을 보는 것을 꺼리는데 이는 스스로 불타버리기 때문이며, 여름 火는 土를 보는 것을 꺼리는데 이는 빛이 어두워지기 때문이다. 가을 火는 金을 보는 것을 꺼리는데 이는 金이 火에게 제극되는 것을 싫

어하기 때문이며, 겨울 火는 水를 보는 것을 꺼리는데 이는 水가 왕성해서 불이 꺼지기 때문이다. 그러므로 봄의 火는 밝음을 원하지 불타서 모든 결실이 없어지는 것을 원하지 않는다. 가을 火는 지지에 감춰져 너무 밝지 않은 것이 좋으며, 너무 밝으면 건조해진다. 겨울 火는 생하는 것을 원하지 모든 것이 소멸하는 죽음을 원하지 않는다.

2. 火를 계절별로 논함

1 춘화(春火)

【원문】

生於春月 母旺子相 勢力並行 喜木生扶 不宜過旺 旺則火炎 欲
생 어 춘 월　모 왕 자 상　세 력 병 행　희 목 생 부　불 의 과 왕　왕 즉 화 염　욕

水旣濟 不愁興盛 盛則沾恩 土多則寒塞埋光 火盛則傷多烈燥
수 기 제　불 수 흥 성　성 즉 첨 은　토 다 즉 건 새 매 광　화 성 즉 상 다 렬 조

見金可以施功 縱重見用才尤遂
견 금 가 이 시 공　종 중 견 용 재 우 수

【해설】　　　봄은 木이 왕성하고 火는 왕상휴수사 중 상(相)의 상태로 木火의 왕성함이 같다. 木이 火를 돕는 것은 좋지만 지나친 도움은 좋지 않다. 木이 너무 왕성하면 타버리는데, 水를 얻어 수화기제(水火旣濟)를 이루면 흥성해도 괜찮다. 火가 왕성하고 水를 얻으면 火가 왕성하여 얻는 혜택이 있다. 봄의 火에 土가 많으면 빛을 잃어 막힘이 많고, 火가 많으면 상하고 건조해지며, 金을 보는 경우에는 봄의 金이 약하므로 金이 많아도 火가 제련할 수 있다. 火기운이 강한 경우 金재성을 쓰면 더욱 좋다.

② 하화(夏火)

【원문】

夏月之火 秉令乘權 逢水制則免自焚之咎 見木助必招夭折之患
하월지화 병령승권 봉수제즉면자분지구 견목조필초요절지환

遇金必作良工 得土遂成稼穡 金土雖爲美利 無水則金燥土焦
우금필작량공 득토수성가색 금토수위미리 무수즉금조토초

再加木助 太過傾危
재가목조 태과경위

【해설】　　여름 火는 자신의 계절을 만나 세력이 있다. 水가 조절하면 스스로 불타버리는 것을 피할 수 있고, 木을 만나면 여름 火를 도와 요절할 우려가 있다. 金을 만나면 결실이 있고, 土를 만나면 곡식을 거둬들인다. 金土를 만나는 경우 아름답다고 하지만, 水가 없으면 金이 마르고 土가 타게 된다. 여기에 木이 가세하면 火기운이 너무 강해 위험을 만난다.

③ 추화(秋火)

【원문】

秋月之火 性息體休 得木生則有復明之慶 遇水剋難免隕滅之災
추월지화 성식체휴 득목생즉유복명지경 우수극난면운멸지재

土重而掩息其光 金多而損傷其勢 火見火以光輝 縱疊見而必利
토중이엄식기광 금다이손상기세 화견화이광휘 종첩견이필리

【해설】 가을은 火의 기운이 휴수(休囚)되어 약하다. 가을 火가 木의 생을 받으면 밝음을 회복하여 좋지만, 水를 만나면 소멸되는 재앙을 피할 수 없다. 土를 많이 보면 불빛이 사그라지며, 金이 많으면 火의 힘이 손상된다. 가을 火가 火를 보면 빛이 나며, 火를 거듭 보더라도 반드시 이익이 있다.

④ 동화(冬火)

【원문】

冬月之火 體絶形亡 喜木生而有救 遇水剋以爲殃 欲土制爲榮
동 월 지 화　체 절 형 망　희 목 생 이 유 구　우 수 극 이 위 앙　욕 토 제 위 영

愛火比爲利 見金爲難任才 無金而不遭害 天地雖傾 火水難成
애 화 비 위 리　견 금 위 난 임 재　무 금 이 부 조 해　천 지 수 경　화 수 난 성

247

【해설】 겨울은 火의 형체가 없어지는 계절이므로 木이 생하여 구하는 것이 좋다. 水가 火를 극하면 재앙이 있지만 土가 水를 제극하면 영화가 있으며, 火비겁이 팔자의 균형을 이루는 것이 좋다. 겨울 火는 신약하여 金재성을 제련하고 장악하기 어려우므로 金이 없어야 해롭지 않다. 팔자의 水火기운이 균형이 맞지 않으면 수화기제(水火旣濟)를 이루기 어렵다.

3
십간의 월별 주용신과 보조용신

3. 丙火의 월별 용신

【원문】

三春丙火 秉象至威 陽回大地 侮雪欺霜 峕用壬水 爲扶陽 名曰
삼춘병화 병상지위 양회대지 모설기상 단용임수 위부양 명왈

天和地潤 旣濟功成
천화지윤 기제공성

【해설】　　　봄의 丙火는 세력이 강하여 위엄이 있다. 양기가 대지
를 비추는 형상으로 눈과 서리를 무서워하지 않는다. 오로지 壬水칠살
을 써야 양기를 도울 수 있다. 그러면 하늘은 조화롭고 땅은 윤택해져서
수화기제(水火旣濟)의 공을 이루게 된다.

【원문】

正月用壬 庚辛爲佐 二月峕用壬水 三月土重晦光 取甲佐之
정월용임 경신위좌 이월단용임수 삼월토중회광 취갑좌지

爲妙
위묘

【해설】　　　인월병화(寅月丙火)는 壬水칠살을 쓰고 庚辛재성으로
보좌한다. 묘월병화(卯月丙火)는 오로지 壬水를 쓰고, 진월병화(辰月丙
火)는 土가 두터워서 丙火의 빛을 약하게 하므로 甲木편인으로 土를 헤
치고 丙火를 도우면 팔자의 짜임이 좋다.

【원문】

癸丙春生 不晴不雨之天 丙日春生 時月出癸 雲霧迷濛 不顯不
계 병 춘 생　불 청 불 우 지 천　병 일 춘 생　시 월 출 계　운 무 미 몽　불 현 부

達 非若壬水輔丙也
달　비 약 임 수 보 병 야

【해설】　　　　봄에 癸水와 丙火가 같이 있으면 맑지도 않고 비가 오
지도 않는 하늘이 된다. 丙火가 봄에 태어나고 시간과 월간에 癸水가 투
출한 경우 구름과 안개가 자욱하여 발전을 못 한다. 그러므로 壬水가 丙
火를 보좌하는 것만 못하다.

1 인월병화(寅月丙火)

주용신	壬	보조용신	庚

월에서 생록(生祿)을 얻어 火가 점차 강해지는 달에 있다. 壬水칠살로 火를 제
어하고, 庚金편재로 水를 만들어 보좌한다.

【원문】

正月丙火 三陽開泰 火氣漸炎 取壬爲尊 庚金佐之 壬庚兩透 科
정 월 병 화　삼 양 개 태　화 기 점 염　취 임 위 존　경 금 좌 지　임 경 량 투　과

甲定然 卽壬透庚藏 亦有異途顯達
갑 정 연　즉 임 투 경 장　역 유 이 도 현 달

【해설】 　　　　인월병화는 출생한 달에서 생(生)과 녹(祿)을 얻어 火
가 점차 강해지므로 壬水칠살로 火를 제어하는 것이 중요하다. 寅월은
水가 병궁(病宮)에 들어 약해지므로 庚金편재가 壬水칠살을 생하여 보
좌하여야 한다. 이와 같은 壬水와 庚金이 천간에 투출하면 자연히 벼슬
을 하게 된다. 壬水가 투출하고 庚金이 申에 숨어 있으면 寅申충으로 재
성과 인수가 충을 하여 기운이 맑지 못하므로 다른 방법으로 벼슬을 할
수 있다.

【원문】

若一庚高透　支藏一二丙火　納粟奏名　主爲人慷慨英雄　有才
약 일 경 고 투　지 장 일 이 병 화　납 속 주 명　주 위 인 강 개 영 웅　유 재

邁眾
매 중

【해설】 　　　　인월병화에 庚金편재가 투출하여 강하고 1~2개의 丙
火비견이 장간에 있으면, 강한 일간이 재성을 용신으로 삼으므로 재물
을 바쳐서 명예를 얻는다. 이 경우 庚金과 丙火가 모두 강건한 성정이므
로 명주의 성정이 강하여 영웅의 기개가 있고, 많은 사람을 다스리는 재
능이 있다.

【원문】

或一派庚辛混雜　常人　得時月兩透庚金　無辛者　定主清貴　或辛
혹 일 파 경 신 혼 잡　상 인　득 시 월 량 투 경 금　무 신 자　정 주 청 귀　혹 신

年辛時　名爲貪合　酒色之徒　女命一理
년 신 시　명 위 탐 합　주 색 지 도　여 명 일 리

【해설】　　인월병화에 한 무리의 庚辛재성이 뒤섞이면 재성혼잡(財星混雜)이 되어 평범한 사람이다. 그러나 시와 월에 庚金이 모두 투출하고 辛金이 없으면 맑고 귀하다.

시	일	월	연
辛	丙	庚	辛
卯	○	寅	○

위와 같이 辛년 辛시인 경우 丙火는 자신의 성정을 버리고 합을 탐하므로 주색을 즐기는 자가 된다. 여자도 마찬가지다.

【원문】

或丙少壬多 而無戊制 名殺重身輕 斯人笑裏藏刀 尋非痞棍 或
혹병소임다 이무무제 명살중신경 사인소리장도 심비비곤 혹

見一戊制壬 反成富貴 宜見一二比肩方妙
견일무제임 반성부귀 의견일이비견방묘

【해설】　　인월병화에 丙火는 적고 壬水칠살이 많으며 이를 제극하는 戊土식신이 없는 경우는 살중신경(殺重身輕)으로, 겉으로는 웃지만 속에는 칼을 감추고 있으며 난폭하다. 그러나 1개의 戊土식신이 壬水를 제극하는 경우에는 부귀를 이룬다. 이 경우 1~2개의 비견을 봐야 좋다.

【원문】

或一片戊土 甲不出干 終非大器 且恐孤貧 正月之丙 忌戊晦光
혹일편무토 갑불출간 종비대기 차공고빈 정월지병 기무회광

或支成火局 峼取壬水爲貴 無壬 癸亦姑用 若壬癸俱無 取戊以
혹지성화국 단취임수위귀 무임 계역고용 약임계구무 취무이

洩火氣 但屬平人
설화기 단속평인

252

【해설】　　　　인월병화에 戊土식신이 1개 있는 경우, 甲木편인이 투출하지 않으면 큰 인물이 아니며 외롭고 가난하다. 인월병화는 戊土식신 丙火의 기운을 설기하여 빛이 어두워지는 것을 꺼린다. 만약 지지 화국(火局)이면 오로지 壬水를 써야 귀격이 되고, 癸水도 사용할 수 있다. 壬癸관살이 없는 경우에는 강한 火를 설기하는 戊土를 쓸 수도 있지만 평범한 사람에 불과하다.

【원문】

或支成火局 又作炎上而推 但不逢時耳 若不見東南歲運 反致
혹지성화국 우작염상이추 단불봉시이 약불견동남세운 반치

孤貧
고빈

【해설】　　　　인월병화에 불을 설기하는 戊土도 없고 불을 극하는 壬癸水도 없으며 지지 화국(火局)이면, 불이 강해지므로 염상격(炎上格)으로 본다. 단, 불이 寅월을 만난 것은 巳午월을 만난 것과 같이 전왕(專旺)하지 않다. 아직 시기를 못 만난 것으로 세운이 동남(東南)을 만나지 못하면 오히려 고독하고 가난하다.

【원문】

或四柱有甲木 得庚金暗制 可作秀才
혹 사 주 유 갑 목 득 경 금 암 제 가 작 수 재

【해설】　　　　인월병화에 甲木편인이 있고, 庚金편재가 암암리에 甲
木을 제극하는 경우 공부하는 수재(秀才)[㉮]는 된다.

㉮ 중국에서는 매년 주(州)로 부터 수재와 효렴(孝廉)을 추천받아 우수한 사람을 관리로
　임명하였다.

【원문】

無壬用癸者 略富貴 且官殺亦要旺相有根 丙火無壬 多主貧賤
무 임 용 계 자 약 부 귀 차 관 살 역 요 왕 상 유 근 병 화 무 임 다 주 빈 천

屢徵屢驗
누 징 루 험

【해설】　　　　인월병화에 壬水칠살이 없어서 癸水정관을 쓰는 경우
약간의 부귀가 있다. 인월병화는 壬癸관살이 뿌리가 있고 왕상(旺相)하여
야 하며, 丙火에 壬水가 없으면 빈천하다는 것은 여러 번 경험한 것이다.

【원문】

或火多無水 一至水鄕必死 不然 定有災咎 惟五月丙火 合炎上
혹 화 다 무 수 일 지 수 향 필 사 불 연 정 유 재 구 유 오 월 병 화 합 염 상

格 則不喜水破格 用癸無根 定主目疾
격 즉 불 희 수 파 격 용 계 무 근 정 주 목 질

【해설】　　　　火가 많고 水가 없는데 水운에 이르면 水가 火를 발동시켜 불이 격해지고, 화극금(火剋金)으로 재성인 육신을 쳐서 죽거나 재앙이 있다. 오월병화가 염상격(炎上格)인 경우 水가 격을 파괴하는 것을 꺼리는 것도 같은 이치다. 癸水를 쓰는 경우 癸水의 뿌리가 없으면 눈 질병이 있다.

【원문】
用壬者 金妻水子 用庚者 土妻金子
용 임 자 금 처 수 자 용 경 자 토 처 금 자

【해설】　　　　인월병화에 壬水를 쓰면 金이 처이고 水가 자식이며, 庚金을 쓰는 경우는 土가 처이고 金이 자식이 된다.

【원문】
兩間不雜 按察
양 간 부 잡 안 찰

시	일	월	연 (乾命)
庚	丙	庚	丙
寅	午	寅	午

丁	丙	乙	甲	癸	壬	辛
酉	申	未	午	巳	辰	卯

【해설】　　　　庚金과 丙火 천간이 혼잡되지 않아 맑다. 월과 시에 투출한 庚金재성은 뿌리가 없고, 지지 寅午戌 火비겁국에 丙火비견이 투

출하여 염상격이다. 염상격이 寅월을 만나 때를 얻지 못하였지만 운이 동남으로 흘러서 좋다. 안찰(按察)^{주)} 벼슬을 하였다. 이 사주를 정격으로 보면 인월병화에 壬水가 투출하지 않아 상격이라고 볼 수 없다. 강한 火 비겁이 뿌리가 없는 庚金재성을 쟁재(爭財)하므로, 寅 중 戊土를 써서 식신생재(食神生財. p.113 참조)를 이루는 것이 정격의 용신법이다.

──────────────────
㊎ 안찰은 군현을 다스리며 풍속과 교육을 감독하고, 법 위반을 단속하던 벼슬이다.

【원문】

庚壬兩透 詞林
경 임 량 투 사 림

──────────────────

	시	일	월	연 (乾命)
	壬	丙	戊	庚
	辰	寅	寅	寅
乙	甲	癸	壬	辛	庚	己
酉	申	未	午	巳	辰	卯

【해설】　　　인월병화가 신왕하다. 火가 강해지는 寅월에 이를 제어하는 庚金과 壬水재관이 투출하고 戊土가 제살하여 팔자가 짜임새 있다. 사림(詞林) 벼슬을 하였다.

【원문】

壯元
장 원

시	일	월	연 (乾命)
丁	丙	庚	辛
酉	子	寅	亥

癸	甲	乙	丙	丁	戊	己
未	申	酉	戌	亥	子	丑

【해설】　　　　庚辛재성이 투출하고 정관이 일지에 있으며, 인해합목 (寅亥合木)으로 인수가 된다. 재관인(財官印) 삼기(三奇)가 온전하여 장원(壯元)을 하였다. 丁亥와 丙戌운이 좋다.

【원문】

假借斯文 先貧後富 但子息艱難
가 차 사 문 선 빈 후 부 단 자 식 간 난

시	일	월	연 (乾命)
戊	丙	壬	丁
戌	子	寅	酉

乙	丙	丁	戊	己	庚	辛
未	申	酉	戌	亥	子	丑

【해설】　　　월간 壬水칠살을 시간의 戊土식신이 제살하여 처음에
는 가난하지만 나중은 부유하다. 단, 戊戌식상이 자식을 뜻하는 관살을
심하게 치므로 자식을 두기 어렵다.

인월병화 해설

시　일　월　연(乾命)

壬　丙　庚　丙

辰　午　寅　辰

丁　丙　乙　甲　癸　壬　辛

酉　申　未　午　巳　辰　卯

인월병화에 지지가 寅午戌 화국(火局)으로 불기운이 강하므로 金水를
희용신으로 한다. 용신 원칙으로 보면 불을 꺼주는 壬水 용신이 투출하
고 壬水를 생조하는 庚金이 월간에 투출하여 귀격으로 생각할 수 있지
만, 庚金과 壬水의 상황을 자세히 보면 그렇지 않다.

庚金재성은 辰 中 戊土에 뿌리를 대고 있는 듯하나 앉은 자리인 寅木
이 절지(絶地)가 되고, 양옆으로 丙火가 있어서 화금상전(火金相戰)이
되므로 역할을 하기 힘들다.

壬水칠살은 수고(水庫)인 辰을 깔고 있지만 지지에 火土기운이 강하
고 연간의 丙火와 충을 하며, 이를 생조하는 庚金의 환경이 좋지 않아 강
한 火를 다스릴 여력이 없다. 용신 壬水가 이런 상황이면 운이 金水로 흘
러줘야 하는데 木火로 흘러 운의 흐름도 아름답지 못하다.

명주는 어려서 아버지를 잃고 재가한 어머니를 따라가서 살았으며,

어머니가 죽은 후 빈곤하였고 실명하여 거지로 지냈다.

　이 중 아버지와 인연이 없는 것을 궁성이론으로 살펴보자. 부친궁이
연간인데 연간에 丙火비견이 있어 궁이 파궁(破宮)되었고, 부친성은 재
성인데 庚金편재가 절지에 앉아 있고 화금상전이 되어 역할을 하기 힘
들다. 명주가 편재성으로 진입하면 일지가 공망이 되는 자공망(自空亡)
이 되어 진입을 할 수 없으므로 부친과 인연이 없다.

[사주 출처 『적천수(滴天髓)』]

```
시  일  월  연 (乾命)
丙  丙  戊  乙
申  午  寅  未

辛  壬  癸  甲  乙  丙  丁
未  申  酉  戌  亥  子  丑
```

　공직에 근무하다가 꽃뱀을 만나 불미한 사건이 있은 후 부부 불화로
양력 2006년 3월 50이 넘은 나이에 이혼을 하게 된 남성이다. 운세적인
이유를 살펴보자.

　인월병화가 木火가 강하므로 申 중 壬水를 용신으로 하는데, 壬水를
생조하는 申金이 주변의 丙火와 午火에 협공을 당해 자기 살기도 바빠
서 壬水를 생조할 여력이 없다. 즉 壬水 용신은 투출하지 않고, 庚金 희
신은 무력하다. 그나마 운의 흐름이 희용신인 金水로 흘러서 약간 위안
이 된다.

　이혼 시기는 癸酉운 丙戌년인데, 운의 癸水는 월간과 무계합화(戊癸
合火)를 하여 팔자의 기신인 火를 더욱 강하게 만들며, 한편으로는 火를

설기하면서 金을 생하는 戊土를 묶어 흉하다. 丙戌년은 火를 더욱 부채질하여 金재성을 녹이므로 부부 불화가 있게 된다.

　　궁성이론을 이용하여 처별과 처궁의 상황을 보면, 시지에 있는 처별 재성은 궁 자체로 보면 상관의 자리에 있어 생왕(生旺)하지만, 위와 옆이 모두 火비겁으로 화금상전이 되어 일간과 정을 쌓을 형편이 못 된다. 또한 처궁 일지는 비겁이 앉아 있어 파성(破星)이 되었다. 처별과 처궁의 상황이 안 좋고 운세에서 부부관계를 해치는 운이 오면서 이혼하였다.

② 묘월병화(卯月丙火)

> 주용신 壬　보조용신 己
>
> 양기가 점차 상승하는 시기로 오로지 壬水칠살을 사용한다. 己土상관은 壬水가 없는 경우에 사용하며, 己土를 쓰는 경우 화토상관(火土傷官)이 된다.

【원문】

二月丙火 陽氣舒升 耑用壬水 壬透天干 不見丁化 加以庚辛己
이 월 병 화 양 기 서 승 단 용 임 수 임 투 천 간 불 견 정 화 가 이 경 신 이

亦透 壬水有根 定主科甲 或無壬水 己土姑用 主有才學 雖不能
역 투 임 수 유 근 정 주 과 갑 혹 무 임 수 기 토 고 용 주 유 재 학 수 불 능

成名 必衣食充足
성 명 필 의 식 충 족

묘월병화는 양기가 점차 상승하므로 오직 壬水칠살을
사용한다. 壬水를 사용할 경우 천간에 丁火가 투출하여 壬水와 합이 되
면 壬水가 작용을 못 하므로 丁火가 없어야 하며, 庚辛재성이 천간에 투
출해서 壬水의 뿌리가 되어 관인상생(官印相生)이 되어야 귀하다. 만약
팔자에 壬水가 없어 己土상관을 사용하는 경우 화토상관(火土傷官)으로
丙火의 기운을 설기하므로 재주와 학식이 있으며, 壬水가 있는 것처럼
윤택하지 않으므로 명예를 얻지는 못해도 의식은 풍족하다.

【원문】

或一派壬水 見一戊制 雖不科甲 亦有恩庇 或無戊透 則有辰戌
혹 일 파 임 수 　견 일 무 제 　수 불 과 갑 　역 유 은 비 　혹 무 무 투 　즉 유 진 술

丑未之戊 但辰宮癸水 貪合成火 不能制壬 此平常衣祿 若支下
축 미 지 무 　단 진 궁 계 수 　탐 합 성 화 　불 능 제 임 　차 평 상 의 록 　약 지 하

全無一戊 此係奔流之人 加以金多生水 下賤之命
전 무 일 무 　차 계 분 류 지 인 　가 이 금 다 생 수 　하 천 지 명

【해설】 묘월병화에 한 무리의 壬水칠살이 있고 이를 제극하는
戊土식신이 있는 경우, 과거 급제는 못 해도 나라의 녹을 받으며 살 수
있다. 만약 戊土가 투출하지 않으면 辰戌丑未의 장간에 있는 戊土를 쓴
다. 단, 辰土를 쓰는 경우는 辰 중 戊土가 지장간 癸水와 戊癸합을 하여
壬水를 제극하지 못하므로 평범한 정도의 의식과 봉록이 있을 뿐이다.
지지에 戊土가 1개도 없는 경우에는 壬水칠살을 제극하지 않으므로 분
란을 일으키는 사람이며, 金이 많아서 水를 생하기까지 하면 칠살이 무
리를 지어 하천하다.

【원문】

或一派戊土 亦用壬水 運喜行木 見土不祥 行火亦不利

혹 일 파 무 토 역 용 임 수 운 희 행 목 견 토 불 상 행 화 역 불 리

【해설】　　　　묘월병화에 한 무리의 戊土식신이 있어 壬水를 사용하는 경우에 운이 木으로 향하면 좋지만, 火土로 흐르면 좋지 않다.

【원문】

或丙子日辛卯時 乃從化格 但不逢時 貪才壞印 難招祖業 若得

혹 병 자 일 신 묘 시 내 종 화 격 단 불 봉 시 탐 재 괴 인 난 초 조 업 약 득

一二重丁火破辛 壬水得位 亦主富貴 雖不科甲 亦有異途 名傳

일 이 중 정 화 파 신 임 수 득 위 역 주 부 귀 수 불 과 갑 역 유 이 도 명 전

郡邑 合此格 主妻妾多子

군 읍 합 차 격 주 처 첩 다 자

【해설】　　　　卯월 丙子일 辛卯시인 경우 합화격(合化格. p.95 참조)이 되지만, 때를 잘못 만나서[주] 辛金재성을 탐하여 탐재괴인(貪財壞印)이 되면 조상의 가업을 잇기 어렵다. 만약 1~2개의 丁火가 辛金을 극하고, 壬水가 자리를 얻으면 반드시 부귀하다. 비록 과거 급제는 못 하더라도 다른 방법으로 공명을 얻어 이름이 주변에 난다. 이 경우 처와 자식이 많다.

[주] 때를 잘못 만났다는 것은 월이 합화를 도와주는 水월이 아니기 때문이다.

【원문】

或月時見二辛卯 日乃丙子 名爲爭合 年不透丁制辛 此人昏迷
혹월시견이신묘　일내병자　명위쟁합　연불투정제신　차인혼미

酒色 年透丁火 反吉 或支成木局 反因奸得才 因酒得名
주색　연투정화　반길　혹지성목국　반인간득재　인주득명

【해설】　　　辛卯가 월과 시에 2개 있고 丙子일주이면 2개의 辛과 합을 하는 쟁합(爭合)이 된다. 만일 연(年)에 丁火가 투출하여 쟁합이 되는 辛金을 제극하지 않으면 주색에 빠지고, 연에 丁火가 투출하면 반대로 길하다. 지지 木인수국이면 간교함으로 재물을 얻고 주색으로 이름을 알린다.

【원문】

凡用壬者 金妻水子 用壬者 才爲妻 官煞爲子也
범용임자　금처수자　용임자　재위처　관살위자야

【해설】　　　묘월병화에 壬水칠살을 쓰는 경우 金재성은 처, 水관살은 자식이다.

【원문】

用申中庚壬 孝廉
용신중경임 효렴

```
      시  일  월   연 (乾命)

      己  丙  己   乙

      亥  申  卯   亥


   壬  癸  甲  乙  丙  丁  戊
   申  酉  戌  亥  子  丑  寅
```

【해설】   묘월병화가 신왕하다. 일지 申金 중에 재관인 庚金과
壬水가 있어 효렴(孝廉) 벼슬을 하였다.

【원문】

武擧 但子息惟難
무 거 단 자 식 유 난

```
      시  일  월   연 (乾命)

      己  丙  丁   己

      亥  申  卯   亥


   庚  辛  壬  癸  甲  乙  丙
   申  酉  戌  亥  子  丑  寅
```

【해설】   묘월병화에 필요한 庚金과 壬水가 장간에만 있어 크게
귀하지 않다. 무관 벼슬을 하였으나 자식이 없었다.

십간의 월별 주용신과 보조용신

시	일	월	연 (乾命)
辛	丙	癸	丁
卯	戌	卯	丑

丙	丁	戊	己	庚	辛	壬
申	酉	戌	亥	子	丑	寅

묘월병화는 양기가 상승하므로, 壬水칠살이나 己土상관을 사용하여 양기를 설기하는 것이 원칙이다. 따라서 월간 癸水를 용신으로 한다. 그러나 일간의 입장에서 보면 무력한 癸水의 제극을 받는 것보다는 丙辛합에 마음이 쏠린다.

월간 癸水는 사궁(死宮)인 卯에 있어 무력하고, 연간과 수화상충(水火相沖)이 되어 丙辛합에 뜻이 있는 명주를 제극하기 힘들다. 지지에 卯戌火가 이루어져 더욱더 용신이 무력하다. 즉, 용신을 배척하고 합으로 향하여 스스로 기반(羈絆)이 된다.

이처럼 합으로 인한 탐재괴인과 용신 무력의 영향으로 어려서부터 총명하였으나 주색으로 망가져서 평생 한 가지도 이룬 것이 없다.[사주 출처 『적천수(適天髓)』]

```
시  일  월  연 (乾命)
辛  丙  乙  戊
卯  子  卯  申


壬  辛  庚  己  戊  丁  丙
戌  酉  申  未  午  巳  辰
```

묘월병화에 乙木정인이 투출하여 신왕하다. 팔자의 균형을 잡으려면 壬水칠살로 제극하거나, 己土상관으로 설기하여야 한다. 또는 金재성을 이용하여 팔자를 왕성하게 하는 인수를 조절할 수도 있다. 壬水가 투출한 것이 없으므로 차선으로 戊土식신으로 설기하고, 戊土가 생하는 申 中 庚金편재를 용신으로 한다. 용신이 연지에 있어 일간과 무정하고, 일간은 멀리 있는 庚金편재보다 가까이 있는 辛金정재와 합하기가 더 쉽다. 여기에 丙子일 辛卯시인 경우 일간은 합을 하고, 지지는 형을 하는 이른바 음란함이 많은 황음수랑(荒淫漾浪)의 형세가 되어 탐재괴인(貪財壞印)이 된다. 부부관계에 좋지 않은 영향을 주는 요소이다.

이 남성은 戊午운에 이혼을 하고, 2004년 甲申년부터 이혼녀와 동거를 하고 있다. 팔자에서 부부관계에 좋지 않은 영향을 주는 요소들을 몇 가지 더 살펴보자.

① 재성혼잡(財星混雜)이고, 재성이 파성(破星)이 되었다. 연지의 재성은 卯 中 乙木과 기반이 되어 발이 묶이고, 정인궁에 편재가 자리하고 있어 궁과 상극이 된다. 또한, 시간궁이 편인궁인데 여기에 정재 辛金이 있으므로 이 글자도 마찬가지로 파성이 되었다.

② 처궁인 일지가 子卯형으로 깨지고 요동쳐서 불안하다.

③ 처궁과 관살이 모두 공망의 영향으로 역할을 하기 힘들다. 심리 흐름

265

3
십간의 월별 주용신과 보조용신

으로 볼 때 일간은 먼저 일지로 진입을 하고, 일지에 앉아 있는 육친궁으로 2차 도입을 한다.

즉, 일지 관살로 진입 후 월지 관살궁으로 재차 도입을 하는데, 乙卯로 도입해서 乙卯 기준으로 보면 일지가 공망이 된다. 이렇게 자공망(自空亡)이 되면 일간이 관살로 도입을 할 수 없으므로 관살이 이끄는 명예, 인내, 헌신의 속성과 거리가 멀게 된다. 또한 처궁과도 인연이 없게 된다.

묘월병화
상담사례

합이 많아서 발이 묶인 팔자

남편이 술만 취하면 '자식 팔아 사는 년'이라고 욕을 했다고 한다. 젊은 시절 딸과 함께 길을 가다가 음주운전하던 차가 보도로 올라와서 딸이 치어 죽었고, 이 때 나온 보상금으로 부부가 장사를 하다 망한 후부터 남편이 술만 취하면 욕을 하기 시작했다는 것이다. 남편의 닦달을 견디지 못하고 40세에 가출하여 한 살 차이가 나는 언니집에 피신하였고, 얼마 안 돼 남자를 사귀기 시작하여 만나는 남자마다 모두 실패하였다.

1946년생으로 환갑이 넘었으며, 지금은 무도장을 열심히 다니고 있다. 그런데 최근에 팔자를 고쳐보려고 개명을 한 것이 문제가 되었다. 맞춤법이 틀리고 띄어쓰기도 안 맞는 구구절절한 사연을 담은 서툰 메일을 보내왔으며, 나중에 방문 상담을 하였다.

```
시  일  월  연(坤命)
辛  丙  辛  丙
卯  戌  卯  戌

甲  乙  丙  丁  戊  己  庚
申  酉  戌  亥  子  丑  寅
```

丙火일간의 지지에 卯木이 2개 있고, 戌 中 丁火에 뿌리가 있으므로 신왕하다. 卯월에 火가 점차 강해지므로 壬水칠살을 찾는데 물이 한 방울도 없다. 남편인 물이 한 방울도 없으니 순수한 무관사주(無官四柱)이다. 병신합수(丙辛合水)로 팔자에서 남편의 기운이 만들어지는 시늉을 하기는 하지만, 이를 담아줄 물그릇이 없어 시늉으로만 그친다. 팔자에 합이 많은 것이 특징인데, 천간은 병신합수하고 지지는 묘술합화(卯戌合火)하여 팔자 전체가 합을 이뤘다. 이 중 묘술합화는 팔자의 왕성함을 돕는 나쁜 역할을 하며, 병신합수는 팔자에 水의 바탕이 없어 화(化)는 못 하고 단지 합(合)만 하고 있는 상태다. 이와 같이 합이 많으나 팔자에 도움을 못 주는 상황을 과어유정(過於有情)이라고 한다.

운세 흐름을 보면 己丑과 戊土운은 무관사주 팔자에 절대적으로 필요한 물기를 막아 흉하고, 子운에 들어 관성이 1개 들어오지만 위에 흙 삿갓이 개두(蓋頭)하여 방해하므로 온전히 길하지 않으며, 丁亥운 또한 불 양산이 가려서 온전치 못하다. 단지 53세 이후의 얇은 물그릇에 기대를 걸 수 있을 뿐이다. 굳이 팔자의 등급을 구분하자면 버린 사주인 하급 팔자이다. 이런 버린 팔자의 주인공이 개명하여 나름대로 운길을 열어보려고 하였는데, 누군가가 개명을 잘못해서 이를 해결하고 개운을 하는 데 수백만 원의 방책 비용이 필요하다며 요구하였다고 한다. 역학인이 상담을 잘못하면 바로 지적 공갈배, 지적 사기꾼이 된다. 수백만 원의 방책 비용을 요구한 그 누군가가 역학인이 아니길 바랄 뿐이다.

③ 진월병화(辰月丙火)

【원문】

三月丙火 氣漸炎升 用壬水 或成土局 取甲木爲輔 壬不可離 壬
삼월병화 기점염승 용임수 혹성토국 취갑목위보 임불가리 임

甲兩透 科甲定宜 惟忌庚出制甲 則秀才而已 無甲用庚 助壬水
갑량투 과갑정의 유기경출제갑 즉수재이이 무갑용경 조임수

洩土氣
설토기

【해설】　　　　진월병화는 열기가 강해지므로 壬水칠살을 사용한다. 만약 지지가 土식상국이면 甲木편인을 사용하여 土를 제어하지만, 壬水가 없으면 甲木이 역할을 할 수 없으므로 壬水가 필요하다. 壬水와 甲木이 투출한 경우 과거 급제한다. 단, 이 경우에 庚金이 있어서 甲木을 극하면 흉하며, 재주가 뛰어난 것에 그친다. 팔자에 甲木이 없는 경우에는 차선으로 庚金편재를 써서 壬水를 돕고 土를 설기시킨다.

【원문】

壬透甲藏 富大貴小 有甲無壬 勞碌濁富 壬藏無甲 一介寒儒 壬
임투갑장 부대귀소 유갑무임 노록탁부 임장무갑 일개한유 임

甲兩無 愚賤之輩 乙丁雜亂 定必屬凡夫
갑량무 우천지배 을정잡란 정필속범부

【해설】　　　　진월병화에 壬水칠살이 투출하고 甲木편인이 장간에
만 있는 경우 부자이지만 귀함이 작고, 壬水는 없고 甲木이 있는 경우는
고생이 많고 인덕이 적은 부자이며, 壬水가 장간에 있고 甲木이 없는 경
우는 가난한 선비다. 壬水와 甲木이 모두 없으면 어리석고 천하다. 庚金
과 壬水를 쓸 때 乙木과 丁火가 뒤섞여 합으로 혼잡하면 평범하다.

【원문】

用壬者 金妻水子 用甲者 水妻木子
용임자 금처수자 용갑자 수처목자

【해설】　　　　진월병화에 壬水칠살을 쓰는 경우 金이 처이고 水가
자식이며, 甲木편인을 쓸 때는 水가 처이고 木이 자식이다.

【원문】

壬出天干 太守
임출천간 태수

시 일 월 연 (乾命)

壬 丙 丙 癸

辰 午 辰 丑

己 庚 辛 壬 癸 甲 乙

酉 戌 亥 子 丑 寅 卯

【해설】　　　진월병화에 필요한 壬水칠살이 투출하여 태수(太守)
벼슬을 하였다. 辰과 午 사이에 건록(建祿)인 巳가 끼어 있고, 일간은 午
火양인(羊刃)의 자리에 있다. '신강살천 가살위권(身强殺淺 假殺爲權)'
이다. 즉 신왕한 사주에 칠살이 강한 경우 칠살인 壬水가 권한이 있으면
좋다는 의미로 태수(太守) 벼슬을 하였다. 壬水가 약하지만 亥子丑 水운
에 힘을 얻어 발전한다.

【원문】

明經
명 경

시 일 월 연 (乾命)

癸 丙 壬 辛

巳 戌 辰 卯

乙 丙 丁 戊 己 庚 辛

酉 戌 亥 子 丑 寅 卯

【해설】　　　　명경(明經) 벼슬을 하였다. 뿌리 없는 壬水관살이 천간에 있고, 土식상이 강하여 신약하므로 木火인비가 희용신이다. 丁亥와 丙戌운에 발전한다.

진월병화 해설

시 　 일 　 월 　 연 (乾命)

丙 　 丙 　 甲 　 壬

申 　 寅 　 辰 　 申

辛 　 庚 　 己 　 戊 　 丁 　 丙 　 乙
亥 　 戌 　 酉 　 申 　 未 　 午 　 巳

　　진월병화에는 壬水와 甲木이 반드시 필요한데, 이는 壬水로 조후하고 甲木으로 소토(疏土)하기 위해서다. 사주를 보면 壬水연간은 申金의 생조를 받고, 甲木월간은 일지 寅木의 생조를 받고 있는 상황으로, 壬水와 甲木이 투출하여 귀하게 될 터전이 마련되어 있다. 흠이라면 申金이 일지 寅木을 쌍충(雙沖)하여 투출한 甲木의 뿌리를 흔든다. 그러므로 申金이 이 사주의 기신이 된다.

　　乙巳와 丙午운은 기신인 申金을 화극금(火剋金)하는 운이므로 아무 문제 없이 재물을 늘리고 벼슬도 하였다. 이어지는 丁未운은 기신인 申金을 흡수하여 생목으로 통관(通關)시키는 壬水를 丁壬합으로 기반하고, 지지 未土는 기신을 생조하여 흉하다. 시험에 세 차례 낙방을 하였다. 戊申운은 壬水의 통관작용을 막고, 원명에서 쌍충으로 약해진 寅木 일지를 쳐서 길거리에서 죽었다.[사주 출처 『적천수(適天髓)』]

시	일	월	연 (坤命)
己	丙	戊	己
丑	申	辰	丑

乙	甲	癸	壬	辛	庚	己
亥	戌	酉	申	未	午	巳

팔자에 土기운이 가득하고 丙火가 의지할 곳이 없어 土식상에 종하게 되므로 종아격(從兒格)이 된다. 묘한 것은 일지인 재성궁에 조왕(助旺)한 재성이 있어 아우생아격(兒又生兒格)^{주)}의 형세가 된다는 것이다. 아우생아일 경우 운의 흐름이 재성으로 흐르는 것이 가장 좋은데, 운도 어려서부터 식상과 재성인 土金운이 이어져서 나무랄 데 없는 흐름이다.

1973년(辛未운, 癸丑년)에 결혼하여 1975년과 1978년에 각각 딸과 아들을 낳았다. 남편은 높은 보직에 있는 대학교수이며, 자식들도 모두 성공하여 다른 사람들이 부러워하는 여성이다. 만약 이 여성을 아우생아하는 종아로 보지 않고, 예리한 상관의 칼을 맘대로 휘두르며 살고 드러난 명관(明官)이 없는 관살혼잡(官殺混雜)의 팔자로 본다면 엉뚱한 통변을 하게 된다.

㈜ **아우생아격** 일간의 자식인 식상이 그 자식인 재성을 낳는 격이다. 일간의 의지처인 인비(印比)가 없고, 식상과 재성이 사주의 대부분을 차지하는 경우에 이루어진다. 재성이 있는 종아격(從兒格), 식상이 있는 종재격(從財格)과 구조가 같고, 식상생재(食傷生財)의 형세와 같지만 이것들보다 더 길하다는 의미로 사용된다.

삼하병화(三夏丙火)

【원문】

三夏丙火 陽威性烈 專用壬水 若亥宮壬水無力 回剋洩氣故也
삼하병화 양위성렬 전용임수 약해궁임수무력 회극설기고야

仍用申宮長生之水 方云富貴
잉용신궁장생지수 방운부귀

【해설】　　　삼하병화는 열기가 매우 강하므로 오로지 壬水칠살만 사용한다. 그런데 亥宮에 있는 壬水는 힘이 없고, 巳 중 戊土가 壬水를 극하므로 힘이 떨어진다. 申궁에 있는 장생(長生)의 壬水를 사용할 경우에는 申 중 庚金이 생수(生水)를 하므로 비로소 부귀하다고 할 수 있다.

【원문】

四月尙用壬水 金爲佐 五月亦尙用壬 四五月壬透者富貴 丁多
사월단용임수 금위좌 오월역단용임 사오월임투자부귀 정다

兼看癸水 六月用壬 但借庚金爲佐
겸간계수 육월용임 단차경금위좌

【해설】　　　사월병화(巳月丙火)는 오직 壬水칠살만 사용하고 金 재성으로 보좌하며, 오월병화(午月丙火) 역시 오로지 壬水만 사용한다. 따라서 巳午월 丙火에 壬水가 투출하면 부귀하며, 丁火가 많으면 壬水 와 함께 癸水를 쓸 수 있다. 미월병화(未月丙火)도 壬水를 사용하고 庚 金으로 보좌한다.

陽刃合殺 威權萬里 丁火羊刃太旺 正謂羊刃倒戈 無頭之鬼 丙
양인합살 위권만리 정화양인태왕 정위양인도과 무두지귀 병

火用壬 生旺坐實方好 忌壬水太多 名殺重身輕
화용임 생왕좌실방호 기임수태다 명살중신경

【해설】　　　　丙火의 양인(陽刃)은 午火이다. 午 중 丁火가 투출하여 壬水칠살과 합하는 양인합살(陽刃合殺)인 경우 위엄과 권세를 떨치게 된다. 丁火양인이 태왕(太旺)한 경우 양인의 살기를 해결하지 못하며, 양인의 살기가 명주의 힘이 되는 것이 아니라 왕성함이 지나쳐서 오히려 칼날을 거꾸로 명주에게 돌리는 것과 같다. 丙火가 壬水칠살을 쓰는 경우 壬水가 생왕의 자리에 있어 강건한 것은 좋지만, 壬水가 너무 강하면 칠살은 강하고 일간은 약한 살중신경(殺重身輕)이 되므로 좋지 않다.

4 사월병화(巳月丙火)

주용신 壬　보조용신 庚癸

화염이 강하므로 壬水칠살을 사용해서 火를 다스려 수화기제(水火旣濟)를 이루고, 庚金편재로 물의 근원을 얻는다. 癸水정관은 壬水가 없는 경우에 쓴다.

【원문】

四月丙火 建祿於巳 火勢炎炎 宜專用壬水 解炎威之力 成旣濟
사월병화 건록어사 화세염염 의전용임수 해염위지력 성기제

之功 如無壬水 孤陽失輔 難透淸光 得庚發水源 方爲有根之水
지공 여무임수 고양실보 난투청광 득경발수원 방위유근지수

壬庚兩透 不見戊土 號曰湖水汪洋 廣映太陽 光輝顯著 文明之
임 경 량 투　불 견 무 토　호 왈 호 수 왕 양　광 영 태 양　광 휘 현 저　문 명 지

象 人合此格 不但科甲崢嶸 必有恩誼封榮 若不驗 必暗損陰德
상　인 합 차 격　부 단 과 갑 쟁 영　필 유 은 익 봉 영　약 불 험　필 암 손 음 덕

【해설】　　　사월병화는 건록(建祿)의 달에 있어 화염이 강하므로
水가 극하는 것을 두려워하지 않는다. 오로지 壬水칠살을 사용해 火를
다스려야 수화기제를 이룰 수 있으며, 만약 壬水가 없으면 丙火 홀로 맑
은 빛을 낼 수 없다. 壬水는 巳월이 절지(絶地)이므로 庚金편재를 봐야
물의 근원을 얻는다. 그러므로 壬水와 庚金이 투출하고 戊土식신이 없
으면 넓은 호수가 되고, 여기에 巳월 丙火의 태양빛이 널리 퍼지면 호수
가 햇빛을 받아 밝게 빛나는 상이 되어 큰 벼슬과 영화를 본다. 만약 그
렇지 않으면 음덕(陰德)의 숨은 방해가 있는 것이다.

275

【원문】

或無壬水 癸亦姑用 見庚透癸 不富必貴 但心性乖僻 巧謀善辯
혹 무 임 수　계 역 고 용　견 경 투 계　불 부 필 귀　단 심 성 괴 벽　교 모 선 변

或壬癸俱無 愚頑之輩 火炎無制 僧道之流 不然 須防夭折
혹 임 계 구 무　우 완 지 배　화 염 무 제　승 도 지 류　불 연　수 방 요 절

【해설】　　　사월병화에 壬水칠살이 없으면 癸水정관이라도 사용
한다. 庚金이 있고 癸水가 투출한 경우 부자는 아니지만 반드시 귀하게
된다. 그러나 양수(陽水)를 쓰는 것보다는 격이 떨어져서 성격이 좋지
않고 교묘하게 계략을 꾸미는 언변이 있다. 만약 壬癸水가 모두 없으면
우둔하고 완고한 자이며, 丙火의 화염이 제극되지 않으면 승도(僧道)가
된다. 승도가 안 되면 요절한다.

【원문】

或一派庚金 不見比劫 有富無貴
혹일파경금 불견비겁 유부무귀

【해설】　　　사월병화에 한 무리의 庚金편재가 있고 비겁이 없으
면 신왕하면서 재성도 강하므로 부자이지만, 水가 없으므로 귀하지는
않다.

【원문】

或丙午日干 四柱多壬 不見戊制 名曰陰刑殺重 光棍之流 或支
혹병오일간 사주다임 불견무제 명왈음형살중 광곤지류 혹지

水局 加之重重壬透 一無制伏 盜賊之命 如見己土 下賤鄙夫 用
수국 가지중중임투 일무제복 도적지명 여견기토 하천비부 용

壬者 金妻水子
임자 금처수자

【해설】　　　巳월의 丙午일주가 팔자에 壬水칠살이 많은데 戊土식
신이 제극하지 않으면 음형살중(陰刑殺重)이라 하여 불량배다. 만약 지
지 水관살국에 壬水가 투출하고, 이를 제극하는 土식상이 하나도 없으
면 도적이다.

　戊土식신이 壬水를 제극하지만 己土상관을 보는 경우는 오히려 丙火
를 흐리게 하므로 하천하고 어리석은 사람이다. 壬水를 용신으로 하는
경우 金이 처이고 水가 자식이 된다.

庚運鄕魁
경 운 향 괴

시　일　월　연 (乾命)

戊　丙　乙　丁

子　子　巳　巳

戊　己　庚　辛　壬　癸　甲

戌　亥　子　丑　寅　卯　辰

【해설】　　　사월병화가 신왕하다. 일지와 시지에 있는 子 중 癸水를 용신으로 하지만, 투출한 戊土를 달래면서 용신을 돕는 金재성이 없으므로 크게 귀하지는 않다. 팔자에서 압박을 받고 있는 관살을 돕는 庚子운에 향시에서 1등하였다.

【원문】

炎上格 火臨巳午未地域 官至太尉
염 상 격　화 림 사 오 미 지 역　관 지 태 위

시	일	월	연 (乾命)
甲	丙	辛	乙
午	午	巳	未

甲	乙	丙	丁	戊	己	庚
戌	亥	子	丑	寅	卯	辰

【해설】　　　　사월병화가 巳午未 화국(火局)을 깔고 있어 염상격(炎上格)이다. 희용신인 木火운에 태위(太尉)^{주)} 벼슬을 하였다.

㊦ 태위는 최고의 무관 또는 원로대신에게 주는 명예직이다.

【원문】

申宮壬水 解丙火之炎 申運會元
신 궁 임 수　해 병 화 지 염　신 운 회 원

시	일	월	연 (乾命)
丙	丙	辛	庚
申	寅	巳	子

戊	丁	丙	乙	甲	癸	壬
子	亥	戌	酉	申	未	午

【해설】　　申金의 장간에 장생(長生)이 되는 壬水가 있어 사월병화의 불기를 수극화(水剋火)로 해결해준다. 申金운에 회원(會元) 벼슬을 하였다.

사월병화 해설

시	일	월	연 (乾命)
丁	丙	癸	辛
酉	子	巳	丑

丙	丁	戊	己	庚	辛	壬
戌	亥	子	丑	寅	卯	辰

　丙火가 건록(建祿)의 달인 巳월을 만나 왕성해 보이지만, ① 丙火를 생조하는 木인수가 팔자에 전혀 없고, ② 지지 巳酉丑으로 재성이 무리를 이룬 가운데 연간에 辛金재성이 투출하였으며, ③ 재성의 생조를 받으며 일지 子水에 뿌리를 둔 癸水관살이 丙火일간을 치므로 丙火가 매우 약하다. 즉, 재다신약(財多身弱)에 관살이 왕하므로 木火인비(印比)가 희용신이다. 1개 있는 丁火가 일간에게 도움이 된다고 하지만, 앉은 자리와 화금상전(火金相戰)이 되고 丁癸충이 되어 역할을 하기 힘들다.

　어린 시기인 壬辰운의 辛亥년은 어떨까? 壬운은 일간을 丙壬충하는 한편 일간의 의지처인 丁火를 합으로 묶어버리고, 亥년은 일간의 건록의 자리인 월지를 巳亥충한다. 이 해에 배가 불러지는 병으로 사망하였다.[사주 출처 『적천수(適天髓)』]

시	일	월	연 (坤命)
癸	丙	乙	壬
巳	寅	巳	寅

戊	己	庚	辛	壬	癸	甲
戌	亥	子	丑	寅	卯	辰

　　이 사주를 종왕격(從旺格. p.139 참조)으로 볼 수도 있고, 신왕사주로 볼 수도 있다. 종왕격으로 보는 경우는 강한 木火기운을 다스려주는 壬癸水의 역할이 없다고 본 것인데, 巳 중 庚金의 생을 받는 壬水가 연간에 투출해 있어 신왕사주로 보는 것이 맞다.

　　팔자에 화염이 강해서 문제인데, 운이 초년부터 金水로 흘러 아름답다. 부부관계를 보면 관살혼잡(官殺混雜)이 되어 흉하다고 할 수 있지만 ① 시의 癸水정관이 제극되어 거관유살(去官留殺)이 되고, ② 신왕에 관살혼잡은 문제가 되지 않으며, ③ 연간의 壬水칠살은 궁을 얻어 생왕하고, ④ 운의 흐름도 관살을 생조하는 흐름으로 흘러서 문제될 게 없다.

실제, 결혼 후 2007년 현재까지 주변에서 부러워할 정도로 부부가 화목하게 지내고 있으며, 재물도 매우 풍족한 주부이다.

참고로 시중에 떠도는 인연법으로 부부관계를 살펴보자. 남편의 사주는 다음과 같다.

시	일	월	연
丙	癸	戊	丁
辰	酉	申	酉

남편의 입장에서 볼 때 시지에 자고(自庫)인 辰이 있으므로 이를 충하여 열어주는 戌년생이 인연이 있다. 즉 자고(自庫), 재고(財庫), 관고(官庫)를 개고(開庫)하는 띠, 다시 말해서 충하는 띠가 인연이 있다고 본다.

다음으로 壬寅생인 부인의 입장에서는 어떤 띠가 인연이 있는지 인연법에서 적용할 수 있는 몇 가지를 들어 살펴본다. ① '주중이자 합충배(柱中二字 合沖配)'라 하였으니 巳에 합하는 申년생과 인연이 있고, ② 곤명에 관살이 약한 경우 관살 건록지와 인연이 있으며 '배성무근 배록연(配星無根 配祿緣)'이라 하였으니 관살 壬癸의 건록지가 되는 돼지와 쥐띠의 亥子생과 인연이 있으며, ③ 丙일생 여자는 癸巳亥와 인연이 있다 하였으니 癸卯년생이나 巳亥년생과 인연이 있다. 이런 기준으로 볼 때 공통으로 적용이 되는 亥년생과 인연이 있다고 할 수 있다.

그러나 부인의 입장에서 볼 때 인연이 안 되는 酉년생을 만나서 결혼하여 부부관계가 어떠할지를 추론하기 전에, 위와 같이 인연이 되는 띠를 정하는 것 자체가 문제가 될 수 있다. 일반적으로 알려진 인연법이 15가지가 되는데, 과연 이 방법 중 어느 것이 가장 중요하고 어느 것이 참조 요소가 되는지 분명한 기준이 없기 때문이다.

또한 어떤 분은 인연법 중 여자 팔자에 정관과 칠살이 혼잡되어 투출되면 칠살을 합으로 묶어버리거나 칠살을 치는 칠살의 칠살을 인연으로 한다 하였으니, 부인의 칠살 癸水를 충하는 丁酉생이 인연이 아닐까라고 질문을 할 수도 있다. 그러나 이 시각도 수많은 여러 종류의 인연법을 억지로 꿰어 맞춘 느낌이 있다.

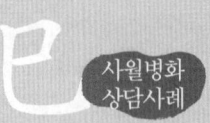

巳月丙火

운명은 남편, 숙명은 애인

"운명은 뭐고, 숙명은 뭔가요?" 아침 댓바람에 전화로 약속한 두 분이 약속한 정오가 한참 지나서야 상담실에 들어서서 제일 먼저 꺼낸 말이다. 그러자 같이 오신 나이 지긋한 분이 자리에 앉으며 운명은 남편이고, 숙명은 애인 같은 거라고 답을 하였다. 보이는 것은 운명이고, 숨겨진 것은 숙명이니 이를 남편과 애인으로 비교해도 될 법하다. 그러나 공통점이 있다. 운명과 숙명에 대한 국어사전의 해석을 떠나 두 가지 모두 거역할 수 없다는 점이다. 다음은 나이가 좀 더 있어 보이는 분의 사주이다.

시	일	월	연(坤命)
甲	丙	癸	丙
午	戌	巳	申

丙	丁	戊	己	庚	辛	壬
戌	亥	子	丑	寅	卯	辰

여자 팔자로는 아주 안 좋은 팔자다. 사주 모양이 완전히 어그러진 상태다. 사주에서 가장 중요시하는 것이 중화로 팔자의 물, 나무, 불, 흙, 쇠, 물의 기운이 골고루 있어 균형을 이룬 사주를 중화를 이루었다고 한다. 그런데 이 사주는 우선 불기운이 너무 왕성한 것이 흠이다. 나무와 불은 한 편이고, 일(日) 밑에 있는 흙도 조토(燥土)로 불기운이 있는 흙으로 한 편이다. 결국 활활 타오르는 불덩어리 사주로, 중화나 균형은 물 건너간 상황이다.

문제가 있으면 해답이 있고, 병이 있으면 약이 있는 법이다. 팔자의 병을 치료하는 성분을 전문용어로 용신이라고 한다. 이 사주는 불기운이 너무 강하므로 어디서 시원한 소나기라도 와야 한다. 마침 월에 물을 뜻하는 글자가 있으므로 이것을 약으로 쓴다. 그런데 약도 힘이 있어야 병을 치료한다. 물 입장에서 보면 주변이 온통 불이어서 약효를 발휘하지 못하며, 물이 불로 인해 수증기가 되어 스멀스멀 없어지는 형상이다.

남편분이라도 기운이 있어야 하는데, 팔자에 있는 남편이란 물방울은 피식 날아가 버릴 상황으로 견디기 힘들다. 설상가상으로 대운에서 36세부터 물길을 막는 기운이 와서 보통사람이라면 십중팔구는 이혼을 해야 정상이다. 역시 1997년에 남편이 바람이 났고, 1998년에 이혼수속을 밟았다고 씁쓸한 표정으로 확인해주었다. 남편이 바람을 피운 게 아니고 본인이 밀어낸 것으로 믿어지지만 너무 몰아가는 것 같아 이 말은 하지 못했다. 팔자에서 힘이 없는 남편이 대운의 기운에 또 당하니 견딜 수 없었을 것이다. 이별도 인간의 의지로 어쩔 수 없는 운명이고, 이혼도 운명이다.

평생의 흐름을 헤아려 "그래도 큰 흐름으로 보면 앞으로 8년간은 다시 남자 기운이 발동하므로 재혼을 생각해볼 수도 있겠습니다." 라고 말을 건네자, 눈을 반짝이며 올해도 그런 기운이 있는지 물었다. 올해 운기를 작괘하여 살펴보니, 동즉수니 천무야광 좌우무로 납리하주(動則溱泥 天無夜光 左右無路 納履何注)의 운세다. 즉, 움직이면 진흙에 빠져버리고, 하늘에는 달빛과 별빛이 없어 사방에 길이 없으므로 올해는 남자 기운이 없다.

참고로 상담을 청한 명주가 이혼하여 혼자 살고 있는 운기적인 이유를 살펴본다.

① 사월병화가 신왕한데 壬水가 투출하지 않아 열기를 식혀줄 수 없다. 용신으로 쓸 壬水가 없으므로 차선으로 癸水를 쓸 수 있는데, 수원(水源)이 되는 장간의 庚金이 丙庚충으로 암충(暗沖)이 되어 癸水가 고립무원의 상태다. 즉, 희용신이 모두 무력하다.

② 희신을 남편으로 보더라도 희신이 무력하여 남편이 불미(不美)하다.

③ 癸水정관이 월지인 식신궁에 있어 파성(破星)이 되었다.

④ 丙戌은 괴강(魁罡)에 백호살(白虎殺)이 되며, 원진(怨嗔)과 귀문관살(鬼門關殺)이 월지와 일지에 있다.

⑤ 실제로 남편이 己丑운인 1997년 丁丑년부터 바람이 나서 역시 己丑운인 1998년 戊寅년 3월 28일에 이혼서류에 도장을 찍었는데, 1997년은 火土에 기운이 모여 남편을 강하게 밀어내는 상관 기운이 강하다.

⑤ 오월병화(午月丙火)

주용신 壬 보조용신 庚

월령이 양인(羊刃)으로 매우 뜨겁다. 壬水칠살로 열기를 식히고, 庚金편재로
水의 원천을 삼는다.

【원문】

五月丙火愈炎 得壬庚高透 方爲上命 或一壬無庚 亦主貢監 猶
오월병화유염 득임경고투 방위상명 혹일임무경 역주공감 유

防戊己出干 丁壬化合 則爲平人 即不透庚壬 或有申宮長生之
방무기출간 정임화합 즉위평인 즉불투경임 혹유신궁장생지

水 濟之 坐祿之金 至妙 必入詞林 又怕戊己雜亂 則爲異路
수 제지 좌록지금 지묘 필입사림 우파무기잡란 즉위이로

【해설】　　　　오월병화는 월령이 양인(羊刃)으로 매우 뜨거우므로
壬水와 庚金이 투출해야 좋다. 만약 壬水칠살은 있는데 庚金편재가 없
으면 재물로 벼슬을 구한다. 또 戊己식상이 천간에 투출하여 壬水를 방
해하거나, 丁壬합으로 壬水를 합거(合去)하면 평범한 사람이다. 庚金과
壬水가 투출하지 않아도 水의 장생처(長生處)인 申金이 있고 이를 돕는
金이 녹지(祿地)에 있으면, 金水가 상생하여 한다. 그러나 이 경우에도
戊己가 방해하면 과거가 아닌 다른 방법으로 벼슬을 하는 정도이다.

【원문】

或成火局 不見滴水者 乃僧道鰥獨之命 即有一二癸水 多遇火
혹성화국 불견적수자 내승도환독지명 즉유일이계수 다우화

土 用之無力 瞽目之人 得戊己透洩火氣 亦主刑剋孤寡 行北運
토 용지무력 고목지인 득무기투설화기 역주형극고과 행북운

多凶 何也 所謂燥烈水激反凶
다흉 하야 소위조렬수격반흉

【해설】 　　　오월병화가 지지 火비겁국을 이루고, 이를 다스리는 물을 보지 못하면 승도나 홀아비 팔자이다. 만약 팔자에 1~2개의 癸水정관이 있어도 庚金이 없고 강한 火土를 만나는 경우에는 癸水가 힘을 쓸 수 없으므로 장님이다. 戊己식상이 투출하여 火를 설기해도 형극(刑剋)이 되어 홀아비나 과부이다. 火土가 강하면 운이 북방 수국(水局)으로 가도 흉한 일이 많은데, 이는 상관상진(傷官傷盡)인 경우 水가 강한 火를 극하여 왕자노발(旺者怒發)이 되기 때문에 오히려 흉한 것이다.

【원문】
或成炎上格 柱運不見庚辛 多見甲乙者 反主大富貴 然亦不可
혹성염상격 주운불견경신 다견갑을자 반주대부귀 연역불가

見水運
견수운

【해설】 　　　오월병화가 염상격(炎上格)이 되는 경우 팔자나 운에서 庚辛재성을 보지 않아야 하며, 甲乙인수를 많이 보면 크게 부귀하다. 또한 염상격에는 水관살운이 좋지 않다.

【원문】
或有庚癸透者 衣祿充足 支火輕 無目疾 支見水者 異途 或成土
혹유경계투자 의록충족 지화경 무목질 지견수자 이도 혹성토

局 又爲洩太過 得壬滋甲出干 土被制而火得生扶 此必富貴壽
국 우위설태과 득임자갑출간 토피제이화득생부 차필부귀수

考之格也
고 지 격 야

【해설】　　　　오월병화에 庚金과 癸水가 투출하면 의식이 풍족하고,
지지에 火가 적으면 눈병이 없다. 지지에 水를 보면 다른 방법으로 관직
에 나간다. 土식상국이 되면 설기가 크므로 壬水가 돕는 甲木이 천간에
투출해야 土가 제극되고 火는 생한다. 이 경우 부귀하고 장수한다.

【원문】
此命水土破格 難作炎上 取壬水庚金 亦主貴
차 명 수 토 파 격 난 작 염 상 취 임 수 경 금 역 주 귀

시	일	월	연(乾命)
己	丙	壬	庚
亥	戌	午	寅

己	戊	丁	丙	乙	甲	癸
丑	子	亥	戌	酉	申	未

【해설】　　　　오월병화에 水土가 있어 염상격(炎上格)의 파격이다.
오월병화를 조후하는 壬水와 庚金을 쓸 수 있으므로 귀하다.

窮
通
寶
鑑

【원문】

土晦無光 奴僕

토 회 무 광 노 복

시	일	월	연(乾命)
己	丙	戊	戊
丑	午	午	戌

乙	甲	癸	壬	辛	庚	己
丑	子	亥	戌	酉	申	未

【해설】　　　　　오월병화가 설기하는 土식상이 많고, 이를 제극하는 木이 없어서 불이 어둡다. 사내종의 명이다.

【원문】

火土混雜 取甲木制土 壬水制火 楊縣令

화 토 혼 잡 취 갑 목 제 토 임 수 제 화 양 현 령

시	일	월	연(乾命)
甲	丙	戊	戊
午	辰	午	申

乙	甲	癸	壬	辛	庚	己
丑	子	亥	戌	酉	申	未

287

3

십간의 월별 주용신과 보조용신

【해설】 火土가 뒤섞인 사주이다. 甲木으로 土를 제극하고 申 중 壬水로 火를 다스리므로 壬水칠살이 용신이다. 현령(縣令) 벼슬을 지 냈다.

오월병화 해설

시	일	월	연 (乾命)
癸	丙	甲	丙
巳	午	午	寅

辛	庚	己	戊	丁	丙	乙
丑	子	亥	戌	酉	申	未

시간에 열기를 식히는 壬水 대신 癸水정관이 투출하였으나, 이를 돕 는 기운이 없어서 역할을 못 한다. 지지에는 寅午戌과 巳午未 화국(火 局)이 겹쳐 있으며, 甲木과 丙火가 천간에 투출하였으므로 염상격(炎上 格)이 된다. 염상격은 운에서 木火土를 만나는 것을 기뻐하고 金水를 꺼 린다.

실제로 木火土운에 재산이 많았고, 申酉운에 고통이 있었으며, 亥水 운에 왕성한 火를 자극해서 왕자노발(旺者怒發)하여 가업이 망하고 자 신도 죽었다.[사주 출처 『적천수(適天髓)』]

시	일	월	연	乾命
己	丙	庚	己	
丑	寅	午	亥	

癸	甲	乙	丙	丁	戊	己
亥	子	丑	寅	卯	辰	巳

　오월병화에는 庚金과 壬水가 필요하다. 그러나 庚金은 午火의 자리에 있어 무력하고, 생하는 己土도 절지(絕地)에 있어 도움이 안 된다. 또한 투출한 水가 없고 己土가 쌍으로 있어 운에서 水가 와도 역할을 하기 힘들다. 팔자 자체도 부귀와 인연이 없으며 운의 흐름도 초년과 중년이 木火로 흘러 아름답지 못하다. 직업으로는 火가 강하고 식상이 유력해 화가와 인연이 있으나, 재성이 무력하여 크게 발전하기는 어렵다.

　실제로 2007년 현재 명주는 직업이 화가이지만, 수입이 거의 없어 부인이 음료를 배달하여 생계를 꾸리고 있다.

　참고로 화가에 어울리는 명은 ① 설기하는 식상 기운이 강하고, ② 흡수 성분인 인수와 공간지각을 주도하는 재성이 발달하였으며, ③ 오행중 火가 많은 경우이다. 다음은 화가로 크게 성공한 사람의 명이다. 식상이 발달하고 재성이 건실한 것이 특징이다.

시	일	월	연
庚	丁	戊	甲
戌	未	辰	午

⑥ 미월병화(未月丙火)

【원문】

六月丙火退氣 三伏生寒 壬水爲用 取庚輔佐
육 월 병 화 퇴 기 삼 복 생 한 임 수 위 용 취 경 보 좌

【해설】   미월병화는 삼복 중으로 불기운이 물러나고 찬 기운이
생겨나지만, 未월이 화염조토이므로 壬水칠살을 사용하고 庚金편재로
보좌한다.

【원문】

庚壬兩透 貼身相生 可云科甲名宦 若無庚有壬 不見戊出 小富
경 임 량 투 첩 신 상 생 가 운 과 갑 명 환 약 무 경 유 임 불 견 무 출 소 부

小貴 見戊制壬則爲鄕賢而已
소 귀 견 무 제 임 즉 위 향 현 이 이

【해설】   미월병화에 庚金과 壬水가 모두 투출하고 일간 옆에
붙어서 상생을 하면 과거 급제하여 고귀하게 될 팔자이다. 庚金은 없고
壬水칠살이 있으며, 戊土가 투출하지 않으면 작은 부귀는 이룰 수 있다.
그러나 戊土식신이 투출하여 壬水를 제극하면 단지 한 지역에서 현명하
다는 소리를 들을 뿐이다.

【원문】

或己土出干混雜 此必庸夫俗子 或壬水淺 己土出干 其人貧困
혹 기 토 출 간 혼 잡 차 필 용 부 속 자 혹 임 수 천 기 토 출 간 기 인 빈 곤

無壬下格 賤而且頑 男女一理
무 임 하 격 천 이 차 완 남 녀 일 리

【해설】   戊土식신이 투출하고 己土도 나타나서 戊己가 혼잡되
면 己土가 물을 탁하게 만들어 소인배다. 壬水칠살은 약하고 천간에 己土
가 투출하면 빈곤하며, 壬水가 없으면 천하고 우둔하다. 남녀 모두 같다.

【원문】

或天干一派丙火 陽極生陰 干支兩見庚壬 登科及第
혹 천 간 일 파 병 화 양 극 생 음 간 지 량 견 경 임 등 과 급 제

【해설】   미월병화의 천간에 한 무리의 丙火가 있는 경우, 양기가
지극하면 음이 생기므로 간지 상하에 庚金, 壬水를 보면 과거 급제한다.

【원문】

總之六月丙火用壬 不同餘月用壬 喜運行西北 六月用壬 喜運
총 지 육 월 병 화 용 임 부 동 여 월 용 임 희 운 행 서 북 육 월 용 임 희 운

行西南
행 서 남

【해설】   미월병화에 壬水를 쓰면 운이 서남 방향인 申金으로
가야 금생수(金生水)가 되어 좋지만, 다른 달에 壬水를 쓰면 서북으로
가야 좋다.

3
십간의 월별 주용신과 보조용신

【원문】

一丁見柱 二壬出干 位至尚書
일정견주 이임출간 위지상서

시	일	월	연(乾命)
壬	丙	丁	壬
辰	申	未	寅

甲	癸	壬	辛	庚	己	戊
寅	丑	子	亥	戌	酉	申

【해설】 월간의 丁火가 연간의 壬水칠살을 합거(合去)하고, 시간의 壬水는 바닥의 申辰에 뿌리가 있어서 丙壬충으로 손상되지 않으므로 배합이 적당하다. 상서(尙書) 벼슬을 한 명나라 하언(夏言)의 명이다.

【원문】

名火土傷官用印格 先貧後富 死于寅運
명화토상관용인격 선빈후부 사우인운

시	일	월	연(乾命)
己	丙	己	戊
亥	戌	未	午

丙	乙	甲	癸	壬	辛	庚
寅	丑	子	亥	戌	酉	申

【해설】 　　　　未 중 己土가 투출하여 화토상관격(火土傷官格)으로 설기가 심하다. 亥 중 甲木인수로 일간을 돕는다. 亥子丑운에 부자가 되었다. 寅운은 용신과 같은 오행의 운이지만, 亥를 합거하여 팔자가 조열(燥熱)한 것을 도와 사망하였다.

【원문】

土重身輕 爲乞丐而死
토 중 신 경　위 걸 개 이 사

시	일	월	연 (乾命)
戊	丙	丁	壬
戌	申	未	寅

甲	癸	壬	辛	庚	己	戊
寅	丑	子	亥	戌	酉	申

【해설】 　　　　土식상은 강하고 丙火일간은 약하다. 천간이 정임합목(丁壬合木)이 되어 약한 일간을 도울 것 같지만 木의 바탕이 되는 연지 寅木이 寅申충이 되어 뿌리가 약하고, 운의 흐름이 신약을 부추기는 金水재관으로 흐른다. 거지로 죽었다.

```
시   일   월   연 (乾命)
己   丙   己   戊
丑   戌   未   申

丙 乙 甲 癸 壬 辛 庚
寅 丑 子 亥 戌 酉 申
```

미월병화는 화염조토(火炎燥土)가 되므로 壬水를 사용하고 庚金으로 보좌하는 것이 원칙인데, 일단 庚金과 壬水가 투출하지 않아 하격으로 분류된다.

위 사주는 일간 丙火를 土식상이 너무 심하게 설기하여 일간이 매우 약한 상태이므로 종아(從兒)를 하거나 상관용겁(傷官用劫)을 할 수밖에 없다. 이 사주가 종아를 하면 양(陽)의 해에 태어난 남자로 대운이 순행 하므로 아우생아(兒又生兒. p.272 참조)가 되어 큰 발전을 기대할 수 있 다. 그러나 월령 未土에 丁火가 있고, 일지 戌土가 조토(燥土)로 丁火가 숨어 있어 역시 종아를 할 수 없다. 종아가 아니라면 상관용겁으로 未 중 丁火를 용신으로 할 수밖에 없다.

용신의 상황을 보면, 未 중 丁火는 申 중 壬水와 기반(羈絆)이 되어 역 할을 하기 힘들다. 혹시 戌 중 丁火를 용신으로 한다 해도 시지의 丑 중 癸水와 丁癸충으로 암충(暗沖)이 되므로 이 또한 역할을 하기 힘들다. 더욱이 대운도 金水로 흐른다. 초반운에는 가업을 물려받지 못하고, 癸 亥운에 가난에 못 이겨 중이 된 팔자이다.[사주 출처 『적천수(適天髓)』]

시	일	월	연 (乾命)
戊	丙	乙	丙
戌	戌	未	申

壬	辛	庚	己	戊	丁	丙
寅	丑	子	亥	戌	酉	申

팔자가 좋은지 나쁜지를 볼 때 미월병화는 壬水가 있느냐 없느냐가 중요한 기준이 된다. 즉, 未월은 화염조토하므로 물로 적셔주어야 부귀의 기틀이 마련된다.

위 팔자는 申 중 壬水가 있으나 未 중 丁火와 합이 되어 기반이 되었고, 만약 운에서 壬水가 온다 해도 연간에 丙火가 있어 충을 당하므로 壬水가 팔자를 자윤(滋潤)하는 것을 바랄 수 없다. 또한, 壬水를 생해주는 연지 申金은 인수궁에 재성이 있는 것이므로 파성(破星)이 되어 壬水의 그릇이 되기에 부족하다. 이와 같이 물의 역할이 떨어지므로 팔자 자체가 부귀와는 거리가 먼 팔자이다.

이번에는 원명에 부귀의 기틀이 있는지를 떠나 용(用)인 대운에서 어떤 기운이 오면 좋은지 억부법(抑扶法)으로 살펴보자. 억부로 보면 상관의 설기가 강하므로 木火인비가 필요하다. 그러므로 월령에 뿌리를 둔 乙木을 용신으로 한다. 용신을 고려하여 운의 흐름을 보면, 초반 申酉戌운은 금극목(金剋木)으로 용신이 무력하고, 이어지는 亥子丑운은 수생목(水生木)으로 용신의 힘이 될 수 있을 것 같다. 그러나 己亥운은 己土의 개두(蓋頭)로 亥水가 木을 생하는 데 한계가 있으며, 2007년이 속해 있는 庚子운은 乙庚합으로 용신을 묶어버려 木을 생하는 것을 기대하기 힘들다. 체(體)를 보는 궁통의 조후와 음양의 기준으로 보든, 용(用)을

보는 적천수의 억부 기준으로 보든 모두 크게 발전하기 힘든 명이고 운이다.

실제, 겉으로는 번듯한 규모의 한식당 주인으로 알려져 있으나 식당 경영의 실질적인 권한은 부인이 가지고 있고, 자신은 숯불을 피우는 등의 허드렛일을 하고 있다. 정식 결혼을 하지 않고 이혼한 전력이 있는 부인과 동거하고 있으며, 불 같은 성격으로 주변과 다툼이 많고 자신의 성질을 못 이겨 수시로 가출하여 떠돌이생활을 하다 돌아오는 일을 반복하고 있는 남성이다. 자식도 없다.

7 신월병화(申月丙火)

주용신 壬 보조용신 戊

양기가 쇠약해지는 달에 있다. 壬水칠살을 써서 빛이 퍼지게 돕는다. 壬水가 많을 경우에는 戊土식신을 사용한다.

【원문】

七月丙火 太陽轉西 陽氣衰矣 日近西山 見土皆晦 惟日照湖海
칠월병화 태양전서 양기쇠의 일근서산 견토개회 유일조호해

暮夜光天 故仍用壬水輔映光輝
모야광천 고잉용임수보영광휘

【해설】　　　　신월병화는 태양이 서쪽으로 기울고, 丙火가 병지(病地)인 달을 만나 양기가 쇠약해진다. 土식상을 보면 더 어두워져서 태양이 호수와 바다를 비춰야 丙火가 밤하늘 속에서 빛나게 된다. 그러므로 土식상보다 申월의 장생(長生)이 되는 壬水칠살을 써서 빛이 퍼지게 도와야 한다.

【원문】

如壬多 取戊制方妙 有壬透干 又見戊土出干 可云科甲 如戊藏
여 임 다 취 무 제 방 묘 유 임 투 간 우 견 무 토 출 간 가 운 과 갑 여 무 장

支內 不過生員 多壬無戊 平常人也 或戊多壬少 亦屬常人 或多
지 내 불 과 생 원 다 임 무 무 평 상 인 야 혹 무 다 임 소 역 속 상 인 혹 다

壬 一戊出制 所謂衆殺猖狂 一仁可化 必主顯達 有權職
임 일 무 출 제 소 위 중 살 창 광 일 인 가 화 필 주 현 달 유 권 직

【해설】　　　　壬水칠살이 많으면 戊土로 壬水를 조절해야 좋다. 그
러므로 壬水와 戊土가 천간에 투출해야 벼슬을 한다. 이 경우 戊土가 장
간에 있으면 일개 생원(生員)이며, 壬水와 戊土 중 하나가 없으면 평범
한 사람이다. 만약 戊土 1개로 많은 壬水를 조절하면 미쳐 날뛰는 칠살
을 인자한 사람이 혼자 다루는 것과 같아 명주가 크게 귀하게 된다.

【원문】

一派辛金 又爲棄命從才 奇特之造 雖不科甲 亦得恩榮 但多依
일 파 신 금 우 위 기 명 종 재 기 특 지 조 수 불 과 갑 역 득 은 영 단 다 의

親戚而爲進身之階 從才者以土妻金子^{주)}
친 척 이 위 진 신 지 계 종 재 자 이 토 처 금 자

【해설】　　　　신월병화에 한 무리의 辛金이 있으면 기명종재격(棄命
從財格)이 되므로 묘함이 있다. 비록 급제는 못 해도 은혜와 영화가 있
다. 단, 친척에게 의지하여 출세의 발판을 만든다. 종재격에 해당하는
경우는 재성인 金이 용신이 되므로 土가 처이고 金이 자식이 된다.

―――――――――――――――――――――――――――――――――――
주) 원문에는 수처목자(水妻木子)이지만 종재격의 용신 원칙에 따라 金 용신, 土 희신으로 정정하였다.

십간의 월별 주용신과 보조용신

【원문】

二壬出干 有戊出制 太史
이 임 출 간 유 무 출 제 태 사

시	일	월	연(乾命)
壬	丙	戊	壬
辰	申	申	戌

乙	甲	癸	壬	辛	庚	己
卯	寅	丑	子	亥	戌	酉

【해설】 壬水칠살이 2개 투출하고 戊土식신도 투출하여 성격
(成格)이 되므로 태사(太史)^{주)} 벼슬을 하였다.

㊀ 태사는 역사를 기록하는 사관(史官)이다.

【원문】

才資七殺格 參政
재 자 칠 살 격 참 정

시	일	월	연(乾命)
庚	丙	甲	乙
寅	申	申	未

丁	戊	己	庚	辛	壬	癸
丑	寅	卯	辰	巳	午	未

【해설】　　　　甲乙인수가 투출하여 일간이 약하지 않다. 申 중 庚金 편재가 壬水칠살을 자양하고, 약하지 않은 일간이 재관을 쓸 수 있는 재자칠살격(財資七殺格)이다. 참정(參政) 벼슬을 하였다.

신월병화 해설

```
시   일   월   연 (乾命)
庚   丙   丙   辛
寅   午   申   酉


己   庚   辛   壬   癸   甲   乙
丑   寅   卯   辰   巳   午   未
```

　신월병화가 신약한데 金재성은 강하다. 다행히 丙일간이 午火에 앉아 있고, 지지 바닥에 寅午戌 火비겁국을 이루었다. 그러나 월간의 丙火는 병신합수(丙辛合水)되고 월령이 申酉戌 방국(方局)을 이루며, 시지 寅木은 庚金으로부터 수극(受剋)이 되어 丙일간이 약한 것은 틀림없다. 그러므로 木火가 용신이 된다. 초반 巳午운은 용신운이라 크게 발전하였다. 壬辰대운에는 丙壬충이 되고 辰土가 기신인 金재성을 생하며, 일간 丙火는 辰土에 얹혀 빛을 잃고 묻히게 되고 申子辰 수국(水局)으로 기신이 강화된다. 庚子년에는 子水가 용신 午火를 子午충하며, 庚金이 희신인 木을 공격한다. 壬辰대운인 1952년 庚子년에 망하였다. 이 예를 통해 신월병화에 무조건 壬水를 쓰면 안 된다는 것을 알 수 있다.[사주 출처 『사주첩경(四柱捷徑)』]

시	일	월	연 (乾命)
壬	丙	壬	甲
辰	申	申	辰

己	戊	丁	丙	乙	甲	癸
卯	寅	丑	子	亥	戌	酉

신월병화는 빛이 퍼지게 하는 壬水칠살을 용신으로 써야 한다고 하지만, 이 사주의 경우는 월과 시에 申의 장생이 되는 壬水가 투출하여 丙火일간을 너무 심하게 극하는 것이 문제다. 丙火기운을 설기하는 辰土가 물을 머금은 습토(濕土)가 되는 것도 일간의 병이고, 월과 일의 申金도 丙火일간을 설기하므로 아주 약한 상태다.

이런 상태라면 壬水칠살을 용신으로 할 수 없으며, 관인상생(官印相生)하는 甲木편인을 용신으로 삼아야 한다. 연간에 있는 甲木이 용신이 되지만, 甲木은 월령이 절지(絶地)에 해당되고 辰土 쇠지(衰地)에 앉아 있어 강한 칠살의 기운을 감당하기 어려워 보인다. 태약(太弱)한 사주에 용신이 무력하므로 파격(破格)에 가깝다.

대운 중 2003년이 속한 丙子운은 지지가 申子辰 水관살국을 이루고, 癸未년의 세간(歲干)은 일간과 수화상충(水火相沖)하는 관살이며, 세지(歲支)는 태약한 일간의 기운을 설기하는 해다. 회사 일로 중국 출장을 갔다가 양력 2003년(癸未년) 12월에 교통사고로 횡사하였다.

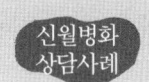

신월병화
상담사례

바람둥이의 조건

"짝눈에 눈꼬리가 한 쪽은 올라가고 한 쪽은 내려갔으니 음양의 조화를 이룬 바람둥이이고, 입이 크니 육질돌기인 코뿌리에 뻗은 기운을 다 받아들일 수 있어 전형적인 바람둥이다." 어느 블로그에서 바람둥이 판별법이라는 제목으로 한 유명 남자 탤런트에 대해 써놓은 글이다.

맞는 말일까? 일단 음양의 조화 운운한 것은 전혀 터무니없는 말이다. 음양의 조화를 이루었으면 음양이 화평을 이루었다는 것인데, 화평을 이루면 질서가 있지 좌우가 어그러져서 무질서를 불러오는 상이 될 수 없다.

그렇다면 바람둥이는 사주팔자에서 어떤 특징이 있을까? 상담을 통해 알게 된 팔자 하나를 통해 살펴보자. 상담을 청한 여자분은 불치병 환자가 평안한 죽음을 맞을 수 있도록 도와주는 호스피스 일을 하는 분이다. 환자들의 임종 준비를 돕는 분답게 눈이 안정돼 보이고 행동거지가 아주 조용하신 분이었다. 이런저런 이야기 끝에 같은 지붕 아래 사는 분이라며 사주 하나를 봐달라고 하였다. 말투가 이상하여 남편이냐고 묻자 어물어물 말을 흐리며 바람기가 있지만 봐달라고 하였다.

시	일	월	연(乾命)
辛	丙	丙	辛
卯	戌	申	卯

己	庚	辛	壬	癸	甲	乙
丑	寅	卯	辰	巳	午	未

바람기의 세 가지 조건은 여자에 대한 흥미, 새로운 것을 좋아하는 마음, 바람을 피

3

십간의 월별 주용신과 보조용신

울 힘이다. 이 세 가지를 충족하면 바람둥이의 조건이 갖춰진 셈이다. 위 팔자는 어떤지 살펴보자.

① 여자에 대한 흥미는 팔자에 여자를 뜻하는 글자가 많은지를 본다. 팔자에서는 일간이 치고 규제하는 성분이 여자이므로 辛 2개와 申, 戌 중 辛이 여자를 뜻한다. 즉, 팔자에 여자를 뜻하는 글자가 4개이므로 당연히 흥미가 많다.

② 새로운 것을 좋아하는 마음은 일간이 생하는 기운이 일간과 가까이 있는지를 본다. 바로 일간 丙火 밑에 있는 戌이 이런 역할을 한다. 일간이 안주하는 것을 방해하고 새로운 것을 추구하게 몰아가는 글자이다.

③ 이런 것들이 자신을 의미하는 글자와 멀리 있으면 마음이 행동으로 나오지 않는데, 이 팔자에서는 너무 가깝게 있고 강력하다. 결론적으로 전형적인 바람둥이다.

8 유월병화(酉月丙火)

302

> 주용신 壬   보조용신 癸
>
> 황혼의 태양으로 호수에만 작은 빛이 있다. 壬水칠살은 신왕한 경우에 사용하고, 癸水정관은 壬水가 없는 경우에 대신 사용한다.

【원문】

八月丙火 日近黃昏 丙之餘光 存於光湖 仍用壬水輔映
팔월병화 일근황혼 병지여광 존어광호 잉용임수보영

【해설】

유월병화는 황혼의 태양으로 호수에만 작은 빛이 있다. 신왕한 경우에 壬水칠살을 사용해 빛나도록 돕는다.

【원문】

四柱多丙 一壬高透爲奇 定主登科及第 富貴雙全 一壬藏支 亦
사주다병 일임고투위기 정주등과급제 부귀쌍전 일임장지 역

主秀才 或戊多困水 則假作斯文 若無壬水 癸亦可用 但功名不久
주수재 혹무다곤수 즉가작사문 약무임수 계역가용 단공명불구

【해설】　　　　　팔자에 丙火가 많아 신왕한 경우, 壬水 1개가 투출하여
역할을 하면 벼슬을 하고 부귀하다. 그러나 壬水 1개가 지지에만 감춰져
있으면 용신이 무력하므로 공부하는 학생에 불과하다. 만약 戊土가 너무
많아서 水를 지나치게 제극하면, 칠살이 극을 당하여 쓸 수 없으므로 학자
인 척하는 사람이다. 유월병화에 壬水가 없으면 약한 우로수(雨露水)인 癸
水를 사용할 수 있지만 배합이 아름답지 못해 공명이 오래 가지 못한다.

【원문】

或見辛透 不能從化 貧苦到老^{주)} 或見一丁制辛 爲人奸詐 不識高
혹견신투 불능종화 빈고도로　　혹견일정제신 위인간사 불식고

低 女命合此 長舌淫賤
저 여명합차 장설음천

【해설】　　　　　유월병화에 辛金이 투출하여 병신합수(丙辛合水)가 되
는데, 종화(從化)를 못 하면 재다신약(財多身弱)이 되므로 늙도록 가난하
고 고통스럽다. 만약 1개의 丁火가 辛金을 제극하면 위인이 간사하고 위
아래를 모른다. 여자 팔자가 이럴 경우에는 말이 많고 음란하며 천하다.

―――――――――――――――――――――――――――――――

주) 원문의 빈고리로(貧苦利老)는 가난하고 고통스러우며 늙어서 이롭다는 뜻으로 의미
　　가 맞지 않으므로 빈고도로(貧苦到老)로 정정하였다.

【원문】

或成金局 無辛出干 此非從才 乃朱門餓莩 如辛出干 不見比劫
혹성금국 무신출간 차비종재 내주문아부 여신출간 불견비겁

此從才格 反主富貴 親戚提拔 妻賢內助
차종재격 반주부귀 친척제발 처현내조

【해설】　　　　유월병화에 지지가 金재성국이고 辛金이 투출하지 않
으면 종재격(從財格)이 안 되고 재다신약(財多身弱)이 되므로 부잣집 문
전에서 굶어죽는다. 만약 辛金이 투출하고 비겁이 나타나지 않으면 종
재격으로 부자가 되며, 친척의 도움으로 발전한다. 이 경우 처가 현숙하
고 내조를 한다.

【원문】

用水者 金妻水子 從才者 土妻金子^{주)}
용 수 자 금 처 수 자 종 재 자 토 처 금 자

【해설】　　　　유월병화에 壬水를 쓰는 경우 金이 처이고, 水가 자식
이 된다. 종재격에 해당하는 경우는 재성인 金이 용신이 되므로 土가 처
이고, 金이 자식이 된다.

주) 원문에는 수처목자(水妻木子)로 되어 있다. 그러나 종재격의 용신 원칙은 金재성이
용신, 土식상이 희신이 되므로 용신 원칙에 따라 정정하였다.

【원문】

兩間不雜 才資七殺格 出將入相 生子時 不貴
양간부잡 재자칠살격 출장입상 생자시 불귀

시	일	월	연 (乾命)
丁	丙	丁	丙
酉	午	酉	子

甲	癸	壬	辛	庚	己	戊
辰	卯	寅	丑	子	亥	戌

【해설】　　　　천간에 丙火와 丁火 두 가지만 있어 혼잡되지 않은 양
간부잡격(兩干不雜格. p.68 참조)이다. 재자칠살격(財資七殺格)에 酉金
재성이 子水관살을 도와 재왕생관(財旺生官)한다. 여기에 午火양인을 깔
고 있고 子水에 칠살이 있어 양인가살(陽刃駕煞)이 되므로, 나가서는 장
수이고 들어와서는 재상이 되는 출장입상(出將入相)의 귀격이다. 생시가
戊子시면 丙火일간의 기운을 설기하고 子午충이 되어 귀하지 않다.

【원문】

兩間不雜 位至尙書
양 간 부 잡　위 지 상 서

시	일	월	연 (乾命)
丁	丙	丁	丙
酉	辰	酉	寅

甲	癸	壬	辛	庚	己	戊
辰	卯	寅	丑	子	亥	戌

【해설】　　　　양간부잡이고, 辰土가 왕성한 火를 설기하여 酉金재성을 도우므로 팔자가 맑다. 비록 壬水칠살은 없지만 격국이 맑아 壬寅과 癸卯운에 상서(尙書) 벼슬을 하였다.

【원문】
傷官生才格 參戎 但陰刑殺重 卯運陣亡
상관생재격 참융 단음형살중 묘운진망

시	일	월	연 (乾命)
戊	丙	癸	己
子	子	酉	卯

庚	己	戊	丁	丙	乙	甲
辰	卯	寅	丑	子	亥	戌

【해설】　　　　투출한 己土상관이 癸水관살을 제극하는 상관생재격 (傷官生財格)으로 참융(參戎) 벼슬을 하였다. 단, 음형살(陰刑殺)^{주)}이 있어 흉하고, 卯운에 卯酉충으로 재성과 인수가 모두 상해 진중에서 사망하였다.

㊟ 원문에서 말한 음형살이 지지 子午卯酉가 있는 경우를 말하는지는 분명치 않다. 참고로, 『백호전서(白湖全書)』 제26권에는 북두칠성의 두 번째 별의 명칭이 법성(法星)으로 음형(陰刑)을 주관하는 별이라고 되어 있다.

窮
通
寶
鑑

<table>
<tr><td>시</td><td>일</td><td>월</td><td>연 (乾命)</td></tr>
<tr><td>癸</td><td>丙</td><td>辛</td><td>戊</td></tr>
<tr><td>巳</td><td>午</td><td>酉</td><td>辰</td></tr>
</table>

戊	丁	丙	乙	甲	癸	壬
辰	卯	寅	丑	子	亥	戌

　유월병화는 壬水칠살의 투출이 부귀를 좌우하는데, 이는 일간이 신왕할 경우이다. 지지가 巳午未 火비겁국이고 일간이 양인(羊刃)의 자리에 있지만, 戊土가 투출하고 진유합금(辰酉合金)이 되므로 재성은 강하고 일간은 약세다.

　그러므로 金水재관을 못 쓰고 木火인비를 쓴다. 신약이고, 기신인 癸水관살이 시간에 있지만 巳午 자리에 있어서 무력하기 때문에 발동을 못 한다. 또한 甲子운이 와서 癸水가 자리를 얻고, 약한 子水가 왕성한 일지 午火를 충하니 왕자충발(旺者沖發)로 午火가 발동하여 金재성을 극한다.

　팔자의 재성이 연간 재성궁에 있어 조왕(助旺)하므로 재산을 물려받았지만, 子운에 가산을 파하고 죽었다.[사주 출처 『적천수(適天髓)』]

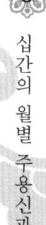

307

3

십간의 월별 주용신과 보조용신

시 일 월 연(乾命)
壬 丙 乙 庚
辰 申 酉 戌

壬 辛 庚 己 戊 丁 丙
辰 卯 寅 丑 子 亥 戌

　유월병화이지만 팔자에 金재성이 너무 많은 재다신약(財多身弱)이므로 壬水칠살을 쓰지 못한다. 만약 이와 같이 申酉戌 金재성국에 진유합금(辰酉合金)이 되어 지지가 온통 金인 경우에 辛金이 투출하면, 종재격으로 재물을 얻을 수 있다 하였다. 그러나 위 사주는 재성만 지나치게 강하며, 월간 乙木도 乙庚金이 되고 시간 壬水는 습토인 辰土에 뿌리를 내린 채 일간에 바짝 붙어서 극을 하므로 재다신약에 극설교집(剋洩交集)이다. 바로 원문에서 설명한 "지지 金재성국에 辛金이 투출하지 않으면 주문아부(朱門餓莩)로 부잣집 문전에서 굶어죽는다."는 명과 같은 상황이다. 재물과는 인연이 없다.

　이 팔자의 주인공은 戊子운에 장사를 시작하였다. 장사를 시작한 2002년(戊子운, 壬午년)에 가게가 망하여 야반도주하였으며, 2003년(癸未년)까지도 가족들이 야반도주한 가장의 생사를 몰라 애태우고 있었다.

⑨ 술월병화(戌月丙火)

【원문】

九月丙火 火氣愈退 所忌土晦光 必須先用甲木 次取壬水
구 월 병 화 화 기 유 퇴 소 기 토 회 광 필 수 선 용 갑 목 차 취 임 수

【해설】　　　　술월병화는 불[火]이 점차 꺼지는 달이므로 土식상이
불을 더 약화시키는 것을 꺼린다. 먼저 甲木편인을 써서 土식상을 조절
하고 丙火를 북돋우는 것이 우선이다. 화염조토(火炎燥土)인 戌土를 壬
水칠살로 자윤하는 것은 그 다음이다.

【원문】

甲壬兩透 富貴非凡 若無壬水 得癸透干 亦可 雖不科甲 異路功
갑 임 량 투 부 귀 비 범 약 무 임 수 득 계 투 간 역 가 수 불 과 갑 이 로 공

名 壬癸藏支 貢監而已 甲藏壬透 無庚破甲 可許秀才 或庚戊困
명 임 계 장 지 공 감 이 이 갑 장 임 투 무 경 파 갑 가 허 수 재 혹 경 무 곤

了水木 定是庸才 無甲壬癸者 下格
료 수 목 정 시 용 재 무 갑 임 계 자 하 격

【해설】　　　　甲木편인과 壬水칠살이 모두 투출하면 부귀하므로 평범하지 않다. 만약 壬水가 없으면 천간에 癸水정관이 투출해도 되지만, 공명은 과거를 거치지 않고 특별한 공로나 특진 등을 통해 벼슬을 하는 이로공명(異路功名)에 해당된다. 壬癸관살이 지지에만 있으면 재물로 벼슬을 사는 데 그친다. 甲木편인이 지지에 있고 壬水가 투출하며 庚金이 甲木을 치지 않으면 학생은 될 수 있다. 만약 庚金과 戊土가 水木을 압박하면 평범하고, 甲木과 壬癸가 팔자에 없으면 하격이다.

【원문】

或一派火土 雖不太旺 亦自燥矣 如不離鄉過繼 亦主奔流 加以
혹 일 파 화 토 수 불 태 왕 역 자 조 의 여 불 리 향 과 계 역 주 분 류 가 이

無庚辛壬癸出干 必爲夭命
무 경 신 임 계 출 간 필 위 요 명

【해설】　　　　술월병화에 한 무리의 火土가 있는 경우 태왕하지 않고 조열(燥熱)하여 편고(偏枯)하므로 고향을 떠나 방랑하거나 분란이 있다. 또한 천간에 庚辛과 壬癸가 투출하지 않으면 요절한다.

【원문】

或支成火局 炎上失時 若運入南方 一貧徹骨
혹 지 성 화 국 염 상 실 시 약 운 입 남 방 일 빈 철 골

【해설】　　　　지지 화국(火局)을 이루는 경우 염상격(炎上格)이 될 수 있지만, 巳午월이 아닌 戌월이라 염상격이 월을 만나지 못한 경우이다. 불은 타오르고 흙은 메마른 화염토조(火炎土燥)의 상으로 운이 남방으로 향해도 가난을 면할 수 없다.

【원문】

用甲者 水妻木子 用壬者 金妻水子

용 갑 자 수 처 목 자 용 임 자 금 처 수 자

【해설】　　　술월병화가 甲木을 용신으로 하면 水가 처이고 木이 자식이며, 壬水를 용신으로 하면 金이 처이고 水가 자식이 된다.

【원문】

甲出天干 又逢生地 孝廉

갑 출 천 간 우 봉 생 지 효 렴

시	일	월	연 (乾命)
戊	丙	甲	己
子	子	戌	亥

丁	戊	己	庚	辛	壬	癸
卯	辰	巳	午	未	申	酉

【해설】　　　천간에 戊土식신이 투출하고, 지지에 子水관살이 중첩되어 있어 일간 丙火의 빛을 흐린다. 亥水 생지(生地)에 뿌리를 둔 甲木이 투출하여 土식상을 제극하고, 子水의 극을 관인상생(官印相生)으로 해결하므로 효렴(孝廉) 벼슬을 하였다. 그러나 중년운이 火로 흐르고, 관성을 생조하는 재성이 없어 크게 귀하게 되지는 못하였다.

311

십간의 월별 주용신과 보조용신

兩間不雜 支成火局 耑用壬水 先貧後富
양 간 부 잡 지 성 화 국 단 용 임 수 선 빈 후 부

시	일	월	연 (乾命)
戊	丙	戊	丙
戌	午	戌	申

乙	甲	癸	壬	辛	庚	己
巳	辰	卯	寅	丑	子	亥

【해설】   양간부잡(兩間不雜. p.68 참조)이고 지지가 寅午戌 火 비겁국이므로 신왕하다. 申 중 壬水를 용신으로 하여 강한 火를 해결하며, 월간과 시간에 戊土가 투출하여 유력하므로 甲木으로 소토(疏土)한다. 만년의 木운에 甲木이 힘을 얻어 재물을 모았다.

【원문】

富大貴小 因甲藏壬透故也
부 대 귀 소 인 갑 장 임 투 고 야

```
        시   일   월   연 (乾命)

        壬   丙   壬   戊

        辰   寅   戌   戌


    己   戊   丁   丙   乙   甲   癸

    巳   辰   卯   寅   丑   子   亥
```

【해설】　　　　술월병화는 빛이 흐려져 甲木으로 생해주어야 한다. 이런 역할을 할 甲木은 지장간에 있고, 화염토조(火炎土燥)를 해결할 壬水만 투출하였으므로 부자는 되지만 귀함은 작다.

```
        시   일   월   연 (乾命)

        甲   丙   庚   壬

        午   寅   戌   子


    丁   丙   乙   甲   癸   壬   辛

    巳   辰   卯   寅   丑   子   亥
```

　신왕사주에는 재관을 쓰며, 甲木이 사지(死地)인 시지에 있어 무력해 보이지만 일지 寅에 뿌리가 있고 연간 壬水의 세력도 유력하다. 술월병화에 甲木과 壬水가 투출하여 귀한 사주이다. 술월병화는 戊土가 불을 끄는 역할을 하므로 甲木을 주로 쓰고 壬水로 자윤(滋潤)하지만, 위 사

주는 甲木이 팔자의 편고(偏枯)를 부채질하는 요소이므로 오히려 병이 될 수 있다. 지지가 寅午戌 火비겁국이고, 시지에 양인(羊刃)을 깔고 있어 신왕하여 재관인 金水를 써야 하므로 연간 壬水를 용신으로 한다.

명주는 1912년 10월 17일 출생하여 1978년 9월 28일 사망한 교황 요한 바오로 1세이다. 사망한 丙辰운 戊午년은 희신인 庚金재성을 충하고, 팔자의 火를 강하게 해 편고를 부채질하며, 용신 壬水의 터전을 충한다.

시	일	월	연 (乾命)
壬	丙	戊	丙
辰	午	戊	午

乙	甲	癸	壬	辛	庚	己
巳	辰	卯	寅	丑	子	亥

지지가 寅午戌 火비겁국이고 연주가 丙午로 신왕사주로 보이지만, 강한 火가 土를 생하는 데 열중하는 신약한 진상관(眞傷官. p.125 참조) 사주이다. 술월병화에 火土기운이 강하고 신약에 진상관이므로, 丙火를 돕는 甲木인수를 용신으로 한다. 2001년(辛丑운, 辛巳년)은 용신을 극하면서 火土기운이 강해지므로 대흉한 해다. 명주는 이 해에 도박 중독 사실이 발각되어 회사에서 해직되었다. 도박으로 인해 부부관계도 금이 가고, 생계가 막연한데도 도박에 대한 미련을 못 버리고 있다.

시	일	월	연 (乾命)
辛	乙	己	己
巳	巳	巳	亥

전문 도박사들은 식상이 왕성하다. 위 사주의 명주도 도박세계에서 잘 알려진 사람으로 영화 출연제의까지 받았었다. 2006년 도박에서 손을 씻고, 2007년 현재 시장에서 상인들을 상대로 사채업을 하고 있다.

⑩ 해월병화(亥月丙火)

주용신 甲　　보조용신 戊庚壬

태양이 월을 못 얻은 상황으로 사주 구조를 참조하여 용신을 정한다. 甲木편인은 강한 水관살을 설기하고 약한 丙火를 도우며, 戊土식신은 水관살을 조절하고, 庚金편재는 木인수가 강할 때 쓴다. 壬水칠살은 火비겁이 왕성할 때 사용한다.

【원문】

十月丙火　太陽失令　得見甲戊庚出干　可云科甲　主爲人性好淸
십 월 병 화　태 양 실 령　득 견 갑 무 경 출 간　가 운 과 갑　주 위 인 성 호 청

高 斯文領袖
고 사 문 령 수

【해설】　　　해월병화는 태양이 월을 못 얻은 상황으로 천간에 甲木편인, 戊土식신, 庚金편재가 투출하면 귀하다. 甲木은 강한 水를 설기하여 약한 丙火일간을 도우며, 水관살이 너무 강하면 戊土식신으로 조절하고, 木인수가 너무 강하면 庚金편재로 막는다. 팔자 조합이 이렇게 이루어지면 성정이 맑고 높으며 문장이 뛰어나다.

【원문】

如辛透見辰 名化合逢時 主大貴

여신투견진 명화합봉시 주대귀

【해설】　　　辛金정재가 투출하고 壬辰이 있으면 丙火일간이 약해
져서 병신합수(丙辛合水)가 된다. 즉, 합화격(合化格. p.95 참조)이다.
丙辛합으로 생기는 화기(化氣)가 水인데, 월이 亥水월로 화합의 때를 만
나서 합화의 진격(眞格)이 되므로 매우 귀하다.

【원문】

或壬多無甲　乃作棄命從殺　卽不科甲　亦是宦僚　或壬多有甲無

혹임다무갑　내작기명종살　즉불과갑　역시환료　혹임다유갑무

戊 却非從殺 宜用己土混壬

무 각비종살 의용기토혼임

【해설】　　　해월병화에 壬水는 많고 甲木이 적으면 亥 중 甲木편
인이 역할을 못 하여 기명종살(棄命從殺)이 되므로 과거 급제는 못 해도
관료가 된다. 만약 壬水칠살이 많고 甲木편인이 있으며 戊土식신이 없
으면 종살(從殺)이 아니다. 이 때는 水가 많아서 木이 뜨게 되므로, 이를
막아주고 木을 키워주는 己土상관과 壬水칠살을 같이 쓰는 것이 좋다.

【원문】

總之十月丙火 木旺宜庚 水旺宜戊 火旺用壬 隨宜酌用可也

총지십월병화 목왕의경 수왕의무 화왕용임 수의작용가야

【해설】　　　　해월병화는 木인수가 왕성하면 庚을 쓰고, 水관살이 왕성하면 戊를 쓰며, 火비겁이 왕성하면 壬을 쓴다. 이와 같이 사주 구조를 참조하여 쓴다.

【원문】

庚甲兩透 廉史
경갑 량투 염사

시	일	월	연 (乾命)
庚	丙	乙	甲
寅	戌	亥	申

壬	辛	庚	己	戊	丁	丙
午	巳	辰	卯	寅	丑	子

【해설】　　　　木인수가 강하고 甲木편인이 투출하여 신왕하다. 庚金이 투출하여 약한 칠살을 돕고 木인수를 제극하므로 염사(廉史) 벼슬을 하였다. 『자평진전(子平眞詮)』에 유운사(劉運使)의 사주로 소개되었다.

【원문】

孝廉
효 렴

```
시  일  월  연 (乾命)
戊  丙  辛  壬
子  戌  亥  辰

戊  丁  丙  乙  甲  癸  壬
午  巳  辰  卯  寅  丑  子
```

【해설】   水관살이 많아 신약하며, 투출한 戊土가 관살을 조절하고 있다. 亥 중 甲木편인으로 용신을 삼는다. 甲寅과 乙卯운에 효렴(孝廉) 벼슬을 하였다.

【원문】

此命水多 取己土 大富貴 亦壽考
차 명 수 다 취 기 토 대 부 귀 역 수 고

```
시  일  월  연 (乾命)
壬  丙  己  辛
辰  子  亥  巳

壬  癸  甲  乙  丙  丁  戊
辰  巳  午  未  申  酉  戌
```

【해설】　　　　　水관살이 강하여 신약하다. 투출한 己土를 壬水와 함께 쓴다. 바로 원문의 '의용기토혼임(宜用己土混壬)'의 경우이다. 丙火 일간이 巳火에 건록(建祿)을 얻었으며, 亥 중 甲木편인을 용신으로 삼아 관인상생(官印相生)을 도모한다. 운이 木火인비로 흘러 크게 부귀하고 장수하였다.

해월병화 해설

시	일	월	연 (乾命)
甲	丙	癸	癸
午	辰	亥	亥

丙	丁	戊	己	庚	辛	壬
辰	巳	午	未	申	酉	戌

연월에 水관살이 태왕(太旺)하여 신약한 사주이다. 다행히 ① 시지 午火의 생조를 받는 辰土가 토극수(土剋水)로 관살을 제어하고, ② 시지 午火가 신약한 일간 丙火를 도우며, ③ 시간 甲木이 일지 辰土의 생조를 받고 월령 亥水의 지장간에 甲木이 있어 갑목맹아(甲木萌芽)로 힘이 된다.

사주에 병이 있지만 약을 가지고 있는 상황이며, 천간지지가 서로 정이 있는 상하정화(上下情和)의 길한 사주이다. 土식상대운은 강한 관살을 제어하므로 나쁘지 않고, 火비겁대운은 강한 水에 버틸 수 있도록 힘을 보태는 운이므로 흐름이 길하다.

명주는 자수성가로 수억의 재물을 모았다. 시간 甲木이 없어 관인상생(官印相生)이 되지 않았으면 불가능한 일이다.[사주 출처 『적천수(滴天髓)』]

십간의 월별 주용신과 보조용신

시	일	월	연 (乾命)
己	丙	己	丙
丑	戌	亥	午

丙	乙	甲	癸	壬	辛	庚
午	巳	辰	卯	寅	丑	子

사주 전체에 火土비겁과 식상의 기운이 강해 월령 亥水가 손상되며, 극하는 水관살과 설기하는 土식상이 모여서 극설교집(剋洩交集)이 되므로 신약사주이다.

관인상생을 해주는 甲木이 약이지만, 월과 시에 己土가 있어 운에서 甲木이 오는 경우 甲己합으로 기반이 되는 것이 문제다. 즉 오행이 火土에 편중되고, 신약에 용신 무력으로 파격(破格)이다.

명주는 1997년(壬寅운, 丁丑년)에 신장이식 수술을 하였으나 실패하여 혈액투석을 받고 있는 환자이다. 팔자 상황으로 볼 때 신장 계통의 질병에 쉽게 노출될 수 있는 명으로, 土기운이 강해지는 辛丑운부터 신장에 이상이 있었을 것이다.

『적천수(適天髓)』에 이르기를 '금수고상이신경허(金水枯傷而腎經虛)'라 하였다. 이는 金水기운이 메마르고 상하면 신장이 허약해진다는 뜻이다. 위 팔자와 같은 경우이다.

11 자월병화(子月丙火)

주용신 甲   보조용신 戊庚壬

양의 기운이 일어나지만 용신은 亥월과 같다. 甲木편인은 강한 水관살을 설기
하고 약한 丙火를 도우며, 戊土식신은 水관살을 조절한다. 庚金편재는 木인수
가 강할 때 쓰고, 壬水칠살은 火비겁이 왕할 때 사용한다.

【원문】

十一月丙火 冬至一陽生 弱中復强 壬水爲最 戊土佐之
십 일 월 병 화   동 지 일 양 생   약 중 복 강   임 수 위 최   무 토 좌 지

【해설】   자월병화는 동지가 지나면서 양기가 일어나므로 약하
다 다시 강해진다. 일간이 신왕한 경우 먼저 壬水칠살로 수화기제(水火
旣濟)가 되게 하고, 戊土식신으로 제살하여 보좌한다.

【원문】

壬戊兩透 科甲可許 無戊見己 異路功名
임 무 량 투   과 갑 가 허   무 무 견 기   이 로 공 명

【해설】   천간에 壬水칠살과 戊土식신이 투출하면 귀하며, 戊土
대신 己土가 있으면 힘이 부족하므로 다른 방법으로 공명을 이룬다.

【원문】

或無壬水 有癸出干 得金滋無傷 又有丙透以解凍 可許衣衿^{주)}
혹 무 임 수   유 계 출 간   득 금 자 무 상   우 유 병 투 이 해 동   가 허 의 금

【해설】 　　　　壬水칠살 대신 癸水가 투출하고 金이 이를 도우며, 丙
火비견이 투출하여 일간을 돕고 한랭함을 해결하면 학생 신분은 된다.

> ㈜ 의금(衣衿)은 금은의 옷고름이나 띠로 유생이나 학생 신분을 나타낸다. 『시경(詩經)』
> 의 청청자금(靑靑子衿)도 유생을 가리킨다. 의금을 의식(衣食)으로 해석하기도 한다.

【원문】

或一派壬 則耑用戊土 此人雖不成名 文章邁眾 但名利虛浮 何
혹일파임 즉단용무토 차인수불성명 문장매중 단명리허부 하

也 因戊晦光 又須甲木爲藥也 或無壬水 癸亦可用 但不甚顯
야 인무회광 우수갑목위약야 혹무임수 계역가용 단불심현

【해설】 　　　　壬水칠살이 한 무리가 있어서 오로지 戊土식신을 사용
하는 경우에 공명은 비록 높지 않지만 문장은 뛰어나다. 그러나 戊土가
설기하면 먼지가 丙火의 빛을 흐리게 하여 명리(名利)가 공허하며 甲木
이 약이 된다. 자월병화에 壬水가 없는 경우 우로수(雨露水)인 癸水를
사용할 수 있지만 壬水보다 역량이 떨어져서 큰 발전은 없다.

【원문】

或四柱多壬無甲 乃作棄命從殺 亦有雲路
혹사주다임무갑 내작기명종살 역유운로

【해설】 　　　　자월병화에 壬水칠살이 많고, 이를 관인상생(官印相
生)시키는 甲木편인이 없으면 기명종살(棄命從殺)이 되어 높은 벼슬을
한다.

或水多 有甲 無戊 却非從殺 宜用己土濁壬 十一月丙火 與十
혹 수 다 유 갑 무 무 각 비 종 살 의 용 기 토 탁 임 십 일 월 병 화 여 십

月頗同
월 파 동

【해설】　　　　壬癸水가 많고 甲木이 있으며 戊土가 없는 경우는 종
살격(從殺格)이 아니므로, 己土로 壬水를 혼탁하게 하는 것이 좋다. 해
월병화와 자월병화는 쓰는 방법이 거의 같다.

【원문】

布政
포 정

시	일	월	연 (乾命)
庚	丙	庚	辛
寅	寅	子	亥

癸	甲	乙	丙	丁	戊	己
巳	午	未	申	酉	戌	亥

【해설】　　　　연월에 金水가 강하고 일시에 寅木이 있으므로 관인상
생한다. 火비겁운에 포정(布政) 벼슬을 하였다.

【원문】

丙癸見干 小富貴
병계견간 소부귀

	시	일	월	연(乾命)
	癸	丙	庚	辛
	巳	子	子	丑

癸	甲	乙	丙	丁	戊	己
巳	午	未	申	酉	戌	亥

【해설】 　　　子丑 水관살국에 癸水가 투출하여 관살이 강하지만, 巳 중 丙火가 용신으로 일간을 돕고 巳 중 戊土가 수세(水勢)를 막아 작은 부귀를 이루었다.

【원문】

金寒水凍 戊晦丙光 貧而且夭
금 한 수 동 무 회 병 광 빈 이 차 요

	시	일	월	연(乾命)
	戊	丙	庚	辛
	子	戌	子	酉

癸	甲	乙	丙	丁	戊	己
巳	午	未	申	酉	戌	亥

【해설】　　　　팔자에 金水가 강해서 金이 차서 水가 얼어붙는 금한수동(金寒水凍)의 병이 있고, 시(時)에 戊土가 투출하여 일간 丙火를 설기하므로 빛이 어두워진다. 빈천하고 요절하였다.

자월병화 해설

시　일　월　연 (乾命)

乙　丙　庚　辛

未　午　子　酉

癸　甲　乙　丙　丁　戊　己

巳　午　未　申　酉　戌　亥

壬水관살 위주로 하고 戊土로 제살하는 자월병화의 용신 원칙은, 子월에 양기가 시작되어 丙火일간이 신왕한 경우에 적용된다. 그런데 위 사주는 연월의 辛酉庚金이 월의 子水관살을 생하여 신약한 사주이므로 조후만 고려한 용신 원칙을 적용할 수 없다.

　신약하기는 하지만 丙火일간이 앉은 자리가 일지 午火로 양인(陽刃)을 깔고 있고, 일지와 시지가 午未 남방 火비겁국으로 힘이 있으며, 未土에 뿌리를 둔 乙木이 丙火를 돕고 있으므로 일간이 관살의 극을 감당할 수는 있다. 또한, 일지 午火는 일간의 힘이 되면서 일간과 정을 통하고 있어 이른바 방신유정(幇神有情)의 상태다. 그래도 신약사주에 관살이 왕하므로 일간을 돕는 인수 乙木을 용신으로 하고 비겁을 희신으로 삼는다.

　의대 교수를 지냈던 분으로 乙未와 甲午대운에 수억의 큰돈을 벌었

다. 이는 팔자가 중화를 이루고 방신유정의 팔자이며, 대운이 희용신의 흐름이었기 때문이다.[사주 출처 『사주첩경(四柱捷徑)』]

```
시   일   월   연 (坤命)
己   丙   戊   庚
亥   子   子   子

辛 壬 癸 甲 乙 丙 丁
巳 午 未 申 酉 戌 亥
```

자월병화에 壬水칠살이 많고, 이를 관인상생(官印相生)시키는 甲木이 없는 경우 기명종살(棄命從殺)이 된다고 하였다. 이 사주는 亥 중 甲木이 있어 갑목맹아(甲木萌芽)가 되므로 종살격이 아니라고 생각할 수 있지만, 원래 갑목맹아의 개념은 월에 亥가 있는 경우에 많이 사용된다. 혹시 亥 중 甲木이 투출해도 시간의 己土가 합을 하여 기반(羈絆)이 되고, 연간에 庚金이 있어서 甲庚충이 되므로 甲木인수가 역할을 한다고 볼 수 없다. 그리고 진종(眞從)을 하기 위해서는 관살을 극하는 식상의 방해가 없어야 한다. 이 사주는 戊己식상이 일간에 바짝 붙어 있어 종을 방해하므로 기명종살로 보기 어렵다.

이와 같이 기명종살이 안 되고 지지의 넘치는 관살이 일간 丙火를 극하며, 戊己식상은 약한 丙火를 설기하여 매우 신약한 사주를 만든다. 그러므로 극설교집(剋洩交集), 관살혼잡(官殺混雜)으로 관살과다(官殺過多)의 해로움이 나타난다. 운의 흐름도 중년에 申酉戌구신운으로 흘러 아름답지 못하다.

실제로 첫 남편은 사망하였고, 두 번째 남편은 이혼 후 사망하였으며,

2007년 현재 세 번째 남자와 동거하고 있다. 스스로 재수 없는 여자라고
생각하며, 현재의 남자도 죽지 않을까 노심초사하고 있는 중년 여성이다.

자월병화
상담사례

부부 불화의 원인

시	일	월	연(坤命)
壬	丙	戊	庚
辰	子	子	子

辛	壬	癸	甲	乙	丙	丁
巳	午	未	申	酉	戌	亥

주변에서 그 정도의 외모, 학벌, 지성, 인간성 등이면 남편과 헤어지라고 하는데 그
렇게 가망이 없는지, 남편복은 애당초 없는 것인지, 남편과의 이혼을 상의한 것이 2001
년 10월이다. 그 후 몇 번 고비가 있었지만, 2007년 현재까지 굴곡을 겪으며 부부관계
를 지속하고 있다. 팔자의 어느 성분이 부부 불화의 원인인지 살펴보자.

먼저 사주 구조를 보면, 지지 申子辰 水관살국에 壬水가 투출해 있다. 丙火일간을 치
는 관살의 기운이 강한데 자기편은 하나도 없다. 차라리 관살에 종하는 종살격(從殺格)
이 되면 귀하겠지만, 월간에 戊土가 튀어나와 관살에 대적하므로 종살도 안 된다.

戊土도 시지의 辰土가 너무 멀어서 뿌리를 내릴 수 없고, 바닥이 물 천지여서 무력한
戊土가 己土의 역할로 변하였다. 팔자가 진흙탕에 태양이 떠 있는 형상이고, 戊土가 관
살을 감당하기보다 일간을 설기할까 두렵다. 그런데 戊土는 설기를 하고 혼잡된 강한

물기운은 일간을 제극하여 극설교가(剋洩交加)가 되며, 더욱이 신약에 관살혼잡(官殺混雜)이므로 여자 팔자로는 파격이다. 즉, 명부(明夫)와 암부(暗夫)가 혼잡되어 남편에 대한 집중력이 떨어지는 것이 가장 큰 흠이다.

다음으로 심리적인 면을 보면, 丙火일간의 속성을 궁성론으로 볼 때 자체적으로 관성의 심리를 가지고 있다. 이러한 丙火가 역할을 하려고 할 때는 월지 관성궁으로 진입하는데, 마침 관성궁에 관성이 있으므로 칠살의 심리가 나타난다. 칠살은 권위를 존중하고 보수성이 강하며 헌신하는 기운이 강하지만, 속세의 이익에는 어두운 소박함이 특징이다. 여기에 월간 식신궁에 자리한 식신이 조왕(助旺)하여 칠살과 식신의 심리가 뒤섞인다. 즉, 심리적으로는 원칙을 받아들이고 헌신하면서도 일탈을 꿈꾼다.

마지막으로 부부 불화에 영향을 주는 신살들을 살펴보면 다음과 같다.

① 교신성(交神星) 일주로 주변 환경에 불만이 많다.

② 음양살(陰陽殺)로, 이 살이 있는 여자는 남자를 품에 안고 도망간다고 하였다.

③ 비인살(飛刃殺) 일주에도 해당되어 싫증을 내고 변덕이 있다.

이렇게 흉적인 요소가 많이 있지만, 시간에 관성이 투출하여 일간 가까이 있고 관성의 기세가 왕성하여 이혼까지는 가지 않는다.

12 축월병화(丑月丙火)

주용신 甲 **보조용신** 壬

월의 기운이 양(陽)을 향하므로 추위를 겁내지 않는다. 甲木편인으로 土식상의 설기를 막고, 壬水칠살을 귀함을 이루는 원천으로 삼는다.

【원문】

十二月丙火 氣進二陽 侮雪欺霜 喜壬爲用 己土司令 土多又不
십 이 월 병 화 기 진 이 양 모 설 기 상 희 임 위 용 기 토 사 령 토 다 우 불

可少甲 壬甲兩透 科甲堪宜 甲藏則秀才而已 或無甲得一壬透
가 소 갑 임 갑 량 투 과 갑 감 의 갑 장 즉 수 재 이 이 혹 무 갑 득 일 임 투

富中取貴
부 중 취 귀

【해설】　　　축월병화는 월의 기운이 양(陽)으로 향하여 추위를 겁
내지 않으므로 壬水칠살을 쓴다. 丑월은 己土가 사령하여 팔자에 土식
상이 많으면 설기가 너무 심하므로 甲木편인이 적으면 안 된다. 壬水와
甲木이 투출하면 벼슬을 한다. 그러나 甲木이 감춰져 있으면 재주가 있
을 뿐이고, 甲木이 없고 壬水가 투출하면 재물이 있고 귀하다.

【원문】

如見一派己土 不見甲乙 名假傷官 聰明性傲 名利盧浮
여 견 일 파 기 토 불 견 갑 을 명 가 상 관 총 명 성 오 명 리 허 부

【해설】　　　축월병화가 한 무리의 己土를 보고 甲乙인수가 없으면
가상관격(假傷官格. p.125 참조)이다. 상관격은 총명하지만 오만하여
명리가 헛되다.

【원문】

或一派癸水 得己出干 必主自創基業 若制伏太過 又取辛金作
혹일파계수 득기출간 필주자창기업 약제복태과 우취신금작

用 得見癸透 此人卽不成名 必淸雅文墨之士
용 득견계투 차인즉불성명 필청아문묵지사

【해설】　　　한 무리의 癸水정관이 있고 己土가 투출하면 스스로
창업하여 기업을 일으키지만, 만약 己土의 제복(制伏)이 너무 지나치면
辛金정재가 있어야 이와 같이 작용한다. 辛金이 있고 癸水가 투출하면
유명인이 되지 않더라도 청아한 문필가는 된다.

【원문】

總河
총 하

시	일	월	연 (乾命)
壬	丙	乙	癸
辰	午	丑	卯

戊	己	庚	辛	壬	癸	甲
午	未	申	酉	戌	亥	子

【해설】　　　丙火일간이 午火양인 위에 있고, 壬水칠살이 투출한 살인
격(殺刃格)이다. 乙木정인이 지지에 건록(建祿)을 얻고, 辰午 사이에 巳火 건
록이 있어 丙火가 약하지 않아 칠살을 감당한다. 총하(總河) 벼슬을 하였다.

【원문】

二甲制土 按察
이 갑 제 토 안 찰

시	일	월	연 (乾命)
庚	丙	丁	己
寅	寅	丑	丑

庚	辛	壬	癸	甲	乙	丙
午	未	申	酉	戌	亥	子

【해설】　　　寅 중에 있는 2개의 甲편인이 제토(制土)한다. 화토상
관(火土傷官)에 상관패인(傷官佩印)이 되어 안찰(按察) 벼슬을 하였다.

【원문】

木神得祿制土 壯元
목 신 득 록 제 토 장 원

시	일	월	연 (乾命)
己	丙	己	乙
丑	寅	丑	酉

壬	癸	甲	乙	丙	丁	戊
午	未	申	酉	戌	亥	子

【해설】 　　　　　寅 중 甲木이 건록을 얻어 土상관을 제극하므로 丙戌
운에 장원(壯元)을 하였다. 앞의 사주와 마찬가지로 화토상관격에 인수
를 차고 있는 상관패인격이지만, 운이 서북 방향으로 달려 木火를 해치
므로 장원에 머물렀다. 상관 오행에 따른 용신 원칙은 다음과 같다.

① 목화상관(木火傷官)은 선인후관(先印後官)으로 水인수를 용신으로
　하고 金관성을 희신으로 삼는다.

② 화토상관(火土傷官)은 상진최호(傷盡最好)이며, 인수로 상관을 상하
　게하는 것이 좋다.

③ 토금상관(土金傷官)은 선인후재(先印後財)로 신약사주인 경우 火인수
　를 용신으로 하고, 신왕사주인 경우는 水재성을 용신으로 삼는다.

④ 금수상관(金水傷官)은 선관후재(先官後財)로 火관성을 용신, 木재성
　을 희신으로 삼는다.

⑤ 수목상관(水木傷官)은 선재후비(先財後比)로 火재성을 용신, 水비겁
　을 희신으로 삼는다.

332

【원문】

用神得金局 白手成家
용 신 득 금 국 　백 수 성 가

시	일	월	연	(乾命)
癸	丙	己	乙	
巳	申	丑	巳	

壬	癸	甲	乙	丙	丁	戊
午	未	申	酉	戌	亥	子

【해설】 　　　　축월병화가 申金에 앉아 있으므로 약하다. 다행히 연과 시에 巳火 건록(建祿)을 얻어서 상관용재격(傷官用財格)이다. 용신 辛金이 지지에서 金식상국을 얻어 자수성가할 팔자이며, 癸水정관이 巳火 위에 있어 역할을 못 하므로 귀하지 않다.

【원문】

用甲制己 又庚制甲 拾芥而已
용 갑 제 기　우 경 제 갑　습 개 이 이

시	일	월	연(乾命)
庚	丙	己	乙
寅	午	丑	丑

壬	癸	甲	乙	丙	丁	戊
午	未	申	酉	戌	亥	子

【해설】 　　　　火土가 강하므로 甲木을 써서 己土를 제극해야 하는 사주이다. 시간 庚金이 용신 甲木을 극하므로 파격(破格)이 되고 농부이다.

십간의 월별 주용신과 보조용신

시	일	월	연 (乾命)
己	丙	乙	癸
丑	子	丑	卯

戊	己	庚	辛	壬	癸	甲
午	未	申	酉	戌	亥	子

축월병화가 壬水가 극하는 것을 두려워하지 않으므로 壬水와 甲木 위주로 용신을 정하는 것이 조후 원칙이다. 壬水를 쓰는 경우 木이 적으면 안 되는데, 이는 월령이 상관으로 설기가 강한 달이기 때문이다. 이 사주의 辛金정재는 월지 丑이 고(庫)라서 좋고, 癸水정관은 丑에 뿌리가 있는 상태로 투출하였으며, 乙木정인은 연지 卯木에 뿌리가 있어서 재관인(財官印)의 짜임이 있으므로 격국이 좋다. 단, 상관월인 丑월에 己丑시를 만나 일간의 설기가 심하므로, 월간 乙木을 용신으로 삼고 癸水를 희신으로 삼는다.

대운은 초반에 희용신으로 흐르고, 연월주에 희용신이 있어서 좋은 편이다. 그러나 壬戌과 辛酉운은 기구신운이라 흉하다. 명주는 관료의 자식으로 壬戌운에는 水가 통근을 못 하여 좋지 않았으며 돈으로 벼슬을 하였다. 辛酉운은 용신을 乙辛충하고, 용신의 뿌리인 卯를 卯酉충하여 극흉하다. 이 시기에 국형(國刑)을 받았다.[사주 출처 『적천수(滴天髓)』]

시	일	월	연 (坤命)
壬	丙	己	庚
辰	辰	丑	子

壬	癸	甲	乙	丙	丁	戊
午	未	申	酉	戌	亥	子

1960년생 여성의 사주이다. 2002년 壬午년부터 남편의 바람으로 부부 불화가 시작되었고, 2003년 癸未년에 이혼을 결정하였으나 자식 때문에 실행하지 못하고 있으며, 2004년 甲申년부터 부부 문제로 우울증 치료를 받고 있다. 이에 대한 운기적인 이유를 살펴본다.

축월병화에게 木火의 기운이 전혀 없고 土식상이 강하여 종아격(從兒格)이다. 종아이면서 연간에 재성 庚金이 있어 아우생아(兒又生兒. p.272 참조)의 형세이므로 상격으로 볼 수 있다. 그러나 庚金이 사지(死地)인 子에 있어 무력해져서 역할을 하기 힘들다. 또한 辰 중 乙木이 있어서 인수의 역할을 기대할 수 있으므로 종아의 파격, 즉 신약한 사주로 볼 수도 있다. 그러나 토다목절(土多木折)로 木이 火를 생하지 못하므로 종아격으로 보는 것이 맞다.

희용신 기준으로 부부관계를 보면, 水관살인 남편별은 종아격의 기신인 木인수를 생하므로 구신성(仇神星)에 해당되고, 남편궁인 월지는 용신궁(用神宮)이 된다. 팔자 심리로 보면 남편의 자질은 좋으나 남편의 협조는 전혀 없는 경우이다. 과연 이런 이유만으로 부부가 불화할까? 위 사주에서 부부가 불화하기 쉬운 또 다른 이유는 다음과 같다.

① 상관지명(傷官之命)이다. 이는 庚金이 사지(死地)인 子에 앉아 있어서, 강력한 土가 水를 극하는 것을 막을 수 없기 때문에 일어난다.

335

3

십간의 월별 주용신과 보조용신

② 상관격에서 오는 성격적인 특성을 들 수 있다. 상관이 강한 사주는 총명하고 지혜롭지만 오만하여 부부관계에 나쁜 영향을 미친다. 원문에서는 '견일파기토 불견갑을 명가상관 총명성오 명리허부(見一派己土 不見甲乙 名假傷官 聰明性傲 名利虛浮)'라는 말로 이를 설명하고 있다.

③ 신약에 관살혼잡(官殺混雜)이다.

④ 궁성이론으로 볼 때 남편성인 子水로 진입하면 庚子 입장에서 辰巳가 공망으로, 일지가 공망인 자공망(自空亡)이 되므로 남편에게 향할수 없는 구조이다.

그러나 이렇게 흉함에도 불구하고 남편성이 천간으로부터 생을 받고, 운에서 남편성을 해치는 결정적인 기운이 오지 않으므로 이혼까지는 가지 않을 것이다.

참고로 남편의 사주를 제시한다.

시	일	월	연 (乾命)
甲	己	己	丙
子	丑	亥	申

丙	乙	甲	癸	壬	辛	庚
午	巳	辰	卯	寅	丑	子

4. 丁火의 월별 용신

1 인월정화(寅月丁火)

주용신 庚 보조용신 甲

정인이 사령하여 木이 강하다. 庚金정재로 甲木정인을 쪼개고, 甲木정인으로
丁火를 이끈다.

【원문】

正月丁火　甲木當權　乃爲母旺　非庚不能劈甲　何以引丁　姑用
정월정화　갑목당권　내위모왕　비경불능벽갑　하이인정　고용

庚金
경금

【해설】　　　　　인월정화는 甲木정인이 사령하여 인수가 강하므로 庚
金정재를 써서 甲木정인을 쪼개야 丁火를 이끌 수 있다. 인월정화는 庚
金을 쓰는 것이 우선이다.

【원문】

或一派甲木　無庚制之　非貧卽夭　或只一甲木　多見乙木者　必離
혹일파갑목　무경제지　비빈즉요　혹지일갑목　다견을목자　필리

鄕之客　焉問妻兒　或見甲乙　生庚子時　又主妻早子早　且可採芹
향지객　언문처아　혹견갑을　생경자시　우주처조자조　차가채근

【해설】　　　인월정화에 한 무리의 甲木이 있는데 庚金재성이 제극하지 않으면 가난하거나 요절한다. 甲木이 단 1개 있는데 乙木편인을 많이 보면 반드시 고향을 떠나고 처자식 복이 없다. 만약 甲乙木을 보고 庚子시인 경우에 庚金은 甲木을 쪼개고 子水는 木을 적셔서 강하게 하여 처자식을 일찍 보지만, 힘들게 농사를 짓는 등 가난한 생활을 한다.

【원문】

得壬化木　弱極復生　合此必主大貴　但此化合　反以不見庚破格
득 임 화 목　약 극 복 생　합 차 필 주 대 귀　단 차 화 합　반 이 불 견 경 파 격

爲妙
위 묘

【해설】　　　인월정화가 壬水정관이 있어 정임합목(丁壬合木)이 되면 매우 약한 것이 다시 생을 이루므로 크게 귀하게 된다. 이렇게 합화격 (合化格. p.95 참조)이 되는 경우에는 庚金이 금극목(金剋木)으로 화(化)하는 오행 木을 파괴하지 않아야 좋다

【원문】

或有庚金壬癸　得己土出干制之　此命不由科甲　亦有異途
혹 유 경 금 임 계　득 기 토 출 간 제 지　차 명 불 유 과 갑　역 유 이 도

【해설】　　　인월정화에 庚金과 壬癸水가 있어서 합화격을 이루지 못하는 경우, 己土상관이 투출하여 이를 제극하면 과거에 급제하지 못해도 다른 방법으로 공명을 이룬다.

【원문】

或一派壬癸 不得寅時 又無庚金 必主窮困

혹 일 파 임 계 부 득 인 시 우 무 경 금 필 주 궁 곤

【해설】　　　　　인월정화에 한 무리의 壬癸水가 있지만 寅시가 아니라 화목(化木)이 안 되고, 甲木을 쪼개는 庚金정재가 없으면 용신이 없는 상황이므로 반드시 가난하다.

【원문】

或丁年 壬月 丁日 壬時 男主大貴 女則不宜 此格以土爲妻 金

혹 정 년 임 월 정 일 임 시 남 주 대 귀 여 즉 불 의 차 격 이 토 위 처 금

爲子 但子女艱難 女命合此 淫賤 刑夫剋子

위 자 단 자 녀 간 난 여 명 합 차 음 천 형 부 극 자

시	일	월	연
壬	丁	壬	丁
寅	○	寅	○

【해설】　　　　위와 같이 丁년 壬월 丁일 壬시의 구조이면, 남자의 경우는 왕성하여 관귀를 감당할 수 있으므로 대귀하지만 여자는 좋지 않다. 이 경우 金을 용신, 화신(化神)의 관살을 자식으로 보아 토처금자(土妻金子)가 된다. 여자인 경우 자식을 기르기 어렵고 음란하고 천하며, 남편을 상하게 하고 자식을 극한다.

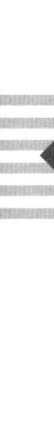

【원문】

或支火局 無滴水解炎 僧道之命 見甲出略可 總不可無水 水多
혹지화국 무적수해염 승도지명 견갑출략가 총불가무수 수다

亦不宜
역 불 의

【해설】　　인월정화에 지지 火비겁국이며, 불을 꺼줄 물인 관살
이 없으면 승도(僧道)이다. 甲木정인이 투출하면 괜찮고, 水관살이 없으
면 안 되지만 水가 너무 많아도 좋지 않다.

【원문】

庠生 酉運終
상 생 유 운 종

시	일	월	연 (乾命)
壬	丁	戊	庚
寅	未	寅	辰

乙	甲	癸	壬	辛	庚	己
酉	申	未	午	巳	辰	卯

【해설】　　정임합목(丁壬合木)에 寅월 寅시이므로 진화(眞化)가
될 것 같지만, 금극목(金剋木)하는 庚金이 투출하여 파격(破格)이 되므
로 크게 귀하게 되지 않았다. 재관인 金水가 용신이 된다. 상생(庠生) 벼
슬을 하고, 木인수를 극하는 酉운에 사망하였다.

【원문】

女命 貧賤
여 명 빈 천

시	일	월	연(坤命)
癸	丁	庚	辛
卯	酉	寅	卯

丁	丙	乙	甲	癸	壬	辛
酉	申	未	午	巳	辰	卯

【해설】   여성으로 왕성한 金재성이 木인수를 극하여 丁火일간을 이끌지 못하고, 丁癸충이 되어 가난하고 천하였다.

인월정화 해설

시	일	월	연(乾命)
戊	丁	壬	壬
申	卯	寅	戌

己	戊	丁	丙	乙	甲	癸
酉	申	未	午	巳	辰	卯

위 사주는 상관용인격(傷官用印格)에 탐재괴인(貪財壞印)의 사주이

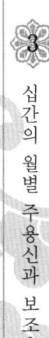

다. 즉 『자평진전(子平眞詮)』의 시각으로 보면 월령 寅 중 戊土가 투출하였으므로 상관격(傷官格)이고, 연주의 戊土와 쌍으로 있는 壬水관살이 시지 申金에 뿌리를 박고 있어 신약으로 일간을 생조하는 인수를 용하므로 상관용인격(傷官用印格)이다.

비록 지지에 寅卯인수가 있으나 초봄의 寅木이 무력하고, 卯는 재성인 申金에게 금목상전(金木相戰)을 당하여 아주 강하다고 할 수 없다. 사주가 신약하므로 인수를 써야 하는데, 이를 申金이 옆에 바짝 붙어서 극하므로 이른바 재괴인(財壞印) 사주로 분류할 수 있다. 그러므로 申金 재성이 이 사주의 병이 된다.

이 사주는 癸卯와 甲辰운에는 발전하다가 乙巳운에 극형을 받았다. 巳운에 극형을 받은 것은 乙木 용신이 巳에 앉아 병이 들고, 巳 중 庚金은 사주에 있는 申과 합세하여 금극목(金剋木)으로 용신을 손상하였기 때문이다. 상관격은 명예를 치는 성분이라 다른 이름으로 만년 야당, 박관살(剝官殺)이라 한다. 상관이 팔자에 있는 인수를 배경으로 숨어 있다가, 운에서 인수가 무력해지는 시기에 상관 기운이 발동한 것으로 볼 수도 있다. 『연해자평(淵海子平)』 「인수시결(印綬詩訣)」의 '운약거재 환작복 재행재운 수원종(運若去財 還作福 再行財運 壽元終)'의 상황에도 맞다.[사주 출처 『사주첩경(四柱捷徑)』]

시	일	월	연 (乾命)
甲	丁	戊	庚
辰	卯	寅	子

乙	甲	癸	壬	辛	庚	己
酉	申	未	午	巳	辰	卯

인월정화가 지지에 寅卯辰 木인수국이고, 시간 甲木이 투출하여 신왕하다. 조후용신의 원칙과 『팔자제요(八字提要)』의 木이 왕성하면 金관살을 제극한다는 개목왕필뢰금살(蓋木旺必賴金殺) 원칙에 따라 庚金재성을 용신으로 한다. 용신의 상황을 보면, 월령과 시지에 뿌리가 있는 戊土가 투출하여 金을 생하고, 식상의 자리에 戊土식상이 있어 조왕(助旺)하며, 庚金재성이 재성궁에 있어 조왕하고 천간에 드러나서 역량은 있어 보인다. 그러나 庚金 용신의 자리가 寅木 월령의 절지(絶地)이고, 앉은 자리인 子水의 사지(死地)이므로 지지에서 실어주는 힘은 떨어진다.

2006년 丙戌년은 세간(歲干) 丙火가 구신운이고, 지지에서 힘을 못 받는 용신 庚金을 화금상전(火金相戰)한다. 또한 세지(歲支)는 묘술합화(卯戌合火)로 구신운이 된다. 실제, 이 해에 상가 투자를 잘못하여 15억 정도 손실을 보았다. 손실을 2007년 丁亥년에 회수할 가능성을 보면, 세간은 비견이고 지지는 木 인수국을 이루어 운의 도움이 없다.

② 묘월정화(卯月丁火)

주용신	庚	보조용신	甲

습한 나무[木]로 타지 않는다. 庚金정재로 먼저 甲木을 쪼개고, 甲木정인으로 丁火를 인도한다.

【원문】

二月丁火 溼乙傷丁 先庚後甲 非庚不能去乙 非甲不能引丁 庚
이월정화 습을상정 선경후갑 비경불능거을 비갑불능인정 경

甲兩透 科甲定然 庚透甲藏 亦有生貢 甲透庚藏 異路功名
갑량투 과갑정연 경투갑장 역유생공 갑투경장 이로공명

십간의 월별 주용신과 보조용신

【해설】 묘월정화가 습한 乙木으로 인해 타지 않으므로 丁火일간이 손상된다. 먼저 庚金정재를 쓰고, 다음에 甲木인수를 쓴다. 庚金과 甲木이 투출하면 자연히 귀하게 된다. 庚金이 투출하였는데 甲木이 숨어 있으면 생원이거나 재물로 벼슬을 얻는다. 甲木이 투출하고 庚金이 감춰져 있으면 과거가 아니라 다른 방법으로 공명을 이룬다.

【원문】

或庚乙俱透 庚必輸情於乙 未免貪合 運行金水 一貧徹骨 或庚
혹경을구투 경필수정어을 미면탐합 운행금수 일빈철골 혹경

透乙藏 則不能貪合 乙反引丁 即用乙亦無害 運入木火之鄉 自
투을장 즉불능탐합 을반인정 즉용을역무해 운입목화지향 자

然富貴 用乙者水妻木子 若盡是乙木 不見一甲 此人富貴不久
연부귀 용을자수처목자 약진시을목 불견일갑 차인부귀불구

因貪致禍 弄巧反拙 且不能承先人之業
인탐치화 농교반졸 차불능승선인지업

【해설】 庚金과 乙木이 모두 투출하면 庚金이 乙木에게 정을 주고 합을 탐하여 탐재괴인(貪財壞印)이 되며, 운이 金水재관운으로 흐르면 기운이 편고(偏枯)해져서 지독하게 가난하다. 庚金은 투출하고 乙木은 장간에만 있으면 합을 탐하지 않으며, 乙木이 丁火를 이끌어주어 신약한 경우 乙木인수를 사용하는 것이 해롭지 않다. 운이 木火인비로 흐르면 부귀하다. 乙木을 쓰는 경우 水가 처이고 木이 자식이 된다. 만약 팔자의 대부분이 乙木으로 甲木을 보지 못하는 경우에는 부귀가 오래가지 못하고 탐욕으로 화를 부르며, 교묘한 방법으로 일을 꾸미지만 결과가 없고 가업을 잇지 못한다.

【원문】

或支成木局 有庚透 主清貴 不見庚者 常人 二月乙木司權 必
혹지성목국 유경투 주청귀 불견경자 상인 이월을목사권 필

須有庚 有乙無庚 主貧苦無依 用庚者 土妻金子
수유경 유을무경 주빈고무의 용경자 토처금자

【해설】　　　　만약 지지가 木인수국으로 인수가 강하고 투출한 庚金
재성을 쓰는 경우에는 귀하고, 庚金이 없으면 평범한 사람이다. 卯월에
는 乙木이 사령하므로 반드시 庚金이 있어야 한다. 乙木은 있는데 庚金
이 없으면 木이 너무 왕성해져서 가난으로 고통을 겪는다. 庚金을 쓰는
경우 土가 처이고 金이 자식이 된다.

【원문】

得印旺殺高 大富大貴 或一派水 無一戊制 主貧苦無依 或乙少
득인왕살고 대부대귀 혹일파수 무일무제 주빈고무의 혹을소

癸多 有戊去制 反吉 用土者 火妻土子
계다 유무거제 반길 용토자 화처토자

【해설】　　　　묘월정화에 木인수가 왕성하고 水칠살이 많으면 살왕
용인(殺旺用印)이 되므로 매우 부귀하다. 만약 한 무리의 水관살이 있고
戊土가 이를 제극하지 않아 상관제살(傷官制殺)이 안 되면, 가난하고 고
통스러운데 의지할 곳이 없다. 乙木이 적고 癸水가 많으며, 戊土가 있어
서 戊癸火로 癸水를 제거하면 오히려 길하다. 묘월정화에 土를 쓰는 경
우 火가 처이고 土가 자식이 된다.

345

3
십간의 월별 주용신과 보조용신

用巳中之庚制木 位至尚書
용사중지경제목 위지상서

시	일	월	연(乾命)
丁	丁	乙	戊
未	巳	卯	子

壬	辛	庚	己	戊	丁	丙
戌	酉	申	未	午	巳	辰

346

【해설】　　　묘월정화는 인수가 왕성한 계절이므로 재성이 있으면 귀하다. 팔자에 木이 강한데 巳火 중 庚金으로 木을 제극하고, 강한 火는 투출한 戊土와 未土가 설기한다. 巳未 사이에 午火를 끼고 있어 火비겁을 불러오지만, 연지 子水가 子午충으로 이를 해결한다. 용신 庚金이 득지하는 庚申운과 辛酉운에 상서(尚書) 벼슬을 하였다.

【원문】

鼎甲
정갑

```
          시   일   월   연 (乾命)
          庚   丁   癸   丁
          子   卯   卯   卯

          丙   丁   戊   己   庚   辛   壬
          申   酉   戌   亥   子   丑   寅
```

【해설】　　　　묘월정화가 강하지만 金水木火가 순환 상생하는 구조
이다. 팔자를 강하게 하는 木은 투출한 庚金이 극제한다. 癸水는 관인상
생(官印相生)으로 일간을 강하게 하며, 한편으론 庚金정관을 약하게 할
우려가 있다. 戊己운에는 水를 조절할 수 있으므로 발전한다. 정갑(鼎
甲) 벼슬을 하였다.

【원문】

尚書
상 서

```
          시   일   월   연 (乾命)
          甲   丁   己   庚
          辰   丑   卯   辰

          丙   乙   甲   癸   壬   辛   庚
          戌   酉   申   未   午   巳   辰
```

【해설】 卯월의 왕성한 木을 뿌리가 있는 庚金이 제극하고, 투출한 己土가 火를 설기한다. 재성을 취해 인수를 조절하는 취재파인(取財破印)이며, 庚甲이 모두 있어 서방 재성운에 상서(尚書) 벼슬을 하였다.

묘월정화 해설

```
        시  일  월  연 (乾命)
        癸  丁  丁  甲
        卯  卯  卯  戌

    甲  癸  壬  辛  庚  己  戊
    戌  酉  申  未  午  巳  辰
```

木火가 통관된 사주로 인수가 너무 강한 것이 흠이다. 시간에 癸水가 있어 관인상생(官印相生)이 되지만, 癸水의 의지처가 전혀 없으므로 살인양왕(殺印兩旺)의 부귀를 바랄 수 없다. 다행히 약한 칠살을 돕는 金水재관운이 이어져 약간 발전한다.[사주 출처 『사주첩경(四柱捷徑)』]

```
        시  일  월  연 (坤命)
        癸  丁  丁  甲
        卯  卯  卯  辰

    庚  辛  壬  癸  甲  乙  丙
    申  酉  戌  亥  子  丑  寅
```

위 사주는 앞의 사주와 비슷한 구조로 2007년 현재 작은 보습학원을 운영하고 있으며, 결혼을 원하지만 못 하고 있는 1964년생 여성의 사주이다. 癸水관살의 의지처가 전혀 없는 것이 특징이다.

```
시  일  월  연 (乾命)
庚  丁  己  乙
子  亥  卯  亥


壬  癸  甲  乙  丙  丁  戊
申  酉  戌  亥  子  丑  寅
```

卯월에 乙木의 기운이 왕성하므로 반드시 庚金을 써야 하며, 庚金이 투출하지 않은 경우 평범한 사람이라 하였다. 위 팔자는 지지가 亥卯未 木인수국이고 乙木이 투출하여 인수가 강한 신왕사주이며, 庚金이 투출하여 일단 귀한 조건은 갖춘 셈이다. 신왕으로 보는 것이 원칙이지만, 金水재관이 강한 신약으로 보기도 한다. 이와 같이 왕약 논란이 있는 것은 오행의 기운이 균형을 이뤄 배득중화(配得中和)가 되었다는 것을 의미하므로 귀한 팔자 구조이다. 신왕에 용신은 시간 庚金이고, 희신은 월간 己土이다.

운의 흐름을 보면, 초반의 土식상운은 설기하는 글자로 학업에 도움이 되는 운이며, 중반의 亥子운은 관운으로 관인상생(官印相生)이 되어 신왕을 부채질하므로 길운이라고 볼 수 없고, 말년의 申酉戌운은 무력한 용신에게 힘이 되므로 좋은 흐름이다.

1948년(壬申운, 戊子년) 제헌국회의장에 이어 초대 대통령이 되었고, 庚午대운인 庚子년 庚辰월에 4 · 19로 하야하였으며, 일지 신체궁을 충하는 1965년(庚午운, 乙巳년) 7월 19일에 사망한 이승만 전 대통령의 팔자이다. 용신 庚金이 무력하고 사지(死地)에 있어 자식이 없다.

깨진 바가지에 담기는 대운

자신의 바가지, 즉 자신의 명이 깨져 있고 금이 갔으면 아무리 좋은 운기가 와도 그 운기를 담지 못한다. 다시 말해서 생긴 대로 살아간다는 것이다. 실제 상담 사례를 통해 확인해보자. 전화도 없이 밤늦게 불쑥 찾아와서 사주 하나를 슬쩍 들이밀며 동업하려고 하는데 어떤지 봐달라고 하였다.

350

시	일	월	연 (坤命)
癸	丁	丁	己
卯	未	卯	亥

甲	癸	壬	辛	庚	己	戊
戌	酉	申	未	午	巳	辰

묘월정화 중 상격인 팔자는 丁火 불을 피울 수 있는 구조이다. 그러기 위해서는 庚金으로 甲木을 쪼개 丁火로 인도할 수 있어야 한다. 따라서 庚金과 甲木이 모두 필요한데, 丁火일간에게 어느 것이 더 필요한지는 구조 분석을 통해 결정한다. 일간 丁火가 신약하면 甲木정인을, 신왕하면 庚金정재를 용신으로 할 수 있는지에 초점을 맞추고 본다.

위 팔자는 지지가 亥卯未 木인수국으로 신왕하므로 기신은 인수이고, 용신은 이를 해결하는 庚金재성이 된다. 그러나 용신의 글자가 팔자에 없어서 안타깝다. 또한 庚金을 쓸 때 불쏘시개가 되는 甲木을 떠나서 생각할 수 없는데, 이 사주는 甲木도 없다. 庚金과 甲木이 없으므로 이 팔자 구조는 하격으로 분류된다.

하격인 팔자도 역량이 있는 글자에 기대 평생을 살아갈 수 있으므로 궁성이론을 적용하여 팔자를 좀더 자세히 분석해보자. 팔자의 각 육친성(六親星)을 분석하면 다음과 같다.

시	일	월	연 (坤命)
癸	丁	丁	己
손실		손실	손실
卯	未	卯	亥
손실	손실	생왕	손실

각 육친성 중 월지에 있는 인수성을 제외하고는 모두 역량이 떨어진다. 여성이므로 이번에는 남편궁과 남편성을 살펴보자.

① 남편궁인 월지 관성궁은 인수성이 있으므로 궁의 입장에서 보면 손실이다.

② 남편성인 관성이 두 글자로 관살혼잡(官殺混雜)이다. 신왕이면 혼잡의 영향이 덜하지만, 선후론에 따라 먼저 있는 연지 亥水보다 시간에 있는 癸水가 더 친밀한 것이 문제다. 또한 선순위인 亥水가 己土에 의해 수극(受剋)이 되어 역량이 없는 것도 문제다.

③ 연지 亥水는 정인궁에 있으므로 손실이고, 시간 癸水는 편인궁에 있으므로 마찬가지로 손실이다.

분석 결과 각 육친성이 모두 무력하고 남편도 무력하여 깨진 바가지 같은 하격의 팔자이다. 대운의 흐름이 중년에 金水로 흐르지만 이렇게 깨진 바가지에 재물을 담으면 얼마나 담을 것인가? 이런 이유들로 동업을 할 수 없다는 결론을 내렸다.

이 여성은 2002년(辛未운, 壬午년)에 바람이 나서 남편에게 소송을 당했고, 2003년(壬申운, 癸未년)에 최종 이혼판결을 받았다. 2007년 현재 직장 관계로 지방에 장기 출장 중인 유부남과 동거 중이다.

③ 진월정화(辰月丁火)

주용신 甲   보조용신 庚

월령에 있는 戊土가 丁火를 설기시켜서 약하다. 甲木정인을 사용해 土식상을
조절하고, 庚金정재로 甲木을 쪼개 丁火로 인도한다.

【원문】

三月丁火 戊土司令 洩弱丁氣 先用甲木引丁制土 次看庚金 庚
삼 월 정 화 무 토 사 령 설 약 정 기 선 용 갑 목 인 정 제 토 차 간 경 금 경

甲兩透 定主科甲 或一藏一透 終非白丁
갑 량 투 정 주 과 갑 혹 일 장 일 투 종 비 백 정

【해설】   진월정화는 월령에 있는 戊土상관이 사령해서 丁火일
간의 기운을 설기하므로 약하다. 먼저 甲木정인을 사용해서 土식상을
조절하여 丁火일간을 돕고, 다음으로 庚金정재를 보아야 한다. 甲木과
庚金이 투출하면 귀하며, 만약 둘 중 하나만 투출하여도 천한 무리는 아
니다.

【원문】

或支成木局 取庚爲先 得庚透 丁癸不透 亦有異路功名
혹 지 성 목 국 취 경 위 선 득 경 투 정 계 불 투 역 유 이 로 공 명

【해설】　　　　　辰월의 丁火일간이 지지 木인수국이 되면 庚金을 먼저 취한다. 庚金만 투출하고, 庚金의 기운을 극설(剋洩)하는 丁火와 癸水가 투출하지 않으면 과거를 통하지 않고 다른 방법으로 공명을 이룬다.

【원문】

或支成水局 加以壬透 名殺重身輕 必夭折夭年 或遭凶死 或戊
혹 지 성 수 국 　가 이 임 투 　명 살 중 신 경 　필 요 절 천 년 　혹 조 흉 사 　혹 무

己兩透 廊廟之客 若一甲破土 定是常人
기 량 투 　낭 묘 지 객 　약 일 갑 파 토 　정 시 상 인

【해설】　　　　　지지에 水관살국을 이루고 壬水정관이 투출하는 경우 관살은 무겁고 일간은 가볍다. 辰土 중에 乙木이 있어 종살(從殺)은 되기 어렵고, 살중신경(殺重身輕)이 되어 요절하거나 흉사한다. 그러나 水를 막는 戊己土가 투출하는 경우 조정의 대신이 되는데, 투출한 戊己土를 제극하는 甲木이 있으면 평범한 사람이다.

【원문】

用甲者 水妻木子 用金者 土妻金子
용 갑 자 　수 처 목 자 　용 금 자 　토 처 금 자

【해설】　　　　　진월정화에 甲木을 사용하는 경우 水가 처이고 木이 자식이며, 庚金을 사용하면 土가 처이고 金이 자식이다.

시	일	월	연 (乾命)
辛	丁	庚	庚
亥	未	辰	子

丁	丙	乙	甲	癸	壬	辛
亥	戌	酉	申	未	午	巳

진월정화의 용신 원칙에서 甲木을 먼저 쓰는 것은 월령 辰 중 戊土가 일간을 설기하므로 이를 돕기 위해서다. 또한 庚金으로 보조하는 것은 戊土의 기운을 빼내고, 한편으로는 甲木을 쪼개 丁火를 이끌기 위해서다. 甲木과 庚金 중 하나만 투출하여도 천격(賤格)이 되지 않는다고 하였으며, 甲木을 쓰려면 팔자가 신약해야 하고, 庚金을 쓰려면 팔자가 신왕해야 된다.

위 사주는 辰월에 庚金이 투출하여 설기하는 土기운을 조절하고 귀하지만, 甲木정인이 亥 중에만 숨어 있고 투출하지 않아 재다신약(財多身弱)이 되므로 庚金보다 甲木이 더 필요하다.

다른 기준으로 보면 팔자에 庚金정재, 壬水정관, 甲木정인이 모두 있어 삼기(三奇)를 이뤘으므로 귀격(貴格)이다. 그러나 삼기득위(三奇得位)가 되는 경우에도 일간이 신왕해야 되는데, 위 사주는 신약사주이므로 파격(破格)이 되었다. 이 점도 甲木이 필요한 이유이다.

대운에서 金운이 오면 甲木 용신이 무력해지는 파인(破印)이 된다. 이 시기에 전투에서 의롭게 죽은 군인의 팔자이다.

[사주 출처 『사주첩경(四柱捷徑)』]

참고로 삼기(三奇)는 甲戊庚 천상삼기(天上三奇), 乙丙丁 지하삼기(地下三奇), 壬癸辛 인원삼기(人元三奇)를 말하지만, 위 예에서와 같이 팔자에 정재, 정관, 정인이 모두 있을 때를 말하기도 한다. 이르기를 '남명신강 우삼기 위일품지귀(男命身强 遇三奇 爲一品之貴)'라 하여, 삼기가 있는 자체로 귀한 것이 아니라 일간이 신왕하고 삼기가 갖춰져야 귀격이 된다.

```
시  일  월  연(乾命)
己  丁  甲  壬
酉  巳  辰  午


辛  庚  己  戊  丁  丙  乙
亥  戌  酉  申  未  午  巳
```

　　진월정화에 丁火를 이끄는 甲木이 투출하고, 酉 中 庚金이 있다. 일단 부귀의 조건은 부족하나마 갖춘 셈이다. 부와 귀 중 어느 것과 더 인연이 있는지 살펴보자.

　　먼저 귀는 관살의 기운을 본다. 壬水관살이 앉아 있는 午火는 태지(胎地)로 자리가 마땅치 않고, 辰 中 癸水의 생조를 받는다고는 하나 옆에 투출한 甲木이 있어 설기를 하므로 역할을 하기 힘들다.

　　부귀 중 부는 식상과 재성을 보는데, 일간이 신왕하고 월령이 辰土식상이며, 己土상관이 시(時)에 투출하고 식상이 시지 酉金재성을 생조한다. 즉, 식신생재(食神生財. p.113 참조)의 흐름이 자연스럽게 이어져 있다. 혹시 酉 中 庚金이 일지 巳火의 丙에 암충(暗沖)이 될 우려도 있지만, 巳酉가 삼합이 되므로 문제가 되지 않는다.

따라서 부귀 중 부와 인연이 있는 사주이다. 운의 흐름도 土金으로 흐르므로 식상과 재성을 더욱 강화시키는 흐름이다. 명주는 말단의 자리에 있었으나 수십만 금의 재물을 모은 사람이다.[사주 출처 『적천수(適天髓)』]

④ 사월정화(巳月丁火)

| 주용신 | 壬 | 보조용신 | 甲庚 |

계절로부터 생을 받아 왕성하다. 壬水정관으로 왕성한 기운을 약하게 하고, 甲木 정인으로 보좌한다. 庚金정재는 甲木을 쪼개 목화통명(木火通明)을 이루게 한다.

【원문】

四月丁火乘旺　雖取甲引丁　必用庚劈甲　伐甲　方云木火通明
사월정화승왕　수취갑인정　필용경벽갑　벌갑　방운목화통명

甲多　又取庚爲先　但四柱忌見癸水　癸水一見　洩金　淫甲　傷丁
갑다　우취경위선　단사주기견계수　계수일견　설금　습갑　상정

故以癸爲病　或癸水藏支　壬水出干制丙　不奪丁光　自是雁塔題
고이계위병　혹계수장지　임수출간제병　불탈정광　자시안탑제

名　玉堂清貴
명　옥당청귀

【해설】

사월정화는 계절로부터 생을 받아 왕성하므로 壬水정관으로 왕성한 기운을 약하게 하는 것이 당연하다. 壬癸를 보지 못한 경우에는 甲木정인을 쓴다. 비록 丁火일간을 생하기 위해 甲木으로 용신을 삼더라도 반드시 庚金정재로 甲木을 쪼개줘야 한다. 그래야 목화통명(木火通明)이 된다.

사월정화는 팔자에 甲木이 많으면 신왕하므로 庚金을 먼저 취하며, 甲木으로 丁火를 이끄는 경우에 癸水편관을 꺼린다. 왜냐하면 癸水는 金을 설기하고 목화통명을 이루는 甲木을 적셔서 방해하며, 丁火일간을 丁癸충으로 손상시키므로 사월정화에게 병이 된다. 단, 甲木으로 丁火를 이끄는 경우가 아니면 癸水를 꺼리지 않는다. 만약 癸水가 지지에 감춰져 있고 壬水가 천간에 투출하면 壬水가 丙壬충으로 丁火의 빛을 빼앗는 丙火를 제약하지만, 丁壬합으로 丁火일간의 빛은 빼앗지 않으므로 벼슬을 하는 귀한 사주이다.

【원문】

或有庚無甲 戊透天干 此爲傷官生才 又取戊爲用 必主富貴 戊
혹 유 경 무 갑　무 투 천 간　차 위 상 관 생 재　우 취 무 위 용　필 주 부 귀　무

土出干 不見甲乙 又不見水 是傷官傷盡 八字淸高 但不大貴
토 출 간　불 견 갑 을　우 불 견 수　시 상 관 상 진　팔 자 청 고　단 부 대 귀

亦不大富 見水多木多 定是常人
역 부 대 부　견 수 다 목 다　정 시 상 인

【해설】　　　　　사월정화에 庚金정재는 있고 甲木정인이 없으며 戊土상관이 투출하는 경우 상관생재(傷官生財)가 되며, 巳월에 건록(建祿)이 되는 戊土를 쓰는 경우에는 반드시 부귀하다. 戊土상관이 천간에 없고 甲乙인수와 水관살이 없는 경우는 상관상진(傷官傷盡)이 된다. 상관상진인 경우 위인이 맑고 고결하지만 팔자가 편고하여 크게 부귀하지 못하다. 水와 木을 많이 보는 경우도 평범한 사람인데, 水를 보는 경우는 상관견관(傷官見官)이 되어 파격이 되고, 木 특히 甲木을 보는 경우는 목극토(木剋土)로 상관을 제극하므로 상관상진의 파격이 된다.

【원문】

或四柱多丙 不見壬癸 奪了丁光 此人貧苦 或丁年 巳月 丁巳
혹사주다병 불견임계 탈료정광 차인빈고 혹정년 사월 정사

日 丙午時 一丙不奪二丁 卽不顯達 亦名播四鄰 故書曰 丁火
일 병오시 일병불탈이정 즉불현달 역명파사린 고서왈 정화

陰柔一燭燈 太陽相見奪光明 柱中若見甲木透 定許身安福
음유일촉등 태양상견탈광명 주중약견갑목투 정허신안복

自臨
자림

【해설】　　　사월정화 사주에 丙火겁재가 많고 壬癸관살이 없는 경우, 丁火일간의 빛을 빼앗기므로 빈한하고 고생한다.

시	일	월	연
丙	丁	○	丁
午	巳	巳	○

그러나 위와 같이 丁년 巳월 丁巳일 丙午시인 경우는 丙火 1개가 丁火 2개의 빛을 빼앗지 못하므로 크게 발전은 못 하지만 이름은 있다. 이르기를 "丁火는 약한 등불과 같아 태양인 丙火를 보면 빛을 뺏기는데, 만약 팔자 중 甲木을 보면 몸이 편안하고 복이 저절로 온다." 하였다.

【원문】

詞林
사 림

시	일	월	연 (乾命)
乙	丁	己	甲
巳	丑	巳	午

丙	乙	甲	癸	壬	辛	庚
子	亥	戌	酉	申	未	午

【해설】　　　己土가 투출하여 丁火의 기운을 뺏는다. 甲木정인으로 土기운을 헤치고, 일간을 도와 목화통명(木火通明)의 사주를 이룬다. 丑중 癸水가 용신으로 金水운에 크게 발전하여 사림(詞林) 벼슬을 하였다.

【원문】

此火長夏天金疊疊格 侍郎
차 화 장 하 천 금 첩 첩 격　시 랑

시	일	월	연 (乾命)
乙	丁	癸	辛
巳	巳	巳	酉

丙	丁	戊	己	庚	辛	壬
戌	亥	子	丑	寅	卯	辰

【해설】 사월정화가 왕성하며, 金水재관이 희용신이 된다. 지지 巳酉에 辛金재성이 투출하여 癸水칠살을 도우므로 용신이 유력하고 맑다. 亥子丑운에 시랑(侍郞) 벼슬을 하였다.

사월정화 해설

시	일	월	연 (坤命)
甲	丁	癸	丙
辰	丑	巳	辰

丙	丁	戊	己	庚	辛	壬
戌	亥	子	丑	寅	卯	辰

위는 1976년생 여성의 사주이다. 부부관계 중심으로 사주를 살펴보면 일단 팔자에 癸水관살이 매우 무력하고, 운이 관살을 치는 흐름이므로 부부간에 문제가 있다. 용신은 土식상이다. 사월정화가 천간에 甲木과 丙火가 있어 신왕하므로 먼저 관살을 용신으로 할 수 있는지 본다.

癸水칠살이 월간에 있지만, 癸水 주변이 모두 火라서 역할을 하기 힘들다. 그러므로 강한 火를 설기하는 土식상을 용신으로 하고, 金재성을 희신으로 한다. 희신을 남편, 용신을 자식으로 보는 견해에 따라 명주의 부부관계를 봐도, 남편은 巳와 丑 중간에 허자(虛字)로 존재하는 酉金희신으로 숨어 있을 뿐이다.

궁성이론으로 부부관계를 보면 남편성인 관살은 식신궁에 자리하여 파성(破星)이 되었고, 남편궁인 월지궁에 巳火겁재가 앉아 있으므로 궁도 손상된 상황이다. 비록 癸水정관이 1개 투출하고 甲木정인이 일간과 유정하여 맑지만 정관성, 희용기구한신, 궁성이론으로 볼 때 부부관계가 좋지 않다.

　실제, 결혼에 실패하여 자식과 살고 있는 여성이다.

시	일	월	연 (坤命)
己	丁	癸	辛
酉	未	巳	丑

庚	己	戊	丁	丙	乙	甲
子	亥	戌	酉	申	未	午

　위는 1961년생 여성의 사주이다. 마찬가지로 부부관계를 살펴본다. 앞에 나온 사주와 다른 점은 신약에 木火를 희용신으로 하고 관살이 기신이며, 남편궁인 월지에 진입하면 丁未가 공망이 되어 자좌공망(自坐空亡)이 되기 때문에 남편궁으로 진입하기가 어렵다.

　또한 편재궁에 辛金재성이 앉아 조왕(助旺)하고, 지지에 巳酉丑 삼합을 깔고 있어 유력하다.

　실제, 결혼을 안 하고 혼자 살며 작은 기업체를 운영하고 있다.

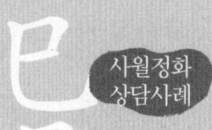

직장이냐, 사업이냐

현재 공직에 있는 중년 남자분에게 전화가 걸려왔다. 퇴사 후 갖고 있는 자격증을 이용하여 사업을 하려고 한다는 것이다. 사주를 살펴보자.

시	일	월	연(乾命)
壬	丁	乙	壬
寅	卯	巳	寅

壬	辛	庚	己	戊	丁	丙
子	亥	戌	酉	申	未	午

팔자 전체가 나무와 불기운으로 뭉쳐져 있다. 전문적인 말로 명예의 기운인 관성과 학문의 기운인 인수에 몰려 있는 전형적인 공무원 사주이다. 사업을 하려면 재물 기운이 웬만큼 힘이 있어야 하는데 巳월에 庚金이라는 재물이 숨겨져 있다. 그러나 이 기운도 숨만 붙어 있지 상황이 좋지 않다. 뜨거운 기운에 숨어 있어서 녹기 일보 직전이다. 그래도 대운의 흐름이 재물 바닥이므로 희망을 걸어보지만, 팔자 자체에서 워낙 빈약하기 때문에 큰 재물은 못 된다.

또한 중년 대운에서 酉庚金 재물덩어리가 온다고 해도 팔자에 재물을 만들어주는 식상이 부동인데 재물그릇이 오면 무슨 소용인가? 재물그릇을 깨뜨리지 않으면 다행이다. 이런 이야기를 하자 무슨 말인지 금방 알아듣고 "그럼, 열심히 근무하고 승진할 생각이나 해야겠군요." 라며 산뜻하게 결론을 내고 전화를 끊었다. 끝까지 가면 서기관, 이사관도 문제없는 분이지만 재물은 아니다. 사랑이든 돈이든 내 것을 가져야 편한 법이다.

⑤ 오월정화(午月丁火)

> 주용신 壬   보조용신 甲庚
>
> 달[月]이 건록(建祿)으로 火기운이 강하다. 壬水정관으로 火를 다스리고, 甲木 정인으로 丁火를 돕는다. 庚金정재로는 甲木을 쪼개면서 또 한편으로 壬水를 돕는다.

【원문】

五月丁火 時歸建祿 不宜亂用甲木
오 월 정 화 시 귀 건 록 불 의 란 용 갑 목

【해설】　　오월정화는 달이 건록이라 함부로 甲木정인을 쓰지 않는다.

【원문】

遇年透隔位之壬 不貪丁合者 忠而且厚 或支成火局 干見火出
우 년 투 격 위 지 임 불 탐 정 합 자 충 이 차 후 혹 지 성 화 국 간 견 화 출

得庚壬兩透者 科甲定然 土透制壬 常人 卽壬藏支中 亦非白丁
득 경 임 량 투 자 과 갑 정 연 토 투 제 임 상 인 즉 임 장 지 중 역 비 백 정

但要運行西北 方可發達 得一癸透 名獨殺當權 出人頭地
단 요 운 행 서 북 방 가 발 달 득 일 계 투 명 독 살 당 권 출 인 두 지

【해설】　　연간에 壬水정관이 투출하여 합을 하면 壬水가 역할을 못 하지만, 합이불화(合而不化)로 丁火일간과 합하는 것을 탐하지 않으면 관살을 용신으로 쓰므로 성정이 충직하다. 만약 지지 화국(火局)이고 천간에 火비겁이 투출하면 火의 세력이 너무 강성하므로 庚金정재와 壬

水정관이 투출하여야 귀하다. 그러나 土식상이 壬水정관을 제극하면 평범한 사람이고, 壬水가 지장간에 감춰져 있으면 하천한 사람은 아니지만 운의 흐름이 金水로 흘러 壬水를 쓸 수 있어야 발전한다. 천간에 癸水 칠살이 1개 투출하면 독살당권(獨殺當權)^{주)}이라 하며 발전한다.

㉱ 원문의 독살부권(獨殺富權)은 사용하지 않는 용어이다. 원문의 오기로 판단하여 독살당권(獨殺當權)으로 정정하였다.

【원문】

若見寅辰亥卯字 化木生火 平常人物 豊衣足食 中年富 但刑剋
약 견 인 진 해 묘 자　화 목 생 화　평 상 인 물　풍 의 족 식　중 년 부　단 형 극

子息 勞而無功 或丙午月 丁未日 辛亥時 亥中有壬制丙 不致
자 식　노 이 무 공　혹 병 오 월　정 미 일　신 해 시　해 중 유 임 제 병　불 치

貧苦 若丙午時 則滴水難救炎火 必主僧道 若年支見子 雖不科
빈 고　약 병 오 시　즉 적 수 난 구 염 화　필 주 승 도　약 년 지 견 자　수 불 과

甲 亦有衣衿
갑　역 유 의 금

【해설】　　지지에 寅辰亥卯를 보면 목생화(木生火)하여 평범한 사람이며 의식이 풍족하고^{주)} 중년에 재물을 모으지만, 자식을 형극(刑剋)하므로 노력해도 공이 없다.

시	일	월	연
辛	丁	丙	壬
亥	未	午	○

364

窮通寶鑑

앞의 사주와 같이 壬년 丙午월 丁未일 辛亥시인 경우 亥 중에 壬水가 있어 월간 丙火를 제극하고, 辛金이 壬水를 생하므로 가난하지는 않다.

```
시  일  월  연
丙  丁  丙  壬
午  未  午  ○
```

위와 같이 壬년 丙午월 丁未일 丙午시인 경우 연간 壬水의 뿌리가 없으며, 적은 물로 타오르는 불을 끌 수 없으므로 승도(僧道)이다. 만약 연지에 子水가 있으면 수화기제(水火旣濟)가 되므로 급제는 못 해도 학생은 된다.

㈜ 木火기운이 강하면 결국 군겁쟁재가 되는데, 이를 두고 의식이 풍족하다고 한 것은 문제가 있다.

【원문】

若干支無火局 有水透干 須用甲木 又要庚劈甲方明 木火通明
약간지무화국 유수투간 수용갑목 우요경벽갑방명 목화통명

主大富貴 或木少火多 焚其木性 不能光透九霄 榮華不久
주대부귀 혹목소화다 분기목성 불능광투구소 영화불구

【해설】

火비겁이 지지에 없고 水관살이 투출하면 甲木정인을 쓰고, 庚金정재로 甲木을 쪼개 밝게 한다. 이렇게 목화통명(木火通明)이 되는 경우 부귀하다. 그러나 木은 적은데 火가 많으면 木이 불타서 하늘 멀리까지 광채가 나지 않으므로 영화가 오래가지 못한다.

【원문】

或生月是祿 支皆生旺合局 加以火出 無滴水解炎 乃身旺無依
혹생월시록 지개생왕합국 가이화출 무적수해염 내신왕무의

孤貧之格 女必爲尼 卽運北地 反主凶危
고빈지격 여필위니 즉운북지 반주흉위

【해설】　　　　달[月]이 건록(建祿)이고 지지가 생왕(生旺)으로 국을 이루며, 火가 가세하였으나 꺼줄 水가 전혀 없으면 너무 왕성하여 의지처가 없으므로 고독하고 빈한하다. 여자라면 반드시 중이 된다. 또한 운이 水운으로 가면 물이 강한 불을 격발시켜, 왕자노발(旺者怒發)로 불이 발동하게 되므로 도리어 흉하고 위태롭다.

【원문】

用壬者 金妻水子 用甲者 水妻木子
용임자 금처수자 용갑자 수처목자

【해설】　　　　오월정화에 壬水정관를 쓰는 경우 金이 처이고 水가 자식이며, 甲木정인을 쓰는 경우는 水가 처이고 木이 자식이다.

【원문】

此建祿會祿 化合不成 大富壽長
차 건록회록 화합불성 대부수장

시 일 월 연(乾命)
戊 丁 壬 庚
申 亥 午 午

己 戊 丁 丙 乙 甲 癸
丑 子 亥 戌 酉 申 未

【해설】　　　이 사주는 건록이 월과 연에 모여 있고, 연주에 庚이 있어서 丁壬합이 안 되므로 壬水가 역할을 못 한다. 운이 金水로 흘러 큰 재물을 모으고 장수하였다.

【원문】

此建祿格 位至總兵
차 건 록 격 위 지 총 병

시 일 월 연(乾命)
甲 丁 甲 辛
辰 未 午 巳

丁 戊 己 庚 辛 壬 癸
亥 子 丑 寅 卯 辰 巳

【해설】　　　건록격(建祿格)^{주)}으로 투출한 甲木이 丁火일간을 생하고, 辰未식상이 설기하여 정기신(精氣神)이 온전하다. 그러나 지지 巳午未 비겁국에 壬水가 투출하지 않아 편조(偏燥)하므로 무관인 총병(總兵) 벼슬을 하였다.

주 **건록격**　건록은 일간과 월지의 지장간 중 정기가 같은 경우이다. 단, 戊己土는 火를 취하여 쓰므로 '병무록사 정기록오(丙戊祿巳 丁己祿午)'로 암기한다.

일간	甲	乙	丙	丁	戊	己	庚	辛	壬	癸
건록	寅	卯	巳	午	巳	午	申	酉	亥	子

건록격은 사주의 월지에 일간의 건록이 있는 경우이다. 이와 같이 월에 건록이 있으면 대개의 경우는 신왕해지므로 사주에 재관(財官)이 있어야 길하다. 만약 재관이나 식상이 역할을 못 하면 신왕무의(身旺無依)로 일간이 의지할 곳이 없어 평생 고생한다. 식상과 관성은 없고 재성만 있는 경우는 군겁쟁재(群劫爭財)가 되어 재물이나 처에게 흉하다. 또한 천간에 칠살이 있는 것은 관계 없지만, 지지에 칠살이 있는 경우에는 칠살을 억제하는 식상이 있어야 좋다. 공망이나 형충파해가 되면 건록격이라도 길하지 않다.

건록격은 위치에 따라 명칭이 달라진다. 일반적으로 건록격은 건록이 월지에 있으며, 이 경우 부모의 덕이 없고 자수성가한다. 건록이 일지에 있으면 일록(日祿) 또는 좌록(坐祿)이라 하며, 부부간에 정이 있다. 건록이 시지에 있는 경우는 귀록(歸祿) 또는 시록(時祿)이라 한다.

【원문】

用甲引丁 位至尚書
용 갑 인 정 　 위 지 상 서

窮
通
寶
鑑

	시	일	월	연(乾命)
	甲	丁	戊	癸
	辰	丑	午	卯

辛	壬	癸	甲	乙	丙	丁
亥	子	丑	寅	卯	辰	巳

【해설】　　　시간에 甲木이 있어서 丁火를 이끌고, 습토(濕土)인 辰 丑식상이 설기한다. 오월정화가 戊癸火하여 火가 강한데 辰丑 습토가 있어서 팔자의 중화를 이루어 상서(尙書) 벼슬을 하였다.

【원문】

甲透庚得所 富貴極品
갑 투 경 득 소　부 귀 극 품

	시	일	월	연(乾命)
	乙	丁	甲	丙
	巳	丑	午	寅

辛	庚	己	戊	丁	丙	乙
丑	子	亥	戌	酉	申	未

【해설】　　　월간 甲木이 투출하고, 巳 중 庚金과 丑 중 癸水가 장간 에 있다. 丑 중 癸水가 용신으로 亥子丑운에 매우 부귀하였다.

십간의 월별 주용신과 보조용신

殺印相生 大貴 己運盡節
살인상생 대귀 기운진절

시	일	월	연(乾命)
癸	丁	甲	丙
卯	酉	午	子

辛	庚	己	戊	丁	丙	乙
丑	子	亥	戌	酉	申	未

【해설】   살인상생(殺印相生)으로 크게 귀하였다. 투출한 癸水가 용신이다. 용신은 子水가 건록(建祿)이고 일지 酉金이 생하므로 힘이 있다. 용신이 유력하고 지지가 子午卯酉로 사극(四極)을 이루어 명성을 떨쳤다.

운의 흐름에서 戊土운은 이를 극하는 월간 甲木이 있어 문제가 없었다. 그러나 己土운은 甲己합으로 甲의 역할이 없어지고 용신인 癸水를 극하여 사망하였다.

시 　 일 　 월 　 연 (乾命)

癸 　 丁 　 壬 　 庚

卯 　 卯 　 午 　 寅

己 　 戊 　 丁 　 丙 　 乙 　 甲 　 癸

丑 　 子 　 亥 　 戌 　 酉 　 申 　 未

甲申과 乙酉운에 수억의 재물을 모은 이유를 살펴보자. 오월정화는 壬水정관이나 甲木정인을 쓰는 것이 대표적인 용신법이다. 이 경우 木火기운이 강하면 壬水를 쓰고, 金水기운이 강하면 甲木을 쓴다. 위 사주는 지지에 木기운이 강하고, 寅午戌 火비겁국을 이루므로 월간 壬水를 용신으로 한다.

壬水 용신과 庚金 희신의 상황을 살펴보면 壬水는 태지(胎地)에 있어 무력하고, 이를 생조하는 庚金은 절지(絶地)인 寅木 위에 있어서 생하는 힘이 떨어진다. 오월정화에 水가 투출하면, 甲木을 庚金으로 쪼개 목화통명(木火通明)을 이뤄야 부귀하다.

위 사주는 水의 역할이 떨어지므로 운에서 金水운이 오는 것이 좋다. 초반의 甲申과 乙酉운은 ① 지지의 강한 木을 寅申충과 卯酉충으로 조절하고, ② 절지에 앉아 있는 庚金이 녹왕(祿旺)을 만나 강해지며, ③ 용신 壬水의 원신(源神)이 되는 운이므로 대길하다. 이런 이유로 甲申과 乙酉대운에 큰 부를 이루었다. 단, 이어지는 丙戌대운은 丙壬충과 寅午戌 火비겁국으로 火가 강해져서 재물의 영화가 오래가지 않을 것으로 예상된다.[사주 출처『적천수(適天髓)』]

시	일	월	연(坤命)
丙	丁	庚	甲
午	巳	午	午

癸	甲	乙	丙	丁	戊	己
亥	子	丑	寅	卯	辰	巳

　오월정화의 여자 팔자에 불기운이 너무 강하고, 이를 꺼줄 물이 없으면 반드시 여승이 될 팔자라 하였다. 그러나 염상격(炎上格)으로 운의 흐름이 좋으면 예외다.

　위 사주는 물이 없고 팔자가 불천지로 염상격(炎上格)이다. 또한 운의 흐름을 보면 초년부터 중년 이후까지 염상격이 좋아하는 土식상, 木火 인비(印比)로 흘러 아름답다. 단, 甲子와 癸亥운은 왕자노발(旺者怒發) 현상이 일어나 흉이 클 우려가 있다.

　실제, 결혼 후 딸아들 1명씩 낳아 무탈하게 키웠으며, 사업을 하는 남편과도 별문제 없이 가정을 꾸리고 있다. 2007년 현재 고등학교 과학선생님으로 재직하고 있다.

⑥ 미월정화(未月丁火)

주용신 **甲**　**보조용신** **壬庚**

丁火의 기운이 약해지고, 찬 기운이 생겨나는 달에 있다. 甲木정인으로 약한 일간을 돕고 壬水정관으로 甲木을 도우며, 庚金정재로 甲木을 쪼개면 좋다.

【원문】

六月之丁火 陰柔退氣 但値三伏生寒 丁弱極矣 專取甲木 壬水
육월지정화 음유퇴기 단치삼복생한 정약극의 전취갑목 임수

次之
차 지

【해설】　　　　丁火는 근본이 유약하며 未月이면 丁火기운이 물러나
는 시기다. 또한 삼복이지만 찬 기운이 생겨나는 시기이므로 甲木정인
으로 丁火일간을 돕고, 壬水정관으로 木을 돕는다.

【원문】

若得甲出天干 支成木局 見亥中之壬 爲木神有根 接引丁火 必
약 득 갑 출 천 간 지 성 목 국 견 해 중 지 임 위 목 신 유 근 접 인 정 화 필

然科甲 即不見木局 支見壬水 雖不大貴 亦有凌雲之氣 無庚
연 과 갑 즉 불 견 목 국 지 견 임 수 수 불 대 귀 역 유 릉 운 지 기 무 경

不妙
불 묘

【해설】　　　　미월정화에 甲木정인이 투출하고, 지지 亥卯未 木인수
국으로 亥 중 壬水를 보면 甲木이 뿌리가 있는 것이다. 이런 甲木이 일간
丁火에 가깝게 있으면 과거 급제한다. 또한 甲木정인이 투출하고 지지
에 木인수국을 못 보더라도 壬水정관이 있는 지지가 있으면 크게 귀하
지는 못해도 기세가 있는 명이다. 그러나 甲木을 쪼개서 丁火를 이끄는
庚金이 없으면 팔자의 짜임새가 좋지 않다.

【원문】

或支成水局 見水透干 則溼木性 不能引丁 必爲平人 有甲透
혹지성수국 견수투간 즉습목성 불능인정 필위평인 유갑투

有才幹 有庚透 無刑傷 若無甲木 假名假利
유재간 유경투 무형상 약무갑목 가명가리

___

【해설】　　　　　지지가 水관살국이고 壬癸관살이 천간에 투출하면 木
이 젖어서 丁火를 이끌 수 없으므로 평범하다. 미월정화에 甲木이 투출
하면 재간이 있으며, 庚金이 투출해도 어려움은 없지만 甲木이 없으면
헛된 명예와 재물이 있을 뿐이다.

【원문】

或年月日時 皆一派丁未之類 此爲純陰 終無大用
혹년월일시 개일파정미지류 차위순음 종무대용

【해설】

시	일	월	연
丁	丁	丁	丁
未	未	未	未

　위와 같이 네 기둥이 모두 丁未인 경우 순음(純陰)으로 火土가 모여
있어, 비록 천간과 지지가 일기(一氣)라도 중화를 이루지 못한 사주이므
로 큰 쓰임이 없다.
　이 사주는 『명리약언(命理約言)』에 간지일기격(干支一氣格. p.521
참조)으로 소개되어 있다. 화생토(火生土), 토생금(土生金)으로 金재성
을 생하기 때문에 흐름이 아름답지만, 남자인 경우에는 대운이 역행하

여 午巳辰寅卯로 흐르면 火는 더 강해지고 土는 극을 받으므로 흉하게
보았다.

【원문】

用甲者 水妻木子
용 갑 자 수 처 목 자

【해설】　　　　미월정화가 甲木을 용신으로 하는 경우 水가 처이고
木이 자식이 된다.

【원문】

武進士
무 진 사

시	일	월	연 (乾命)
丙	丁	丁	丁
午	未	未	卯

庚	辛	壬	癸	甲	乙	丙
子	丑	寅	卯	辰	巳	午

【해설】　　　　무진사(武進士) 벼슬을 하였다. 金水가 없는 염상격(炎
上格)으로 운이 염상이 좋아하는 木火로 흐르지만, 사주가 편고(偏枯)하
여 무관을 지냈다.

3
십간의 월별 주용신과 보조용신

丁壬合殺 合壞壬水 懦弱無能 妻子主事
정임합살 합괴임수 나약무능 처자주사

	시	일	월	연(乾命)
	丁	丁	丁	壬
	未	巳	未	子

甲	癸	壬	辛	庚	己	戊
寅	丑	子	亥	戌	酉	申

【해설】 丁壬합으로 미월정화의 용신인 壬水를 손상하여 나약
하고 무능하며, 처자가 가정을 이끌었다.

미월정화 해설

	시	일	월	연(乾命)
	丁	丁	丁	丁
	未	酉	未	丑

庚	辛	壬	癸	甲	乙	丙
子	丑	寅	卯	辰	巳	午

미월정화는 유약하므로 甲木 위주로 쓰고 壬水로 돕는 것이 원칙이

다. 그러나 이 사주는 택묘(宅墓)인 월시(月時)의 未 중에 丁火가 쌍으로 투출하여 신왕한 사주이다. 즉 용신이 되는 甲木이 병이다. 이를 바탕으로 희용기구한신을 정해보면, 火비겁은 기신이고 木인수는 구신이며 金水재관이 희용신이다. 火가 왕하고 金은 약한데 지지에 土식상이 있어서 약한 金을 도와 식신생재(食神生財. p.113 참조)가 되므로 재물을 이룰 기틀은 마련된 셈이다.

乙巳운은 巳酉丑 삼합이 되어 약한 金재성을 도우므로 재물을 모을 수 있었지만, 甲辰운은 구신운으로 재산을 지키기 어렵다. 癸卯운에는 지지가 亥卯未 木인수국으로 구신운이 되고, 건강과 육신의 자리인 일지에 있는 수명을 뜻하는 재성을 卯酉충하여 사망하였다.[사주 출처 『자평진전평주(子平眞詮評註)』]

	시	일	월	연 (乾命)
	丁	丁	辛	己
	未	酉	未	亥

甲	乙	丙	丁	戊	己	庚
子	丑	寅	卯	辰	巳	午

실제 상황은 다음과 같다.

① 戊辰운인 1988년(戊辰년) 양력 12월 15일 아침 9~10시 사이에 갑자기 병원에 실려가 위의 2/3를 절제하는 수술을 받았다. 수술 경과가 좋아 후유증이 없다.

② 丁卯운인 2001년(辛巳년) 양력 11월 14일 오후 6시15분 조치원과 천안 사이에 있는 전의역 인근에서 새마을호와 충돌하였다. 당시 선로

에서 두 명이 광케이블을 깔고 있었는데 한 명은 완전히 불구가 되었고, 위 사람은 가벼운 부상만 입었다.

흉액을 면한 이유를 신살 위주로 살펴보자. 위 사주는 고전격국으로 일귀격(日貴格)에 해당된다. 일귀격은 일지에 천을귀인이 있는 경우로 丁亥, 丁酉, 癸巳, 癸卯일이 해당된다. 이 격은 복록이 많은 명으로 운과 명에서 형충파해와 공망을 만나는 것을 꺼리며, 삼합(三合)과 육합(六合)을 만나는 것을 좋아한다.

큰 수술과 교통사고가 있었는데도 무사한 이유를 태세 중심으로 살펴보면, 1988년 戊辰년은 천을귀인과 辰酉합이 되고, 2001년 辛巳년은 천을귀인과 巳酉丑 삼합이 되는 운이다. 천을귀인은 다음과 같다.

천 간	甲	乙	丙	丁	戊	己	庚	辛	壬	癸
양 귀	未	申	酉	亥	丑	子	丑	寅	卯	巳
음 귀	丑	子	亥	酉	未	申	未	午	巳	卯

7 삼추정화(三秋丁火)

주용신 甲   **보조용신** 庚丙乙

火기운이 물러나서 丁火가 약해진다. 甲木정인으로 火를 돕는데 甲이 없으면 乙로 도우며, 庚金정재로 甲木을 쪼개 丁火를 돕고, 丙火겁재로 金을 조절하고 甲을 말린다.
① 신월정화(申月丁火) : 甲木과 丙火 위주로 한다.
② 유월정화(酉月丁火) : 甲木과 丙火와 庚金을 모두 사용한다.
③ 술월정화(戌月丁火) : 甲木을 사용하여 戊土를 제지한다.

【원문】

三秋丁火 退氣柔弱 峕用甲木 金雖乘旺司權 無傷丁之理 仍取
삼추정화 퇴기유약 단용갑목 금수승왕사권 무상정지리 잉취

庚劈甲 爲引火之物 或借丙暖金晒木 不慮丙奪丁光 凡兩丙夾丁
경벽갑 위인화지물 혹차병난금쇄목 불려병탈정광 범량병협정

者 夏月忌之 餘月不忌 但此格少年困苦刑剋 中年富貴 必要地
자 하월기지 여월불기 단차격소년곤고형극 중년부귀 필요지

支見水制丙 方妙
지견수제병 방묘

【해설】 가을 丁火는 火기운이 물러나는 시기에 있어 丁火일간이 유약해지므로 오로지 甲木정인을 사용한다. 가을은 金이 왕성한 시기이지만, 월령 申金의 장간 壬水가 천간에 투출하지 않으면 丁火일간이 상하지 않는다. 庚金정재로 甲木정인을 쪼개서 丁火일간을 돕거나, 丙火겁재로 金재성을 조절하고 甲木정인을 말리면 丙火 태양이 丁火 촛불의 빛을 뺏을 염려가 없다. 丙火 2개가 丁火일간을 사이에 두고 있는 경우 여름에는 이를 꺼리지만 가을에는 괜찮다. 이것은 군겁쟁재격(群劫爭財格)으로 젊어 고생하고 중년에는 부귀를 누리는데, 지지에 水가 있어서 천간의 丙火를 제극하여야 비로소 쟁재(爭財)의 흉이 없는 구조가 된다.

【원문】

三秋甲庚丙並用 仍分優劣 何也 七月甲丙 申中有庚 八月甲丙
삼추갑경병병용 잉분우렬 하야 칠월갑병 신중유경 팔월갑병

庚皆用 七八月或無甲木 乙亦可用 爲枯草引燈 却不離丙晒也
경개용 칠팔월혹무갑목 을역가용 위고초인등 각불리병쇄야

九月岧用甲庚　大抵甲不離庚　乙不離丙　其理極明　或見甲庚丙
구월단용갑경　대지갑불리경　을불리병　기리극명　혹견갑경병

皆透　必主科甲　無甲用乙者　富貴皆小　且富而不貴者多
개투　필주과갑　무갑용을자　부귀개소　차부이불귀자다

【해설】　　　　　가을 丁火는 甲木과 庚金과 丙火를 함께 사용하는데
월마다 쓰는 방법이 다르다. 신월정화(申月丁火)는 甲木정인과 丙火겁
재를 사용한다. 이는 월지 申金 속에 庚金정재가 있기 때문이다. 유월정
화(酉月丁火)는 甲木정인과 丙火겁재와 庚金정재를 모두 사용한다. 申
월과 酉월 丁火는 甲木이 없으면 乙木도 사용할 수 있는데, 이 경우 메마
른 풀로 불을 밝히듯 말려줄 丙火가 필요하다. 술월정화(戌月丁火)는 戌
중 戊土가 丁火를 어둡게 하므로 甲木을 사용하여 戊土를 제지하는 것
이 좋다. 乙木은 힘이 약하므로 사용하지 않는다. 이 경우 甲木이 庚金
을 떠날 수 없는 것은 乙木이 丙火를 떠날 수 없는 것과 같은 이치다. 만
약 甲木과 庚金과 丙火가 천간에 투출하면 귀하며, 甲木이 없어 힘이 없
는 乙木을 사용하면 부귀가 작거나 부자이지만 덜 귀한 경우가 많다.

【원문】
或一重壬水　又多見癸水　必以戊土爲制　自然富貴光輝
혹일중임수　우다견계수　필이무토위제　자연부귀광휘

【해설】　　　　　가을 丁火가 壬水정관이 많거나 癸水칠살이 많으면 월
의 재성도 강하고 관살도 강한 경우이다. 이 때 戊土상관이 있어 이를 제
극하고, 甲木과 丙火가 丁火일간을 도우면 자연히 부귀한다.

窮通寶鑑

或一派庚金 名才多身弱 主富屋貧人 妻多主事 或壬多洩庚 丁
혹일파경금 명재다신약 주부옥빈인 처다주사 혹임다설경 정

壬化殺 反成富貴 若庚多無壬 奔流下賤
임화살 반성부귀 약경다무임 분류하천

【해설】　　　　申酉戌월의 丁火일간은 庚金정재가 세력을 얻으면 재
다신약(財多身弱)으로 부유한 집의 가난한 사람 즉 부옥빈인(富屋貧人)
이 되며, 남자인 경우 부인이 집안을 자기 뜻대로 한다. 이 경우 壬水정
관이 많아 庚金을 설기하고, 일간 이외에 丁火가 또 있어서 丁壬합으로
화살(化殺)하면 반대로 부귀하다. 그러나 庚金은 많고 壬水가 없으면 삶
에 곡절이 많은 하천한 사람이다.

381

【원문】

或八月一派辛金 不見庚金 又無比劫 此棄命從才 富而且貴 雖
혹팔월일파신금 불견경금 우무비겁 차기명종재 부이차귀 수

不科甲 亦有異途 從才者水爲妻 不剋 有偏正 木爲子 不刑 或九
불과갑 역유이도 종재자수위처 불극 유편정 목위자 불형 혹구

月一派戊土 洩丁火之氣 不見甲木 爲傷官傷盡 非尋常可比 或
월일파무토 설정화지기 불견갑목 위상관상진 비심상가비 혹

甲木透出 爲文書淸貴 秋闈可奪 用甲者 庚不可少 水妻木子
갑목투출 위문서청귀 추위가탈 용갑자 경불가소 수처목자

【해설】　　　　유월정화에 辛金편재가 세력이 있고 庚金정재와 비겁
이 없으면 기명종재(棄命從財)로 부귀하며, 벼슬을 못 해도 다른 방법으
로 출세한다. 기명종재인 경우 水관살을 희신으로 하는데,[주1] 이 경우 水

를 극하는 것이 없고 정관과 칠살의 역할을 구분해서 봐야 한다. 또한 木을 자식인 용신으로 할 경우 형(刑)이 없어야 한다. 만약 술월정화에 戊土가 세력이 있어 丁火일간을 설기하고 甲木정인이 없으면 상관상진(傷官傷盡)^{주2)}이 되므로 평범하지 않다. 甲木이 투출하면 공부로 귀하게 된다. 甲木을 쓰는 경우 庚金이 적으면 안 되며, 水가 처이고 木이 자식이 된다.

㈜ 1) 기명종재격인 경우 水관살을 희신, 木인수를 용신으로 하는 것은 원문대로 번역하였다. 그러나 일반적으로 종재격은 土식상을 희신으로 하고 金재성을 용신으로 하는 것이 원칙이므로, 원문의 수처목자(水妻木子)는 토처금자(土妻金子)로 봐야 한다.

2) 원문의 '혹구월일파무토 설정화지기 불견갑목 위상관상진 비심상가비(或九月一派戊土 洩丁火之氣 不見甲木 爲傷官傷盡 非尋常可比)', 즉 술월정화에 戊土가 세력이 있고 丁火일간을 설기하며 甲木정인이 없으면 상관상진(傷官傷盡)이 되므로 평범한 명이 아니라는 내용은 잘못이다.

상관상진이란 말 그대로 상관이 상하여 기진맥진한다는 것으로, 상관을 치는 甲木정인이 없는데 이런 상태가 된다는 것은 이해가 안 된다. 일반적으로 상관상진이 필요한 것은 상관이 관을 치는 것을 막기 위해서이며, 일간에 대한 설기가 심해서 상관을 인수로 극하는 상태다.

따라서 위 사주는 상관상진 대신에 '진지상관 상진위귀 운행인수 복록자왕(眞之傷官 傷盡爲貴 運行印綬 福祿自旺)' 이라고 표현하는 것이 맞다. 월령이 상관인 진상관(眞傷官. p.125 참조)이고 상관을 상진하는 것이 귀하며, 운이 인수로 흐르면 복록이 저절로 왕성해진다는 의미다.

【원문】

大富命
대 부 명

	시	일	월	연(乾命)
	戊	丁	丙	辛
	申	丑	申	亥
己	庚	辛	壬	癸	甲	乙
丑	寅	卯	辰	巳	午	未

【해설】　　　亥 중 甲木에 뿌리가 있는 丙火가 일간을 돕고, 식상과 재성이 발달한 식신생재(食神生財. p.113 참조) 사주이다. 운이 木火로 흘러 큰 부자가 되었다.

【원문】

庚甲兩全 會元
경 갑 량 전 회 원

	시	일	월	연(乾命)
	戊	丁	丙	辛
	申	卯	申	亥
己	庚	辛	壬	癸	甲	乙
丑	寅	卯	辰	巳	午	未

【해설】　　　金재성이 강해 신약한데 亥 중 甲木이 있고 이를 쪼개 주는 庚金이 있으며, 운이 火木으로 흘러 회원(會元) 벼슬을 하였다.

【원문】

無甲用乙丙 富而不貴
무갑용을병 부이불귀

	시	일	월	연(乾命)
	丙	丁	丙	辛
	午	酉	申	卯

己	庚	辛	壬	癸	甲	乙
丑	寅	卯	辰	巳	午	未

【해설】　　　　팔자에 甲木이 없어 乙木과 丙火를 쓴다. 甲木을 쓰는 것보다 역량이 떨어져서 부유하였으나 귀하지는 않았다.

【원문】

甲庚丙皆透 位至尙書
갑경병개투 위지상서

	시	일	월	연(乾命)
	丙	丁	甲	庚
	午	未	申	辰

辛	庚	己	戊	丁	丙	乙
卯	寅	丑	子	亥	戌	酉

【해설】 　　가을 丁火에 필요한 甲木과 庚金과 丙火가 모두 천간에 투출하여 크게 귀한 명으로, 亥子丑운에 상서(尙書) 벼슬을 하였다.

【원문】

此命申戌兩時主貴 酉時則不能
차 명 신 술 량 시 주 귀　유 시 즉 불 능

시	일	월	연(乾命)
庚	丁	己	壬
戌	亥	酉	午

丙	乙	甲	癸	壬	辛	庚
辰	卯	寅	丑	子	亥	戌

385

【해설】 　　유월정화(酉月丁火)가 申시와 戌시면 귀하지만, 酉시면 귀하지 않은 신약한 사주이다. 申시면 장간의 庚金을 쓸 수 있고, 戌시면 신약한 丁火의 뿌리가 된다.

【원문】

從才格 太守
종 재 격　태 수

십간의 월별 주용신과 보조용신

	시	일	월	연(乾命)
	辛	丁	己	丁
	亥	丑	酉	未

壬	癸	甲	乙	丙	丁	戊
寅	卯	辰	巳	午	未	申

【해설】　　　　　종재격(從財格)^{주)}으로 태수(太守) 벼슬을 하였다.

㈜ 원문에서는 지지 酉丑이 합금(合金)이 되고, 丁火의 뿌리가 되는 未土가 丑未충이 되
며, 월간과 시간에 己土와 辛金이 있어 종재격으로 보았다. 그러나 未土 중에 뿌리가
있는 丁火가 연간에 투출하고, 지지에 합충(合沖)이 같이 있는 상황에서 과연 축미충
이 이루어질 수 있을지 의문이다. 재다신약(財多身弱)으로 木火인비운에 발전하였다
고 보는 것이 맞다.

【원문】
支中火多扶丁 庚得丙透 玉堂清貴無疑
지 중 화 다 부 정　경 득 병 투　옥 당 청 귀 무 의

	시	일	월	연(乾命)
	壬	丁	丙	庚
	寅	未	戌	午

癸	壬	辛	庚	己	戊	丁
巳	辰	卯	寅	丑	子	亥

386

窮通寶鑑

【해설】　　　술월정화는 약한 불인데 지지에 丁火일간을 돕는 불기운이 많고 寅 중 甲木이 있으며, 戌土에 뿌리가 있는 庚金과 丙火가 모두 투출하여 크게 귀한 사주이다.

【원문】

女命 甲丙高透 丁火得祿 大富
여명　갑병고투　정화득록　대부

시	일	월	연 (坤命)
丙	丁	甲	己
午	卯	戌	亥

辛	庚	己	戊	丁	丙	乙
巳	辰	卯	寅	丑	子	亥

387

【해설】　　　여성의 사주이다. 술월정화가 설기가 심한데 丁火를 돕는 甲木과 丙火가 투출하고, 丁火가 午火의 건록(建祿)이 된다. 戌월이 상관월이고 卯戌합과 甲己합으로 식상이 강하므로 甲木정인을 용신으로 삼는다. 대운 寅卯辰 木운에 큰 부자가 되었다.

```
시   일   월   연 (乾命)
丙   丁   壬   己
午   未   申   丑

乙   丙   丁   戊   己   庚   辛
丑   寅   卯   辰   巳   午   未
```

신월정화(申月丁火)에 甲木과 庚金과 丙火를 사용하는 것은 신약한 丁火를 甲木으로 이끄는 데 의의가 있다. 즉, 庚金으로 甲木을 쪼개고 丙火로 보좌하는 것이 가을 丁火의 용신 원칙이다.

위 팔자의 전체 구조를 보면 일간부터 申金에 뿌리를 둔 壬水관살까지 흐름이 원활하지만, 甲木이 투출하지 않아 丁火를 이끌어주지 못하는 것이 아쉽다. 결국, 壬水관살이 강한 신약사주가 된다. 丑土에 뿌리가 있는 己土가 壬水관살을 제극하여 이 문제를 해결해준다고 볼 수도 있지만, 己土는 음토(陰土)로 戊土보다 역량이 부족하고, 壬水를 극하기보다는 월령 申金을 생하여 결과적으로는 壬水를 생하는 데 기여한다. 또한 壬水는 丁火의 불빛을 흐리게 하므로 위 팔자의 병이 되는 것이 확실하다.

운의 흐름을 보면 중년의 己巳와 戊辰운은 이러한 팔자의 병을 강화시키는 극설교집(剋洩交集)이 되어 아무것도 이룬 것이 없고, 부인과 자식이 모두 흉한 일을 당하였다. 그러나 팔자에 午未火가 있고 丙火가 투출하여 어느 정도 중화에 가까우며, 이어지는 丁卯와 丙寅운은 신약을 치료하여 극설을 감당할 수 있는 운으로 노후가 행복하였다.[사주 출처 『적천수(滴天髓)』]

```
          시  일  월  연 (乾命)
          甲  丁  庚  癸
          辰  未  申  未

       癸  甲  乙  丙  丁  戊  己
       丑  寅  卯  辰  巳  午  未
```

　신월정화가 일지 未土에 뿌리가 있다고는 하지만 金재성이 강하여 신약하다. 마침 丁火를 이끄는 甲木이 습토인 辰土에 뿌리를 내린 상태로 일간과 가까이 있어 유정하므로 도움이 되고, 투출한 庚金이 이러한 甲木을 쪼개주므로 귀하게 될 기본 조건은 갖춘 셈이다.

　운의 흐름은 신약한 丁火가 火木인 인수와 비겁운을 만나 흐름이 아름답다. 서울대학교를 나와 판사생활을 하였던 분이다. 甲辰 백호가 시주에 있어 귀하게 보기도 하지만, 백호의 영향이라기보다는 甲木이 丁火를 이끌고 용신이 시지에 있어서 말년복이 있었다고 보는 것이 합리적이다.

```
          시  일  월  연 (乾命)
          乙  丁  乙  庚
          巳  丑  酉  辰

       壬  辛  庚  己  戊  丁  丙
       辰  卯  寅  丑  子  亥  戌
```

유월정화이지만 시지에 巳火가 있어 왕성하고, 월간과 시간에 인수가 있어 丁火일간이 힘이 있으며, 지지에 金재성이 깔려 있다. 언뜻 보면 부자 사주처럼 보이기도 하지만 월간 乙木은 乙庚金이 되어버리고, 지지가 巳酉丑 金재성국과 진유합금(辰酉合金)을 이루며, 연간 庚金은 토생금(土生金)으로 강력하다. 따라서 일간 丁火는 약하고 재성이 강한 전형적인 재다신약(財多身弱) 사주이다. 종재격으로 볼 수도 있지만 인수의 생조가 있어 격이 이루어지지 않는다.

丁亥대운은 丁火가 일간을 돕고, 亥水가 金기운을 설기하는 한편 乙木인수를 생조하여 일간의 기운을 간접적으로 돋우므로 재물이 뜻대로 되는 운이다. 戊子와 己丑대운은 약한 일간의 힘을 설기하고 기신인 재성을 생조하여, 가산을 탕진하고 결국은 굶어서 얼어죽었다.[사주 출처 『적천수(適天髓)』]

시	일	월	연 (乾命)
甲	丁	丁	辛
辰	丑	酉	巳

庚	辛	壬	癸	甲	乙	丙
寅	卯	辰	巳	午	未	申

지지가 巳酉丑 金재성국이므로 재다신약(財多身弱) 사주이다. 실제, 췌장암으로 투병하다가 癸未년인 2003년 8월 18일(음력) 사망한 사람으로 癸未년의 운세를 살펴보자. 癸未운은 木火 희용신운이 아니고, 일주와 천충지충(天沖地沖)이 된다.

이런 상황이면 무조건 좋지 않다고 생각할 수도 있는데, 여기에서는 충 개념을 사용하여 위 사주의 癸未운을 설명해본다. 癸未의 未는 일지 丑과 충이 되어 고장(庫藏)이 개고(開庫)되므로 지장간 己辛癸가 동요한 다. 동요하는 지장간의 비율을 보면 癸 9일, 辛 3일, 己 18일이며, 각각의 역할은 다음과 같다.

① 己는 암장에서 튀어나와 시간 甲과 합이 된다. 그러면 팔자의 한신인 土가 강화되고, 한편으로는 희신인 甲을 기반(羈絆)하여 역할을 떨어 뜨린다.

② 辛은 일간의 기신으로 연간에 투출하여 월령을 차지한 金의 작용력 이 커진다.

③ 癸는 일간의 구신이 된다. 만약 팔자에 金이 강하지 않으면 터전이 없 어서 아무런 역할을 못 하고 단순히 동요만 하지만, 팔자에 金이 강하 고 암장(暗藏)에서 辛이 투출하면 관살 작용을 한다.

즉 암장에서 투출한 지장간이 토생금(土生金), 금생수(金生水) 작용을 한다. 이 때 시간의 甲이 역량이 있으면 이를 흡수할 수 있지만, 기반이 되어 수생목(水生木)을 못 하므로 癸水가 관살의 역할을 톡톡히 한다. 또한 운에서 충하는 것이 일지인 건강, 욕구, 신체의 자리이므로 일신상, 건강상의 문제가 발생한다.

시	일	월	연 (乾命)
戊	丁	戊	辛
申	酉	戌	亥

辛	壬	癸	甲	乙	丙	丁
卯	辰	巳	午	未	申	酉

　　술월정화에 甲木과 庚金이 투출하지 않아 파격으로 보이지만, 팔자가 기이하여 매우 귀하게 된 무제(武帝)의 사주이다. 팔자 구조의 기이함을 살펴보자.

① 丁酉일주는 천을귀인(天乙貴人), 문창귀인(文昌貴人), 복성귀인(福星貴人), 학당귀인(學堂貴人), 태극귀인(太極貴人)으로 좋은 길신을 가지고 있다.

② 월령 戌土의 지장간 戊丁辛이 모두 천간에 투출하여 이른바 천간은 지지를 덮어주고, 지지는 천간을 실어주는 천부지재(天覆地載)의 상태다.

③ 천문(天門)과 지축(地軸)은 귀함을 가져오는 요소로 戌亥가 천문이고 未申이 지축인데, 이 경우는 지지에 천문과 지축을 모두 가지고 있다.

④ 지지가 申酉戌亥와 같은 형태로 이루어진 지지연여(地支連茹)의 상태다. 만약 지지가 역으로 亥戌酉申의 형태가 되어도 지지연여라고 한다.

⑤ 지지가 申酉戌 서방 金재성국을 이루고 土가 강하여 아우생아(兒又生兒. p.272 참조)의 상태다.

⑥ 운이 木火 희용신으로 아름답게 흐르고 있다.

[사주 출처 『사주첩경(四柱捷徑)』]

	시	일	월	연 (乾命)
	己	丁	戊	辛
	酉	酉	戌	卯

辛	壬	癸	甲	乙	丙	丁
卯	辰	巳	午	未	申	酉

앞에서 예로 든 무제(武帝)는 辛亥년생인데, 이 사주는 辛卯년생으로 水木이 다른 것 외에는 오행의 구성에 별 차이가 없다. 명주는 1951년생의 이름 없는 무협지 작가로, 젊어서 부인과 이혼한 후 혼자 살고 있다. 원문에서 술월정화가 庚金은 많고 壬水가 없으면 곡절이 많은 삶을 산다고 한 것과 일치한다.

작가가 된 것은 식상월에 태어나 戊土상관이 투출하였으며, 戊土가 월간인 식신궁에 있어 조왕(助旺)하고, 일간과 친밀도가 높은 시간에 식상이 있기 때문이다.

재성이 처궁에 있어 유력한데 이혼하여 혼자 살고 있는 것은 다음의 운기적인 상황으로 설명할 수 있다.

① 金재성이 팔자의 군데군데 박혀 있는 재성혼잡(財星混雜)에 재다신약(財多身弱) 사주이다. 재성혼잡은 처에 대한 집중력이 떨어진다는 특징이 있고, 재다신약은 부옥빈인(富屋貧人)으로 처와 재물을 감당할 능력이 없다. 이 사주를 식신생재(食神生財. p.113 참조) 사주로 보는 것은 일간이 신약하므로 잘못된 판단이다.

② 처에 해당하는 재성이 기신이고 처의 별인 水관살이 하나도 없어서 결과적으로 팔자에 꼭 필요한 木인수를 치는 데 열중하는 형태가 되었다.

③ 팔자 구조 자체에서 희용신 역할을 하는 木火가 매우 약하다.

④ 처궁이 유유자형(酉酉自刑)으로 깨져 있다.

393

申月丁火

술 따르는 여대생

신월정화
상담사례

시	일	월	연(坤命)
戊	丁	丙	辛
申	丑	申	酉

癸 壬 辛 庚 己 戊 丁
卯 寅 丑 子 亥 戌 酉

위 사주의 주인공은 평범한 집안에서 자란 평범한 여대생으로 술집에서 술을 따랐다. 2002년 우연히 사귀게 된 남자친구의 어려운 형편을 돕기 위해 약간의 빚을 지게 되었고, 이자로 빚이 불어나자 술집에 나가 술을 따르게 되었다. 그러던 중 남자친구가 웨이터를 때려 합의금으로 수천만 원의 빚을 더 지게 되었고 남자친구와도 이별하였으며, 빚을 갚는 힘든 일상에 지쳐서 자살을 시도하였다. 이 모든 것이 2002년의 일로, 2002년에 이런 일이 일어날 수밖에 없는 이유를 팔자 구조에서 찾아보자.

가을 丁火는 불기운이 물러나는 시기에 있으므로 우선 불쏘시개가 될 甲木을 찾는 것이 원칙이다. 甲木 대신 乙木이 있는 경우는 음목(陰木)이며 습목이므로 불쏘시개의 역할이 떨어진다. 더욱이 이 사주는 甲木과 乙木이 모두 없다. 그나마 한 가지 다행인 것은 丙火 태양이 있다는 것이다. 그러나 丙火도 연간의 辛金과 병신합수(丙辛合水)로 기반(羈絆)이 되므로 제 역할을 하기 힘들다. 즉, 조후로 볼 때 팔자의 병을 치료할 약이 없거나 무력하여 파격이 되어버린 팔자이다.

팔자를 좀더 자세히 쪼개보면 팔자 전체의 흐름이 土金인 식상과 재성에 몰려 재성이 강화되고, 강한 재성을 관살이 흡수하지 않아 木인수를 친다. 연간의 辛金재성이 편재궁에 있어 조왕(助旺)하고, 연지 정인궁에는 酉金재성이 있어 파궁(破宮)이며, 시간궁

394

窮通寶鑑

인 편인궁에는 상관이 있어 손실이다. 즉, 인수성이 없고 궁은 깨졌으며, 재성이 기고만장한 구조이다. 재괴인(財壞印)이며, 성격적으로 후안무치의 특성이 나타난다.

더욱이 2002년의 戊戌운은 식상운으로 팔자의 기신인 재성이 더욱 강해져 흉운이다. 식상은 질서를 깨고 멋대로 하는 기운인데, 일간 丁火가 매우 약해서 그 영향이 더 강하게 나타난다. 해에서 들어오는 壬午기운에 壬水 남자가 있지만, 선후론으로 보면 일간과 정임합목(丁壬合木)되기 전에 먼저 월간 丙火에 차례가 가므로 이별은 당연하다. 같이 오는 午火는 일지와 귀문관살(鬼門關殺)이 되어 비정상적인 상태로 몰고간다.

8 삼동정화(三冬丁火)

> **주용신** 甲 **보조용신** 庚癸戊
>
> 계절이 차가운 때이므로 丁火가 약하다. 甲木정인을 써서 목화통명(木火通明)을 이루고, 庚金정재로 보좌한다. 癸水칠살과 戊土상관은 사주 구조에 따라 적절히 사용한다.

【원문】

三冬丁火微寒 峏用庚甲 甲乃庚之良友 凡用甲木 庚不可少 無
삼동정화미한 단용경갑 갑내경지량우 범용갑목 경불가소 무

庚無甲 何能引丁 難云木火通明 冬丁有甲 不怕水多金多 可稱
경무갑 하능인정 난운목화통명 동정유갑 불파수다금다 가칭

上格 甲庚兩透 科甲分明 見己則否 己多合甲 則爲常人
상격 갑경량투 과갑분명 견기즉부 기다합갑 즉위상인

겨울 丁火는 약하고 차가우므로 庚金정재와 甲木정인을 써서 丁火를 도우면 목화통명(木火通明)의 상이 된다. 겨울 丁火에 甲木이 있으면 金水가 많아도 괜찮으며, 甲木과 庚金이 있으면 반드시 귀하게 된다. 단 己土식신을 꺼리는데, 己土가 많아서 甲木을 합하면 甲木 용신이 무력해져서 평범한 사람에 불과하다.

【원문】

或一丙奪丁 必賴支內水救 若有支金發水之源 官拜烏台有准 全
혹 일 병 탈 정　필 뢰 지 내 수 구　약 유 지 금 발 수 지 원　관 배 오 태 유 준　전

無癸水制丙 無用之徒 或有金無水 貧寒之士 有水無金 又主
무 계 수 제 병　무 용 지 도　혹 유 금 무 수　빈 한 지 사　유 수 무 금　우 주

清高
청 고

【해설】   겨울철 丁火에 丙火가 투출하여 丁火의 밝음을 뺏으면 지지 안에 있는 水가 이를 해결해주어야 한다. 이 때 지지에 물의 원천이 되는 金이 있으면 높은 벼슬을 한다. 그러나 癸水칠살이 丙火겁재를 제극하지 않으면 쓸모없는 사람이 된다. 만약 金재성은 있는데 水관살이 없으면 군겁(群劫)이 되어 가난한 선비이고, 水는 있는데 金이 없으면 맑고 고결한 사람이다.

【원문】

或時月二壬爭合 取戊破之 有戊稱有富貴 無戊常人 設戊藏得所
혹 시 월 이 임 쟁 합　취 무 파 지　유 무 칭 유 부 귀　무 무 상 인　설 무 장 득 소

不失衣衿
불 실 의 금

【해설】　　　겨울철 丁火가 월과 시에 壬水가 있어 丁壬합을 다투면 戊土로 막아야 한다. 戊土상관이 있으면 부귀하지만, 戊土가 없으면 평범한 사람이다. 戊土가 장간에 있어도 학생 신분 정도는 된다.

【원문】

或二丙奪丁 得年干有癸 支下帶合 金水得所 亦必顯達 納粟奏
혹 이 병 탈 정　득 년 간 유 계　지 하 대 합　금 수 득 소　역 필 현 달　납 속 주

名 必驗
명　필 험

【해설】　　　겨울철 丁火에 丙火가 2개 있어 丁火의 빛을 빼앗는 경우, 연간에 癸水가 있고 지지에서 합을 하면 金水가 세력이 있으므로 재자약살격(財滋弱殺格)ᄒᆞ이 되며, 발전하고 재물로 관직을 얻는다. 이는 반드시 경험하게 된다.

㈜ **재자약살격**　재자살격(財滋殺格) 또는 재자칠살격(財滋七殺格)이라고도 하며, 관살용재격(官殺用財格)의 하나이다. 신왕사주에 약한 관살을 쓰는 경우 재성을 도와 관살을 생하도록 하는 용신법이다. 관살이 약해지는 이유는 대개의 경우 식상의 극제(剋制) 때문인데, 재성을 쓰면 식상이 관살을 극하는 것을 막을 수 있다.

【원문】

或仲冬水多癸旺 全無比印 此作棄命從殺 亦有異途功名 見丁比
혹 중 동 수 다 계 왕　전 무 비 인　차 작 기 명 종 살　역 유 이 도 공 명　견 정 비

出干 難合格局 常人 且主骨肉浮雲 六親流水 戊出破癸 頗有兄
출 간　난 합 격 국　상 인　차 주 골 육 부 운　육 친 류 수　무 출 파 계　파 유 형

弟妻兒 此格用戊 火妻土子 用甲 水妻木子
제 처 아　차 격 용 무　화 처 토 자　용 갑　수 처 목 자

【해설】　　자월정화(子月丁火)에 水가 많고 癸水칠살도 왕성하며 木火인비가 전혀 없으면 기명종살(棄命從殺)이 되어 다른 방법으로 공명을 이룬다. 그러나 丁火비겁이 천간에 있으면 기명종살이 안 되어 평범한 사람이 되며, 가족간에 정이 없어서 떠도는 구름과 같고 흉하다. 그러나 戊土상관이 癸水를 파손하면 형제와 처자가 있다. 자월정화가 戊土를 용신으로 하는 경우 火가 처이고 土가 자식이며, 甲木을 용신으로 하면 水가 처이고 木이 자식이다.

【원문】

或四柱多丙丁 又用癸制火 用癸者 金妻水子
혹 사 주 다 병 정　우 용 계 제 화　용 계 자　금 처 수 자

【해설】　　겨울철 丁火 사주가 대부분 丙丁火로 이루어져 있으면 癸水를 써서 火를 제극한다. 癸水를 용신으로 할 경우 金이 처이고 水가 자식이 된다.

【원문】

三冬丁火 甲木爲尊 庚金佐之 戊癸權宜酌用可也
삼 동 정 화　갑 목 위 존　경 금 좌 지　무 계 권 의 작 용 가 야

【해설】　　겨울철 丁火는 甲木정인 위주로 쓰고 庚金정재로 보좌하며, 戊土와 癸水를 적절히 사용한다.

【원문】

從殺格 侍郎
종 살 격 시 랑

시	일	월	연 (乾命)
辛	丁	癸	癸
亥	亥	亥	亥

丙	丁	戊	己	庚	辛	壬
辰	巳	午	未	申	酉	戌

【해설】　　　　해월정화(亥月丁火)에 水관살이 매우 강하고, 亥 중 甲木은 습목(溼木)이 되어 丁火를 생할 수 없으므로 종살격(從殺格)이다. 시랑(侍郞) 벼슬을 하였다. 戊午운부터 종살에 비겁운이 와서 흉하다.

【원문】

正官格 甲木逢生 庚透壬旺 壯元
정 관 격 갑 목 봉 생 경 투 임 왕 장 원

시	일	월	연 (乾命)
庚	丁	丁	乙
戌	未	亥	卯

庚	辛	壬	癸	甲	乙	丙
辰	巳	午	未	申	酉	戌

399

3
십간의 월별 주용신과 보조용신

해월정화로 亥 중 壬水를 취하므로 정관격(正官格)이다. 지지가 亥卯未 木인수국이고 乙木이 투출하였으며, 亥水 중 甲木이 생지(生地)에 자리하여 인수가 관살을 심하게 설기하므로 관살을 보호하여야 한다. 마침 시간에 庚金재성이 투출해서 甲木을 쪼개 丁火를 이끌어 장원(壯元)을 하였다.

【원문】

支成木局 水多 必得誥封晉贈
지 성 목 국 수 다 필 득 고 봉 진 증

시	일	월	연(乾命)
丁	丁	癸	癸
未	丑	亥	丑

丙	丁	戊	己	庚	辛	壬
辰	巳	午	未	申	酉	戌

【해설】 水관살이 강하지만 지지가 亥未 木인수국을 이루고, 亥水 중 甲木이 화살(化殺)하여 반드시 귀하게 될 사주이다.

【원문】

身强殺淺 假殺化權 將軍
신 강 살 천 가 살 화 권 장 군

窮通寶鑑

400

	시	일	월	연(乾命)
	甲	丁	己	庚
	辰	酉	丑	午

丙	乙	甲	癸	壬	辛	庚
申	未	午	巳	辰	卯	寅

【해설】　　　일간보다 丑 중 癸水가 약하므로 신강살천(身强殺淺)으로 가살(假殺)이라고 할 수도 있지만, 지지 巳酉丑 金재성국이 있어 금생수(金生水)가 되어 癸水가 나름대로 힘을 갖는다. 명나라 이춘방(李春芳) 장군의 사주이다.

　관살이 드러난 것이 없는데도 매우 귀하게 된 이유는 다음과 같다.

① 연지 午火가 건록이지만 土金이 강하여 신약한 사주이다. 丑月丁火는 한랭하여 甲木을 위주로 하고 庚金으로 甲木을 쪼개는 것이 주요 원칙이지만, 이 사주는 신약하므로 甲木을 용신으로 하고 火비겁을 희신으로 한다. 대운의 흐름이 木火로 흘러 아름답다.

② 土식상이 강하지만 지지 巳酉丑 金재성국에 진유합금(辰酉合金)을 이뤄 연간 庚金을 생조하고, 庚金은 辰 중 癸水를 자양(滋養)하므로 가살(假殺)이 힘을 얻게 된다.

【원문】

支成木局 年出庚金 甲運登第^{주)}
지성목국 연출경금 갑운등제

시	일	월	연 (乾命)
癸	丁	丁	庚
卯	卯	亥	戌

甲	癸	壬	辛	庚	己	戊
午	巳	辰	卯	寅	丑	子

【해설】　　　　해월정화가 지지 木인수국을 이루고, 연간에 甲木을 쪼개는 庚金이 투출하여 甲운에 과거 급제하였다.

㊛ 등제는 등과(登科), 탁과(擢科)와 같이 과거에 급제하는 것을 의미한다.

【원문】

地支寒溼 得甲戊兩透 侍郎
지지한습 득갑무량투 시랑

```
          시   일   월   연 (乾命)
          甲   丁   乙 ⁽주⁾ 戊
          辰   未   丑   子

      壬  辛  庚  己  戊  丁  丙
      申  未  午  巳  辰  卯  寅
```

【해설】   丑월이라 한랭하고 지지에 습기가 많은데, 甲木과 戊土가 투출하여 이를 해결해주므로 시랑(侍郎) 벼슬을 하였다.

㈜ 원문의 己丑월은 乙丑의 오기이므로 乙丑으로 정정하였다.

【원문】

無甲用丙晒乙 爲枯草引燈 有能訟棍

무 갑 용 병 쇄 을　위 고 초 인 등　유 능 송 곤

```
          시   일   월   연 (乾命)
          乙   丁   癸   壬
          巳   巳   丑   辰

      庚  己  戊  丁  丙  乙  甲
      申  未  午  巳  辰  卯  寅
```

403

3
십간의 월별 주용신과 보조용신

【해설】 　　　축월정화에 甲木이 없어 乙木과 丙火를 쓰므로 고초인 등격(枯草引燈格)으로 귀격이 아니다. 송사를 해결하는 능력이 뛰어났다.

【원문】

柱無庚丙 乙木寒溼 支乙運身死
주무경병　을목한습　지을운신사

시	일	월	연(乾命)
甲	丁	辛	辛
辰	卯	丑	卯

甲	乙	丙	丁	戊	己	庚
午	未	申	酉	戌	亥	子

【해설】 　　　사주에 용신으로 쓸 庚金과 丙火가 없으며, 乙木은 차고 축축하여 乙운에 사망하였다.^{주)}

주) 단지 습을(濕乙)이 丁火일간을 상하게 하여 사망하였다고 판단한 것은 문제가 있다. 乙木이 음목(陰木)으로 甲木에 비해 丁火를 이끄는 힘은 약하지만 축월정화에게 甲乙은 인수이기 때문이다. 乙未운 중 천간 乙木의 영향을 떠나 未土운은 월지와 丑未충을 하여 튀어나오는 장간 중 癸水가 칠살이 되며, 장간 己土는 시(時)에 있는 甲木과 기반하여 흉운이 된다고 보는 것이 합리적이다. 또 이러한 대운의 영향 이외에 사망 연도도 참고하여야 한다.

窮通寶鑑

시　일　월　연 (乾命)
庚　丁　丁　乙
戌　未　亥　卯

庚　辛　壬　癸　甲　乙　丙
辰　巳　午　未　申　酉　戌

해월정화(亥月丁火)의 용신 원칙은 甲木과 庚金 위주로 사용한다. 즉 甲木은 추운 계절의 약한 丁火를 생하여 목화통명(木火通明)을 이루는 중심 역할을 하고, 庚金은 甲木을 쪼개는 보조 역할을 한다. 그러나 丁火 일간이 왕성하면 설기시키는 식재관(食財官)을 쓰며, 甲乙木인수는 못 쓴다.

위 사주는 월에 亥水가 있어 정관격(正官格)이지만, 지지가 亥卯未 木 인수국이고 乙木이 연간에 투출하여 신왕하다. 그러므로 戌土에 뿌리가 있는 庚金재성을 쓴다. 이 때 庚金재성은 재극인(財剋印)으로 왕성한 인 수를 조절하고 약한 관살을 생조하는 역할을 한다. 이렇게 인수가 화관 (化官)하고 재성이 투출하면 일단 귀한 사주의 조건은 갖추게 된다.

운의 흐름은 초반의 申酉戌운은 용신운으로 길하고, 巳午未 火운은 신왕에 비겁운이므로 흉하다.[사주 출처 『자평진전평주(子平眞詮評註)』]

시	일	월	연 (坤命)
甲	丁	乙	己
辰	卯	亥	丑

壬	辛	庚	己	戊	丁	丙
午	巳	辰	卯	寅	丑	子

신로(辛盧)가 지은 『명리실증총담(命理實證叢談)』에 나온 사주로, 어려서 남의 집 양녀로 들어갔으며 결혼을 여러 번 한 여성이다. 운기적인 이유를 살펴보자.

① **부모관계** : 진입(進入) 원리에 따라 일간이 일지 卯木인수로 진입하면, 다음에는 시지의 甲木정인으로 도입(跳入)을 하게 된다. 그러나 甲辰시주 기준으로 보면 寅卯가 공망이므로 육신의 자리인 일지 卯를 비우고 도입을 할 수 없다. 이는 결과적으로 흐름이 甲木 정인성과 시간 편인궁으로 이어질 수 없음을 뜻한다. 신왕에 인수가 기신이고, 부친성인 金재성도 투출하지 않은 점도 부모와의 인연을 희박하게 한다.

② **부부관계** : 남편궁에 남편성이 앉아 있어 조왕(助旺)하지만, 인수가 많아서 남편성인 관살을 설기하는 것이 거슬린다. 관살을 보호하는 방법으로는 인수로 화관(化官)을 하는 것보다 金재성을 사용하여 관살을 생하는 것이 훨씬 좋은데, 투출한 甲木을 쪼개주는 金재성이 없어서 결국 관살을 무력하게 하므로 부부관계에 문제가 있다. 또한 丁卯 기준으로 보면 공망이 戌亥인데, 남편궁인 월지 亥가 공망이 되므로 결합력이 떨어지는 것도 주목해야 할 부분이다.

```
시   일   월   연 (乾命)
甲   丁   甲   癸
辰   酉   子   巳

丁 戊 己 庚 辛 壬 癸
巳 午 未 申 酉 戌 亥
```

　자월정화(子月丁火)가 진유합금(辰酉合金)의 자리에 있어 신약하고 차다. 전통적인 시각에 의하면 용신이 인비(印比)인 木火이고, 조후용신의 원칙에 따르면 甲木정인과 이를 쪼개주는 庚金편재가 역할을 해야 귀한 사주이다.

　팔자 중 甲庚의 상황을 보면 일지 酉 중 庚金이 투출하지 않았으나 형충이 안 되어 건실하고, 甲木은 일간과 유정하고 유력하다. 특히 일간과 친밀한 역삼각형의 월간, 시간, 일지에 甲木과 酉金이 있어 더욱 좋다. 甲木은 월령과 투출한 癸水, 辰 중 乙癸의 생조를 받고 酉 중 庚金이 쪼개주어 丁火를 이끌고 있다. 또한, 팔자에 형충이 없고 오행을 구비하여 오행이 생으로 이어지는 원원장류(源遠長流)가 되므로 더욱 귀하다. 일주 자체도 천을귀인(天乙貴人), 문창귀인(文昌貴人), 복성귀인(福星貴人), 학당귀인(學堂貴人), 태극귀인(太極貴人)의 길신을 가진다.

　중국 마오쩌둥[毛澤東]의 사주로 1949년(己未운, 己未년)에 중국 국가주석이 되었고, 1976년(丙辰운, 丙辰년) 양력 9월 9일에 사망하였다.

```
시  일  월  연 (坤命)
庚  丁  丙  甲
戌  酉  子  辰

己  庚  辛  壬  癸  甲  乙
巳  午  未  申  酉  戌  亥
```

　자월정화가 천간에 甲庚이 투출하여 귀한 사주이다. 단, 子월 丁火에
丙火가 투출하여 丁火의 밝음을 뺏는 것이 아쉬운데, 지지에 金水기운
이 강하고 辰 중 癸水가 있어 이를 해결해주고 있다.

　1984년(甲戌운, 甲子년) MBC 강변가요제 대상을 수상한 가수이다.
1992년(壬申년) 결혼하였다가 1998년(戊寅년)에 합의이혼하고, 2006년
(丙戌년)에 재혼하였다. 이는 연지 辰土가 관고(官庫)이며, 자신이 子水
관살로 진입하면 申酉가 공망으로 자공망(自空亡)이 되어 진입할 수 없
기 때문이다. 처음 결혼한 해는 壬水관살운으로 申子辰합을 하여 결혼
하였다. 두 번째 결혼한 해는 관고를 충하는 해로, 충하여 나온 지장간
丙은 병신합수(丙辛合水)하고 癸水관살은 子水의 자리를 얻는다.

```
시  일  월  연 (乾命)
庚  丁  丁  甲
戌  卯  丑  寅

甲  癸  壬  辛  庚  己  戊
申  未  午  巳  辰  卯  寅
```

축월정화(丑月丁火)에 庚金과 甲木이 뿌리가 있어 투출하였으므로 귀격의 기본 바탕은 이루어진 사주이다. 卯戌火하고 木火인비(印比)가 강해서 신왕하므로 庚金재성을 용신으로 한다.

庚金재성을 돕는 丑土의 양 옆에 木이 있어 손상될 우려가 있지만, 卯戌합으로 卯木을 묶어주고 寅木은 월간 丁火를 생하므로 문제가 되지 않는다. 과거 급제하여 벼슬을 하였다.[사주 출처 『적천수(適天髓)』]

시	일	월	연 (坤命)
庚	丁	丁	己
子	巳	丑	亥

甲	癸	壬	辛	庚	己	戊
申	未	午	巳	辰	卯	寅

壬午대운 중 2006년 丙戌년의 운세 특징을 형(刑) 중심으로 살펴본다. 형은 방(方)과 국(局)이 합쳐져서 기운이 강해져 일어나는 것이다. 일반적인 상생과 달리 기운이 지나치게 강해져서 파괴적인 행위로 나타나는 것이 형이며, 형으로 튀어나온 지장간들은 일간과의 합충에 따라 일간의 득실(得失)이 결정되므로 무조건 나쁘게 보지 않는다.

위 사주의 경우 월주의 丁丑과 운에서 오는 丙戌년이 丑戌형이 된다. 형은 다음 표에서 알 수 있듯이 삼합과 방합의 각 간지를 한 글자씩 위아래로 이어서 배합한 것이며, 丑戌형은 삼합의 巳酉丑 중 丑과 방합의 申酉戌 중 戌이 만나서 형이 된 것이다. 그리고 이 때의 巳酉丑과 申酉戌이 모두 금국(金局)이므로, 丑戌형이 되는 丙戌년에 金이 강해진다.

	목국 · 북방	화국 · 남방	금국 · 서방	수국 · 동방
삼 합	亥卯未	寅午戌	巳酉丑	申子辰
방 합	亥子丑	巳午未	申酉戌	寅卯辰

　형[주]의 영향을 보면, 태세의 丙은 일어나는 일의 동기(動機)가 되는데 丙火겁재가 오므로 고집이 세지고, 형제자매의 일과 관련하여 재물의 손실이 있다. 더욱이 丁丑은 백호살로, 백호를 형하는 경우 죽음에 이를 정도로 흉하다 하였으므로 재물에 대한 손실이 크다고 본다. 또한 운기 점수가 28점 정도로 신약한 사주로, 재성이 구신인데 재성이 온다는 것은 재물로 인해 고생이 심한 것을 의미한다. 한편, 형으로 인해 金이 강해지므로 시간 庚金이 강화되고, 이로 인해 남편별인 子水가 강해진다고 생각할 수도 있다. 그러나 운에서 오는 戌 중 癸水와 합으로 기반이 되므로 남편의 기운이 무력하다고 본다.

　2006년 상담 당시 언니와의 금전 거래로 큰 손실이 있었고, 백수 같은 생활을 하는 남편의 운이 언제 열릴지 물었다. 사주의 주인공은 8살 때인 1968년(戊寅운, 戊申년) 4월에 오빠와 수영을 하러 가다가 인도를 덮친 차에 치어 양쪽 다리를 절단하였다. 일지 巳火와 寅巳申 삼형이 되는 해의 일이다. 2007년 현재 의족을 하고 열심히 직장생활을 하고 있다.

㈜ 진소암(陳素菴)은 『명리약언(命理約言)』에서 형에 대해 설명하기를, 지지 상형(相刑)은 국(局)에다 방(方)을 더하여 취한 것이라고 하였다.

子月丁火

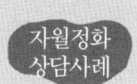
정기신의 균형이 안 맞는 불발사주

저녁 해거름에 부부가 찾아와서 오래간만에 부부 상담을 하게 되었는데 예감이 좋지 않았다. 부인은 기가 한 쪽으로만 빠진 듯 어깨가 기울어져 있고, 눈 주변에 금빛의 반짝이는 화장품을 발랐지만 분위기가 칙칙하고 침울하였다. 남편은 어깨는 반듯하지만 시선을 자꾸 아래로 떨어뜨리는 게 상담을 시작할 때부터 마음에 걸렸다. 이윽고 부인이 무릎 위에 손을 얌전히 올려놓고 고개를 숙이고 있는 남편을 힐끔거리더니 남편이 역학을 하면 성공할 수 있는지 봐달라는 것이었다.

시 일 월 연(乾命)
丙 丁 戊 乙
午 未 子 未

辛 壬 癸 甲 乙 丙 丁
巳 午 未 申 酉 戌 亥

411

팔자를 보면 불과 흙기운이 강하다. 얼른 중화를 이루게 하는 물을 보니 물 주변이 온통 흙이라서 압사 직전이다. 정기신(精氣神) 중 신(神)이 이렇게 무력하면 무엇을 하든 크게 발전하기 힘들다. 2007년은 53세로 운도 巳午未 불바닥을 지나고 있어 쇠인 재물을 녹이므로 재물하고는 인연이 없다.

크게 성공하든 작게 성공하든 뭔가를 시작하려면 준비는 필수이다. 붕어빵 장사도 사전 준비가 있어야 하고, 최소한 반죽하는 법은 배워야 한다. 그래서 명리 공부를 어느 정도 했냐고 묻자 남편분은 할 말이 없는 듯 고개를 푹 숙이고, 부인이 대신 나서서 앞으로 어떻게 공부를 해야 하느냐고 물었다. 대화는 자연스럽게 공부하는 방법으로 흐

르고, 시간이 지나면서 남편분이 얼굴이 벌개지고 한숨을 길게 쉬더니 슬그머니 밖으로 나갔다. 밖에서 담배를 피고 있는 남편을 힐끔거리며 부인이 그간의 사정을 이야기하였다.

남편이 직업군인이었는데 퇴직 후 이일 저일 하다 실패를 거듭하자 알코올중독이 되어 치료를 받았으며, 치료 후에도 술과 도박에 손을 대고 있다며 한숨을 쉬었다. 그리고 자신이 작은 구멍가게로 생계를 꾸려나가고 있으나 관절염이 심해져서 하루하루가 고통이란 말도 덧붙였다.

그래서 다시 사주를 꼼꼼이 살펴보았다. 정기신(精氣神) 중 정(精)은 인수이고, 기(氣)는 비겁이며, 신(神)은 식상이나 관살이 된다. 정기신이 균형이 안 맞으면 불발 사주로 보는데, 이 사주는 子水관살이 역할을 못 하므로 신(神)의 세력이 부족한 경우이다. 또한, 巳亥충이 있 는 경우에 정신 장애가 있다고 보며, 위 사주와 같이 지지가 수화상충(水火相冲)이 되는 경우도 마찬가지다. 水火의 균형과 관련하여 취정회신(聚精會神)이라는 말이 있는데, 水를 정(精)으로 보고 火를 신(神)으로 보아 이 둘이 균형이 맞아야 좋다는 뜻이다.

또한 알코올중독의 가능성이 있는지를 볼 때는 오행 중 水의 상황을 본다. 다음의 사주 2개를 참조한다.

시	일	월	연 (乾命)
己	辛	己	壬
亥	巳	酉	辰

위는 용신인 壬水와 己土가 섞여 혼탁한 사주이다. 알코올중독으로 패가망신한 후 이혼한 남성이다.

```
시 일 월 연(乾命)
丁 癸 戊 甲
巳 丑 辰 戌
```

위 사주는 무계합화격(戊癸合火格)이다. 알코올중독으로 간에 이상이 생겨 사망하였다.

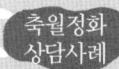

낭비벽에는 빈 지갑이 약

밤 열 시쯤 스물네다섯 정도의 나이 어린 여성이 방문하였다. 바람이 선듯한데 옷차림이 별나다. 언뜻 보기에 치마는 한 뼘밖에 안 되는 초미니이고, 양팔에는 회백색 금속을 스프링처럼 둘둘 만 팔찌를 끼었으며 치렁치렁한 목걸이도 특이하다. 자리에 앉자마자 윗옷을 벗어 다리를 감추면서 올해 외국에 갈 운이 있는지 봐달라고 하였다.

```
시 일 월 연 (坤命)
辛 丁 辛 辛
亥 巳 丑 酉

戊 丁 丙 乙 甲 癸 壬
申 未 午 巳 辰 卯 寅
```

사주에 재물 기운이 너무 강해 전체적으로 팔자의 균형이 무너진 것이 눈에 띈다. 또한, 음기가 양기의 두 배 가량 되어 음양의 균형도 깨진 사주이다. 즉 음기가 강하고 재괴인(財壞印)이다. 이런 사주는 재물을 관리하는 힘을 키우는 것이 가장 시급하다. 그런데 그 힘을 가지려 해도 자신의 응원 세력이 비집고 들어올 틈이 없다. 억지로 들어온다 해도 辛金의 뾰족한 살기에 찔려 맥도 못 출 판이다.

"빈 지갑으로 살아야겠네요." 팔자를 보고 툭 던지는 말에 이어지는 대답이 놀랍다. 명품병에 걸려 이천만 원의 카드 사고가 났으며, 핸드폰 요금이 매달 17만 원 정도 나오고 지금 자신이 들고 있는 가방도 60만 원짜리라는 것이다. 그리곤 한숨을 크게 내쉬었다. 자신을 밀어주는 기운이 없으므로 빈 지갑으로 사는 게 약이 되는 상황이다. 사주 구조가 이런데 명품병에 걸려 명품 치장을 한다는 것은 날개 죽지가 움트지도 않은 어린 용이 여의주를 물고 다니는 짝이다. 계속 그렇게 살다가는 곧 추락하여 모래만 씹는 날이 올 것이다.

명품병, 즉 인격 파탄의 증세가 어디서 오는지 운기적인 이유를 살펴보자.

① 팔자에서 균형추 역할을 하는 용신이 무력하다. 팔자를 보는 정기신(精氣神)의 기준으로 보면 이 사주는 정(精)인 인수가 역할을 해야 균형이 맞다. 亥 중 甲木이 있긴 하지만 바로 옆에 있는 巳 중 庚金과 암충이 되어 자기 살기도 바쁘다. 이런 甲木이 丁火일간을 생조하여 팔자의 균형을 맞추기는 어렵다. 균형추가 없으면 팔자 그릇이 기울어지고, 정신도 균형을 잃게 된다.

② 운에서 균형추 역할을 하는 인수성이 들어온다 해도 이를 담을 인수궁이 파괴되어 힘을 발휘하기 힘든 구조이다. 연지와 시간이 인수 자리인데 酉金과 辛金재성이 있어 파궁(破宮)이 되었기 때문이다.

③ 사주 구조에서 丁火의 심리를 살펴보면, 일지가 겁재로 조급하고 격렬하며 구속을 싫어하는 자유주의자이다. 또한 일지에 지장간 庚金재성이 있고 팔자 전체에 재성이 강해 육신의 욕망에 민감하고, 즉각적으로 반응하기가 쉽다. 일지의 장간이 戊土이고 월령이 己土식상으로 환상주의자이며, 새로운 것을 좋아하고 남에게 인정받기를 원하는 이런 성격들은 육친 중 겁재, 재성, 식상의 속성에서 나온다.

인격 파탄의 증세를 나타내는 데는 이와 같이 여러 가지 이유가 있지만, 명주에게 가장 크게 영향을 미치는 것은 육친 중 재성의 기운이 너무 강하다는 것이다. 재성은 지혜, 총명, 인의, 온후, 단정함 등의 특성을 가진 인수를 꺾는 성분이다. 이런 현상을 간단히 '재괴인(財壞印)이면 후안무치(厚顔無恥)' 라고 한다. '재다신약(財多身弱)이면 부옥빈인(富屋貧人)' 도 재성과다의 병을 가리키는 말이다.

일간

戊己 무기

1. 土를 논함

【원문】

五行之土 散在四維 故金木水火 依而成象 是四時皆有用有忌者
오행지토 산재사유 고금목수화 의이성상 시사시개유용유기자

火 死酉也 水 旺子也 蓋土賴火運 火死則土囚 土喜水才 水旺
화 사유야 수 왕자야 개토뢰화운 화사즉토수 토희수재 수왕

則土虛 土得金火 方成大器 土高無貴 空惹灰塵 土聚則滯 土散
즉토허 토득금화 방성대기 토고무귀 공야회진 토취즉체 토산

則輕
즉경

【해설】　　　　土 오행은 구궁(九宮)의 중앙에 있고, 또한 구궁 중 건 (乾)·곤(坤)·간(艮)·손궁(巽宮)의 네 귀퉁이에 기생하므로 다른 오행 즉 金木水火에 의해 형상이 이루어진다. 따라서 土는 사계절에 모두 사 용할 수도 있고, 싫어하는 기운이 될 수도 있으며 일정한 사용법이 없다. 십이운성(十二運星)으로 볼 때 火 오행은 유궁(酉宮)이 사궁(死宮)이고,

水는 자궁(子宮)이 왕지(旺地)가 되며, 대부분 土는 火에 의지하여 운행이 되는데, 왕상휴수사(旺相休囚死)로 볼 때 水의 자리에서 火가 사(死)의 상태이면 土는 수(囚)의 상태가 된다. 土는 水를 재성으로 삼아 기뻐하지만, 水가 너무 왕성하면 土가 무너지므로 공허해진다. 土가 설기하는 金을 만나고, 火의 생조를 얻으면 큰 그릇이 된다. 土가 너무 많으면 귀하지 않고 공허한 재와 같다. 土가 모여 있으면 기운이 막히고, 土가 흩어지면 가벼워진다.

【원문】

辰戌丑未 土之正也 分陰分陽 主則不同 辰有伏水 未有匿木 滋
진 술 축 미 토 지 정 야 분 음 분 양 주 즉 부 동 진 유 복 수 미 유 닉 목 자

養萬物 春夏爲功 戌有藏火 丑有隱金 秋火冬金 肅殺萬物 土聚
양 만 물 춘 하 위 공 술 유 장 화 축 유 은 금 추 화 동 금 숙 살 만 물 토 취

辰未爲貴 聚丑戌不爲貴 是土愛辰未 而不愛丑戌也明矣 若更
진 미 위 귀 취 축 술 불 위 귀 시 토 애 진 미 이 불 애 축 술 야 명 의 약 경

五行有氣 人命逢之 田産無比 晩年富貴悠悠
오 행 유 기 인 명 봉 지 전 산 무 비 만 년 부 귀 유 유

【해설】

土에는 辰戌丑未가 있는데, 辰戌은 양이고 丑未는 음으로 土라 해서 모두 같은 것은 아니다. 辰土의 장간에는 癸水가 있고, 未土 중에는 乙木이 숨어 있어 만물을 기르니 봄과 여름에 역할을 한다. 戌土에는 丁火가 있고, 丑土에는 辛金이 있어 가을의 불과 겨울의 쇠가 만물을 숙살(肅殺)한다. 따라서 辰土와 未土가 모여 있으면 귀하지만, 丑土와 戌土가 모여 있으면 귀하지 않다. 이는 土가 辰未를 좋아하고 丑戌을 싫어함을 분명하게 보여준다. 만약 辰未가 있고 오행의 기운이 잘 배합되면 재산이 많으며 만년까지 부귀하고 여유롭다.

십간의 월별 주용신과 보조용신

【원문】

若土太實無水 燥則不和 無木則不疏通 土見火則焦 女命多不
약토태실무수　조즉불화　무목즉불소통　토견화즉초　여명다불

生長
생장

【해설】　　　　　만약 土가 너무 많고 水가 없으면 조열해서 화합하지
못하며, 木이 없으면 소통이 안 된다. 土가 火를 만나면 메말라서 여자인
경우 대부분 자식을 키우지 못한다.[주]

─────────────────

[주] 불생장(不生長)을 아이를 낳지 못하는 것으로 해석하기도 한다.

【원문】

土旺四季 惟戌土困弱 戌多爲人好鬪 多瞌睡 辰未人好食 丑人
토왕사계　유술토곤약　술다위인호투　다갑수　진미인호식　축인

淸省 丑爲艮土 有癸水能潤而膏 人命遇此 主能卓立
청성　축위간토　유계수능윤이고　인명우차　주능탁립

【해설】　　　　　土는 사계(四季)인 辰戌丑未월에 왕성하다. 그러나 戌
土에서는 土가 곤란하고 약하다. 戌土가 많으면 위인이 다투기를 좋아
하고 잠이 많다. 辰未가 많으면 먹기를 좋아하며, 丑土가 있는 경우는 심
성이 맑고 반성할 줄 아는 사람이다. 丑土는 간궁(艮宮)에 있는 土로 장
간에 癸水가 있어서 윤택하고 기름지므로, 팔자의 丑土가 제 역할을 하
면 뛰어나다.

2. 土를 계절별로 논함

① 춘토(春土)

【원문】

生於春月 其勢虛浮 喜火生扶 惡木太過 忌水泛濫 喜土比助 得
생 어 춘 월 기 세 허 부 희 화 생 부 악 목 태 과 기 수 범 람 희 토 비 조 득

金而制木爲祥 金太多仍盜土氣
금 이 제 목 위 상 금 태 다 잉 도 토 기

【해설】 土가 봄에 태어나면 기세가 공허하므로 火의 도움을
좋아하고, 木이 너무 많아서 극하는 것을 싫어한다. 水가 너무 많아서 넘
치는 경우 土비겁이 있는 것이 좋다. 봄의 土에 金이 있어 木을 제극하는
것은 좋지만, 金기운이 너무 강하면 土기운을 설기하여 흉하다.

② 하토(夏土)

【원문】

夏月之土 其勢燥烈 得盛水滋潤成功 忌旺火煆煉焦坼 木助火炎
하 월 지 토 기 세 조 렬 득 성 수 자 윤 성 공 기 왕 화 하 련 초 탁 목 조 화 염

水剋無碍 金生水泛 妻才有益 見比肩蹇滯不通 如太過又宜木剋
수 극 무 애 금 생 수 범 처 재 유 익 견 비 견 건 체 불 통 여 태 과 우 의 목 극

【해설】 여름의 土는 기운이 조열(燥熱)하므로 水로 적셔주어
야 공을 이룰 수 있다. 火가 강해서 土가 메마르고 갈라지는 것을 꺼린
다. 木이 火를 도와 조열하게 하는 경우에는 水가 火를 극해도 장애가 없

3

십간의 월별 주용신과 보조용신

으며, 金이 水를 생하면 처와 재물에 이익이 있다. 이 때 土비견을 보면 水가 막혀서 소통이 안 되므로, 土가 너무 강한 경우 木이 土를 극하면 좋다.

③ 추토(秋土)

【원문】

秋月之土 子旺母衰 金多而耗盜其氣 木盛須制伏純良 火重重而
추 월 지 토 자 왕 모 쇠 금 다 이 모 도 기 기 목 성 수 제 복 순 량 화 중 중 이

不厭 水泛泛而不祥 得比肩則能助力 至霜降不比無妨
불 염 수 범 범 이 불 상 득 비 견 즉 능 조 력 지 상 강 불 비 무 방

【해설】　　　　가을의 土는 자식인 金은 왕성하고, 어머니인 土는 약하다. 따라서 金이 많으면 土기운을 훔쳐간다. 또한 가을 土에 木이 왕성하면 金으로 제복해야 좋고, 가을 土는 火를 떠나서 생각할 수 없으므로 火는 많이 있어도 괜찮지만 水가 넘치면 재다신약(財多身弱)으로 좋지 않아 土비견을 얻어야 힘이 된다. 그러나 상강(霜降)이 지나면 土가 강하므로 비견이 없어도 된다.

④ 동토(冬土)

【원문】

冬月之土 外寒內溫 水旺才豐 金多子秀 火盛有榮 木多無咎 再
동 월 지 토 외 한 내 온 수 왕 재 풍 금 다 자 수 화 성 유 영 목 다 무 구 재

加比肩扶助爲佳 更喜身主康强足壽
가 비 견 부 조 위 가 경 희 신 주 경 강 족 수

【해설】 겨울 土는 양기를 안고 있어서 밖은 차갑고 안은 따뜻하다. 水재성이 왕성하면 재물이 풍부하고, 金식상이 많으면 자식이 좋으며, 火인수가 많으면 영화가 있고, 木관살이 많아도 허물은 없다. 겨울 土는 비견이 도와야 아름다운데, 이 경우 일간이 강해지므로 장수한다.

5 사계토(四季土)

【원문】

辰戌丑未 四土之神 惟未土爲極旺 何也 辰土帶木氣剋之 戌丑
진술축미 사토지신 유미토위극왕 하야 진토대목기극지 술축

之土 帶金氣泄之 此三土雖旺而不旺 故土臨此三位 金多作稼穡
지토 대금기설지 차삼토수왕이불왕 고토림차삼위 금다작가색

格 不失中和 若未月土 則帶火氣也 帶火以生之 所以爲極旺也
격 불실중화 약미월토 즉대화기야 대화이생지 소이위극왕야

若土臨此旺未月 見四柱土重 多作火炎土燥 不可作稼穡看 但臨
약토림차왕미월 견사주토중 다작화염토조 불가작가색간 단림

此月之土 見金結局 不貴卽富也 書曰 土逢季月見金多 終爲貴
차월지토 견금결국 불귀즉부야 서왈 토봉계월견금다 종위귀

論 而在未月尤甚
론 이재미월우심

【해설】 辰戌丑未가 모두 土이지만 특히 未土가 매우 왕성하다. 辰土는 辰 중 乙木이 土를 억제하고, 戌丑은 土를 설기하는 辛金을 가지고 있기 때문이다. 辰戌丑土가 왕성해도 온전히 왕성한 것이 아니므로 土가 辰戌丑에 있으면 가색격(稼穡格)으로, 金이 있으면 중화를 잃지 않는다. 그러나 未土월의 土는 장간에 丁火를 가지고 있어 매우 왕성

하므로, 팔자에 土가 또 있으면 火가 강해서 土가 메마른 화염토조(火炎土燥)가 되므로 가색격으로 볼 수 없다. 단, 未월의 土인 경우 금국(金局)을 이루면 명예나 재물이 있다. 이르기를 "土가 辰戌丑未월을 만나고 金이 많으면 귀하고, 未월이면 더욱 귀하다." 하였다.

3. 戊土의 월별 용신

① 인월무토(寅月戊土) · 묘월무토(卯月戊土)

주용신 丙 　보조용신 甲癸

木관살의 기운이 강한 달에 있다. 먼저 丙火편인을 써서 따뜻하게 하고, 다음에 甲木칠살을 써서 土를 헤치며, 癸水정재로 자윤(滋潤)한다.

【원문】

三春戊土 無丙照暖 戊土不生 無甲疏劈 戊土不靈 無癸滋潤 萬
삼춘무토 무병조난 무토불생 무갑소벽 무토불령 무계자윤 만

物不長 正二月先丙後甲 癸又次之 三月先甲後丙 癸又次之 因
물부장 정이월선병후갑 계우차지 삼월선갑후병 계우차지 인

戊土司權故也 有甲 丙 癸 三者齊透 必主一品當朝 或二透一藏
무토사권고야 유갑 병 계 삼자제투 필주일품당조 혹이투일장

亦登金榜 二藏一透 也可異途
역등금방 이장일투 야가이도

【해설】　　　　봄의 戊土는 丙火편인이 따뜻하게 비추어 생해주어야한다. 甲木칠살이 소통시키고 갈라놓지 않으면 戊土가 제 역할을 못하며, 癸水정재가 촉촉이 적셔주지 않으면 만물이 자라지 못한다. 寅卯월의 戊土는 木관살이 강하므로 丙火를 먼저 쓰고 다음에 甲木을 쓰며, 癸水는 그 다음에 쓴다. 진월무토(辰月戊土)는 戊土가 권한을 가진 달이므로 甲木을 먼저 쓰고 다음에 丙火를 쓰며, 癸水를 그 다음에 쓴다. 甲木칠살, 丙火편인, 癸水정재가 모두 투출하면 매우 귀하고, 이 중 2개가 투출하고 1개는 지지에 감춰져 있어도 귀하게 될 수 있으며, 이 중 2개는 지지에 감춰져 있고 1개만 투출한 경우는 시험이 아닌 다른 방법으로 벼슬을 한다.

【원문】

正二月卽有甲癸 若無丙除寒 如萬物生而不長 故無丙者 富貴艱
정 이 월 즉 유 갑 계　약 무 병 제 한　여 만 물 생 이 부 장　고 무 병 자　부 귀 간

辛 或有丙無甲癸者 名曰春旱 如萬物生而多厄 無甲癸者 一生
신　혹 유 병 무 갑 계 자　명 왈 춘 한　여 만 물 생 이 다 액　무 갑 계 자　일 생

勤苦 勞而無功 或一派丙火 有甲欠癸 先泰後否 或支成火局 不
근 고　노 이 무 공　혹 일 파 병 화　유 갑 흠 계　선 태 후 부　혹 지 성 화 국　불

見壬癸 僧道孤貧 癸透者貴 壬透者富
견 임 계　승 도 고 빈　계 투 자 귀　임 투 자 부

【해설】　　　　寅卯월 戊土에 재관인 甲木과 癸水는 있으나 丙火가없어서 이른 봄의 한랭함을 해결하지 못하면, 만물이 태어났으나 자라지 못함과 같아 부귀하기 어렵다. 만약 丙火는 있고 甲木과 癸水가 없으면 봄가뭄이 든 것과 같아 태어나도 액이 많다. 甲木과 癸水가 없는 경우는 평생 노력을 하나 고통이 많으며, 노력이 하나도 이루어지는 것이 없

423

십간의 월별 주용신과 보조용신

다. 寅卯월 戊土에 한 무리의 丙火가 있고, 甲木은 있으나 癸水가 부족한 경우는 살인상생(殺印相生)이 되지만 음양의 조화가 이루어지지 않아 처음은 좋으나 나중은 흉하다. 만약 지지 火인수국에 壬癸재성이 없는 경우 승도(僧道)로 고독하고 가난하다. 그러나 癸水가 투출하면 귀하고, 壬水가 투출하면 부자이다.

【원문】

用水者要審水之多少 或一派甲木 無丙常人 得一庚透方妙 或支
용수자요심수지다소 혹일파갑목 무병상인 득일경투방묘 혹지

成水局 甲又出干 又有庚透 富貴雙全
성수국 갑우출간 우유경투 부귀쌍전

【해설】　　　　인묘월술토(寅卯月戊土)에 水재성을 쓰는 경우 역량의 대소를 살펴야 한다. 한 무리의 甲木칠살이 있고 丙火가 없으면 살인상생이 안 되어 평범한 사람이지만, 庚金이 투출하면 왕성한 甲木을 제극하므로 팔자의 짜임새가 있게 된다. 만약 지지 水재성국에 甲木과 庚金이 같이 투출하면 부귀가 온전하다.

【원문】

或無庚金 又無比印 難作從殺 定主遭凶 不然 必爲盜賊 若日下
혹무경금 우무비인 난작종살 정주조흉 불연 필위도적 약일하

坐午 不得喜終
좌오 부득희종

【해설】　　　　인묘월무토에 지지 水재성국으로 재성이 왕성하고 관살을 제극하는 庚金식상이 없으며, 戊土를 돕는 인비(印比)가 없어도 종살격(從殺格)이 되기 어려우므로 흉한 일이 있거나 도적이 된다. 만약 일지에 午火가 있으면 종살로 볼 수 없고, 끝이 좋지 않아 흉사한다.

【원문】

或一派乙木 爲官殺會黨 卽有庚從 却難制乙 此人內奸外直 口
혹 일 파 을 목　위 관 살 회 당　즉 유 경 종　각 난 제 을　차 인 내 간 외 직　구

是心非 加一甲在內 無庚 必懶惰自甘 好食無厭[㈜] 或丙多甲多 宜
시 심 비　가 일 갑 재 내　무 경　필 라 타 자 감　호 식 무 염　혹 병 다 갑 다　의

以癸庚參用
이 계 경 참 용

425

【해설】　　　　한 무리의 乙木관살이 있고 庚金이 있어 乙庚金이 되면 乙木을 조절하기 어렵다. 이 경우 속은 간사하지만 겉은 정직하게 보이고, 하는 말과 속마음이 다르다. 甲木이 장간에 1개 있고 庚金이 없는 경우는 칠살을 제극하지 않아 게으르고 스스로 만족하며, 먹기 좋아하고 편안한 성격이다. 만약 인묘월무토에 丙火와 甲木이 많으면 癸水와 庚金을 참조하여 사용한다.

㈜ 무염이란 어떤 것에 물리거나 싫증날 때가 없는 상태, 즉 편안함을 의미한다.

【원문】

丙癸甲會成七殺格 大將軍
병 계 갑 회 성 칠 살 격　대 장 군

3
십
간
의
월
별
주
용
신
과
보
조
용
신

```
시   일   월   연 (乾命)
庚   戊   庚   丙
申   辰   寅   寅

丁  丙  乙  甲  癸  壬  辛
酉  申  未  午  巳  辰  卯
```

【해설】　　　　인월무토(寅月戊土)의 용신이 될 수 있는 丙火와 癸水, 甲木이 있어 전체적으로 짜임새가 있다. 연간의 丙火가 寅월의 한랭함을 해결하므로 용신이 된다. 寅 중 甲木은 용신 丙火를 생하여 관인상생(官印相生)이 되고, 辰 중 癸水와 유취(類聚)가 되는 申辰이 寅 중 甲木을 생하면서 戊土를 제극한다. 칠살격(七殺格)으로 대장군이 되었다.

【원문】

丙癸兩透 甲藏 侍郎
병계량투 갑장 시랑

```
시   일   월   연 (乾命)
丙   戊   乙   癸
辰   寅   卯   未

戊  己  庚  辛  壬  癸  甲
申  酉  戌  亥  子  丑  寅
```

【해설】　　　묘월무토(卯月戊土)에 丙火와 癸水가 투출하고 甲木이 寅에 있으므로 묘월무토에 필요한 丙火와 甲木, 癸水가 모두 있다. 木관살이 강한데 시(時)에 丙火가 투출하여 배득중화(配得中和)를 이룬 경우로 시랑(侍郎) 벼슬을 하였다.

【원문】

丙甲復所 壬癸透干 一榜
병 갑 복 소 임 계 투 간　일 방

시 일 월 연(乾命)

壬 戊 乙 癸

子 寅 卯 未

戊 己 庚 辛 壬 癸 甲

申 酉 戌 亥 子 丑 寅

【해설】　　　寅 중 丙火와 甲木이 있고 천간에 壬癸水가 투출하였다. 지지가 卯未 木관살국이고 일간 戊土가 寅木의 살지(殺地)에 있어 신약한데 火인수가 없으므로 종살격(從殺格)이 되며, 子水재성운에 등과하였다.

【원문】

女命 兩癸得所 旺夫無子
여명 양계득소 왕부무자

시	일	월	연 (坤命)
壬	戊	癸	丁^주
子	寅	卯	卯

庚	己	戊	丁	丙	乙	甲
戌	酉	申	未	午	巳	辰

【해설】　　　　재성인 壬癸水가 투출하고 지지에 木관살이 강하므로 寅 중 丙火를 용신으로 한다. 용신이 火이므로 목부화자(木夫火子)가 된다. 木인 남편은 강하고, 火인 자식은 투출한 壬癸재성이 극을 하여 약하다. 자식이 없던 여성이다.

㊂ 원문에는 辛卯년으로 되어 있으나, 이 해에는 癸卯월이 있을 수 없으므로 丁卯년으로 정정하였다.

시   일   월   연 (乾命)

己   戊   丙   甲

未   寅   寅   子

癸   壬   辛   庚   己   戊   丁

酉   申   未   午   巳   辰   卯

　이른 봄의 戊土를 조후하는 丙火, 丙火를 도와 소토(疏土)하는 甲木, 甲木을 생하는 癸水가 있어서 부귀의 기틀이 마련되어 있다. 寅월생으로 일지에도 寅木이 있고, 甲木이 연간에 투출하여 관살이 강하므로 신약한 사주이다. 그러나 寅월에 뿌리가 있는 丙火가 일간과 유정한 상태로 투출하여 관인상생(官印相生)이 되고, 시(時)에서 己未를 만나 戊土 일간을 방조하므로 신약함이 해결된다. 丙火가 용신이면 子水가 기신이 되는데 기신이 일간과 멀리 떨어져 있고, 기신과 용신을 甲木이 통관시키기 때문에 기신이 있어도 흉하지 않은 구조이다.

　운의 흐름을 보면, 초반의 木운은 관인상생으로 문제가 생길 수 없고, 중년의 火운은 용신운이며, 말년의 金운은 팔자 전체를 소통시켜 기운이 면면히 이어진다. 일찍 과거에 급제하여 관찰사에 이르렀으며, 여섯 아들이 모두 과거 급제하고 팔순까지 장수하였다.

　[사주 출처 『적천수(適天髓)』]

429

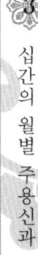

시	일	월	연 (乾命)
丙	戊	庚	丙
辰	寅	寅	戌

丁	丙	乙	甲	癸	壬	辛
酉	申	未	午	巳	辰	卯

인월무토(寅月戊土)가 寅木관살이 강하여 신약하다. 그러나 조토(燥土)인 戊土 위에 丙火가 투출해 있고, 시간에 丙火가 있어 관인상생(官印相生)하므로 신약이 해결된다.

소토(疏土)하는 甲木과, 戊土를 자윤(滋潤)하는 癸水가 장간에 있어 인월무토를 귀한 사주로 만드는 丙火와 甲木과 癸水 세 가지가 갖추어졌다. 특히, 인월무토의 주용신이 되는 丙火가 투출하여 유력한 것이 이 사주의 큰 장점이다. 또한 중년과 말년에 火인수운이 계속되는 것도 길한 점이다.

1973년(癸巳운, 癸丑년) 대한해운공사에 입사하고, 1991년(乙未운, 辛未년)에 국내 굴지의 기업체 사장이 되었으며, 2003년(丙申운, 癸未년)에 필라코리아 대표이사 회장으로 취임하여 현재에 이른 입지전적인 인물이다.

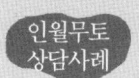

이혼, 그 뻔한 이야기

남편이 정년퇴직하였으나 집도 살만하고, 퇴직 후 나오는 연금도 생활하기에 넉넉하였다. 문제의 시작은 남편의 신용카드였다. 연초에 카드 이용내역에 식당과 술집 이름들이 있었으나 그 때는 '뭔가 새로운 일을 꾸미기 위해 사람들을 만나는 거겠지.' 하고 좋게 생각하였다. 평생을 모범생으로 살아왔기 때문에 이상한 상상을 할 수가 없던 것이었다. 그런데 2월부터 카드 이용내역에 숙박업소의 이름들이 나타나면서 부부싸움이 잦아졌고, 마침내는 자식보다 몇 살 많은 여성과 바람을 피우는 것을 알게 되었다. 이후 몇 달 동안 마음고생을 하다 이혼을 결정하고 자신의 팔자가 어떤지 확인하러 왔었다. 2006년 여름, 친구의 어깨에 기대 눈물을 줄줄 흘리던 것이 며칠 전의 일 같다.

상담할 때 남편과 살지 말고 남편의 연금과 살라는 말을 해주었다. 52세 이후의 팔자 흐름이 별로 좋지 않기 때문이다. 사랑이 없으면 돈이라도 있어야 할 게 아닌가. 같이 왔던 친구분에게 2006년(癸未운, 丙戌년) 초겨울에 결국 이혼하였다는 말을 전해 듣고 팔자를 다시 살펴보았다.

431

```
시 일 월 연(坤命)
丙 戊 戊 乙
辰 午 寅 未

乙 甲 癸 壬 辛 庚 己
酉 申 未 午 巳 辰 卯
```

이른 봄의 흙이므로 햇살이 따뜻하게 비추고 나무 쟁기가 흙을 갈아주며, 촉촉한 물기운이 있으면 곡식을 심기에 부족함이 없다. 그런데 이 팔자를 보면 단단한 쟁기는 아니지만 월에서 기운을 받고 있는 乙이란 쟁기가 있다. 또, 시(時)의 辰은 습토로 癸水라는 물을 지니고 있어 언뜻 보면 팔자 모양이 좋아 보인다. 특히 이른 봄은 햇살을 가장 소중하게 여기는데, 丙火 태양이 출생시에 있어 상격의 팔자라고 볼 수도 있다. 문제는 팔자 바닥이 寅午戌과 午未합으로 불바닥이다. 불바닥에 태양이 솟아 있으니 불기운이 너무 강하다. 쪼이는 불이 아니라 화상을 입는 불로 바뀐 것이다.

이 경우 물로 불을 꺼줘야 한다. 辰 中 癸水가 있으나 우로수(雨露水)로 힘이 없고, 午火 中 丁火와 丁癸충으로 암충이 되므로 있으나 마나이다. 물이 수증기로 날아가버리는 형세이며, 결국 병이 깊은데 약이 없는 팔자이다.

운에서 시원한 소나기라도 내려주면 좋을 텐데 53세 이후에 이어지는 甲申과 乙酉운은 이런 기미가 안 보인다. 주어진 팔자의 모양과 운의 흐름이 혼자 가기에는 버겁다. 이것이 이혼을 만류한 가장 큰 이유이다.

그렇다면 남편이 바람을 피우는 것도 팔자 탓일까? 역시 팔자에 남편의 기운도 시원치 않다. 봄의 戊土가 지지 火인수국이고 물이 없으면 중의 팔자로 고독하다는 것은 교과서에 나와 있다. 또한 자매강강(姉妹剛强)의 영향도 있다. 여자 팔자에 비겁인 자매가 많다는 것은 팔자 중의 남편에게 처의 기운이 많다는 것으로, 자매강강이면 다른 여자에게 남편을 뺏긴다. 이 팔자의 乙木 남편 입장에서 보면 총 6명의 처 기운이 있다. 남편의 바람도 팔자라는 것이 이혼을 만류한 두 번째 이유이다. 남편의 바람을 잠시 눈감아 주는 대가로 연금을 받아가며 편하게 생활할 것인가, 아니면 부부관계를 청산하고 운기 도움이 없는 험한 앞날을 선택할 것인가? 52세의 이 여성은 살아오면서 직장생활을 한 번도 해보지 않았기 때문에 연금생활이 더 좋은 선택이라고 권해드렸는데, 이런 권고에도 불구하고 이미 이혼을 한 것이다. 앞으로 혼자 살아갈 일이 걱정이다.

② 진월무토(辰月戊土)

주용신 甲 보조용신 丙癸

월령에 있는 장간 戊土가 권한을 가진 달이다. 먼저 甲木칠살을 써서 土를 헤치고, 다음에 丙火편인을 써서 따뜻하게 하며, 癸水정재로 자윤(滋潤)한다.

【원문】

三月戊土司令 不見丙甲癸者 愚而且賤 甲癸透者 科甲 丙癸透
삼 월 무 토 사 령 불 견 병 갑 계 자 우 이 차 천 갑 계 투 자 과 갑 병 계 투

者 生員 甲癸俱藏者 只可云富 有癸異途
자 생 원 갑 계 구 장 자 지 가 운 부 유 계 이 도

【해설】　　　辰월은 辰 중 戊土가 사령하므로 진월무토의 팔자에 丙火편인과 甲木칠살과 癸水정재가 없으면 아둔하고 천하다. 戊土가 왕성하므로 甲木을 위주로 한다. 甲木과 癸水가 투출하면 크게 귀하고, 丙火와 癸水가 투출하면 조금 귀하다. 甲木과 癸水가 장간에 있으면 단지 부자에 불과하며, 癸水가 있으면 투출한 癸水정재를 쓰므로 과거 급제가 아닌 다른 방법으로 벼슬을 한다.

【원문】

若丙多無癸 旱田無水 不能種苗 舊穀已沒 新穀未登 此先富後
약 병 다 무 계 한 전 무 수 불 능 종 묘 구 곡 이 몰 신 곡 미 등 차 선 부 후

貧之造 或火多有壬透者 先貧後富 癸透先賤後榮 壬藏不過食足
빈 지 조 혹 화 다 유 임 투 자 선 빈 후 부 계 투 선 천 후 영 임 장 불 과 식 족

癸藏不過名傳 卽此亦須運美 或支成火局 得癸透者 富貴天然
계장불과명전 즉차역수운미 혹지성화국 득계투자 부귀천연

壬透富貴辛苦 何也 癸乃天上甘霖 壬乃江河波浪 所以有勞逸
임투부귀신고 하야 계내천상감림 임내강하파랑 소이유로일

之殊
지수

【해설】　　　　진월무토는 甲木을 위주로 하고 丙火와 癸水로 보좌하
므로, 丙火가 많고 癸水정재가 없으면 밭에 물이 없어 씨를 심을 수 없는
상황과 같다. 예전에 있던 곡식은 없어지고 새 곡식은 자라지 않으니, 먼
저는 부유하지만 나중은 가난하다. 진월무토에서 壬水는 부(富)를 주관
하고, 癸水는 귀(貴)를 주관한다. 火인수가 많고 壬水편재가 투출하면 먼
저는 가난하고 나중에는 부유하며, 癸水가 투출하면 먼저는 천하고 나중
은 귀하다. 壬水가 장간에만 있는 경우는 단지 먹고 살만하고, 癸水가 장
간에만 있는 경우는 이름을 알리는 정도이다. 이것도 운의 흐름에서 투
출하거나 유력하여 아름다워야 한다. 만약 지지 火인수국이고 壬癸水가
투출하면 인수가 왕성하여 재성을 쓰는 경우로 부귀하지만, 壬癸 중 어
느 것이 투출하느냐에 따라 차이가 있다. 癸水가 투출한 경우는 당연히
부귀하지만, 壬水가 투출하면 부귀를 얻기 위해 고생한다. 癸水는 하늘
에 있는 감로수로 부귀를 편하게 얻을 수 있지만, 壬水는 파도치는 강물
과 같아 노력해야 얻을 수 있기 때문이다.

【원문】

支成木局 又甲乙出干 此名官殺會黨 官殺無去留之義 得一庚透
지 성 목 국 우 갑 을 출 간 차 명 관 살 회 당 관 살 무 거 류 지 의 득 일 경 투

掃除官殺 亦主富貴 無庚乃淺薄之人 宜用火洩木氣 有一命 丁
소 제 관 살 역 주 부 귀 무 경 내 천 박 지 인 의 용 화 설 목 기 유 일 명 정

未 癸卯 戊寅 乙卯 癸丁透干 加以戊癸化火 將甲木暗焚 反得
미 계 묘 무 인 을 묘 계 정 투 간 가 이 무 계 화 화 장 갑 목 암 분 반 득

武科探花 或木多無比印透 作從殺而論 亦富貴
무 과 탐 화 혹 목 다 무 비 인 투 작 종 살 이 론 역 부 귀

【해설】　　　　진월무토가 지지에 木관살국을 이루고 관살인 甲乙木
이 천간에 투출하면 관살이 무리를 지은 것이므로, 관살이 합충으로 남
을 것인지 없어질 것인지를 따지지 않고 관살의 기운에 따른다. 이 경우
庚金식신이 1개 투출하면 관살을 제극하여 부귀하며, 庚金이 없으면 천
박하므로 火인수로 강한 木관살을 설기한다.

시	일	월	연
乙	戊	癸	丁
卯	寅	卯	未

　　예를 들어 위 사주는 丁火가 투출하고 戊癸합이 되어 일간을 돕는다.
일지 寅 중 甲木은 불타게 되고, 乙木이 투출하여 국이 편중되고 조열하
므로 무과(武科)에서 성공한다. 만약 진월무토가 지지 木관살국이고 인
비가 투출하지 않으면 관살에 종하는 종살(從殺)이 되어 역시 부귀하다.

【원문】

或有比印 峀看癸透 取癸而成貴格 無癸 無火 無金 名爲土木自
혹유비인 단간계투 취계이성귀격 무계 무화 무금 명위토목자

戰 主腹生疾病 憂愁艱苦
전 주복생질병 우수간고

【해설】　　　　진월무토가 지지 木관살국이고 火土인비가 있으면 오로지 癸水정재의 투출이 필요하므로 癸水를 얻으면 귀격이다. 癸水가 없고 火金도 없으면 木土가 서로 싸우는 형상이므로 속에 병이 있고 근심 걱정한다.

【원문】

用甲者 水妻木子 用丙者 木妻火子
용갑자 수처목자 용병자 목처화자

【해설】　　　　진월무토가 甲木을 쓰면 水가 처이고 木이 자식이 되며, 丙火를 쓰면 木이 처이고 火가 자식이 된다.

【원문】

殺印相生格 探花^{주)}
살인상생격 탐화

```
          시    일    월    연 (乾命)

          甲    戊    戊    己

          寅    寅    辰    未


       辛   壬   癸   甲   乙   丙   丁

       酉   戌   亥   子   丑   寅   卯
```

【해설】　　　　　　寅 중 丙火가 화살(化殺)하므로 살인상생격(殺印相生格)
이다. 戊己가 투출하고 지지가 辰未로 신왕하여 木관살운에 과거 급제하
였다.

─────────────────

㊟ 과거(科擧)에서 1위는 장원(壯元), 2위는 아원(亞元), 3위는 탐화(探花)라 한다.

진월무토 해설

```
          시    일    월    연 (乾命)

          戊    戊    戊    甲

          午    申    辰    午


       乙   甲   癸   壬   辛   庚   己

       亥   戌   酉   申   未   午   巳
```

　　위는 청나라 4대 황제로 중국 역사상 가장 재위기간이 길었던 강희제
(康熙帝)의 팔자이다. 매우 귀할 수 있었던 이유를 살펴본다. 진월무토

가 시지에 午火양인이 있고, 일간 옆에 戊土가 쌍으로 투출하여 신왕하다. 연간에 甲木칠살이 투출한 살인쌍전(殺刃雙全)의 사주로, 희용신이 金水이고 기구신은 火土인데 대운의 흐름이 희용신으로 흘러 아름답다.

과연 이것만으로 그렇게 귀하게 될 수 있었을까? 이를 조후 원칙으로 살펴보자. 진월무토에게 가장 필요한 것은 강한 土를 소토(疏土)하는 甲木이다. 그런데 甲木이 연간에 투출해 있으며, 비록 사지(死地)에 있으나 월령인 辰 중 癸水와 乙木에 뿌리를 두어 건실하다. 다음은 쌍으로 있는 午火가 진월무토를 조후하는 역할을 담당한다. 마지막으로 戊土를 자윤하는 水가 없는데, 이는 申과 辰이 子를 공협(控夾)하여 문제가 되지 않는다. 즉, 진월무토에 필요한 모든 기운을 갖추고 있는 셈이다.

그 밖에 이 사주가 귀할 수 있었던 이유는 다음과 같다.

① 팔자의 辰午가 巳를 공협하는데, 이는 일간 戊土의 건록(建祿)이 된다.

② 일시 午申은 중간 글자 未를 허공에서 불러오는데, 이것이 일간의 천을귀인이 된다.

③ 태어난 해인 연지는 임금의 자리인 제좌(帝坐)에 비유되고, 제좌가 충하는 대충방(對沖方)은 임금의 궐문인 제궐(帝闕)이라 한다. 팔자에 보이지 않는 제궐 즉 암요제궐(暗邀帝闕)이 있으면 귀한 팔자인데, 이 사주의 경우는 제궐이 태어난 해인 午火의 대충방 子水이며, 지지에 申辰이 있어서 子를 합으로 불러와 암요제궐의 상태를 만든다. 암요제궐이 된 子는 戊申일에 공망이 아니기 때문에 더욱 귀하다. 즉 이 사주는 귀인과 건록과 제궐을 공래하여 끌어오므로 귀한 사주이다.

참고로, 일부에서는 강희제의 사주를 甲午년 戊辰월 戊申일 丁巳시로 보기도 한다.

```
시  일  월  연(乾命)
壬  戊  丙  戊
子  寅  辰  寅

癸  壬  辛  庚  己  戊  丁
亥  戌  酉  申  未  午  巳
```

　진월무토가 연월일이 木火土로 이어져 신왕하고, 지지 申子辰 水인수
국에 壬水가 투출하고 재성도 왕하여 신왕재왕(身旺財旺)의 상태다. 壬
水는 土를 자윤(滋潤)하고, 寅 중 甲木은 소토(疏土)하며, 투출한 丙火는
조후를 하므로 나무랄 데 없는 사주이지만, 신왕재왕의 문제를 해결해
줄 金식상이 없는 것이 흠이다. 그러므로 팔자에 없는 金으로 행운용신
(行運用神)을 삼는다. 중년의 庚申운과 辛酉운이 용신운이다. 실제로 이
시기에 많은 돈을 벌었고, 2007년 현재 지방 몇 곳에 대규모의 부동산을
소유하고 있는 큰 부자이지만 자식은 없다.

439

③ 사월무토(巳月戊土)

주용신 甲　　**보조용신** 丙癸

양기(陽氣)가 상승하나 양기 속에 찬 기운이 있다. 甲木칠살로 강한 戊土기운
을 파헤치고 丙火편인과 癸水정재로 보좌한다.

심간의 월별 주용신과 보조용신

【원문】

四月戊土 陽氣發升 寒氣內藏 外實內虛 不畏火炎 無陽氣相催
사월무토 양기발승 한기내장 외실내허 불외화염 무양기상최

萬物不長 故先用甲疏劈 次取丙癸爲佐
만물부장 고선용갑소벽 차취병계위좌

【해설】　　　　사월무토는 양기가 상승하나 아직 속에 찬 기운이 있
어, 겉은 채워진 것 같지만 속은 비어 있으므로 불기운을 두려워하지 않
는다. 양기를 더 보충하지 않으면 만물이 생장하지 못하므로 먼저 甲木
칠살로 강한 戊土기운을 파헤치고 丙火편인과 癸水정재로 보좌한다.

【원문】

440

丙透甲出 廊廟之材 丙癸俱透 科甲之士 卽透一位 支藏得所 終
병투갑출 낭묘지재 병계구투 과갑지사 즉투일위 지장득소 종

非白丁
비백정

【해설】　　　　사월무토에 丙火가 투출하고 甲木이 나타나면 인수로
화살(化殺)하여 용신을 삼아 국가의 재목이며, 丙火와 癸水가 모두 투출
하면 재성과 인수가 서로 조절하여 해치지 않으므로 과거 급제한 선비
다. 또한 丙火와 癸水 중 1개만 투출하고 1개는 지장간에 있으면 서로 직
접적으로 해치지는 않으므로 백정은 되지 않는다.

窮通寶鑑

【원문】

若一派丙火 爲火炎土燥 僧道之流 得一癸透壬藏 功名有准 或
약 일 파 병 화 위 화 염 토 조 승 도 지 류 득 일 계 투 임 장 공 명 유 준 혹

支藏癸 衣食充足 但骨肉多刑
지 장 계 의 식 충 족 단 골 육 다 형

【해설】 　　　　사월무토에 한 무리의 丙火가 있으면 불이 강하고 흙
이 메마른 화염토조(火炎土燥)의 상태가 되므로 승도(僧道)의 무리다.
화염토조에 癸水가 1개 투출하고 壬水가 장간에 있으면 공명이 있다. 그
러나 癸水가 장간에 있으면 의식은 충족되지만 화염토조의 편협함을 완
전히 풀지 못해 가족이 형상(刑傷)을 입는다.

【원문】

化合成局無破 富貴非輕
화 합 성 국 무 파 부 귀 비 경

【해설】 　　　　사월무토에 癸水가 투출하여 무계합화격(戊癸合化格)
이 되고 격이 파괴되지 않으면 부귀가 작지 않다.

【원문】

或支成金局 干出癸水 此爲奇格 正是土潤金生 卽不爲桃浪^{주)}之客
혹 지 성 금 국 간 출 계 수 차 위 기 격 정 시 토 윤 금 생 즉 불 위 도 랑 지 객

定有異路恩榮 此用癸水 金妻水子
정 유 이 로 은 영 차 용 계 수 금 처 수 자

【해설】　　　사월무토가 지지 金식상국이고 癸水가 투출하면 특이한 격이 된다. 사월무토가 윤택하고 생금(生金)이 되므로 과거 급제하지 않으면 다른 방법으로 영화를 얻는다. 이 경우 癸水를 용신으로 하며 金이 처, 水가 자식이 된다.

㊀ 도랑은 봄의 물, 또는 잉어가 용이 되는 등용문의 의미로 사용된다.

【원문】

化合逢時 名重玉堂
화 합 봉 시　 명 중 옥 당

시	일	월	연 (乾命)
丙	戊	癸	辛
辰	午	巳	亥

丙	丁	戊	己	庚	辛	壬
戌	亥	子	丑	寅	卯	辰

【해설】　　　癸水가 투출하고 시(時)에 丙火가 있으며, 巳월의 때를 만나고 시(時)에 진화(眞化)를 이끄는 辰이 있어 戊癸합이 된다.^{주)} 이름을 옥당(玉堂)의 자리에 올렸다.

㊀ 월의 癸水는 투출한 辛金의 생조를 받고 연지 亥水가 도와 화(化)가 안 된다고 볼 수도 있다. 그러나 辛金은 월이 살지(殺地)라서 완전히 생을 할 수 없고, 亥 중 壬水는 일지 午 중 丁과 암합(暗合)이 되어 역할이 떨어지므로 화(化)를 이룬다.

【원문】

癸水雖出年干 乏甲疏土 秀才而已

계 수 수 출 년 간 핍 갑 소 토 수 재 이 이

```
        시   일   월   연(乾命)
        丁   戊   丁   癸
        巳   午   巳   丑

      庚  辛  壬  癸  甲  乙  丙
      戌  亥  子  丑  寅  卯  辰
```

【해설】　　　　자윤(滋潤)하는 癸水가 습토인 丑土에 뿌리를 두고 연간에 투출하였지만, 소토(疏土)하는 甲木관살이 없어 단지 맑은 기운을 가진 수재에 불과하였다. 천간에 戊癸가 투출하였으나 그 사이에 丁火가 있어 합화격(合化格. p.95 참조)으로 볼 수 없다.

사월무토 해설

```
        시   일   월   연(乾命)
        丙   戊   癸   辛
        辰   申   巳   丑

      丙  丁  戊  己  庚  辛  壬
      戌  亥  子  丑  寅  卯  辰
```

사월무토는 소토(疏土)하는 甲木 위주로 용신을 정하는 것이 원칙이고, 丙火와 癸水를 보조로 쓴다. 위 사주는 甲木은 없지만 丙火와 癸水가 투출하여 서로 조절하므로 귀한 사주이다. 丙火와 癸水의 힘을 보면 丙火는 巳월을 만나 힘이 있고, 월간의 癸水는 지지 巳申합에 巳丑이 유취(類聚)되고 연간에 辛金이 있으므로 역량이 충분하다.

전체적으로 배득중화(配得中和)를 이룬 사주이며, 상관생재(傷官生財)로 오행의 흐름이 水재성에 맺혀 있어 백만금의 재물이 있었으며 이품(二品) 벼슬을 하였다. 癸水가 투출하고 丙火가 있으므로 무계합화격(戊癸合化格)으로 볼 수도 있지만 癸水를 생하는 金기운이 강해 합화격으로 볼 수 없으며, 원문에서 언급한 지지 金식상국에 癸水가 투출한 팔자에 가깝다.[사주 출처『적천수(適天髓)』]

시	일	월	연 (乾命)
壬	戊	己	甲
子	寅	巳	辰

丙	乙	甲	癸	壬	辛	庚
子	亥	戌	酉	申	未	午

사월무토는 소토하는 甲木이 주용신이 된다는 용신 원칙을 중심으로 사주를 분석해보자. 지지의 寅巳형은 巳午未와 寅午戌의 관계에서 이루어지는 형이므로 火를 강화시키고, 월간에 己土가 있어서 土가 강하다. 그래서 土를 헤치는 甲木이 필요하지만, 연간에 투출한 甲木이 甲己土로 기반(羈絆)이 되어 역할을 하기 힘들다. 시(時)에 있는 壬子가 수생목(水生木)을 해주기를 기대할 수도 있지만 甲木과 너무 거리가 멀어 무정

한 것이 흠이다. 즉, 신왕에 용신이 무력한 상황이다.

용신의 상황을 궁성이론으로 살펴보자. 먼저 일간의 흐름을 보면, 일지 寅木으로 일차 진입을 하고 다음으로 寅木관살과 甲木관살로 도입(跳入)한다. 이 때 甲木으로 도입하여 甲辰을 기준으로 보면 寅卯가 공망이므로, 이른바 자공망(自空亡)이 되어 도입할 수 없다.

마찬가지로 일간이 壬子시주로 향해도 寅卯가 공망이므로 자공망이 된다. 이로 인해 일간이 水木재관으로 향하기 곤란하고, 희용신을 쓸 수 없다. 일반적인 기준이나 궁성이론을 대입한 경우나 모두 용신이 무력하다.

양력 1990년(壬申운, 己巳년) 1월 17일에 구속된 무기수이다. 연운이 寅巳申 삼형이고 甲己합으로 기반이 되며 팔자 자체에서 용신이 무력하다.

④ 오월무토(午月戊土)

445

주용신 壬	보조용신 甲丙辛

불기운이 강한 달에 있으므로 壬水편재를 사용하여 불기운을 끈다. 甲木칠살은 壬水가 있을 경우에 사용하고, 丙火편인과 辛金상관은 사주 구조를 참조하여 사용한다.

【원문】

五月戊土 仲夏火炎 先看壬水 次取甲木 丙火酌用 用癸力微
오월무토 중하화염 선간임수 차취갑목 병화작용 용계력미

【해설】 오월무토는 불기운이 강한 계절이다. 먼저 壬水편재, 다음으로 壬水가 있으면 甲木칠살을 쓴다. 丙火편인은 참조하여 쓴다. 癸水정재는 壬水 대신 戊土일간을 윤택하게 하기에는 힘이 약하다.

【원문】

壬甲兩透 名君臣慶會 自然桃浪先聲 權高位顯 又得辛透年干
임갑량투 명군신경회 자연도랑선성 권고위현 우득신투년간

官居一品 一命 辛未 甲午 戊寅 壬子 壬甲兩透 印旺殺高 出將
관거일품 일명 신미 갑오 무인 임자 임갑량투 인왕살고 출장

入相 名播四夷
입상 명파사이

【해설】　　　　오월무토에 壬水편재와 甲木칠살이 투출한 경우 임금과
신하가 모여 경사가 있는 팔자로, 과거에 합격하여 이름이 나고 권력과 지
위가 높아진다. 辛金상관이 연간에 투출하면 일품 벼슬이 된다.
예를 들어 사주가 辛未년 甲午월 戊寅일 壬子시인 경우, 壬水와 甲木이 투
출한 가운데 인수가 왕성하고 칠살이 투출하여 나가서는 장군이고 들어
와서는 재상이 되는 출장입상(出將入相)의 상으로 명성이 사방에 퍼졌다.

【원문】

若支成火局 卽透癸水 不能大濟 是一杯水難濟車薪火也 人命合
약지성화국 즉투계수 불능대제 시일배수난제거신화야 인명합

此 卽好學不倦 亦不能成名 且主目疾 若得壬水出干 則此非比
차 즉호학불권 역불능성명 차주목질 약득임수출간 즉차비비

【해설】　　　　오월무토에 지지 火비겁국이고 癸水정재가 투출한 경
우 癸水가 강한 불을 다스리지 못한다. 이는 한잔 물로 수레에 있는 장작
불을 끄지 못하는 이치와 같다. 팔자가 이와 같으면 학문을 좋아하고 게
으르지 않지만 명예를 얻는 것은 불가능하며, 눈에 병이 있다. 만약 壬水
가 투출하면 좋다.

【원문】

又或土木重重 全無滴水 僧道孤貧之輩

우 혹 토 목 중 중 전 무 적 수 승 도 고 빈 지 배

【해설】　　　오월무토에 土비겁과 木관살이 많고 적셔줄 물이 전혀 없으면 편고한 팔자이므로 승도와 같이 외롭고 가난한 무리다.

【원문】

用壬者 金妻水子

용 임 자 금 처 수 자

【해설】　　　오월무토에 壬水를 용신으로 하는 경우 金이 처이고, 水가 자식이 된다.

오월무토 해설

시	일	월	연 (乾命)
丁	戊	壬	庚
巳	午	午	寅

己	戊	丁	丙	乙	甲	癸
丑	子	亥	戌	酉	申	未

　오월무토가 지지에 寅午 삼합과 巳午 방합이 있어 火土가 강하므로 신왕한 사주이다. 金水가 희용신으로 金식상은 희신이 되고, 水재성은

용신이 된다. 희용신의 상황을 보면 庚金상관은 절지(絶地)에 있고, 용신인 壬水편재는 태지(胎地)에 있어 무력하다.

운의 흐름은 초반 甲申과 乙酉운이 희신운으로 문제가 없다. 丙戌운은 용신을 丙壬충하고, 지지가 寅午戌 火인수국인 기신운으로 식상을 친다. 이 시기에 처자식을 극하였다. 丁亥운은 亥水가 壬水 용신의 바탕이 될 것 같지만 용신을 丁壬합으로 묶어버리고, 亥水는 寅亥합이 되어 역할을 못 한다. 이 운에 출가하여 중이 되었다.[사주 출처 『적천수(適天髓)』]

시	일	월	연 (乾命)
甲	戊	戊	戊
寅	午	午	午

乙	甲	癸	壬	辛	庚	己
丑	子	亥	戌	酉	申	未

원문에서 오월무토는 壬水편재와 甲木칠살을 위주로 쓰고, 丙火편인과 辛金상관은 팔자 구조를 참조하여 적절히 사용하라 하였다. 먼저, 위 사주에서 壬水를 쓸 수 있는지 살펴보자. 언뜻 보기에는 壬水가 팔자의 강한 午火기운을 억누를 수 있으므로 용신으로 적당해 보인다. 그러나 위 사주와 같이 火기운이 너무 강할 때는 水를 쓰면 오히려 왕자노발(旺者怒發)이 되므로 자연스런 용신법이 아니다. 다음으로 甲木을 쓰는 것은 팔자의 편고(偏枯)함을 더욱 부추기고, 관인상생(官印相生)으로 왕성한 戊土가 더 왕성해지므로 적당하지 않다.

壬水편재와 甲木칠살을 쓸 수 없다는 것은 군신관계를 통해서도 확인할 수 있다. 戊午가 팔자에 3개 있으므로[주] 신(臣)인 일간이 매우 강하다.

窮通寶鑑

이에 반해 일간(나)을 극하는 군(君)인 甲의 상황은 군을 도와주는 水가 1개도 없고, 바닥이 寅午戌 火인수국을 이뤄 매우 쇠약하다. 즉 일간은 강하고 관성은 쇠약한 신성군쇠(臣盛君衰)의 상황이다.

한편, 일반적인 용신법으로 왕자극설(旺者剋洩)의 원칙을 생각할 수 있다. 그러나 극하는 관살을 쓰는 것은 신성군쇠일 경우 일간이 너무 강한 것은 좋지 않다는 신불가과(臣不可過)의 원칙으로 볼 때 오히려 좋지 않고, 간접적으로 설기를 시키는 水재성은 약한 군(君)을 부추겨서 강한 신(臣)에 대항하게 하므로 좋지 않다. 그러므로 이 사주는 용신으로 오로지 신(臣), 즉 강한 土일간을 설기하는 식상만 쓸 수 있다. 운세 흐름을 보면, 申酉戌 서방운은 용신운으로 강한 신(臣)의 기운을 매끄럽게 설기하여 공명이 높다. 水운인 甲子운은 약한 신(臣)을 부추기는 운으로 군신간에 불화하게 만들고, 왕성한 午火를 충하여 왕자노발(旺者怒發)이 되어 사망하였다.[사주 출처 『적천수징의(適天髓徵義)』]

팔자에서 군신관계를 보는 방법으로 다음과 같은 시각도 있다.

① 태세가 군, 일간이 신 : 관념의 군이다. 관념의 임금인 태세가 신하인 일간을 상하게 하면 화가 가볍고, 신하인 태세가 임금인 태세를 범하면 재앙이 크다고 본다.

② 관살이 군, 일간이 신 : 일반적인 군의 개념이다. 육친의 작용으로 본군, 사실지군(事實之君) 즉 사실적으로 적용되는 군이 된다. 일간을 군, 재성을 신으로 보는 것도 같은 개념이다.

㊟ 이와 같은 삼기성상(三氣成象)은 삼신성상(三神成象)과 동일한 용어로, 팔자에 세 가지 기운이 상생을 이루고 있는 상태다. 예를 들어 木火土, 火土金, 土金水, 金水木, 水木火 등으로 이루어진 경우이다. 운에 따라 길흉이 달라지므로 운세를 자세히 관찰한다.

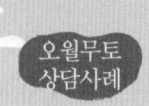

정 **치꾼**과 정 **치인**

변함없이 반복되는 계절들에 경외감을 느끼면서 위빠싸나 수행을 다시 시작해볼까 생각하고 있는데 약속한 분이 들어섰다.

겉모습이 반듯한 게 누구든 한 번 보면 칭찬할 만한 용모를 가졌다. 특히 턱이 아주 잘생겼다. 관상에서는 오악(五岳, 이마, 좌우 광대뼈, 코, 턱)을 중요시한다. 오악이란 얼굴에서 불룩 솟아 있는 다섯 부분을 말한다. 어떤 사람은 관상을 볼 때 먼저 얼굴의 각 부분을 나누어서 살펴보지만, 관상은 이 다섯 봉우리가 조화를 이루는 것이 최고이다. 40대 후반의 턱이 잘생긴 이 분이 자리에 앉자마자 자신의 전체적인 운의 흐름을 봐달라고 하여 사주를 살펴보았다.

시 일 월 연(乾命)
乙 戊 丙 丁
卯 寅 午 酉
己 庚 辛 壬 癸 甲 乙
亥 子 丑 寅 卯 辰 巳

자신이 흙으로 팔자의 강한 나무가 왕성한 불을 낳고, 왕성한 불은 자신인 일간을 낳아 매우 왕성한 사주이다. 곱은 손은 재관(財官)을 감당할 수 없다고 했던가? 남자는 조금이라도 기운이 있어야 재물과 명예를 감당할 수 있다는 뜻이다. 강한 나무는 물기를 빨아들이기보다 불기를 내뿜는 데 능한 법으로, 판세가 불기운에 몰려 있으므로 강한 활동력을 가진다. 문제는 불기운이 너무 강하다는 것인데, 꺼줄 물기운이 없어서 조금 아쉽다.

팔자를 쪼개고 쪼개봐도 물 한 방울 없는 사주이다. 그렇다고 절망할 필요는 전혀 없다. 30세부터 오는 대운이 계속 축축하게 물기 있는 길로 펼쳐지기 때문이다. 차도 힘이 있고, 가는 길도 좋으므로 문제가 없다고 하자 흐뭇한 표정을 지으며 앞으로 정치를 하면 어떤지 물었다. 결정하기 위해서인지 참고하기 위해서인지를 묻자, 심각한 표정으로 올해의 운세가 어떤지 되물었다.

일부 고서에서는 부귀를 이룰 수 있는 사주라고 하나로 뭉뚱그려서 말하기도 하지만, 부(富)와 귀(貴)를 구분하는 경우가 많다. 그리고 재물인 부를 귀보다 아래에 둔다. 즉, 팔자 자체에 병이 있을 때 병을 자체적으로 해결할 수 있는 약이 없는 경우, 재물은 있을지 몰라도 귀하게 되지는 못한다고 본다.

이 사주는 木火기운이 너무 세서 오뉴월 흙이 쩍쩍 갈라질 정도로 뜨겁다. 이런 경우 우로수(雨露水)인 癸水가 있어도 해결이 안 되고, 큰 물인 壬水가 있어야 한다. 팔자 어디에도 물 한 방울이 없고, 물을 만들 수 있는 우물자리도 없는 것과 마찬가지다. 팔자가 편고(偏枯)하고 이를 해결할 약이 없으므로 부자는 될 수 있어도 큰 명예는 없는 사주이다.

이런 팔자 기운을 바탕으로 壬寅운의 甲申년 운세를 보자. 해[年]에서 오는 甲은 불쏘시개가 되고, 申은 일지와 寅申충이 된다. 충으로 투출되는 장간 중 庚金과 壬水가 있으나, 팔자를 조정하는 역할을 하기는 힘들다. 이유는, 庚金은 월간 丙火와 화금상전(火金相戰)이 되고, 壬水는 연간과 정임합목(丁壬合木)이 되어 팔자의 편협함을 부채질하기 때문이다. 팔자에 약이 안 되는 연운이다. 즉, 정치판에 나서도 당선하기 어렵다.

보이는 대로 숨도 쉬지 않고 이야기하자 한숨부터 쉬며 그간의 사정을 이야기하였다. 정치에 몸담고 지금까지 쓴 돈이 수억이며, 이번에 당에서 지방자치단체장 선거에 출마해보라고 권유하고 있어서 일주일을 곰곰히 생각해본 끝에 팔자에 없는 정치에 천착하고 있는 것은 아닌지 알아보러 왔다는 것이다. 그리고는 이런저런 살아온 이야기를 하면서 정치를 접는 쪽으로 마음을 잡는 듯하였다.

⑤ 미월무토(未月戊土)

> 주용신 **癸** 보조용신 **丙甲**
>
> 여름 흙이라 메마르다. 먼저 癸水정재를 써서 흙을 적셔주고, 癸水가 있는 경우에 丙火편인으로 수화기제(水火旣濟)를 이루며, 甲木칠살로 흙을 헤친다.

【원문】

六月戊土 遇夏乾枯 先看癸水 次用丙火甲木
육 월 무 토 우 하 건 고 선 간 계 수 차 용 병 화 갑 목

【해설】　　　미월무토는 여름 흙으로 건조하고 메마르다. 자윤(滋潤)하는 癸水정재를 먼저 사용하며, 다음은 丙火편인으로 수화기제를 이루고 甲木으로 소토(疏土)한다.

【원문】

癸丙兩透 科甲中人 或有癸無丙 見甲可許秀才 無甲略富 或有
계 병 량 투 과 갑 중 인 혹 유 계 무 병 견 갑 가 허 수 재 무 갑 략 부 혹 유

丙無癸 假道斯文 衣食頗足 或癸透辛出 以刀筆之才 可謀異路
병 무 계 가 도 사 문 의 식 파 족 혹 계 투 신 출 이 도 필 지 재 가 모 이 로

無癸丙者 常人 若又無甲 下賤之輩
무 계 병 자 상 인 약 우 무 갑 하 천 지 배

【해설】　　　癸水정재와 丙火편인이 투출하면 수화기제를 이루므로 귀하게 될 사람이다. 癸水는 있고 丙火는 없으며 甲木칠살만 보는 경우는 재자약살(財滋弱殺. p.397 참조)이 되므로 재주가 있는 사람이라

고 할 수 있다. 甲木이 없으면 水재성만 쓰므로 대개 부자이며, 丙火는 있는데 癸水가 없으면 자유하지 못하고 편고(偏枯)한 상으로 학자인 체하고 의식이 풍족하다. 癸水와 辛金이 함께 투출하면 상관생재(傷官生財)하며, 낮은 관리로 재능은 있으므로 다른 방법으로 공명을 도모한다. 그러므로 미월무토에 癸水와 丙火가 없으면 평범한 사람이고, 여기에 甲木까지 없으면 하천한 사람이다.

【원문】

或土多得一甲出 不見庚辛 爲人作事軒昂 性情謹愼 卽不顯揚
혹 토 다 득 일 갑 출　불 견 경 신　위 인 작 사 헌 앙　성 정 근 신　즉 불 현 양

亦文章驚世
역 문 장 경 세

【해설】　　　미월무토에 土가 많은데 甲木칠살이 투출하고 이를 극하는 庚辛식상이 없으면, 위인이 기개는 있으나 너무 신중하여 크게 출세하지는 못한다. 그러나 문장으로 이름을 떨칠 수 있다.

【원문】

用癸者 金妻水子 用丙者 木妻火子 用甲者 水妻木子
용 계 자　금 처 수 자　용 병 자　목 처 화 자　용 갑 자　수 처 목 자

【해설】　　　미월무토가 癸水를 쓰는 경우 金이 처이고 水가 자식이며, 丙火를 쓰는 경우는 木이 처이고 火가 자식이며, 甲木을 쓰는 경우는 水가 처이고 木이 자식이 된다.

453

【원문】

稼穡格 有道全眞
가 색 격 유 도 전 진

시	일	월	연(乾命)
癸	戊	己	戊
丑	辰	未	戌

丙	乙	甲	癸	壬	辛	庚
寅	丑	子	亥	戌	酉	申

454

【해설】　　　　가색격(稼穡格)으로 승도(僧道)의 팔자이며 수양할 명이다. 辰丑에 뿌리가 있는 癸水가 흙을 기름지게 한다지만, 강한 흙기운을 설기하는 辛金이 묘고(墓庫)인 丑에 있고 천간에 투출하지 않아 역할을 하기 힘들다. 또 가색격에 화(化)하는 기운이 없어 배합이 부족하다.

【원문】

稼穡格 火爲病 水爲藥 壯元 乏子
가 색 격 화 위 병 수 위 약 장 원 핍 자

```
        시   일   월   연 (乾命)
        辛   戊   己   戊
        酉   午   未   申


    丙   乙   甲   癸   壬   辛   庚
    寅   丑   子   亥   戌   酉   申
```

【해설】　　　　　가색격^{주)}으로 火는 병이고, 水는 약이다. 미월무토가
토금상관(土金傷官)으로 장원을 하였으나, 용신인 申 중 壬水가 약하고
일간과의 사이에 未土가 가로막고 있으므로 무정하여 자식이 없었다.

주) 가색격은 일행득기격(一行得氣格)의 하나로, 土가 만물을 기르고 성장시키는 역할을
　　하므로 가색격이라 한다. 戊己일생이 대부분 辰戌丑未인 土로 되어 있고, 土를 극하
　　는 甲乙寅卯의 木이 없을 때 이루어진다. 운은 火土운이 좋고 木운은 흉하다. 따라서
　　원문에서 위 사주를 가색격으로 본 것은 잘못이며, 신왕에 토금상관이 맞다.

【원문】

假傷官格 學博 子大貴
가 상 관 격　학 박　자 대 귀

```
        시   일   월   연 (乾命)
        丁   戊   癸   庚
        巳   子   未   子


    庚   己   戊   丁   丙   乙   甲
    寅   丑   子   亥   戌   酉   申
```

【해설】　　　투출한 巳 중 庚金상관이 월령을 못 얻었으므로 가상관격(假傷官格. p.125 참조)이다. 상관생재로 학식이 높고, 시(時)에 일록(日祿)을 얻어 자식이 대귀(大貴)하였다.

미월무토 해설

시	일	월	연 (坤命)
甲	戊	癸	乙
寅	辰	未	卯

庚	己	戊	丁	丙	乙	甲
寅	丑	子	亥	戌	酉	申

부부관계를 보면 甲과 乙이 명관(明官)이고 卯 중 乙木, 未 중 乙木, 辰 중 乙木, 寅 중 甲木이 암관(暗官)이다. 즉, 관살이 명암부집(明暗夫集) 상태로 부부관계가 흉함을 예상할 수 있다.

더 자세히 명관인 甲木과 乙木의 상황을 보면, 연간 乙木은 지지에서 亥卯未 삼합을 이루고 월간 癸水의 도움을 받아 힘이 있으며, 시간 甲木은 지지 寅卯辰 방합의 힘을 받으면서 寅 중 甲木의 조력을 받고 있다. 즉 두 명관이 모두 힘이 있다.

실제, 재혼한 여명이다. [사주 출처 『사주첩경(四柱捷徑)』]

```
시   일   월   연 (坤命)
戊   戊   癸   庚
午   午   未   子


丙   丁   戊   己   庚   辛   壬
子   丑   寅   卯   辰   巳   午
```

연지에 子水가 있어 癸水의 터전이 되고, 연간 庚金이 水를 생조한다.
미월무토에 癸水가 투출하면 상격이라지만 사령이 己土로 土기운이 너
무 거세고, 지지가 巳午未 火인수국으로 너무 조열(燥熱)하며, 火土가
너무 강하여 癸水가 土를 자윤(滋潤)할 수 있을지 의심스럽다. 庚辰운
甲戌년은 火土기운이 더 거세지는데 명관인 甲木이 들어선다. 그러나
戌未형으로 튀어나온 장간 丁火가 1개 있는 癸水를 충하여 木을 생하는
기운이 없어지고, 甲木은 연간과 甲庚충이 되므로 역할을 못 한다.

  실제, 이 해에 남편과 사별하고 2007년 현재까지 혼자 살고 있는 여성
이다. 이 사주에서 부부관계가 흉한 것은 명운의 영향뿐만 아니라 남편
궁인 월지가 관고(官庫)인 탓도 있다.

6 신월무토(申月戊土)

| 주용신 丙 | 보조용신 癸甲 |

양기(陽氣)는 들어가고 음기가 나오기 시작하는 달에 있다. 먼저 丙火편인으로
조후하고 癸水정재로 윤택하게 하며, 甲木편관으로 두터운 土를 헤친다.

【원문】

七月戊土 陽氣漸入 寒氣漸出 先丙後癸 甲木次之

칠월무토 양기점입 한기점출 선병후계 갑목차지

【해설】　　　　신월무토는 양기는 점차 들어가고 한기가 나오기 시작하므로 먼저 丙火편인을 사용하고, 다음에 癸水정재를 사용하여 戊土를 윤택하게 하며, 다음은 두터운 土를 소토(疏土)하는 甲木편관을 사용한다.

【원문】

丙癸甲透者 富貴極品 癸藏丙透 不僅秀才 丙甲兩透 癸水會局

병계갑투자 부귀극품 계장병투 불근수재 병갑량투 계수회국

藏辰 亦不失富貴 無丙得癸甲透 此人清雅 家富千金 無癸甲者

장진 역불실부귀 무병득계갑투 차인청아 가부천금 무계갑자

常人 有丙火 妻賢子肖 若丙甲癸三者俱無 下流之命

상인 유병화 처현자초 약병갑계삼자구무 하류지명

【해설】　　　　재관인(財官印)인 丙火편인, 癸水정재, 甲木편관이 천간에 모두 투출하면 삼기격(三奇格)㈜이 되므로 매우 부귀하다. 그러나 癸水가 지지에 있고 丙火가 투출하면 수화상충(水火相沖)으로 서로를 해치므로 뛰어난 사람은 아니다. 丙火와 甲木이 투출하고, 癸水가 수국(水局)을 이룬 지지에 장간으로 있으면 부귀는 잃지 않는다. 丙火는 없고 癸水와 甲木이 투출하면 사람이 맑고 우아하며 부자이다. 그러나 癸水와 甲木이 없으면 평범한 사람에 불과하다. 丙火가 있으면 처가 현명하고 자식이 효자이며, 丙火와 甲木과 癸水가 모두 없으면 하급의 사람이다.

㈜ 삼기격은 재관인이 갖춰진 경우 이외에 천간에 천상, 지하, 인중 삼기가 있는 경우도 해당된다. 천상삼기는 甲戊庚이고, 지하삼기는 乙丙丁이며, 인중삼기는 壬癸辛이다.

【원문】

或支成水局 休作棄命從才 宜取甲洩之 甲透者 稍有富貴 用神
혹지성수국 휴작기명종재 의취갑설지 갑투자 초유부귀 용신

妻子仝前
처자동전

【해설】　　　　신월무토가 지지 水재성국이 되어도 戊土일간이 자신을 포기하고 종재격(從財格)이 되지 않는다. 이 때는 甲木칠살을 취해 물기운을 설기하는 것이 좋으며, 甲木이 투출하면 작은 부자는 될 수 있다. 신월무토가 癸水정재를 용신으로 하는 경우 金이 처이고 水가 자식이며, 丙火편인을 용신으로 하는 경우는 木이 처이고 火가 자식이며, 甲木정관을 용신으로 하는 경우는 水가 처이고 木이 자식이다.

【원문】

太守
태수

시	일	월	연(乾命)
戊	戊	戊	壬
午	辰	申	寅

乙	甲	癸	壬	辛	庚	己
卯	寅	丑	子	亥	戌	酉

3

십간의 월별 주용신과 보조용신

【해설】　　　　戊辰 괴강(魁罡)에 시지 午火가 있어서 신왕하다. 申金에서 투출한 壬水재성을 용신으로 한다. 亥子丑운에 태수(太守) 벼슬을 하였다. 소토(疏土)하는 甲木은 寅 중에 건록(建祿)을 얻고, 조후하는 丙火는 장생처인 寅궁에 있다. 그러나 모두 투출하지 않아서 조금 귀하다.

【원문】

先貧後富 多子
선 빈 후 부　다 자

시	일	월	연 (乾命)
癸	戊	甲	庚
丑	寅	申	寅

辛	庚	己	戊	丁	丙	乙
卯	寅	丑	子	亥	戌	酉

【해설】　　　　초년에는 가난하였으나 중년이 지나 부자가 되었다. 근묘화실(根苗花實)[주1] 중 뿌리와 싹은 초년을, 꽃과 열매는 중년 이후를 본다. 초년운을 보면 甲庚충과 寅申충으로 간지가 서로 극을 하므로 초반에 어렵다. 또한 초년운인 丙戌과 丁火운은 인비운으로 재물인 水에 도움이 안 되는 흐름이다. 중년 이후의 운을 팔자의 일시(日時)로 보면, 시(時)의 癸水정재가 편인의 자리인 시간에 있어 손실 상태이지만 申월의 생조를 받고 丑土에 뿌리가 있어 힘이 있다. 또한 일간과 戊癸합이 되어 재래취아(財來就我)[주2]가 되므로 재물이 있다. 대운의 흐름도 중년 바닥이 亥子丑으로 재물 기운이 운의 생조(生助)를 받고 있다.

㈜ 1) 근묘화실(根苗花實)로 운을 보는 방법   진소암(陳素菴)은 『명리약언(命理約言)』 「간운법(看運法)」에서 근묘화실의 개념을 이용하여 운을 보는 방법을 다음과 같이 설명하였다. "초운(初運)은 소년을 관장하고, 중운(中運)은 중년을 관장하며, 말운(末運)은 만년을 관장한다. 이는 운을 보는 방법 중 하나로 예전에는 이를 참조하여 사용하였다. 즉, 사주를 볼 때 연(年)은 소년, 월일은 중년, 시(時)는 만년을 관장한다고 본다. 만약 연이 희신이면 소년에 발달하고, 기신이면 소년에 뜻을 얻지 못하며, 월일이 희신이면 중년에 발달하고 기신이면 중년에 막히고 지체가 많으며, 시(時)가 희신이면 만년에 편안하고 영화로우며 기신이면 만년이 흉하다고 본다. 이 방법은 그 동안의 경험으로 보아 잘 맞는다. 그러나 어려서부터 늙어서까지의 대강을 볼 수 있을 뿐이며, 정확하게 해를 나누어서 상세하게 길흉을 볼 때는 운 위주로 본다."

2) 재래취아란 육친 재성이 천간에 투출하여 일간인 자신과 합을 하는 현상이다.

【원문】

勾陳得位 用時上丙火 天師
구 진 득 위 용 시 상 병 화 천 사

	시	일	월	연 (乾命)
	丙	戊	丙	辛
	辰	子	申	酉

己	庚	辛	壬	癸	甲	乙
丑	寅	卯	辰	巳	午	未

【해설】   戊土 구진(勾陳)이 지지에서 申子辰 재성합의 도움을 받아 구진득위격(勾陳得位格)이다. 이 격은 신왕해야 좋은데 월의 丙火는 기반(羈絆)이 되어 못 쓰고, 시(時)에 용신인 丙火가 투출하여 일간을 돕고 조후 역할도 한다. 천사(天師) 벼슬을 하였다.

시	일	월	연 (乾命)
辛	戊	戊	壬
酉	戌	申	子

乙	甲	癸	壬	辛	庚	己
卯	寅	丑	子	亥	戌	酉

신월무토는 한기가 시작되는 계절이므로 우선 丙火로 조후하며, 癸水로 戊土를 자윤하고 甲木으로 소토하는 것이 원칙이다. 따라서 이 기운들이 모두 온전해야 상격이며, 만약 위 사주와 같이 팔자에 세 기운이 모두 없으면 하격에 해당된다. 또한 이 사주는 식신생재격(食神生財格. p.113 참조)으로 볼 수도 있는데, 전체 기운이 음기(陰氣)에 몰려 있는 것이 문제다. 이 경우 甲木을 써서 음기를 설기하거나, 丙火를 써서 양기를 북돋워야 하므로 木火가 희용신이다.

庚戌운에 장간에 있는 한 점 丁火의 힘을 얻어 공부도 하고 자식을 얻었으나, 이어지는 辛亥와 壬子운이 팔자의 음기를 더욱 강하게 하는 기신운이라 극심한 가난으로 고통을 겪었다.[사주 출처 『적천수(適天髓)』]

	시	일	월	연 (坤命)
	戊	戊	庚	戊
	午	子	申	子

癸	甲	乙	丙	丁	戊	己
丑	寅	卯	辰	巳	午	未

　팔자를 해석할 때 사주의 전체적인 관계 속에서 억부와 조후를 고려하여 간명하는 게 정법(正法)이라면, 특수한 방법으로 접근하는 것을 단법(單法)이라고 한다. 이러한 단법 중에는 나름대로 일리가 있는 방법도 있지만 대부분 터무니없는 게 많다.

　이 중 일주만 보는 단법 중 하나로 戊子일주를 보면, 戊土는 만물을 무성하게 하는 성질이 있고 쥐인 子水는 만물을 잉태하여 생산하는 역할을 하기 때문에, 명주는 욕심이 많고 욕망도 크며 가정보다 집 밖으로 돈다고 본다. 또한 부지런히 생명을 키우지만 결국 낙엽이 지듯 좌절하며, 허영과 허식에 들떠 횡재만 노린다.

　과연 이렇게 일주로만 보는 단법이 맞는지 살펴보자. 申월 戊土가 전체적으로 금생수(金生水)의 특징을 가져 식신생재(食神生財)의 구조이다. 팔자의 형세를 보면 戊土를 윤택하게 하는 水는 강하지만 조후해주는 火는 子午충으로 깨져서 부족하고, 구조가 토생금(土生金) 금생수(金生水)로 이어져 있으나 강한 물기를 설기하며, 한편으로는 소토(疏土)하는 木관살이 없는 것이 단점이다. 또한, 일간의 힘이 18점으로 신약한 것도 흠이다.

　그러나 다행히 火의 생조를 받는 시간 戊土가 일간을 돕고 있으며, 운의 흐름이 젊어서 火土 희용신으로 흐르고, 48세 대운부터 무관사주에 관살이 강하게 들어온다. 재성의 기운을 설기하고 팔자의 전체적인 기운을 소통시키므로 나쁘지 않은 흐름이다.

실제 상황을 보면, 20세에 남편의 적극적인 구애로 결혼하여 대바구니와 이불 행상을 거쳐 옷장사를 하고 있으며, 근면성실하게 생활하여 2007년 현재 중산층 이상의 생활을 하고 있다. 슬하에 2남3녀의 자식이 있으며 모두 결혼하였다.

흠이라면 자식과 인연이 깊지 않다는 것이다. 자식성을 보면 월간 식신궁에 식신이 있어 조왕(助旺)하므로 자식들이 역할을 톡톡히 할 것 같지만, 庚申월을 중심으로 일지 子가 공망이어서 자식에게 진입이 곤란하다. 또한 자식궁인 시주로 진입하여도 戊子가 공망이 되므로 진입이 곤란하다.

⑦ 유월무토(酉月戊土)

주용신 丙 보조용신 癸壬

월의 기운이 일간의 기운을 설기하여 戊土가 약하고 차다. 丙火편인으로 일간을 도우면서 조후하는 것이 급하고, 壬癸재성이 土를 자윤(滋潤)하게 한다.

【원문】

八月戊土 金洩身寒 賴丙照暖 喜水滋潤 先丙後癸 不必木疏
팔 월 무 토 금 설 신 한 뇌 병 조 난 희 수 자 윤 선 병 후 계 불 필 목 소

【해설】　　　　　유월무토는 월령 金이 戊土를 설기하여 戊土가 약하고 차다. 丙火로 따뜻하게 해주어야 하며, 조후하는 丙火로 인해 조토(燥土)가 되면 金을 만들지 못하므로 水가 자윤(滋潤)해주는 것을 좋아한

다. 그러므로 丙火편인을 먼저 사용하고 癸水정재를 다음으로 사용하며, 木관살이 이 둘을 반드시 소통시켜야 할 필요는 없다.

【원문】

丙癸兩透 科甲中人 丙透癸藏 可許入泮 癸透丙藏 納資得官 若
병계량투　과갑중인　병투계장　가허입반　계투병장　납자득관　약

丙藏又無癸 卽多不透 此皆常人 癸丙全無 奔流之客
병장우무계　즉다불투　차개상인　계병전무　분류지객

【해설】　　　　팔자에 丙火편인과 癸水정재가 투출하면 酉월과 오행간의 생이 이어지므로 상관생재(傷官生財)가 되어 귀하다. 丙火는 투출하고 癸水는 지지에 있으면 공부하는 학생이며, 반대로 癸水가 투출하고 丙火는 지지에 있으면 재물로 귀하게 된다. 丙火와 癸水가 모두 지지에만 있으면 평범한 사람이고, 丙火와 癸水가 모두 지지에 없으면 팔자가 편고(偏枯)하여 분란만 일으키는 사람이다.

【원문】

或四柱皆辛 無丙丁 此名傷官格 爲人淸秀 卽不能拾芥(주) **亦可武**
혹사주개신　무병정　차명상관격　위인청수　즉불능습개　　역가무

庠 一見癸水 富而且貴
상　일견계수　부이차귀

【해설】　　　　사주에 辛金상관이 강하고 丙丁火인수가 없는 경우 상관격(傷官格)이 된다. 상관격은 상관패인(傷官佩印)을 이상적으로 보므로 인수가 있으면 좋다. 丙丁火가 지지에 암장되어 있거나 상관과 서로 해치지 않으면 귀하다. 상관격인 경우 사람이 맑고 뛰어나며, 부귀와 명

465

십간의 월별 주용신과 보조용신

예를 얻지 못하더라도 무예(武藝)와 인연이 있다. 이 경우 1개의 癸水재
성을 보면 상관생재(傷官生財)로, 오행의 기운이 생으로 재성에 이어져
부귀를 이룬다.

㈜ 습개는 티끌을 줍듯 부귀를 쉽게 얻음을 비유한 말이다.

【원문】

或支成水局 壬癸出干 此名才多身弱 愚懦無能 若天干有比劫分
혹 지 성 수 국 임 계 출 간 차 명 재 다 신 약 우 나 무 능 약 천 간 유 비 겁 분

散才神 頗言衣食
산 재 신 파 언 의 식

【해설】
유월무토에 지지가 水재성국을 이루고 壬癸水가 투출
하면, 재성이 강하여 일간이 약해진 재다신약(財多身弱)이 되어 위인이
어리석고 무능하다. 재다신약인 경우 인수가 아닌 비겁을 쓰므로, 천간에
戊己土비겁이 있어 재성을 분산하고 일간을 도우면 의식(衣食)이 있다.

【원문】

用神妻子同前 秋土生金極弱 須丙火丁火出干方妙
용 신 처 자 동 전 추 토 생 금 극 약 수 병 화 정 화 출 간 방 묘

【해설】
용신과 처자에 관한 내용은 신월무토(申月戊土)와 같
다. 癸水정재를 용신으로 하는 경우 金이 처이고 水가 자식이며, 丙火편
인을 용신으로 하는 경우는 木이 처이고 火가 자식이 된다. 가을의 土일
간은 金을 생하면서 자신은 설기가 되어 매우 약하므로 반드시 丙丁火가
천간에 투출해야 한다.

시	일	월	연 (乾命)
己	戊	辛	癸
未	申	酉	亥

甲	乙	丙	丁	戊	己	庚
寅	卯	辰	巳	午	未	申

유월무토에 辛金이 투출하고 지지는 申酉식상국이다. 상관이 강하여 신약한 사주이다. 강한 상관이 연주의 재성을 생하여 흐름이 재성에 몰려 있다.

신약에는 인수나 비겁을 써야 하는데, 식상과 재성이 모두 강하므로 인수보다 비겁을 용신으로 한다. 다행히 시(時)에 힘이 있는 己土겁재가 투출하여 용신으로 삼는다. 즉, 용신은 土비겁이고, 희신은 火인수로 상관용겁격(傷官用劫格)에 해당된다.

팔자에 재성은 강하고 인수가 무력하여 공부하기를 싫어하였으나 운의 흐름이 土火로 흘러 돈으로 현좌(縣佐) 벼슬을 샀으며, 丁巳와 丙辰의 희용신운에는 주목(州牧)의 지위까지 올랐다. 그러나 乙卯운은 관살인 기신운이고 직장과 환경을 의미하는 월주와 천충지충(天沖地沖)이 되어 파직되었다.[사주 출처 『적천수(適天髓)』]

시	일	월	연 (坤命)
辛	戊	辛	癸
酉	午	酉	丑

戊	丁	丙	乙	甲	癸	壬
辰	卯	寅	丑	子	亥	戌

팔자를 부부관계 중심으로 살펴보자. 여자의 경우 부부관계가 좋은 명은 다음과 같은 특징이 있다.

① 남편성인 관살이 일간과 친밀하고 파괴되지 않아 힘이 있다.

② 관살이 희용신이거나 남편궁인 월지가 희용신궁이 된다.

③ 팔자 자체에 바람기가 없다.

이 사주는 유월무토에 金식상이 강하여 신약하므로, 火土인비 중 일지에 있는 丁火정인을 용신으로 삼아 상관패인(傷官佩印)을 만들어야 한다. 팔자의 특징이 관살이 전혀 없는 무관사주(無官四柱)이며, 남편궁인 월지에는 식상이 있어 남편궁이 기신궁이 된다.

여자에게 있어 다른 사람을 진심으로 사랑하는 마음은 육친 중 정관, 정인, 식신과 관련이 있다. 정관은 마땅히 해야 하는 마음 또는 헌신하는 마음과 관련이 있고, 정인은 변함 없이 받아들이는 심리와 관련 있으며, 식신은 계산 없이 자신을 주는 마음과 관련 있다. 이 팔자와 같이 상관이 유독 강한 팔자는 인내를 잘 못 하고, 새로운 것을 좋아하는 심리적 특성이 있으므로 바람기가 있다.

명주는 癸亥운인 1999년 己卯년에 결혼하여 2001년(甲子운, 辛巳년)부터 사소한 다툼으로 남편과 별거에 들어갔고, 2002년(甲子운, 壬午년)에는 미혼 남성과 불 같은 바람을 피웠다.

8 술월무토(戌月戊土)

주용신 甲   보조용신 癸丙

월에 같은 오행이 있어 자신의 기운이 강하다. 甲木칠살로 土를 파헤치고, 癸水
정재로 약한 甲木을 도우며, 丙火편인으로 조후한다.

【원문】

九月戊土當權 不可專用丙 先看甲木 次取癸水 却忌化合 見金
구 월 무 토 당 권 불 가 전 용 병 선 간 갑 목 차 취 계 수 각 기 화 합 견 금

先用癸水 後取丙火 配合支干 方成有生之土 定發雲程
선 용 계 수 후 취 병 화 배 합 지 간 방 성 유 생 지 토 정 발 운 정

【해설】　　　　술월무토는 월에 戊土가 사령하여 일간의 기운이 강하
므로 丙火편인을 써서 기운을 더하는 것은 옳지 않다. 먼저 戊土를 파헤
치는 甲木칠살이 있는지 살피고, 다음으로 癸水정재를 사용하면 재자약
살격(財滋弱殺格. p.397 참조)의 형국이 된다. 이 경우 戊土일간과 癸水
가 戊癸합하는 것을 꺼린다.

　그러나 金식상을 보는 경우에는 戊土일간을 설기하므로 甲木칠살을
먼저 쓰지 않는다. 이 때는 癸水정재를 먼저 쓰고 다음에 丙火편인을
쓴다. 이 경우 金식상이 水火를 생으로 연결시켜 癸水와 丙火는 서로
해치지 않는다. 戊 중 火金이 천간에 모두 투출하면 배합이 적당하므로
귀하다.

【원문】

或無丙有癸 不見甲透者 衣衿小富 無癸丙 有甲者 衣食而已 若

혹무병유계 불견갑투자 의금소부 무계병 유갑자 의식이이 약

癸甲全無 雖有丙火 亦屬平常 或爲僧道

계갑전무 수유병화 역속평상 혹위승도

【해설】　　　　　술월무토에 丙火인수는 없고 癸水정재는 있으나 투출
한 甲木이 없는 경우 학생 신분이며 작은 재물이 있다. 癸水와 丙火는 없
고 甲木칠살이 있는 경우에는 약한 칠살을 돕는 것이 없으므로 의식(衣
食)만 있다. 만약 癸水와 甲木이 없으면 비록 丙火가 있더라도 평범한 사
람이거나 승도(僧道)이다.

【원문】

或支成水局 壬癸透干 用戊止流 有比透反主富

혹지성수국 임계투간 용무지류 유비투반주부

【해설】　　　　　지지에 水재성국을 이루고 壬癸水가 투출한 경우 오히
려 戊土로 물의 흐름을 막아야 하므로 戊土가 투출하면 부자가 된다.

【원문】

支成火局 名土燥 不發

지성화국 명토조 불발

【해설】　　　　　지지가 火인수국이 되면 흙이 메말라서 생기가 없으므
로 발전하지 못한다.

【원문】

得金水兩透 此人淸高 略可富貴 無水 一生困苦 妻子仝前

득 금 수 량 투   차 인 청 고   약 가 부 귀   무 수   일 생 곤 고   처 자 동 전

【해설】　　　　　金水인 식상과 재성이 투출하면 맑고 고결하며 부귀하지만 水가 없으면 평생 힘들다. 처자를 보는 방법은 유월무토(酉月戊土)와 같다.

【원문】

丙甲出干 孝廉

병 갑 출 간   효 렴

시	일	월	연 (乾命)
丙	戊	甲	己
辰	辰	戌	酉

丁	戊	己	庚	辛	壬	癸
卯	辰	巳	午	未	申	酉

【해설】　　　　　소토(疏土)하는 甲木과 丙火가 투출하여 관인상생(官印相生)을 이루고, 辰 中 癸水로 자윤(滋潤)하므로 巳午未운에 효렴(孝廉) 벼슬을 하였다. 그러나 丙火를 돕는 甲木이 甲己土로 기반(羈絆)이 되어 역할이 떨어져 지위가 높지 않았다.

【원문】

印多官旺 反得中和 庠生 大富

인 다 관 왕   반 득 중 화   상 생   대 부

	시	일	월	연(乾命)
	癸	戊	庚	丁
	亥	戌	戌	亥

癸	甲	乙	丙	丁	戊	己
卯	辰	巳	午	未	申	酉

【해설】　　　　인수가 많고 관살이 왕하지만 관인상생(官印相生)으로 중화를 이룬다.[㈜] 상생(庠生) 벼슬을 하고 큰 부를 이루었다.

㈜ 관인(官印)이 왕한 팔자가 아니며, 중화를 이룬 것도 아니다. 원문의 오류로 판단된다. 상관생재(傷官生財)로 중년의 火운에 중화를 이루어 재물을 모았다고 본다.

【원문】

丙癸甲皆全 惜未出干 只一貢生
병계갑개전 석미출간 지일공생

	시	일	월	연(乾命)
	壬	戊	戊	丙
	子	寅	戌	戌

乙	甲	癸	壬	辛	庚	己
巳	辰	卯	寅	丑	子	亥

【해설】　　　　술월무토에 필요한 丙火와 癸水와 甲木이 모두 있지만 투출되지 않은 것이 아쉽다. 단지 공생(貢生)에 불과하였다. 신왕에 재관이 희용신이다. 운이 水木재관으로 흘러 아름답고, 시(時)에 재성이 강해서 크게 귀하지는 않았지만 재물은 모았다.

【원문】

白手興家 大富
백 수 흥 가　대 부

시	일	월	연(乾命)
乙	戊	庚	丁
卯	寅	戌	酉

癸	甲	乙	丙	丁	戊	己
卯	辰	巳	午	未	申	酉

【해설】　　　　木관살이 강하여 투출한 丁火를 용신으로 삼는다. 丁火 용신은 금목상전(金木相戰)하는 金을 조절하는 역할도 한다. 丙午와 乙巳운에 용신인 丁火가 득지하여 자수성가로 큰 재물을 모았다. 그러나 水 재성이 없어서 관성이 생을 받지 못하므로 귀하지는 않았다.

【원문】

猛虎巡山格 官至少保
맹 호 순 산 격　관 지 소 보

```
          시   일   월   연 (乾命)
          己   戊   戊   丙ᐨ
          未   辰   戌   寅

       乙  甲  癸  壬  辛  庚  己
       巳  辰  卯  寅  丑  子  亥
```

【해설】   연주의 寅맹호가 산을 타는 맹호순산격(猛虎巡山格)으
로 신왕에 寅木칠살이 약하고, 寅卯辰 木운에 칠살이 득지(得地)하여 소
보(少保) 벼슬을 하였다. 가색격(稼穡格)으로 볼 수도 있지만 寅木이 있
어 성격(成格)이 안 된다.

──────────────────

ᐨ 원문에는 丙子년으로 되어 있으나 맹호순산격이므로 丙寅년으로 정정하였다.

술월무토 해설

```
          시   일   월   연 (乾命)
          丁   戊   戊   辛
          巳   戌   戌   未

       辛  壬  癸  甲  乙  丙  丁
       卯  辰  巳  午  未  申  酉
```

질병을 중심으로 살펴보면, 火土기운이 강하므로 金水가 약해져서 질병이 생길 수 있는 구조이다. 戌월은 장간에 丁火가 있으므로 조토(燥土)인데, 여기에 丁巳의 불기운이 더해져서 땅이 메마르다. 연간에 辛金이 있지만 丁火를 품고 있는 未土 위에 있고, 戌월을 만나지만 戌은 조토로 습토(濕土)와 달리 토생금(土生金)하는 것이 서투르므로 辛金의 우군이 없다. 다행히 초반 申酉운에 辛金이 득지(得地)하여 폐에 이상이 있었으나 무사히 넘길 수 있었다.

이어지는 乙未와 甲午운에 강해진 火기운이 화생토(火生土)를 하고, 생을 받은 土가 토극수(土剋水)하여 水에 속하는 신장의 기운을 친다. 결국 金水기운이 약해져서 피부가 뱀가죽처럼 되는 사피(蛇皮)라는 피부병에 걸려 癸巳운에 죽었다.

폐와 신장을 주관하는 金水기운이 무력하고, 戌土의 강한 기운을 해결할 甲木이 투출하지 않아 팔자가 편고(偏枯)하며, 운에서 이러한 편고함을 부추겨 결국 요절한 것이다.[사주 출처『적천수(滴天髓)』]

시	일	월	연 (坤命)
丁	戊	壬	戊
巳	申	戌	午

乙	丙	丁	戊	己	庚	辛
卯	辰	巳	午	未	申	酉

술월무토의 기운이 강하고 소토(疏土)하는 甲木이 없으며 水식상도 무력하여 파격이 되었다. 壬水가 투출하였지만 앉은 자리와 좌우가 土천지라 힘을 쓸 수가 없으며, 지지 바닥이 寅午戌 화국(火局)을 이루면

서 장간에 있는 丁火와 암합(暗合)하여 壬水가 팔자를 자윤(滋潤)하는 것을 기대할 수 없다. 자신의 기운인 戊土와 외부로부터 기운을 받아들이는 인수의 기운인 火가 강하고, 자신을 설기하는 식상이 무력하여 물 기운이 약한 것이 문제다.

　다행히 초반 辛酉와 庚申운은 水의 터전이 되는 운이라 문제가 없었지만, 2000년 己未운에 들어서면서 土기운이 더욱 강해져서 水식상의 기운을 핍박하여 2000년(庚辰년)에 사회불안증으로 대학을 휴학하였다. 대운의 흐름으로 보아 앞으로의 중년운도 火土기운이 강해지므로 신장과 자궁 계통의 질병이 예상된다.

술월무토
상담사례

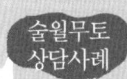

불발탄 같은 사주팔자

사주팔자에 대해 토론하자며 늦은 밤에 약속도 없이 남자분이 불쑥 찾아왔다. 맞은 편 방석에 다리를 꼬고 앉자마자 하는 말이 자신의 사주는 특별하다는 것이었다. 명문대 교수들도 자기 팔자에 대해 이야기해줄 것이 많다고 하였고, 청와대와 관련 있는 분도 자신의 사주팔자가 특이하다고 하였다는 것이다. 그리고는 오늘 밤을 새워 자신의 사주팔자를 분석해주면 거액을 지불하겠다며 흰 봉투를 흔들어댔다. 정신병자 같기도 하고 상담 중독자 같기도 하지만, 도대체 어떤 팔자인지 궁금하여 불러주는 생년월일로 팔자를 뽑아보았다.

窮
通
寶
鑑

```
시 일 월 연(乾命)
壬 戊 戊 丙
戌 午 戌 申


乙 甲 癸 壬 辛 庚 己
巳 辰 卯 寅 丑 子 亥
```

申酉戌월이 모두 가을이지만 戌월의 戊土는 申酉월과 팔자 조정법이 다르다. 戌월에 숨어 있는 戊土가 권한을 행사하여 일간이 강하기 때문이다. 그러므로 甲木인 나무 쟁기로 흙을 파헤쳐줘야 균형이 맞는다. 그런데 이 사주는 쟁기를 쓰기에도 적당치 않다. 팔자 바닥이 寅午戌 화국(火局)이 되어 불기운이 강하고, 나무 쟁기를 집어 넣어봐야 흙을 갈기보다는 불기운을 도와 팔자의 편고(偏枯)함을 더 부채질할 수 있기 때문이다.

불기운이 강하므로 이를 꺼줄 물을 찾는데, 시간에 壬水라는 물이 있다. 주변이 온통 불과 흙으로 고립무원인 물이다. 연지에 있는 申金으로 물을 지원하려 하지만 너무 멀리 떨어져 있어 무정하므로 도움이 안 된다. 설령 도움을 주려고 해도 연간에 있는 丙火 태양이 이글거리며 훼방한다. 결론은 나무를 쓸 수도 없고, 물이 불기운을 조절하는 것도 불가능하다.

癸水와 甲木을 쓸 수 없는 경우는 비록 丙火가 있더라도 승도(僧道)의 팔자라 하였다. 메마른 흙이 생기가 없고, 많은 戊土가 약한 壬水에 목을 매고 있으므로 군겁쟁재(群劫爭財)가 된다. 한마디로 별 볼일 없는 불발탄 같은 사주이다.

이런 요지로 에둘러서 이야기하자 밤새워 이야기해줄 실력이 없다는 식으로 엉뚱하게 딴죽을 걸며 간단하게라도 팔자평을 해달라고 매달렸다. 해줄 말이 없다며 계속 손사래를 치고 강하게 거절하자 자리를 박차고 일어나서 한참 씩씩대더니 나가버렸다. 불발탄 같은 팔자를 가지고 밤을 새운다고 부귀공명이 가득한 팔자로 바뀌지 않는다. 자신의 팔자를 부정하고 싶어 이런 행동을 할 수도 있었겠다 싶지만 좋은 기분은 아니다. 팔자에 戊土가 많은 경우 위인이 다투기를 좋아한다고 했던가?

⑨ 해월무토(亥月戊土)

【원문】

十月戊土 時値小陽 陽氣略出 先用甲木 次取丙火 非甲 土不
십월무토 시치소양 양기략출 선용갑목 차취병화 비갑 토불

靈 非丙 土不暖 安能發生萬物 甲丙兩出 富貴中人
령 비병 토불난 안능발생만물 갑병량출 부귀중인

【해설】   亥월은 소양(小陽)이고 戊土는 약간의 양기(陽氣)가 있
으므로 먼저 甲木편관을 쓰고, 다음으로 丙火편인을 사용한다. 甲木이
없으면 土가 신령치 않고 丙火가 아니면 土가 따뜻하지 않으므로, 甲木
과 丙火가 있어야 土가 만물을 생육한다.

【원문】

或甲得長生 遇支藏得地之水 一丙高透 亦主身貴揚名 支見庚
혹갑득장생 우지장득지지수 일병고투 역주신귀양명 지견경

金 入泮^{주)}而已
금 입반 이이

【해설】   해월무토가 천간에 甲木편관과 丙火편인이 투출하면
부귀하다. 만약 甲木이 월에서 장생(長生)의 자리를 얻고, 지지 속에 있는

水를 만나면서 천간에 丙火가 강하게 투출하면 크게 귀하다. 해월무토가 지지에서 庚金식신을 보는 경우 亥월의 용신인 약한 甲木이 손상되므로 학생이 될 뿐이다.

───────────────

㊟ 입반은 입학하여 학생이 되거나, 성균관 또는 문묘(文廟)에 들어가는 것을 의미한다.

【원문】

若不見庚金 甲木藏支 丙火高透 科甲有之 若有庚 丁出制 必
약 불 견 경 금　갑 목 장 지　병 화 고 투　과 갑 유 지　약 유 경　정 출 제　필

異路功名 或爲典吏
이 로 공 명　혹 위 전 리

【해설】　　　해월무토에 庚金식신이 없고 甲木이 장간에 있으며, 丙火가 강한 상태로 투출하면 귀하다. 庚金과 이를 극하는 丁火가 같이 있으면 과거가 아닌 다른 방법으로 벼슬을 하거나 관리가 된다.

【원문】

卽庚丁不透 甲丙藏支 亦云富貴
즉 경 정 불 투　갑 병 장 지　역 운 부 귀

【해설】　　　庚金과 丁火가 투출하지 않고, 甲木과 丙火가 지지에 감춰져 있어도 부귀를 이룰 수 있다.

【원문】

壬透得戊救丙 主富中取貴 丙甲俱無 必爲僧道
임 투 득 무 구 병　주 부 중 취 귀　병 갑 구 무　필 위 승 도

【해설】 해월무토에 壬水편재가 투출한 경우, 戊土가 있어서 조후하는 丙火를 지켜주면 재물로 귀하게 된다. 해월무토에 소토(疏土)하는 甲木과 조후하는 丙火가 모두 없으면 승도(僧道)이다.

【원문】

羊刃駕殺格 府尹
양 인 가 살 격 부 윤

시	일	월	연 (乾命)
戊	戊	癸	癸
午	辰	亥	卯

丙	丁	戊	己	庚	辛	壬
辰	巳	午	未	申	酉	戌

【해설】 양인가살격(羊刃駕殺格)[주]으로 부윤(府尹) 벼슬을 하였다. 戊辰 괴강 일주가 午火양인을 얻고 亥 중 甲木칠살이 있으므로 양인가살이다. 살인(殺刃)이 모두 약하지만, 癸水가 투출하여 약한 칠살을 돕고 午火가 살인상생(殺印相生)하여 발전하였다.

[주] **양인가살** 양인은 일간을 기준으로 사지와 대조한다. 양간인 甲丙戊庚壬을 우선하고, 壬子와 丙午의 일인(日刃)을 중요시한다. 이 중 양인이 되는 일주는 丙午, 戊午, 壬子, 癸丑이다.

일간	甲	乙	丙	丁	戊	己	庚	辛	壬	癸
사지	卯	辰	午	未	午	未	酉	戌	子	丑

양인가살의 특징은 다음과 같다.

① 양인은 일간을 신왕하게 하는 요소로 팔자에 칠살이 있어 이를 극제할 때 사용된다.

② 살인상정(殺刃相停)의 의미로도 사용되는데, 이는 사주에 칠살과 양인이 같이 있는 경우 인살(刃殺)이 합을 하여 일간을 극하지 않는 상태다. 예를 들어, 甲의 庚金 칠살이 卯木양인 중의 乙木과 乙庚金이 되는 경우이다. 이 경우 귀하게 본다.

③ 양인로살(羊刃露殺)로도 사용되는데, 이는 양인격에서 칠살이 천간에 투출한 상태다. 이 경우 강한 양인을 칠살이 제어한다는 의미이며, 신약인 경우는 양인이 약이 되는데 칠살이 투출하여 이를 방해하므로 좋지 않다는 의미로도 사용된다.

【원문】

此歸祿格 四柱見金 火運大發
차 귀 록 격　사 주 견 금　화 운 대 발

시	일	월	연 (乾命)
庚	戊	辛	壬
申	寅	亥	申

戊	丁	丙	乙	甲	癸	壬
午	巳	辰	卯	寅	丑	子

【해설】　　　귀록격(歸祿格. p.164 참조)^{주)}으로 사주에 金식상이 강하므로 이를 제어하는 火운에 발전하였다.

㊀ 원문에서 무엇을 귀록격이라고 하는지가 분명치 않다. 위 사주는 戊일 庚申시로 申과 합하는 巳건록을 취하여 전식합록격(專食合祿格)으로 볼 수도 있지만, 합하는 巳가 寅巳형과 巳亥충이 되어 합록격의 길함이 없다.

【원문】

食神生才格 兩榜
식 신 생 재 격 양 방

【해설】　　　　식신생재격(食神生財格. p.113 참조)^{주)}으로 문과와 무
과에 급제하였다.

───────────

㈜ 지지 亥卯未관살국에 乙木정관이 투출하고, 월간에 丁火정인까지 투출하여 관인상생
을 이룬다. 따라서 식신생재격이 아닌 관인상생격(官印相生格)으로 분류되어야 한다.

해월무토 해설

군인으로 성공할 수 있는지 살펴본다. 해월무토에 조후하는 丙火가 투출하지 않아 파격이 된 사주 같지만, 소토(疏土)하는 칠살이 시간에 유력하고 지지가 寅午戌 화국(火局)을 이루어 木火가 구비되었으며, 살인상생(殺印相生)과 양인합살(陽刃合殺)을 이루었다.

亥월에 水가 강하여 수화상충(水火相沖)으로 인수를 치므로 문관에는 맞지 않다. 그러나 양인합살이므로 무관으로 출세할 수 있다. 양인합살이라도 신약한 사주이므로 己未, 戊午, 丁巳의 火土인비운에 발전한다.[사주 출처 『명리약언(命理約言)』]

시	일	월	연 (乾命)
丁	戊	辛	丁
巳	子	亥	酉

甲	乙	丙	丁	戊	己	庚
辰	巳	午	未	申	酉	戌

위 사주의 주인공은 우리나라에서 꽤 유명한 변호사이다. 경기고를 나와 서울대 재학 중인 1978년(己酉대운, 戊午년)에 제20회 사법시험에 최연소 합격하였고, 1979년(戊申대운, 己未운)에는 제13회 외무고등고시에 차석 합격하였으며, 같은 해에 제23회 행정고등고시에도 수석 합격하였다.

팔자의 전체적인 흐름을 보면 해월무토가 지지에 亥子丑 수국(水局)이고 金水가 강하여 신약하므로, 조후와 억부를 고려하여 용신은 시간 丁火가 된다.

원문에서 이야기한 해월무토에 꼭 필요한 丙火가 투출하지 않았지만,

시간 丁火가 巳火의 자리에 있어 丙火의 역할을 할 수 있다. 단, 강한 水를 흡수하여 火를 살릴 나무의 기운이 없는 것이 흠인데 대운의 흐름이 아주 좋다. 초반의 식상은 학습에 도움이 되는 기운이고, 중년은 火土로 희용신운이니 발전하는 운이다. 말년도 木火로 흘러 흠잡을 데가 없다.

팔자의 기운을 좀더 자세히 들여다보자. 부모의 기운을 보면 부모가 용신이 되어 역할을 하려고는 하지만, 연간의 丁火인수가 재성궁에 있어 파성(破星)이 되므로 능력은 없다. 처복과 재물복은 처궁에 처성이 있어 조왕(助旺)하지만, 재성이 기신이므로 협조하지 않는다. 또한 선후론으로 볼 때 월지 재성이 시지와 巳亥충이 되고 재성혼잡이 되므로 부부관계는 좋지 않다.

명주는 2003년 癸未년에 이혼하고, 2004년 甲申년 3월에 재혼하였다. 이를 운기적으로 보면 부부관계에 결정적으로 문제가 있는 것이 壬午년부터다. 壬午년의 태세 壬水는 용신을 丁壬합으로 묶고, 세지(歲支)는 子午충으로 처궁을 흔들기 때문이다.

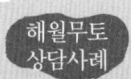

해월무토
상담사례

영감님의 신수 상담

일요일에 전화로 상담을 청하여 거절하였으나, 지금 차를 주차시켰다며 막무가내로 40대 중반쯤 된 정장차림의 남자분이 사무실에 들어섰다. 요즘은 남자들도 화장을 한다더니 얼굴도 곱고 머리에서 발끝까지 꽤나 정성을 들인 듯하였다.

"영감님 모셔다드리고 집에 가다가 불이 켜진 것을 보고 불쑥 들어왔습니다. 죄송합니다."고 설명하였다. 정치인의 비서 아니면 어느 높은 분의 기사인가? 생일을 묻자 모

窮
通
寶
鑑

시는 영감님의 생년월일을 불러주며 신수를 살펴달라고 하였다. 이번에 아주 좋은 조건의 자리가 나왔는데, 모시는 영감님의 신수가 좋으면 계속 모시고 아니면 자리를 옮길 생각이라는 것이었다. 그리고 영감님이 사찰을 가지고 계시며, 올해 큰 프로젝트를 추진 중인데 성사될 수 있는지 봐달라고 덧붙였다.

시　일　월　연(乾命)
壬　戊　癸　癸
戌　戌　亥　未

丙　丁　戊　己　庚　辛　壬
辰　巳　午　未　申　酉　戌

재물복이 있냐고 묻는데 재물을 만드는 식상의 기운은 없고 팔자에 군데군데 박혀 있는 재물을 따라다니는 상으로, 중년 이후에는 재물을 부수는 운세다.

운세의 큰 흐름을 보면 초년에 부모복이 있고, 중년 이전에는 강한 자신의 기운을 부드럽게 설기할 수 있어 중년까지는 흐름에 문제가 없다. 이 흐름을 타지 못했으면 이후에는 낭패를 본다. 즉, 중년까지는 심은 대로 거두는 흐름이지만, 중년 전까지 무위도식을 하였으면 중년이 넘으면서 초가 단칸에 쭈그리고 앉아 대박만 꿈꾸며 뜬구름을 잡다 허송세월하며, 50대 중반이 넘으면 계획은 많은데 손에 쥐는 것은 별로 없다.

2006년의 신수가 시원치 않은 이유를 살펴보자.

① 재성이 월령을 차지하고 천간에 투출해 있다.

② 연간의 癸水재성이 재성궁에 앉아 조왕(助旺)하다.

③ 택묘론(宅墓論)으로 보면 월지인 택(宅)에서 재성이 투출하여 재성이 강하므로 신약하다고 볼 수도 있다. 그러나 일간 戊土가 일지에 戌土를 깔고 있고, 시지와 연지에 戌未土가 있어 지지에 土비겁이 강하므로 신왕한 사주로 보는 것이 맞다. 신왕한 사주이며 상담을 한 丁巳운의 丙戌년이 불기운을 몰고 오는 해이므로 신왕을 더 신왕

하게 하는 기신대운이다.

2006년 丙戌년을 보면 천간 丙火가 재성과 수화상충(水火相沖)이 되고, 지지는 선후론의 원칙에 따라 가장 먼저 연지와 戌未형이 된다. 형으로 튀어나온 장간들은 土비겁의 기운을 강화시키고, 튀어나온 丁火는 丁癸충이 되어 재성을 부순다. 이런 세운(歲運)이라면 재물을 얻을 수 없는 것이 당연하다.

상담을 청한 분의 진퇴가 걸려 있다고 해서 2006년의 운기를 기문둔갑으로 다시 꼼꼼히 살펴보았으나 마찬가지다. 2006년은 상관이 왕성하여 의욕은 앞서나 절명(絶命)과 두문(杜門)으로 주변 상황이 좋지 않다. 작괘를 해보니 '효봉육충 일희일비 형화위문 지기소지(交逢六沖 一喜一悲 兄化爲文 知其所止)'의 괘사가 나온다. 즉, 한 번 기쁘고 한 번 슬프므로 그만두는 것이 좋다는 뜻이다. 괘에 붙은 현무는 도적을 불러들이고 소모하며 만물의 종료를 주장하는 신장이고 여자, 소인, 실종, 질병, 이별을 주도하므로 이 또한 추진하던 것을 마무리하라는 신호다. 프로젝트고 뭐고 간에 신통치 않다는 결론이다.

⑩ 자월무토(子月戊土) · 축월무토(丑月戊土)

주용신 丙	보조용신 甲

매우 춥고 얼어붙는 달에 있다. 丙火편인으로 조후하고, 甲木칠살로 丙火를 보좌한다.

【원문】

十一二月嚴寒冰凍 丙火爲尊 甲木爲佐 丙甲兩透 桃浪之人 丙
십 일 이 월 엄 한 빙 동 병 화 위 존 갑 목 위 좌 병 갑 량 투 도 랑 지 인 병

出甲藏 採芹食餼 丙藏甲出 佐雜前程 有丙無甲者 豪富 有甲
출갑장 채근식희 병장갑출 좌잡전정 유병무갑자 호부 유갑

無丙者 清貧 丙甲全無 下流之造
무병자 청빈 병갑전무 하류지조

【해설】　　　　子丑월의 戊土는 매우 춥고 얼어붙는 달에 있으므로
조후하는 丙火편인을 중하게 쓰고 甲木칠살로 이를 보좌한다. 따라서
사주에 丙火와 甲木이 투출하면 귀하며, 丙火와 甲木 중 하나는 드러나
고 하나는 지장간에 숨어 있으면 가난하다. 丙火는 부(富)이고 甲木은
귀(貴)이므로, 丙火는 드러나고 甲木이 없으면 부자이며, 甲木이 드러나
고 丙火가 없으면 청빈하다. 丙火와 甲木이 모두 없으면 하천하다.

【원문】
或一派丙火 加以丙透 運值火土 弱中復強 又一壬透干 主清高
혹일파병화 가이병투 운치화토 약중복강 우일임투간 주청고

榮祿 乏壬 僧道孤寒
영록 핍임 승도고한

【해설】　　　　子丑월 戊土의 지지에 한 무리의 丙火가 있으며, 丙火
가 투출하고 운에서 火土인비를 만나면 약한 戊土가 丙火의 영향으로 강
해진다. 이 때 壬水가 천간에 투출하면 귀하고 영화롭다. 그러나 壬水가
약하면 편왕(偏旺)하여 승도(僧道)처럼 고독하고 쓸쓸하다.

【원문】
或一派水土寒滯 不見一丙 得一癸透月時 亦不失儒雅風流
혹일파수토한체 불견일병 득일계투월시 역불실유아풍류

【해설】 　子丑월 戊土에 水土가 있어 차갑고 막혀 있으며, 丙火를 보지 못하고 癸水가 월이나 시에 투출한 경우 戊癸합이 된다. 이 경우 학자로서의 우아함과 풍류는 있다.

【원문】

或一派壬水 不見比劫 可作從才而論 即有比劫 得甲出干 又主
혹일파임수 불견비겁 가작종재이론 즉유비겁 득갑출간 우주

富貴 若寒土無丙 雖有甲木 亦是內虛外實之人
부귀 약한토무병 수유갑목 역시내허외실지인

【해설】 　만약 한 무리의 壬水편재가 있고 비겁이 없으면 종재격(從財格)으로 본다. 또한, 비겁이 있고 甲木이 천간에 투출하면 부귀하다. 차가운 戊土에 丙火가 없는 경우에는 甲木이 있어도 겉은 있는 듯하지만 속은 빈 사람이다.

【원문】

或二癸透月時 名爲爭合 終屬勞碌之人 得一己出干制癸 反爲
혹이계투월시 명위쟁합 종속로록지인 득일기출간제계 반위

忠義之士 舍己從人而論
충의지사 사기종인이론

【해설】 　戊土일간이 월과 시에 2개의 癸水가 투출하면 쟁합(爭合)이 되어 고생하는 사람이다. 이 경우 천간에 己土가 1개 나타나서 쟁합하는 癸水를 제극하면 충직하고 의리 있는 사람으로 자신을 버리고 사람의 도리를 따른다.

【원문】

年月透辛金者 又屬土金傷官 異路功名可許 以金爲妻 水爲子

연월투신금자 우속토금상관 이로공명가허 이금위처 수위자

【해설】　　　　子丑월 戊土의 연월에 辛金이 투출한 경우는 토금상관격(土金傷官格)이 되어 다른 방법으로 공명을 이루며, 水재성을 용신으로 하므로 金이 처이고 水가 자식이 된다.

【원문】

從才格 太史

종재격 태사

시	일	월	연 (乾命)
壬	戊	壬	壬
子	子	子	子

己	戊	丁	丙	乙	甲	癸
未	午	巳	辰	卯	寅	丑

【해설】　　　　사주 전체에 水재성이 많으므로 종재격(從財格)이며 태사(太史) 벼슬을 하였다.

【원문】

四柱無火 喜戊癸合化 申宮壬水補陽 按察

사주무화 희무계합화 신궁임수보양 안찰

	시	일	월	연(乾命)
	癸	戊	乙	癸
	丑	申	丑	卯

戊	己	庚	辛	壬	癸	甲
午	未	申	酉	戌	亥	子

【해설】　　　　사주에 火가 없는데 戊癸합하여 火를 만들어 좋으며, 일지 申 중 壬水가 양기를 보충하여^{주)} 안찰(按察) 벼슬을 하였다.

㊟ 위 사주는 癸水가 丑土에 뿌리가 있고 丑월에 생하여 무계합화(戊癸合火)가 되지 않으며, 원문의 申 중 壬水가 양기를 보충한다는 의미가 확실하지 않다. 신왕한 사주로 金水를 희용신으로 보는 것이 맞다.

【원문】

甲出丙藏 又戊多晦光 好客 一生貧苦
갑 출 병 장 우 무 다 회 광 호 객 일 생 빈 고

	시	일	월	연(乾命)
	戊	戊	甲	戊
	午	辰	子	寅

辛	庚	己	戊	丁	丙	乙
未	午	巳	辰	卯	寅	丑

【해설】　　　　甲木이 투출하고 丙火가 감춰져 있다. 戊土가 너무 많아서 火를 설기하므로, 호인이지만 평생 가난하고 고생하였다.

자월무토 · 축월무토 해설

시	일	월	연 (乾命)
壬	戊	甲	癸
子	子	子	酉

丁	戊	己	庚	辛	壬	癸
巳	午	未	申	酉	戌	亥

자월무토에 火土 인비가 없고 水재성만 강력하므로 종재격(從財格)이다.

운의 흐름을 보면 癸亥운은 종재에 재성운으로 평탄하였고, 壬戌운은 종격에 비겁운으로 흉하였다. 庚申과 辛酉운은 종재에 식상운을 만나 아우생아(兒又生兒. p.272 참조)가 되므로 큰돈을 벌었다. 그러나 己未운은 종격에 비겁운이 와서 재물을 모두 잃고 사망하였다.[사주 출처 『사주첩경(四柱捷徑)』]

시	일	월	연(坤命)
癸	戊	戊	庚
丑	辰	子	申

辛	壬	癸	甲	乙	丙	丁
巳	午	未	申	酉	戌	亥

    2001년 辛巳년에 결혼하여 2002년 壬午년에 이혼하였다. 이혼한 이유를 살펴보기에 앞서 먼저 부부관계가 원만한 여성의 특징을 보면, 관살이 일간과 친밀하고 관살의 기세가 왕성하며, 관살이 희용신이 되고 파괴되지 않아야 한다. 이를 중심으로 부부관계를 살펴보자.

    먼저 관살이 일간과 친밀한가를 보면, 관살은 辰 중 乙木만 있으므로 암부(暗夫)만 있고 명부(明夫)가 없는 무관사주이다. 더욱이 지장간에 있는 乙木관살은 丑 중 辛과 乙辛충이 되어 그나마 깨져버린 상황이다. 그렇다면 깨져버린 관살이지만 명주에게 희용신 역할을 할 수 있을까? 丑 중 癸水가 투출하고 바닥이 申子辰 水재성국을 이루고 있으며, 자월 무토가 되어 신약하다. 즉 신약에 한랭한 팔자이므로 인비를 쓰는 것이 원칙이며, 관살은 이 팔자에서 기신이 된다. 더욱이 戊辰과 癸丑은 대살백호(大殺白虎)이므로 쌍백호를 끼고 있는 사주로 부부관계에 더 나쁘다.

    이혼한 壬午년의 운기 영향은 다음과 같다.

① 운에서 오는 천간의 壬은 일의 동기가 되는데, 丁壬합의 오운(五運)으로 오는 丁이 丁癸충이 되어 남편을 생조할 수 있는 재성을 깨뜨려 버린다.

② 壬午년이 되면 庚申연주가 공망이 되어 부모궁이 공망이 되므로 부

모와 갈등이 있다.

③ 지지 午는 일의 결과가 되는데, 남편궁인 월지 子를 子午충으로 깨버려서 남편의 자리를 흔들어버린다. 혹시 육기(六氣)인 子를 끌고 오는 것을 기대할 수도 있지만, 이미 팔자에 子가 있는 전실(塡實)이 되므로 기대할 수 없다.

	시	일	월	연 (坤命)
	丙	戊	乙	戊
	辰	戌	丑	午

戊	己	庚	辛	壬	癸	甲
午	未	申	酉	戌	亥	子

이 여성은 부부관계를 보면 乙木 남편성이 丑월 동토(凍土)에 있고, 乙木 주변이 온통 土 천지로 土가 상외(相畏)를 하여 무력하다. 또한 丑 중 癸水에 뿌리를 내리려 하지만 辛金이 장간에 있어 乙木의 자리로 마땅하지 않고, 辰 중 乙木의 원군은 일지 戌 중 辛金에 충을 당하여 투출한 乙木을 도울 형편이 못 되므로 고립무원의 상태다.

운의 흐름을 보면 초반 癸亥와 壬戌운은 乙木을 도와 남편성이 빛을 발하지만, 辛酉운에 들어서 관살을 乙辛충하고 酉丑합하여 식상이 강해져 음란하고 천하며 즐겨 바람을 피웠던 여성이다.

[사주 출처 『적천수(適天髓)』]

시	일	월	연 (坤命)
己	戊	己	庚
未	申	丑	申

壬	癸	甲	乙	丙	丁	戊
午	未	申	酉	戌	亥	子

성격적인 특성 중심으로 사주를 살펴보자. 팔자의 심리론으로 볼 때 일간 戊土는 편인의 심리를 가지고 있다. 그리고 일지 申金의 지장간 비율을 보면 식신 庚金이 가장 강하고 壬편재, 戊비견, 己겁재가 섞여 있다. 이렇게 일지에 있는 지장간의 육친을 참조하여 명주의 성격을 보면, 남과 어울리는 것과 간섭을 싫어하고 혼자 있는 것을 좋아하며, 직감적으로 알아서 표현하는 일이나 사물의 본질을 생각하고 연구하고 전문화하는 데 뛰어나며, 합리적으로 분석하고 표현하지만 신비한 일이나 종교에 관심이 많다.

그러나 이러한 일주의 특성에도 불구하고 사주 전체의 생극 흐름이 식상에 몰려 있고 식상기운이 강하므로, 왕자편화(旺者偏化) 원칙에 따라 상관과 비겁이 명주의 성격을 대표한다. 즉, 고집이 강하고 상관이 주도하는 성격이다.

상관의 성격적 특성은 수용성이 강한 인수와는 달리 외부 지향적이고, 식상을 설기하는 육친이 되며 일간과 음양이 달라 표현력이 뛰어나다. 따라서 유행에 민감하고 다른 사람을 너무 의식하는 기질이 있다. 또한 상관은 인내, 헌신, 명예를 주도하는 정관을 치는 박관살(剝官殺)의 역할을 하므로 제도와 규율에 대항하는 심성도 강하다.

한편 구조적으로는 일시가 己←戊, 未→申으로 선전(旋轉)이 되어 있다. 이렇게 일시의 위아래 흐름이 다를 때는 약물이나 알코올중독, 의부증이나 의처증, 심인성 질환 등이 나타나기 쉽다.

　이런 성격적 특성을 가진 명주에게 2000년 庚辰년에는 상관의 특성이 더욱 강하게 나타난다. 명주는 2000년에 대학을 휴학하고, 성형수술에 실패한 후 두 번 재수술을 받았다. 이 영향으로 폭식증이 되어 먹고 토하는 일을 반복하며 체중이 10kg 정도 늘었다.

4. 己土의 월별 용신

■ 인월기토(寅月己土)

> **주용신**　丙
>
> 丑월의 기운이 남아 있으므로 언 논밭에 있는 초목이다. 丙火정인으로 조후한다.

【원문】

正月己土 田園猶凍 蓋因臘氣未除 餘寒未退 故丙爲尊 得丙照
정월기토 전원유동 개인랍기미제 여한미퇴 고병위존 득병조

暖 萬物自生 忌見壬水 反爲己病 何也 壬乃江湖之水 湖水一
난 만물자생 기견임수 반위기병 하야 임내강호지수 호수일

發 則田園洗蕩 變爲沙土 而根苗盡沒矣 須戊作堤 以保園圃
발 즉전원세탕 변위사토 이근묘진몰의 수무작제 이보원포

壬多要見戊制 有戊出干者 定主玉堂金馬 若乏制戊 必屬平常
임다요견무제 유무출간자 정주옥당금마 약핍제무 필속평상

【해설】　　　　인월기토는 丑월의 찬 기운이 남아 있다. 아직 논밭이 얼어 있으므로 丙火정인을 중히 쓰며, 己土가 丙火를 얻어 따뜻해지면 만물이 생한다. 인월기토는 壬水정재를 꺼리는데, 이는 壬水인 물이 己土일간의 병이 되기 때문이다. 壬水가 오는 것은 강과 호수의 물이 오는 것으로, 己土일간인 논밭이 진흙이 되어버려 자라나는 생물의 뿌리와 싹이 썩는다. 이 경우에는 戊土겁재가 제방이 되어 논밭을 보호해야 한다. 즉, 壬水가 많으면 戊土로 제극해야 하며, 戊土가 투출하는 경우 한림원(翰林院)에 있을 정도로 귀하다. 그러나 戊土의 제극이 부족하면 평범하다.

【원문】

或一派甲木 有庚出干 加以癸丙齊透 配得中和 亦名利雙全

혹 일 파 갑 목　유 경 출 간　가 이 계 병 제 투　배 득 중 화　역 명 리 쌍 전

【해설】　　　　인월기토에 한 무리의 甲木정관이 있고 천간에 庚金과 함께 癸水와 丙火도 투출하면 팔자 배합이 중화를 이루어 부귀하다.

【원문】

卽丙生寅月 庚透天干 亦有俊秀

즉 병 생 인 월　경 투 천 간　역 유 준 수

【해설】　　　　인월기토에 丙火정인이 있고 천간에 庚金상관이 투출한 경우 역시 귀하다.

【원문】

若甲多無庚 殘疾廢人 宜用丁洩

약 갑 다 무 경   잔 질 폐 인   의 용 정 설

【해설】　　　甲木정관은 많은데 庚金상관의 제극이 없으면 질병이 많고 폐인이 되므로, 甲木을 丁火로 설기한다.

【원문】

或一派火 卽不見水無碍 何也 正月己土寒溼 必丙燥暖 反主厚

혹 일 파 화   즉 불 견 수 무 애   하 야   정 월 기 토 한 습   필 병 조 난   반 주 후

祿 加一癸透 科甲自然 戊透 反作常人

록   가 일 계 투   과 갑 자 연   무 투   반 작 상 인

【해설】　　　인월기토에 火인수가 있는 경우 이를 꺼주는 水재성을 보지 못해도 장애는 없다. 인월기토는 차고 축축하므로 丙火로 건조시키고 따스하게만 해도 많은 봉록(俸祿)이 있기 때문이다. 여기에 癸水가 투출하면 과거 급제한다. 그러나 이 경우에 戊土가 투출하면 戊癸합으로 기반(羈絆)이 되어 평범한 사람이 될 뿐이다.

【원문】

或一派戊土 有甲出制 又主榮顯 如見乙出 雖多不能疏土 且乙

혹 일 파 무 토   유 갑 출 제   우 주 영 현   여 견 을 출   수 다 불 능 소 토   차 을

多者奸詐小人

다 자 간 사 소 인

【해설】　　　　인월기토에 戊土기운이 강하고, 甲木이 투출하여 이를 제극하면 영화가 있고 발전한다. 그러나 甲木 대신에 乙木칠살이 투출하면 약한 나무가 소토(疏土)를 할 수 없으므로, 乙木이 많은 경우 간사한 소인이다.

【원문】

用丙者 木妻火子
용 병 자　목 처 화 자

【해설】　　　　인월기토에 丙火를 용신으로 하는 경우 木이 처이고 火가 자식이 된다.

인월기토 해설

시	일	월	연 (乾命)
丙	己	甲	戊
寅	卯	寅	寅

辛	庚	己	戊	丁	丙	乙
酉	申	未	午	巳	辰	卯

이 사주는 다음과 같이 3가지 시각으로 볼 수 있다.

① 종살격(從殺格) : 인월기토가 지지 寅卯辰 木관살국이므로 己土가 스스로를 버리고 관살에 종하는 사주로 볼 수 있다. 그러나 시간 丙火가 있어서 종은 안 된다.

② 합화격(合化格) : 甲己합하여 土가 되는 합화격(合化格. p.95 참조)으로 볼 수 있는데, 이는 화기오행인 土를 극하는 木이 많으므로 문제가 있다.

③ 관인상생(官印相生) : 寅월에 寅시로 기식상통(氣息相通)하여 시간 丙火가 힘을 받으므로 관인상생을 이룬다고 볼 수 있다. 기식상통이란 살인상정(殺印相停)이나 살인상생(殺印相生)이 되는 것으로, 서로 상극하는 것이 기가 통하여 일주를 극하는 경우를 가리키기도 한다. 팔자의 각 글자는 여러 가지 방법으로 일주를 도울 수 있는데, 단 서로 소통이 되어야 도울 수 있다는 개념이다.

위와 같은 관인상생의 흐름, 인월기토는 丙火를 떠나서 생각할 수 없다는 조후 원칙, 신약사주 등을 고려하면 용신은 丙火가 된다. 丙火를 쓸 때 나무가 많아서 불이 너무 왕성해지는 치화(熾火) 상태를 염려할 수 있으나 이는 강한 木에 강한 火를 사용할 경우이다. 이 사주는 불이 약해 오히려 불이 묻히게 되는 회화(晦火)로 볼 수도 있으므로 문제가 안 된다.

이번에는 용신 丙火를 중심으로 운의 흐름을 살펴보자. 丁巳운은 약한 불을 살려주어 발전하였고, 戊午운의 午운에는 천지의 공방을 위탁 경영하여 재물을 쌓았다. 己土운에는 사업에 문제가 있었으나 큰 화는 없었고, 庚申운은 불길해 보이지만 木이 강하고 火가 약한 목왕화약(木旺火弱)의 사주 구조에서 벽갑인화(劈甲引火)[주]를 이루어 문제가 없었다.[사주 출처 『사주첩경(四柱捷徑)』]

한편, 위 사주를 壬子, 壬午, 戊子, 戊午, 己卯, 己酉, 乙卯, 乙酉, 辛卯, 辛酉일생은 구추방해살(九醜妨害殺)에 해당되어 이성관계가 문란하고 잦은 연애사로 가정 풍파가 있음을 암시하며, 무재사주(無財四柱)가 중년에 비겁운으로 흐르는 것을 강조하여 파격(破格)으로 해석하는 사람도 있다. 그러나 팔자를 볼 때는 전체적인 시각으로 큰 흐름을 보고, 다음에 작은 줄기를 잡는 것이 순서이므로 이 방법은 문제가 있다.

```
         시   일   월   연 (乾命)
         己   己   庚   丙
         巳   酉   寅   申


      丁  丙  乙  甲  癸  壬  辛
      酉  申  未  午  巳  辰  卯
```

인월기토에 丙火가 있고 庚金이 투출하면 귀하다는 원문의 용신 원칙을 바탕으로 위 사주를 살펴보자. 지지에 巳酉丑과 申酉戌이 겹쳐 있어 金식상이 강하고, 월간에 庚金이 투출하여 일간의 설기가 심한 신약사주이다. 신약하고 寅월에 아직 한기가 남아 있으므로 丙火를 우선한다. 이 사주는 寅월에 丙火가 투출하였으나 구조를 자세히 보면 용신 丙火나 이를 생하는 寅木에 문제가 있다.

월령 寅木은 좌우에 金이 있고 위에서 庚金이 누르고 있어서 火를 이끄는 역할을 하기 힘들고, 연간 丙火는 寅木의 생조가 없고 아래와 옆이 金으로 화금상전(火金相戰)이 되므로 용신 역할을 하기 힘들다. 즉, 신약하고 희용신이 무력하므로 크게 발전하기 어렵다. 이런 희용신의 상황에서 2004년(乙未운, 甲申년)의 상황은 어떤지 살펴보자.

乙未운 甲申년 중 乙운은 연간 庚金과 乙庚金이 되어 기신(忌神)으로 바뀌었다. 해[年]의 甲木은 별다른 흉이 없으나 申金은 팔자를 더욱 신약하게 하여, 운과 해가 기신의 기운을 강하게 하는 특징이 있는 해다. 실제로 직장생활을 하며 평범하게 생활하다가 2004년에 주식투자로 7000만 원의 빚을 지고 집을 처분할 처지가 되었다.

이 사람이 주식투자나 도박에 어울리지 않는 점은 심리적인 면에서도 찾을 수 있다. 己土는 정인의 속성이 있고 酉金 속의 지장간이 식상이며,

팔자의 전체 구조가 식상으로 몰리는 형세다.

이로 인해 명주는 지혜가 있고 총명하여 새로운 것을 이해하고 수용하는 데 탁월하며, 직관을 바탕으로 표현하고 창작하는 일도 잘하지만 동정심이 있어 주는 것을 좋아하고, 순간 판단과 즉흥성이 강해 시작은 잘하지만 끝을 못 맺는 형이다. 즉, 도박을 하는 이로서 총명함은 갖췄지만 집요함이 부족하다.

또한, 식상의 발달로 활동성은 뛰어나지만 재물에 대한 감각과 현실성이 부족하다. 게다가 재성이 없는 무재사주(無財四柱)이고, 장간에 있는 암재(暗財) 壬水도 丙壬충으로 깨져 있어 재물과는 인연이 없다.

㊟ 벽갑인화는 예를 들어 寅월 甲木이 庚金을 만나서 쪼개져 丁火를 돕는 것이다. 인월 정화(寅月丁火)가 왕성한 甲木의 기운을 감당하지 못하는데, 팔자나 운세에서 庚金이 와서 돕는 경우가 하나의 예다. 또한 꼭 이런 경우가 아니라도 사주가 목왕화약(木旺火弱)으로 庚金이 있으면 되며, 사주에 없고 운에서 벽갑인화가 될 수도 있다.

501

② 묘월기토(卯月己土)

주용신 甲 　보조용신 癸丙

甲木과 癸水와 丙火가 있어야 한다. 甲木정관을 사용하여 땅을 헤치고, 癸水편재 물을 취해서 땅을 윤택하게 하며, 丙火정인으로 따뜻하게 한다.

【원문】

二月己土 陽氣漸升 雖禾稼未成 萬物出土 田園未展 先取甲木
이 월 기 토　양 기 점 승　수 화 가 미 성　만 물 출 토　전 원 미 전　선 취 갑 목

疏之 忌合 次取癸水潤之 甲癸出干 定主科甲 加以一丙出透
소지 기합 차취계수윤지 갑계출간 정주과갑 가이일병출투

勢壓百僚 一見壬水 微末官職
세압백료 일견임수 미말관직

【해설】　　　　　묘월기토는 甲木정관과 癸水편재와 丙火정인이 꼭 필
요하다. 양기(陽氣)가 점차 상승하지만 곡식이 익지 않았고, 만물이 나
오는 땅이 아직 열리지 않았다. 먼저 甲木정관을 사용하여 땅을 열어야
하므로 甲木의 소토(疏土)가 필요하다. 이 경우 甲木이 己土와 합이 되
어 역할을 못 하게 되는 것을 꺼리지만, 묘월갑목이 왕성하여 합이 쉽게
안 이뤄진다. 다음은 癸水인 물을 취해 己土인 땅을 윤택하게 한다. 묘
월기토가 천간에 甲木과 癸水가 투출하면 귀하다. 여기에 丙火가 투출
하여 따뜻함을 더해주면 매우 귀하다. 그러나 己土일간이 싫어하는 壬
水를 보면 미관말직 정도의 귀함이다.

【원문】

或見庚制甲 壬水出干 比劫重重 此必俗子 丙透猶有小富 丙藏
혹견경제갑 임수출간 비겁중중 차필속자 병투유유소부 병장

衣祿無虧
의록무휴

【해설】　　　　　己土일간을 소토하는 甲木정관을 庚金상관이 제극하
고 壬水편재가 천간에 투출하면 상관생재(傷官生財)가 되지만, 己土가
너무 습해져서 흉하다. 여기에 土비겁이 또 나타나면 보통 명이다. 丙火
가 투출하여 壬水를 충하고 습함을 해결하면 약간의 재물은 가질 수 있
다. 그러나 丙火가 장간에만 있으면 의식과 봉록이 점차 없어진다.

或支成木局 庚透富貴 若柱多乙木 乙又屈庚 庚必輸情於乙 不
혹지성목국 경투부귀 약주다을목 을우굴경 경필수정어을 불

能掃邪於正 此必狡詐之徒 運入東南 恐有不測 當用丁洩之 有
능소사어정 차필교사지도 운입동남 공유불측 당용정설지 유

丁者 小人而已 不致無良
정자 소인이이 불치무량

【해설】   지지가 木관살국으로 관살의 기운이 강하고, 庚金상관
이 천간에 투출하여 관살의 기운을 조정하면 부귀하다. 그러나 사주에
乙庚金하는 乙木이 있어 庚金을 합으로 기반(羈絆)하는 경우, 庚金이 乙
木에 정을 주고 木관살을 제극하지 않으므로 강한 관살의 기운을 바로
잡을 수 없다. 그러면 교활하고 삿된 무리가 된다. 동남의 木火운으로
흐르면 예측할 수 없는 액이 있다. 이렇게 乙庚金이 되는 경우에는 庚金
으로 지지 木관살국을 제극하는 것보다 丁火편인으로 木기운을 자연스
럽게 설기하는 것이 좋다. 그러나 丁火는 丙火보다 역량이 떨어지므로
소인이며, 불량한 인물이 된다.

【원문】

無比印 從殺者貴 若柱中無甲丙癸者 皆下格 妻子用神仝前
무비인 종살자귀 약주중무갑병계자 개하격 처자용신동전

【해설】   卯월은 지지가 木관살국인 경우 木기운이 강하므로 인
수와 비겁이 없으면 종살격(從殺格)이 되어 귀한 사주이다. 만약 묘월기
토에 甲木정관과 癸水편재, 丙火정인이 없으면 하격이다. 용신에 따라
처자(妻子)를 보는 것은 인월기토(寅月己土)와 같다.

503

십간의 월별 주용신과 보조용신

【원문】

庚金隔位 乙難合庚 羣邪自伏 撫軍
경금격위 을난합경 군사자복 무군

	시	일	월	연(乾命)
	庚	己	乙	癸
	午	巳	卯	卯

戊	己	庚	辛	壬	癸	甲
申	酉	戌	亥	子	丑	寅

【해설】　　　　지지에 午火건록(建祿)이 있고, 巳午火가 일간을 도와 신왕하며 木관살도 강하다. 신강살왕(身强殺旺)하므로 살(殺)이 권위나 권세 등으로 변한다. 단, 칠살이 강하므로 투출한 庚金으로 조절할 필요가 있는데, 庚金이 乙木과 떨어져 있어 乙庚金이 되지 않는다. 庚金이 득지하는 申酉戌운에 크게 발전하여 무군(撫軍)이 되었다.

【원문】

偏官格 巳丑會局 庚不合乙制殺 壯元
편관격 사축회국 경불합을제살 장원

시 일 월 연(乾命)

乙 己 乙 癸

丑 巳 卯 卯

戊 己 庚 辛 壬 癸 甲
申 酉 戌 亥 子 丑 寅

【해설】 묘월기토에 乙木이 투출하여 편관격(偏官格)이다. 巳 중 丙火가 살인상생하고, 巳酉丑 金식상국에서 힘을 받는 암장된 庚金 이 乙木칠살과 합하지 않고 제극한다. 대운 金에 용신 庚金이 득지하여 장원(壯元)하였다.

묘월기토 해설

시 일 월 연(乾命)

丁 己 乙 癸

卯 未 卯 亥

戊 己 庚 辛 壬 癸 甲
申 酉 戌 亥 子 丑 寅

일간 己土는 일지 未土의 장간인 丁火와 己土, 그리고 시간 丁火의 도 움을 받는다. 그러나 일지는 亥卯未 관살국이 되고, 시간 丁火는 연간 癸 水와 丁癸충이 된다. 결국, 일간은 丁과 己의 생조(生助)를 포기하고 종

살하는 가종격(假從格)[㈜]이 된다.

운의 흐름을 보면 초반의 水木재관운은 가종(假從)하는 운을 만나서 과거에 급제하고, 관찰사 벼슬에까지 오른다. 戌운은 가종격으로 종을 못 하게 하여 흉하였다. 酉운은 가종하는 木관살을 극하여 대흉의 운세다. 辛金과 庚金운은 금생수(金生水)로 종살을 돕는 재성운이므로 문제가 없다.

이와 같이 가종격이 운에서 진종(眞從)할 수 있는 운을 만나는 경우를 행가진운(行假眞運)이라 하여 발전하는 운으로 본다.[사주 출처 『적천수(適天髓)』]

시	일	월	연 (乾命)
辛	己	乙	癸
未	卯	卯	卯

戊	己	庚	辛	壬	癸	甲
申	酉	戌	亥	子	丑	寅

묘월기토가 지지에서 亥卯未 木관살국을 이루어 관살이 강하다. 마침 辛金이 시간에 투출하여 관살의 기운을 조절하므로 좋다. 자식인 식상이 일간인 어미를 구하는 아능생모(兒能生母)의 역할을 하는 경우이다. 시간에 관살을 조절하는 辛金식신이 있다. 식상이 강하면 박관살(剝官殺)의 영향이 있다고 하지만, 위 사주와 같이 지지가 관살국이 되어 관살이 강하고 이를 식상이 조절하는 경우에는 귀하게 본다. 다만, 시간의 辛金이 丁火를 품고 있으며 조토(燥土)인 未土 위에 있어 金을 생하는 힘이 떨어지는 것이 염려되는데, 연간 癸水가 土를 자윤(滋潤)하므로 이

문제가 해결된다. 명주는 어린 나이인 辛酉년에 향시(鄕試)에 합격하여, 金기운이 강해지는 庚戌운에 지방 장관이 되었다. [사주 출처『사주첩경(四柱捷徑)』]

㊤ **가종격**　종격(從格)에는 진종격(眞從格)과 가종격이 있다. 진종은 진짜로 종하는 것, 가종은 가짜로 종하는 것이지만 종하는 것은 같다.

진종은 일간이 월의 도움이 없는 실령(失令) 상태로, 일간을 돕는 인수와 비겁이 전혀 역할을 못 해서 강한 식상, 재성, 관살의 세력에 완전히 따르는 상태다. 가종은 실령 상태로 인수와 비겁이 있으나, 인비가 재성이나 관살에게 제극되어 역할을 못 할 때 일간이 인비의 도움을 포기하고 할 수 없이 재관에 따르는 상태다. 대개 인비가 천간에 있지만 뿌리가 없어서 무력한 경우에 가종 현상이 일어난다.

일부에서는 가종의 개념을 없애고 신약사주로 보는 것이 맞다고 주장하지만, 위 사주에서와 같이 행가진운(行假眞運)의 특성이 있으므로 격을 볼 때 주의한다.

卯月己土

（묘월기토
상담사례）

남편이 5년 안에 죽는다

아침 나절 텃밭에서 배추에 물을 주고 있는데 약속하신 분이 들어섰다. 중년부인으로 평촌에서 무거운 몸과 마음을 이끌고 왔다는데, 말과는 달리 얼굴이 화사해서 큰 고민을 가지고 왔다는 것이 실감이 안 났다. 그런데 자리에 앉자마자 눈물을 그렁거리며 남편이 5년 안에 죽을 운인지 봐달라는 것이었다.

남편이 무슨 불치병에라도 걸렸는지 묻자, 자신의 팔자에서 남편을 뜻하는 글자가 5년 안에 죽는다는 이야기를 들었다고 한다. 이 말을 듣고 황당해서 며칠을 울며 보냈는데, 진짜 그런 기운이 있는지 자세하게 봐달라는 것이었다.

시	일	월	연 (坤命)
甲	己	己	庚
子	未	卯	子

壬	癸	甲	乙	丙	丁	戊
申	酉	戌	亥	子	丑	寅

팔자의 남편인 시는 남편궁 월지에 남편별이 자리하고 있다. 조왕(助旺)해서 힘 있게 반짝이는 별이다. 또, 시간에 甲木정관이 투출하여 남편의 기운이 희미해질 이유가 전혀 없다. 자신의 중년 운세도 남편별을 빛내주는 방향으로 흘러가므로 운세에서도 남편이 요절할 기운은 없다.

혹시 시(時)에 드러난 남편인 명부(明夫) 甲木이 있고, 卯木과 未土에 암부(暗夫)가 있어 관살혼잡(官殺混雜)의 영향으로 흉하지 않을까 생각할 수 있지만, 자신의 운기 점수가 높고 뿌리가 튼튼한 신왕사주의 관살혼잡이므로 크게 염려하지 않아도 된다. 즉, 남편이 요절할 기운은 없다.

이렇게 보이는 대로 이야기하자 더욱 황당한 이야기를 하였다. 잘 알려진 유명한 도사님에게 상담하였는데, 자신에게 남편을 뜻하는 글자가 3개 있고 관고(官庫)를 깔고 있어 5년 안에 남편이 요절하며, 이를 피할 방법은 5년 안에 세 명의 남자와 바람을 피워야 한다며 친절하게 바람피우는 방법까지 알려주었다는 것이다.

유명한 도사님이 한 말이라니 정말 그런 기운이 있는지 살펴보겠는데, 남편이 이런 이유로 요절한다면 그럼 관살혼잡이며 관고를 깔고 있고 乙丑, 丙辰, 己未일에 태어난 여자들은 모두 남편이 요절한다는 말인가? 말도 안 된다. 그리고 진짜 남편을 뜻하는 글자가 세 명이 있고, 남편의 창고이며 무덤인 관고 위에 앉아 있다고 해도 남편에게 더 집중을 해야지 어떻게 바람을 피우고 남의 남자를 끌어들여 관고를 열어줘야 액땜이 된다고 할 수 있는가? 돌팔이 처방도 아니고. 도저히 있을 수 없다고 몇 번을 확인해주고, 남편이 요절하지 않는 이유를 조목조목 설명해주는 것으로 상담을 끝냈다.

3 진월기토(辰月己土)

주용신 丙   보조용신 癸甲

곡식을 가꾸는 시기에 있다. 丙火정인으로 먼저 흙을 따뜻하게 하고, 癸水편재
로 흙을 윤택하게 하며, 甲木정관을 써서 水火를 소통시킨다.

【원문】

三月己土 正栽培禾稼之時 先丙後癸 土暖而潤 隨用甲疏 三者
삼월기토 정재배화가지시 선병후계 토난이윤 수용갑소 삼자

俱透天干 必官居黃閣 或三者透一 科甲定然 但要得地 却以庚
구투천간 필관거황각 혹삼자투일 과갑정연 단요득지 각이경

金爲病
금위병

509

【해설】
진월기토는 곡식을 가꾸는 시기이므로 먼저 丙火정인
을 써서 흙을 따뜻하게 하고, 癸水편재를 써서 흙을 윤택하게 한다. 그리
고 甲木정관을 써서 水火를 소통시킨다.

이와 같이 천간에 丙火와 癸水와 甲木이 모두 투출하면 귀함이 재상
(宰相)에 이른다. 만약 3개 중 2개는 숨어 있고 1개가 투출해도 귀하게
된다. 단, 투출한 것이 장생(長生)이나 녹왕(祿旺)의 자리에 앉아 득지
(得地)하여야 하며, 庚金상관을 써서 설기하는 경우에는 己土의 병이 될
뿐이다.

3
십간의 월별 주용신과 보조용신

或有丙甲無癸 亦可致富 但不貴顯 或有癸而無甲丙 亦有衣衿
혹유병갑무계　역가치부　단불귀현　혹유계이무갑병　역유의금

或有丙癸無甲 亦係才人 丙癸全無 流俗之輩
혹유병계무갑　역계재인　병계전무　유속지배

【해설】　　　　丙火정인과 甲木정관은 있으나 癸水편재가 없으면 부
자는 되지만 귀하지 않고, 癸水는 있으나 丙火와 甲木이 없으면 학생은
된다. 또한 丙火와 癸水는 있으나 甲木이 없으면 재주를 쓰는 사람이다.
丙火와 癸水가 모두 없으면 甲木이 있어도 홀로된 甲木을 쓸 수 없으므
로 떠도는 평범한 명이다.

【원문】

或一片乙木 無金制伏 貧而且夭也 妻子仝前
혹일편을목　무금제복　빈이차요야　처자동전

【해설】　　　　진월기토에 乙木칠살이 있는 경우 金식상이 제극하지
않으면 가난하거나 요절한다.^{주)} 용신에 따라 처자를 보는 것은 묘월기토
(卯月己土)와 같다.

주) 칠살을 화살(化殺)하는 것은 반드시 식상이 아니다. 진월기토에서 가장 중요한 용신
　　으로 보는 丙火로도 충분히 화살이 되기 때문에, 원문에서 칠살이 1개 있는 경우 식
　　상의 제극이 없다고 가난하거나 요절한다고 본 것은 오류이다.

【원문】

丙甲癸全 殺旺身强 一品
병갑계전　살왕신강　일품

<table>
<tr><td>시</td><td>일</td><td>월</td><td>연(乾命)</td></tr>
<tr><td>丙</td><td>己</td><td>甲</td><td>壬</td></tr>
<tr><td>寅</td><td>卯</td><td>辰</td><td>子</td></tr>
</table>

辛	庚	己	戊	丁	丙	乙
亥	戌	酉	申	未	午	巳

【해설】　　　　진월기토를 조후하는 丙火, 자윤하는 癸水, 이를 소통하는 甲木이 모두 있다. 甲木칠살도 강하고 己土일간도 신강한데, 투출한 丙火가 화살(化殺)하여 중화를 이루어 일품 벼슬을 하였다.

【원문】

身旺任才 富翁
신 왕 임 재 　 부 옹

<table>
<tr><td>시</td><td>일</td><td>월</td><td>연(乾命)</td></tr>
<tr><td>甲</td><td>己</td><td>壬</td><td>辛</td></tr>
<tr><td>子</td><td>巳</td><td>辰</td><td>未</td></tr>
</table>

乙	丙	丁	戊	己	庚	辛
酉	戌	亥	子	丑	寅	卯

【해설】　　　　己土일간이 신왕하고, 연간 辛金이 월령에 뿌리가 있는 壬水재성을 생조하므로 상관생재(傷官生財)가 된다. 신왕하여 재성

을 감당할 수 있으므로 부자가 되었다. 진월기토에 필요한 丙火, 癸水, 甲木을 모두 갖춘 사주로, 투출한 辛金상관이 재성을 생하고 관살을 극하여 부(富)는 이루었지만 귀하지는 못했다.

【원문】

雜氣才官格 壯元
잡 기 재 관 격 장 원

시	일	월	연 (乾命)
壬	己	甲	壬
申	卯	辰	子

辛	庚	己	戊	丁	丙	乙
亥	戌	酉	申	未	午	巳

【해설】　　　　잡기재관격(雜氣財官格)[주]으로 월간의 甲木정관을 재성이 생하고 己土일간이 신왕하여 귀하다. 그러나 丙火가 투출하지 않아 己土일간의 한습을 해결하지 못해서 장원에 그쳤다.

[주] 잡기재관격은 辰戌丑未인 월지 지장간에 재성, 관살, 인수가 모두 있고 천간에 지장간이 투출하지 않은 경우이다. 이 격은 신왕을 좋아하고 운에서 재관인을 보면 좋아한다. 따라서 위 사주는 辰월이지만 인수에 해당하는 丙丁이 없으므로 엄격히 따지면 잡기재관에 해당하지 않는다

<table>
<tr><td>시</td><td>일</td><td>월</td><td>연 (乾命)</td></tr>
<tr><td>丙</td><td>己</td><td>丙</td><td>戊</td></tr>
<tr><td>寅</td><td>卯</td><td>辰</td><td>寅</td></tr>
</table>

癸 壬 辛 庚 己 戊 丁
亥 戌 酉 申 未 午 巳

　조후하는 丙火가 투출하고 辰 중 癸水편재, 寅 중 甲木정관이 있어서 진월기토가 쓸 기운이 모두 온전하므로 발전의 기틀이 마련되었다고 볼 수도 있다. 그러나 지지가 寅卯辰 木관살국으로 관살의 기운이 강하므로 화살(化殺)이 시급하다. 화살에는 인수를 쓰는 방법과 식상으로 관살을 누르는 방법 두 가지가 있다. 마침 일간 己土의 양 옆에 丙火정인이 있어 용신으로 삼는다.

　중년의 庚申과 辛酉운은 관살을 제극하는 식상운으로 재성을 생하여 수십만 금의 재물을 벌었다. 壬戌과 癸亥운은 팔자의 기신인 관살을 부추겨서 망하여 다시 일어서지 못하였다. 만약 팔자에 丙火가 없었으면 중년의 재물도 없었고, 식상과 관살이 겹치므로 극설교집(剋洩交集)으로 큰 재난과 액이 있었을 것이다.[사주 출처 『자평진전평주(子平眞詮評註)』]

시	일	월	연 (坤命)
己	己	壬	丙
巳	亥	辰	午

乙	丙	丁	戊	己	庚	辛
酉	戌	亥	子	丑	寅	卯

진월기토의 팔자에 필요한 丙火, 癸水, 甲木은 곡식을 기르기 위한 요소들이다. 丙火는 태양빛으로, 癸水는 땅을 적시는 물로, 甲木은 丙火와 癸水의 수화상충(水火相沖)을 막는 한편 소토(疏土)를 하는 데 그 역할이 있다.

위 사주는 火土인비가 강하므로 신왕한 사주임에 틀림없다. 비록 원문에서 진월기토에 庚金을 쓰면 己土의 병이 된다고 꺼리지만, 신왕한 경우 억부 원칙에 따라 金水木인 식상과 재성과 관살을 벗어날 수 없다. 용신으로 할 수 있는 金水木을 하나씩 살펴보자.

① 金식상 : 巳 中 庚金 외에는 투출한 것이 없으며, 자리를 잡은 지지가 巳亥충이 되고 살지(殺地)라서 문제다.

② 水재성 : 천간에 壬水가 투출하였으나 丙壬충이 되고, 뿌리가 될 수 있는 辰 中 癸水는 연지 午火와 丁癸충이 되어 건강치 못하다. 일지 亥水에 뿌리를 내리려고 해도 巳亥충으로 흔들리므로 이 또한 용신이 되기에는 부족하다.

③ 木관살 : 火인수가 강하여 관인상생(官印相生)의 우려가 있으므로 木을 용신으로 삼기 껄끄러우며, 장간에만 있는 것도 아쉽다.

결국 金水木 모두 용신으로 삼기에는 부족한 면이 있다. 이 중 투출해 있고, 火土의 조열함과 신왕함을 그나마 해결할 수 있는 월간 壬水를 용신으로 삼는다.

운이 1997년 11월 15일부터 戊子운이 되고, 이어서 丁亥운이 되므로 물맛은 있는 운이지만, 대운의 천간이 火土로 개두(蓋頭)되고 수화상충이 되어 갈증을 충분히 해결해주지는 못한다.

명주는 아들에게 이혼하라고 자살시위를 하며 위협하는 시어머니, 우유부단한 남편과의 갈등으로 2004년에 이혼을 계획하고 있었다. 희용신이 무력하고 앞으로의 운의 흐름이 흉하여 이혼 후에 홀로서기가 어려우므로 이혼을 만류하였다. 그러나 부부관계를 계속한다고 해도 2007년부터 시작되는 丁亥운은 용신 壬水를 기반하고, 亥水는 巳亥충이 되어 부부 파경의 흉이 예상된다.

④ 삼하기토(三夏己土)

515

주용신 癸	보조용신 丙辛

잡기재관(雜氣財官)의 시기로 곡식이 밭에 있다. 癸水편재를 취하여 마른 땅을 적시고, 丙火정인으로 햇볕을 쬐어 곡식이 자라게 하며, 辛金상관으로 癸水를 보좌한다.

【원문】

三夏己土 雜氣才官 禾稼在田 最喜甘沛 取癸爲要 次用丙火
삼 하 기 토   잡 기 재 관   화 가 재 전   최 희 감 패   취 계 위 요   차 용 병 화

夏無太陽 禾稼不長 故無癸日旱田 無丙日孤陰
하 무 태 양   화 가 부 장   고 무 계 왈 한 전   무 병 왈 고 음

【해설】　　　　여름 己土는 잡기재관의 달로 곡식이 밭에 있다. 하늘에서 내리는 비를 가장 기뻐하므로 癸水편재를 취하는 것이 가장 좋다. 다음으로 햇볕인 丙火정인을 사용한다. 여름에 비와 태양이 없으면 곡식이 자라지 못하므로 癸水가 없는 己土는 메마른 밭이고, 丙火가 없는 己土는 양기가 없는 음지로 곡식이 자라지 못한다.

【원문】

或丙癸兩透 又加辛金生癸 此富貴之格 名水火旣濟 鼎甲之人
혹 병 계 량 투　우 가 신 금 생 계　차 부 귀 지 격　명 수 화 기 제　정 갑 지 인

却忌戊癸化合
각 기 무 계 화 합

【해설】　　　　여름 己土에 丙火와 癸水가 투출하고 辛金이 癸水를 생하면 부귀하는 격이다. 이런 격은 수화기제(水火旣濟)를 이룬 것으로, 일간이 왕성하고 식신생재(食神生財. p.113 참조)를 이루므로 뛰어난 사람이 된다. 그러나 戊가 있어서 癸水를 합하면 용신을 합하는 것이므로 꺼린다.

【원문】

或有丙無癸 有壬亦可 但不大發
혹 유 병 무 계　유 임 역 가　단 부 대 발

【해설】　　　　丙火는 있는데 癸水가 없는 경우 대신 壬水가 있어도 괜찮지만 크게 발전하기는 힘들다.

窮
通
寶
鑑

【원문】

或一派丙火烈土 加以丁火制辛 癸水無根 如七八月之間旱 則
혹일파병화렬토 가이정화제신 계수무근 여칠팔월지간한 즉

苗槁矣 此命孤苦零丁 或有甲木 又見丙火重重 無滴水解炎 亦
묘고의 차명고고령정 혹유갑목 우견병화중중 무적수해염 역

孤貧到老
고빈도로

【해설】　　　세력이 있는 丙火가 己土를 뜨겁게 하고, 丁火가 辛金
을 제극하면 癸水는 뿌리가 없어진다. 이 경우 7,8월의 가뭄으로 싹이
말라죽는 것과 같으므로 외롭고 고통을 겪는다. 또한 甲木이 있고 丙火
가 많으며 이를 꺼줄 물이 없으면 늙도록 고독하고 가난하다.

【원문】

如有壬水 又見庚辛 此又不作孤看 但恐目疾 心腎肝臟之災 若
여유임수 우견경신 차우부작고간 단공목질 심신간장지재 약

壬水有根 辛金得地 又非此而論 或壬癸並出 破火潤土 此人聰
임수유근 신금득지 우비차이론 혹임계병출 파화윤토 차인총

穎特達 富中取貴 又轉禍爲福也
영특달 부중취귀 우전화위복야

【해설】　　　여름철 己土에 丙丁火가 강해도 壬水가 있고 庚辛金을
보면 고독하지 않지만, 金水가 무력해 눈 질환이 염려되고 심장이나 신
장, 간장에 병이 있다. 그러나 壬水의 뿌리가 있고 辛金이 득지하면 金水
가 세력을 얻어 괜찮다. 만약 壬癸水가 같이 투출하여 火를 깨고 土를 적
시면, 총명하고 발전하며 재물로 귀하게 되고 전화위복이 된다.

用癸者 金妻水子 用丙者 木妻火子
용 계 자 금 처 수 자 용 병 자 목 처 화 자

【해설】　　　여름철 己土가 癸水를 쓰면 金이 처이고 水가 자식이며, 丙火를 쓰면 木이 처이고 火가 자식이다.

【원문】

此命大富 己生初夏 戊己多 得三庚生癸 故妙
차 명 대 부 기 생 초 하 무 기 다 득 삼 경 생 계 고 묘

시	일	월	연(乾命)
戊	己	己	己
辰	巳	巳	巳

壬	癸	甲	乙	丙	丁	戊
戌	亥	子	丑	寅	卯	辰

【해설】　　　큰 부자의 명이다. 己土일간이 巳월에 출생하고 戊己土가 많아서 신왕하다. 巳火 중 庚金이 辰土 중에 있는 癸水를 생하는 것이 좋은 구조이다. 이와 같이 金水기운이 암장(暗藏)에 있고 水재성은 묘고(墓庫)에 있으며, 亥子丑운을 만나 크게 발전하였다.

金多洩土 旱而乏水 專用胎元
금 다 설 토　한 이 핍 수　전 용 태 원

	시	일	월	연 (乾命)
	辛	己	辛	乙
	未	巳	巳	巳

甲	乙	丙	丁	戊	己	庚
戌	亥	子	丑	寅	卯	辰

【해설】　　　　金이 土를 설기하고 물기운이 부족하여 메마르므로 壬
申 태원(胎元)㈜을 쓴다.

㈜ 태원은 태어난 달의 10개월 전으로 수태월(受胎月)을 의미한다. 예를 들어 辛巳월주
　인 경우 태원은 壬申이 된다.
　⑩ 壬申←⑨ 癸酉←⑧ 甲戌←⑦ 乙亥←⑥ 丙子←⑤ 丁丑←④ 戊寅←③ 己卯
　←② 庚辰←① 辛巳
　속간법으로 따질 때는 월간에서 한 칸 앞, 월지에서 세 칸 앞으로 찾는다. 辛에서 한
　칸 앞으로 가면 壬이 되고, 巳월지에서 세 칸 앞으로 가면 申이므로 壬申이 태원이다.
　팔자에 용신이 없는 경우 태원으로 용신을 정하기도 하며, 태원이 일간의 사절(死絕)
　이면 일생이 고독하다고 본다. 또한 오행이 모두 있는 사주를 오행구족격(五行具足
　格)이라고 하는데, 이 때 태원도 참조한다. 오행일순(五行一旬)도 사주의 연월일시뿐
　만 아니라 태원 역시 같은 순에 속해야 한다.

辛生丑宮 不爲旱田 位至方伯
신 생 축 궁 불 위 한 전 위 지 방 백

시	일	월	연(乾命)
庚	己	辛	乙
午	巳	巳	丑

甲	乙	丙	丁	戊	己	庚
戌	亥	子	丑	寅	卯	辰

【해설】   辛金이 습토인 丑 위에 있어서 메마른 밭이 아니므로
방백(方伯) 벼슬을 하였다. 亥子丑운에 발전한다.

【원문】

丙癸俱全 才旺生扶 一品夫人
병 계 구 전 재 왕 생 부 일 품 부 인

시	일	월	연(坤命)
乙	己	癸	丙
亥	亥	巳	申

丙	丁	戊	己	庚	辛	壬
戌	亥	子	丑	寅	卯	辰

【해설】 丙火와 癸水가 투출하고, 왕성한 재성이 亥 중 甲木인 남편을 생하므로 일품(一品) 부인이 되었다.

삼하기토 해설

시	일	월	연(乾命)
己	己	己	己
巳	巳	巳	巳

壬	癸	甲	乙	丙	丁	戊
戌	亥	子	丑	寅	卯	辰

간지가 모두 같은 경우로 봉황지격(鳳凰池格)이며, 간지동체격(干支同體格) 또는 간지일기격(干支一氣格)[주)]이라고도 한다. 이 경우 귀격(貴格)이라고 하지만, 위 사주는 팔자의 구성이 순수하지 않고 편고(偏枯)되어 크게 발전하기 어렵다. 寅卯운에는 왕성한 土를 제극하여 길하고, 亥子丑운에는 巳 중 庚金의 기운을 소통시켜 약간의 재물은 모을 수 있는 사주이다.[사주 출처 『명리약언(命理約言)』]

㈜ **간지일기격** 천원일기격(天元一氣格)과 지진일기격(地辰一氣格)이 합쳐진 말이다. 예를 들어, 연월일시의 천간이 모두 甲이고 지지는 戌인 사갑술(四甲戌) 사주의 경우이다. 이 격의 종류로는 사갑술(四甲戌), 사을유(四乙酉), 사병신(四丙申), 사정미(四丁未), 사무오(四戊午), 사기사(四己巳), 사경진(四庚辰), 사신묘(四辛卯), 사임인(四壬寅), 사계해(四癸亥)가 있다.
간지일기격은 천간과 지지가 하나의 기운으로 모여 맑으므로 부귀하게 보며, 간지 간에 상생이 되면 대길하고 상극이 되면 불길하다. 사경진(四庚辰)의 주익공(周益公)과 진시황(秦始皇) 사주가 그 예다. 그러나 계절과 대운에 따라 각 사주의 길흉 차이가 크다.

```
시   일   월   연(乾命)
戊   己   癸   辛
辰   巳   巳   卯

丙  丁  戊  己  庚  辛  壬
戌  亥  子  丑  寅  卯  辰
```

여름의 己土일간은 여름 밭이다. 밭에 있는 곡식이 자랄 수 있도록 丙
火 햇빛을 쬐어주고 癸水로 물을 공급하며, 辛金이 水를 생하면 귀한 격
이라 한다. 그러나 단지 있는 것에 그치지 않고 이러한 희용신이 각자의
역할을 할 수 있는 역량이 있어야 귀하다.

위 사주를 보면 불기운이 강하고 戊辰시로 일간이 신왕하다. 金水로
설기하여야 하므로 희신은 辛金이 되고, 용신은 癸水가 된다. 그런데 용
신인 癸水가 태지(胎地)에 자리하고 있고 강한 火 위에 있어서 무력하
며, 水를 생하는 辛金도 비록 巳 중 庚金에 뿌리가 있으나 이 또한 태지
에 있어서 충분히 생하기에는 힘이 부족하다. 더욱이 무력한 용신 癸水
를 시간에서 戊癸火로 합하여 기반(羈絆)이 되므로 더욱더 그 역할을 못
한다.

명주는 처와 이혼하고, IMF 후인 1998년 戊寅년에 연대보증으로 인해
사업이 망하여 2007년까지 반 백수 상태로 떠돌이생활을 하고 있는 남성
이다.

```
시   일   월   연 (乾命)
丙   己   庚   己
寅   亥   午   巳


癸  甲  乙  丙  丁  戊  己
亥  子  丑  寅  卯  辰  巳
```

己土는 戊土와 달리 습토이므로 곡식을 심는 논밭의 흙에 비유된다. 이를 위해서는 흙에 물이 있어야 하고, 적당히 햇빛이 있어야 한다. 이것이 癸水와 丙火가 필요한 이유이다. 또한 午월은 火가 강해서 癸水를 생조하는 辛金이 있어야 하므로 팔자에 癸水와 丙火와 辛金이 모두 있는 경우 팔자의 중화를 이루어 부귀하다.

또한 위 사주는 己土를 자윤(滋潤)하는 癸水가 투출하지 않고, 물을 만들 수 있는 庚金은 火 바닥에 있어 水를 생하는 것이 불가능하며, 일지 亥水는 일간으로부터 극을 당하고 寅亥합으로 기반이 되어 水를 생할 수 없다. 그러므로 팔자의 상황이 너무 뜨겁다. 열기를 식혀줄 水재성을 용신으로 하고, 金식상을 희신으로 한다.

명주의 건강면에서는 水가 무력한 경우 신장, 방광, 비뇨기 계통이 약하다. 또한 水가 약한 경우 왕성한 火를 다스릴 수 없으므로 水火의 불균형으로 인한 병에 걸리기 쉽다. 명주는 木대운에 중풍이 있고 성관계를 안 하는데도 정액이 배출되는 증상이 있었으나 甲子와 癸亥의 水운을 만나면서 치료되었다. 또한 이 운에 큰 재물을 모았다.[사주 출처 『적천수(適天髓)』]

십간의 월별 주용신과 보조용신

시	일	월	연 (乾命)
丙	己	庚	甲
寅	酉	午	辰

丁	丙	乙	甲	癸	壬	辛
丑	子	亥	戌	酉	申	未

己土 주변에 불기운이 왕성하지만, 천간에 투출한 庚金의 바탕이 辰土와 酉金이므로 己土의 설기에 문제가 없다. 전체 흐름을 보면 불이 흙을 도와주고, 흙은 쇠를 만들므로 모든 기운이 金식상에 몰려 있다. 사업이나 장사를 하는 데 문제가 없는 사주이다. 단, 팔자에 水재성이 없어서 큰 재물을 모으기는 힘들다.

대운의 흐름을 보면, 24세부터 34세까지의 癸酉운은 쇠기운이 물을 만드는 식신생재(食神生財. p.113 참조)의 기운이다. 바로 돈을 만드는 운으로 한 밑천을 잡는다. 또한 2003년부터는 甲戌운 중 戌의 길을 가는데, 이 운은 팔자의 불기운과 합쳐져 큰 불을 만드는 운이다. 火인수는 공부의 기운이고, 그 기운이 강해지면 정(正)의 편화(偏化) 현상으로 재물의 원천인 식상을 뒤엎는 도식(倒食) 역할을 한다. 그러므로 재물과 반대되는 청빈이나 명예와 관련이 있고, 재물과 관련해서는 손해가 있다.

젊어서 주류도매업에 뛰어들어 순탄하게 사업을 하다가 2002년(甲戌운, 壬午년)에 寅午戌 火인수국을 이뤄 장사가 꼬이기 시작하였고, 다음해인 2003년(癸未년)에 2억 정도 손해를 보았다. 乙亥와 丙子대운에 사업 성공이 예상된다.

시	일	월	연 (乾命)
乙	己	丁	壬
亥	卯	未	寅

甲	癸	壬	辛	庚	己	戊
寅	丑	子	亥	戌	酉	申

미월기토가 연월이 정임합목(丁壬合木)이 되고, 지지가 亥卯未 木관살국이며 乙木이 투출하여 종살격(從殺格)이 되었다. 초년의 申酉戌운은 강한 木기운을 치므로 아름답지 못하고, 이어지는 亥子丑과 寅卯辰운은 종살을 도와 좋은 흐름이다. 己土가 未土 월령을 얻어 종살이 안 된다고 해도 원문에 따르면 세력이 있는 丁火가 있고, 亥水에 뿌리가 있는 壬水가 투출하여 짜임새 있는 팔자 구조이다. 중국의 외교부장이었던 오정방(伍廷芳)의 사주이다.[사주 출처 『자평진전(子平眞詮)』]

시	일	월	연 (坤命)
壬	己	己	癸
申	亥	未	亥

丙	乙	甲	癸	壬	辛	庚
寅	丑	子	亥	戌	酉	申

미월기토가 연간에 癸水가 투출하고 팔자에 물기가 너무 많으니 자윤(滋潤)이 지나쳐 곡식을 기르는 밭이 질척거린다. 水가 강해서 신약하며,

십간의 월별 주용신과 보조용신

미월기토의 양기가 없고 그늘진 상태를 해결할 丙火가 없으므로 未 중 丁火를 용신으로 삼는다. 따라서 金水는 기구신, 木火는 희용신이 된다.

庚申대운인 양력 2001년(辛巳년) 8월에 교통사고가 발생하여, 2002년 2월까지 식물인간 상태인 여성이다. 사고 대운은 구신운이고, 세간(歲干)도 구신이며, 세지(歲支)는 육신의 자리인 일지를 巳亥충하는 운이다. 용신 丁火가 사령하였지만 亥 중 壬水와 암합하여 기반이 되고, 2002년 이후의 대운 흐름도 기구신운인 金水로 흘러 치료가 불가능한 것으로 판단된다.

미월기토
상담사례

노총각 가시방석을 깔다

손바닥만한 텃밭에서 벌레 먹은 겨자채와 상추잎을 따고 있는데 남자분이 약속도 없이 불쑥 들어섰다. 그래도 멀리서 시간을 쪼개 찾아온 사람을 타박할 수도 없어 대충 옷매무새를 고치고 자리에 앉자마자 여자분 생년월일이 적힌 메모지를 내놓았다.

자신은 43세 노총각으로 귀금속 가공업을 하고 있으며, 사업을 키우다보니 결혼 기회를 놓치고 이제 우연히 여자를 만났는데 서로 인연이 되는지 봐달라는 것이었다. 연로하신 부모님과 가족들의 반대가 워낙 거세서 자신도 마음이 흔들리고 있다는 말도 덧붙였다.

두 사람의 궁합을 보니 큰 틀이 아주 비슷해서 끈적끈적한 부부로는 좀 힘들어 보이며, 친구 같고 동지 같은 부부로는 문제가 없어 보인다고 운을 떼자 궁합은 제쳐놓고 사주의 여성이 결혼을 할 수 있는지만 살펴달라고 하였다.

시	일	월	연(坤命)
壬	己	己	戊
申	丑	未	申

壬	癸	甲	乙	丙	丁	戊
子	丑	寅	卯	辰	巳	午

2006년 현재 39세이니 초혼은 아닐 것이다. 일간이 흙기운을 깔고 있고 택(宅)인 월지에서 己土가 투출하여 신왕하므로 일단 고집이 있어 보인다.

궁성론으로 보면 시지의 상관성이 상관궁에 앉아 있어 조왕(助旺)하여 강한 것이 눈에 들어온다. 그러나 시간의 재성은 파성(破星)이 되었고, 연간의 편재궁(偏財宮)에도 겁재가 앉아 파궁(破宮)이 되었다. 일간과 상관이 강하고 재성이 무력한 경우로, 이 경우 상관은 관(官)을 치고 부수는 박관(剝官) 작용밖에 할 게 없다.

아무리 상관지명으로 관(官)인 남편을 쳐도 남편의 글자가 견딜 만하면 부서지지 않으므로 남편의 상황을 보자. 남편의 글자는 未 중 乙木이다. 바로 옆의 丑 중 辛金과 암충이 되어 옆구리가 부서지는 상황이다. 이 형세로는 강한 흙을 파헤칠 수도 없고, 상관이 찔러 오는 것도 견디지 못한다. 더욱 문제가 되는 것은 월인 己未로 진입하면 己丑일주가 공망이 되고, 己丑일주 기준으로 보면 己未가 공망이 되는 쌍공망(雙空亡)의 상황으로 진입이 불가능하다. 즉, 명주 자신이 남편 글자의 흐름에 자연스럽게 다가가지 못한다. 더욱이 己未가 관고(官庫)가 되므로 상황이 더 나빠진다. 기본적으로 부부 관계가 아름답지 못한 팔자이다.

이런 명이 2006년 丙戌년이 되어 태세가 팔자와 결합하면 丑戌未 삼형이 되어 乙木인 남편별이 튀어나온다. 묻혀 있던 남편별이 밖으로 드러나서 잡을 수 있고, 현재 흐르고 있는 대운에서도 이 기운을 받쳐주므로 여자분에게는 소중한 결혼 기회가 될 것이다. 이런 이야기를 하자, 여자분이 2001년에 이혼을 했고 자식도 있으며, 가족들이 이 사실을 알고 왜 이혼녀와 결혼하냐고 난리가 났다며 43세 총각 시장님이 한숨을 푹푹 내쉰다.

5 삼추기토(三秋己土)

| 주용신 | 癸 | 보조용신 | 丙辛甲 |

겉은 비고 안은 채워지며, 찬 기운이 일어나는 때에 있다. 癸水편재로 땅을 윤택하게 하는 한편 金기운을 빼내며, 丙火정인으로 따뜻하게 하고 辛金상관으로 癸水를 보좌하며, 甲木정관으로 흙을 파헤친다.

【원문】

三秋己土 萬物收藏之際 外虛內實 寒氣漸升 須丙火溫之 癸水
삼추기토 만물수장지제 외허내실 한기점승 수병화온지 계수

潤之 不特此也 且癸能洩金 丙能制金 補土精神 則秋生之物咸
윤지 불특차야 차계능설금 병능제금 보토정신 즉추생지물함

茂矣 癸先丙後
무의 계선병후

【해설】　　　　　가을 己土는 만물이 수렴되어 숨는 시기로 겉은 비고 안은 채워지며, 찬 기운이 일어나는 때에 있다. 丙火정인으로 따뜻하게 하고 癸水편재로 윤택하게 한다. 癸水는 가을 金을 직접 설기할 수 있고, 丙火는 가을 金을 제극하여 土를 도울 수 있으므로, 비록 가을의 곡식이라도 봄여름의 곡식같이 무성하다. 가을 己土는 癸水를 먼저 쓰고 丙火를 다음에 쓴다.

【원문】

丙癸兩透 雁塔題名 或無癸 有兩丙透者 異途顯達 或武職權
병계량투　안탑제명　혹무계　유량병투자　이도현달　혹무직권

高 或有丙火 不見壬癸 爲假道斯文 終無誠實 或有壬癸無丙者
고　혹유병화　불견임계　위가도사문　종무성실　혹유임계무병자

衣食充足 才能而已
의식충족　재능이이

【해설】　　　　가을 己土에 丙火정인과 癸水편재가 투출하면 丙癸가
서로 해치지 않고 중화를 이루므로 과거 급제한다. 만약 癸水는 없고 丙
火가 2개 투출한 경우는 다른 방법으로 출세하거나 고위직 무관이 된다.
丙火는 있고 壬癸가 없으면 중화를 잃어 성실하지 않은 가짜 선비와 같
다. 壬癸는 있고 丙火가 없는 경우는 재성을 쓰므로 의식은 충분하지만
재능은 많지 않다.

529

【원문】

或支成金局 癸透有根 此人家畜萬緡 富中取貴^{주)}
혹지성금국　계투유근　차인가축만민　부중취귀

【해설】　　　　지지가 金식상국이고 癸水가 뿌리가 있는 상태로 투출
하면 식신생재격(食神生財格. p.113 참조)이다. 가축으로 많은 밭을 가
는 것처럼 재물로 명예를 얻는다.

─────────────────

㊟ 원문의 부중취귀를 과거 급제가 아닌 다른 방법으로 공명을 얻는 것으로 해석하기도
한다.

십간의 월별 주용신과 보조용신

3

【원문】

或支四庫 甲透者富 乏甲者孤貧 或甲出無癸乏金 積德可全科
혹 지 사 고 갑 투 자 부 핍 갑 자 고 빈 혹 갑 출 무 계 핍 금 적 덕 가 전 과

甲 或會火局 無水救 乃大奸大惡之徒
갑 혹 회 화 국 무 수 구 내 대 간 대 악 지 도

【해설】　　　　가을 己土가 지지에 사고(四庫)인 辰戌丑未가 있고 소
토(疏土)하는 甲木정관이 투출하면 부유하고, 甲木정관이 없거나 무력
하면 고독하고 가난한 명이다. 만약 甲木정관이 나타났는데 이를 생하
는 癸水편재가 없거나 金식상이 부족하면 덕을 행해야 귀하게 될 수 있
다. 가을 己土가 지지에 火인수국을 이루고 水재성이 이를 제극하지 않
으면, 기운이 편고(偏枯)해져서 간사하고 나쁜 무리가 될 뿐이다.

【원문】

或丙透癸藏 遇金頗有選援 加一壬輔 富貴慷慨 有賢聲 見戊透
혹 병 투 계 장 우 금 파 유 선 원 가 일 임 보 부 귀 강 개 유 현 성 견 무 투

者 主遭凶厄且貧
자 주 조 흉 액 차 빈

【해설】　　　　가을 己土에 丙火정인이 투출하고, 癸水편재는 장간에
있으면서 金식상을 만나면 인수를 차고 있는 패인(佩印)에 식신생재가
되므로 등용이 된다. 더하여 壬水정재가 金기운을 설기하는 것을 도우
면 부귀하며, 정의롭고 현명하다는 말을 듣는다. 그러나 가을 戊월에 戊
土가 투출하면 군겁쟁재(群劫爭財)가 되어 흉액이 있고 가난하다.

八月支成金局 無丙丁出救 此人零丁孤苦 如得丙透丁藏 生己
팔월지성금국 무병정출구 차인령정고고 여득병투정장 생기

元神 此人名魁天下 五福完人
원신 차인명괴천하 오복완인

【해설】 유월기토(酉月己土)가 지지 金식상국이고 丙丁인수가
없어 상관패인(傷官佩印)이 안 되면, 어른스럽지 못하며 외롭고 고생한
다. 丙火정인이 투출하고 丁火편인은 장간에 있으면 일간 己土의 원신
(元神)을 생하므로 이름을 천하에 떨치고 오복(五福)을 갖는다.

【원문】

總之三秋己土 先癸後丙 取辛輔癸 九月土盛 宜甲木疏之 餘皆
총지삼추기토 선계후병 취신보계 구월토성 의갑목소지 여개

酌用
작용

531

【해설】 요약하면, 가을 己土는 癸水편재를 먼저 쓰고 丙火정
인을 다음으로 쓰며, 辛金상관으로 癸水를 보좌한다. 술월기토(戌月己
土)는 甲木으로 소토하는 것이 좋고, 癸水와 丙火와 辛金은 사주 구조를
참고하여 쓴다.

【원문】

甲丙癸壬全 總督
갑 병 계 임 전 총 독

```
        시   일   월   연(乾命)
        壬   己   癸   甲
        申   未   酉   寅


    庚   己   戊   丁   丙   乙   甲
    辰   卯   寅   丑   子   亥   戌
```

【해설】　　　일지가 未土로 己土일간이 약하지 않다. 소토하는 甲木과 조후하는 丙火가 寅木 중에 있고, 자윤하는 癸水가 월간에 투출하여 유월기토에 필요한 甲木과 丙火와 癸水가 온전하므로 총독(總督)의 지위에 올랐다. 용신은 甲木정관이다.

【원문】

戊己局全干四季 火運大魁
무 기 국 전 간 사 계　화 운 대 괴

시 일 월 연(乾命)
壬 己 甲 己
申 丑 戌 巳

丁 戊 己 庚 辛 壬 癸
卯 辰 巳 午 未 申 酉

【해설】　　　戊己土기운이 강하고, 월간 甲木은 甲己土가 되어 己土일간이 매우 왕성하다. 종왕격(從旺格. p.139 참조)^{주)}에 가까운 사주로 희신운인 巳午未운에 크게 이름을 떨쳤다.

㈜ 이 사주를 상관생재격(傷官生財格)으로 보고, 金水인 식상과 재성의 설기가 심하여 火 인수운에 크게 발전한다고 설명하기도 한다. 그러나 팔자의 강한 土기운을 시주 壬申만으로 설기할 수 없으므로 설기가 심한 명으로 보는 것은 납득이 되지 않는다.

【원문】

勾陳全備潤下 勞碌奔波之客 土凝水竭 離鄕背井之流
구 진 전 비 윤 하　노 록 분 파 지 객　토 응 수 갈　이 향 배 정 지 류

【해설】　　　구진(勾陳)인 己土일간이 지지에서 申子辰 水재성국인 윤하(潤下)를 만나면, 土가 허하여 물을 막지 못하므로 고생하고 분란을 일으키는 사람이다. 남방의 火운으로 흐르면 土는 굳고 물은 마르므로 고향을 등지고 고생하는 사람이다.

【원문】

勾陳得位會才官　無沖無破必然端　甲子北方寅卯木　管敎環拱
구 진 득 위 회 재 관　무 충 무 파 필 연 단　갑 자 북 방 인 묘 목　관 교 환 공

戴金冠^{주)} 戊己喜亥卯未爲官　申子辰爲才　忌刑沖殺害
대 금 관　무 기 희 해 묘 미 위 관　신 자 진 위 재　기 형 충 살 해

【해설】　　　　　힘 있는 己土일간에 재관이 있고 충파가 없으면 성정이 단정하다. 甲子가 북방의 寅卯를 만나면 출세하고, 戊己土는 亥卯未 木관살국을 기뻐하며, 申子辰水는 戊己土의 재성이 되고 형충살해를 싫어한다.

주) 갑자북방인묘목 관교환공대금관(甲子北方寅卯木 管敎環拱戴金冠)은 의미가 명확하지 않다. 이를 己丑일주가 甲子시를 보는 경우 천간과 지지가 합을 하면서 재관을 만나고 천을귀인을 얻으므로, 寅卯관성운을 만나면 관살이 득지하여 크게 발전한다고 해석하기도 한다. 다음 사주를 참고한다.

시	일	월	연 (乾命)
甲	己	庚	乙
子	丑	辰	酉

癸	甲	乙	丙	丁	戊	己
酉	戌	亥	子	丑	寅	卯

팔자의 천간과 지지가 서로 합이 되므로 천지덕합(天地德合)의 사주에 해당된다. 乙庚金, 甲己土, 辰酉金, 子丑土에 亥子丑 수국(水局)으로, 오행의 구성이 토생금(土生金) 금생수(金生水)를 이루므로 자식이 자식을 낳는 아우생아격(兒又生兒格. p.272 참조)이다. 여기에 운도 水金으로 흘러서 크게 발전한 사주이다.[사주 출처 『사주첩경(四柱捷徑)』]

```
시  일  월  연 (乾命)
癸  己  庚  戊
酉  酉  申  辰

丁 丙 乙 甲 癸 壬 辛
卯 寅 丑 子 亥 戌 酉
```

원문에서 申월 己土일간이 지지가 金으로 상관생재격(傷官生財格)이면 부자이며, 이 경우 丙丁인수가 없으면 외롭고 고생한다고 하였다. 위 사주를 보면 지지가 진유합금(辰酉合金)이고 申酉戌 金식상국이 되며, 庚金이 투출하고 酉金에 뿌리가 있는 癸水가 투출하여 상관생재의 명이다. 그러나 火인수가 하나도 없이 金水기운만 강하여 편고(偏枯)하다. 더욱이 상관용겁격(傷官用劫格) 사주의 운이 팔자의 편협함을 부추기는 金水로 흐른다. 결과적으로 운의 흐름이 배득중화(配得中和)와 점점 멀어져서 水운에 망한 후 다시 일어서지 못하였다.[사주 출처 『적천수(適天髓)』]

535

```
시  일  월  연 (乾命)
乙  己  辛  癸
亥  卯  酉  酉

甲 乙 丙 丁 戊 己 庚
寅 卯 辰 巳 午 未 申
```

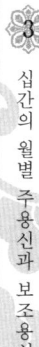

　팔자 구조가 己土를 설기하는 金과 己土를 극하는 木이 강한 극설교집(尅洩交集)으로 신약한 사주이다. 식신격(食神格)으로 칠살이 있는 경우 재성운을 꺼리지만, 연간의 癸水편재는 강한 金식상의 기운을 빼주는 소중한 존재도 된다.

　팔자의 근본적인 문제는 금생수(金生水), 수생목(水生木)으로 소통되는 약한 己土일간을 생조하면서, 아울러 조후 역할도 하는 火인수가 없다는 것이다. 다행히 운의 흐름이 火土인비운으로 흘러 신약의 문제가 해결된다. 제독(提督) 벼슬을 하였다.[사주 출처 『자평진전(子平眞詮)』]

시	일	월	연 (坤命)
癸	己	辛	戊
酉	酉	酉	申

甲	乙	丙	丁	戊	己	庚
寅	卯	辰	巳	午	未	申

　식상의 기운이 너무 강한 신약사주이다. 지지가 申酉戌 금국(金局)이고 辛金이 투출하여 종아격(從兒格)으로 볼 수도 있지만 뿌리가 있는 연간 戊土가 있어서 종아로는 볼 수 없으며, 금수상함(金水相涵)으로 보는 것도 문제가 있다. 金은 水를 생하고 水는 金을 적셔주어 金水가 서로 유정한 상태가 금수상함인데, 시간의 癸水는 戊癸합으로 기반(羈絆)이 되어 강력한 金을 적셔줄 처지가 아니기 때문이다. 결론은 신약에 인비 火土가 필요한 사주이다.

　운의 흐름은 중년에 火土운으로 흘러 아름답지만, 여명에 식상의 기운이 너무 강하고 지지에 숨어 있는 암관(暗官)도 없는 순수한 무관사주인 것이 문제다. 밤무대 가수를 하고 있으며, 남자에게 관심이 없어 2007년 현재까지 결혼을 안 한 1968년생 여성이다.

시	일	월	연 (坤命)
戊	己	甲	己
辰	卯	戌	酉

辛	庚	己	戊	丁	丙	乙
巳	辰	卯	寅	丑	子	亥

술월기토(戌月己土)가 발전하기 위해서는 자윤하는 癸水와 이를 돕는 辛金, 조후하는 丙火 이외에 소토(疏土)하는 甲木칠살이 반드시 필요하다. 甲木의 소토가 필요한 것은 같은 가을인 申酉월과 다른 점이다.

이런 필수 요소들을 고려하여 팔자 구조를 보면, 辰 中 癸水는 운성으로 묘궁(墓宮)에 있어 무력하고, 소토하는 甲木은 甲己합으로 기반이 되어 있다. 그런데 천간에 戊土겁재가 투출하여, 결과적으로 土비겁은 강하고 재성이 무력한 군겁쟁재(群劫爭財)의 사주가 된다.

부부관계 중심으로 보면, 지지가 진유합금(辰酉合金)에 申酉戌 金식상국이 되어 팔자의 강한 비겁이 상관을 생조하고, 상관이 극하는 木관살은 합으로 무력하여 재관(財官)의 역할을 못 하는 파격인 여명이다. 2001년(丁丑운, 辛巳년)은 巳酉丑으로 상관의 기운이 강해지고, 운에서 오는 丁火가 팔자의 기운을 더욱 조열하게 하며, 신왕한 팔자를 더욱 강하게 하는 기신운이다. 이 해에 남편의 사업이 어려워진 것이 발단이 되어 이혼하였다. 학원 강사로 미인형이며, 성격이 강하고 소비 성향이 강해 헤어진 남편도 이 여성을 감당할 수 없었다고 한다.

무게중심이 이상한 여자

50세가 넘은 아주머니가 영감님 한 분과 함께 찾아왔다. 그리고 양력 2006년 10월에 인천 검단에서 단단히 한몫 챙겨야겠다며 한참 너스레를 떨더니 남자분 사주를 내밀며 궁합을 봐달라고 하였다. 궁합은 두 사람을 보는 것이니 본인의 생일을 먼저 말하라고 하자 같이 오신 분의 눈치만 슬금슬금 보았다. 옆에 앉아 있던 분이 눈치를 채고 문을 닫고 나가자 그 때서야 삐죽 자신의 사주를 내밀었다.

	시	일	월	연(坤命)
	庚	己	甲	乙
	午	酉	申	未

辛	庚	己	戊	丁	丙	乙
卯	寅	丑	子	亥	戌	酉

어느 계절의 흙이든 명을 보는 출발점은 곡식이 자랄 수 있는지 보는 것이다. 즉, 물과 불이 적당히 어우러져 있는 밭인지 본다. 위 사주와 같은 가을 밭은 金이 강하게 작용하여 설기가 심하다. 자식인 金은 강하고 자신은 약하므로 자신을 도울 불을 먼저 찾아야 한다. 아니면 자식인 金기운을 빼줄 물기운을 찾을 수도 있다. 팔자 구조가 아주 특별한 경우가 아니라면 이와 같이 물과 불은 가을 己土 밭에게 가장 중요한 성분이다.

그런데 이 사주는 팔자에 물기운이 없다. 申 중 壬水가 숨어 있으나 未 중 丁火와 암합(暗合)하여 있으나 마나이다. 불기운도 상황이 안 좋은 것은 마찬가지다. 시지 午火가 있으나 상관궁에 인수성이 있으므로 손실이며, 투출하지도 않아서 역할을 하기 힘들다.

대운의 흐름에서 불기운을 봐도 초년 丙戌에 잠깐 역할을 할 뿐 이후에는 힘이 되는 운이 없다. 원문의 "유월기토(酉月己土)로 지지가 金식상국이고 丙丁인수가 없으면 외롭고 고생한다."는 말에 딱 맞는 명이다. 이런 명이 무슨 재물복이 있겠는가? 식상이 강하고 재물인 물이 한 방울도 튀어 오른 것이 없으므로 재물욕은 강한데 담는 그릇이 허당이다.

드러난 불이 없어 일간은 약하고, 담을 재물도 없는 사주팔자이므로 땅 투기를 할 재목도 안 된다. 이렇게 안 좋은 이야기를 하는데도 이 아주머니는 전혀 개의치 않는 태도다. 마치 자신의 팔자 속내는 이미 다 알고 있다는 투다. 그러더니 재물복이 없으면 남편복은 어떤지 봐달라고 하였다. 남편은 팔자에서 나무가 되므로 甲乙이 남편별이다. 일단 乙이 양띠해에 태어나서 띠에 뿌리를 내린 셈이지만, 옆에 甲이 떡 버티고서 방해를 하며 자신과 합을 하려고 한다. 두 남편을 모실 상이다.

이렇게 남편 글자가 둘이라고 모두 부부관계가 안 좋은 것은 아니다. 그런데 이 사주는 나무를 도와줄 물이 한 방울도 없고, 나무인 남편의 바닥이 쇠판이라 뿌리를 내릴 수도 없다. 남편성인 甲木은 파성(破星)이고, 남편궁인 월지는 파궁(破宮) 상태다. 결국 완벽하게 남편이 겉도는 구조이다. 팔자의 재물과 남편 상황을 이야기하자 남편이 여러 번 바뀌었고, 지금 궁합을 보는 부자 영감님과는 그렇고 그런 사이라며 털어놓는데 문제는 그 영감님의 부인이 아직도 살아 있다는 것이다. 어쩜 이렇게 팔자대로 살까?

상담이 끝난 후 유사한 팔자를 발견하였다. 1965년생 여성으로 의사인 남편이 바람을 피우자 자신도 맞바람을 피웠었다. 상담 사주와 다른 점은 火인수가 투출해 재물복이 있다는 것이다.

시	일	월	연(坤命)
丁	己	甲	乙
卯	酉	申	巳

辛	庚	己	戊	丁	丙	乙
卯	寅	丑	子	亥	戌	酉

⑥ 삼동기토(三冬己土)

주용신 丙   보조용신 甲丁戊

흙이 축축하고 얼어 있는 상태다. 丙火정인으로 따뜻하게 만들어서 생산하게
하며, 甲木정관으로 丙火를 돕고 강한 흙을 막으며, 丁火편인과 戊土겁재로 보
조한다.

【원문】

三冬己土 濕泥寒凍 非丙暖不生 取丙爲尊 甲木參酌 戊土癸水
삼동기토 습니한동 비병난불생 취병위존 갑목참작 무토계수

不用 惟初冬壬旺 取戊制之 餘皆用丙丁 但丁不能解凍除寒 不
불용 유초동임왕 취무제지 여개용병정 단정불능해동제한 불

能大濟
능대제

【해설】   겨울 己土는 흙이 축축하고 얼어 있다. 丙火정인으로
따뜻하게 하지 않으면 생산을 못 하므로 어떤 경우에도 중히 쓰며, 土비
겁이 많은 경우에는 甲木정관을 참조하여 쓴다. 戊土겁재와 癸水편재는
사용하지 않는데, 단 초겨울인 亥월에는 사령하는 壬水정재가 왕성하므
로 이를 막기 위해 戊土를 취하여 쓴다. 나머지 경우는 丙丁인수를 사용
한다. 단, 丁火는 찬 기운을 녹이기에는 역량이 부족한 등불이므로 木의
도움이 없으면 중요하게 쓸 수 없다.

【원문】

或干透一丙 支藏一丙 加以甲透 科甲有准 即藏丙無制 亦主衣衿

혹 간 투 일 병　지 장 일 병　가 이 갑 투　과 갑 유 준　즉 장 병 무 제　역 주 의 금

【해설】　　　천간에 丙火정인이 1개 투출하고 지장간에 丙火가 감춰져 있으며 甲木정관이 투출하면, 겨울에 무력해지기 쉬운 丙火가 역량을 갖추어 과거 급제한다. 또한, 장간에 감춰진 丙火가 제극이 되지 않으면 학생 신분은 된다.

【원문】

或多壬水 得戊透制之 此命安然富中取貴 不見戊土 富屋貧人

혹 다 임 수　득 무 투 제 지　차 명 안 연 부 중 취 귀　불 견 무 토　부 옥 빈 인

凡三冬己土 見壬水出干 爲水浸湖田 此人孤苦 若見火不孤 見

범 삼 동 기 토　견 임 수 출 간　위 수 침 호 전　차 인 고 고　약 견 화 불 고　견

土不貧

토 불 빈

【해설】　　　겨울 己土에 壬水정재가 많으면 戊土겁재가 투출하여 壬水를 제극하여야 한다. 그래야 편안하고 재물이 있으며 귀하다. 만약 壬水를 제극하는 戊土가 없으면 재다신약(財多身弱)으로, 겉은 부자처럼 보이지만 실제로는 가난하다. 이를 부옥빈인(富屋貧人)이라 한다.

　겨울 己土가 천간에 壬水정재가 투출하면, 물이 호수 옆에 있는 밭을 잠기게 하는 것과 같아 외롭고 고통스러운 명이다. 그러나 火인수를 보면 겨울 흙이 생기가 있고 외롭지 않으며, 土비겁을 보면 재성을 장악할 수 있는 역량이 생겨 가난하지 않다.

541

3

십간의 월별 주용신과 보조용신

【원문】

或一派癸 不見比劫 此爲從才 反主富貴 雖不科甲 恩誥有之
혹일파계 불견비겁 차위종재 반주부귀 수불과갑 은고유지

若見比爭 平常人物 妻子主事 從才者 金妻水子^{주)}
약견비쟁 평상인물 처자주사 종재자 금처수자

【해설】　　　亥子丑월의 己土가 한 무리의 癸水편재를 보고 물기운
을 막는 土비겁이 없으면 水에 종하는 종재격(從財格)이 되어 오히려 부
귀하며, 과거 급제는 못 해도 발전은 있다. 그러나 土비겁이 있으면 종재
격과 유사하지만 비견이 재성을 놓고 다툼을 벌이는 형세가 된다. 즉 水
는 강하고 土일간이 약하면 재다신약(財多身弱)이 된다. 이 경우 평범한
사람이며, 처자(妻子)가 주장을 한다. 종재격인 경우 金이 처이고 水가
자식이 된다.

─────────

㊀ 원문에서는 종재격인 경우 木이 처이고 火가 자식이라고 보았다. 그러나 己土가 종
재격이면 金식상이 희신이고 水재성이 용신이므로, 金이 처이고 水가 자식이라고 보
는 것이 맞아 정정하였다.

【원문】

或一派戊己 取甲制之 甲透者富貴
혹일파무기 취갑제지 갑투자부귀

【해설】　　　亥子丑월의 己土가 한 무리의 戊己土비겁을 만나면 甲
木관살로 제극하여야 한다. 따라서 甲木이 투출하면 부귀하다.

【원문】

或一片辛庚 須用丙火 還須丁火爲助 丙藏 富貴奇特之命
혹 일 편 신 경 수 용 병 화 환 수 정 화 위 조 병 장 부 귀 기 특 지 명

【해설】　　　亥子丑월의 己土에 辛庚金식상이 있는 경우 반드시 丙火정인을 쓰고 丁火가 도와야 한다. 그러면 상관패인(傷官佩印)의 팔자가 되어 부귀하다. 丙火가 투출하지 않고 장간에 있으면 운세의 변화에 따라 부귀가 달라진다.

【원문】

木疏季土格 侍郎
목 소 계 토 격 시 랑

시	일	월	연 (乾命)
甲	己	癸	壬
戌	丑	丑	申

庚	己	戊	丁	丙	乙	甲
申	未	午	巳	辰	卯	寅

543

【해설】　　　시간 甲木이 강한 土비겁을 소토(疏土)하여 시랑(侍郎)벼슬을 하였다. 申金연지와 丑 中 辛金이 천간의 壬癸를 생조하여 소토하는 甲木을 돕고, 조후하는 丁火가 戌 중에 있다. 운이 木火로 흘러 丁火를 돕는 명이다. 용신은 시(時)의 甲木이다.

才旺生殺格 壯元
재 왕 생 살 격 장 원

```
          시  일  월  연(乾命)

          己  己  癸  壬

          巳  卯  丑  子


    庚  己  戊  丁  丙  乙  甲

    申  未  午  巳  辰  卯  寅
```

【해설】　　　팔자의 왕한 水재성이 甲木관살을 생하고 신왕하다. 운이 木火로 흐르지만, 壬水가 투출하고 丙火가 장간에만 있어 장원(壯元)을 하는 데 그쳤다.

삼동기토 해설

```
          시  일  월  연(乾命)

          乙  己  辛  壬

          亥  亥  亥  子


    戊  丁  丙  乙  甲  癸  壬

    午  巳  辰  卯  寅  丑  子
```

팔자에 水재성이 가득하므로 종재격(從財格)이며, 전체적인 구조는 월간의 辛金식상이 있어 아우생아(兒又生兒. p.272 참조)의 구조이다. 아우생아 형태의 종재격인 경우 식상과 재성이 희용신이고, 식상을 치는 인수와 재성을 제극하는 비겁이 기구신이다. 그럼, 관살의 경우는 어떨까? 위 사주는 자식인 재성이 손자인 관살을 낳는 형상이어서 나쁠 이유가 없다.

명주는 甲寅과 乙卯운에 엄청나게 많은 돈을 벌었으나, 丙辰운에 들어서 인수와 비겁의 기구신을 만나 크게 실패한 후 재기하지 못하였다.

이 사주에 대해 월간 辛金이 시간 乙木을 제극하는 식신제살격(食神制殺格)으로 보고 용신으로 삼을 수도 있는데, 지지 바닥에 워낙 水가 강해서 金이 능력을 발휘할 수 없는 금침수저(金沈水底)로 金이 물 바닥에 가라앉으므로 용신으로 삼을 수 없다. 또한, 이 사주의 용신을 아우생아의 개념을 확장하여 乙木관살로 보기도 한다.

[사주 출처『사주첩경(四柱捷徑)』]

545

시	일	월	연 (坤命)
癸	己	辛	壬
酉	酉	亥	子

甲	乙	丙	丁	戊	己	庚
辰	巳	午	未	申	酉	戌

3

십간의 월별 주용신과 보조용신

일간이 전혀 의지처가 없고, 팔자에 金水기운이 강하여 종재(從財)를 할 수밖에 없다. 식상생재(食傷生財)에 종재격으로 성격(成格)이 되었으나 운의 흐름이 좋지 않다. 초반운은 土기운이 살아 있는 기신운이고, 중

반운은 火인수운으로 종재격에서 가장 꺼리는 운이 계속된다.

명주는 어머니의 뱃속에 있을 때 아버지가 교통사고로 사망한 유복자(遺腹子)로, 고등학교를 졸업하고 유흥업소의 종업원으로 전전하다가 가게를 차렸으나 실패한 후 형부의 가게 일을 도우며 살고 있다. 2007년 현재 36세 미혼이다. 경제적 능력도, 남자에 대한 관심도 없어서 결혼을 생각하지 않고 있다.

시	일	월	연 (乾命)
甲	己	庚	丙
戌	亥	子	寅

丁	丙	乙	甲	癸	壬	辛
未	午	巳	辰	卯	寅	丑

자월기토(子月己土)가 바닥에 亥子丑 수국(水局)을 이루어 춥고 축축하다. 다행히 연간에 丙火가 투출하여 조후를 하고 수원(水源)이 되는 庚金을 조절하며, 시지 戌土가 넘치는 물을 막고, 甲木관살이 조후하는 丙火인수를 생하므로 팔자의 짜임새가 아름답다. 이와 같이 팔자가 배득중화(配得中和)를 이루어 군자의 품위를 잃지 않는 생활을 하였으나, 팔자가 춥고 축축하다는 문제를 완전히 해결하지는 못하여 낮은 벼슬에 머물렀다.[사주 출처 『적천수(滴天髓)』]

시	일	월	연 (坤命)
丁	己	壬	壬
卯	酉	子	寅

乙	丙	丁	戊	己	庚	辛
巳	午	未	申	酉	戌	亥

자월기토(子月己土)가 金水기운이 강해서 춥고 축축하므로 불기를 찾게 된다. 시간에 丁火가 투출하고 丁火가 卯木의 생조를 받으므로 丁火를 용신으로 삼는다. 언뜻 보면 丁火가 일간과 유정하고 힘이 있어 보이지만, 생조를 하는 卯木이 卯酉충으로 깨져 있고, 丁火와 멀리 있는 연지 寅木은 주변에 물기운이 강해서 퉁퉁 불어버려 불을 살릴 수가 없다. 즉, 용신이 무력하고 희신이 제 역할을 못 하는 상황이다.

희용신이 木火이면 木이 처이고 火가 자식이므로 木희신이 남편이 되는데, 이와 같이 희신의 역할을 못 하므로 남편과의 결집력이 떨어진다. 또한 己酉일주 중심으로 볼 때 寅卯가 공망이고, 남편궁인 월지가 기신궁이며, 중년운이 申酉戌식상운으로 흐르는 것도 부부관계에 흉하게 작용한다.

명주는 1987년(庚戌운, 丁卯년) 용신인 관살운에 결혼하였고, 2005년(戊申운, 乙酉년) 칠살운에 외간남자를 알게 되었다. 이로 인해 2006년(戊申운, 丙戌년)에 외간남자의 부인이 소송을 냈고, 2007년 현재 간통죄로 소송이 진행 중이다.

시	일	월	연 (坤命)
戊	己	辛	辛
辰	卯	丑	未

戊	丁	丙	乙	甲	癸	壬
申	未	午	巳	辰	卯	寅

축월기토(丑月己土)가 신왕하고 한랭하다. 丑 중 辛金식상이 투출하여 己土일간을 설기할 것 같지만, 택묘(宅墓) 중 묘(墓)인 시지에 戊土가 투출하여 일간을 생조하므로 신왕사주로 봐야 한다. 축월기토가 생산을 하기 위해서 가장 시급한 것이 丙火인수가 한랭을 해결하고, 甲木이 이를 돕는 것이다. 팔자에 丙火보다 역량이 떨어지는 丁火가 암장되어 있어 그나마 일간의 의지처가 되지만, 丑 중 癸水가 훼방하여 역할을 하기 힘들다. 팔자에 한습이 병인데 치료할 약이 없는 상황이므로 부귀하기에는 격이 떨어진다.

甲辰과 乙巳운은 조후 역할을 할 수 있을 것 같지만 火土운으로 신왕사주가 더 왕성해져서 가난하였다. 丙午운은 팔자의 병을 치료할 수 있는 불기운이 강해서 약간 발전은 있었다. 그러나 丙午운 중 1980년 庚申년과 1981년 辛酉년은 팔자가 춥고 축축해져서 계와 사채를 실패하고 파산하였다. 운이 아무리 좋아도 팔자 자체에 병이 있으면 크게 발전할 수 없다.[사주 출처 『명리신론(命理新論)』]

시	일	월	연 (坤命)
癸	己	辛	辛
酉	巳	丑	丑

戊	丁	丙	乙	甲	癸	壬
申	未	午	巳	辰	卯	寅

축월기토가 한랭하고 金식상이 강하므로 조후와 일간을 돕기 위해 반 드시 丙火가 필요하다. 만약 丙丁인수가 있으면 상관이 인수를 차고 있 는 상관패인(傷官佩印)이 되어 부귀하다. 그러나 丙火가 투출하지 않고 지장간에만 있는 경우에는 운세에 따라 부귀가 달라진다고 하였는데, 이 사주는 巳 中 丙火가 丙辛합으로 암합을 하므로 조후 역할을 못 한다. 즉, 한랭을 해결해줄 약신(藥神)이 없는 상황이다.

또한 시간 편재가 유력하고 辛金상관이 쌍으로 투출하여 아우생아(兒 又生兒. p.272 참조)로 생각할 수도 있는데, 己土일간이 연지와 월지에 丑土를 얻었으므로 아우생아나 종재와는 거리가 먼 사주이다. 결론은 신약하고 치료할 기운이 없으므로 부귀와는 거리가 멀다. 특히 팔자에 남편별인 관성이 없는 무관사주이며, 지지가 巳酉丑식상국이고 辛金식 상이 쌍으로 투출하여 부부가 불화하기 쉽다. 남편궁인 월지로 진입하 는 경우 일지가 공망이 되는 자공망(自空亡)인 것도 남편과의 불화를 부 추기는 요소이다.

실제로 초혼에 실패하고, 2005년(丙午운, 乙酉년)에 재혼을 생각하는 연하의 남성이 있었다. 그러나 남자가 낭비벽이 있고 바람기가 심하여 결혼을 단념하고 2007년까지 혼자 살고 있다.

2005년을 작괘하면 '중무소주 허심광접 인부조아 상선난접(中无所主

虛心狂蝶 人不助我 上線難接)’의 운세다. 줏대가 없으니 허황된 미친 나
비이며, 자신을 돕지 않으니 위로 오르기 어렵다는 의미다.

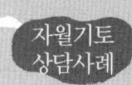

삼겹살 장사

아침 나절에 후두둑 내리던 비가 잠시 멈춘 상태로, 시꺼먼 구름이 덮여 있는 앞산을
바라보며 한숨을 길게 쉬는 얼굴이 꽤나 어두웠다. 이혼 전인 2003년(辛未운, 癸未년)
초봄에 남편복이 있는지 알아보기 위해 만난 게 첫만남이었는데, 위아래 까만 정장차
림으로 상담을 하러 와서 눈물을 펑펑 쏟고 갔다. 아주머니의 한심한 남편이 딸의 친구
와 바람이 났으나 딸만 키우는 터라 혹시 딸들 결혼에 지장이 있을까봐 밖으로는 쉬쉬
묻어두고 부부 합의 하에 집안에서 별거 중이었는데, 친지 모임에 남편의 추악한 행태
가 알려져서 결국은 정식으로 이혼하였다.

시 일 월 연(坤命)
甲 己 丙 甲
子 酉 子 午

己 庚 辛 壬 癸 甲 乙
巳 午 未 申 酉 戌 亥

팔자에 남편이 둘인데, 연주에 있는 甲이라는 남편은 월에 뿌리가 있긴 하지만 주변
의 불기운이 쪽쪽 빨아먹어 힘이 없다. 이 글자가 이혼한 남편일 것이다. 남편궁에 진입

하면 자공망(自空亡)이 되는 것도 남편과의 친밀함을 방해하는 구조이다. 그래도 몹시 추운 겨울의 己土 밭을 파헤쳐주는 甲木이라는 쟁기가 있고, 밭 위에 빛나는 丙火 태양이 있으므로 곡식을 심을 수 있는 밭이며, 이 정도면 먹고 살만한 사주이다.

이혼을 염두에 두고 앞으로 살 일에 대해 이야기를 꺼내자 이런 이야기를 듣는 둥 마는 둥 하던 아주머니가 남편에게 욕설을 퍼부으면서 눈물을 흘린 게 아마 2003년 2월경일 것이다. 그 후 2003년 가을에 위자료를 밑천으로 우아한 장사를 하겠다며 다시 찾아왔다.

우아한 장사? 이게 문제다. 클래식 음악을 틀어놓고 원두커피를 내려 마시면서 돈 버는 장사가 세상에 어디 있는가. 사장이 발 벗고 나서서 바쁘게 뛰어다니며 일해야 성공할 수 있는 것이 바로 현실이다. 이런 말 끝에 운기적으로도 도움이 안 된다며 극구 말렸었다. 더욱이 2004년은 甲申년으로 申金이 월의 子水와 申子辰 삼합이 되어 팔자를 한랭하게 하고, 丙火의 기운이 떨어져서 甲木이 칠살로 작용하기 십상이었기 때문이다.

운세를 보는 이가 하지 말라고 말린다고 장사를 안 하는 것은 아니다. 망하는 분들은 아무리 말려도 시작하고 결국은 망하고 만다. 이 아주머니도 기어코 일을 벌였다가 프랜차이즈 외식전문점을 닫고 빈털터리가 되어 다시 찾아온 게 2005년 초이다. 이번에는 사는 집의 전세금을 빼서 대학교 옆에 조그만 삼겹살 가게를 해보겠다고 하였다. 2005년은 乙酉년으로 재물궁을 유유자형(酉酉自刑) 하는 것이 마음에 걸려 조금 더 시간을 가져보자고 하였다. 그리고 2006년이나 2007년 입춘이 지나서 다시 상의를 해보자고 하는데 뜬금없이 도배 일을 배우면 어떠냐고 물었다. 가게가 망하여 지금 도배 일보다 더 험한 일을 하고 있다는 것이다. 잠시 기다리며 험한 돈이라도 모아봐라, 다음에 부는 바람은 아주머니 편이다, 세상만사 때가 있으니 경거망동하지 말라고 신신당부를 하였다. 그러나 외식전문점 때와 마찬가지로 고집을 부리며 삼겹살 장사를 시작하였고 또다시 빈털터리가 되었다. 그리고 2006년 7월 25일 또다시 방문하여 서울 외곽에 갈 빗집을 해보겠다고 상담을 청하였다.

십간의 월별 주용신과 보조용신

庚辛 경신

1. 金을 논함

【원문】

金以至陰爲體 中含至陽之精 乃能堅剛 獨異衆物 若獨陰而不
금 이 지 음 위 체　중 함 지 양 지 정　내 능 견 강　독 이 중 물　약 독 음 이 불

堅 冰雪是也 遇火則消矣 故金無火煉 不能成器 金重火輕 執
견　빙 설 시 야　우 화 즉 소 의　고 금 무 화 련　불 능 성 기　금 중 화 경　집

事繁難 金輕火重 煆煉消亡 金極火盛 爲格最精 金火全 名曰
사 번 난　금 경 화 중　하 련 소 망　금 극 화 성　위 격 최 정　금 화 전　명 왈

鑄印 犯丑字 卽爲損模 金火多名爲乘軒 遇死衰 反爲不利
주 인　범 축 자　즉 위 손 모　금 화 다 명 위 승 헌　우 사 쇠　반 위 불 리

【해설】 　　　金은 음양 중 음이 바탕이지만, 외음내양(外陰內陽)으로 양의 성정을 가지고 있어 견고하고 강하다. 만약 金이 음의 성질만 갖고 있으면 얼음과 눈처럼 단단하지 않을 것이다. 그러므로 얼음과 눈은 양의 성정이 없어 火를 만나면 없어져버리지만, 金은 火로 제련하지 않으면 물건으로 완성되지 않는다. 金기운이 강한데 이를 제련하는 火가

약하면 일을 추진하는 데 어려움이 있고, 金기운이 약한데 火가 강하면 金이 제련되는 것이 아니라 망가진다. 金과 火기운이 모두 왕성하면 정기(精氣)가 있는 격으로, 이와 같이 金火가 온전한 경우 주인격(鑄印格)이라 한다. 주인격에서 丑은 金의 묘고(墓庫)가 되어 손모(損模)라 한다. 金火가 많은 명은 승헌격(乘軒格)이라 하는데, 살인(殺印)이 강하여 사쇠(死衰)의 운을 만나면 좋지 않다.

【원문】

木火煉金 成名銳而退速 純金遇水 逢富顯以贏餘
목 화 련 금　성 명 예 이 퇴 속　순 금 우 수　봉 부 현 이 영 여

【해설】　　　　木火로 庚金을 제련하면 공명에 대한 성패가 빠르고, 辛金이 水식상을 만나면 재물이 풍족하다.

【원문】

金能生水 水旺則金沉 土能生金 金多則土賤 金無水乾枯 水重
금 능 생 수　수 왕 즉 금 침　토 능 생 금　금 다 즉 토 천　금 무 수 건 고　수 중

則沉淪無用 金無土死絶 土重 則埋沒不顯 兩金兩火 最上 兩
즉 침 륜 무 용　금 무 토 사 절　토 중　즉 매 몰 불 현　양 금 량 화　최 상　양

金兩木 才足 一金生三水 力弱難勝 一金得三木 頑鈍自損 金
금 량 목　재 족　일 금 생 삼 수　역 약 난 승　일 금 득 삼 목　완 둔 자 손　금

成則火滅 故金未成器 欲得見火 金已成器 不欲見火 金到申酉
성 즉 화 멸　고 금 미 성 기　욕 득 견 화　금 이 성 기　불 욕 견 화　금 도 신 유

巳丑 亦可謂之成也 運喜西北 不利南方
사 축　역 가 위 지 성 야　운 희 서 북　불 리 남 방

【해설】 金은 水를 생하지만, 水가 너무 왕성하면 金이 가라앉는다. 土는 金을 생할 수 있지만, 金의 설기가 너무 심하면 土가 얕아진다. 金에게 水가 없으면 건조하고 메마르지만, 水가 너무 많으면 金이 가라앉아서 쓸모없게 된다. 또한 金을 생하는 土가 없으면 사절(死絶) 상태가 되지만, 土가 너무 많으면 金이 묻혀서 기운을 드러내지 못한다. 팔자에 2개의 金비겁과 2개의 火관살이 있는 것이 최상의 조합이다. 1개의 金이 3개의 水식상을 생하면 무력해서 火식상의 설기를 감당하기 어렵고, 1개의 金이 3개의 木재성을 얻으면 강함과 순수함이 손상된다.

또한 팔자에 金火 두 기운이 있어야 하는데 金이 완성된 상태면 火가 없어야 하고, 아직 완성되지 않은 상태면 火가 있어야 제련이 된다. 즉, 金이 이미 완성된 상태면 火를 취하지 않는다. 金이 申酉巳丑에 있으면 완성된 것이다. 이 경우 설기하는 것이 좋고 火를 취하는 것이 불리하므로, 서북운으로 가는 것이 좋고 남방의 火운으로 가는 것은 흉하다.

2. 金을 계절별로 논함

1 춘금(春金)

【원문】

生於春月 餘寒未盡 貴乎火氣爲榮 性柔體弱 欲得厚土輔助 水
생어춘월 여한미진 귀호화기위영 성유체약 욕득후토보조 수

盛增寒 難施鋒銳之勢 木旺損力 有剉鈍之危 金來比助 扶持最
성증한 난시봉예지세 목왕손력 유좌둔지위 금래비조 부지최

妙 比而無火 失類非良
묘 비이무화 실류비량

【해설】 봄의 金은 찬 기운이 남아 있어서 火관살이 있어야 영화가 있다. 봄의 金은 왕상휴수사 중 휴월(休月)을 만난 것으로 부드럽고 생김새가 유약해서, 火를 보면 왕성한 土가 있어 관인상생(官印相生)으로 도움을 받아야 한다. 봄의 金이 水식상이 강하면 찬 기운이 강해져서 金의 예리한 기운을 펼치기 어려우며, 木재성이 왕성한 경우에는 金의 힘이 손상되어 순수함을 잃을 우려가 있으므로 金비견의 도움이 있어야 좋다. 그러나 金비겁이 있는데 火관살의 제어가 없으면 좋지 않다.

② 하금(夏金)

【원문】

夏月之金 尤爲柔弱 形質未具 尤嫌死絶 火多而却爲不厭 水盛
하 월 지 금   우 위 유 약   형 질 미 구   우 혐 사 절   화 다 이 각 위 불 염   수 성

而滋潤呈祥 見木而助鬼傷身 遇金而扶持精壯 土薄而最爲有
이 자 윤 정 상   견 목 이 조 귀 상 신   우 금 이 부 지 정 장   토 박 이 최 위 유

用 土厚而埋沒無光
용   토 후 이 매 몰 무 광

【해설】 여름 金은 매우 약해서 온전한 형태를 갖추지 못하여 사절(死絶)이 되는 것을 꺼린다. 그러나 火관살이 많으면 오히려 걱정이 없다. 이유는 巳월과 午월의 장간에 戊己인수가 있어 관인상생(官印相生)하기 때문이다. 왕성한 水식상이 火를 제어하면서 金을 윤택하게 하면 길하고, 木재성을 보면 강한 火관살을 도와 몸이 상하며, 金비겁을 보면 약한 金을 돕게 되므로 金의 정신이 잘 나타난다. 土인수의 기운이 적당하면 관인상생이 되므로 여름의 金에게 가장 쓸모가 있지만, 土기운이 너무 강하면 金이 묻혀서 빛을 잃는다.

③ 추금(秋金)

【원문】

秋月之金 當權得令 火來煆煉 遂成鍾鼎之材 土多培養 反惹頑
추월지금 당권득령 화래하련 수성종정지재 토다배양 반야완

濁之氣 見火則精神越秀 逢木則琢削施威 金助愈剛 剛過則決
탁지기 견화즉정신월수 봉목즉탁삭시위 금조유강 강과즉결

氣重愈旺 旺極則衰
기중유왕 왕극즉쇠

【해설】 가을 金은 권력을 갖고 월령을 얻어, 火관살이 金을 제
련하면 종과 솥을 만들 수 있는데, 土인수가 많아서 金을 도우면 너무 강
해져서 오히려 기운이 탁해진다. 火관살을 보면 金의 기운이 뛰어나고,
木재성을 만나면 나무를 깎고 다듬어서 역할을 한다. 金비겁이 도우면
가을의 강한 金을 더욱 강하게 하여 끊어지기 쉽다. 이는 기운이 강하면
왕성해지고, 왕성하면 곧 쇠약해지기 때문이다.

④ 동금(冬金)

【원문】

冬月之金 形寒性冷 木多則難施琢削之功 水盛而未免沉潛之
동월지금 형한성랭 목다즉난시탁삭지공 수성이미면침잠지

患 土能制水 金體不寒 火來助土 子母成功 喜比肩聚氣相扶
환 토능제수 금체불한 화래조토 자모성공 희비견취기상부

欲官印溫養爲利
욕관인온양위리

【해설】　　　　겨울 金은 형질은 차고 성정은 한랭하다. 木재성이 많으면 금극목(金剋木)으로 다듬고 깎는 공을 베풀기 어렵고, 水식상이 왕성하면 金이 가라앉을 우려가 있다. 겨울 金은 土가 있어 水를 조절하고, 金이 차지 않도록 火가 土를 도와야 모자(母子)가 성공한다. 金비견으로 도와야 좋고, 관인상생(官印相生)으로 따뜻하게 하면 이익이 있다.

3. 庚金의 월별 용신

① 인월경금(寅月庚金)

주용신 丙　보조용신 甲丁

木이 강한 시기에 있다. 먼저 丙火편관을 써서 庚金을 따스하게 하고, 甲木편재로 土를 파헤친다. 丁火정관은 보조로 사용한다.

【원문】

正月庚金 木旺之際 有土皆死 不能生金 且金之寒氣未除 先用
정월경금 목왕지제 유토개사 불능생금 차금지한기미제 선용

丙暖庚性 又慮土厚埋金 須甲疏洩 丙甲兩透 科甲顯榮 二者透
병난경성 우려토후매금 수갑소설 병갑량투 과갑현영 이자투

一 亦有生監 丙藏甲透 異路功名
일 역유생감 병장갑투 이로공명

【해설】　　　　인월경금은 木이 강한 시기로 庚金이 절지(絕地)에 있어 土로 도와야 하지만, 土인수가 寅월 木에게 목극토(木剋土)되어 金비

겁을 생할 수 없다. 먼저 丙火편관을 써서 庚金일간을 따스하게 하고, 그로 인해 土기운이 강해져서 庚金일간이 묻힐 수 있으므로 甲木편재로 土를 헤쳐준다. 이와 같이 丙火와 甲木이 천간에 투출하면 크게 귀하다. 그러나 둘 중 하나만 투출해도 작은 벼슬은 할 수 있다. 丙火가 지지에 감춰져 있고 甲木만 투출한 경우에는 과거 급제가 아닌 다른 방법으로 벼슬을 한다.

【원문】

或柱中土多 甲透者貴 甲藏者富 庚出則否
혹주중토다 갑투자귀 갑장자부 경출즉부

【해설】　　　인월경금의 팔자 중에 土인수가 많고 甲木편재가 투출하면 귀하고, 甲木이 장간에만 있으면 부자이며, 庚金비견이 일간 외에서 나타나면 군겁쟁재(群劫爭財)의 상으로 가난하다.

【원문】

或丁火出干 加以戊己而無水者 又主富貴 何也 寅中甲木 引丁
혹정화출간 가이무기이무수자 우주부귀 하야 인중갑목 인정

有根 無水爲病 名官星有氣 才旺生扶 故以富貴推之 如火多則
유근 무수위병 명관성유기 재왕생부 고이부귀추지 여화다즉

用土 用土者火妻土子
용토 용토자화처토자

【해설】　　　관살을 쓰는데 식상이 있으면 안 된다. 만약 인월경금에 丁火정관이 투출하고, 戊己인수가 있으나 水식상이 없으면 부귀하다. 이는 寅월 중에 甲木이 있어 丁火를 이끄는 뿌리가 되기 때문이다.

즉, 관살을 쓸 때 재성과 인수의 소통이 필요하다. 水식상이 없는 것이 병이지만, 이 경우는 관살에 기운이 있고 재성이 왕성하여 도우므로 부귀하다. 예를 들어 火관살이 많으면 土인수를 사용하며, 이 경우 火가 처이고 土가 자식이다.

【원문】

或支成火局 壬透 有根者 大富貴 無根者 小富貴 乏水者 殘疾
혹 지 성 화 국　임 투　유 근 자　대 부 귀　무 근 자　소 부 귀　핍 수 자　잔 질

之人
지 인

【해설】　　　인월경금이 지지 火관살국으로 관살이 무리를 이루고 있는데 뿌리가 있는 壬水식신이 투출하면 병도 깊고 약도 효과가 있으므로 크게 부귀하고, 壬水가 뿌리가 없으면 부귀가 작다. 水식상이 없으면 무리를 이룬 관살이 庚金일간을 공격하므로 질병이 있다.

【원문】

或木被金傷 無丙丁出制 支無丁火 此係平人 或丙遭癸困 無戊
혹 목 피 금 상　무 병 정 출 제　지 무 정 화　차 계 평 인　혹 병 조 계 곤　무 무

制者亦然
제 자 역 연

【해설】　　　인월경금의 木재성이 金비겁에게 군겁쟁재로 손상되고, 丙丁관살이 투출하여 金을 제어하지 않으며, 지지에도 丁火가 없는 경우는 평범하다. 또, 丙火가 癸水를 만났는데 戊土가 癸水를 제어하지 않으면 역시 평범한 명이다.

【원문】

總之正月庚金 丙甲爲上 丁火次之 春金多火 不夭則貧 陽金最

총지정월경금 병갑위상 정화차지 춘금다화 불요즉빈 양금최

喜火煉 煆煉太過 反主奔流

희화련 하련태과 반주분류

【해설】　　　인월경금은 丙火와 甲木이 있어야 상급이고, 丁火는 그
다음이다. 봄의 金이 火관살이 많으면 요절하거나 가난하다. 양금(陽金)
인 庚金은 불로 제련하는 것이 좋지만, 지나치면 녹아서 발전이 없다.

【원문】

水盛金寒 專用丙戊 早年困苦 入東南運入泮

수성금한 전용병무 조년곤고 입동남운입반

시	일	월	연 (乾命)
庚	庚	壬	壬
辰	申	寅	子

己	戊	丁	丙	乙	甲	癸
酉	申	未	午	巳	辰	卯

【해설】　　　申子辰 水식상국에 庚金과 壬水가 투출해 水는 강하고
金은 한랭하다. 용신인 丙火로 조후하고 戊土로 水를 막아야 하는데 戊土
가 투출하지 않아 흠이다. 연주가 기신이고 초년이 木운이라 어려서 고생
이 심하였고, 남방 火운은 용신운이라 약간 풀렸다. 남방 火운에 약간 발

전한 것은 팔자에 병이 깊고 약신(藥神)이 투출하지 않았기 때문이다.

支成火局無水 僧道
지 성 화 국 무 수 승 도

시	일	월	연(乾命)
丙	庚	庚	辛
戌	戌	寅	巳

癸	甲	乙	丙	丁	戊	己
未	申	酉	戌	亥	子	丑

561

【해설】　　지지에 火관살이 강하고 丙火칠살이 투출하였다. 庚金
일간을 녹이는 火가 강하고, 제지하는 水식상이 없어 승도(僧道)이다.

인월경금 해설

시	일	월	연(乾命)
庚	庚	丙	己
辰	申	寅	酉

戊	己	庚	辛	壬	癸	甲	乙
午	未	申	酉	戌	亥	子	丑

3

십간의 월별 주용신과 보조용신

봄의 庚金이 월을 얻지는 못하였지만, 지지에 건록(建祿)과 제왕(帝旺)을 만나고 시(時)의 도움과 생조를 받아 신왕하다. 팔자를 중화시키는 방법은 金을 제어하는 火관살과 관살을 생조하는 木재성이다. 즉, 木火재관이 희용신이다.

甲木대운에 재물을 늘렸고, 癸水운은 연간에 己土가 있어 흉이 없었으며, 亥水운은 寅木과 합하고 丙火가 절처봉생(絶處逢生)이 되어 무과에 합격하였다. 壬戌운은 희용신인 木火가 손상되어 흉이 많았고, 辛酉운은 재성이 파괴되어 벼슬에서 물러났다.[사주 출처 『적천수(適天髓)』]

시	일	월	연	乾命
丁	庚	壬	壬	
丑	子	寅	午	

己	戊	丁	丙	乙	甲	癸
酉	申	未	午	巳	辰	卯

이르기를, 인월경금이 지지 火관살국으로 관살이 무리를 이루고 뿌리가 있는 壬水식신이 투출하면 병도 깊고 약도 효과가 있어 크게 부귀하다 하였다. 또한 亥子丑 水식상국의 바탕에 壬水가 투출하였으며, 월은 寅午戌 火관살국을 이루고 丁火가 투출하여 식신제살(食神制殺)의 구조로 팔자의 짜임새가 좋다. 신약에 水가 강하므로 火관살은 한신, 金비겁은 희신, 土인수는 용신이 된다. 대운의 흐름이 희용신으로 흘러 좋다.

북한의 김정일 국방위원장의 사주로 자정이 넘어서 출생하여 子시, 丑시 설이 있으나 丑시로 보는 것이 맞다. 丙子시로 보는 경우 종격(從格)에 해당되고, 대운이 희용신운이 아닌 火土로 흘러 크게 발전하기 어

562

窮通寶鑑

렵기 때문이다.

　성격적인 특징을 보면 식신이 일간에 가까이 있고, 식신궁에 식신이 있어 조왕(助旺)하므로 식신이 자리를 얻은 경우로, 제멋대로인 듯 보이지만 시간의 丁火가 월에 바탕을 두고 투출하여 이런 경향이 줄어든다.

② 묘월경금(卯月庚金)

> **주용신** 丁　**보조용신** 甲庚丙
>
> 월의 지장간 乙木과 庚金이 합하여 강해질 우려가 있다. 먼저 丁火정관을 써서 金을 제련하며, 甲木편재로 丁火를 돕고 庚金비견으로 甲木을 쪼갠다. 丙火편관은 丁火가 없는 경우에 쓴다.

【원문】

二月庚金　柱中自然有乙　當令之乙　見庚必留情於乙　此金有暗
이 월 경 금　주 중 자 연 유 을　당 령 지 을　견 경 필 유 정 어 을　차 금 유 암

强之勢　如秋金一理　故二月庚金　專用丁火　借甲引丁　借庚劈甲
강 지 세　여 추 금 일 리　고 이 월 경 금　전 용 정 화　차 갑 인 정　차 경 벽 갑

無丁用丙者　富貴多出於勉强
무 정 용 병 자　부 귀 다 출 어 면 강

【해설】
　　　　　　묘월경금은 월의 지장간에 乙木이 있어 庚金과 합하려 하므로 庚金일간이 강해질 수 있다. 그러므로 丁火정관을 먼저 쓰며, 다음에 甲木편재로 丁火를 돕고 庚金비견으로 甲木을 쪼갠다. 묘월경금에 제련하는 丁火가 없어서 조후하는 丙火를 쓰는 경우 부귀를 누릴 수는 있으나 노력해서 얻는다.

3

십간의 월별 주용신과 보조용신

【원문】

或丁在干 甲透引丁 支下再見一庚制甲 配得中和 必然大貴 如
혹정재간 갑투인정 지하재견일경제갑 배득중화 필연대귀 여

不見庚合者 雖丁甲兩透 亦屬平人
불견경합자 수정갑량투 역속평인

【해설】　　　　묘월경금에 丁火정관이 천간에 있고 甲木이 투출하여
丁火를 이끌어주며, 지지에서 1개의 庚金이 甲木을 제극하는 경우에는
팔자의 배합이 중화를 이루어 매우 귀하다. 그러나 庚金이 없는 사람은
丁火와 甲木이 투출해도 평범한 사람이다.

【원문】

春丁不旺不衰 故用甲爲佐丁之物 甲若無庚劈 則不能引丁 乙
춘정불왕불쇠 고용갑위좌정지물 갑약무경벽 즉불능인정 을

木雖多 又忌溼乙傷丁 難爲丁母 故有丁甲無庚者 常人 有丁庚
목수다 우기습을상정 난위정모 고유정갑무경자 상인 유정경

甲不出干者 常人 或丁透無庚甲者 可許貢監 無丁有丙者 異路
갑불출간자 상인 혹정투무경갑자 가허공감 무정유병자 이로

功名
공명

【해설】　　　　봄의 丁火는 왕성하지도 쇠약하지도 않으므로 甲木으
로 도와야 한다. 또한 甲木은 庚金으로 쪼개줘야 丁火를 이끌어 온다.
그러나 甲木 대신 습한 乙木이 많은 경우에는 오히려 丁火가 손상될 수
있어 丁火를 이끄는 것으로 삼기 어렵다.
　　그러므로 丁火와 甲木이 있어도 庚金이 없으면 평범한 사람이고, 丁

火와 庚金은 있으나 甲木이 투출하지 않아도 평범한 사람이다. 또한 丁火는 투출하고 庚金과 甲木이 없는 경우 재물을 이용해서 벼슬을 할 수 있고, 丁火 대신 丙火가 있는 경우는 과거가 아닌 다른 방법으로 공명을 이룬다.

【원문】

或一片甲乙 忌庚出幇破才 乃從才格 反主富貴 若見一比 又主
혹 일 편 갑 을　기 경 출 방 파 재　내 종 재 격　반 주 부 귀　약 견 일 비　우 주

孤貧
고 빈

【해설】　　　묘월경금이 甲乙재성이 약한 경우 庚金이 천간에서 재성을 파괴하면 흉하다. 그러나 재성이 강하면 종재격(從財格)으로 부귀한데, 이 경우 庚金비견을 1개 보면 종재격의 파격으로 재다신약(財多身弱) 사주가 되므로 외롭고 가난하다.

【원문】

從才者 火妻土子 用丁者 取甲爲妻 若有庚制 難許同偕
종 재 자　화 처 토 자　용 정 자　취 갑 위 처　약 유 경 제　난 허 동 해

【해설】　　　종재격인 경우 火가 처이고 土가 자식이다. 丁火를 용신으로 하는 경우에는 희신인 甲木이 처가 되는데, 만약 庚金이 제극하면 해로하기 어렵다.

【원문】

死金嫌蓋頂之泥 重見戊己 如人壓伏之象 須甲透爲妙
사금혐개정지니 중견무기 여인압복지상 수갑투위묘

【해설】　　　　　庚金은 卯월이 태지(胎地)가 되어 약하므로, 흙이 많으면 金이 흙에 묻힐까 두렵다. 戊己인수를 거듭 보면 남에게 압박을 당하는 형상이므로 土를 극하는 甲木이 투출해야 좋다.

【원문】

貴自富得 慷慨好施
귀 자 부 득　강 개 호 시

시	일	월	연 (乾命)
丁	庚	己	庚
丑	寅	卯	申

丙	乙	甲	癸	壬	辛	庚
戌	酉	申	未	午	巳	辰

【해설】　　　　　庚金이 卯월에 태어나서 약하지만, 丑에 뿌리를 둔 己土가 투출해서 庚金을 도와 강해졌다. 여기에 용신인 丁火가 투출해서 金을 제련하니 스스로 귀하게 된다. 寅卯재성이 강해서 재물이 있고, 의리와 인정이 있었다.

【원문】

甲透丁藏 武魁
갑 투 정 장 무 괴

───────────────────────────

시 일 월 연(乾命)

甲 庚 己 庚

申 子 卯 午

丙 乙 甲 癸 壬 辛 庚
戌 酉 申 未 午 巳 辰

【해설】　　묘월경금에 필요한 丁火와 甲木과 庚金 중 甲木과 庚金은 투출하였으나, 庚金을 제련하는 丁火가 투출하지 않아 온전히 귀하지 않다. 무과(武科) 벼슬을 하였을 뿐이다.

【원문】

武壯元 甲透丁藏
무 장 원 갑 투 정 장

───────────────────────────

시 일 월 연(乾命)

丁 庚 辛 辛

亥 寅 卯 酉

甲 乙 丙 丁 戊 己 庚
申 酉 戌 亥 子 丑 寅

【해설】　　　　　庚金일간도 강하고 재성도 강하며, 亥水식상이 통관하고 丁火정관이 庚金을 제련한다. 단, 丁火를 살리는 甲木이 투출하지 않아 무과에 장원(壯元)하는 데 그쳤다.

【원문】

大貴乏嗣
대 귀 핍 사

시	일	월	연 (乾命)
丁	庚	辛	丙
亥	辰	卯	申

戊	丁	丙	乙	甲	癸	壬
戌	酉	申	未	午	巳	辰

【해설】　　　　　辛金이 庚金일간을 방조하고, 지지의 재성이 丙丁관살을 생조하여 크게 귀하게 되었다. 그러나 자식을 뜻하는 시지의 丁火 용신이 亥水인 절지(絶地)에 있고, 申辰 水식상국이 용신인 丁火를 극하여 자식이 없었다.

```
시  일  월  연 (乾命)
庚  庚  丁  己
辰  申  卯  亥

庚 辛 壬 癸 甲 乙 丙
申 酉 戌 亥 子 丑 寅
```

　묘월경금이 앉은 자리가 申金이고 시간에 庚金이 있으며, 시지에 辰土인수가 있어서 신왕하다. 丁火와 甲木 위주로 쓰는 원문의 용신 원칙과 왕자극설(旺者剋洩)의 억부 원칙에 따라 식상 亥水와 관살 丁火를 먼저 살핀다. 亥水는 亥卯未 목국(木局)을 이루어 발이 묶이고, 천간에서 토극수(土剋水)를 당하여 용신으로 쓰기에 부적당하다. 월간의 丁火칠살은 지지에 亥卯未 木재성국을 이루고 월령의 생조를 받아 유력하므로 용신으로 쓰기에 부족함이 없다.

　다음으로 팔자 중 간지 상호간의 상황을 본다. 일간 庚金의 입장에서 보면 시간 庚金이 도와 하늘을 덮는 천부(天覆)의 형상이고, 辰土는 庚金일간의 뿌리가 되어 지재(地載)의 상태가 되니 이를 천부지재(天覆地載)라 한다. 또한, 용신 丁火의 입장에서 보면 바닥이 亥卯未로 지재 상태를 이룬 것으로도 설명된다. 즉, 용신이 유력하고 상하유정(上下有情)한 팔자이다.

　子癸亥 식상대운을 보면 丁火 용신을 쓰는 사주에 물인 식상이 와서 기신운으로 흉할 것 같다. 그러나 子癸亥는 신왕한 일간을 설기하고, 용신의 입장에서 지재가 된 亥卯未 재성의 수국(木局)을 도와 재생관의 흐

름을 보인다. 이 경우 용신이 지재를 이루지 않거나 신왕 일간이 아니면 丁火 용신을 치는 대운으로 흉액이 컸을 것이다.

명주는 어려서부터 벼슬을 하여 봉강(封疆)의 지위까지 올랐다. 일주는 건왕(健旺)한 것이 좋고, 용신이 손상되면 흉하다는 것은 이런 사주를 두고 한 말이다.[사주 출처 『적천수(適天髓)』]

```
시 일 월 연  乾命
壬 庚 丁 己
午 辰 卯 酉

庚 辛 壬 癸 甲 乙 丙
申 酉 戌 亥 子 丑 寅
```

묘월경금에 일지 辰土가 있어 왕성하므로 월간 丁火를 용신으로 한다. 용신인 丁火가 지지 寅卯辰 위에 있어 지재처럼 보이지만, 연지와 卯酉충이 되고 丁壬합으로 기반(羈絆)이 되어 무력하다. 이와 같이 용신이 무력하고, 중년 이후 운의 흐름이 기구신인 金水로 흘러 아름답지 못하다.

명주는 2005년(癸亥운, 乙酉년) 사업 실패에 따른 범법행위로 교도소에서 복역 중이다. 대운인 癸亥운은 기신운으로 癸水가 용신을 丁癸충하며, 태세 乙酉는 팔자의 수옥살(囚獄殺)인 卯를 충하여 발동하게 하여 흉을 불러온다.

참고로, 범죄 등의 행위로 구속 등이 되는 운은 다음과 같다.
① 기신이 더욱 강해지는 운

② 군겁쟁재(群劫爭財)의 운

③ 상관이 왕성한 사주가 식상을 만나는 운이나 관살운

④ 팔자의 용신이 제극되거나 손상되는 운

⑤ 수옥살에 해당하는 운이나, 팔자에 있는 수옥살을 형충하여 발동하
　게 하는 운

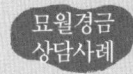

부부, 실장구와 맞장구

부부가 함께 찾아왔는데, 남편이 먼저 이 상태로 살다가는 5년 안에 우리 부부 중 한 명은 죽을 것이라고 하소연을 하였다. 술 한 모금 먹은 날이면 자신을 세워놓고 온몸을 뒤지는 것은 그래도 참을 수 있는데, 어느 때는 핸드폰 전화번호를 모두 지우니 이런 상태로 어떻게 살 수 있겠냐는 것이다. 또 현재 해물탕집을 하며 손님이 많아서 벌 만큼 벌고 사업도 잘 돌아가는데 흰 옷에 묻은 얼룩을 보고 립스틱 운운하며 악다구니하는 부인을 보면 정나미가 떨어지는 것은 물론, 이 여자하고 앞으로 계속 살아야 하는지 의문이 든다는 것이다.

　그러자 이번에는 부인이 부들부들 떨며 목소리를 높였다. 24시간 택시가 다니는데 여자종업원을 꼭 차로 데려다주어야 하느냐? 옷에 묻은 얼룩이 음식 자국이 아니라 입술 자국 아니냐? 시아버지도 두 집 살림을 했고, 형제가 모두 여자문제로 이혼하지 않았느냐? 결혼 후 이제까지 날 위해 해준 게 뭐냐? 등등.

　부인이 쏟아내는 이야기들을 듣다 남편이 씩씩대며 자리를 뜨자 부인이 주르륵 눈물까지 흘리며 밑도 끝도 없는 하소연을 시작하였다. 딸부잣집의 셋째딸로 오빠같이 대해주던 남편과 사랑에 빠져서 결혼하여 아들딸 낳고 경제적으로는 부족함이 없으며,

현재 우울증 치료를 받고 있고 요즘은 하루걸러 심하게 부부싸움을 하고 있는데, 자신이 남편에게 왜 그러는지 스스로도 이해가 안 갈 때가 있다는 것이다. 부인이 깊은 한숨소리를 남겨놓고 한 시간여 만에 자리를 뜬 후 부인의 팔자를 다시 들여다보았다.

<blockquote>

시　일　월　연 (坤命)
丙　庚　己　庚
子　戌　卯　戌

壬 癸 甲 乙 丙 丁 戊
申 酉 戌 亥 子 丑 寅

</blockquote>

팔자에서 성격을 보는 단법(單法)이 여러 가지 있는데, 무엇보다 팔자의 전체적인 형세에서 구조를 보는 것이 우선이다. 위 사주는 구조에서 인수가 강한 것이 금방 눈에 띈다. 정(正)의 편화(偏化)로, 어느 육친이나 도를 넘으면 부정적인 영향이 나타난다. 즉, 인수가 많으면 편인의 속성이 나타나는데, 편인은 니를 생하면서 나와 음양이 같아 서로 배척하는 육친이다. 다시 말해서 아버지가 젖을 물리는 것과 같은 육친, 마지못해 먹는 보약과 같은 육친, 받아먹으면서도 이를 거부하는 육친의 형태다. 성격이 적극적이지 못하면서도 이를 불만스럽게 생각하며, 고독하고 수동적이고 폐쇄적이며 직관적이지만 망상을 가지고 있다. 또한 편인은 도식(倒食) 작용으로 식신을 쳐서 하염없이 주는 것에 서툴며, 표현에 서툰 특성을 보인다. 이 경우 식상의 속성을 강화시켜야 성격적으로 균형이 맞는다. 식신은 계산 없이 주는 마음, 상관은 계산하며 주는 마음이다. 그런데 시지에 子水상관이 있으나 시간에 丙火가 있어서 水火가 다투므로 그나마 있는 상관의 역할을 방해한다.

결론은 받아먹으면서도 이를 거부하고, 주는 것이 서툰 성격이다. 팔자에서 이런 성격이 강하게 나타난다고 하자 부인이 고치는 방법을 물었다. 꼭두쇠인 상쇠가 아무리 뛰어나도 사물의 어우러진 소리가 나오지 않는 법이다. 아무리 내 생각, 내 연주 방법이 맞아도 사물놀이에서는 어울림이 우선되어야 한다.

3 진월경금(辰月庚金)

주용신 甲   보조용신 丁

월의 지장간에 戊土가 있어 庚金이 묻힐 우려가 있다. 甲木편재로 戊土를 파헤치고, 丁火정관으로 보좌한다.

【원문】

三月庚金 戊土司令 無生金之理 有埋金之憂 故先甲後丁 不用
삼 월 경 금   무 토 사 령   무 생 금 지 리   유 매 금 지 우   고 선 갑 후 정   불 용

庚劈甲 三月之庚 土旺金頑 頑金宜丁 旺土須甲 乏甲不能立業
경 벽 갑   삼 월 지 경   토 왕 금 완   완 금 의 정   왕 토 수 갑   핍 갑 불 능 립 업

乏丁焉能成名 二者少一 富貴不眞 庚金無火 非夭則貧 身弱才
핍 정 언 능 성 명   이 자 소 일   부 귀 부 진   경 금 무 화   비 요 즉 빈   신 약 재

多 富貴不久
다   부 귀 불 구

【해설】　　　　　진월경금은 월의 지장간 중 戊土편인이 사령한다. 戊土는 庚金을 생하기보다는 묻을 우려가 있으므로, 먼저 甲木편재로 戊土를 파헤치고 다음에 丁火정관을 쓰며, 庚金이 甲木을 쪼개는 것은 필요치 않다. 또한 진월경금은 土金이 강하므로 왕성한 土를 甲木으로 파헤쳐야 하며, 강한 金은 丁火를 좋아한다. 甲木이 부족하면 재물을 이룰 수 없고, 丁火가 부족하면 이름을 날릴 수 없으니, 甲木과 丁火 중 어느 하나가 부족해도 부귀가 온전치 못하다. 진월경금에 火관살이 없으면 庚金이 제련되지 않고 기세만 강하므로 요절하거나 가난하며, 木재성은 강하고 일간 庚金이 약한 재다신약(財多身弱)이면 부귀가 오래가지 못한다.

【원문】

得丁甲兩透 不見比肩 科甲之命 但要好運相催 甲透丁藏 採芹
득정갑량투 불견비견 과갑지명 단요호운상최 갑투정장 채근

拾芥[㈜] 甲藏丁透 異路功名 丁甲俱藏 不受庚制 富中取貴 刀筆起
습개　갑장정투 이로공명 정갑구장 불수경제 부중취귀 도필기

家 有甲無丁 平常之輩 有丁無甲 迂儒腐儒 丁甲兩無 下賤之流
가 유갑무정 평상지배 유정무갑 우유부유 정갑량무 하천지류

【해설】　　　　진월경금에 丁火정관과 甲木편재가 투출하고 庚金비
견을 보지 못하면 과거 급제한다. 단, 운이 서로 도와야 한다. 甲木은 투
출하고 丁火가 장간에 있으면 나무를 베고 열매를 줍는 가난한 생활을
하며, 甲木이 장간에 있고 丁火가 투출하면 과거가 아닌 다른 방법으로
공명을 얻는다. 또한 丁火와 甲木이 모두 장간에만 있고 투출하지 않은
경우는 庚金의 제극이 없으므로 재물로 명예를 취하는 격이며, 문서를
기록하는 일 등으로 집안을 일으킨다. 甲木은 있고 丁火가 없으면 평범
한 사람이고, 甲木이 없고 丁火가 있으면 실력이 없는 선비에 불과하며,
甲木과 丁火가 모두 없는 경우는 하천한 무리다.

㈜ 습개는 티끌을 줍듯 부귀를 쉽게 얻음을 비유하는 말이지만, 여기에서는 가난한 생
　활을 하는 것으로 쓰였다.

574

【원문】

或一甲 無丁 有丙 由行伍而得官職 須不見壬 癸 爲妙
혹일갑 무정 유병 유행오이득관직 수불견임 계 위묘

【해설】 　　　　진월경금에 甲木이 1개 있고 丁火는 없으며 丙火칠살
이 있으면 군인으로 관직을 얻는다. 단, 壬癸식상을 보지 않아야 좋다.
庚金은 丙火로 제극하기보다 丁火로 제련하는 것이 더 좋다.

【원문】

或支成土局 無木 貧賤僧道 見乙 奸詐小人
혹 지 성 토 국 무 목 빈 천 승 도 견 을 간 사 소 인

【해설】 　　　　진월경금에 지지가 土인수국으로 인수가 강하고, 강한
흙인 인수를 파헤쳐줄 木재성이 없으면 빈천한 승도(僧道)이다. 소토(疏
土)할 능력이 있는 甲木 대신 유약한 乙木을 보는 경우에는 간사한 소인
배에 불과하다.

【원문】

或支成火局 癸水透 富貴 有丙丁出干 見壬制之 方吉 無制 殘
혹 지 성 화 국 계 수 투 부 귀 유 병 정 출 간 견 임 제 지 방 길 무 제 잔

疾之人
질 지 인

【해설】 　　　　지지가 火관살국으로 관살이 왕성하고 癸水상관이 투
출하면 부귀하고, 丙丁火가 천간에 투출하고 壬水식신이 제극하면 길하
다. 火가 왕성하고 壬癸식상이 제극하지 않으면 잔병이 있는 사람이다.

【원문】

用甲者 水妻木子 用丁者 木妻火子
용 갑 자 수 처 목 자 용 정 자 목 처 화 자

십간의 월별 주용신과 보조용신

【해설】 　　　　진월경금이 甲木편재를 용신으로 하는 경우 水가 처이고 木이 자식이며, 丁火정관을 용신으로 하는 경우에는 木이 처이고 火가 자식이다.

【원문】

時出壬水 支成水局 名井欄叉格 官至太師
시 출 임 수 　 지 성 수 국 　 명 정 란 차 격 　 관 지 태 사

시	일	월	연 (乾命)
壬	庚	庚	庚
午	申	辰	子

丁	丙	乙	甲	癸	壬	辛
亥	戌	酉	申	未	午	巳

【해설】 　　　　지지가 申子辰 水식상국을 이루고, 시간에 壬水가 투출하였다. 정란차격(井欄叉格)^{주)}으로 壬水가 득지(得地)하는 申酉운에 크게 발전하여 태사(太師) 벼슬을 하였다.

㉠ **정란차격** 　고전 격국의 하나로 우물에 물이 있다는 의미다. 庚金일간이 지지에 申子辰을 만나고, 팔자에 寅午戌丙丁巳와 壬癸가 없는 경우에 순수한 격을 이룬다. 이 격은 팔자에 있는 申子辰이 허충(虛沖)으로 寅午戌을 불러와서, 庚金의 재관인(財官印) 삼기(三奇)를 이끌어내는 데 그 의미가 있다. 즉, 寅午戌 중에서 寅 중 甲木은 재성, 午 중 丁火는 정관, 午 중 己土는 정인으로 귀함을 불러온다.

정란차격이 귀한 것은 허충으로 불러오는 재관인을 쓰기 때문인데, 위 사주는 이미 시지에 午火정관이 있어 실충(實沖)이 되므로 파격(破格)이 되었다.

窮
通
寶
鑑

576

시	일	월	연 (坤命)
庚	庚	壬	丙
辰	子	辰	子

乙	丙	丁	戊	己	庚	辛
酉	戌	亥	子	丑	寅	卯

시지에 辰土가 있고 시간이 庚金은 辰土이 생조를 받아 일간을 방조 (幫助)하므로 약하지 않으며, 지지가 申子辰 식상국으로 월간에 壬水가 투출하여 일간을 설기하는 것도 만만치 않은 상황이다. 진월경금의 용 신 원칙은 木火재관 위주로 쓰는 것이다. 이는 월령을 차지한 土가 庚金 을 파묻는 것을 막고, 완고한 庚金을 제련하기 위해서다. 위 사주는 오행 의 흐름이 水식상에 몰려 있어서 木으로 왕성한 물기운을 빼내고, 연간 丙火로 庚金을 제극하여야 하므로 丙火가 용신이 된다.

용신 丙火의 상황은 먼저 丙壬충에 물바닥으로 무력한 것이 아쉬우 며, 일간에서 멀리 떨어져 있고 壬水가 중간에 훼방하여 일간과 무정한 것이 흠이다. 용신이 무력하고, 운 초반에 희신인 寅卯 木기운이 오지만 천간으로부터 극을 당해 용신인 火를 생하기 힘들며, 중반운은 기신인 水로 흘러 운도 아름답지 못하다.

실제로 결혼도 못 하고 남의 집 가정부로 일생을 마친 여성이다.

577

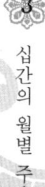

3

십간의 월별 주용신과 보조용신

시 일 월 연(乾命)

戊 庚 戊 甲

寅 戌 辰 戌

乙 甲 癸 壬 辛 庚 己

亥 戌 酉 申 未 午 巳

　이르기를 진월경금에 지지 土인수국으로 인수가 강하고, 이를 파헤쳐
줄 木재성이 없으면 빈천한 승도(僧道)의 팔자라 하였다. 위 팔자의 지
지 寅戌은 火를 머금고 있고, 辰 중 戊土가 모두 투출하여 土인수가 넘쳐
庚金이 묻히게 되므로 이를 헤쳐줄 木이 급히 필요하다. 마침 연간에 甲
木이 있어서 이를 용신으로 삼는다. 희신은 甲木을 생하는 癸水가 되는
데, 辰 중에 癸水가 있으나 무력한 것이 단점이다. 중년의 壬申과 癸酉운
이 희신운으로 흘러 무력함을 해결하고, 말년은 용신운이 되어 흐름이
좋다.

　모 제약회사의 상무로 정년퇴직하고, 2007년 현재 약국을 운영하며
서예로 소일하고 있다. 평생 큰 화액이 없었고 2남1녀의 자식이 모두 성
공하였으나, 편인과다(偏印過多)로 부모복이 없었으며 장모님을 모시고
살았다.

④ 사월경금(巳月庚金)

【원문】

四月庚金 長生於巳 巳內有戊 丙不鎔金 故不畏火炎 丙亦可作
사 월 경 금 　장 생 어 사 　사 내 유 무 　병 불 용 금 　고 불 외 화 염 　병 역 가 작

用 但先壬水 方得中和 故曰羣金生夏 喜用勾陳 次取戊土 丙火
용 　단 선 임 수 　방 득 중 화 　고 왈 군 금 생 하 　희 용 구 진 　차 취 무 토 　병 화

佐之 三者皆全 登科及第 卽透一二 亦非白丁
좌 지 　삼 자 개 전 　등 과 급 제 　즉 투 일 이 　역 비 백 정

【해설】　　　　사월경금은 월의 지장간 중 丙戊가 월인 巳火에서 건
록(建祿)이고, 경금은 장생(長生)이 된다. 비록 巳火가 불이지만, 巳火
중에 戊土가 있어 庚金을 화살(化殺)하므로 庚金일간이 녹지 않는다. 그
러므로 丙火칠살을 용신으로 할 수 있다. 단, 壬水식신이 우선되어야 중
화가 되므로 壬水를 우선해서 쓴다. 다음으로 戊土편인을 쓰고 丙火칠
살로 보좌한다. 이와 같이 壬水와 戊土와 丙火가 모두 있으면 과거 급제
한다. 이 중 1~2개가 투출하여도 천한 사람은 면한다.

或一派丙火 名曰假殺爲權 須不見壬制者 此人假作淸高 並無
혹일파병화 명왈가살위권 수불견임제자 차인가작청고 병무

仁義 刑妻剋子 有壬制者 又主榮華 壬藏支者 有富貴之名 而無
인의 형처극자 유임제자 우주영화 임장지자 유부귀지명 이무

其實
기 실

【해설】　　　　사월경금에 한 무리의 丙火칠살이 있는 경우 이를 가
살위권(假殺爲權)[주]이라 한다. 이 경우 丙火를 제극하는 壬水식신을 보
지 못하면 비록 戊土가 화살(化殺)을 해도 편고(偏枯)하다. 이 경우 명주
는 맑고 고결한 체하고 인의가 없으며, 처자를 형극한다. 그러나 壬水가
제극하면 영화를 누린다. 또한 壬水가 장간에 있으면 부귀하다는 말은
듣지만 실속이 없는 사람이다.

[주] **가살위권**　"신강살천 가살위권(身强殺淺 假殺爲權)이며, 비요즉빈 신쇠위귀(非夭則貧
身衰爲鬼)"란 일간이 왕성하고 칠살이 약하면 칠살이 정관으로 변하고, 일간이 쇠약
하면 정관이 칠살이 되어 흉한 역할을 하므로 요절하거나 가난할 수 있다는 의미다.
그럼에도 불구하고 가살위권을 신왕할 때 칠살을 용신으로 하는 경우라고 하거나, 원
문에서처럼 사월경금 사주에 한 무리의 丙火칠살이 있는 경우라고 하는 것은 엄격한
의미에서 보면 본래 의미에서 벗어난 것이다. 이유는 사월경금에 한 무리의 丙火가
있는 경우를 모두 칠살이 약한 경우라고 볼 수 없기 때문이다.

【원문】

或支成金局 變弱爲强 用丙無力 用丁方妙 故丁透者吉 無丁 無
혹지성금국 변약위강 용병무력 용정방묘 고정투자길 무정 무

用之人 或丁出三四 煆制太過 其人奔波
용지인 혹정출삼사 하제태과 기인분파

【해설】　　　　　　사월경금이 지지에 巳酉丑 金비겁국을 이루면 약한 일간이 강하게 변한다. 이 때 庚金을 제어하기 위해 丙火를 사용하는 것은 위력이 없다. 대신 丁火로 제련해야 그 쓰임이 있다. 그러므로 丁火가 투출해야 길하며, 丁火가 없는 경우 쓸모없는 사람이다. 그러나 丁火가 3~4개 나타나면 제련하는 것이 지나쳐서 파란이 있는 사람이 된다.

【원문】

四月庚金 須用壬丙戊 但非拘執先後 宜分病用藥 妻子仝前
사 월 경 금　수 용 임 병 무　단 비 구 집 선 후　의 분 병 용 약　처 자 동 전

【해설】　　　　　　사월경금은 반드시 壬水와 丙火와 戊土를 사용하되 선후에 집착하지 말고, 팔자의 병에 따라 약으로 사용한다. 용신에 따른 처자(妻子) 구분은 진월경금(辰月庚金)과 같다.

【원문】

劍戟成功 入火鄕而反害 金逢火已損 再見火必傷 庚辛火旺怕
검 극 성 공　입 화 향 이 반 해　금 봉 화 이 손　재 견 화 필 상　경 신 화 왕 파

南方 逢辰巳之鄕 又爲榮斷
남 방　봉 진 사 지 향　우 위 영 단

【해설】　　　　　　사월경금이 지지에 金이 강하거나 金비견국을 이룬 경우에 火를 만나면 金이 손해가 되어 오히려 흉하고, 또다시 火를 만나면 金이 손상된다. 또한 庚辛金일간이 팔자에 火가 왕하고 운이 火로 흐르는 것을 꺼린다. 그러나 辰土는 습한 흙으로 金을 생하고, 巳火는 庚金의 장생(長生)의 자리가 되므로 辰土와 巳火운에서는 영화를 누린다.

```
시   일   월   연 (乾命)
辛   庚   丁   戊
巳   申   巳   辰

甲  癸  壬  辛  庚  己  戊
子  亥  戌  酉  申  未  午
```

이 사주는 火土金 오행으로만 이루어져 관인상생(官印相生)이 되므로 흐름이 매끄럽다고 판단할 수도 있다. 단, 연간 戊土가 일간과 무정한 것이 흠이다.

전체적인 구조로 봐서는 일간 庚金에 기운이 모여 있는 신왕한 사주이므로, 이 점을 고려하여 용신을 정해보자. 사월경금은 용신을 정할 때 壬水와 戊土, 丙火를 떼어놓고 생각할 수 없다. 사월경금이 戊土를 쓰는 경우는 庚金일간이 신약하거나 水식상이 강해서 이를 제극하여야 하는 경우이므로 戊土를 용신으로 정할 수 없다. 또한 丙火는 연주 戊辰을 도와 결과적으로 신왕한 사주를 더 신왕하게 만들므로 쓸 수 없다. 따라서 壬水와 戊土와 丙火 중 사월경금에 가장 중히 사용되는 申 중 壬水를 용신으로 하며, 희신은 辰 중 乙木으로 삼는다.

그러나 용신으로 삼은 壬水의 상황을 보면 巳 중 丙火와 丙壬충이 되고, 운에서 壬水가 와도 월간의 丁火가 합을 하여 기반(羈絆)이 되므로 용신 역할을 하기 힘들다. 차선으로 辰 중 癸水에 눈을 돌려보면, 戊土와 합이 되어 역시 약이 안 된다. 결론은 용신이 무력하다.

이러한 사주 구조를 염두에 두고 명주가 丙寅년에 부인과 같이 교통사고로 사망한 이유를 살펴본다. 장수할 수 없는 이유를 먼저 팔자의 재성을 중심으로 살펴보자.

① 전체적인 팔자 구조가 화생토(火生土) 토생금(土生金)으로 金비겁에 모여 있고, 설기하는 水식상이 없어 건강을 나타내는 재성이 무력하다.

② 재성은 辰土 중 지장간 乙木이 되는데 巳월의 乙木이 무력하고, 운에서 乙이 들어와도 시간 辛과 乙辛충이 되어 역할을 못 한다. 또한 재성이 운에서 들어와 팔자에 자리를 잡으려 해도 재성궁이면서 건강궁인 일지궁에 申金이 있어서 자리를 잡기도 어렵다.

③ 재성궁에 비겁이 있어서 파궁(破宮)이 되고, 재성궁 자체도 巳申형이 겹쳐 있어 불안한 상황이다.

용신이 무력하다는 점과 이와 같은 재성의 상황들이 요절과 관련이 있다.

사고일은 양력 1986년 9월 29일 오후 5~6시로 발생사주(發生四柱)는 다음과 같다.

시	일	월	연
丁	丙	丁	丙
酉	子	酉	寅

사망을 불러온 운의 영향은 다음과 같다.

① 연운의 천간 丙은 일간을 칠충하고, 연운의 지지 寅은 건강궁이자 욕구궁인 일지를 칠충하여 천충지충(天沖地沖)이 된다.

② 연운의 지지 寅은 본명과 결합하여 寅巳申 삼형을 이룬다. 寅巳형은 巳午未와 寅午戌의 관계에서 이루어지는 형으로 火관살을 강하게 하고, 巳申형은 申酉戌과 巳酉丑의 관계에서 이루어지는 형으로 金을

강하게 한다. 이 사주는 寅巳형의 영향이 더 강하게 나타난다.

③ 형(刑)의 영향으로 튀어나온 지장간은 甲木과 丙火이다. 결국 목생화 (木生火)로 관살을 더 강하게 하는 역할을 한다. 혹시 丙火가 시간 辛金과 합으로 묶여 역할을 못 한다고 생각할 수도 있다. 그러나 본명에서 이미 시지와 묶여 있고, 寅의 지장간에 丙火가 또 있으므로 묶이지 않는다.

④ 연월일시 운의 모든 천간이 관살이 회집(會集)되어 있다.

사고 당시 부인도 동승하여 사망하였다. 부인의 생년월일은 음력 1928년 7월 14일이고 시(時)는 미상으로 다음과 같다.[사주 출처 『교통사고 일진의 명리학적 분석』(논문, 박효순)]

시	일	월	연 (坤命)
○	庚	庚	戊
○	子	申	辰

시	일	월	연 (乾命)
丁	庚	乙	丁
丑	辰	巳	未

戊	己	庚	辛	壬	癸	甲
戌	亥	子	丑	寅	卯	辰

위 명주의 어머니는 남편과 일찍 사별하였고, 아들 내외와 따로 살고 있다. 아들은 외아들이고 직업은 건축설계사이다. 특별한 점은 부인이

불안할 정도로 직장을 자주 바꾸며, 병적으로 지갑에 항상 현찰을 많이 갖고 다닌다. 또 금전에 대한 개념이 전혀 없어서 카드를 지나치게 많이 사용하여, 2005년(辛丑운, 乙酉년) 6월에 부인이 돈을 빌려서 1억 원에 가까운 부채를 갚은 적도 있다. 바람을 피우거나 여자에게는 관심이 없지만 친가에 대한 쏨쏨이가 지나쳐서 부부 불화가 심하며, 2007년 들어서 부인이 심각하게 이혼을 생각 중이다.

팔자 구조가 이런 실제상황에 미치는 영향을 살펴보자. 우선, 천간의 火가 생조하는 인수의 과다가 눈에 띈다. 인수 과다일 경우에는 정(正)의 편화(偏化)현상이 일어나서 편인의 영향이 강하게 나타난다. 편인 과다는 용두사미이며, 비현실적이고 초현실적이기 때문에 직장을 자주 바꾼다.

이번에는 위 사주의 성격 흐름을 진입원리로 풀어보자. 일간이 일지 궁인 인수로 1차 진입을 하면, 2차로 인수의 원래 자리인 연지로 도입(跳入)하게 된다. 도입이 되는 궁을 보면 인수가 자신의 자리에 있어 조왕(助旺)한 상태이고, 천간에서 화생토(火生土)로 도와 더욱 강해진다. 즉 전체적으로 보면 편인의 속성이 강하고, 진입원리에 의해 더욱 강화되는 형세다. 편인 과다이면 재성이 약이다. 그러나 乙木재성은 주변의 火에 의해 설기되고, 巳火가 병지(病地)이므로 힘을 쓸 수 없다. 이런 점이 재물에 대한 개념이 없고, 지나치게 낭비하는 금전적 특성을 만들어 낸다.

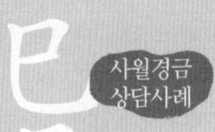

문어발 자르기

"평생에 걸쳐 문어발같이 계속 뻗쳐오는 간섭들을 100개를 자르고 나면 진정한 외로움이 온다. 그리고 그 후에는 세상이 내 프로그램만으로 돌아가게 된다."

지독히 메모를 싫어하는 내가 상담을 청했던 분의 말을 적어놓은 것이다. 이 여성과는 2006년 3월 29일에 인연이 되었다. 상담을 청했던 다른 이들과는 달리 바른 말을 곧잘 퍼부었다. 오실 때마다 주었던 조언들이 마음에 와닿아서 간 다음에 메모를 해놓곤 하였다. 상담을 끝내고 뒷정리를 하던 중 이 분이 자신을 지키는 방법으로 문어발 자르기 운운하던 메모장을 보고, 그 매정함이 궁금하여 사주를 들춰보았다.

시	일	월	연(坤命)
丙	庚	丁	戊
戌	寅	巳	戌

庚	辛	壬	癸	甲	乙	丙
戌	亥	子	丑	寅	卯	辰

팔자가 언뜻 보면 화생토(火生土)에 토생금(土生金)이 되어 그럭저럭 힘이 있어 보인다. 그러나 숨어 있는 기운까지 자세히 들여다보면 팔자에 불기운이 너무 많은 게 흠이다. 지지의 지장간에 있는 것을 포함하여 불을 뜻하는 붉은 글자를 단순히 숫자로만 세어보면 6개다. 그러니까 여덟 자 중 6개가 불기운을 포함하고 있는 것으로, 팔자에 불이 너무 많아 염상(炎上)이며 번성하고 분열하는 상이 되어버렸다.

여기서 불은 자신에게 남편을 뜻하고 자신을 옥죄는 기운이기도 한데, 자신이 감당하기에 너무 강하다. 자신이 손상되지 않으려면 방어든 공격이든 자신을 지키기 위해

모든 힘을 쏟아야 한다. 문어발 자르기를 통해 자신을 일부러 고독하게 하는 것도 그런 이유가 있었던 것이다.

그런데 한 가지 의문은 팔자의 강한 불기운에서 자신을 지키는 방법이 이 방법밖에 없었을까? 문어발을 자르고 눈을 감아 철저히 고독해지는 것은 오행의 이치에 맞지 않는다. 오행의 잣대로 보면 자신의 기운인 쇠기운을 키우거나, 간섭하는 기운들이 자신에게 이익이 되도록 흙기운을 쓰는 방법이 있다. 아니면 물을 동원하여 문어발처럼 춤추는 강한 불을 끄는 적극적인 방법도 있다. 50세가 되도록 처녀로 살아온, 불기운이 춤추는 뜨거운 사주를 쳐다보며 생각하였다. 무더위를 잘라버리는 방법은 없다. 그러나 무더위와 친해지고 조절하는 것은 언제나 가능하다.

⑤ 오월경금(午月庚金)

> **주용신 壬　보조용신 癸**
>
> 불기운이 맹렬해서 庚金이 약하다. 壬水식신으로 불을 조절하고, 癸水상관으로 壬水를 보좌한다.

【원문】

五月庚金 丁火旺烈 庚金敗地 專用壬水 癸又次之
오 월 경 금　정 화 왕 렬　경 금 패 지　전 용 임 수　계 우 차 지

【해설】　　　오월경금은 火가 왕성하고 맹렬하며, 庚金일간이 패지(敗地)에 있다. 그러므로 불을 조절하는 壬水식신을 쓰고, 다음에 癸水상관을 쓴다.

【원문】

壬透癸藏 支見庚辛 必然科甲 切忌戊己透干制水 則否 戊藏支
임투계장 지견경신 필연과갑 절기무기투간제수 즉부 무장지

內 不失儒林 或壬在支 有金生助 又得金神出干 明經之貴 或癸
내 불실유림 혹임재지 유금생조 우득금신출간 명경지귀 혹계

出帶辛 異路之榮
출대신 이로지영

【해설】 壬水가 투출하고 癸水는 감추어져 있으며 지지에 庚辛
비겁을 보면, 壬水식신을 써서 약한 庚金을 도와야 귀하게 된다. 戊己인
수가 천간에 투출하여 水식상을 제극하면 조토(燥土)가 자윤(滋潤)하는
물을 훼손하므로 흉하다. 戊土가 지지에만 있으면 壬水를 상하게 하지
않으므로 학자다.

만약 金이 천간에 있고, 金이 돕는 壬水가 지지에 있는 경우는 용신이
나타나지 않아 작은 명예만 있다. 癸水가 투출하여 辛金과 상생이 되면
癸水의 힘이 壬水보다는 약하므로 과거가 아닌 다른 방법으로 공명을
이룬다.

【원문】

或支成火局 乏水者 奔波之客 有壬癸制者 捐納之人 又見戊己
혹지성화국 핍수자 분파지객 유임계제자 연납지인 우견무기

透者則否 無壬癸制火者 又宜戊己出干補金洩火 庶不夭折孤貧
투자즉부 무임계제화자 우의무기출간보금설화 서불요절고빈

【해설】 오월경금이 지지 火관살국이고 水가 부족한 경우 분란
과 파란이 있는 명이다. 壬癸식상이 있어 불을 조절할 수 있으면 재물을

상납하여 벼슬을 얻는다. 그러나 戊己인수가 투출한 경우는 그렇지 않다. 오월경금에서 壬癸식상이 불을 제극하지 않는 경우, 戊己가 천간에 투출하여 庚金을 돕고 火를 설기하여 관인상생(官印相生)하면 요절하거나 외롭고 빈궁하지 않으므로 좋다.

【원문】

總之仲夏無水 必非上格 或一派木火 無傷 印 比劫 又作從殺
총 지 중 하 무 수   필 비 상 격   혹 일 파 목 화   무 상   인   비 겁   우 작 종 살

而論
이 론

【해설】　　　결론적으로 오월경금에 물이 없으면 상격이 아니다. 만약 한 무리의 木火가 있고 火를 제극하는 水식상도 없으며, 庚金을 돕는 戊己인비가 없으면 종살격(從殺格)으로 본다.

589

【원문】

從殺格 先貧後富 壽老子多
종 살 격   선 빈 후 부   수 로 자 다

시	일	월	연 (乾命)
壬	庚	庚	己
午	戌	午	未

癸	甲	乙	丙	丁	戊	己
亥	子	丑	寅	卯	辰	巳

【해설】　　　종살격^{주)}으로 먼저는 가난했으나 나중에 부자가 되었으며, 장수하고 자식이 많았다.

주) 원문에서는 종살격으로 보았지만 정격(正格)으로 봐야 한다. 지지에 巳午未 火관살국과 寅午戌 회합이 되어 火관살이 강하지만, 월간에 庚金비견과 火관살을 설기하는 己土정인이 투출하여 신약용인격(身弱用印格)이다. 寅卯辰 木운은 강한 관살을 생하는 운이라 흉하므로 먼저는 가난하고, 亥子丑 水운은 원명에 木이 없어서 수극화(水剋火)하여 관살을 제어하므로 길하여 나중에는 부자가 되었다고 판단하는 것이 맞다.

오월경금 해설

시	일	월	연 (乾命)
丁	庚	戊	癸
丑	寅	午	酉

辛	壬	癸	甲	乙	丙	丁
亥	子	丑	寅	卯	辰	巳

　　육친의 상황을 재관인(財官印) 중심으로 살펴보자. 관살은 지지의 寅午戌 火관살국에 시간 丁火가 투출하여 역량이 있고, 일간 庚金에 바짝 붙어 있어 영향을 행사한다. 재성은 일지 재성궁에 재성인 寅木이 앉아 있어 조왕(助旺)하므로 문제가 없다. 인수인 戊土는 월간에 투출하여 지지의 강한 火를 설기하고 일간을 생조하고 있다. 즉, 재관인이 모두 충분히 각자의 역할을 하는 팔자 구조이다.

　　또한 오월경금은 불기운이 가장 강한 계절이다. 그러므로 먼저 壬癸 식상이 火관살을 꺼줄 수 있는지 보는데, 연간 癸水가 투출하여 문제 없다. 강한 불 위에 앉아 있는 戊土가 戊癸합을 할까 우려할 수 있지만, 지지가 巳酉丑합이 되고 酉金을 깔고 있으므로 생조(生助)를 거부하고 합화(合化)를 할 이유가 없다.

이처럼 재관인이 역할을 하고 용신이 투출하여 성정과 품행이 단정하였다. 잠시 벼슬을 하고 훈장생활로 돌아가 안빈낙도(安貧樂道)의 세월을 살다 생을 마쳤다.

반면에 오월경금이 지지 火관살국이고 水가 부족한 경우, 戊己가 천간에 투출하여 庚金을 돕고 火를 설기하면 요절하거나 외롭고 빈궁하지 않다고 하였다.[사주 출처 『적천수(適天髓)』]

시 일 월 연 (乾命)
甲 庚 庚 己
申 午 午 亥

癸 甲 乙 丙 丁 戊 己
亥 子 丑 寅 卯 辰 巳

오월경금이 쌍화(雙火)를 깔고 있어 불기운이 맹렬하므로 이를 꺼줄 물과 설기할 흙을 찾는다. 마침 午에 뿌리가 있는 己土가 연간에 투출하였다. 신약사주임을 고려하여 己土를 용신으로 삼는다. 그러나 己土는 절지(絶地)인 亥에 앉아 있어 역할이 떨어지는 것이 흠이다. 또한 운의 흐름도 젊어서 기구신운인 木火로 흘러 아름답지 못하다.

명주는 어머니가 후처이고 이복형제가 많으나 전혀 도움이 못 되며, 2007년 현재 결혼을 못 한 노총각이다.

이와 같이 어머니가 후처인 명은 입계과방(入繼過房)의 명이라 하여

3
십간의 월별 주용신과 보조용신

천간합이 가화(假化)되는 사주에서 많이 볼 수 있다. 위 사주가 부친복이 없고 노총각이 되는 특징으로는 그 밖에 다음과 같은 것이 있다.

① 연간 부친궁에 이를 극하는 己土정인이 앉아 있어 부친궁이 손실되었다.

② 처궁인 일지가 기신궁이고, 처성인 甲木재성이 절지(絶地)에 있어 무력하다.

③ 일간의 진입원리로 볼 때 명주가 처성인 甲木으로 진입하는 경우 일지인 丑가 공망이 되어 자공망(自空亡)이 되므로 진입할 수 없다.

참고로, 천간합이 가화되는 사주로 이복형제가 있는 여자의 명을 제시한다. 어머니가 후처로 들어갔으며, 아버지가 먼저 돌아가신 명이다.

시	일	월	연 (坤命)
戊	辛	丙	癸
戌	丑	辰	巳

⑥ 미월경금(未月庚金)

> **주용신 丁   보조용신 甲**
>
> 찬 기운이 생기고 土월을 만나서 강하다. 丁火정관을 먼저 사용하고, 甲木편재로 丁火를 돕는다.

【원문】

六月庚金 三伏生寒 頑鈍極矣 先用丁火 次取甲木
육월경금 삼복생한 완둔극의 선용정화 차취갑목

【해설】　　　　미월경금은 삼복 중에 찬 기운이 생기며, 庚金이 土월을 만나 매우 강하고 순수하다. 그러므로 먼저 丁火정관을 사용하고, 다음에 甲木편재로 丁火를 돕는다.

【원문】

丁甲兩透名顯身榮 忌癸傷丁 有甲無丁 庸俗 有丁無甲 生員 丁
정갑량투명현신영 기계상정 유갑무정 용속 유정무갑 생원 정

甲全無 下賤之人 木雖有 丁不透 支又見水 執鞭之士 丁火無傷
갑전무 하천지인 목수유 정불투 지우견수 집편지사 정화무상

貿易之流
무역지류

【해설】　　　　丁火와 甲木이 투출한 경우 귀하고 영화롭다. 丁火정관이 癸水상관에게 손상되면 흉하고, 甲木편재는 있는데 丁火정관이 없으면 재성만 쓰게 되어 평범한 사람이다. 그러나 丁火정관은 있는데 甲木편재의 도움이 없으면 생원(生員) 정도로 귀하게 되고, 丁火와 甲木이 전혀 없는 명은 하천한 사람이다. 만약 木재성이 있어도 丁火정관이 투출하지 않거나 지지에 水식상이 있으면 가르치는 선비다. 丁火정관이 손상되지 않으면 장사를 하는 사람이다.

십간의 월별 주용신과 보조용신

【원문】

支會土局 甲先丁後 甲透者 文章顯達 丁透者 刀筆揚名 或柱多
지회토국 갑선정후 갑투자 문장현달 정투자 도필양명 혹주다

金 有二丁出制 異路功名
금 유이정출제 이로공명

【해설】 지지가 土인수국으로 인수가 강하여 金이 흙에 묻히
는 상태가 되었을 경우, 먼저 土를 헤치는 甲木편재를 쓰고 다음에 丁火
정관을 쓴다. 이 경우 甲木이 투출하면 문장으로 발전하고, 丁火가 투출
하면 문서 등을 기록하는 낮은 관리가 된다. 만약 사주가 지지 土인수국
이고 金비겁도 많은 경우에는 金이 묻히지 않는다. 여기에 2개의 丁火정
관이 투출하면 과거가 아닌 다른 방법으로 공명을 이룬다.

【원문】

丁透甲藏 早年得志 一榜 少兄弟
정투갑장 조년득지 일방 소형제

시	일	월	연(乾命)
丁	庚	乙	丙
亥	申	未	辰

壬	辛	庚	己	戊	丁	丙
寅	丑	子	亥	戌	酉	申

【해설】 미월경금에 丁火정관이 투출하고, 이를 돕는 甲木이 장간에 있어 귀하게 되는 구조이다. 관살혼잡(官殺混雜)의 구조로 甲木 재성을 용신으로 쓸 수 없으므로 화살(化殺)하는 인수를 쓴다.

초반 申酉戌운은 火관살을 설기하고 한편으로는 일간을 도와 어려서 뜻을 세워 과거 급제하였다. 관살혼잡으로 인해 형제가 적었다.

【원문】

壬透制火 縣令 大有才幹

임 투 제 화　현 령　대 유 재 간

	시	일	월	연(乾命)
	壬	庚	乙	丙
	午	寅	未	午

壬	辛	庚	己	戊	丁	丙
寅	丑	子	亥	戌	酉	申

【해설】 팔자에 火가 강하지만 시간에 壬水식신이 투출하여 火 관살을 제극한다. 용신 壬水가 득지하는 申酉戌운에 현령(縣令)을 하였으나, 팔자에 있는 용신 壬水가 午火 위에 있어서 무력하여 크게 발전하지는 못했다. 재간은 있었다.

【원문】

此傷官格 制殺太過 入木火運 才旺生殺 大發

차 상 관 격　제 살 태 과　입 목 화 운　재 왕 생 살　대 발

3

십간의 월별 주용신과 보조용신

	시	일	월	연 (乾命)
	甲	庚	己	癸
	申	子	未	巳

壬	癸	甲	乙	丙	丁	戊
子	丑	寅	卯	辰	巳	午

【해설】　　　지지 子水가 강하고 癸水상관이 투출하여 상관격(傷官格)ᵁ이다. 火관살이 심하게 제극을 당하므로 木火운에 재성을 왕성하게 하고 관살을 생하여 크게 발전하였다.

ᵁ 원문에서 상관격이라고 판단한 것은 문제가 있다. 격국은 월령을 중심으로 정하는 것이 원칙이다. 未월에 지장간의 정기인 己土가 투출하였고, 월령을 중심으로 보면 巳未가 火의 유취(類聚)를 이루어 己土를 생조하므로 인수격(印綬格)으로 보는 것이 맞다. 이런 시각으로 보면 인수가 주도하는 사주로 金이 묻힐 것이 우려되므로 소토(疏土)하는 甲寅과 乙卯운에 발전한다.
　또한 火관살이 투출하지 않아 귀하지 않고, 일시(日時)에 식신생재(食神生財, p.113 참조)가 이루어져 甲寅과 乙卯운에 재물을 얻는다.

【원문】

一丙二丁 取癸制煞 爲役起家
일 병 이 정　취 계 제 살　위 역 기 가

```
        시   일   월   연 (乾命)
        癸   庚   乙   丙
        未   辰   未   辰


    壬  辛  庚  己  戊  丁  丙
    寅  丑  子  亥  戌  酉  申
```

【해설】   丙火가 투출하고, 未 中 丁火가 있어 火가 강하므로 시
간 癸水상관으로 제살한다. 亥子丑 북방운에 용신이 득지(得地)하여 가
세를 일으키게 발전하였으나, 癸水가 壬水보다 역량이 못 해 큰 발전은
못 하였다.

미월경금 해설

```
            시   일   월   연 (乾命)
            甲   庚   己   癸
            申   子   未   未


        壬  癸  甲  乙  丙  丁  戊
        子  丑  寅  卯  辰  巳  午
```

    미월경금은 찬 기운이 생기고 庚金이 월령을 얻어 강하므로, 丁火로
조후와 억부를 하고 甲木으로 丁火를 도우면서 土를 조절하는 것이 용
신 원칙이다. 따라서 미월경금 사주에 丁火와 甲木이 투출하면 귀하다.

이 중 丁火가 투출한 경우를 더 귀하게 본다. 또 甲木은 투출하고 丁火는 지지에만 있으며, 丁火를 제극하는 水식상이 있으면 명주의 격이 떨어져서 글을 가르치는 선비 정도이다.

그러나 위 사주와 같이 未년 未월에 己土가 투출하여 土인성이 강한 경우에는 丁火를 귀하게 되는 성분으로만 볼 수 없다. 관인상생(官印相生)이 되어 강한 庚金일간을 더욱 강하게 하는 흉작용을 하기 때문이다. 그러므로 이 사주에서는 용신으로 甲木을 더 중히 쓰고, 甲木을 생조하는 水식상을 희신으로 본다. 甲木 용신은 申子辰 수국(水局)이 되어 유력하므로 용신으로 삼는 데 문제가 없다.

운의 흐름은 戊午와 丁巳와 丙火운은 팔자의 기신인 土를 생하고, 희신인 水를 말리기 때문에 흉하다. 辰土운은 지지에 申子辰 水식상국을 이루고 甲木 용신을 도와 벼슬길에 들어서며, 乙卯운에 들어서는 기신을 제극하여 벼슬길이 열리고 귀하게 된다.[사주 출처 『적천수(適天髓)』]

시	일	월	연 (坤命)
丙	庚	辛	甲
子	午	未	午

甲	乙	丙	丁	戊	己	庚
子	丑	寅	卯	辰	巳	午

미월경금에 甲木이 투출하고 지지에 丁火를 가지고 있다. 그러나 지지에 午火가 2개이고 오미합화(午未合火)되며, 丙火가 투출하여 관살혼잡(官殺混雜)이 되므로 丁火는 약이 아니라 병이 된다. 즉 木火는 기구신이고, 용신은 칠살을 화살(化殺)하는 己土정인이며, 희신은 辛金이다.

丙寅운인 2004년 甲申년은 木火가 주도하여 팔자의 丙寅관살이 더욱 강해진다. 이 해에 유방암을 발견하여 수술하고, 2007년 현재까지 치료를 받고 있는 주부이다.

일반적으로 식상과 丁火가 유방과 관련이 있다고 본다. 식상은 여자에게는 자녀, 자궁, 유방, 식기(食器) 등이 되며, 식상이 충이 되면 자궁수술, 자궁외임신, 유산, 유방 이상 등이 발생하는 것으로 본다. 또한 천간 丁火는 인체 장기 중 심장, 유방, 결핵, 동공 등에 배속된다. 위 사주를 보면 식상인 子水가 子午충이 되어 이에 해당된다. 그러나 실제로 유방암 여성들의 사주를 보면 이런 일반적인 기준보다는 水火의 불균형이 많다. 다음에 제시한 유방암 환자들의 사주를 참고한다.

시	일	월	연 (坤命)
壬	甲	丙	丙
申	申	申	戌

▶ 2005년 유방암 수술을 받았다.

시	일	월	연 (坤命)
戊	辛	丙	丙
戌	未	申	申

▶ 유방암 수술로 가슴이 없는 주부이다

시	일	월	연 (坤命)
己	己	甲	戌
巳	巳	子	申

▶ 1995년 유방암이 발생하여 양력 2003년 3월 14일에 사망하였다.

⑦ 신월경금(申月庚金)

> 주용신 丁   보조용신 甲
>
> 매우 강하고 예리해지는 달에 있다. 丁火정관으로 제련하고, 甲木편재로 丁火
> 를 돕는다.

【원문】

七月庚金 剛銳極矣 專用丁火煅煉 次取木引丁 故曰 秋金銳銳
칠월경금 강예극의 전용정화하련 차취목인정 고왈 추금예예

最爲奇 壬癸相逢總不宜 如逢木火來成局 試看福壽與天齊
최위기 임계상봉총불의 여봉목화래성국 시간복수여천제

【해설】   신월경금은 매우 강하고 예리하다. 오로지 丁火정관으
로 제련하고, 甲木편재로 丁火를 도와야 한다. 가을 金은 매우 날카로워
丁火로 제련하는 것이 마땅하다. 그러나 예리한 金의 기운을 빼내는 壬
癸식상은 쇠가 물을 만나서 칼날이 녹슬므로 흉하다. 즉, 신월경금은 제
극하는 것이 좋지 水로 설기하는 것은 좋지 않다. 이와 같이 신월경금이
제극하는 木火재관을 만나면 수명과 복이 온전하다.

【원문】

如得丁甲兩透 定步青雲 若有丁無甲爲俊秀 有甲無丁是平人
여득정갑량투 정보청운 약유정무갑위준수 유갑무정시평인

丁甲兩無無用物 只堪門下作閒人
정갑량무무용물 지감문하작한인

【해설】 　　　신월경금에 丁火와 甲木이 모두 투출하면 청운의 뜻을 이룬다. 丁火는 있고 甲木이 없는 경우는 관을 생하는 재성이 없으므로 준수할 뿐이고, 甲木은 있고 丁火가 없는 경우는 월이 申金으로 장생(長生)하는 水식상이 甲木인 재를 생하여 식신생재(食神生財. p.113 참조)하지만 火가 없어 그릇을 못 만든다. 그러므로 의식(衣食)만 있는 평범한 사람이다. 丁火와 甲木이 모두 없으면 쓸모없는 사람으로 남의 밑에서 심부름이나 하는 하격이다.

【원문】

或支成水局 乏丁用丙 柱中卽有丙火 不見甲木者 必主愚懦 何
혹지성수국 핍정용병 주중즉유병화 불견갑목자 필주우나 하

也 當時金水兩旺 金生水以制火 何能發達 或見甲出引丁 可云
야 당시금수량왕 금생수이제화 하능발달 혹견갑출인정 가운

生監 甲弱者 衣食充盈
생감 갑약자 의식충영

【해설】 　　　지지 水식상국이고 丁火가 부족하여 丙火를 사용하는데, 甲木이 없으면 우둔한 학자이다. 왜냐하면 金水기운이 왕성하여 금생수(金生水)로 강해진 水가 火를 제극하기 때문이다. 또한 庚金을 단련하는 데 있어서 丙火가 丁火보다 능력이 떨어지기 때문이다. 만약 水가 강한데 甲木이 나타나서 丁火를 이끄는 경우 재자약살(財滋弱殺. p.407 참조)이 되므로 생원(生員)과 감생(監生) 정도의 작은 벼슬은 할 수 있다. 甲木이 약한 경우는 식신생재를 이루고 丙火가 조후하여 의식(衣食)은 충분하다.

601

3

십간의 월별 주용신과 보조용신

或支成土局 先甲後丁 支成火局 富貴中人 金剛木明 行商坐賈
혹지성토국 선갑후정 지성화국 부귀중인 금강목명 행상좌가

之人 金備申酉戌之地 富貴疑 金神入火鄉 逢羊刃富貴榮華
지인 금비신유술지지 부귀의 금신입화향 봉양인부귀영화

【해설】 지지가 土인수국이면 소토(疏土)하는 甲木재성을 쓰고, 丁火정관은 다음에 쓴다. 지지가 火관살국이면 불이 쇠를 단련하여 부귀하다. 金이 강하고 木재성이 맑으면 행상을 하고, 지지가 申酉戌 방합이 되면 金이 너무 강하고 예리해져서 부귀하기 어렵다. 金이 지지에 寅午戌이나 巳午未를 만나 지지에 火가 강한 경우 양인을 만나면 부귀하다.

신월경금 해설

시	일	월	연 (乾命)
丙	庚	甲	庚
戌	寅	申	子

辛	庚	己	戊	丁	丙	乙
卯	寅	丑	子	亥	戌	酉

신월경금이 강하고 戌 중 丁火에 뿌리가 있으며, 寅午戌 화국(火局)으로부터 세력을 얻은 丙火가 조후한다. 그러나 연월이 申子辰 水 식상국으로 수화상충(水火相沖)하여 조후하는 火를 방해한다. 마침 월간 甲木이 있어 수생목(水生木) 목생화(木生火)의 매개자로서 水火를 생으로 이

어주고 수화상충의 형세를 조절해준다. 따라서 신월경금이 강하지만 사주의 전체적인 모양이 금생수(金生水) 수생목(水生木) 목생화(木生火)로 火에 모여 있다. 火를 조절하는 水운에 발전하였고, 火를 강하게 하는 庚寅운에 실패하였다.[사주 출처 『사주첩경(四柱捷徑)』]

```
시   일   월   연 (乾命)
戊   庚   戊   丁
寅   申   申   未


辛   壬   癸   甲   乙   丙   丁
丑   寅   卯   辰   巳   午   未
```

　신월경금이 강하며, 팔자에 통기(通氣)시키는 水가 없고 土金이 너무 강한 것이 흠이다. 강한 金을 未土에 뿌리가 있는 연간 丁火가 제어하지만, 이를 생화(生化)하는 甲木이 투출하지 않았다. 원문의 기준으로 보면 준수한 명이지만, 운의 흐름이 火에서 木으로 아름다워 발전이 예상된다.

　위 사주는 시지 寅木이 寅申충이 되고, 육신의 자리인 일지가 기신이며, 팔자에 전체적으로 金기운이 강해서 수족(手足)에 문제가 있을 수 있다. 지지가 寅申巳亥이면 수족의 장애를 보라는 말이 있다. 어려서 소아마비에 걸려 중증 장애를 가지고 있는 한의사이다. 참고로 다리에 장애가 있는 명들을 제시한다.

시	일	월	연(乾命)
壬	乙	辛	丙
午	未	丑	午

▶ 소아마비로 다리가 불편한 한의사이다.

시	일	월	연(乾命)
甲	乙	庚	己
申	丑	午	亥

▶ 대규모의 비철금속 사업을 하는 이로 소아마비 증상이 있다.

시	일	월	연(乾命)
壬	乙	戊	丁
午	卯	申	未

▶ 소아마비로 다리가 불편한 한의사이다.

시	일	월	연(乾命)
戊	壬	丙	己
申	申	寅	酉

▶ 프로그래머이며 중증 소아마비다.

시	일	월	연(坤命)
乙	壬	癸	戊
巳	寅	亥	申

▶ 소아마비 증상이 심한 여성이다.

시	일	월	연 (乾命)	
辛	丙	癸	丁	▶ 역사를 전공한 이로 소아마비 증상이 있다.
卯	戌	丑	未	

시	일	월	연 (乾命)	
甲	癸	辛	癸	▶ 컴퓨터 유통업을 하는 이로 소아마비 증상이 있다.
寅	亥	酉	卯	

시	일	월	연 (乾命)	
丙	戊	甲	癸	▶ 선천적으로 다리에 장애가 있어서 부모의 보살핌을 받고 있다.
辰	申	寅	卯	

8 유월경금(酉月庚金)

> **주용신 丁　보조용신 甲丙**
>
> 양인(羊刃)인 酉金이 계절을 얻어 강하다. 丁火정관으로 金을 달구고 甲木편재로 丁火를 도우며, 丙火편관을 겸하여 쓴다.

【원문】

八月庚金　剛銳未退　用丁甲　丙不可少　若丁甲透　又見一丙　功
팔월경금　강예미퇴　용정갑　병불가소　약정갑투　우견일병　공

名顯赫 且見羊刃無刑沖 丙殺藏支 名爲羊刃駕殺 主出將入相
명현혁 차견양인무형충 병살장지 명위양인가살 주출장입상

直介忠臣
직개충신

【해설】 　　　　유월경금은 신월경금(申月庚金)처럼 강하고 예리하며,
양인(羊刃) 酉金이 계절을 얻어 강하다. 그러므로 丁火정관과 甲木편재
를 쓰고 丙火편관을 함께 쓴다. 丁火와 甲木이 투출하고 丙火도 보면 공
명이 있다. 또한 庚金이 양인인 酉를 보고 형충을 안 하며, 丙火가 지지
에 있으면 양인가살(陽刃駕煞. p.480 참조)이 된다. 이 경우 충직한 장수
나 재상이다.

【원문】

或丙火重重 一丁高透 亦主科甲 丙出丁藏 異路之士
혹병화중중 일정고투 역주과갑 병출정장 이로지사

【해설】 　　　　유월경금에 丙丁관살이 투출하지 않았으나 장간에 있
는 丙火가 힘이 있고, 金을 제련하는 丁火가 투출하면 역시 귀하다. 조후
하는 丙火가 투출하고 丁火가 장간에 있으면, 金을 제련하는 丁火의 역
할이 떨어져서 과거가 아닌 다른 방법으로 벼슬을 하는 선비다.

【원문】

或甲藏支 火透而水不透者 亦主淸高 衣衿可望
혹갑장지 화투이수불투자 역주청고 의금가망

【해설】 유월경금이 지지에 甲木편재가 있고, 火관살은 투출하였으나 水식상이 투출하지 않은 경우 맑고 고결한 명으로 학생 정도의 공명은 바랄 수 있다.

【원문】

或丁藏支内　重見丙火者　此名假殺重重　雖羊刃帖身　却難從殺
혹 정 장 지 내　중 견 병 화 자　차 명 가 살 중 중　수 양 인 첩 신　각 난 종 살

也 卽一丙透 秀而不富 或支見重重甲乙 無用人也
야 즉 일 병 투 수 이 불 부 혹 지 견 중 중 갑 을 무 용 인 야

【해설】 丁火정관이 장간에 있고 丙火의 기운이 강하면 가살중중(假殺重重)이라 할 수 있다. 그러나 유월경금인 경우 酉양인이 월령에 있어서 종살격(從殺格)이 되기 어렵다. 丙丁火가 모두 투출하지 않고 丙火만 1개 투출한 경우, 빼어나기는 하지만 부유하지는 않다. 만약 지지에 甲乙재성이 중중(重重)하면 쓸모없는 인물이다.

【원문】

總之旺金木衰　非火莫制　不見丙丁　藝術之輩
총 지 왕 금 목 쇠　비 화 막 제　불 견 병 정　예 술 지 배

【해설】 요약하면, 유월경금은 金이 왕성하고 木이 쇠약하므로 火관살이 아니면 金을 제극할 수 없다. 丙丁火가 없으면 예술을 하는 하천한 사람에 불과하다.

身旺任殺 一品
신 왕 임 살 일 품

시	일	월	연(乾命)
丙	庚	丁	丙
子	子	酉	子

甲	癸	壬	辛	庚	己	戊
辰	卯	寅	丑	子	亥	戌

608

【해설】　　　　庚金이 酉金을 만나 왕상(旺相)하므로 투출한 丙丁관살을 감당한다. 관살을 제어하는 亥子丑운에 발전하여 일품 벼슬을 하였다.

【원문】

歸靈格^{주1)} 才旺^{주2)} 生官 副使
귀 령 격　　재 왕　　생 관 부 사

시	일	월	연(乾命)
丁	庚	乙	乙
亥	午	酉	巳

戊	己	庚	辛	壬	癸	甲
寅	卯	辰	巳	午	未	申

【해설】　　　　투출한 재성이 午火에 뿌리를 둔 丁火를 생한다. 巳午 未운에 金을 제련하는 丁火를 도와 부사(副使)^{주3)} 벼슬을 하였다.

㊁ 1) 원문의 귀령격(歸靈格)이 무엇을 말하는지 분명하지 않다.

　　2) 원문에서 재왕(財旺)이라는 표현은 잘못된 표현이다. 월지 酉金은 乙木의 살지(殺地)이고, 연지 巳火는 乙木의 병지(病地)가 된다. 또한 시지의 亥水가 수화상충(水火相沖)으로 乙木을 돕지 못하는 상황이다.

　　3) 부사는 정사(正使)를 돕는 사신이다.

【원문】

羊刃駕殺格 尚書
양 인 가 살 격　상 서

시	일	월	연 (乾命)
戊	庚	癸	己
寅	申	酉	亥

丙	丁	戊	己	庚	辛	壬
寅	卯	辰	巳	午	未	申

【해설】　　　　신왕사주로 金을 제련하는 丁火가 없고, 조후하는 寅 중 丙火는 약하다. 그러나 대운 丁卯와 丙寅에 양인가살이 되어 상서(尚書) 벼슬을 하였다.

```
시  일  월  연 (乾命)
丙  庚  丁  辛
子  午  酉  卯

庚  辛  壬  癸  甲  乙  丙
寅  卯  辰  巳  午  未  申
```

유월경금이 양인(羊刃)의 달에 태어났다. 정관과 칠살이 모두 투출하여 관살혼잡(官殺混雜)으로 보기도 하지만, 원문의 용신 원칙에 의하면 유월경금은 丙火로 조후하고 丁火로 金을 제련하여 각 글자가 제 역할을 한다고 본다. 이러한 丙丁이 모두 투출한 경우를 귀인의 명으로 본다.

이 사주의 경우 庚金일간을 중심으로 火관살이 역삼각형 구조를 이뤄 관살태왕한 면이 있으나 지지에서 子午충으로 午火의 기운을 누그러뜨리고, 火를 생조하는 木은 卯酉충으로 다스려서 중화를 이루고 양인가살(陽刃駕煞)의 귀함을 이루게 한다. 火가 용신이고 木이 희신이 되는데, 운의 흐름도 초반부터 木火로 흘러 좋다. 청나라 제6대 황제인 건륭제(乾隆帝)의 명이다.

위 사주가 귀한 이유를 납음오행(納音五行)을 이용하여 설명하기도 한다. 즉, 辛卯는 송백목(松柏木), 丁酉는 산하화(山下火), 庚午는 노방토(路傍土), 丙子시는 간하수(澗下水)로 연월일이 목생화(木生火) 화생토(火生土)가 되어 土가 강화되므로 오행의 원류를 이룬다. 또한 위 사주를 지지에 子午卯酉 제왕(帝旺)이 모두 있어서 귀한 팔자로 설명하기도 하는데, 子午卯酉가 모두 있어도 천격(賤格)이 되는 경우가 있으므로 믿을 바가 못 된다. 『삼명통회(三命通會)』에서는 "사고(四庫)인 辰戌丑未의 충은 좋고, 寅申巳亥가 모두 있거나 子午卯酉가 모두 있는 경우는 대격(大格)으로 충으로 논하지 않는다."고 하였다.

시	일	월	연 (坤命)
癸	庚	己	壬
未	午	酉	子

壬	癸	甲	乙	丙	丁	戊
寅	卯	辰	巳	午	未	申

원문에서 유월경금은 金이 왕성하고 木이 쇠약하므로 火관살이 아니면 金을 제극할 수 없고, 丙丁火가 없으면 예술을 하는 하천한 사람에 불과하다 하였다. 이는 실제로 예술을 하는 사람을 말하는 것이 아니라 파격이 되어 귀하게 될 수 없다는 뜻이다.

이 사주를 보면 일지와 시지가 巳午未 火관살국을 이루었으나 투출한 丙丁火가 없고, 연주의 壬子와 癸水가 木을 생조할 준비가 되어 있다. 단, 木재성이 원명에 없는 것이 아쉽다. 그러나 운의 흐름을 보면 중년 火, 말년 木으로 흘러 나무랄 데가 없다.

사주의 주인공은 1978년 예쁜 어린이 선발대회에서 우승하고, 1993년 백상예술대상 TV부문 여자신인상을 수상한 중견 배우이다. 2007년 현재 인터넷에 떠도는 악성 댓글로 인해 구설에 시달리고 있다.

배우라는 직업을 갖고 미인인 이유는 전체적인 팔자 구조의 흐름이 식상에 몰려 있기 때문이다. 또 다른 이유로 일지 午火가 욕지(浴地)의 정관인 욕정관(浴正官)이고, 월지 酉金이 도화(桃花)인 점을 들 수 있다.

배우로서 명예가 있는 것은 未土시지가 천을귀인(天乙貴人)에 정인(正印)이기 때문이다. 2007년 현재 36세인데 결혼을 안 한 것은 명주의 마음이 시지 癸未의 남편별로 흐르면 己酉 중 남편궁인 酉金이 공망이 되기 때문이다.

9 술월경금(戌月庚金)

주용신 **甲**   보조용신 **壬**

戌 중 戊土가 사령하여 土가 강한 달에 있다. 먼저 甲木편재를 써서 土를 파헤치고, 壬水식신으로 金을 씻어 빛을 발하게 한다.

【원문】

九月庚金 戊土司令 最怕土厚埋金 宜先用甲疏 後用壬洗 則金
구 월 경 금 무 토 사 령 최 파 토 후 매 금 의 선 용 갑 소 후 용 임 세 즉 금

自出矣 忌見己土濁壬
자 출 의 기 견 기 토 탁 임

【해설】   술월경금은 戌 중 戊土편인이 사령한다. 土가 강해서 庚金이 묻히는 것을 꺼리므로 먼저 甲木편재를 써서 土를 파헤치고, 다음에 壬水식신으로 庚金을 씻어야 庚金이 빛을 발한다. 己土정인은 물을 막지는 않지만 壬水식신을 혼탁하게 하므로 가장 꺼리며, 戊土 또한 물을 막아서 좋지 않다.

술월경금은 丁火를 잘 쓰지 않는다. 戌 중 丁火정관이 있지만 戌이 관고(官庫)가 되어 무력하기 때문이다.

壬甲兩透 科甲相宜 或甲透壬藏 鄉魁可望 甲藏壬透 廩貢堪謀
임 갑 량 투　과 갑 상 의　혹 갑 투 임 장　향 괴 가 망　갑 장 임 투　늠 공 감 모

有甲無壬 猶有學問 有壬無甲 莫問衣衿 壬甲兩無 則爲下格
유 갑 무 임　유 유 학 문　유 임 무 갑　막 문 의 금　임 갑 량 무　즉 위 하 격

【해설】　　　　술월경금이 壬水식신과 甲木편재가 투출하면 팔자 구
조가 좋아 과거 급제한다. 만약 甲木이 투출하고 壬水가 장간에 있으면
지방관리는 되며, 甲木이 장간에 있고 壬水가 투출하면 늠공(廩貢)[주] 이
상의 벼슬은 된다. 甲木은 있고 壬水가 없으면 학문은 이룰 수 있다. 甲
木이 없고 壬水가 있으면 학생이 분명하다. 甲木과 壬水가 모두 없으면
하격인 사주이다.

─────────

[주]　늠공(廩貢)이란 각 지방의 학생 중 우등생이 국자감(國子監)에 뽑히는 것을 이른다.

613

【원문】

或支成水局 丙透救之 此人才高邁衆 名重鄕閭 不見癸水 一榜
혹 지 성 수 국　병 투 구 지　차 인 재 고 매 중　명 중 향 려　불 견 계 수　일 방

可許
가 허

【해설】　　　　지지가 水식상국이지만 丙火가 투출하여 구하면 금수
상관(金水傷官)이 되어 총명하고 재주가 으뜸으로 고향에 소문이 난다.
또 丙火가 두려워하는 癸水가 없으면 시험에 합격한다.

【원문】

或四柱戊多金旺 全無甲壬者 卽有衣祿 亦不能久 或庚戊多無
혹사주무다금왕 전무갑임자 즉유의록 역불능구 혹경무다무

壬甲者 愚頑之輩
임갑자 우완지배

【해설】　　　사주에 戊土편인이 많고 金비겁이 왕성한데 甲木과 壬
水가 전혀 없으면, 의식(衣食)이 있어도 오래가지 못하며 우매한 무리다.

【원문】

尚書
상서

시	일	월	연 (乾命)
甲	庚	戊	辛
申	申	戌	酉

辛	壬	癸	甲	乙	丙	丁
卯	辰	巳	午	未	申	酉

【해설】　　　지지 申酉戌 金비겁국에 土金이 투출하여 종혁격(從革
格)이다. 초반 申酉戌운에 풍족하다가, 중년 巳午未 火운에 金의 왕한
기운을 거슬러서 몰락한다. 중년 이후의 癸巳운에 巳酉가 합국하여 왕
한 金을 도와 크게 발전한다. 상서(尚書) 벼슬을 하였다.

甲木을 위주로 하고 壬水로 보좌하는 술월경금의 용신 원칙은 정격일 경우에 해당된
다. 위 사주를 정격으로 보고 정격의 용신 원칙을 적용하여 申 중 壬水가 강한 庚金일
간을 설기하고, 시(時)의 甲木이 소토(疏土)하는 것으로 볼 수도 있다. 그러나 용신의
주가 되는 甲木이 살지(殺地)에 있어 역할을 할 수 없으므로 무리가 있는 해석이다.

【원문】

方伯
방백

시	일	월	연 (乾命)
辛	庚	丙	庚
巳	戌	戌	寅

癸	壬	辛	庚	己	戊	丁
巳	辰	卯	寅	丑	子	亥

【해설】　　　일간은 강하고 火관살은 약하다. 관살을 강하게 하는
寅卯운에 방백(方伯) 벼슬을 하였다. 단, 팔자에 火土가 강하고 金을 씻
어줄 壬水가 없어서 크게 귀하게 되지는 않았다.

【원문】

太尉
태위

```
시   일   월   연(乾命)
辛   庚   戊   辛
巳   申   戌   酉


辛  壬  癸  甲  乙  丙  丁
卯  辰  巳  午  未  申  酉
```

【해설】　　시지 巳火 중 丙火칠살로 용신을 삼으며, 남방 火운으로 가는 것이 기쁘다. 그러므로 남방 未午운에 칠살이 득지하여 태위(太尉) 벼슬을 하였다.

시지 巳火가 있으므로 일행득기격(一行得氣格) 중 종혁격(從革格)으로 볼 수 없다.

술월경금 해설

```
시   일   월   연(乾命)
乙   庚   壬   戊
酉   申   戌   申


己  戊  丁  丙  乙  甲  癸
巳  辰  卯  寅  丑  子  亥
```

술월경금이 건록(建祿)의 자리에 앉아 있고 지지가 申酉戌이며, 戌 중 丁火가 역할을 못 해서 매우 강성하다. 또한 戌월에는 戊土가 사령하기 때문에 소토(疏土)하기 위한 木이 필요한데 그나마 있는 시간 乙木은 乙庚金이 되고 있다.

庚金의 영화를 나타내는 壬水는 申金에 뿌리가 있으나 연간과 월지 土로부터 극을 받아 역할을 하기 힘들다. 그러므로 정격이 아닌 종강격(從强格. p.139의 해월갑목해설 참조)으로 봐야 한다. 종강격이므로 용신은 월령에 뿌리를 둔 연간 戊土가 되며, 종강을 설기하는 壬水식신도 나쁘지 않다.

운의 흐름은 癸亥와 甲子운은 설기하는 운이라 문제가 없고 재물운이 좋았다. 丙寅운의 丙火는 일간을 극하고 희신인 壬水를 충하며, 寅木은 일지를 충하여 강력한 金을 건드리니 왕자노발(旺者怒發)이 된다. 왕신(旺神)은 극에 뜻이 있으므로 금극목(金剋木)으로 재물을 치게 된다. 명주는 이 시기에 재물을 탕진하고 가난으로 목을 매 자살하였다.[사주 출처 『적천수(適天髓)』]

시	일	월	연 (乾命)
壬	庚	甲	甲
午	辰	戌	申

辛	庚	己	戊	丁	丙	乙
巳	辰	卯	寅	丑	子	亥

일간 庚金이 연지의 申金 건록(建祿)에 뿌리를 내리고, 월령 戌 중 지장간 辰土의 생을 받아서 신왕한 사주이다. 신왕사주이므로 시지의 午火관살이 용신이 된다. 시간 壬水는 수극화(水剋火)하여 용신을 치므로 병신(病神)인데, 월과 일의 土가 토극수(土剋水)하여 이를 규제하므로

병이 있는 가운데 약도 있다. 또한 술월경금의 강한 土를 헤쳐주는 甲木이 투출하고, 시간에는 庚金을 씻어주는 壬水가 있어서 귀한 사주이다.

운의 흐름을 보면 戊寅과 己卯운은 병신(病神)을 극하면서 용신을 도와 크게 귀하게 되었다. 이 사주가 귀한 명이 된 것을 용신과 운세를 떠나 전인후종(前引後從)의 개념으로 설명하기도 한다. 생년을 중심으로 보면 간지의 배열은 …辛巳 壬午 癸未 甲申 乙酉 丙戌 丁亥…인데, 甲申을 중심으로 후 삼위 안에 壬午가 있어 후종(後從)이 되고, 전 삼위 안에는 戌이 있어 전인(前引)이 되므로 전인후종 즉 인종(引從)이 된다.

참고로 전인인 경우는 멀어도 좋기 때문에 인원종근(引遠從近)이라 하며, 보통 전 오위까지 전인하면 좋게 본다. 이러한 전인후종은 생년을 기준으로 3위까지 보는 것이 원칙이며 보는 법은 다음과 같다.

① 전인후종은 한 순(旬) 내에 이루어지는 것을 좋게 본다.
② 천간에 관계없이 지지로만 볼 수 있다.
③ 인종하는 것이 길한 요소이면 좋고, 흉한 요소이면 나쁘다. 귀인, 건록, 정재, 정관이 길한 요소이며, 길한 기운을 형충하거나 공망을 맞으면 흉한 요소가 된다.

전인후종의 개념은 육임(六壬)의 필법부(畢法賦)에서도 전후인종격으로 사용된다.

戌月庚金

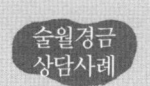

술월경금
상담사례

재물바람, 결혼바람

아직 봄이 시작되기 전인 어느 오후, 시꺼먼 점퍼 차림의 각진 턱에 짧은 머리를 한 남자가 불쑥 들어섰다. 한 번 본 듯한 얼굴인데 이름이 얼른 생각이 안 났다. "안녕하세요. 지난번 염창동에서 찾아왔던 송입니다." 생각해보니 강남 도곡동에서 경마 카페를 하려고 찾아왔던 분이다. 2005년부터 사업을 해보겠다고 하여 극구 말렸었다. 2005년의 흉한 운기를 설명하고, 꼭 하려면 2006년 입춘이 지나서나 사업을 생각해보라고 말했던 기억이 난다.

시 일 월 연(乾命)
辛 庚 甲 甲
巳 申 戌 辰

辛 庚 己 戊 丁 丙 乙
巳 辰 卯 寅 丑 子 亥

술월경금이 흙기운이 강한 센 사주이다. 흙을 파헤쳐줄 甲木이라는 나무 쟁기는 있으나 힘이 없는 쟁기다. 또 庚金이 빛나기 위해서는 물로 씻어줘야 하는데 나타난 물이 없고 물길도 막혀버린 형세다. 결국 토생금(土生金)으로 잔뜩 힘이 실린 자신의 기운이 쟁기자루를 부수는 형세의 사주이다. 즉, 쟁기가 재물이므로 재물을 부수는 기운이 지배하는 팔자이다. 여기에 2004년 12월 25일부터 자신이 더 세지는 기운이 들어온다. 판세가 재물과 반대되는 기운으로 흐르고 있다. 예전에 이 분에게 사업을 꼭 하고 싶으면 2006년부터 해보라고 하였는데, 그 말만 듣고 크게 벌이는 것은 아닌지 염려된다.

묵묵부답으로 입을 다물고 있던 이 분이 굼뜨게 입을 열었다. "2005년에 술집을 열

3

심간의 월별 주용신과 보조용신

어 수익 없었습니다. 지난번에 2006년은 재물이 좋다고 하셨는데 다시 사업을 해도 될까요?" 수익을 없애고 찾아오면 뭘 하나? 기왕에 2005년에 큰 상처를 입었으면 먼저 치료를 하고 다음 일을 진행하는 게 원칙이다. '심산중봉 방황지인 작심불일 매사부진 (深山衆峰 彷徨之人 作心不一 每事不振)', 즉 봉우리가 많은 깊은 산 속에서 방황하는 사람으로, 작심하여 지키지 못하므로 매사에 떨치지 못한다. 이와 같은 주역의 2006년 풀이대로 되기 십상이다.

이런 말 끝에 나를 물끄러미 보며 지나가는 말로 묻는다. "올해 장가는 가겠습니까?" 43세 노총각에게 이제 봄이 오긴 올 모양이다. 그런데 팔자에 부인은 힘이 없고 애인은 가까이 있어서 혼탁한 모양이다.

⑩ 해월경금(亥月庚金)

> **주용신 丁　보조용신 丙**
>
> 물이 차고 성질이 한랭한 상태다. 먼저 丁火정관을 써서 庚金을 제련하고 丙火 칠살로 조후한다.

【원문】

十月庚金 水冷性寒 非丁莫造 非丙不暖
십 월 경 금　수 랭 성 한　비 정 막 조　비 병 불 난

【해설】

해월경금의 물은 차고 성질이 한랭해서 丁火정관이 아니면 庚金을 제련하여 물건을 만들 수 없고, 丙火칠살이 아니면 따뜻하게 할 수 없다. 金을 제련하는 능력이 뛰어난 丁火 위주로 사용한다.

【원문】

丁甲兩透 支無水局 一榜有之 支藏丙火 桃浪之仙 支見亥子 得
정갑량투 지무수국 일방유지 지장병화 도랑지선 지견해자 득

己出制 亦有功名
기출제 역유공명

【해설】 金을 제련하고 조후하는 丁丙관살이 모두 투출하고,
지지가 庚金이 꺼리는 水식상국이 아니면 쉽게 귀하게 된다. 지지의 장
간에 丙火가 있는 경우는 무릉도원의 신선과 같다. 만약 지지에 亥子식
상을 보면 己土정인이 투출하여 물길을 제극하여야 공명이 있다.

【원문】

若見丙透無丁者 決無顯達 丁藏甲透 武職之人 以上不合者
약견병투무정자 결무현달 정장갑투 무직지인 이상불합자

庸俗
용속

【해설】 丙火편관은 투출하고 丁火정관이 투출하지 않으면 조
후는 되지만 庚金으로 물건을 만들 수 없어 큰 발전이 없다. 丁火가 장간
에 있고 甲木편재는 천간에 투출하면 무관이고 그 밖에는 보통 사람이다.

【원문】

如金水混雜 全無丙丁者 鄙夫 支成金局 無火者 僧道之命也 書
여금수혼잡 전무병정자 비부 지성금국 무화자 승도지명야 서

曰 水冷金寒愛丙丁
왈 수랭금한애병정

【해설】　만약 해월경금의 팔자에 金水가 혼잡되어 있고 丙丁관
살이 전혀 없으면 하천한 자에 불과하고, 지지에 金비겁국을 이루고 丙
丁관살이 전혀 없으면 승도(僧道)이다. 이르기를 水가 냉하고 金이 차면
丙丁을 쓰라 하였다.

【원문】

甲丁得全 廉訪
갑 정 득 전　염 방

시	일	월	연 (乾命)
壬	庚	辛	丁
午	子	亥	亥

甲	乙	丙	丁	戊	己	庚
辰	巳	午	未	申	酉	戌

【해설】　亥 중 甲木이 있고 金을 제련하는 丁火가 투출하여 丁火
가 힘을 얻는 巳午未운에 염방(廉訪) 벼슬을 하였다. 그러나 丁火가 亥子
의 강한 살지(殺地)에 있고, 조후하는 丙火가 없어 크게 귀하지는 않았다.

【원문】

女命 金淸水秀 夫榮子貴 美而且賢
여 명　금 청 수 수　부 영 자 귀　미 이 차 현

```
        시   일   월   연 (坤命)
        丙   庚   辛   壬
        子   辰   亥   辰


    甲   乙   丙   丁   戊   己   庚
    辰   巳   午   未   申   酉   戌
```

【해설】   여명으로 金이 맑고 水는 뛰어난 금수상관격(金水傷官
格)이다. 남편은 영화를 누리고 자식은 귀하게 되었으며, 아름답고 현명
하였다. 庚金일간을 따뜻하게 하는 丙火칠살이 천간에 투출하였으나 살
지(殺地)인 子水 위에 있어 무력하다. 그러나 중년 이후에 불기운이 강한
운이 계속되어 丙火의 무력함을 해결해주므로 발전하였다.

해월경금 해설

```
        시   일   월   연 (乾命)
        庚   庚   丁   庚
        辰   午   亥   申


    甲   癸   壬   辛   庚   己   戊
    午   巳   辰   卯   寅   丑   子
```

1920년생 남자이다. 특이한 점은 첫 번째 결혼하여 처를 중국 대륙에
남겨두고 대만으로 이주하였고, 두 번째 결혼해서는 처가 바람을 피워

쫓아냈으며, 세 번째는 술집 여성과 결혼하여 해로하였다. 이런 것들이 팔자의 어디에 나타나는지 살펴본다.

먼저 말년 운세가 나무랄 데 없다. 해월경금이 한랭하여 丙丁火를 쓰는 것이 원칙이며, 이 중 丁火를 더 중요시한다. 마침 월간에 丁火가 투출하였다. 비록 丁火가 亥水 위에 있어 무력해 보이지만 亥 중 甲木이 있어 갑목맹아(甲木萌芽) 상태이고, 일지에 午火가 있어 丁火에게 힘을 불어넣으므로 용신 역할을 하기에는 문제가 없다. 억부로 봐도 신왕에 木火재관을 써야 하므로 억부와 조후용신이 일치한다. 운의 흐름을 보면 중년과 말년이 木火로 흘러 운세의 흐름이 좋다.

또한 나중에 들어오는 처성에도 문제가 없다. 위 사주는 드러난 처가 없는 무재사주(無財四柱)로 亥 중 甲木과 辰 중 乙木을 처로 삼는다. 선후론에 의해 월주의 甲木 상황을 먼저 보면, 庚午일주의 공망이 戌亥이니 일주 중심의 공망에 해당하고, 甲木 처성으로 진입하는 경우에는 丁亥가 午未 공망으로 일지를 공망으로 하니 자좌공망(自坐空亡)에 해당된다. 즉, 처성으로 진입할 수가 없다.

그러므로 처음의 처와는 친밀도가 떨어지고, 나중에 들어오는 辰 중 乙木은 이런 문제가 없다. 그러나 나중의 처인 乙 입장에서 보면 정관 庚金이 팔자에 너무 많다. 乙木이라는 처에게 관살혼잡(官殺混雜)의 영향이 나타나는 것을 피할 수 없어 보인다.

[사주 출처 『명리실증총담(命理實證叢談)』]

시	일	월	연 (坤命)
丙	庚	辛	丁
戌	午	亥	卯

戊	丁	丙	乙	甲	癸	壬
午	巳	辰	卯	寅	丑	子

1987년생 여자이다. 亥월 庚金일간에게 조후하는 丙火칠살과 물건을 만드는 丁火정관이 천간에 모두 투출하여 조후가 완전하다. 단, 지지가 亥卯未 木재성국과 寅午戌 火관살국을 이루고 丙丁이 투출하여 너무 신약한 구조이며, 여자가 신약에 관살혼잡이 되어 탁한 것이 흠이다. 용신이 土金인 인수와 비겁인데, 운의 흐름도 木火재관으로 흘러서 좋지 않다.

학업 성적은 어떨까? 전통적으로 학업 성적을 볼 때 가장 중요시하는 게 식상이다. 식상은 사고 능력을 보는 육친이기 때문이다. 그러나 식상과 함께 관살의 구성도 무시할 수 없다. 관살 중 칠살은 목표를 마음에 담아 두는 심리, 사유 능력, 극기심을 보는 육친이다. 명주의 경우 식상의 달에 태어나 발설과 사고 능력에 문제가 없고 칠살도 강하여 학업 성적이 우수하다. 2003년 고등학교 1학년 때 전교 604명 중 34등을 한 여학생이다.

11 자월경금(子月庚金)

주용신 丁 **보조용신** 甲丙

찬 계절에 있다. 丁火정관을 써서 제련하고 甲木편재로 丁火를 도우며, 丙火칠살을 써서 따뜻하게 한다.

【원문】

十一月庚金 天氣嚴寒 仍取丁甲 次取丙火照暖 或丁甲兩透 丙

십 일 월 경 금   천 기 엄 한   잉 취 정 갑   차 취 병 화 조 난   혹 정 갑 량 투   병

在支中 必主科甲 卽無丙火 亦有衣衿 有丁無甲 亦可富中取貴

재 지 중   필 주 과 갑   즉 무 병 화   역 유 의 금   유 정 무 갑   역 가 부 중 취 귀

有甲無丁 只作常人 或丙透丁藏 異途名望 丁藏有甲 武學可許

유 갑 무 정   지 작 상 인   혹 병 투 정 장   이 도 명 망   정 장 유 갑   무 학 가 허

【해설】　　　　자월경금은 기후가 차고, 금수상관(金水傷官)의 명이다. 丁火정관과 甲木편재를 쓰고, 다음에 조후하는 丙火칠살을 써서 따뜻하게 한다. 丁火와 甲木이 모두 투출하고 丙火가 지지 중에 있으면 반드시 귀하다. 丙火가 투출하지 않아도 학생은 된다. 만약 丁火는 있고 甲木이 없는 경우에는 재물로 귀하게 된다. 甲木은 있고 丁火가 없으면 평범한 사람이다. 丙火가 투출하고 丁火가 지장간에 있으면 추위는 풀리지만 庚金을 제련하는 것이 부족하므로 과거가 아닌 다른 방법으로 벼슬 정도는 할 수 있다. 丁火가 장간에 있고 甲木이 있으면 무관이다.

【원문】

或重重丙火 可許一富 但不淸高 丙戊生寅 或丙底坐寅 有一二

혹 중 중 병 화   가 허 일 부   단 불 청 고   병 무 생 인   혹 병 저 좌 인   유 일 이

者 富眞貴假 若見癸透 一介寒儒

자   부 진 귀 가   약 견 계 투   일 개 한 유

【해설】　　　　자월경금이 丙火칠살이 중중(重重)하면 부자는 될 수 있지만 맑고 고결하지는 못하다. 寅의 장간에 丙火와 戊土가 있는데, 만

약 1~2개의 丙火가 寅木 위에 있으면 부자는 돼도 귀하게 되지는 못한다. 丁火를 훼방하는 癸水상관이 투출하면 가난한 학자에 불과하다.

【원문】

或支成水局 不見丙丁者 此乃傷官格 爲人淸雅 衣祿常盈 但子
혹 지 성 수 국 불 견 병 정 자 차 내 상 관 격 위 인 청 아 의 록 상 영 단 자

息艱難耳
식 간 난 이

【해설】   자월경금이 지지 水식상국이고 丙丁관살을 보면 상관격(傷官格)으로, 명주가 맑고 기품이 있으며 의식(衣食)과 봉록이 충분하다. 그러나 남자인 경우 관살을 지나치게 제극하여 자식에게 어려움이 있다.

【원문】

或丙丁太多 名官煞混雜最無良 又怕身輕有損傷 如遇東南二
혹 병 정 태 다 명 관 살 혼 잡 최 무 량 우 파 신 경 유 손 상 여 우 동 남 이

運地 焉能埃得過時光 過於淸冷 似有凄涼 柱中一派金水 不入
운 지 언 능 애 득 과 시 광 과 어 청 랭 사 유 처 량 주 중 일 파 금 수 불 입

火土之鄕 主一生孤貧浪蕩 難望有成也
화 토 지 향 주 일 생 고 빈 랑 탕 난 망 유 성 야

【해설】   자월경금이 丙丁관살이 너무 많으면 관살혼잡(官殺混雜)이 되어 상관격(傷官格)에 관살을 쓰는 좋은 점을 찾을 수 없고, 庚金일간이 약한 경우는 손상될 우려가 있다. 이러한 명이 木火운으로 흐르면 강한 불기운을 피할 수 없다. 팔자가 지나치게 청량(淸凉)하면 처량해

진다. 팔자에 한 무리의 金水가 있고 火土운으로 흐르지 않으면 반드시 일생이 외롭고 가난하며 방랑하는 명으로 이루어지는 것이 없다.

【원문】

井欄叉格 尙書
정 란 차 격   상 서

시	일	월	연 (乾命)
庚	庚	壬	壬
辰	申	子	子

己	戊	丁	丙	乙	甲	癸
未	午	巳	辰	卯	寅	丑

【해설】　　　　정란차격(井欄叉格. p.576 참조)으로 상서(尙書)를 지냈다. 금백수청(金白水淸)의 사주로 용신은 壬水이다. 용신의 기운이 강해 이를 설기하는 甲寅과 乙卯운은 아우생아(兒又生兒. p.272 참조)가 되며 공명이 높다. 戊午운은 子午충하여 왕신노발(旺神怒發)이 되므로 흉하다.

【원문】

丁甲在支 富大貴小
정 갑 재 지   부 대 귀 소

```
              시   일   월   연 (乾命)

              癸   庚   庚   辛

              未   辰   子   亥


         癸   甲   乙   丙   丁   戊   己
         巳   午   未   申   酉   戌   亥
```

【원문】

丁甲在支 富大貴小

정 갑 재 지　부 대 귀 소

【해설】　　　丁火와 甲木이 장간에만 있어 부자이나 귀하지 않았다.
금백수청 사주의 시지에 未土가 있어서 水를 극하여 파격이 되었기 때문이
다. 중년 이후 甲午와 癸未운에 용신 丁火가 득지(得地)하여 재물이 늘었다.

【원문】

甲丙得位 富中取貴

갑 병 득 위　부 중 취 귀

```
              시   일   월   연 (乾命)

              戊   庚   戊   乙

              寅   寅   子   卯


         辛   壬   癸   甲   乙   丙   丁
         巳   午   未   申   酉   戌   亥
```

【해설】 　　　　寅 중 甲木과 丙火가 지지 寅에서 세력을 얻어 부귀를 이룬 사주이다. 투출한 戊土가 한랭한 子水를 조절하고, 寅 중 丙火가 조후한다. 丙火가 힘을 얻는 巳午未운에 발전한다.

자월경금 해설

시	일	월	연 (乾命)
丙	庚	丙	甲
戌	子	子	戌

甲	癸	壬	辛	庚	己	戊	丁
申	未	午	巳	辰	卯	寅	丑

자월경금에 丙火가 투출하고 丁火가 암장되어 있으면 과거 급제가 아니라도 다른 방법으로 이름을 알릴 수 있다 하였다. 또한 관살혼잡(官殺混雜)이 되고 운이 木火로 흐르면 그 신세가 처량하다 하였다. 위 팔자를 보면 자월경금이 한랭하지만 지지에 조토(燥土)인 戊土가 있고 丙火가 쌍으로 투출하였으며, 甲木이 이를 생조하여 火관살이 너무 강한 것이 문제다. 일간 庚金의 입장에서 보면 子水는 설기이고, 火는 제극이므로 극설교집(剋洩交集)이 되어 신약이 분명하다. 자월경금의 금수상관(金水傷官) 사주에 관살을 용신으로 하는 것은 신왕한 경우이고, 이와 같이 신약한 경우에는 관인상생(官印相生)과 식상의 설기를 방지하는 土인수를 용신으로 하는 것이 맞다.

　명주는 돈으로 벼슬길에 나가 辛巳운에 명예와 재물을 얻었다. 辛은 팔자의 火를 묶어버리고, 巳는 庚金의 장생(長生)의 자리다. 戊寅과 己卯

운에는 가래와 해수병으로 고생하였다. 비록 寅卯가 火를 부추겨서 병이 생겼으나, 土가 관인상생하여 약이 없이 저절로 나았다.

질병 상태는 '금수상관 한즉랭수 열즉담화(金水傷官 寒則冷嗽 熱則痰火)'로, 즉 겨울 金은 水가 강하면 해수병이고, 열이 많으면 가래가 끓게 된다는 말과 일치한다.[사주 출처 『적천수(適天髓)』]

	시	일	월	연 (坤命)
	庚	庚	戊	庚
	辰	午	子	戌

辛	壬	癸	甲	乙	丙	丁
巳	午	未	申	酉	戌	亥

1970년생 여자로 2007년 현재 자식이 없다. 자월경금이 지지에 火土 기운이 강하고 戊土가 투출하여 신왕하다. 금수상관에 火관살을 쓰는 것이 원칙이지만, 이 사주와 같이 신왕한 경우는 水식상을 쓸 수밖에 없다. 곤명의 자식은 육친으로는 식상이며, 희용기구한신 중 용신 즉 子水가 된다. 子水의 상황을 보면 子午충이 되고, 주변에 土가 강해서 역할을 하기 힘들다.

또한 궁성론으로 볼 때 자식별인 戊子로 진입하면 午未가 공망이 되어 자좌공망(自坐空亡)으로 진입이 불가능하고, 자식성인 子水는 관살의 자리에 있어 손실이며, 자식궁 시지에는 인수가 있어 파궁(破宮)이 되었다.

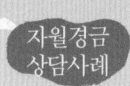

자월경금
상담사례

불발로 끝나는 머슴 팔자

후덥지근한 초여름 한낮에 방문한 젊은 분의 말투가 싹수가 노랗다. 처음 본 게 4~5
년 전으로 언제 봤는지 기억이 희미하다. 당시에 어렵게 구한 직장을 그만두려는 것을
극구 말렸었다. 가장 큰 이유는 불발탄 사주에 운의 흐름이 안 좋기 때문이다. 직장을
그만두면 백수생활이 짧지 않을 것이라고 주의를 주었다. 운세가 안 좋으니 그냥 머슴
으로 살라고도 하였다.

이 날은 반 백수생활 중 귀동냥한 역학 지식으로 싸움을 걸러 온 태도다. 자신의 사
주팔자가 불발로 끝날 이유를 묻는 질문이 매서웠다. 다음은 질문과 답변의 일부이다.

시 일 월 연(乾命)
甲 庚 丙 己
申 午 子 酉

己 庚 辛 壬 癸 甲 乙
巳 午 未 申 酉 戌 亥

"팔자에 추위를 녹여줄 丙火란 불이 있으니 발전할 팔자가 아닌가요?" 물론 丙火가
없는 것보다는 있는 게 좋다. 丙火는 태양이라 추위를 조절할 수는 있기 때문이다. 그러
나 庚金을 다스리고 제련하는 데는 丁火보다 능력이 떨어진다. 그러므로 子월에 丙火
가 있다고 무조건 발전하는 사주로 보면 안 된다.

"일지 午 중에 丁火가 있고 甲木이 상생하므로 좋은 사주 아닌가요?" 팔자의 천간
에 丁火가 투출하지 않아도 지장간에서 역할을 할 수 있으면 좋다. 그러나 午 중 丁火
는 子 중 癸水와 丁癸충으로 암충(暗沖)이 되어 庚金을 제련하는 힘이 떨어진다. 또, 시

(時)에 있는 甲木은 앉은 자리가 살지(殺地)로 자기 살기가 바쁜데 어떻게 인정(引丁)을 할 수 있겠는가? 결국 丙火나 丁火, 甲木이 모두 앉은 자리가 마땅치 않아 파격이 된 팔자이다.

"그럼 제겐 불이 용신인가요?" 팔자의 배합을 보면 월의 子水는 자신의 기운을 빼낸다. 그리고 힘이 있는가를 떠나 午火와 丙火는 자신을 치는 기운으로 작용하여 자신의 기운이 약하다. 이런 상황에 관살인 불을 용신으로 하는 것은 자신을 더 약하게 할 수 있어 병이 된다. 신약사주이므로 己土인수를 용신으로 한다.

"土운인 甲戌운 甲戌년에 죽을 수도 있는 큰 사고는 어떻게 설명이 되나요?" 용신으로 삼은 己土는 酉金의 자리가 사지(死地)다. 또 태어난 달은 절지(絶地)가 된다. 사절지에 있는 용신이라서 힘이 없는데, 운에서 오는 甲木이 甲己합으로 묶어 용신이 기반(羈絆)이 되는 운이다. 더욱이 운에서 오는 戌土가 일지와 寅午戌로 火관살국이 되어 관살이 강해진다. 용신은 묶이고 자신을 치는 운은 강해진다. 이런 운이면 사고가 날 수 있다.

"앞으로 46세까지 壬申대운은 좋은가요? 아직 결혼을 못 했습니다. 처복은 있는 사주인가요?" 고시촌 쪽방에서 반 백수로 생활하는 39세 노총각의 마지막 질문이었다. 헛된 희망을 주어 마음을 부풀리기 싫어서 장가를 혼자 가냐고 되묻는 것으로 마무리하였다. 과연 처복은 있을까? 일지 처궁은 子午충으로 흔들리고 관살이 있어서 손실 상태이며, 처성인 甲木은 절지에 있어 무력하다. 또 일간이 처성으로 진입하면 甲申의 기준으로 볼 때 午未가 공망으로 자공망(自空亡)이 된다. 따라서 처성으로 진입할 수가 없다. 처궁은 부실하고, 처성은 진입 불가이다. 따라서 결혼은 예감이 좋지 않다.

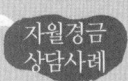

유부남인데 정리가 안 돼요

후덥지근하고 조금씩 움직이는 바람도 끈적거린다. 창밖에 낮게 깔린 구름을 무심히 보고 있는데 시원한 차림의 아가씨가 들어섰다. 밝은 하늘색 티셔츠에 마처럼 성글어 보이는 흰 바지 차림으로 실내에 들어서자마자 맨발에 스타킹을 신었다. 젊은 사람이 맨발로 와서 양말을 신는 것은 자주 보는 일은 아니다. 자리에 앉자마자 눈웃음을 치며 봉투에서 꺼낸 간명지를 보여주었다. 영화관 입구에서 재미로 본 팔자이야기를 하며 올해나 내년에 결혼운이 있는지 봐달라고 하였다.

```
시 일 월 연(坤命)
丙 庚 庚 丙
戌 戌 子 辰

癸 甲 乙 丙 丁 戊 己
巳 午 未 申 酉 戌 亥
```

간명지에 적힌 사주를 슬쩍 본 후 맞은편에 다소곳이 앉아 있는 아가씨를 천천히 뜯어보았다. 잠깐 동안 이야기를 하며 흘깃흘깃 곁눈질을 하는 눈이 범상치 않다. 양 같은 눈에 흰자위가 많고, 물기가 촉촉하며, 눈꼬리 끝이 아래를 덮은 전형적인 도화안(桃花眼)이다. "팔자에 널린 게 남자고, 지금도 사귀고 있군요. 그런데 현재의 애인이 첫 남자이면 바람기가 있어요. 이 애인이 첫 남자이면 흘려보내는 게 상책입니다. 그러나 이곳저곳 기웃거리다가는 시집가기 힘듭니다." 남자가 널려 있다는 것은 드러난 丙火 명관(明官)이 둘, 丁火 암관(暗官)이 둘이기 때문이며, 이는 남편이 넷인 것을 의미한다. 첫 남자인 丙火는 물인 살지(殺地)에 앉아 힘이 없고, 丙火 입장에서 보면 처성 庚金이 둘이 되므로 바람기가 있을 것이다. 팔자가 관살혼잡(官殺混雜)에 상관견관(傷官見官)이며 삼합(三合)이 있고, 庚戌일주는 홍염(紅艶)이다. 여자 사주로는 탁하다. 음란지명으로 어영부영하다가는 올바로 시집가기가 힘들다.

눈을 동그랗게 뜨고 팔자풀이를 듣더니 한동안 뜸을 들인 후에 그간의 사정을 털어놓았다. 학교를 졸업한 후 외국계 항공사에 취직하였다. 유난히 살갑게 대해주던 상사와 어쩌다 바람이 났고, 그 상사는 직장에서 잉꼬부부로 소문난 유부남이다. 2003년부터 시작된 5년 동안의 불륜을 연초부터 정리해야 한다고 다짐에 다짐을 해왔지만 머리와 가슴이 각각 놀고, 상대방도 이제 정리해야 한다고 하지만 말뿐이라는 것이다.

2007년을 작괘하여 보니 수화기제(水火旣濟)괘의 육사(六四)효가 동했다. "일엽편주 부해당풍 항염기환 유시유종(一葉片舟 浮海當風 恒念其患 有始有終)"으로, 풀이하면 일엽편주가 바다를 떠다니다 바람을 만나니 항상 환난을 염려해야 하며 시작이 있고 끝이 있다는 뜻이다. 어찌됐든 강을 건넜으면 뗏목을 버려야 새로운 출발을 할 수 있다. 뗏목을 어깨에 짊어지고 결혼할 수는 없다.

12 축월경금(丑月庚金)

> 주용신 丙   보조용신 丁甲
>
> 차고 축축한 진흙의 달이다. 丙火편관으로 먼저 따뜻하게 하고 丁火정관으로 庚金을 제련하며, 甲木편재로 불기운을 돕는다.

【원문】

十二月庚金 寒氣太重 且多溼泥 愈寒愈凍 先取丙火解凍 次取
십 이 월 경 금 한 기 태 중 차 다 습 니 유 한 유 동 선 취 병 화 해 동 차 취

丁火煉金 甲亦不可少
정화련금 갑 역 불 가 소

【해설】　축월경금은 차고 축축한 진흙에 있는 쇠다. 차게 얼어 있으므로 먼저 丙火편관으로 따스하게 한다. 다음에 丁火정관으로 庚金을 제련하고, 이 때 火를 생하는 甲木편재도 제 역할을 해야 한다.

【원문】

丙丁甲透者 卽不科甲 亦有恩榮 有丙無丁甲者 富中取貴 有丁
병정갑투자 즉불과갑 역유은영 유병무정갑자 부중취귀 유정

甲無丙者 特達才人 有丙丁無甲者 白手成家 刀筆亨通 乏金更
갑무병자 특달재인 유병정무갑자 백수성가 도필형통 핍금경

美 或支成金局無火 僧道之流
미 혹지성금국무화 승도지류

【해설】　丙火편관과 丁火정관과 甲木편재가 투출한 경우 귀하지는 못해도 은혜를 입고 영화를 누릴 수 있다. 丙火는 있으나 丁火와 甲木이 없는 경우에는 재물로 귀하게 된다. 丙火는 없고 丁火와 甲木이 있는 경우에는 특별한 재주가 있다. 丙丁은 있으나 甲木이 없는 경우에는 자수성가하고 글로 형통한다. 축월경금은 金이 부족한 것이 좋으며, 만약 지지 金비겁국에 火관살이 없으면 쇠는 차고 물은 냉한 금한수냉(金寒水冷)의 상태가 되어 외롭고 빈천한 승도(僧道)이다.

【원문】

女命 夫婦白頭 五子大貴
여명 부부백두 오자대귀

시　일　월　연(坤命)

癸　庚　己　庚

未　戌　丑　辰

壬　癸　甲　乙　丙　丁　戊

午　未　申　酉　戌　亥　子

【해설】　　　　여자의 명이며 未 中 丁火를 용신으로 한다. 용신이 시지에 있고, 말년에 巳午未 火운으로 흘러 부부가 해로하였으며 다섯 명의 자식이 모두 귀하게 되었다.

【원문】

兄弟雙生 兄擧人 弟茂才 弟酉時 無甲故也

형 제 쌍 생　형 거 인　제 무 재　제 유 시　무 갑 고 야

■ 형의 사주　　　　■ 동생의 사주

시	일	월	연(乾命)
甲	庚	丁	己
申	子	丑	巳

庚　辛　壬　癸　甲　乙　丙

午　未　申　酉　戌　亥　子

시	일	월	연(乾命)
乙	庚	丁	己
酉	子	丑	巳

庚　辛　壬　癸　甲　乙　丙

午　未　申　酉　戌　亥　子

【해설】 쌍둥이의 사주이다. 형은 거인(擧人)^{주)}이었고, 동생은 선비였다. 동생은 乙庚金이 되는데 甲木이 없어 丁火를 이끌어 와서 쓰지 못 한다. 그러므로 형과 동생이 귀함에 차이가 있다.

㉾ 거인(擧人)은 관리에 추천되거나 등용 시험에 응시 또는 합격한 사람이다.

축월경금 해설

시	일	월	연 (乾命)
丙	庚	乙	癸
子	寅	丑	酉

戊	己	庚	辛	壬	癸	甲
午	未	申	酉	戌	亥	子

축월경금이 시간에 일지 寅木에 뿌리를 둔 丙火칠살이 투출하고, 丙火를 생하는 뿌리가 있는 乙木이 있으므로 귀하다. 단, 丑 중 辛金이 乙木을 극하는 것이 걸리는데, 연월 자체에서 축생유(丑生酉) 유생계(酉生癸) 계생을(癸生乙)로 소통이 되어 문제가 없다. 1874년에 태어난 절강성장(浙江省長)이었던 장재양(張載揚)의 명조이다.[사주 출처 『자평진전(子平眞詮)』]

```
시  일  월  연 (乾命)
辛  庚  己  乙
巳  辰  丑  未

壬 癸 甲 乙 丙 丁 戊
午 未 申 酉 戌 亥 子
```

축월경금에 조후하는 丙火와 이를 생조하는 甲木이 없어서 파격이 된 사주이다. 단, 연간 乙木이 재성궁인 자기 자리에 있어 조왕(助旺)하고, 시지 巳 중 丙火가 있어 그럭저럭 조후의 기준을 맞춘 것 같지만 辰 중 癸水가 옆에서 훼방하는 것이 걸린다. 너무 왕성하여 정인격에서 편인 격으로 변한다. 운의 흐름은 인비(印比)인 土金이 흉하고, 식재관(食財官)이 길하다. 癸未대운부터 왕성한 金을 설기하고 재성을 도와 조금 숨통이 트인다. 이 글을 쓴 이을로(李乙魯)의 명조이다.

4. 辛金의 월별 용신

1 인월신금(寅月辛金)

| 주용신 | 己 | 보조용신 | 壬庚 |

아직 찬 기운이 남아 있는 달로 辛金이 월의 도움을 받지 못한다. 己土편인으로 辛金을 돕고, 壬水상관으로 辛金을 씻어서 역할을 하게 하며, 庚金겁재로 월의 甲木을 조절한다.

【원문】

正月辛金 陽氣舒而寒未除 不知正月建寅 中有長生之丙 解去
정월신금 양기서이한미제 부지정월건인 중유장생지병 해거

寒氣 忌甲木司權 辛金失令 取己土爲生身之本 欲得辛金發現
한기 기갑목사권 신금실령 취기토위생신지본 욕득신금발현

全賴壬水之功 己壬兩透 支見庚制甲 科甲定然 或己土透干支
전뢰임수지공 기임량투 지견경제갑 과갑정연 혹기토투간지

中有甲 異路恩榮 或己土不全 號曰君臣失勢 富貴難全 或有丙
중유갑 이로은영 혹기토부전 호왈군신실세 부귀난전 혹유병

火出干 亦主武學 或見壬 無己庚者 貧賤之徒
화출간 역주무학 혹견임 무기경자 빈천지도

【해설】　　　　인월신금은 양기(陽氣)가 일어나지만 아직 찬 기운이 있다. 寅월에 甲木이 寅을 건록(建祿)으로 삼고, 장간에 丙火가 있어서 찬 기운을 녹일 수는 있다. 그러나 辛金은 甲木이 사령하는 것을 꺼린다. 이같이 辛金이 월의 도움을 받지 못하므로 주로 己土편인을 용신으로 사용한다. 또한 辛金이 역할을 하려면 壬水상관이 씻어주어야 한다. 그러므로 己土와 壬水가 투출하고, 지지에서 庚金이 파인(破印)하는 甲木을 제극하면 귀하다. 만약 己土가 투출하고 지장간에 甲木이 있으면 과거 급제가 아닌 다른 방법으로 이름을 알린다. 己土가 무력하면 군신(君臣)이 세력을 잃은 것으로 부귀가 온전하지 못하다. 또한, 丙火가 천간에 투출하면 무관이 된다. 壬水가 辛金을 설기하는데 己土와 庚金이 없으면 빈천하다.

【원문】

或支成火局 卽壬水出干 不剋己土 亦尋常之人 或庚壬兩透 破
혹지성화국 즉임수출간 불극기토 역심상지인 혹경임량투 파

局制火 必爲顯達之人
국제화 필위현달지인

【해설】　　　지지가 火관살국이고 壬水상관이 투출하면 극설교집 (剋洩交集)이다. 이 때 己土편인이 壬水를 극하지 않으면 평범하다. 비겁과 식상인 庚金과 壬水가 투출하여 火관살국을 조절하면 성공한다.

【원문】

或支成水局 不見丙火 名爲金弱沉寒 平常之士 書曰金水性寒
혹지성수국 불견병화 명위금약침한 평상지사 서왈금수성한

寒到底 凄涼難免少年憂 得丙透照暖 反主富貴
한도저 처량난면소년우 득병투조난 반주부귀

【해설】　　　지지가 水식상국이면 금수상관(金水傷官)이 된다. 여기에 丙火가 없으면 약한 金이 찬 기운에 빠진 것과 같아 평범한 선비다. 이르기를, 金水의 성질이 바닥까지 차면 처량하여 소년시절에 근심이 있다고 하였다. 그러나 丙火가 있어 따뜻하게 비추면 반대로 부귀하다.

【원문】

故正月辛金 先己後壬 己爲君 庚爲佐 如用丙火須參看 用己 火
고정월신금 선기후임 기위군 경위좌 여용병화수참간 용기 화

妻土子 用壬 金妻水子
처토자 용임 금처수자

십간의 월별 주용신과 보조용신

【해설】 그러므로 인월신금은 먼저 己土편인을 쓰고, 다음에 壬水상관을 쓴다. 己土는 군왕, 庚金은 신하로 삼아 보좌하는 방법은 인월신금에 丙火정관을 쓸 때도 참고한다. 己土를 쓰는 경우 火가 처이고 土가 자식이며, 壬水를 쓰면 金이 처이고 水가 자식이다.

【원문】

辛金珠玉 最怕紅爐 辛逢卯日 子時 名曰朝陽
신 금 주 옥 　최 파 홍 로　신 봉 묘 일　자 시　명 왈 조 양

【해설】 辛金은 주옥이다. 지지가 火관살국이 되어 화로 위에 주옥이 있는 상태로 이를 가장 꺼린다. 辛卯일 戊子시인 경우는 조양격(朝陽格)^{주)}이 되는데, 子卯형이 되고 火를 보면 파격이 된다.

㈜ **조양격** 육음조양격(六陰朝陽格)이라고도 한다. 육음은 辛未, 辛巳, 辛卯, 辛丑, 辛酉, 辛亥이고, 양(陽)은 양기가 생기기 시작하는 子시를 말한다. 즉, 辛일생이 子시를 만날 때 이루어지는 격이다. 辛일간이 子시를 만나는 경우 子 중 癸水와 합을 하는 戊土가 오고, 戊土는 戊土를 담고 있는 巳火를 불러오며, 巳火 중 丙火는 辛일간의 정관이 되므로 귀하게 된다고 본다.

조양격의 진격(眞格)은 ① 辛亥, 辛酉, 辛丑일의 戊子시이고, ② 丙丁巳午의 관살이 없으며, ③ 子를 합하는 丑이 없어야 하고, ④ 子시를 형하는 卯가 없으며, ⑤ 子水가 시(時) 이외에 다른 곳에도 없어야 한다. 辛巳와 辛未일은 巳 중 丙火, 未 중 丁火가 있어 파격이고, 辛卯일은 일과 시가 子卯형이 되어 파격이다. 다음의 사주는 조양격의 진격에 해당된다.

시	일	월	연
戊	辛	辛	戊
子	酉	酉	辰

【원문】

有己無壬 秀才而己
유 기 무 임 수 재 이 기

시   일   월   연 (乾命)

己   辛   庚   丙

丑   酉   寅   辰

丁   丙   乙   甲   癸   壬   辛

酉   申   未   午   巳   辰   卯

【해설】　　　　인월신금을 돕는 己土편인은 있지만 辛金의 수기(秀氣)를 발하는 壬水상관이 없다. 단지 수재(秀才)^{주)}에 불과하였다. 지지 巳酉丑이고 진유합금(辰酉合金)이 되어 金비겁이 강하므로 연간의 丙火정관이 용신이 되는데, 이를 생조하는 寅木이 庚金의 극을 받아 丙火를 생조하는 힘이 부족하여 배합이 좋지 않다.

㊟ 송나라 때는 과거에 응시하는 선비를 모두 수재(秀才)라 하였고, 명나라나 청나라 때는 생원(生員)도 수재라 하였다.

십간의 월별 주용신과 보조용신

```
시  일  월  연 (乾命)
癸  辛  庚  丙
巳  巳  寅  辰

丁 丙 乙 甲 癸 壬 辛
酉 申 未 午 巳 辰 卯
```

인월신금인데 연간에 丙火가 투출하고 바닥이 寅巳로 봄에 양기가 많고 화기가 강해서 건조한 춘양조열(春陽燥烈) 상태이므로 金水가 필요하다. 그러나 癸水는 앉은 자리인 巳火에서 절지(絶地)이고, 월간 庚金은 연간 丙火와 丙庚충이 되어 金水기운이 아주 약하다. 이 경우 용신은 강한 火를 설기하고 약한 일간을 생해주는 辰土정인이 된다. 용신 辰土는 습토(濕土)로 팔자 전체적으로 水를 돕고, 불기운을 흡수하여 金을 생한다. 이와 같이 巳午운에도 흉한 불기를 흡수할 수 있어 부귀하였다. 만약 연지에 辰이 없으면 부귀하지 못했을 것이다.[사주 출처 『사주첩경(四柱捷徑)』]

위 사주를 십악대패(十惡大敗)로 봐서, 가산을 탕진하고 대패하다고 보는 경우도 있다. 그러나 십악대패는 연간과 일간이 서로 칠살의 관계이고, 연지와 일지가 상충하는 경우이다. 예를 들어, 乙亥년 辛巳일의 경우이다. 그러므로 위 사주는 십악대패가 아니다.

시 일 월 연 (乾命)

庚 辛 甲 戊

寅 未 寅 子

辛 庚 己 戊 丁 丙 乙
酉 申 未 午 巳 辰 卯

시간에 庚金이 있어서 일간을 약하게 하는 甲木을 극하고, 寅 중 戊土
가 투출하여 庚金을 돕는다. 그러나 庚金은 절지에 있고, 인월신금에 甲
木의 기세가 강하여 신약사주로 분류된다. 천간에 甲木이 있어 파인(破
印)하고, 辛金의 수기(秀氣)를 설기하는 壬水가 없으며, 연지 子水가 무
력하여 파격이 되었다. 기구신은 木火이고, 용신은 庚金이며, 희신은 연
간 戊土가 된다.

명주는 1994년(戊午운, 甲戌년)에 운전을 하다가 차량 전복사고로 척
추가 손상되었다. 사고 후 2007년 현재까지 입퇴원을 반복하고 있다.

사고가 난 대운과 태세를 살펴보면, 戊午운은 일간의 수기(秀氣)를 발
하는 子水를 충하고, 甲戌년은 기신의 해이며 지지의 寅木과 합을 하여
관살이 된다. 또한 戊未형으로 신체궁인 일지를 형하는 해다. 신약에 재
성혼잡(財星混雜)이고, 처궁에 인수가 있어 파궁(破宮)이 되었으며, 寅
未 귀문관살(鬼門關殺)의 영향으로 성격 차이가 있어 이혼하고 혼자 살
고 있다.

② 묘월신금(卯月辛金)

> **주용신 壬   보조용신 甲**
>
> 양기(陽氣)가 일어나는 달이다. 壬水상관을 써서 金기운을 씻어주고, 甲木정재로 壬水가 金기운을 씻는 것을 방해하는 土를 조절한다.

【원문】

二月辛金 陽和之際 壬水爲尊 見戊己爲病 得甲制伏 則辛金
이월신금 양화지제 임수위존 견무기위병 득갑제복 즉신금

不致埋沒 壬水不致混濁 合此者必身入玉堂 故二月辛金^{주1)} 有壬
불치매몰 임수불치혼탁 합차자필신입옥당 고이월신금   유임

甲透者貴顯 否則 鄕紳^{주2)} 或壬坐亥支 不見土出 可能入芥 家亦
갑투자귀현 부즉 향신   혹임좌해지 불견토출 가능입개 가역

小康 得申中之壬者 異途名望 無壬者常人 其生剋之理 與正月
소강 득신중지임자 이도명망 무임자상인 기생극지리 여정월

辛金皆同
신금개동

【해설】

묘월신금은 양기가 일어나는 시기다. 金기운을 씻어서 빛을 발하게 하는 壬水상관을 중요하게 쓰고, 壬水를 극하는 戊己인수를 흉하게 본다. 甲木정재가 土를 제극하면 辛金일간이 묻히지 않고 壬水도 혼탁해지지 않아 과거 급제할 정도로 귀하다. 만약 크게 귀하지 않으면 세력이 있는 사람이 된다. 그러므로 묘월신금은 壬水와 甲木이 투출해야 공명을 이루거나 작은 벼슬이라도 한다. 만약 壬水가 지지 亥水의 도움을 받고 土의 방해가 없으면 약간의 편안함은 있다. 申金에 있는

장간 壬水를 얻는 경우에는 과거 대신 다른 방법으로 벼슬을 하고, 壬水가 없는 사람은 평범한 사람이다. 그 밖의 생극원리는 인월신금(寅月辛金)과 같다.

【원문】

或壬戊透 甲不出干 此爲病不遇藥 平常之人 得乙破戊 頗有衣
혹임무투 갑불출간 차위병불우약 평상지인 득을파무 파유의

衿 但假名假利 刻薄乖張
금 단가명가리 각박괴장

【해설】　　묘월신금에 壬水상관과 戊土정인이 투출하고 戊土를 헤치는 甲木정재가 투출하지 않으면, 병은 있고 약이 없는 형상이므로 평범한 사람이다. 강한 甲木 대신에 유약한 乙木으로 戊土를 제극하는 경우에는 병을 완전히 치료하지 못하여, 학생으로 공부를 하지만 진실한 명리를 얻지 못하며 각박하고 괴팍하다.

【원문】

或一派壬水汪洋 名金水淘洗太過 不得中和 略有衣食 全無作
혹일파임수왕양 명금수도세태과 부득중화 약유의식 전무작

爲 如壬水重重 得戊反吉
위 여임수중중 득무반길

647

【해설】 　　　한 무리의 壬水상관이 넘치게 있으면 辛金을 씻는 것이 지나친 경우로, 팔자의 중화를 얻지 못하여 약간의 의식(衣食)은 있으나 되는 일이 없다. 그러나 넘치는 壬水를 막아주는 戊土를 얻으면 오히려 길하다.

【원문】

或支成木局 洩盡壬水 有庚富貴 無庚平人
혹 지 성 목 국　설 진 임 수　유 경 부 귀　무 경 평 인

【해설】 　　　지지 木재성국이면 壬水상관을 설기하는 것이 지나치므로 木을 극하고 壬水를 생하는 庚金겁재가 있어야 부귀하며, 庚金이 없으면 평범한 사람이다.

【원문】

或支成火局 名官印相爭㉾ 金水兩傷 下流之格 得二壬出制 富貴
혹 지 성 화 국　명 관 인 상 쟁　　금 수 량 상　하 류 지 격　득 이 임 출 제 부 귀

反奇
반 기

【해설】 　　　지지가 火관살국이면 金水인 관살과 식상이 서로 다투는 격으로, 金水가 모두 상하여 하격이 된다. 그러나 壬水가 2개 나타나서 火를 조절하면 매우 부귀하다.

㉾ 원문의 관인상쟁(官印相爭)은 의미가 분명치 않다. 지지 火관살이 강하다고 土인수와 서로 다툴 이유가 없기 때문이다. 문맥으로 보아 火관살이 강하고 寅월 중 戊土 지장간이 있어 火土관인(官印)이 모두 강하고, 이로 인해 비겁과 식상인 金水가 상한다는 의미 같다.

辛金生於春季 一派壬水 而無丙火 卽能顯達 家無宿舂 得壬丙
신금생어춘계 일파임수 이무병화 즉능현달 가무숙용 득임병

齊透 方許大富大貴
제 투 방 허 대 부 대 귀

【해설】 辛金이 봄에 태어나고 한 무리의 壬水상관이 있으며 丙火정관이 없으면, 금수상관(金水傷官)으로 한랭하여 집안에 먹을 것이 없다. 그러나 壬水와 丙火가 모두 투출하면 크게 부귀하다.

【원문】

用胎元庚金破木 太守
용 태 원 경 금 파 목 태 수

649

시	일	월	연 (乾命)
甲	辛	己	乙
午	酉	卯	卯

壬	癸	甲	乙	丙	丁	戊
申	酉	戌	亥	子	丑	寅

【해설】 木재성이 강하므로 태원(胎元)^{주)}인 庚金을 써서 木을 제극한다. 申酉戌 金운에 태수(太守) 벼슬을 하였다.

㊀ 태원은 庚午이다. 태원을 따지는 방법은 p.519의 태원을 참조한다.

3

십간의 월별 주용신과 보조용신

【원문】

用庚不用壬 侍郎
용경불용임 시랑

	시	일	월	연(乾命)
	丙	辛	己	乙
	申	卯	卯	酉

壬	癸	甲	乙	丙	丁	戊
申	酉	戌	亥	子	丑	寅

【해설】 　　　태원인 庚金비겁을 써서 강한 木재성을 조절한다. 辛

金을 씻는 壬水를 쓰지 않는 이유는 묘월신금이 약하기 때문이다. 甲戌

과 癸酉운에 시랑(侍郎) 벼슬을 하였다.

【원문】

用丁文學蓋世 但一秀才耳
용정문학개세 단일수재이

	시	일	월	연(乾命)
	己	辛	丁	己
	亥	巳	卯	未

庚	辛	壬	癸	甲	乙	丙
申	酉	戌	亥	子	丑	寅

【해설】　　　월간에 투출한 丁火를 용신으로 한다. 문장이 뛰어났으나 한낱 수재(秀才)에 불과하였다.

　이 사주를 己土로 화살(化殺)하는 용살격(用殺格)으로 볼 수도 있다. 그러나 지지가 亥卯未 木재성국이고, 丁火칠살이 투출하여 강한 己土인수를 생하므로 辛金이 약하지 않다.

　팔자의 균형을 이루기 위해서는 水식상으로 설기하고, 甲木으로 소토한다. 이 중 용신으로 쓸 수 있는 亥 中 壬水는 巳亥충으로 깨져 있고, 甲木이 없는데 乙木도 투출하지 않아 희용신이 무력하고 수재에 불과했던 명으로 보는 것이 합리적이다.

【원문】

才旺生官 壯元
재 왕 생 관 　 장 원

시	일	월	연(乾命)
己	辛	丁	甲
亥	未	卯	午

甲	癸	壬	辛	庚	己	戊
戌	酉	申	未	午	巳	辰

【해설】　　　亥卯未 木재성국이 투출한 丁火관살을 생조하는 재왕생관(財旺生官)의 구조이고, 시간의 己土인수가 소통시켜서 중화를 이루어 장원(壯元)을 하였다.

【원문】

女命 金水汪洋 一生淫賤孤寡
여 명 금 수 왕 양 일 생 음 천 고 과

시 일 월 연 (坤命)

壬 辛 癸 壬

辰 卯 卯 子

丙 丁 戊 己 庚 辛 壬
申 酉 戌 亥 子 丑 寅

652

【해설】　　　　여자의 명이다. 지지 申子辰 水식상국에 壬癸가 투출
하여 금수왕양(金水汪洋)의 상태가 되어 金水가 지나치게 강하다. 팔자
에 丙火관살과 水를 제어하는 戊土가 없고, 대운이 水金으로 흘러서 음
란하고 천하며 남편이 없이 살 팔자이다.

묘월신금 해설

시 일 월 연 (乾命)

乙 辛 丁 己

未 卯 卯 巳

庚 辛 壬 癸 甲 乙 丙
申 酉 戌 亥 子 丑 寅

묘월신금의 용신 원칙은 金기운을 물로 씻어주어 수기(秀氣)를 드러나게 하는 데 있다. 따라서 壬水 위주로 하고 甲木으로 보조한다. 그런데 팔자에 辛金을 돕는 土金기운이 전혀 없으면, 壬水와 甲木을 쓰는 경우 편고함을 더 부추기므로 쓸 수 없다. 이를 바탕으로 용신을 정해보자.

辛金에게 卯월은 태지(胎地)다. 지지가 亥卯未 木재성국이고, 투출한 乙木은 巳火에 뿌리를 두고 있는 월간의 丁火칠살을 생하고 있다. 여기에 시(時)의 未土인수는 합으로 기반(羈絆)이 되고, 연간의 己土는 일간과 무정하여 辛金일간에 도움이 못 되므로 신약사주이다. 신약의 근본적인 원인이 木재성이 강한 데 있으므로, 이를 제극하는 庚金을 용신으로 하고 희신은 己土로 삼는다. 전체적으로 재살태왕(財殺太旺)이고 희신인 기토는 너무 멀리 있으며, 인수가 재성의 자리인 연간에 있어 파성(破星)이 되었다. 즉, 희신이 무정한 상황이다.

운의 흐름을 보면, 초반의 木火운은 팔자의 병을 부추기는 운으로 하나도 이룬 것이 없다. 癸亥운은 팔자를 통관(通關)시키는 게 아니라 극설교집(剋洩交集)을 만들어 약한 일간을 더욱 약하게 하고, 기신인 木재성을 강하게 하여 이 운에 사망하였다.[사주 출처 『적천수(適天髓)』]

시	일	월	연 (坤命)
戊	辛	己	庚
子	亥	卯	戌

壬	癸	甲	乙	丙	丁	戊
申	酉	戌	亥	子	丑	寅

십간의 월별 주용신과 보조용신

　1997년(丁丑운, 丁丑년)에 결혼하였으며, 가정에서 일방적으로 행동하는 남편과의 관계가 원만치 않은 여성이다. 2007년 현재까지 부부 갈등으로 수시로 가출을 반복하며 살고 있다.

　특징을 보면 묘술합화(卯戌合火)에 戊己土가 투출하여 辛金일간이 약하지 않으며, 지지 亥子가 식상국이고 월령이 卯재성이어서 재성까지는 흐름에 문제가 없다. 그러나 드러난 관살이 없어서 통기(通氣)가 안 된다. 지지에 亥子식상이 있다 하나 투출된 壬水가 없고, 土를 제극하는 甲木도 보이지 않는다. 즉, 불통(不通)에 쓸 수 있는 용신이 없는 파격으로 평범한 명이다.

　부부관계를 보면 드러난 남편을 뜻하는 명관(明官)이 없는 무관사주(無官四柱)이며, 연지 戌土는 관고(官庫)가 되고 관고에 숨어 있는 丁火는 인수궁에 있어 자리가 마땅치 않다. 궁성(宮星)으로 부부관계를 보면, 자신의 궁에 자리하여 역할을 할 수 있는 육친성은 편인궁에 있는 戊土정인과 상관궁인 시지의 子水식신뿐이다. 이는 명주가 일지의 상관으로 1차 진입하고 2차로 시지 식상으로 도입(跳入)하기 쉬우며, 명주에게 관살을 치는 식상의 심리적 특성이 강하게 나타날 수 있음을 의미한다.

　결론적으로 불통에 무관사주이고, 식상이 강화되는 심리적 특성 등이 부부 불화를 낳는다.

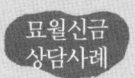

卯月辛金

묘월신금
상담사례

쌍겁과 겁재운의 팔자

오랜만에 중매를 섰다. 소개가 끝나고 나면 자기들끼리 할 말도 많을 텐데 자리를 뜨지 않고 창가에 앉아 밑도 끝도 없는 시간을 보내고 있었다. 나이 먹은 중매쟁이가 젊은 이들 사이에 주책없이 낄 수도 없고, 할 수 없이 상담실로 돌아와서 중매를 서기 전에 중년 남자분과 가졌던 상담을 정리해보았다.

까만 티셔츠에 까만 양복을 입은 아주 미남형 얼굴에 적당한 살집과 벌어진 어깨 품새 등 뛰어난 외모를 가진 분으로, 자리에 앉자마자 팔자가 어떤지 알고 싶다 하였다. 이렇게 뜬금없이 상담을 청해오는 경우 질색이지만 어쩔 것인가? 이런 식으로 상담을 청하는 분들은 큰 특징을 잡아서 간단명료하게 접근한다. 그래야 상담하러 온 분의 입에서 다른 이야기들이 술술 풀려 나온다.

655

```
시 일 월 연(乾命)
庚 辛 辛 丙
寅 卯 卯 午


戊 丁 丙 乙 甲 癸 壬
戌 酉 申 未 午 巳 辰
```

"주머니에 껌이 세 개라. 단물이 쪽 빠지고 나면 또 다른 껌이 있으니 걱정은 없군요. 팔자에서 寅卯가 여자인데, 처가 너무 많아서 처에 대한 집착이 떨어지는 게 흠이지요. 이것만 조심하면 운의 흐름은 괜찮아서 먹고 사는 데 지장이 없을 텐데……." 이렇게 말꼬리를 슬쩍 흐리자 남자분이 바짝 다가앉으면서 물었다. "그럼 제가 아내가 서너 명이나 된다는 이야기인가요?" "그럴 수 있지요. 아니면 반대로 지나침은 모자람만 못 하

3

십간의 월별 주용신과 보조용신

다는 말처럼 쓸만한 부인이 아예 없거나. 어찌 됐든 여자가 관건으로 문제가 있는 팔자이며, 부부관계에 흠이 많을 수 있습니다. 진짜 조심해야 할 사주입니다."

그러자 보통 상담을 청한 분들처럼 땅이 꺼져라 한숨을 쉬면서 팔자타령을 시작하였다. "제가 살아온 팔자가 더럽습니다. 19세에 동거를 시작하여 3년을 살다가 헤어졌고, 또 다른 여자와 3년 살다 헤어지고, 또 3년 살다 헤어지고, 그리고 지금 마누라와 3년째 살고 있습니다. 아내가 4번이나 바뀌었지요. 지금은 부모님 뵙기도 민망하고 계속 살아야 하는데, 말을 듣고 보니 또 헤어질 수도 있다는 것이네요." 약해서 처를 따라야 할 사주가 이렇게 처 기운이 혼잡하여 재성혼잡이 되면 대개는 이렇게 되기 쉽다.

이어서 이런 저런 이야기들을 한 20분 정도 쏟아내다가 사실은 빌려준 돈이 있어 이 근처엘 왔는데 받을 수 있는지, 올해 돈복은 있는지 봐달라고 하였다.

기문둔갑으로 살펴보니 올해 앉은 궁이 겁탈할 겁, 재물 재의 겁재운이다. 살기가 가장 강한 庚金이 겹쳐 있는 쌍경(雙庚)이고 겁재운이므로 재물의 상황이 아주 좋지 않다. 주역으로 본 기운도 산지박(山地剝)에 수산건(水山蹇)으로 마찬가지다. 나온 그대로 쉽게 설명해주자 다시 팔자타령을 시작하였다. 요약하면, 어찌어찌 하다가 강원도 정선에 가서 작년 10월부터 잃은 돈이 2004년 2월 현재 5억 여원으로 다시 복구하러 갈 생각이란다. 정선에 다시 복구하러 간다니 쌍경과 겁재운의 팔자대로 살 모양이다.

656

③ 진월신금(辰月辛金)

주용신 壬	보조용신 甲

월령이 일간을 도와 강하다. 먼저 壬水상관을 써서 金을 드러나게 하며, 甲木 정재로 월의 戊土를 파헤친다.

三月辛金 戊土司令 辛承正氣 母旺子相 先壬後甲 壬甲兩透 富
삼월신금 무토사령 신승정기 모왕자상 선임후갑 임갑량투 부

貴必然 壬透甲藏 廩貢不失 甲透壬藏 富貴可云 壬甲皆無 平常
귀필연 임투갑장 늠공불실 갑투임장 부귀가운 임갑개무 평상

之格
지 격

【해설】　　　　진월신금은 辰 中 戊土편인이 사령하는 달에 있다. 자
(子)인 辛金일간이 모(母)인 戊土의 도움을 받아 모왕자상(母旺子相)의
상태로 강하다. 金을 드러나게 하는 壬水상관을 먼저 쓰고, 戊土를 파헤
치는 甲木정재를 다음에 사용한다. 그러므로 壬水와 甲木이 모두 투출
하면 부귀하다. 壬水가 투출하고 甲木이 장간에 있으면 공부할 기회를
잃지 않는다. 甲木은 투출하고 壬水가 지장간에 있는 경우는 부귀하다.
甲木과 壬水가 모두 없으면 평범한 사람이다.

657

【원문】

所忌者丙貪合也 如月時皆丙 名爲爭合 主慷慨風流 交遊四海
소기자병탐합야 여월시개병 명위쟁합 주강개풍류 교유사해

若癸出干制丙 可許採芹 或支坐亥子之鄕 支又見申 卽非玉堂
약계출간제병 가허채근 혹지좌해자지향 지우견신 즉비옥당

亦必高增祿位 若戊出干制水 不見甲乙 淸閑之人
역필고증록위 약무출간제수 불견갑을 청한지인

【해설】　　　　진월신금이 꺼리는 것은 丙火가 합을 하려는 것이다. 합하여 화(化)가 되면 좋지만, 화합(化合)이 불순하면 흉이 된다. 예를 들어, 월과 시에 丙火가 투출하면 쟁합(爭合)으로 종화(從化)가 되지 않는다. 이 경우 의롭지 않은 것을 못 보고 풍류가 있으며 교류가 넓다. 만약 癸水가 투출하여 합하는 丙火를 제극하면 가난한 생활을 할 수 있다. 병신합수(丙辛合水)가 되면서 辛金이 亥子의 지지에 앉고 申金이 있으면 화기(化氣)가 순수하다. 이 경우는 과거 급제하여 옥당(玉堂)에 이름을 올릴 정도로 크게 귀하지는 않아도 높은 지위에 오른다. 만약 戊土정인이 투출하여 水식상을 제극하고 甲乙재성이 없으면 병신합수를 극하는 土가 병이 되며, 土를 극하는 약인 木이 없으므로 명리를 이룰 수 없으며 맑고 깨끗한 사람에 불과하다.

【원문】

又或支見四庫 名土厚埋金 不見甲制 愚頑之輩
우 혹 지 견 사 고　명 토 후 매 금　불 견 갑 제　우 완 지 배

【해설】　　　　진월신금이 지지에 辰戌丑未 사고(四庫)를 보면 土가 많아 金이 묻히므로 토후매금(土厚埋金)이라 한다. 이 경우 甲木의 소토(疏土)가 없으면 우둔하고 고집이 센 무리다.

【원문】

或四柱火多 無水制伏 名火土雜亂 主作緇衣[주] 見癸可解
혹 사 주 화 다　무 수 제 복　명 화 토 잡 란　주 작 치 의　　견 계 가 해

窮
通
寶
鑑

【해설】　　　　만약 사주에 火관살이 많고 水식상의 제극이 없으면 火土가 혼란하여 승도(僧道)가 되지만, 癸水가 있으면 해결된다.

──────────────────

㊟ 치의는 회색에 가까운 승복을 말한다. 승려를 달리 이르는 말이기도 하다.

【원문】

或比劫重重 壬癸淺弱 主夭 有甲出干 則貴 然無庚制方妙
혹 비 겁 중 중   임 계 천 약   주 요   유 갑 출 간   즉 귀   연 무 경 제 방 묘

──────────────────

【해설】　　　　진월신금에 庚辛비겁이 많고 壬癸식상이 얕아 무력하면, 육신을 의미하는 재성을 극하므로 요절한다. 甲木정재가 천간에 투출하면 명예가 있으나, 庚金겁재의 방해가 없어야 한다.

진월신금 해설

──────────────────

시	일	월	연 (乾命)
戊	辛	丙	戊
戌	丑	辰	戌

癸	壬	辛	庚	己	戊	丁
亥	戌	酉	申	未	午	巳

659

위 사주는 월간에 丙火가 있으나 丙辛합의 화기(化氣)인 水를 극하는 土가 왕성하여 丙辛합이 되지 않으므로 합화격(合化格. p.95 참조)으로 볼 수 없다. 진월신금이 지지의 辰戌丑未 사고(四庫)에 묻혀 있어 토후

3

십간의 월별 주용신과 보조용신

매금(土厚埋金)의 상황이다. 이 경우 甲木의 소토(疏土)가 없으면 완고한 무리로 보는데, 이 사주는 甲木을 쓸 형편이 안 된다. 어머니인 土가 너무 두터워서 자식인 일간 金이 묻혀버린, 이른바 모자멸자(母慈滅子)로 분류되는 종강격(從强格. p.139 참조) 사주이기 때문이다.

모자멸자인 경우 가장 좋은 운은 묻히는 자식을 돕는 비겁운이고, 가장 흉한 운은 자애로운 어머니를 치는 재성운과 사그라지는 자식의 기운을 더 빼버리는 식상운이다. 또한, 종강격인 경우 인수와 비겁이 좋지만, 모자멸자인 경우에 인수는 자식이 완전히 묻혀 나쁠 수 있다.

초반 丁巳, 戊午, 己未의 火土운은 자식인 일간 辛金을 더 묻어버려 흉하므로 극심한 고통 속에 살았다. 庚申과 辛酉운에는 재물로 벼슬을 얻어 벼슬을 하였다. 壬戌운은 모자멸자의 팔자가 싫어하는 식상운으로 인수가 너무 많아서 무력해진 丙火관살을 丙壬충하고, 戌土가 일간을 묻어서 잘못을 저지르고 벼슬에서 물러났다.[사주 출처 『적천수(適天髓)』]

시	일	월	연 (乾命)
丙	辛	甲	壬
申	卯	辰	寅

辛	庚	己	戊	丁	丙	乙
亥	戌	酉	申	未	午	巳

진월신금에 壬水와 甲木을 중요하게 쓰는 이유는 일간 辛金이 辰 중 戊土의 도움을 받아 모왕자상(母旺子相)의 상태가 되기 때문이다. 이 경우 壬水상관은 辛金의 수기(秀氣)를 드러나게 하고, 甲木정재는 戊土를 소토하는 역할을 한다. 위 사주와 같이 진월신금에 壬水와 甲木이 투출

하면 일단 귀하게 될 기틀이 마련된 것으로 본다. 그러나 위 사주는 지지에 寅卯辰 木재성국을 이루고 甲木정재가 투출하여 설기가 심하므로, 일간을 돕는 申 중 庚金겁재를 용신으로 한다.

2007년(己酉운, 丁亥년)에 대학을 졸업하고 근무하던 재벌기업에서 퇴직하였다. 동업으로 유럽에 물류회사를 창업하는 경우 길흉이 어떤지 살펴보자. 먼저 팔자 구조 자체가 귀하다는 것을 고려하여야 한다. 또한 재성이 너무 강한 사주로, 일간의 재물에 대한 장악력이 떨어지는 사주 구조임을 참고한다. 그러면 己酉운은 희신인 己土운이며, 진유합금(辰酉合金)이 되어 일간에게 힘을 주는 운이므로 꺼릴 이유가 없다. 이어지는 庚戌운도 마찬가지다. 단, 세운인 丁亥운은 원명과 丁壬합, 寅亥합이 되어 재물이 유출될 것으로 예상된다.

④ 사월신금(巳月辛金)

주용신 壬   보조용신 癸甲

여름을 눈앞에 두고 있으므로 뜨거운 상태다. 壬水상관으로 열기를 식혀주고 癸水식신으로 보조하며, 甲木정재로 물을 막는 土를 조절한다.

【원문】

四月辛金 時逢首夏 忌丙火之燥烈 喜壬水之洗淘 支成金局 水
사 월 신 금　시 봉 수 하　기 병 화 지 조 렬　희 임 수 지 세 도　지 성 금 국　수

透出干 有木制戊 名一清澈底 科甲功名 癸透壬藏 富眞貴假 若
투 출 간　유 목 제 무　명 일 청 철 저　과 갑 공 명　계 투 임 장　부 진 귀 가　약

壬癸皆藏 戊己亦藏 略富 若壬癸俱無 反見火出 必主鰥獨
임 계 개 장　무 기 역 장　약 부　약 임 계 구 무　반 견 화 출　필 주 환 독

십간의 월별 주용신과 보조용신

【해설】　　　　사월신금은 여름이 가까우므로 丙火정관의 열기를 싫어하고, 壬水상관이 金을 식혀주는 것을 좋아한다. 지지가 巳酉丑 金비겁국이고 壬癸식상이 천간에 있으며 木재성이 戊己인수를 제극하면, 물이 맑아 과거에 급제하여 귀하게 된다. 壬水보다 힘이 부족한 癸水가 투출하고, 壬水는 장간에 있으면 재물은 있으나 명예는 없다. 壬癸水와 이를 제극하는 戊己인수가 모두 지장간에 있으면 윤택한 흙이 辛金을 생하여 약간의 재물은 있다. 壬癸水는 없고 丙丁관살이 투출하면 홀아비처럼 고독하다.

【원문】

或支成火局 有制者吉 無制者凶 凡火旺無水 取土洩之
혹 지 성 화 국　유 제 자 길　무 제 자 흉　범 화 왕 무 수　취 토 설 지

【해설】　　　　사월신금에 지지가 火관살국일 경우 제극이 되면 길하지만, 제극이 안 되면 흉하다. 火가 왕성하고 水식상이 없는 경우에는 土인수로 설기한다.

【원문】

若壬水藏亥 戊不出干 亦主上達 有戊常人 有一甲透 衣祿可求
약 임 수 장 해　무 불 출 간　역 주 상 달　유 무 상 인　유 일 갑 투　의 록 가 구

若有甲無壬癸者 富貴虛浮 所謂羊質虎皮是也
약 유 갑 무 임 계 자　부 귀 허 부　소 위 양 질 호 피 시 야

【해설】　　　　만약 사월신금으로 壬水상관이 亥水에 있고 戊土정인이 투출하지 않으면 발전하지만, 戊土가 있으면 평범한 사람이다. 甲木재성이 1개 투출하면 의식(衣食)과 녹은 구할 수 있다. 甲木은 있는데 壬癸식상이 없으면 부귀가 공허하여 양이 호랑이 가죽을 쓰고 있는 것과 같다.

壬癸甲 三者全無 又不合格 斯爲下品

임계갑 삼자전무 우불합격 사위하품

　　　　壬癸식상과 甲木정재가 모두 없고, 위에서 설명한 경우에도 속하지 않으면 하격이다.

兩間不雜 但非時耳 茂才

양간부잡 단비시이 무재

시	일	월	연 (乾命)
乙	辛	辛	乙
未	亥	巳	未

甲	乙	丙	丁	戊	己	庚
戌	亥	子	丑	寅	卯	辰

　　　　천간에 乙木과 辛金이 있어 양간부잡(兩干不雜 또는 兩間不雜. p.68 참조)으로 좋다. 단, 월령이 화극금(火剋金)으로 일간을 극하니 일간의 때가 아니고 재다신약(財多身弱)이 되어 생원(生員)에 불과하였다. 亥 중 壬水가 있어서 巳火를 제극하여 조금은 귀했다.

시	일	월	연 (乾命)
丙	辛	乙	丁
申	未	巳	巳

戊	己	庚	辛	壬	癸	甲
戌	亥	子	丑	寅	卯	辰

　　사월신금은 壬水를 용신으로 한다. 이유는 壬水가 辛金을 씻어내고 조후작용을 하기 때문이다. 그러나 위 팔자는 사월신금에 火가 많아 신약하므로, 水식상을 쓰면 극설교집(剋洩交集)이 되어 문제가 될 수 있다. 이 경우에는 土를 취해 강한 火를 설기하고 약한 일간을 도와주는 것이 좋으므로 土가 용신이 되고, 金은 희신이 된다.

　　위 사주와 같이 火가 강하고 水가 1개도 없는 경우에는 희용기구한신의 역할을 떠나서, 병은 깊은데 약이 없어 흉한 사주이다. 위 팔자에 대해 丙辛합이 되어 水가 만들어진다거나 巳申형으로 金이 생긴다고 생각할 수도 있다. 팔자의 지지에 午火가 공협(控夾)된 巳午未 火관살국이고 巳申형이 되어 비록 金기운을 만든다고 해도, 위 팔자와 같이 火가 강한 경우에는 金水를 만들기에 역부족으로 水가 역할을 할 수 없다.

　　이렇게 火가 강한 신약사주가 양력 1998년 10월 21일 오후 3~4시에 교통사고를 당하여 전치 5개월의 중상을 입었다. 사고 발생사주는 다음과 같다.

시	일	월	연
丙	辛	壬	戊
申	丑	戌	寅

사고 대운은 癸卯이다. 癸卯대운의 천간 癸水는 연간과 丁癸충이 되므로 팔자의 조후에 전혀 도움이 안 되고, 대운의 지지 卯木은 일지와 亥卯未 木재성국이 되어 팔자에 구신으로 작용한다. 또한 사고가 발생한 태세 戊寅 중 寅은 팔자 巳火와 寅巳申 삼형이 된다. 따라서 형작용으로 火를 강화시키고, 申 역마와도 충이 된다. 더욱이 월운과 일진은 일지 未와 丑戌未 삼형을 이룬다. 이러한 기운들이 명주를 흉으로 몰고 갔다.

시	일	월	연 (坤命)
癸	辛	癸	丙
巳	酉	巳	寅

丙	丁	戊	己	庚	辛	壬
戌	亥	子	丑	寅	卯	辰

사월신금의 용신을 정할 때는 壬水를 가장 중요시한다. 巳월의 불기운을 壬水로 조절하기 위해서다. 그러므로 사월신금의 팔자에 壬癸水를 극하는 戊土를 제극해주는 甲木이 없으면 하격에 속하는 팔자로 본다.

위 사주는 壬水보다는 역량이 떨어지지만 巳酉丑 금국(金局)의 도움을 받는 癸水가 투출해 있으므로, 일간 辛金의 설기와 조후에는 문제가 없다. 그러나 水식상은 무력한 재성에 흡수되지 않고 관살과 수화상충이 되며, 관살은 투출한 土인수가 없어 일간을 극한다. 요약하면, 하격의 팔자는 아니지만 식상과 관살이 충돌하고, 관살혼잡(官殺混雜)의 흉이 있을 수 있다.

이 중 식상과 관살의 충돌을 궁성이론(宮星理論)으로 살펴본다. 팔자에서 생왕(生旺) 또는 조왕(助旺)한 것이 식신궁인 월간의 癸水상관과 정관궁에 있는 월지의 巳火정관이다. 그런데 이 강한 두 육친의 상극관계를 말려줄 다른 육친이 약한 것이 문제다. 이로 인해 명주의 남자관계가 복잡하며, 만남과 이별을 반복한다.

마릴린 먼로의 사주로 1954년(辛卯운, 甲午년)에 야구선수 조 디마지오와 결혼하였으나 그해에 이혼하였다. 1956년(庚寅운, 丙申년)에는 극작가 아서 밀러와 결혼하였으나 1961년(庚寅운, 辛丑년)에 이혼하였고, 1962년(庚寅운, 壬寅년) 8월 5일 사망하기 전에는 케네디 전 미국 대통령과 염문을 뿌리기도 하였다.

⑤ 오월신금(午月辛金)

주용신 壬　보조용신 己癸

월 중 丁火가 사령하여 기운이 약하다. 壬水상관으로 조후하고, 己土편인으로 약한 丁火를 도우며, 癸水식신으로 壬水를 돕는다.

【원문】

五月辛金 丁火司權 辛金失令 陰柔之極 不宜煅煉 須己壬兼用
오월신금 정화사권 신금실령 음유지극 불의하련 수기임겸용

何也 己爲泥沙 壬爲湖海 己無壬不濕 辛無己不生 故壬己並用
하야 기위니사 임위호해 기무임불습 신무기불생 고임기병용

無壬 癸亦可用 但癸力小 或支成火局 卽重見癸出 亦不濟 得壬
무임 계역가용 단계력소 혹지성화국 즉중견계출 역부제 득임

透破火方可 必主生員 若無壬 癸見戊 雖有午宮己土 燥泥成灰
투파화방가 필주생원 약무임 계견무 수유오궁기토 조니성회

金必煆鎔 反遭埋沒 必爲僧道 有一二重比肩 不致孤獨
금필하용 반조매몰 필위승도 유일이중비견 불치고독

【해설】　　　오월신금은 월 중 丁火가 사령하여 일간이 월의 극을
받으므로 매우 약하다. 불로 제련하는 것은 흉하므로 己土편인과 壬水
상관을 같이 쓴다. 己土는 습한 흙이고 壬水는 호수와 바다이다. 己土는
壬水가 없으면 축축하지 않고, 辛金은 己土가 없으면 살 수 없으므로 이
둘을 같이 쓴다. 壬水가 없는 경우 癸水식신을 쓸 수 있지만 壬水에 비
해 힘이 떨어진다. 그러므로 지지 火관살국인 경우 癸水가 나타나도 투
출한 壬水처럼 불기운을 조절하지 못하므로 생원(生員) 정도이다.

　만약 지지 火관살국에 壬水는 없고 癸水만 있으며 물을 극하는 戊土
정인을 보면, 연(年)에 己土가 있어도 흙은 재가 되고 金은 불타서 매몰
되므로 승도(僧道)이다. 그러나 1~2개의 비견이 같이 있으면 고독한
명은 아니다.

【원문】

五月辛金 壬癸己 三者皆用 或壬己兩透 支見癸水 不沖 定主顯
오월신금 임계기 삼자개용 혹임기량투 지견계수 불충 정주현

達 卽己藏支 亦有廩貢 或無壬有己 須得異途 或癸出有庚 必主
달 즉기장지 역유늠공 혹무임유기 수득이도 혹계출유경 필주

衣錦 叨受恩榮 若水土多者 見甲方妙
의금 도수은영 약수토다자 견갑방묘

667

3

십간의 월별 주용신과 보조용신

【해설】 　　　오월신금은 앞에서 설명한 것처럼 壬癸식상과 己土편인을 모두 쓴다. 만약 壬水와 己土가 투출하고 지지에 癸水가 있으며 충이 안 되면 발전한다. 즉, 癸水를 담고 있는 子水와 월령 午火가 떨어져 있어서 충이 안 되어야 한다. 己土가 장간에 있어도 공부하는 학생은 된다. 만약 壬水는 없고 己土만 있는 경우 과거가 아닌 다른 방법으로 이름을 얻는다. 오월신금에 癸水가 천간에 있고 庚金이 도우면 크게 귀하다. 水土가 많으면 午월 丁火를 지나치게 설기하므로 甲木이 있어야 중화를 이루어 좋은 명이 된다.

【원문】

庚辛生於夏月 要壬癸得地 若木多火多 不見金水 逢金水運必敗
경 신 생 어 하 월　요 임 계 득 지　약 목 다 화 다　불 견 금 수　봉 금 수 운 필 패

【해설】 　　　庚辛金이 여름에 태어나면 壬癸식상이 지지에 뿌리를 두고 있어야 역할을 한다. 여름 金에 木火가 모두 강하고 金水가 없는 경우, 운에서 金水를 만나면 용신 작용을 하는 것이 아니라 木火를 왕자노발(旺者怒發)케 하여 木火재관이 발동하므로 반드시 실패한다.

【원문】

用午宮丁己 又透甲木 中書
용 오 궁 정 기　우 투 갑 목　중 서

	시	일	월	연(乾命)
	壬	辛	甲	丙
	辰	亥	午	子

辛	庚	己	戊	丁	丙	乙
丑	子	亥	戌	酉	申	未

【해설】　　　시(時)에서 壬水가 火를 조절하고, 습토 辰土가 金을 생하여 중화를 이루므로 午 中 丁火와 己土를 쓸 수 있다. 여기에 甲木정재가 투출하여 상관생재(傷官生財)를 이뤄 재관인(財官印)이 온전하다. 중서(中書) 벼슬을 하였고, 용신운인 亥子丑운에 발전하였다.

오월신금 해설

	시	일	월	연(乾命)
	甲	辛	丙	丁
	午	丑	午	巳

己	庚	辛	壬	癸	甲	乙
亥	子	丑	寅	卯	辰	巳

　　오월신금의 팔자에 火가 많아서 종살(從殺)이 될 것 같지만, 일지 丑土가 양금지토(養金之土)로 辛金을 배양하여 신약사주이다. 신약에 인비(印比)를 용하므로 土는 용신, 金은 희신이 된다. 특히 습토인 丑土는

팔자의 강한 火를 흡수하여 辛金을 돕는 관인상생(官印相生)의 역할을
하므로 용신으로 부족하지 않으며, 한편으로는 丑 중 辛金이 일간의 힘
이 되어 더욱 좋다.

참고로 습토인 辰丑土는 金을 생하여 자양금지토(滋養金之土)라고 하
고, 조토(燥土)인 戌未土는 자체적으로 화극금(火剋金)이 되어 金을 생
하는 능력이 떨어진다고 보는 시각이 있다.

그러나 未土의 지장간을 보면 丁9일, 乙3일, 己18일로 乙木은 바람으
로, 己土는 습기가 있는 음토(陰土)로 午火의 맹렬한 火의 방향을 바꿔
申金을 불러오는 역할을 한다.

따라서 단지 未 중 丁火만 보고 화극금(火剋金)하여 金을 생할 수 없
다고 보는 것은 문제가 있다. 그러나 이러한 시각은 토생금(土生金)이란
기본적인 오행의 생극 원칙으로 볼 때 문제가 있을 수 있으므로 주의한
다. 물론 습토인 辰丑보다는 未土의 생금(生金) 능력이 떨어진다.

운세의 흐름에서는 金을 생하는 辰운에 재물을 모아서 결혼하였고,
寅卯운에 성패가 많았다가 辛丑대운에 부동산에 투자하여 큰 재물을 모
았다. 만약 팔자에 丑土가 없으면 寅卯운의 경우 일방적으로 火관살을
생조하여 일간 辛金을 치게 되므로 반드시 실패하였을 것이다.[사주 출처
『사주첩경(四柱捷徑)』]

시	일	월	연 (乾命)
壬	辛	壬	庚
辰	巳	午	戌

己	戊	丁	丙	乙	甲	癸
丑	子	亥	戌	酉	申	未

8세 때인 1977년에 부친이 자살하였고, 수학과 물리를 잘 하여 서울의 명문대학과 대학원을 졸업하였다. 1995년과 2001년 사귀던 여자에게 큰 돈을 뜯기고 2002년부터 학원을 경영하고 있다. 학업능력이 뛰어나고 부친복이나 여자복이 없는 이유를 알아본다.

먼저 학업능력은 우선 설기자(洩氣者)인 식상을 보는데 특히 수평적 사고능력은 식상으로, 사유능력은 관살로, 귀납능력은 팔자 간지의 상순(相順) 여부로 본다. 火관살은 월령을 차지하고 있어 전혀 문제가 없고, 壬水식상은 일간과 친밀한 관계를 유지하며 뿌리가 있고 생을 받으므로 역시 문제가 없다. 그러나 상순이 이루어지지 않아 귀납능력에는 문제가 있다. 일주와 월주는 매우 친밀한 관계를 보이지만, 일주와 시주가 꽈배기처럼 꼬인 선전(旋轉) 관계로 친밀도가 떨어지기 때문이다. 팔자 간의 흐름을 화살표로 표시하면 다음과 같다.

```
시   일   월   연
壬 ← 辛 → 壬 ← 庚
辰 → 巳 → 午 → 戌
```

부친복과 여자복이 없는 이유는 다음과 같다.

① 드러난 재가 없는 무재사주(無財四柱)이다.

② 연간궁인 편재궁에 겁재성이 앉아 부친궁이 파궁(破宮)이 되었다.

③ 위의 팔자 간의 흐름도와 같이 辰 중에 숨어 있는 乙木은 일주와 선전이 되어 인연이 없다.

④ 처궁인 일지가 기신궁이다.

시	일	월	연 (坤命)
癸	辛	甲	辛
巳	卯	午	丑

辛	庚	己	戊	丁	丙	乙
丑	子	亥	戌	酉	申	未

1961년생 중년 부인의 사주로 2005년(己亥운, 乙酉년)에 이혼하고 2006년(己亥운, 丙戌년) 병원장과 동거를 시작하였으며, 같은 해에 돈을 불리려다 아파트를 날리고 5억 원을 사기당하여 재기할 수 없을 정도이다. 왜 이런 일이 일어났는지 재물과 부부관계에 대해 명리적으로 살펴보면 다음과 같다.

① 심리적인 이유로 재물의 부침이 심한 팔자이다

일주 자체를 보면 일지 재성궁에 재성이 있어 조왕(助旺)한 상태다. 재성이 세력이 있어 감성적이고 치밀하며 물질에 대한 욕구가 크지만, 辛金이 가지고 있는 겁재적 속성 때문에 강한 성격이며 격렬함과 조급함도 함께 가지고 있다. 이런 성격으로 인해 재물의 부침이 심하다.

② 구조적으로 큰 부자가 될 팔자가 아니다

명리에서 부귀를 볼 때 가장 먼저 보는 것이 배득중화(配得中和)와, 팔자에 병이 있는 경우 이를 치료할 용신이 유력한지 여부이다. 그런데 지지가 巳午未 火관살국으로 신약하다. 이 경우 己土로 辛金일간을 도와 조열함을 해결하고, 辛金을 윤택하게 할 壬水가 필요하지만 己土가 투출하지 않았다. 또한, 운에서 己土가 와도 월간에 甲木이 있어 기반(羈絆)이 된다. 다음으로 壬水 꿩 대신 닭인 癸水를 보는데 癸水의 형편도 좋지 않다. 巳火 절지(絶地)에 앉아 있고, 庚金의 도움이

672

없기 때문이다. 결국 중화와는 거리가 멀고 용신도 무력하다. 이런 상황에서는 부귀가 온전할 수 없다.

③ 흐름이 남편보다 애인에 집중된다

신약에 관살혼잡(官殺混雜)이지만, 남편궁인 월지에 남편성인 관성이 있어 조왕(助旺)하다. 따라서 부부관계에 문제가 없다고 생각할 수 있지만 辛卯일주의 甲午는 공망으로 결합력이 떨어진다. 이에 반해 시(時)에 있는 애인 巳火는 같은 순(旬)에 속하여 친밀도가 높다. 더욱이 일주와 시주는 辛→(壬)→癸, 卯→(辰)→巳로 상순(相順)이 되고, 일간이 시지로 진입하면 월지 午가 공망이 된다. 이런 구조는 남편과 불화하고 바람을 피울 가능성이 높다.

④ 丙戌년의 운세가 흉하다

태세인 丙戌은 일주와 천지합(天地合)이 된다. 따라서 남과 어울려 모사를 꾸미거나 연애 감정이 일어난다. 그러나 태세가 寅午戌 火관살국을 만들므로 기신운에 해당한다.

⑥ 미월신금(未月辛金)

> **주용신** 壬 **보조용신** 庚
>
> 월 중 장간 己土가 辛金의 빛을 가릴 우려가 있는 달이다. 壬水상관으로 먼저 흙을 윤택하게 하고, 庚金겁재로 壬水를 보좌한다.

【원문】

六月辛金 己土當權 輔助太多 恐掩金光 先用壬水 取庚佐之 壬
육 월 신 금 기 토 당 권 보 조 태 다 공 엄 금 광 선 용 임 수 취 경 좌 지 임

庚兩透 科甲功名 卽不出干 藏支得所 亦有榮華 但忌戊出 得甲
경량투 과갑공명 즉불출간 장지득소 역유영화 단기무출 득갑

制之 方吉 甲須隔位 恐貪己合 反掩金光 又塞壬水之流 下賤之
제지 방길 갑수격위 공탐기합 반엄금광 우색임수지류 하천지

格 又忌庚出制甲 或只有未中一己 見了壬水 又爲溼泥 不可見
격 우기경출제갑 혹지유미중일기 견료임수 우위습니 불가견

甲 甲出 反作平人 總以一壬一己 見庚無甲 方妙 與五月用己
갑 갑출 반작평인 총이일임일기 견경무갑 방묘 여오월용기

壬同
임동

【해설】　　　미월신금은 월 중 장간 己土가 사령한다. 己土가 생하
는 것이 지나쳐서 오히려 辛金의 빛을 가릴 우려가 있으므로, 먼저 壬水
상관으로 土를 윤택하게 하고 庚金겁재로 보좌한다. 따라서 壬水와 庚
金이 모두 투출하면 공명을 이룬다. 그러나 천간에 壬水와 庚金이 투출
하지 않아도 장간에 있고 힘이 있으면 역시 영화를 누린다. 단, 戊土정인
이 투출하는 것을 꺼리는데, 甲木정재가 戊土를 제극하면 길하다. 이 때
甲木이 떨어져 있지 않으면 己土와 甲己합이 되어 辛金일간의 빛을 흐
리고, 일간의 기운을 설기하는 壬水의 흐름을 막으므로 하격이다. 또한,
庚金겁재가 나타나 甲木을 극하는 것도 싫어한다. 만약 未 中 己土가 壬
水를 보면 축축한 진흙이 되므로 甲木정재를 보지 않는 게 좋고, 甲木이
나타나면 오히려 평범한 명이다. 즉, 壬水와 己土와 庚金이 있고 甲木이
없으면 묘하다. 己土와 壬水를 사용하는 것은 오월신금과 같다.

【원문】

或丁乙出干 又有庚壬者 顯貴 無壬者 否 或支成木局 得壬透
혹정을출간 우유경임자 현귀 무임자 부 혹지성목국 득임투

又有庚金發水之源 可云富貴
우유경금발수지원 가운부귀

【해설】　　　未月의 지장간 己土와 乙木과 丁火 중 천간에 乙木과
丁火가 투출하고 庚金과 壬水도 투출하면 귀하고, 壬水가 없으면 귀하
지 않다. 지지 木재성국이고 壬水가 투출하며 庚金이 水의 근원이 되는
경우에는 부귀하다.

【원문】

丁壬兩透 大貴之命
정임량투 대귀지명

```
시   일   월   연 (乾命)
甲   辛   丁   壬
午   丑   未   辰

甲   癸   壬   辛   庚   己   戊
寅   丑   子   亥   戌   酉   申
```

【해설】　　　丁火살성을 壬水가 합거하고 습토인 辰丑土로 火를 설
기하며, 일간 辛金이 丑 중에 뿌리가 있어 힘이 있고 연지에 辰土를 보았
으며, 未월은 土가 왕성하므로 신왕사주가 틀림없다. 신왕한 근본적인

이유는 土가 강하기 때문이고, 강한 土를 火가 생조하는 구조이다. 즉, 火土기운이 기신이다.

팔자 자체에 辛金의 수기(秀氣)를 설기하는 용신 壬水 가 투출하고, 丁火살성이 午火의 건록(建祿)이면서 배득중화(配得中和)를 이룬 사주로 운의 흐름도 희용신운인 金水로 흘러 아름답다. 명나라 때 낭중(郎中) 벼슬을 한 유각오(劉覺吾)의 명이다.

【원문】

七殺無制 貧苦終身
칠 살 무 제 빈 고 종 신

시	일	월	연 (乾命)
丁	辛	辛	甲
酉	未	未	寅

戊	丁	丙	乙	甲	癸	壬
寅	丑	子	亥	戌	酉	申

【해설】　　　　시(時)에 귀록(歸祿)을 만났으나, 丁火칠살을 제극하고 土를 자윤(滋潤)하는 水가 1개도 없다. 평생 가난하고 고통스러웠던 명이다.


```
시   일   월   연(乾命)
庚   辛   乙   辛
寅   酉   未   丑

戊  己  庚  辛  壬  癸  甲
子  丑  寅  卯  辰  巳  午
```

미월신금에 庚金과 壬水가 투출하면 귀격이라고 한 이유는, 未土가 金을 묻을 우려가 있어서 우선 壬水로 설기해야 하기 때문이다. 여기서 庚金은 壬水의 수원(水源) 역할을 한다. 위 사주는 壬水가 없으므로 시간 庚金이 일간을 강화시키는 작용만 한다. 지지가 巳酉丑 金비겁국이고 일지가 酉金이며, 연간에 辛金이 투출하여 태왕(太旺)에 가까운 사주이다. 水의 설기가 없어 강력한 일간이 木을 치는 데 열중하는데, 월에 투출한 乙木은 乙辛충으로 깨져 있고, 시(時)의 寅木은 金으로 둘러싸여 乙木에 기운을 줄 형편이 못 된다. 乙木재성이 金의 극을 감당할 형편이 못 되므로 부부관계에 문제가 있다. 또한 일지가 비겁으로 고집이 있고, 팔자에 홍염살(辛이 酉를 봄)과 음욕살이 있는 것도 부부관계의 문제를 부추긴다.

실제로 이혼하였으며, 이혼한 부인과의 사이에서 얻은 아들을 보면 마치 남 같은 느낌이 든다고 한다. 2007년 현재 다른 여자와 결혼할 뜻이 있는 남성이다.

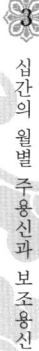

십간의 월별 주용신과 보조용신

⑦ 신월신금(申月辛金)

주용신 **壬**   보조용신 **甲戊**

월 중 庚金이 사령하여 왕성하다. 壬水상관으로 왕성한 기운을 설기하고, 甲木 정재와 戊土정인은 팔자 구조를 참조하여 사용한다.

【원문】

七月辛金 値庚司令 不旺自旺 且壬水居申 四柱不見戊土 胎元
칠 월 신 금   치 경 사 령   불 왕 자 왕   차 임 수 거 신   사 주 불 견 무 토   태 원

戊藏申內 爲壬堤岸 人命得此 爲官淸正 但不富耳
무 장 신 내   위 임 제 안   인 명 득 차   위 관 청 정   단 불 부 이

【해설】   신월신금은 庚金이 사령하는 달에 있다. 왕성하지 않은 듯하지만 스스로 왕성하다. 申金은 장간에 壬水가 있고, 사주에 戊土가 없는 경우에도 申金의 장간에 戊土가 있어서 壬水의 제방 역할을 한다. 신월신금이 금수상관(金水傷官)이 되는 경우 명예는 있으나 부유하지는 않다.

【원문】

或有土無甲 爲有病無藥 常人 有甲者 衣衿可望
혹 유 토 무 갑   위 유 병 무 약   상 인   유 갑 자   의 금 가 망

【해설】   신월신금에 土인수가 있고 이를 극하는 甲木정재가 없는 경우, 팔자의 병은 있는데 치료할 약이 없는 것이다. 이 경우 평범한 사람이다. 그러나 甲木이 있는 경우에는 총명함을 상징하는 水상관을

보호하므로 학생은 바랄 수 있다. 이는 신월신금은 스스로 강하므로 인수가 도울 필요가 없고, 인수가 설기하는 水를 제극하는 요소가 되기 때문이다. 그러므로 인수는 팔자의 병이고, 이를 제극하는 재성은 치료약이다.

【원문】

或四柱金多 宜水洩之 若一派金水 得一戊土 反爲辛用 又宜甲
혹 사 주 금 다   의 수 설 지   약 일 파 금 수   득 일 무 토   반 위 신 용   우 의 갑

制 自然富貴
제   자 연 부 귀

【해설】　　　신월신금 사주에 金비겁이 많은 경우 水식상을 써서 金기운을 설기하는 것이 좋다. 만일 한 무리의 金水가 있고 戊土를 얻은 경우에는 오히려 왕성한 기운인 辛金을 쓴다. 여기에 甲木이 있으면 水식상 기운을 유통시키므로 자연히 부귀하다.

【원문】

或干支水多 重見戊土 逢生得位 福壽之造
혹 간 지 수 다   중 견 무 토   봉 생 득 위   복 수 지 조

【해설】　　　신월신금에 水식상이 많고 戊土정인도 많은 경우, 申중 戊土가 투출하여 자리를 얻으면 장수하고 복이 있는 명이다.

679

3

십간의 월별 주용신과 보조용신

【원문】

七月辛金 壬不在多 故書曰 水淺金多 號曰體全之象 壬水爲尊
칠월신금 임부재다 고서왈 수천금다 호왈체전지상 임수위존

甲戊酌用可也 癸水不可爲用
갑무작용가야 계수불가위용

【해설】　　　신월신금은 壬水를 써야 하지만 많이 있을 필요는 없다. 水가 적고 金이 많으면 이를 체전지상(體全之象)이라 하여 壬水상관을 중히 사용하며, 甲木정재와 戊土정인은 구조를 참조하여 사용한다. 움직이는 성격이 강한 壬水를 중히 사용하고, 자윤(滋潤)하는 데 뜻이 있는 癸水는 사용하지 않는다.

【원문】

壬癸兩透 詞林
임계량투 사림

	시	일	월	연(乾命)
	癸	辛	壬	甲
	巳	卯	申	午

己	戊	丁	丙	乙	甲	癸
卯	寅	丑	子	亥	戌	酉

【해설】　　　壬癸식상이 투출하고, 壬水가 왕성한 辛金을 설기하여 금수상관(金水傷官)이다. 여기에 金水기운을 유통시키는 甲木도 투출하였다. 亥子丑운에 발전하여 사림(詞林) 벼슬을 하였다.

신월신금 해설

```
      시   일   월   연 (坤命)
      丁   辛   庚   癸
      酉   酉   申   丑


  丁   丙   乙   甲   癸   壬   辛
  卯   寅   丑   子   亥   戌   酉
```

　　자매강강(姉妹剛强)의 사주이다. 자매강강이란 여명에 비겁이 중첩되어 강한 경우이다. 관살의 입장에서 보면 비겁은 관살이 극하는 것, 즉 처첩을 말한다. 즉 남편이 처첩을 많이 보는 것과 같다.

　　사주를 보면 시간 丁火가 남편인 관살인데, 남편의 처가 庚辛申酉酉로 모두 합쳐 5명이나 된다. 평생 남편의 첩을 보며 결혼생활을 한 여명이다. 시각을 달리하여 보면, 약한 丁火관살이 강한 金을 깔고 있어 남편의 역할을 할 수 없으므로, 여명 자체에서 남편의 무력함을 조장하는 기운도 있다. 이 경우 운의 흐름이 남편을 더 무력하게 하면 남편이 요절하거나 횡액을 당한다. 그러나 중년 이후 운의 흐름이 木火로 흘러서 남편인 관살이 힘을 받으므로 자매강강의 영향만 강하게 나타나는 것에 그쳤다.[사주 출처 『사주첩경(四柱捷徑)』]

십간의 월별 주용신과 보조용신

```
      시   일   월   연 (乾命)
      戊   辛   庚   戊
      子   酉   申   子

   丁  丙  乙  甲  癸  壬  辛
   卯  寅  丑  子  亥  戌  酉
```

　　신월신금이 신왕하다. 바탕이 申子辰 水식상국으로 金을 설기하는 기운이 강하고, 申 중 戊土가 투출하여 이른바 중견무토 봉생득위(重見戊土 逢生得位)가 된 사주이다.

　　운의 흐름도 희용신운인 水木으로 흘러 부귀를 이룬 명이다. 이 사주가 귀한 이유를 토생금(土生金) 금생수(金生水)로 삼기성상(三氣成象)을 이루었으며, 육음조양격(六陰朝陽格. p.641의 조양격 참조)에 해당하기 때문이라고 설명하기도 한다.

8 유월신금(酉月辛金)

주용신　壬

월의 지장간 辛金이 사령하여 매우 왕성하다. 오로지 壬水상관을 써서 辛金을 씻고 유통시킨다.

【원문】

八月辛金　當權得令　旺之極矣　專用壬水淘洗　故云金見水以流
팔월신금　당권득령　왕지극의　전용임수도세　고운금견수이류

通 如見戊己 則生扶太過 故以土爲病 見甲制土 方妙 無戊 不
통　여견무기　즉생부태과　고이토위병　견갑제토　방묘　무무　불

宜用甲
의 용 갑

【해설】　　　　유월신금은 월의 지장간 辛金이 사령하여 매우 왕성하
므로, 오로지 壬水상관을 써서 辛金을 씻어낸다. 이런 경우를 金과 水가
만나 유통한다고 한다. 만약 유월신금이 戊己인수를 보면 생하는 것이
지나쳐서 흉이 된다. 이 경우 甲木정재로 土를 조절하면 좋지만, 戊土가
없으면 甲木을 쓰지 않는다.

【원문】

或四柱一點壬水 甲多洩水 此爲用神無力 奸詐之徒 得庚制者
혹사주일점임수　갑다설수　차위용신무력　간사지도　득경제자

反主仁義 或三點辛金 一重壬水 多見甲木 有庚透者 主大富貴
반주인의　혹삼점신금　일중임수　다견갑목　유경투자　주대부귀

不見丁爲美 若見一丁 此人風雅清高 衣食饒裕而已
불견정위미　약견일정　차인풍아청고　의식요유이이

【해설】　　　　만약 유월신금 사주에 壬水식신이 1개 있는데 甲木정
재가 많아서 水를 설기하는 것이 심하면 재다신약(財多身弱)이 된다. 水
용신이 무력하므로 간사한 무리다. 그러나 庚金겁재를 얻어 甲木을 제
극하면 인의(仁義)가 있다. 辛金이 3개 있고 유력한 壬水가 있으며, 甲木
을 많이 보고 이를 제극하는 庚金이 투출한 경우 매우 부귀하다. 재다신
약인 경우에는 丁火칠살을 보지 않아야 아름답다. 만약 丁火를 보면 재
자약살(財滋弱殺. p.397 참조)이 되어 위인이 우아하고 맑지만, 재성과

칠살이 모두 득기(得氣)한 것은 아니므로 의식(衣食)이 넉넉한 것으로
그친다.

【원문】

或一二比肩 壬甲皆一 無庚出干 亦有恩榮
혹일이비견 임갑개일 무경출간 역유은영

【해설】　　　　유월신금에 辛金비견이 1~2개 있고, 壬水식신과 甲木
정재도 1개씩이며 庚金겁재가 투출하지 않은 경우 상관생재(傷官生財)
가 되어 역시 은혜를 입고 영화가 있다.

【원문】

若二三比肩 一點壬水 戊土多見 此爲土厚埋金 此人愚懦 見一
약이삼비견 일점임수 무토다견 차위토후매금 차인우나 견일

甲出 必爲創立之人
갑출 필위창립지인

【해설】　　　　만약 유월신금에 辛金이 2~3개 있고 壬水가 1개 있으
며 戊土를 많이 보는 경우는 金이 土에 묻히는 토후매금(土厚埋金)이다.
辛金이 묻혀서 수기(秀氣)가 막히게 되므로 위인이 우둔하고 유약하다.
그러나 甲木정재가 1개 투출하여 土를 제극하면, 병이 있지만 약도 있어
사업을 할 사람이다.

【원문】

或一派辛金 一位壬水 無庚雜亂 又主富中取貴
혹일파신금 일위임수 무경잡란 우주부중취귀

【해설】　　　　한 무리의 辛金비견과 壬水상관이 1개 있으며, 庚金겁재가 섞여 혼란하지 않은 경우 오로지 壬水를 쓰므로 재물로 명예를 얻는다.

【원문】

或一派壬水洩金　無戊出制　爲沙水同流　主奔波貧苦　若得支見
혹 일 파 임 수 설 금　무 무 출 제　위 사 수 동 류　주 분 파 빈 고　약 득 지 견

一戊止流　其人頗有才略　藝術過人
일 무 지 류　기 인 파 유 재 략　예 술 과 인

【해설】　　　　유월신금에 한 무리의 壬水상관이 나타나 金을 설기하는 것이 심하고, 戊土정인이 이를 막지 못하면 모래와 물이 같이 흘러가는 형세다. 이 경우 위인이 분란과 파란을 일으키며, 가난하고 고통스럽다. 만약, 지지의 지장간에 戊土가 1개 있어서 흘러가는 것을 막으면, 약간의 재주는 있지만 예술을 하는 사람에 불과하다.

【원문】

或支成金局　干見比肩　無壬淘洗　此宜用丁　無丁必主凶頑無賴
혹 지 성 금 국　간 견 비 견　무 임 도 세　차 의 용 정　무 정 필 주 흉 완 무 뢰

若得一壬高透　以洩羣金　又名一淸到底　定有治國之材
약 득 일 임 고 투　이 설 군 금　우 명 일 청 도 저　정 유 치 국 지 재

【해설】　　　　유월신금에 지지가 金비겁국이고 천간에 비견이 있으며, 壬水상관이 없어서 씻어주지 못하는 경우에는 丁火칠살을 쓴다. 丁火가 없는 경우 위인이 흉폭하고 완고하며 신뢰가 가지 않는다. 그러나 壬水 1개가 강한 상태로 투출하면 무리지어 있는 金을 설기하므로 바닥까지 맑고 나라를 다스릴 수 있는 인물이다.

【원문】

或支成金局 戊己透干 壬透無火 名白虎格 運行西北 富貴大顯
혹지성금국 무기투간 임투무화 명백호격 운행서북 부귀대현

子息艱難 或透丙火 雖有壬出 亦屬平庸
자식간난 혹투병화 수유임출 역속평용

【해설】　　　　만약 유월신금에 지지 金비겁국이고 戊己인수와 壬水
상관이 투출하였으며 火관살이 없는 경우는 백호격(白虎格)이다. 백호
격은 운이 金水로 흐르면 크게 부귀하지만, 인수가 식상을 치는 효인탈
식(梟印奪食)이 되어 자식이 고생한다. 丙火가 투출한 경우는 병신합수
(丙辛合水)로 격국이 혼잡하므로 壬水가 투출하여 丙火를 제극해도 평
범한 명이다.

【원문】

或一二辛金 一派己土 定爲僧道 或干透己土 支見庚甲 一生
혹일이신금 일파기토 정위승도 혹간투기토 지견경갑 일생

安閑
안 한

【해설】　　　　유월신금에 辛金이 1~2개 있고 한 무리의 己土편인이
있으면 토후금매(土厚金埋)가 되어 승도(僧道)이다. 만약 천간에 己土가
있고 지지에 庚金과 甲木이 있는 경우, 庚金으로 재물을 다루고 甲木으
로 소토(疏土)하여 일생이 편안하고 한가롭다.

【원문】

或一派乙木 不見庚壬 爲才多身弱 一見庚制 富貴可期
혹일파을목 불견경임 위재다신약 일견경제 부귀가기

【해설】　　　　유월신금에 한 무리의 乙木편재가 있고 庚金과 壬水가
보이지 않으면 재다신약(財多身弱)이다. 운에서 庚金이 辛金을 도와 신
약을 해결하는 시기에 부귀를 이룬다.

【원문】

金生秋月土重 貧無寸鐵 六辛日透戊子時 運喜西方 陰若朝陽
금생추월토중　빈무촌철　육신일투무자시　운희서방　음약조양

切忌丙丁離位 庚辛局全巳酉丑 位重權高
절기병정리위　경신국전사유축　위중권고

【해설】　　　　庚辛金이 申酉戌월에 태어나서 土인수가 너무 많으면 매
우 가난하다. 辛일간이 戊子시를 만나는 경우 육음조양격(六陰朝陽格.
p.641의 조양격 참조)이 되어 金운으로 흐르면 좋고 丙丁火를 꺼린다. 庚辛
일간이 완전히 지지 巳酉丑 금국(金局)이면 종혁격(從革格)으로 지위와 권
세가 높다.

【원문】

二人同命 一文擧 家貧 一無擧 家富
이인동명 일문거 가빈 일무거 가부

시 일 월 연(乾命)

己 辛 癸 己

亥 未 酉 酉

丙 丁 戊 己 庚 辛 壬

寅 卯 辰 巳 午 未 申

【해설】　　　두 명이 같은 사주인데 한 명은 문관이고 집이 가난하였으며, 한 명은 무관이고 집이 부자였다. 수기(秀氣)와 재물은 양립할 수 없다. 辛金을 설기하는 癸水가 있지만 壬水보다 역량이 부족하고, 연간의 己土가 癸水를 극하여 습한 흙이 辛金 보석을 더럽히는 형국이다. 배합이 부족하긴 하지만 장간에 壬甲이 모두 있어 약간의 부귀는 있는 명들이다.

【원문】

身强殺淺 辛日坐酉 丙宮生印 太守
신강살천 신일좌유 병궁생인 태수

시 일 월 연(乾命)

丙 辛 己 丁

申 酉 酉 酉

壬 癸 甲 乙 丙 丁 戊

寅 卯 辰 巳 午 未 申

【해설】　　　　일간 辛金은 강하고 丙丁관살은 약하므로 신강살천(身
强殺淺)하다. 辛金일간이 酉金 건록(建祿)에 앉아 있고, 관살혼잡(官殺
混雜)이지만 火관살이 己土인수를 생하여 관인상생(官印相生)이 되며,
申 중에 수기(秀氣)를 발하게 하는 壬水가 암장되어 있다. 태수(太守) 벼
슬을 하였다.

【원문】

丁壬兩透 經魁
정 임 량 투 경 괴

	시	일	월	연(乾命)
	壬	辛	己	丁
	辰	亥	酉	卯

壬	癸	甲	乙	丙	丁	戊
寅	卯	辰	巳	午	未	申

【해설】　　　　丁火와 壬水가 모두 투출하였으나 멀리 있어서 합하
지 않고, 연과 월이 관인상생을 이룬다. 또한 월의 己土가 壬水를 탁하
게 하지 않으며, 팔자의 전체적인 오행의 흐름도 좋다. 경괴(經魁)^{주)}를
하였다.

㈜ 정례적인 향시(鄕試)가 아닌 임시로 치르는 향시에서 1등을 한 합격자를 해원(解元),
　　2등부터 18등까지를 경괴(經魁)라 하였다.

시	일	월	연 (坤命)
癸	辛	己	壬
巳	丑	酉	辰

| 壬 | 癸 | 甲 | 乙 | 丙 | 丁 | 戊 |
| 寅 | 卯 | 辰 | 巳 | 午 | 未 | 申 |

690

팔자에 巳火정관을 생하는 木재성이 없고, 巳酉丑 金비겁국과 진유합금(辰酉合金)이 되어 일간이 강하다. 또한 월간의 己土편인이 연지 辰土에 뿌리를 두고 강한 일간을 생조하므로 신왕하다. 다행히 연간에 壬水식신이 있어서 강한 기운을 빼내 수기(秀氣)가 있는 사주로, 총명하고 단정하며 서예에 밝았던 여성이다.

그러나 초년운의 흐름이 용신 壬水를 막는 쪽으로 흘러 좋지 않다. 丁未운은 火土기운으로 壬水를 막고 있으며, 용신을 丁壬합으로 기반(羈絆)하고 신체궁인 일지를 丑未충하므로 대흉하다. 또한 丁未운 중 庚戌년은 水를 막고 세운과 대운과 팔자가 모여 丑戌未 삼형을 이루어 자식이 없고 요절하였다.

이 여성이 자식이 없는 것은 백호격(白虎格)과 무재성(無財星)의 영향이다. 유월신금에 지지 巳酉丑 금국(金局)이고 戊 또는 己인수가 투출하며, 壬水상관이 있으면서 火관살이 없는 경우 백호격으로 운이 火土로 흐르면 매우 흉하다. 인수가 식상인 자식을 치는 효인탈식(梟印奪食)의 영향으로 자식운도 좋지 않다.

또한 위 사주는 적천수에서 말한 '일주왕 인수중 무재성 필무자(日柱

旺 印綬重 無財星 必無子)'의 경우로, 일주가 왕성하고 인수가 유력하며 재성이 없어 자식이 없었다.[사주 출처『적천수천미(適天髓闡微)』]

```
시   일   월   연 (乾命)
癸   辛   乙   庚
巳   丑   酉   子

壬  辛  庚  己  戊  丁  丙
辰  卯  寅  丑  子  亥  戌
```

유월신금에서 용신을 쓰는 방법은 상황에 따라 여러 가지다. 가장 중요한 원칙은 왕성한 辛金의 기운을 설기하는 壬水상관을 쓰는 것이며, 壬水를 쓸 형편이 못 되는 경우에는 丁火칠살로 辛金을 제극한다.

이 사주는 시지인 癸水가 癸水를 돕는 연지 子水와 너무 멀리 떨어져 있고, 巳火 절지(絶地)에 있어 무력하므로 용신으로 부족하다. 巳 中 丙火 역시 金에 둘러싸인 乙木이 생조를 못 하므로 용신으로 삼기엔 부족하다. 유월신금에 癸水와 丙火를 쓰는 것은 壬水와 丁火를 쓰는 것보다는 차선의 방법인데, 그나마도 이와 같이 무력한 상황이다. 따라서 팔자 자체에서 개선하는 힘이 떨어지므로 파격이다.

이 사주의 2006년(己丑운, 丙戌년) 길흉은 어떨까? 운의 己土가 무력한 癸水상관을 막아버리고, 지지는 巳酉丑 金비겁국을 이루어 인비(印比)가 강화되는 형세다. 또한 세운 丙戌도 이런 대운의 흐름을 부추긴다. 癸水상관과 乙木편재가 무력하므로 겁재 작용이 일어날 수밖에 없다.

실제, 2005년(乙酉년)에 어려서부터 가구공장을 전전하며 모은 현금을 관리해주던 여성과 다투고 2006년에 친구집으로 거처를 옮겼으며, 이

친구의 꼬임에 넘어가 1억 가까운 돈을 친구에게 뜯겼다. 2007년 현재 이
를 안타깝게 여긴 다니던 공장 사장의 도움으로 소송을 진행 중이다.

이러한 사건들의 근본 원인은 48세의 노총각이고, 무학(無學)으로 글
씨를 모르는 데 있다고 볼 수 있다. 궁성이론(宮星理論)으로 무학의 원
인을 살펴본다. 인수궁이 연지인데 상관성이 있어 궁이 파궁(破宮)되었
고, 인수성은 일지 재성궁에 있어 파성(破星)이 되었다. 식신궁인 월간
은 재성이 있어 손실이고, 상관궁인 시지는 관살이 있어 역시 손실 상태
다. 또한 상관성이 편인의 자리인 시간에 있어 파성이 되었다. 즉 일간
이 흡수할 수 있는 인수와, 발설하는 식상 기운이 모두 문제가 있다.

⑨ 술월신금(戌月辛金)

> **주용신** 壬   **보조용신** 甲
>
> 戊土가 사령하여 왕성하다. 壬水상관으로 왕성한 金을 설기시키고, 甲木정재
> 로 土를 파헤친다.

【원문】

九月辛金 戊土司令 母旺子相 須甲疏土 壬淺旺金 先壬後甲 壬
구월신금 무토사령 모왕자상 수갑소토 임설왕금 선임후갑 임

甲兩透 桃洞之仙 或壬透甲藏 又見庚者 平人 甲透 壬藏 戊在
갑량투 도동지선 혹임투갑장 우견경자 평인 갑투 임장 무재

支內 異途之仕
지내 이도지사

【해설】　　　　　술월신금은 戊土가 사령하여 인수인 모(母)도 왕성하고, 일간인 자(子)도 약하지 않은 모왕자상(母旺子相)의 상태다. 戊土가 투출한 경우 甲木정재로 왕성한 土를 헤치고, 유금(柔金)인 辛金을 씻어주는 壬水상관으로 강한 金을 설기한다. 壬水를 우선하고 甲木으로 보좌한다. 壬水상관과 甲木정재가 모두 투출하면 무릉도원의 신선과 같다. 만약 壬水는 투출하고 甲木은 장간에만 있으면 강한 戊土를 제극하지 못한다. 이 경우 庚金겁재를 보면 평범한 사람이다. 甲木은 투출하고 壬水와 戊土가 장간에만 있는 경우는 甲木이 팔자의 병인 戊土를 조절하여 壬水를 보호하므로, 과거가 아닌 다른 방법으로 공명을 이루는 선비다.

【원문】

或辛日甲月　壬水在支　有庚自能去濁留淸　秋闈一榜　若戊戌月
혹 신 일 갑 월　임 수 재 지　유 경 자 능 거 탁 류 청　추 위 일 방　약 무 술 월

即有甲在支亦否
즉 유 갑 재 지 역 부

【해설】　　　　　甲戌월 辛金일간이 壬水가 지지에 있고 庚金이 있으면 토생금(土生金) 금생수(金生水)로 壬水를 보호하여 탁함을 제거하고 맑음을 유지하게 되므로 시험에 합격할 수 있다. 만약 戊戌월이고 甲木이 지장간에만 있는 경우에는 천간의 戊土가 壬水를 극하는 것을 해결하지 못한다.

【원문】

總之土太多 甲不出干 莫問功名 得一壬出 洗土助甲 雖不發達
총지토태다 갑불출간 막문공명 득일임출 세토조갑 수불발달

富而可求
부이가구

【해설】　　　　즉, 술월신금에 土가 너무 많고 甲木이 투출하지 않으면 공명을 이룰 수 없다. 천간에 壬水가 1개 나타나면 강한 土를 씻어내고 지지에 있는 甲木을 도와주므로 발전은 못 해도 재물은 구할 수 있다.

【원문】

或土多無壬甲 時月多透丙辛者 略貴 加以辰字在支 則榮顯莫及
혹토다무임갑 시월다투병신자 약귀 가이진자재지 즉영현막급

【해설】　　　　만약 술월신금에 土가 많은데 壬水와 甲木은 없고 월과 시(時)에 丙火와 辛金이 투출하면 관인상생(官印相生)이 되어 귀하다. 여기에 습토(濕土)인 辰土가 있어서 金을 생하면 더욱 귀하다.

【원문】

或木多土厚 無水者常人 或干上重見癸水 雖無淘洗之功 頗有
혹목다토후 무수자상인 혹간상중견계수 수무도세지공 파유

清金之用 此命主富 辛苦
청금지용 차명주부 신고

【해설】 만약 술월신금에 木재성이 많고 土인수가 많으며, 水
식상으로 辛金을 씻어주지 못하면 평범한 사람에 불과하다. 壬水는 없
고 천간에 癸水가 투출한 경우, 씻어주는 공은 없어도 辛金을 맑게 하므
로 쓰임이 있어 귀하게 될 수 있으나 고생한다.

【원문】

或己透無壬有癸 亦能滋生金力 衣衿之貴 但恐己多 不免濁富
혹 기 투 무 임 유 계   역 능 자 생 금 력   의 금 지 귀   단 공 기 다   불 면 탁 부

【해설】 만약 술월신금에 己土편인이 투출하고 壬水는 없으며
癸水가 있는 경우, 습토(濕土)인 己土로 金을 생하고 癸水로 맑게 하여
학생 정도로는 귀하다. 단, 己土가 많으면 식상이 흙탕물이 되어 부자는
되지만 귀하지는 않다.

【원문】

九月辛金 火土爲病 水木爲藥
구 월 신 금   화 토 위 병   수 목 위 약

【해설】 술월신금은 火土가 병이고, 水木은 약이다.

【원문】

印重最喜才鄕 壬丙俱透 尚書
인 중 최 희 재 향   임 병 구 투   상 서

시	일	월	연 (乾命)
壬	辛	戊	丙
辰	未	戌	戌

乙	甲	癸	壬	辛	庚	己
巳	辰	卯	寅	丑	子	亥

【해설】　　　　丙火정관이 투출하여 운에서 도움을 받고, 辛金을 씻어주는 壬水가 투출하였다. 土인수가 두터우므로 이를 헤쳐줄 木재성운이 좋은데 운도 木으로 흐른다. 상서(尚書) 벼슬을 하였다.

【원문】

696

去濁留清 孝廉
거 탁 류 청 효 렴

시	일	월	연 (乾命)
戊	辛	壬	戊
子	酉	戌	戌

己	戊	丁	丙	乙	甲	癸
巳	辰	卯	寅	丑	子	亥

【해설】　　　　水木운으로 흘러 土의 탁함을 제거하고, 壬水상관이 辛金을 씻어 효렴(孝廉) 벼슬을 하였다. 단, 壬水를 탁하게 하는 土가 강해서 약간만 귀했다.

【원문】

用戊生金 用丙暖土
용 무 생 금 용 병 난 토

시   일   월   연 (乾命)

丁   辛   戊   丙

酉   未   戌   戌

乙 甲 癸 壬 辛 庚 己

巳 辰 卯 寅 丑 子 亥

【해설】　　　土金이 강하여 신왕하다. 투출한 戊土와 丙火가 팔자의 병이다. 辛金일간을 씻어줄 壬水가 없고, 두터운 土를 헤쳐줄 甲木이 없다. 병은 깊은데 약이 없는 하천한 명이다.

술월신금 해설

시   일   월   연 (乾命)

己   辛   壬   戊

丑   未   戌   辰

己 戊 丁 丙 乙 甲 癸

巳 辰 卯 寅 丑 子 亥

술월신금은 戊土가 사령하여 土기운이 두터우므로, 木으로 소토(疏土)하고 水로 金을 씻어주는 것이 용신 원칙이다. 이 사주는 지지에 辰戌丑未 사고(四庫)가 있고 戊己土가 투출하여 金이 묻힐 우려가 있다. 다행히 辛金을 씻어주는 壬水가 월간에 투출하였다.

그러나 壬水는 주변에 土가 워낙 강해서 무력해져 역할을 못 한다. 이 경우 木으로 강한 土를 소토한다. 그런데 木의 상황을 보면 辰 中 乙木은 辰戌충으로 깨지고, 未 中 乙木은 丑未충으로 깨져버렸다. 용신 壬水는 무력하고, 희신 乙木은 깨진 상황으로 희용신이 없는 팔자이다. 명주는 처를 극하고 자식이 없었다. "辰戌丑未 사고는 충해야 열린다(四庫必要沖者)"는 말이 편협된 시각이라는 것을 알 수 있는 사주이다.[사주 출처 『적천수(適天髓)』]

시	일	월	연 (坤命)
己	辛	庚	壬
亥	巳	戌	子

癸	甲	乙	丙	丁	戊	己
卯	辰	巳	午	未	申	酉

술월신금이 천간에 庚金과 己土가 있어 신왕하다. 연간 壬水를 용신으로 하고, 亥 中 甲木을 희신으로 한다. 문제는 甲木이 장간에 있다는 것이다.

또한 희신인 甲木이 운에서 와도 투출한 庚金과 甲庚충으로 깨져버리거나, 시간 己土와 甲己합으로 기반(羈絆)⁽⁾이 되고, 일지와 巳亥충으로 깨져서 역할을 하기 힘들다. 결과적으로 木재성이 역할을 못 하여 전체적인 기운의 흐름이 식상에 몰리고, 水식상이 火관살을 치는 상관지명(傷官之命)이다.

운의 흐름을 보면 丁未운부터 火기운이 시작되어 乙巳운까지 구신운의 흐름을 보여 흉하다. 2005년(丙午운, 乙酉년)은 구신운에 태세도 안 좋다. 태세의 천간 乙은 乙庚합이 되어 쓸데없는 고집만 강해지고, 지지의 巳酉합으로 남편성을 기반한다. 실제, 2005년 乙酉년에 이혼하였다.

㉾ 기반은 얽혀 묶이는 것을 뜻한다. 주로 간합(干合)이나 지합(支合)으로 이루어진다. 기반이 되는 경우 합이 되는 글자가 본연의 임무를 잃고 작용을 못 한다. 그러므로 기신이나 흉신이 합이 되면 좋지만, 용신이 기반이 되는 것은 꺼린다. 용신이 기반이 되는 것은 말이 마구간에 묶인 것으로 결국 용신이 역할을 못 한다. 따라서 원국에서 기반이 되는 경우 운에서 이를 풀어주는 충이 오면 좋고, 운에서 원국을 기반하는 경우에는 원국 자체에 합하려는 글자를 극하는 글자가 있어야 한다.

기반의 영향을 보는 방법은 다음과 같다.

① 합 오행이 동일한 경우 기반이 안 되는 것으로 본다. 이 경우 甲己합에서 己土는 기반이 아니고, 丙辛합에서는 丙과 辛 모두 기반으로 본다.

② 간합인 경우 음간(陰干)만 작용력을 잃어 기반이 되는 것으로 본다. 예를 들어 甲木이 辛金을 관살로 쓰려는데 丙火가 丙辛합으로 묶어버리면 辛金을 쓰지 못하여 이를 기반으로 본다는 것이다. 그러나 이 경우에도 辛金의 터전이 되는 酉金이나 丑土가 있으면 음간이라도 기반이 안 되는 것으로 본다.

②보다는 ①의 방법이 주로 사용된다.

십간의 월별 주용신과 보조용신

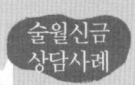
술월신금
상담사례

궁합, 외눈박이 물고기들

여자분이 우산을 접고 앉는데 18K에 작은 큐빅이 여러 개 박힌 발찌가 눈에 띄었다.
아무리 상큼한 분위기이지만, 나이가 40을 훌쩍 넘긴 분이 발찌를 한다는 것은 좀 그렇
다. 기분 좋은 표정으로 귀를 만지작거리며 자신의 팔자 모양을 간단히 살펴봐달라 하
여 팔자를 뽑고 살펴보자마자 이분에게 느꼈던 상큼한 느낌이 단숨에 날아가버렸다.
사주 중 부부관계가 눈에 거슬려서 한마디 던져보았다. "이혼하셨나요?"

시　일　월　연 (坤命)
丙　辛　戊　辛
申　丑　戌　丑

乙　甲　癸　壬　辛　庚　己
巳　辰　卯　寅　丑　子　亥

사주 귀퉁이에 있는 丙이라는 불기운을 가진 글자가 남편을 뜻하는데, 팔자의 한 귀
퉁이에서 겨우 숨을 쉬고 있다. 앉은 자리가 병지(病地)이고, 화금상전(火金相戰)으로 피
곤한 상태다. 더욱이 팔자에 널려 있는 흙이 불기운을 쪽쪽 빼먹고 있다. 어찌 봐도 애
처로운 형세다. 상담을 청한 분의 기운은 하늘 높은 줄 모르고 치솟고 있어, 이처럼 약
한 남편이 제 역할을 할지 의심스러워 이혼하였는지 물은 것이다.

대운의 흐름을 보니 42세부터 물기운이 들어와 지지직거리며 불이 꺼지고 남편별이
희미해져 간다. 이 정도면 이혼 운운하는 것이 당연하다. 이 때 아무 말 없이 듣고 있던
분이 한 남자분의 생년월일을 들이밀며 둘의 궁합을 봐달라고 하였다.

```
시  일  월  연(乾命)
丁  辛  甲  癸
酉  卯  寅  卯

丁  戊  己  庚  辛  壬  癸
未  申  酉  戌  亥  子  丑
```

나무 기운이 여자를 뜻하니 팔자 중에 네 글자가 부인을 뜻하는 글자이다. 가진 게 여자밖에 없고 여자가 너무 많다. 사주의 전체 기운 중 76%가 여자의 기운인데, 자신의 기운이 이렇게 약해서야 부인을 장악하기도 힘들다. 이런 사주를 재다신약(財多身弱) 사주라고 한다.

일부다처제가 아니라면 이 네 명을 모두 처로 삼을 수 없다. 결국 살면서 만남과 헤어짐이 계속 이어질 수밖에 없다. 그러자 여자분 말이 남자도 이혼한 사람으로 전 부인과 이혼 후 재결합하였다가 2002년(庚戌운, 壬午년)에 완전히 갈라섰으며, 현재 자신과 동거중이라 하였다.

결혼하는 것은 어떤지 묻는데 아무리 보아도 이 두 분은 부부관계에 문제가 많다. 앞으로 한 눈으로만 보는 외눈박이 물고기로 그저 그렇게 살아야 할지, 아니면 서로의 눈이 되어주어야 할지 선뜻 판단이 안 되는 궁합이다.

⑩ 해월신금(亥月辛金)

주용신 壬 　보조용신 丙

찬 기운이 있으며 양기(陽氣)가 있는 달에 있다. 壬水상관을 사용하여 금백수청(金白水淸)을 이루고, 丙火정관으로 조후한다.

【원문】

十月辛金 時值小陽 陽漸升 寒氣將降 先用壬水 次取丙火 壬丙
십월신금 시치소양 양점승 한기장강 선용임수 차취병화 임병

兩透 金榜題名 何也 蓋辛金有壬水丙火 名金白水淸 又在亥月
량투 금방제명 하야 개신금유임수병화 명금백수청 우재해월

故發
고 발

【해설】　　　해월신금은 양기는 점차 상승하고 찬 기운은 점차 내려간다. 壬水상관을 먼저 사용하고, 丙火정관을 나중에 쓴다. 壬水와 丙火가 모두 투출하면 귀하다. 이유는 辛金에게 壬水가 있으면 금백수청(金白水淸)이 되고, 亥월은 지장간에 甲木이 있어서 丙火를 생하기 때문이다.

【원문】

丙透壬藏 採芹之造 丙藏壬透 富有千金 壬丙在支 聰明之士
병투임장 채근지조 병장임투 부유천금 임병재지 총명지사

【해설】　　　　해월신금이 丙火정관만 투출하고 壬水상관은 지장간에만 있으면 가난하고, 壬水상관만 투출하고 丙火정관은 지장간에만 있으면 부자이다. 또한 壬水와 丙火가 모두 지장간에만 있으면 총명한 선비다. 대개의 경우 丙火정관은 귀함을 주관하고, 壬水상관은 재물을 주관한다.

【원문】

戊壬存柱 積蓄之人 或壬多無戊 名辛水汪洋 反成貧賤 戊多壬
무 임 존 주　적 축 지 인　혹 임 다 무 무　명 신 수 왕 양　반 성 빈 천　무 다 임

少 又主成名
소　우 주 성 명

【해설】　　　　해월신금의 사주에 戊土정인과 壬水상관이 있으면 상관패인(傷官佩印)의 사주로 재물을 모은다. 만약 壬水가 많고 戊土가 없으면 신수왕양(辛水汪洋)이라 하여 가난하고 천하다. 반대로 壬水는 적고 戊土가 많은 경우에는 壬水를 돕는 식상운에 공명을 얻는다.

【원문】

或甲多戊少 因藝術而蓄金
혹 갑 다 무 소　인 예 술 이 축 금

【해설】　　　　만약 해월신금에 甲木정재가 많고 戊土정인이 적으면 월령에 있는 水식상으로 용신을 삼으며, 예술을 하여 재물을 모은다.

【원문】

若己多有戊 壬水被困 金被埋 不過誠實之人 或壬癸多無戊丙
약기다유무 임수피곤 금피매 불과성실지인 혹임계다무무병

者 勞碌辛苦 十月辛金 先壬後丙 餘皆參用
자 노록신고 십월신금 선임후병 여개참용

【해설】　　　　　해월신금에 己土편인이 많고 戊土정인이 있으면 壬水
상관이 곤란해지고, 辛金일간이 묻혀서 성실한 사람에 불과하다. 만약
壬癸水가 많고 戊土와 丙火가 없으면 고생한다. 해월신금은 먼저 壬水
상관을 쓰고 다음에 丙火정관을 쓰며, 나머지는 구조를 참조하여 쓴다.

해월신금 해설

시	일	월	연 (乾命)
丙	辛	辛	壬
申	亥	亥	辰

戊	丁	丙	乙	甲	癸	壬
午	巳	辰	卯	寅	丑	子

　　일시의 丙辛이 합하여 水가 된다. 비록 합하여 화(化)하는 水를 극하
는 辰土가 연지에 있지만, 申子辰 수국(水局)에 월령이 亥水로 완전한
합화격(合化格. p.95 참조)이다.[주] 화하는 水는 亥 중 甲木을 생하는데,
이렇게 화하는 기운의 역할이 아름다운 경우를 화신설수(化神洩秀)라고
한다. 또한 합화(合化)하면서 연간 壬水가 있어 온전히 금백수청(金白水

清)이 되고, 亥 中 甲木의 생을 받는 丙火가 있어서 조후를 하여 완전한 성격(成格)이 된다.

대운이 초반 壬子와 癸丑으로 흘러 화신이 왕성하여 아름답고, 甲寅과 乙卯운에는 화신설수가 되어 좋다. 당나라 태종 이세민(李世民)의 사주로 20세 안팎에 아버지를 도와 당나라를 세우고, 29세인 626년에 아버지에게 양위 받아 즉위하였다.[사주 출처 『팔자심리추명학(八字心理推命學)』]

시	일	월	연 (坤命)
壬	辛	丁	庚
辰	丑	亥	子

庚	辛	壬	癸	甲	乙	丙
辰	巳	午	未	申	酉	戌

해월신금은 壬水를 우선 쓰고, 다음에 丙火로 조후하라 하였다. 丑土에 뿌리가 있는 辛金이 지지 亥子丑 水식상국이고 壬水가 투출하여 설기에는 문제가 없다. 그러나 丁火는 조후보다 제련에 뜻이 있어서 조후 역할을 하기 어렵다. 이유는 亥 中 甲木이 丁火를 생하려 해도 연주 庚金이 충하고 지지의 물기운이 워낙 거세며, 丁壬합으로 기반(羈絆)이 되기 때문이다. 즉 곤명에 관살이 무력한 사주로 부부 문제가 있다. 관련하여 부부관계의 또 다른 문제를 살펴보자.

① 남편성이 파성(破星)되었다. 궁성이론에 따르면 월간이 식신의 자리인데, 관살이 있어 파성이 된 경우이다.

② 남편궁이 파궁(破宮)되었다. 남편의 자리인 월지에 식상이 있기 때문이다.

③ 亥 中 甲木이 亥子丑 水식상국 안에 있어 역할을 하기 힘들며, 팔자의

전체 흐름이 水식상에 몰려 있다. 이 물기운이 丁火관살을 치는 데 집중하여 상관지명(傷官之命)이 된다.

이러한 문제들로 인하여 혼자 살고 있는 대학교수이다.

㊟ 병신합수(丙辛合水)가 되는 경우에 극하는 오행이 있으면 합화격(合化格)으로 보지 않는다. 그러나 辰丑 습토(濕土)인 경우 극하는 것으로 보지 않는 경우가 많다. 이에 대해서는 위천리(韋千里)의 『명학강의(命學講義)』 중 "동수방왕 병신합이화수 우견 임수원신 미묘무륜 진축개습토 불이극파론야(冬水方旺 丙辛合而化水 又見壬水元神 美妙無倫 辰丑皆濕土 不以剋破論也)."를 참조한다. 풀이하면, 겨울 물이 왕성하고 丙辛합으로 水가 되어 壬水가 또 원신을 보므로 아름답고 묘하다. 辰丑은 모두 습토이므로 화신의 극파(剋破)를 논하지 않는다. 다음의 사주를 참조한다.

시	일	월	연
壬	辛	丙	甲
辰	丑	子	辰

11 자월신금(子月辛金)

| 주용신 | 丙 | 보조용신 | 壬甲戊 |

癸水가 사령하여 차가운 상태에 있다. 丙火정관으로 따뜻하게 하고, 壬水상관으로 辛金의 기운이 나타나게 하며, 甲木정재와 戊土정인으로 보조한다.

【원문】

十一月辛金 癸水司令 爲寒冬雨露 切忌癸出凍金 而困丙火 壬
십일월신금 계수사령 위한동우로 절기계출동금 이곤병화 임

丙兩透 不見戊癸 衣錦腰金 卽壬藏丙透 一榜堪圖
병량투 불견무계 의금요금 즉임장병투 일방감도

【해설】　　　　자월신금은 월의 癸水가 사령한다. 찬 겨울에는 비와 이슬인 癸水식신이 나타나서 辛金이 얼거나 丙火정관이 곤란해져서는 안 된다. 壬水상관과 丙火정관이 모두 투출하고, 이를 훼방하는 戊土정인과 癸水식신을 보지 않으면 크게 귀하다. 壬水는 지장간에 있고 丙火가 투출하면 시험에 합격한다.

【원문】

或壬多有戊 丙甲出干者 青雲之客 若壬多無戊丙者 洩金太過
혹 임 다 유 무　병 갑 출 간 자　청 운 지 객　약 임 다 무 무 병 자　설 금 태 과

定主寒儒 或壬多 甲乙重重 無丙火者 貧寒
정 주 한 유　혹 임 다　갑 을 중 중　무 병 화 자　빈 한

【해설】　　　　만약 자월신금에 壬水상관이 많고 이를 조절하는 戊土정인이 있으며, 丙火정관과 甲木정재가 천간에 나타나는 경우 높은 지위에 오른다. 그러나 壬水는 많고 戊土와 丙火가 없으면 일간을 지나치게 설기하므로 가난한 학자이다. 壬水는 많고 甲乙재성이 강하면 재다신약(財多身弱)이고, 여기에 丙火가 없어 조후를 못 하면 가난하고 고생한다.

【원문】

或支成水局 癸水出干 有二戊制者 富貴恩榮 無戊者常人
혹 지 성 수 국　계 수 출 간　유 이 무 제 자　부 귀 은 영　무 무 자 상 인

【해설】　　　　만약 자월신금에 지지 水식상국이고 천간에 癸水상관이 투출하면 물기운이 강하다. 2개의 戊土정인이 물을 제극하면 부귀영화를 누리지만, 戊土가 없으면 평범한 사람이다.

【원문】

或支見亥子丑 干出比劫 無丙 名潤下格 富貴雙全 運喜西北 若
혹 지 견 해 자 축 간 출 비 겁 무 병 명 윤 하 격 부 귀 쌍 전 운 희 서 북 약

無庚辛 又出甲乙 無戊丙者 必主僧道
무 경 신 우 출 갑 을 무 무 병 자 필 주 승 도

【해설】　　　　　만약 자월신금이 지지에 亥子丑이 모두 있고 천간에
비겁이 투출하며 丙火정관이 없으면, 윤하격(潤下格)이 되어 부귀하고
운이 金水인 西北으로 흐르는 것을 좋아한다. 庚辛金이 없고 甲乙재성
이 투출하는 경우에는 壬癸水가 많아도 윤하격으로 볼 수 없다. 이 경우
戊土정인과 丙火정관이 없으면 재다신약의 팔자로 빈한한 승도이다.

【원문】

或支成木局 有丁出干 又見戊者 功名特達 冬月辛金 須丙溫暖
혹 지 성 목 국 유 정 출 간 우 견 무 자 공 명 특 달 동 월 신 금 수 병 온 난

方妙
방 묘

【해설】　　　　　자월신금이 지지에 木재성국이 있어 식신생재(食神生
財. p.113 참조)가 되고, 丁火상관과 戊土정인이 있어 살인상생(殺印相
生)이 되는 경우 공명이 있다. 겨울 辛金은 금수상관(金水傷官)이 되므
로 丙火로 따뜻하게 해야 묘하다.

시	일	월	연 (乾命)
壬	辛	丙	己
辰	酉	子	丑

戊	己	庚	辛	壬	癸	甲	乙
辰	巳	午	未	申	酉	戌	亥

용신을 정하는 방법과 관련하여 위 사주를 살펴보자. 겨울 辛金은 丙火로 따뜻하게 해야 묘하다 하였다. 이는 금수상관에는 火관살을 쓴다는 말과 같다. 과연 위 사주도 이런 원칙이 적용될까?

위 사주를 보면 지지가 子丑土, 辰酉金이 되고 辛金일간이 酉金에 뿌리가 있어 강한 사주이다. 일간이 강한 경우 식상으로 설기하는 방법과 관살로 제극하는 방법이 있다. 특히 火관살로 제극하는 경우는 조후도 해결할 수 있어 더욱 좋다. 그러나 월간에 丙火가 투출하였지만 子水 위에 앉아 있고, 丙火를 생조하는 木기운이 전혀 없다. 즉, 용신이 무력한데 조후에 맞다고 하여 이를 용신으로 할 수는 없다.

한편, 금수상관에 水식상을 쓰는 방법에 대해 『적천수(適天髓)』에서는 "금수상관 (중략) 취화위용자 십무일이 취수위용자 십유팔구[金水傷官 (중략) 取火爲用者 十無一二 取水爲用者 十有八九]"라 하였다. 즉, 금수상관인 팔자가 火를 용신으로 하는 경우는 10명 중 1~2명이고, 水를 용신으로 하는 경우는 10명 중 8~9명이란 뜻이다.

위 사주는 앞에서 본 것처럼 丙火는 무력하며, 水식상은 子월의 기운을 얻고 辰土 중 癸水에 뿌리가 있어 용신으로 전혀 부족함이 없다. 그러

므로 시간에 투출된 壬水를 용신으로 한다.

　명주는 癸酉대운부터 공부를 시작하여 壬申운에 지현(知縣) 벼슬에
올랐다. 또 辛未운 丁丑년에는 丁火가 용신을 丁壬합으로 합거하고, 丑
土는 용신의 뿌리인 子水를 손상하여 질병으로 사망하였다.[사주 출처 『적
천수(適天髓)』]

시	일	월	연 (乾命)
辛	辛	庚	辛
卯	丑	子	巳

癸	甲	乙	丙	丁	戊	己
巳	午	未	申	酉	戌	亥

　위 사주는 2007년(丁亥년) 12월 19일 치러지는 17대 대통령선거 후보
의 사주로 알려진 것이다. 앞의 사주와 비교해보면 水식상이 무력하고
시지에 재성이 있다. 巳 중 丙火를 용신으로 한다.

　운은 초년을 제외하고는 火로 흘러 아름답다. 2007년 丁亥년의 대선
결과에 대해 巳 중 丙火를 亥 중 壬水가 丙壬충하여 실패한다는 판단이
있으나, 이런 논리라면 巳亥충으로 튀어나온 丙火를 辛金일간이 丙辛합
하여 일간이 관살을 얻는 것은 왜 무시하는지 의심스럽다. 물론 천간에
투출한 辛金이 많아서 일간에게 차례가 갈 것인지도 고려해야 하며, 다
른 대선 후보와 비교하여 당선 여부를 살펴야 한다.

주용신 丙 보조용신 壬戊己

매우 찬 상태다. 먼저 丙火정관을 써서 추위를 녹이고, 다음에 壬水상관을 써서 辛金을 씻어주며, 戊己인수로 보좌하여 물을 조절한다.

【원문】

十二月辛金 寒凍之極 先丙後壬 無丙不能解凍 無壬不能洗淘
십 이 월 신 금 한 동 지 극 선 병 후 임 무 병 불 능 해 동 무 임 불 능 세 도

丙壬兩透 金馬玉堂之客 壬丙俱滅 游庠食饍之人 有丙無壬 富
병 임 량 투 금 마 옥 당 지 객 임 병 구 멸 유 상 식 희 지 인 유 병 무 임 부

眞貴假 有壬乏丙 賤而且貧 或丙多 無壬 有癸 市中貿易之流
진 귀 가 유 임 핍 병 천 이 차 빈 혹 병 다 무 임 유 계 시 중 무 역 지 류

【해설】　　　축월신금은 매우 차기 때문에 丙火정관을 먼저 쓰고 壬水상관을 다음에 쓴다. 丙火가 없으면 추위를 녹일 수 없고 壬水가 없으면 辛金을 씻을 수 없으므로, 이 둘이 모두 투출해야 크게 귀하다. 壬水와 丙火가 모두 투출하지 않고 지장간에만 있는 경우는 떠돌이 선생으로 음식을 얻는 사람이다. 丙火는 있고 壬水가 없으면 재물은 있고 명예는 없다. 壬水는 있고 丙火가 없으면 빈천하다. 만약 丙火는 많고 壬水는 없으며 癸水가 있으면 丙火기운이 어그러져서 역할을 못 하므로 장사를 하는 사람이다.

【원문】

或水多 有戊己出干 又有丙丁 必主衣食充盈 一生安樂 十二月
혹수다 유무기출간 우유병정 필주의식충영 일생안락 십이월

辛金 丙先壬後 戊己次之
신금 병선임후 무기차지

【해설】　　　　만약 축월신금에 水식상이 많고 戊己인수가 투출하며
丙丁관살이 있으면 의식이 풍족하고 평생 편안하다. 축월신금은 丙火정
관이 우선이고 壬水상관이 다음이며, 戊己인수는 그 다음이다.

【원문】

侍郞
시랑

시	일	월	연 (乾命)
戊	辛	己	乙
子	丑	丑	丑

壬	癸	甲	乙	丙	丁	戊
午	未	申	酉	戌	亥	子

【해설】　　　　土인수는 강하고 辛金이 약한 모왕자쇠(母旺子衰)의
상이다. 쇠약한 金을 돕는 金운에 모자가 편안하여 시랑(侍郞) 벼슬을
하였다.

【원문】

用丁火 按察
용 정 화 안 찰

시	일	월	연 (乾命)
戊	辛	癸	丁
子	卯	丑	丑

丙	丁	戊	己	庚	辛	壬
午	未	申	酉	戌	亥	子

【해설】 丁火를 용신으로 하며,^{주)} 안찰(按察) 벼슬을 하였다.

㈜ 서락오(徐樂吾)는 이 사주에 대해 다르게 평주하였다. 이 사주는 丁火를 용신으로 할
수 없다. 육음조양격(六陰朝陽格. p.641 조양격 참조)은 관살이 병이기 때문이다. 이
병을 癸水가 있어 극제하고, 한편으로는 辛金의 수기(秀氣)를 설하여 金水기운이 유
통된다. 그러므로 대운의 서방 金운이 辛金을 돕고, 丁火는 申酉의 자리에 가면 운성
(運星)으로 병사(病死)의 자리이므로 죽는다. 즉, 丁火라는 병이 있으나 癸水라는 약이
있어 매우 귀하다.

【원문】

先貧後富 且壽
선 빈 후 부 차 수

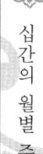

```
시  일  월  연 (乾命)
丁  辛  己  乙
酉  未  丑  卯


壬  癸  甲  乙  丙  丁  戊
午  未  申  酉  戌  亥  子
```

【해설】   초년 金水운에 가난하였다. 그러나 乙木이 丁火를 생
하여 고초인등(枯草引燈)한다. 즉 마른 풀이 불을 끌어와 등을 밝히는
격이다. 말년의 巳午未운에는 丁火 용신이 득지(得地)하여 등불이 밝아
져 부자가 되고 장수하였다.

【원문】

才旺生殺 制軍
재 왕 생 살   제 군

```
시  일  월  연 (乾命)
己  辛  丁  甲
亥  卯  丑  申


甲  癸  壬  辛  庚  己  戊
申  未  午  巳  辰  卯  寅
```

【해설】 왕성한 재성이 칠살을 생조하여 대장이 되었다. 丁火 용신이 득지하는 巳午未운에 권력을 잡았다.

축월신금 해설

시	일	월	연 (坤命)
丁	辛	癸	丁
酉	丑	丑	未

庚	己	戊	丁	丙	乙	甲
申	未	午	巳	辰	卯	寅

丑월의 辛金일간은 동토(凍土)에 있으므로 조후하는 丙火와 金을 설기 하는 壬水를 먼저 찾는다. 위 사주는 丁火와 癸水는 이 역할을 한다. 지지 에 土가 많고 巳酉丑으로 金이 강해 신왕한 사주이며, 金을 설기하는 월 간 癸水를 용신으로 한다. 용신 癸水는 丑 중에 뿌리가 있지만 丁癸충으 로 깨져서 불미하고, 운의 흐름도 중년이 火土운으로 아름답지 못하다.

부부관계는 연간의 丁火칠살은 未土에 뿌리가 있으나 丁癸충으로 깨 져 있고, 바닥이 丑未로 설기가 심해서 역할을 하기 힘들다. 여기에 시간 의 丁火칠살은 사지(死地)에 앉아 있고, 주변이 온통 金으로 화금상전(火 金相戰)이 되므로 역시 무력하다. 또한 팔자에 木이 없어서 관살을 생조 하지도 않는다. 다만 중년운에 관살의 기운인 火가 와서 위안이 되며, 체 (體)가 이러한데 용(用)의 도움만으로 그 역할을 할 수 있을지 의문이다.

남편이 무능하고 알코올 중독이라 1990년부터 무늬만 부부로 살고 있으 며, 2007년 현재 어린이집 교사로 근근이 생활하고 있는 여성이다.

십간의 월별 주용신과 보조용신

시	일	월	연 (乾命)
乙	辛	乙	戊
未	丑	丑	戌

壬 辛 庚 己 戊 丁 丙
申 未 午 巳 辰 卯 寅

丑월 동토(凍土)를 만난 辛金은 불로 조후하고 물로 씻어내야 한다. 그러나 위 사주는 土인수가 너무 왕성하여 종강(從强)에 가까운 모왕자쇠(母旺子衰)의 팔자로, 기신인 土인수를 조절하는 데 초점을 맞춰 용신을 정한다. 木재성이 무력하여 土인수를 조절하지 못하므로, 용신은 土기운을 빼는 金이 된다. 용신을 기준으로 운의 흐름을 보면, 중년에 남방 火운으로 흘러 아름답지 못하다.

실제, 30세에 미국 유학을 떠나 학업을 성취하는 데 실패하고 2007년 현재 슈퍼마켓에 근무하고 있으며, 50세가 되도록 결혼을 안 하였다.

참고로 『적천수(適天髓)』에 '군뢰신생리최미(君賴臣生理最微)' 라는 말이 있다. 이는 군왕인 일간을 생조하는 인수의 기운이 너무 강할 경우 일간이 신하인 재성에 의지하면 이치가 좋다는 것이다. 예를 들어, 土인수가 너무 강한 경우 辛金일간이 木재성에 의지하면 좋다. 그러나 종강격(從强格.p.139의 해월갑목해설 참조)인 경우 흐름을 따르는 것이 좋으므로 비겁운으로 흐르는 것이 좋다고 보는 것이 일반적이다. 종강에 식상운은 강한 인수에 극을 당하여 흉하고, 재관운은 왕신을 노하게 하여 반드시 흉하다고 하였다.

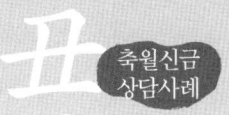

죽는다고 했다면서요

미국에서 공부하고 있는 여성이 전화를 하여 "한국에 있는 제 동생에게 죽는다고 했다면서요?"라고 묻는다. 동생이 몸이 이상하여 병원에 가보니 갑상선암으로 판정이 났으며, 나에게 죽는다는 소리를 들었다고 하소연하였다는 것이다. 아무리 운세 흐름이 흉악해도 그런 말을 했을 리가 없다. 상담한 동생의 이름을 물어 국제전화가 끝난 후 상담 족보를 찾아보았다.

시 일 월 연(坤命)
己 辛 己 乙
丑 未 丑 卯

丙 乙 甲 癸 壬 辛 庚
申 未 午 巳 辰 卯 寅

사주를 보니 자신을 뜻하는 기운이 온통 누런 흙에 둘러싸여 있다. 바로 토다금매(土多金埋)의 상황이다. 또는 모왕자상(母旺子相)이라고도 한다. 흙의 원래 성격은 쇠를 낳고 도와주는 것인데, 흙의 기운이 너무 넘치면 쇠를 돕는 게 아니라 파묻는 것이 토다금매다.

위 사주는 가장 강한 것이 흙이니 먼저 흙의 흐름을 짚어보자. 운동의 원칙은 인간사나 팔자의 세상이나 마찬가지다. 아주 왕성한 것은 누구를 돕기보다는 때리고 치는 데로 흐르기 쉽다. 바로 이 팔자에서 흙이 그렇다. 떼로 모여 있는 흙기운이 물을 막고 증발시키며 깔아뭉개는 데 열중한다. 물은 음양 중 음기를 대표하는 것인데, 음기가 사정없이 흙기운에게 규제를 당하면 반드시 건강에 문제가 있다. 음양의 균형이 파괴되기 때문이다.

체질은 토양 체질에 해당한다. 그러므로 사는 게 현실적이지 못하며, 시각적인 능력이 뛰어나고 종교에 관심이 많다. 또한 독신으로 사는 사람이 많고, 임신이 잘 안 되기도 한다. 사주를 보고 이런 이야기를 했는지는 기억이 안 난다. 의사 흉내를 내며 강한 흙기운을 가라앉히라고 평위산이나 이진탕, 보화환을 권했을 리도 만무하고.

사주에 이어 대운의 흐름을 살펴보면, 흙기운이 너무 많고 물기가 졸아들어 사주에 문제가 많은데 운세 흐름도 아름답지 않다. 팔자에서 가장 꺼리는 성분이 흙기운인데 32세부터 또 흙기운이 들어온다. 팔자 자체의 강한 흙기운에 더해져서 엎친 데 덮친 격이다. 이 와중에 중년의 대운 바닥이 불바닥이다. 불은 물과 싸우고 흙을 도와주므로 편협함이 더 강해진다. 팔자의 독성이 더 강해진다는 뜻이다.

지금 생각해봐도 팔자를 보고 건강에 있어 어디 어디를 조심하라고 말을 하였으면 했지, 죽을지 모르니 조심하라는 반 협박성의 말은 안 했을 것이다. 당사자에게 2005년에 아주 조심하라는 말은 한 것 같다.

태세의 흐름으로 볼 때 2006년 丙戌년과 2007년 丁亥년의 불기운이 고비다. 이 고비를 최선을 다해 넘겨야 한다. 그리고 나서 몸의 자생력과 발전한 현대의학의 능력을 믿는 것이 최선의 방책일 것이다.

壬癸 임계

1. 水를 논함

【원문】

天傾西北 亥爲出水之方 地陷東南 辰爲納水之府 逆流到申而
천 경 서 북   해 위 출 수 지 방   지 함 동 남   진 위 납 수 지 부   역 류 도 신 이

作聲 故水不西流 水性潤下 順則有容 順行十二神 順也 主有度
작 성   고 수 불 서 류   수 성 윤 하   순 즉 유 용   순 행 십 이 신   순 야   주 유 도

量 有吉神扶助 乃貴格 逆則有聲 逆行十二神 逆也 入格者 主
량   유 길 신 부 조   내 귀 격   역 즉 유 성   역 행 십 이 신   역 야   입 격 자   주

淸貴 有聲譽 忌刑沖 則橫流 愛自死自絶 則吉
청 귀   유 성 예   기 형 충   즉 횡 류   애 자 사 자 절   즉 길

【해설】 하늘이 서북으로 기울어져 亥水의 자리가 물이 나오는
방향이고, 땅은 동남으로 내려앉아 辰土의 자리가 물을 받아들이는 곳이
된다. 물이 거꾸로 흘러 申金에 이르면 기운이 강해지므로 물이 酉궁으
로 흐르지 못한다. 水의 성질은 사물을 윤택하게 하고 아래로 흐른다. 물
기운에 순종하면 용납함이 있다. 12지지를 申궁에서부터 서→북→동→

남의 순서로 바로 가는 것은 순행하므로 도량이 있는 명이며, 길신이 도와주는 경우 귀격이다. 12지지를 申궁에서부터 서→남→동→북으로 거꾸로 가는 것은 거스르는 것이다. 그러나 격을 이루면 맑고 귀하며 명성과 명예가 있다. 또한 水는 형충(刑沖)을 싫어하여 형충이 되면 옆으로 흐른다. 이 경우 사지(死地)나 절지(絶地)에 있으면 좋고 길하다.

【원문】

水不絶源 仗金生而流遠 水流泛濫 賴土剋以堤防 水火均 則合
수불절원 장금생이류원 수류범람 뇌토극이제방 수화균 즉합

旣濟之美 水土混 則有濁源之凶 四時皆忌火多 則水受渴 忌見
기제지미 수토혼 즉유탁원지흉 사시개기화다 즉수수갈 기견

土重 則水不流 忌見金死 金死則水困 忌見木旺 木旺則水死 沈
토중 즉수불류 기견금사 금사즉수곤 기견목왕 목왕즉수사 침

芝云 水命動搖 多主濁濫 女人尤忌之 口訣云 陽水身弱 窮 陰
지운 수명동요 다주탁람 여인우기지 구결운 양수신약 궁 음

水身弱 主貴
수신약 주귀

【해설】　　　水가 근원이 없는 자리에 있으면 金의 도움으로 멀리 흐르는 원원장류(遠遠長流)의 형세다. 水가 범람하는 자리에 있는 경우에는 土 제방이 필요하다. 丙火를 써서 서로 균형이 맞으면 水火가 조화로워 수화기제(水火旣濟)의 아름다움이 있다. 그러나 水土가 섞여 혼란스러우면 탁해져서 흉하다. 특히 己土와 혼잡되는 것을 꺼린다. 水는 어느 계절이든 火가 너무 많은 것을 꺼리는데, 이는 불로 인해 물이 고갈되기 때문이다. 水가 土가 많은 것을 싫어하는 것은 흐름이 막히기 때문이다. 또한 水는 金이 사지(死地)에 있는 것을 꺼리는데, 이는 金이 무력하

720

窮通寶鑑

면 水가 곤란해지기 때문이다. 水가 木이 왕성한 것을 꺼리는 것은 木의 왕지(旺地)가 水의 사지(死地)이기 때문이다.

『침지(沈芝)』에서 이르기를 "水는 동요하는 성질이 있으므로 너무 많은 명, 즉 탁하고 범람하며 특히 여자의 명이 이러면 더욱 꺼린다." 하였다. 또한『구결(口訣)』에서는 "양수(陽水)가 신약하면 궁핍하고, 음수(陰水)가 신약하면 귀하다." 하였다.

2. 水를 계절별로 논함

1 춘수(春水)

【원문】

生於春月 性濫熘淫 再逢水助 必有崩堤之勢 若加土盛 則無泛
생 어 춘 월　성 람 도 음　재 봉 수 조　필 유 봉 제 지 세　약 가 토 성　즉 무 범

漲之憂 喜金生扶 不宜金盛 欲火旣濟 不要火多 見木而可施功
창 지 우　희 금 생 부　불 의 금 성　욕 화 기 제　불 요 화 다　견 목 이 가 시 공

無土仍愁散漫
무 토 잉 수 산 만

【해설】　　　水가 봄에 태어나면 성질이 방탕하다. 또다시 水의 도움이 있으면 水가 제방을 무너뜨리는 세력을 갖게 되는데, 만일 土가 왕성하면 水가 넘칠 걱정이 없다. 金이 봄의 약한 水를 돕는 것은 좋으나, 金이 너무 왕성하면 木을 상하게 하여 꺼린다. 수화기제(水火旣濟)를 위해 火가 필요하지만 너무 많은 것은 좋지 않다. 水가 木을 보면 베풀 수 있고, 土가 없으면 水가 산만해진다.

② 하수(夏水)

【원문】

夏月之水 執性歸源 時當涸際 欲得比肩 喜金生而助體 忌火旺
하월지수 집성귀원 시당학제 욕득비견 희금생이조체 기화왕

而焙乾 木盛則盜其氣 土旺則制其流
이배건 목성즉도기기 토왕즉제기류

【해설】

여름 물은 근원으로 돌아가려는 성질이 있다. 여름은 물이 고갈되는 계절이므로 水비견을 얻고 金이 생해주어야 한다. 여름의 水는 火가 왕성해서 건조해지는 것을 꺼린다. 또한 木이 왕성하면 여름 물이 도둑을 맞듯이 기운이 설기되고, 土가 왕성하면 水의 흐름이 막힌다.

③ 추수(秋水)

【원문】

秋月之水 母旺子相 表裏晶瑩 得金助則淸澄 逢土旺而混濁 火
추월지수 모왕자상 표리정형 득금조즉청징 봉토왕이혼탁 화

多而財盛 木重而子榮 重重見水 增其泛濫之憂 疊疊逢土 始得
다이재성 목중이자영 중중견수 증기범람지우 첩첩봉토 시득

淸平之意
청평지의

【해설】　　　　가을 水는 水를 돕는 金기운도 왕성하고 水기운도 강해서 겉과 속이 빛나는 것과 같다. 가을 水가 金의 도움을 받으면 맑아지고, 왕성한 土를 얻으면 혼탁해지며,[주] 火재성이 많으면 재물이 많다. 木식상이 많으면 자식에게 영화가 있다. 그러나 가을 水가 또 水를 보면 넘칠 우려가 있고, 土관살이 많으면 높이 되지 못한다.

[주] 戊土는 水를 조절하는 제방이고, 己土는 水를 혼탁하게 만든다.

④ 동수(冬水)

【원문】

冬月之水 司令當權 遇火 則增暖除寒 見土 則形藏歸化 金多
동 월 지 수　사 령 당 권　우 화　즉 증 난 제 한　견 토　즉 형 장 귀 화　금 다

反曰無義 木盛 是謂有情 土太過 勢成涸轍 水泛濫 喜土堤防
반 왈 무 의　목 성　시 위 유 정　토 태 과　세 성 학 철　수 범 람　희 토 제 방

【해설】　　　　겨울 水는 계절에서도 水가 강해진다. 火를 만나면 따뜻해져서 차가움이 없어지고, 土를 보면 형태를 유지하고 화합하지만, 金이 많으면 반대로 의리가 없다. 木이 왕성하면 정이 있고, 土가 지나치게 많으면 水가 말라버린다. 水가 범람하는 경우에는 土가 막아주는 것을 좋아한다.

3. 壬水의 월별 용신

① 인월임수(寅月壬水)

> **주용신** 庚 **보조용신** 丙戊
>
> 병지(病地)의 달에 있어 기운이 약하므로 庚金편인으로 물의 근원을 삼는다.
> 丙火편재로 조후하고, 戊土칠살로 물이 범람하지 않게 한다.

【원문】

正月壬水 汪洋之象 能幷百川之流 然水性柔弱 宜用庚金之源
정월임수 왕양지상 능병백천지류 연수성유약 의용경금지원

庶不致汪洋無度 有庚丙戊三者齊透 科甲功名 或庚戊藏支 丙
서불치왕양무도 유경병무삼자제투 과갑공명 혹경무장지 병

坐寅支者 亦有恩誥 卽一庚透 貢監有之
좌인지자 역유은고 즉일경투 공감유지

【해설】　　　壬水는 넓은 바다와 같아 많은 냇물을 받아들이지만,
인월임수는 병지(病地)의 달로 물 기운이 약하므로 庚金편인을 물의 근
원으로 삼는다. 다음에 바다와 같은 물기운이 지나쳐서 넘치지 않게 해
야 한다. 庚金으로 수원(水源)을 삼고 丙火로 조후하며 戊土는 물이 넘
치지 않게 하므로, 이들이 투출하면 공명을 얻는다. 또한 庚金과 戊土가
지장간에 있고, 丙火는 지장간이 甲丙戊인 지지 寅木 위에 있어서 생을
받으면 벼슬을 한다. 여기에 庚金이 투출하면 재물로 벼슬을 얻는다.

【원문】

凡壬日無比肩羊刃者 不必用戊 專用庚金 以丙爲佐

범 임 일 무 비 견 양 인 자　불 필 용 무　전 용 경 금　이 병 위 좌

【해설】　　　　대개의 경우 인월임수에 비견이나 양인이 없으면 戊土 칠살로 제극할 필요가 없으며, 오직 庚金으로 수원을 삼고 丙火편재가 조후하여 보좌한다.

【원문】

或見比劫 又有庚辛 此弱極復旺 又宜制伏 戊透 可云科甲 戊

혹 견 비 겁　우 유 경 신　차 약 극 복 왕　우 의 제 복　무 투　가 운 과 갑　무

藏 則是秀才 然必丙透不合 爲妙

장　즉 시 수 재　연 필 병 투 불 합　위 묘

【해설】　　　　만약 인월임수에 水비겁과 庚申인수가 있으면 寅월의 약한 壬水가 왕성해지므로 제극하는 것이 좋다. 제극하는 戊土칠살이 투출하면 과거 급제하고, 戊土가 장간에만 있으면 수재(秀才)일 뿐이다. 丙火가 투출한 경우 병신합수(丙辛合水)가 되지 않아야 쓰임이 있어 묘하다.

【원문】

或支見多戊 又有甲出干 名一將當關 羣邪自伏 主光明磊落 名

혹 지 견 다 무　우 유 갑 출 간　명 일 장 당 관　군 사 자 복　주 광 명 뢰 락　명

重百僚

중 백 료

【해설】　　　　만약 인월임수 팔자의 지장간에 戊土칠살이 많은 경우 이를 제극하는 甲木식신이 투출하여야 한다. 이는 관문을 지키는 장수 한 명이 삿된 무리를 항복시키는 것과 같다. 이 경우 광명이 비춰 여러 관료들 중에서 이름을 날린다.

【원문】

或支成火局 惜不逢時 主名利皆虛 文章駭俗
혹 지 성 화 국　석 불 봉 시　주 명 리 개 허　문 장 해 속

【해설】　　　　만약 인월임수에 지지가 火재성국을 이루면 寅월이라 는 때를 잘못 만나서 애석하다. 문장으로 세상을 놀라게 하지만 명예와 재물이 헛되다.

【원문】

用庚者 土妻金子 用丙者 木妻火子 用戊者 火妻土子
용 경 자　토 처 금 자　용 병 자　목 처 화 자　용 무 자　화 처 토 자

【해설】　　　　인월임수에 庚金을 용신으로 하는 경우 土가 처이고 金이 자식이며, 丙火를 용신으로 하는 경우는 木이 처이고 火가 자식이 며, 戊土를 용신으로 하는 경우는 火가 처이고 土가 자식이다.

【원문】

惜戊不出干 富而不貴
석 무 불 출 간　부 이 불 귀

시	일	월	연(乾命)
庚	壬	丙	己
子	辰	寅	巳

己	庚	辛	壬	癸	甲	乙
未	申	酉	戌	亥	子	丑

【해설】　　　　지지가 申子辰 水비겁국이고 庚金이 투출하여 신왕하
다. 강한 水를 막을 戊土칠살이 투출하지 않은 것이 애석하다. 戊土 대
신에 水를 흐리는 己土가 투출하여 귀하지 않지만, 장생(長生)의 자리에
있는 丙火편재가 투출하여 재물은 많았다.

인월임수 해설

시	일	월	연(乾命)
甲	壬	戊	庚
辰	子	寅	申

乙	甲	癸	壬	辛	庚	己
酉	申	未	午	巳	辰	卯

　　壬水일간이 앉은 자리가 왕지(旺地)이고, 지지가 申子辰 水비겁국을
이뤄 왕성하다. 인월임수는 설기되는 달을 만나 庚金으로 수원(水源)을
만드는 것이 가장 시급한데, 이렇게 왕성한 경우에는 戊土칠살로 水가

넘치는 것을 막는다. 또한 寅 중 丙火를 써서 金이 水를 생조하는 것을 막고, 조후역할을 하게 한다. 그러므로 戊土는 용신, 丙火는 희신이다.

월간에 戊土칠살이 투출하고, 운이 중년까지 火土 희용신으로 흘러서 좋다. 壬午운에는 구신인 庚金을 제어하여 장원급제하고 현령(縣令)이 되었다. 甲申운은 신왕한 사주를 더욱 왕성하게 하여 사망하였다.[사주 출처『사주첩경(四柱捷徑)』]

이 사주를 가신난진(假神亂眞)의 개념으로 설명할 수도 있다. 가신난 진은 월령의 힘을 받는 진신(眞神)을 월령의 도움이 없는 가신(假神)들이 어지럽히는 상황이다. 이 사주에서 진신은 寅월에서 투출한 시간 甲木이고, 가신은 戊土와 庚金이다. 戊土는 寅월의 극을 받고, 庚金은 寅월이 절지(絶地)이기 때문에 가신이 분명하다. 戊土는 寅 중 戊土에 뿌리를 둔 상태로 연간 庚金을 생하면서 시간 甲木을 극하고 있고, 연지 申金은 월령 寅木을 극하고 있어 바로 가신난진의 상태다. 즉, 庚金이 병이 되는 상황이다.

이 개념에 의하면, 申金대운에 사망한 이유는 진신의 근거인 월령을 寅申충하고, 가신인 庚金을 부추겼기 때문이다.

시	일	월	연 (坤命)
甲	壬	庚	丙
辰	戌	寅	午

癸	甲	乙	丙	丁	戊	己
未	申	酉	戌	亥	子	丑

여명으로 1999년(丁亥운, 己卯년)부터 바람이 나서, 2003년(丁亥운, 癸未년) 별거에 들어갔다. 2007년 현재 남편이 생활능력이 없어 바람이 난 부인이 벌어다 주는 돈으로 자식과 함께 생활하고 있다. 부인은 일주일에 한 번씩 자식을 만나고 있다. 팔자에서 그 원인을 살펴보자.

① 庚金인수는 수원(水源)의 능력이 떨어진다. 지지 寅午戌재성의 자리 위에 있고, 투출한 丙火와 화금상전(火金相戰)이 되기 때문이다. 또한 庚金편인성이 식신궁에 자리하여 파성(破星)이 되어 인수로서의 역할을 못 한다. 이는 몸체인 재성이 정신인 인수를 이긴다는 것을 의미한다.

② 일간을 중심으로 친밀한 월간과 시간, 일지의 역삼각형 중 조왕(助旺)한 것은 시간인 甲木식신뿐이다. 이는 식신의 심리적 특성이 잘 나타난다는 것을 뜻한다. 즉, 주기 좋아하는 헤픈 성격과 함께 질서를 파괴하는 성향이 있다.

③ 지지 午寅戌辰에는 모두 戊己관살이 숨어 있어 관살혼잡(官殺混雜)이 되고, 일간은 신약하다. 이는 남편에 대한 집중력이 떨어짐을 뜻한다. 이와 같은 것들이 명주가 탁한 생활을 하게 되는 사주 성분들이다.

2 묘월임수(卯月壬水)

주용신 戊 　**보조용신** 辛庚

찬 기운과 더운 기운이 섞여 있는 달이다. 먼저 戊土칠살로 제방을 삼고, 辛金정인으로 물의 원천을 삼으며, 庚金편인을 사용하여 木식상의 기운을 조절한다.

二月壬水 寒氣初除 有幷流之象 不用丙暖 專取戊土辛金 二月
이월임수 한기초제 유병류지상 불용병난 전취무토신금 이월

壬水 先戊後辛 庚金次之
임수 선무후신 경금차지

【해설】　　　묘월임수는 寅월에 비해 찬 기운이 조금 없어져서 찬
기운과 더운 기운이 합쳐져 있는 달이다. 丙火편재를 사용하여 따뜻하
게 하지 않고 먼저 戊土칠살로 제방을 삼으며, 다음에 辛金정인을 사용
하여 수원(水源)으로 삼고, 그 다음에 庚金편인을 사용하여 卯월의 木기
운을 조절한다.

【원문】

戊辛兩透 雁塔題名 戊透辛藏 亦有恩誥 或戊辛不透 有庚出干
무신량투 안탑제명 무투신장 역유은고 혹무신불투 유경출간

者 主富 或支成木局 有庚透者 金榜題名 庚在水者 異途之仕
자 주부 혹지성목국 유경투자 금방제명 경재수자 이도지사

【해설】　　　묘월임수에 戊土칠살과 辛金정인이 모두 투출하면 관
인상생(官印相生)이 되어 공명을 이루고 안탑(雁塔)에 이름을 올린다.
戊土가 투출하고 辛金은 장간에 있어도 역시 왕의 부름이 있다. 만약 戊
土와 辛金이 투출하지 않고 庚金편인만 천간에 투출하면 壬水가 근원이
있어 木상관을 쓸 수 있으므로 부유하다. 지지 木식상국에 庚金이 투출
하면 상관패인(傷官佩印)이 되어 과거에 합격한다. 庚金이 水 위에 있으
면 다른 방법으로 뜻을 이루는 선비다.

【원문】

或木出火多 名木盛火炎 須比肩羊刃 尤宜水透 富貴恩榮 乏水
혹목출화다 명목성화염 수비견양인 우의수투 부귀은영 핍수

者則否
자즉부

【해설】 만약 묘월임수에 木식상이 투출하고 火재성이 많으면
木은 왕성하고 火는 기세가 있다. 그러므로 비견과 양인이 있어야 한다.
水비겁이 투출해야 부귀영화가 있고, 水가 부족하면 그렇지 않다.

【원문】

或比肩重重 又須戊土 書曰 土止流水福壽全 若戊不見 名水泛
혹비견중중 우수무토 서왈 토지류수복수전 약무불견 명수범

木浮 一生辛苦 再行水運 落水身亡
목부 일생신고 재행수운 낙수신망

【해설】 만약 묘월임수에 비견이 강하면 이를 막는 戊土칠살이
있어야 한다. 이르기를 土가 水의 흐름을 막아야 복과 수명이 온전하다
하였다. 만일 戊土가 없으면 물이 넘쳐서 나무가 물에 뜨는 형상으로 평
생 고통스럽다. 여기에 운도 水로 흐르면 물에 빠져 죽는다.

【원문】

或甲乙重重無比肩者 此依人度日 全無作爲 若見庚辛 飢寒可免
혹갑을중중무비견자 차의인도일 전무작위 약견경신 기한가면

【해설】 만약 묘월임수에 甲乙식상이 강하고 水비견이 없으면 다른 사람과 햇빛에 의지하는 형상으로 되는 것이 전혀 없다. 庚辛인수를 보면 배고픔과 추위는 면할 수 있다.

묘월임수 해설

시	일	월	연 (乾命)
甲	壬	丁	己
辰	午	卯	卯

庚	辛	壬	癸	甲	乙	丙
申	酉	戌	亥	子	丑	寅

卯월 목왕절(木旺節)에 정임합목(丁壬合木)이 되고, 시간에 甲木이 투출하여 진화(眞化)한다. 화기(化氣)인 木은 午火를 생하고, 午火는 己土를 생하여 수기유행(秀氣流行. 빼어난 기운이 흘러 다님)하는 사주로 귀하다. 그런데 卯월 壬水가 지지에 寅卯辰 木식상국을 깔고 있어 설기가 심하다. 신약에는 인비(印比)를 용신으로 하는 것이 원칙이므로 마땅히 金水를 써야 할 사주로 보인다. 그러나 용신의 주임무가 팔자의 병인 기신을 다스리는 데 있다는 것을 고려하면 다른 용신을 써야 한다. 이 사주의 병인 신약의 근본 원인이 木식상에 있으므로, 이를 다스리는 입장에서 생각해본다. 木식상을 다스리는 방법은 다음과 같다.

① 金인수로 금극목(金剋木)하는 방법을 생각할 수 있다. 사주가 약하므로 금생수(金生水)하여 일주를 돕고, 한편으로는 금극목(金剋木)하여 기신을 공격하므로 용신으로 적당하다. 그러나 팔자에 金이 없고 운

窮
通
寶
鑑

에서도 말년에 들어와 용신으로 부적당하다.

② 火재성으로 木을 설기할 수 있다. 설기는 극보다는 순리적이면서 효
과적일 때가 많고, 위 사주의 경우는 월간 丁火가 午에 뿌리가 있으면
서 월령 卯의 힘을 받으므로 용신으로 삼을 만하다.

③ 화지진가(化之眞假)라 하여 합신(合神)이 화신(化神)으로 되는 것에
도 가화(假化)와 진화(眞化)가 있으므로 사주를 볼 때 이를 분별하여
보라 하였다. 이 사주는 진화에 해당된다. 진화하여 木이 강해졌으므
로 이를 설기하는 火를 용신으로 삼는다고 볼 때도 이 사주는 丁火가
용신이다.

일찍 등과(登科)하여 벼슬에 올랐지만, 亥子대운에 水가 왕성해져서
팔자의 기신을 생조하여 크게 발전하기 힘들었다.

[사주 출처 『적천수(適天髓)』]

시	일	월	연 (坤命)
壬	壬	乙	戊
寅	辰	卯	戌

戊	己	庚	辛	壬	癸	甲
申	酉	戌	亥	子	丑	寅

묘월임수가 비견은 없고 甲乙식상이 많으면 다른 사람과 햇빛에 의지
하는 형상으로 되는 것이 전혀 없다고 하였다. 위 사주를 보면 지지 寅卯
辰 木식상국에 乙木이 투출하여 식상이 왕성하다.

시간에 壬水비견이 있으나 자리가 병궁(病宮)이고 월령이 사궁(死
宮)이라 일간에 도움이 안 된다. 더욱이 연주 戊戌은 金인수가 없어서

약한 일간을 치는 역할만 한다. 그러므로 이 사주의 용신은 金인수가 된다.

비록 운의 흐름이 金水로 흘러 아름답지만, 팔자 자체가 깨져 있어 운을 받아먹지 못한다. 2005년(庚戌운, 乙酉년)에 몇 개월 동안 하던 분식집을 처분한 후 뚜렷한 직업이 없이 혼자 살고 있는 여성이다.

이 여성이 50세가 다 되도록 결혼을 못 한 이유는 ① 식상과다이고, ② 신약에 관살혼잡이며, ③ 壬辰일이 괴강(魁罡)이고, ④ 남편궁에 卯木이 앉아 파궁(破宮)이며, ⑤ 남편성인 연주 戊戌로 진입할 때 辰巳 공망으로 자공망(自空亡)이 되기 때문이다.

③ 진월임수(辰月壬水)

> 주용신 **甲** 보조용신 **庚**
>
> 戊土인 산이 바다의 기운을 막을까 두렵다. 甲木식신을 사용하여 왕성한 土를 헤치고, 庚金편인으로 물의 원천을 삼는다.

【원문】

三月壬水 戊土司權 恐有推山塞海之患 先用甲疏季土 次取庚金
삼 월 임 수　무 토 사 권　공 유 추 산 색 해 지 환　 선 용 갑 소 계 토　차 취 경 금

【해설】　　진월임수는 戊土가 사령한다. 戊土 산이 壬水 바다를 막을까 두렵다. 먼저 甲木식신을 사용하여 왕성한 土를 헤치고, 다음에 庚金편인을 수원(水源)으로 삼는다.

【원문】

甲庚俱透 科甲定然 甲透庚藏 修齊品格 甲藏有根 可云俊秀 有
갑 경 구 투 과 갑 정 연 갑 투 경 장 수 제 품 격 갑 장 유 근 가 운 준 수 유

癸滋甲 必主干城 獨甲藏支 必富 獨庚在柱 常人 無甲 剛暴之
계 자 갑 필 주 간 성 독 갑 장 지 필 부 독 경 재 주 상 인 무 갑 강 폭 지

徒 乏庚 愚頑之輩
도 핍 경 우 완 지 배

【해설】　　　　진월임수에 甲木식신과 庚金편인이 투출하여 서로 해
치지 않으면 공명을 이룬다. 甲木이 투출하고 庚金이 지장간에 있는 경
우는 품격이 있다. 甲木이 지장간에 있고 뿌리가 있으면 탁월하고, 癸水
가 있어 甲木을 도우면 국가의 인재가 된다. 甲木이 홀로 지장간에 있는
경우는 부유하고, 庚金이 홀로 팔자에 있으면 평범하다.

　甲木식신이 없으면 관살에 대한 제극이 부족하여 강하고 거친 사람이
고, 庚金의 기운이 부족하면 壬水의 설기가 지나쳐서 미련하고 고집이
센 사람이다.

【원문】

或時干透丁者 此爲化合 助火而不助水 見丁未一理
혹 시 간 투 정 자 차 위 화 합 조 화 이 불 조 수 견 정 미 일 리

【해설】　　　　만약 시간에 丁火정재가 투출하면 정임합목(丁壬合木)
이 되어 목생화(木生火)하여 火를 돕지 水를 돕지 않는다. 시간에 丁未
가 있는 경우도 같다.

735

3
십간의 월별 주용신과 보조용신

【원문】

或支成四庫 乏甲者 名殺重身輕 終身有損
혹지성사고 핍갑자 명살중신경 종신유손

【해설】　　　만약 지지에 辰戌丑未 사고(四庫)가 있고 이를 소토(疏土)할 甲木식신이 부족한 경우, 칠살은 강하고 일간은 약하여 살중신경(殺重身輕)이 된다. 평생 손해가 따른다.

【원문】

凡水旺多見庚金者 乃無用之人 須丙制之方妙
범수왕다견경금자 내무용지인 수병제지방묘

【해설】　　　진월임수는 庚金으로 수원(水源)을 삼는 것이 원칙이지만, 壬水일간이 왕성하고 庚金이 너무 많으면 쓸 데가 없다. 이 때는 丙火로 庚金을 조절해야 묘하다.

【원문】

食神制殺格 提督
식신제살격 제독

시	일	월	연 (乾命)
甲	壬	甲	壬
辰	辰	辰	申

辛	庚	己	戊	丁	丙	乙
亥	戌	酉	申	未	午	巳

【해설】　　　　申 중 壬水가 일간을 돕고, 지지에 土관살이 강하지만 투출한 甲木식신이 소토하여 식신제살격(食神制殺格)이다. 火운은 壬水를 따뜻하게 하고, 金운에는 관인상생(官印相生)을 이루어 제독(提督)을 하였다.

진월임수 해설

시　일　월　연 (乾命)

辛　壬　庚　乙

亥　寅　辰　未

癸　甲　乙　丙　丁　戊　己

酉　戌　亥　子　丑　寅　卯

위 사주에 대해 乙未는 사중금(沙中金), 庚辰은 백랍금(白蠟金), 壬寅은 금박금(金箔金), 辛亥는 차천금(釵釧金)으로 납음오행이 모두 金으로만 이루어진 일기위근(一氣爲根)^{주1)}의 사주이므로 귀하다고 설명한다. 과연 일기위근의 영향만으로 귀하게 되었는지 살펴본다.

일기위근으로 귀하다고 설명할 때는, 위 사주가 신왕사주이고 대운이 기구신인 水木인비운으로 흐름에도 불구하고 귀함을 이루었다고 설명한다.

과연, 신왕사주일까? 월간에 庚金, 시간에 辛金이 있고, 시지 亥水는 일간의 건록(建祿)이므로 신왕사주로 볼 수도 있다. 그러나 辰월에 戊土가 사령하고, 일지와 시지가 寅亥합이 되며 월일에 卯가 공협(控夾)되어 木기운이 강하고, 월간의 庚金이 乙庚합으로 묶인 점 등을 참조하면 신

왕으로 보기 어렵다. 그러므로 왕약을 분별하기 어려운 중화된 사주로
보는 것이 맞다.

위 사주가 귀한 이유는 辰월의 약한 壬水가 庚辛金에게 수원(水源)이
되고, 팔자의 木이 강한 土를 적절히 제어하기 때문이다. 즉, 일기위근뿐
만 아니라 배득중화(配得中和)를 이루었기 때문에 위 사주가 귀한 것이
다.[사주 출처『사주첩경(四柱捷徑)』]

시	일	월	연 (乾命)
甲	壬	庚	乙
辰	戌	辰	未

癸	甲	乙	丙	丁	戊	己
酉	戌	亥	子	丑	寅	卯

진월임수는 戊土가 사령하여 壬水가 약해지기 쉬우므로 우선 甲木을
써서 戊土를 소토(疏土)하며, 庚金을 사용하여 水를 돕는 것이 원칙이
다. 따라서 팔자에 甲木과 庚金이 투출하고, 甲庚이 서로 인접하여 충 등
이 이루어지지 않으면 상격이라고 본다.

그러나 위 사주는 사고(四庫)인 辰戌丑未를 깔고 있어 관살이 중하고,
결과적으로 壬水는 약해져서 살중신경(殺重身輕)[주2]의 팔자이다. 용신으
로 쓸 수 있는 甲木식신은 오히려 살중신경 상태의 일간이 더욱 약해지
게 부추기고, 결정적으로 역할을 해야 할 월간 庚金은 일간 壬水를 생하
기보다 연간 乙木과 합하는 데 마음이 있어 파격이 되었다. 명주는 재물
과는 전혀 인연이 없었다.[사주 출처『적천수(適天髓)』]

㈜ 1) 일기위근은 천간이 모두 같은 천원일기격(天元一氣格)으로 지지가 같은 지진일기
　격(支辰一氣格)과는 구분이 된다. 사주팔자에서 하나의 기운이 강한 경우로 매우
　귀하게 보며, 다음과 같은 경우에 이루어진다.
　① 오행 중 하나의 기운이 강한 경우. 예를 들어, 甲乙일생이 지지에 寅卯辰이 있는
　　경우
　② 천간이 합을 하고 지지에 동일한 오행이 있는 경우. 예를 들어, 甲乙일생이 천간
　　에 丁壬이 있고 지지에 亥卯未가 있는 경우
　③ 사주의 납음오행이 모두 같은 경우
　2) 살중신경은 살이 강하고 일간이 약한 경우로, 일간과 살이 강한 신살양정(身殺兩
　停)과 비교되는 개념이다. 살중신경의 상태에서 재성이 다시 살을 생하는 경우 처
　의 덕이 없으며, 대개 관살혼잡과 관계가 있어서 팔자 구조에서 조절이 안 되는 경
　우 삶이 고단하고 파란이 많다.

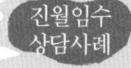

진월임수
상담사례

팔자의 각인과 사람의 선택

　본격적으로 사주팔자를 배우면서 제일 처음 접한 말이 ‘각인효과(刻印效果)’ 라는
말이다. 태어나면서 하늘의 기운, 땅의 기운이 도장을 파듯 사람들에게 사주팔자의 형
태로 새겨진다는 것이다. 이렇게 각인된 기운의 영향을 한평생 가지고 살아가는 것을
‘팔자의 각인효과’ 라고 한다. 다른 말로 ‘초품효과(初稟效果)’ 라고도 한다.

　그리고 사주팔자를 본다는 것은 태어난 연월일시가 그 사람에게 어떤 기운을 새겨
넣었는지를 보는 것이다. 엄동설한의 가녀린 나무에게는 한겨울 찬 기운이 각인되며,
그러면 팔자의 주인공은 평생에 걸쳐 불기운이 치료약이 된다. 이것이 운명을 보는 기
본 방법이다.

　혈기 왕성한 젊은 시절에 이 논리를 접하였을 때는 네 주제를 알고 생긴 대로 살아가
라는 말 같아서 쉽게 받아들이기 어려웠다. 개천의 미꾸라지는 용이 될 수 없다는 숙명

론적인 냄새가 나서 아주 싫어하는 말이었다. 그러나 요즘은 예전에 가졌던 생각들이 많이 퇴색이 되었다. 미꾸라지는 미꾸라지로, 용은 용으로 살아갈 수밖에 없다는 생각이 드는 것이다. 미꾸라지에서 용으로 바뀐 사람을 거의 찾아볼 수 없고, 결국 사람들의 인생살이가 천기와 지기의 각인에서 자유로울 수 없다는 것을 수차 확인하면서 생긴 생각이다.

그런데 이런 생각을 가지고 상담을 마치고 나면 언제나 뒷맛이 씁쓸하다. 각인된 기운을 넘어서지 못하는 팔자 하나를 들여다보자. 팔자의 주인공은 나이 50을 넘긴 부인으로, 오실 때 두세 살 정도 되는 여자아이를 데리고 왔다. 일찍 본 손주이겠거니 생각하고 사주를 뽑아보았다.

시 일 월 연(坤命)
辛 壬 甲 壬
丑 辰 辰 辰

丁 戊 己 庚 辛 壬 癸
酉 戌 亥 子 丑 寅 卯

위 사주의 남편 기운은 어떨까? 사주에서 자신을 나타내는 글자는 壬으로, 자신이 물이고 남편은 흙이다. 사주의 丑辰이 모두 흙이니 사주의 지지 4개가 모두 흙인 셈이다. 일단, 이 사주와 같이 사주에 흙이 많으면 고독하다고 본다. 역학에서는 흙 성분을 화개(華蓋)라는 별명으로 부르고 있다. 화개라는 것은 원래 우산이라는 의미였으나, 보통 상여를 덮는 덮개나 임금의 행차에서 요란한 양산으로 사용된다. 화개에 대해 노신(魯迅)은 그의 시에서 "운이 화개와 만났으니 무엇을 바라는가. 미처 몸을 피하지 못했는데 부딪치고 말았네."라고 아주 나쁘게 설명하고 있다.

이 분의 사주는 흙이 4개여서 매우 고독한 팔자라는 것을 알 수 있다. 오행의 논리로 보면 흙 성분이 남편이니, 그럼 남편이 네 명이라고 보아야 하지 않을까? 명리에서는 이 사주와 같이 남편의 글자와 애인의 글자가 여러 개 뒤섞여 있으면 관살혼잡(官殺混雜) 사주라고 한다. 이 경우 두 가지의 극단적인 현상이 나타난다. 하나는, 남자에 대한 집착이 적어진다. 즉, 남자가 여럿이므로 너밖에 없겠느냐 생각하게 된다. 그래도 이 경우는 남자에 대한 생각은 있으므로 결혼을 하기는 한다. 다른 하나는, 아예 결혼을 하지 않는다. 과유불급(過猶不及)이니 넘치는 것은 모자람만 못한 법이다. 명운에 남편이 여러 명 있다는 것은 아예 없는 것과 같은 것이다.

결론적으로 이 사주는 화개가 강하고 관살혼잡이며, 과유불급의 원칙에 따라 결혼을 하기 힘들다. 아파트 계약 문제로 상담을 청한 이 분과 이런저런 이야기 끝에 부부문제 이야기가 나왔다. 혼자 살 팔자라는 말에 이제는 혼자 사는 생활을 마감하고 결혼할 생각도 조금은 있다고 하였다. 놀이방을 하면서 종교생활을 하는 것에 만족하는데, 나이 60을 바라보는 이 분처럼 각인된 기운대로 자족하면서 사는 것도 그리 나쁘지 않아 보인다.

문제는 자신의 기운을 잘못 판단하여 전혀 엉뚱한 인생을 살기로 작정하는 경우이다. 그리고 주변에서 이를 부채질하는 경우이다. "너는 시집을 늦게 가야 한대. 일찍 가면 이혼할 수 있다고 하더라." 이런 식의 각인을 은근히 딸에게 하는 부모들을 이해할 수 없다. 최면을 걸어 그렇게 되도록 만들려고 하는 것인지, 속된 말로 저주를 하는 것인지 알 수가 없다.

돼지는 배고프다는 조건이 각인되면 꿀꿀거리고, 개는 낑낑댄다. 그러나 사람은 달라서 배가 고플 때의 행동이 제각각이다. 배고프다는 조건은 같지만 선택은 천차만별인 것이다. 이처럼 결혼도 팔자에 이혼할 조건이 있어도 절대 이혼할 수 없는 남성을 선택하면 되는 것이다. 각인과 각인을 바탕으로 한 선택, 이 두 가지가 우리 삶의 모습을 결정하는 게 아닌가 생각해본다.

④ 사월임수(巳月壬水)

주용신 **壬** 보조용신 **辛庚**

丙火가 사령하여 약하다. 壬水비견으로 돕고 辛金정인으로 물의 원천을 삼으며, 庚金편인으로 보좌한다.

【원문】

四月壬水 丙火司權 水弱極矣 專取壬水比肩爲助 次取辛金發
사월임수 병화사권 수약극의 전취임수비견위조 차취신금발

源 且暗合丙火 庚金爲佐
원 차암합병화 경금위좌

【해설】 사월임수는 丙火가 사령하여 壬水일간이 매우 약하므로 壬水비견으로 돕는다. 다음에 辛金정인으로 수원(水源)을 삼으면서 丙火를 丙辛합하여 역할을 못 하게 한다. 그 다음에 庚金편인으로 보좌한다.

【원문】

壬辛兩透 金榜有名 或癸辛兩出 加以甲透 亦主異路之榮 無甲
임신량투 금방유명 혹계신량출 가이갑투 역주이로지영 무갑

者 富貴門下之客
자 부귀문하지객

【해설】 사월임수에 壬水비견과 辛金정인이 투출하면 과거 급제하여 이름을 올리는 공명이 있다. 만약 癸水와 辛金이 투출하고 甲木

도 투출하면 다른 방법으로 벼슬을 한다. 巳월에 있는 장간 戊土와 무계 합화(戊癸合火)하는 것을 막아줄 甲木이 없으면 부건파처(夫健怕妻)^{주)}의 형세로, 부잣집 손님처럼 부귀가 자신의 것이 아니다.

㈜ 부건파처는 일주도 강하고 재성도 강한데 재성이 관살을 도와 재성이 두려워진다는 뜻이다. 여기서 부(夫)는 일주를 뜻한다. 일주가 강해서 처를 핍박하는데, 처인 재성이 자식인 관살과 합세하여 자신을 치는 것이다. 이 경우 운에서 명주를 돕는 운이 오면 크게 발전한다. 부건파처와 달리 일주가 약하고 재성이 강한 경우는 재다신약(財多身弱)이라 한다.

【원문】

如無壬 木少火多者 又作棄命從才格 因妻致富 癸透者殘疾
여 무 임 목 소 화 다 자 우 작 기 명 종 재 격 인 처 치 부 계 투 자 잔 질

【해설】　　　만약 사월임수에 壬水비견이 없고 木식상이 적으며 火재성이 많은 경우는 기명종재격(棄命從財格)이 되어 처로 인해 재물을 얻는다. 癸水겁재가 투출하면 종재격의 파격으로 재다신약(財多身弱)이다. 이 경우 水火의 불균형으로 인해 잔질(殘疾)이 있다.

【원문】

或四柱多金得地 則弱極復强 須用巳中戊土 亦主名利雙全 或
혹 사 주 다 금 득 지 즉 약 극 복 강 수 용 사 중 무 토 역 주 명 리 쌍 전 혹

異途之貴 若見一甲藏寅 與巳相刑^{주)} 主有暗疾 名利皆虛 不能
이 도 지 귀 약 견 일 갑 장 인 여 사 상 형 주 유 암 질 명 리 개 허 불 능

創立
창 립

【해설】　　　　만약 사월임수의 사주에 金인수가 많고 지지의 생조를 얻는 경우 약한 사월임수가 강해진다. 이 경우 巳火 중 戊土를 사용하면 재성이 관살을 돕는 재자약살(財滋弱殺. p.397 참조)이 되어 명예와 재물을 모두 얻거나, 다른 방법으로 귀하게 된다. 장간에 甲木상관이 있는 寅木과 寅巳형이 되는 경우는 반드시 숨은 질병이 있으며, 土관살이 손상되어 명리가 없고 사업을 할 수 없다.

─────────────

㈜ 원문의 여기상형(與己相刑)은 寅巳형을 말하므로 여사상형(與巳相刑)이 맞다.

【원문】

或多甲乙 有庚出干者 貴 無庚者否
혹 다 갑 을　유 경 출 간 자　귀　무 경 자 부

【해설】　　　　만약 사월임수에 甲乙식상이 많아 설기가 심하고, 庚金편인이 투출하여 식상을 제극하면 상관패인(傷官佩印)이 되어 귀하다. 庚金이 없으면 귀하지 않다.

【원문】

或支成水局 大貴
혹 지 성 수 국　대 귀

【해설】　　　　만약 지지에 水비겁국을 이루면 壬水가 강해지고, 巳월에 丙戊재관이 있어 크게 귀하다.

窮
通
寶
鑑

【원문】

三刑合局 制軍
삼 형 합 국 제 군

```
        시   일   월   연 (乾命)
        乙   壬   乙   壬
        巳   午   巳   寅

      壬  辛  庚  己  戊  丁  丙
      子  亥  戌  酉  申  未  午
```

【해설】   火재성이 강하여 종재격(從財格)이다. 丙午와 丁未운
은 火재성운으로 좋고, 戊申과 己酉운은 용신이 화극금(火剋金)으로 대
운을 극하므로 평범한 운이다. 庚戌운은 寅午戌 火재성국을 이루어 제
군(制軍) 벼슬을 하였다.

【원문】

財旺生官 尚書
재 왕 생 관 상 서

십간의 월별 주용신과 보조용신

<table>
<thead>
<tr><th>시</th><th>일</th><th>월</th><th>연(乾命)</th></tr>
</thead>
<tbody>
<tr><td>乙</td><td>壬</td><td>乙</td><td>壬</td></tr>
<tr><td>巳</td><td>申</td><td>巳</td><td>午</td></tr>
</tbody>
</table>

壬　辛　庚　己　戊　丁　丙
子　亥　戌　酉　申　未　午

【해설】　　　사월임수가 申金의 장생(長生)의 자리에 있고, 왕성한
재성이 巳 중 戊土칠살을 생하여 재왕생관(財旺生官)의 형세다. 운이 희
용신인 金水로 흘러 상서(尙書) 벼슬을 하였다.

【원문】

土木交鋒 孤貧一世
토목교봉 고빈일세

<table>
<thead>
<tr><th>시</th><th>일</th><th>월</th><th>연(乾命)</th></tr>
</thead>
<tbody>
<tr><td>壬</td><td>壬</td><td>癸</td><td>丙</td></tr>
<tr><td>寅</td><td>辰</td><td>巳</td><td>辰</td></tr>
</tbody>
</table>

庚　己　戊　丁　丙　乙　甲
子　亥　戌　酉　申　未　午

【해설】 　　　寅巳형으로 火재성이 깨지고, 丙火재성이 생하는 土관살과 생을 받은 寅木식상이 싸운다. 여기에 일간의 약인 金인수가 없어서 평생 외롭고 가난하였다.

사월임수 해설

```
        시   일   월   연 (乾命)
        丙   壬   丁   癸
        午   午   巳   酉

     庚   辛   壬   癸   甲   乙   丙
     戌   亥   子   丑   寅   卯   辰
```

　　월령 巳火에 丙戊재관이 있고, 일간 주변에 온통 火재성이 있어서 일간이 몹시 허약해 보인다. 기명종재격(棄命從財格)으로 볼 수도 있는 사주이다. 그러나 연간 癸水가 巳酉 금국(金局)의 기운을 받아 일간 壬水를 도우므로 종재격(從財格)이 안 되고 재다신약(財多身弱)에 가까운 구조이다.

　　중년 이후의 대운이 약한 일간을 돕는 水金으로 흐른다. 강한 火가 지장간 戊己관살을 돕는 재왕생관(財旺生官)의 상황을 일간이 감당할 수 있는 운의 흐름이다.

　　명주는 호군사(護軍使) 벼슬을 하였다. 만약 癸水가 투출하고 巳酉합이 안 되면 종재(從財)의 파격(破格)으로, 水火가 부딪쳐서 질병에 시달리고 귀하지 않은 하천한 명이 되었을 것이다.[사주 출처 『자평진전평주(子平眞詮評註)』]

3

십간의 월별 주용신과 보조용신

시	일	월	연(乾命)
甲	壬	丁	癸
辰	戌	巳	丑

庚	辛	壬	癸	甲	乙	丙
戌	亥	子	丑	寅	卯	辰

사월임수의 용신 원칙은 壬水와 辛金을 써서 약한 壬水를 돕는 것이다. 위 사주는 지지가 온통 火土인데 丁火가 투출하여 金水기운이 더욱 절실히 필요하다. 비록 연간 癸水가 투출하였으나 이를 돕는 金인수가 없어 홀로 외롭다. 게다가 투출한 癸水도 丁癸충이 되는 상황이다. 시간인 甲木식신을 이용하여 강한 土관살을 억제해보려 하지만 甲木을 돕는 癸水가 너무 멀리 있고, 시지 편인궁에 위치한 식신성은 파성(破星)이 되어 이 또한 역할을 기대하기 힘들다. 즉, 병은 있으나 약이 없는 팔자이다.

질병에 있어서는 火土가 강하여 水가 핍박을 받으므로 신장, 방광, 비뇨기 계통에 이상이 있기 쉬운 구조이다.

이렇게 파격이 되어버린 사주는 길운이 온다 해도 크게 발복을 기대할 수가 없다. 초년 丙辰운은 火가 강하여 일간의 병이 되는 운이며, 이어지는 乙卯와 甲寅운은 식상운으로 土관살을 제압하는 맛은 있다. 그러나 워낙 팔자에 火가 강하여 이를 기대하기도 어렵다. 또한 설기를 감당할 수 없는 매우 약한 일간에게 결코 좋은 운이라고 볼 수 없다.

1980년(丙辰운, 庚申년)부터 소변에 피가 섞여 나오기 시작하여 1993년(乙卯운, 癸酉년)에 신장이 완전히 망가졌으며, 1997년(乙卯운, 丁丑년)에 다행히 신장이식 수술을 받았다. 2007년 현재까지 면역억제재 등

窮
通
寶
鑑

많은 약을 먹으며 살고 있다. 아버지는 노동하는 사람으로 부모복이 전혀 없다. 투출한 丁火재성이 힘을 받는 甲寅운에 결혼한 부인이 물심양면으로 치료를 돕고, 본인이 아르바이트로 용돈 정도를 벌어 살고 있다.

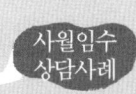

사월임수
상담사례

자식이 용신

처녀 때 만나 지금까지 고운 정 미운 정을 나누고 있는 동네 아줌마가 있다. 처녀 때, 결혼이나 해버리겠다고 하여 상대를 신중하게 고르라고 몇 번이나 당부하였다. 그러나 결국 결혼하여 이혼도장도 찍지 않은 채 남편과 남남으로 살고 있다. 그런데 남편과 살며 낳은 사내아이를 데리고 이 동네에 이사온 지 얼마 안 되어 행동이 이상해지기 시작하였다. 얼굴에 천박하게 화장을 하고 수시로 자식을 맡긴 채 외박을 하는 것이었다. 그리고 남자가 바뀔 때마다 남자와의 궁합을 봐달라고 하였다. 어린이날도 부슬거리는 비를 맞으며 자식을 이웃 할머니에게 맡기고 궁합을 보러 왔다. 새로 만난 사람이 작은 공장의 공장장인데 자신에게 이득이 되는지 봐달라는 것이었다. 궁합을 볼 때마다 묻는 말이다. 팔자의 육친 중 누가 이득이 되는지 살펴본다.

749

시	일	월	연(坤命)
庚	壬	辛	乙
戌	申	巳	巳

戊	丁	丙	乙	甲	癸	壬
子	亥	戌	酉	申	未	午

3

십간의 월별 주용신과 보조용신

사월임수는 월의 지장간 丙火가 사령하여 일간이 약하다. 그러나 팔자 전체적으로 보면 자신을 중심으로 역삼각형으로 배치된 金인수의 기운이 강하다. 게다가 월지와 일지에 뿌리를 둔 辛金이 투출하여 강한 사주로 분류된다. 신왕한 사주이므로 자신의 기운을 더 강하게 하는 부모는 이득이 없다. 다음으로 남편 또는 남자를 살펴보면, 남자의 기운은 지지에 戊土 암관(暗官)이 4개가 숨어 있다. 관살혼잡(官殺混雜)이라도 신왕하면 탁함이 줄어든다. 그러나 숫자로만 보아도 너무 많다.

또한, 남편궁인 월지로 향하면 申酉가 공망으로 자공망(自空亡)이 되어 진입이 불가능하다. 다시 庚戌시주로 향하면 辰巳가 공망으로 남편자리가 비게 된다. 남자를 밝히고 이혼을 하는 것도 이런 팔자 구조로 봐서 전혀 이상한 일이 아니다. 이런 관성이니 일간에게는 이득이 없다.

자식은 이득이 있을까? 사월임수에 일간도 강하고 재성도 강한 경우 甲木이 없으면 부건파처(夫健怕妻)로 남의 집에 빌붙어 살므로 부귀와 거리가 멀다 하였다. 이런 교과서적인 판단을 떠나, 신왕사주의 기운을 부드럽게 빼주면서 관살의 기운을 조절하는 甲식신이 반드시 필요한 사주이다. 그러나 甲木이 없으니 차선으로 역량이 떨어지는 유약한 乙木에게 기대를 걸어보지만, 乙木은 팔자의 병을 치료할 수 없는 형편이다. 옆에서는 辛金이 날카롭게 찔러대고, 만난 월과 앉은 자리가 巳火 병지(病地)라서 역할을 못 한다. 자식은 필요하지만 역할을 못 하는 상황이다.

이와 같이 부모, 남편, 자식이 이득이 전혀 없는 사주이다. 그러나 자식별은 자신이 써야 할 좋은 기운임에 틀림없다. 즉, 자식이 무력하긴 하지만 자신에게 희용신이다. 이럴 때는 무력한 자식에 계속 물을 주어 희용신 역할을 하게 하여야 이득이 생긴다. 그런데 이 분은 남자들에게 눈길을 돌리느라고 자식은 거의 내팽개치듯 키우고 있다. 술에 절어 외박을 밥 먹듯 하면서 말이다.

5 오월임수(午月壬水)

【원문】

五月壬水 丁旺壬弱 取癸爲用 取庚爲佐 無庚不能發水 無癸不
오 월 임 수 정 왕 임 약 취 계 위 용 취 경 위 좌 무 경 불 능 발 수 무 계 불

能傷丁 五月壬水 辛癸亦可參用 其理與四月皆同
능 상 정 오 월 임 수 신 계 역 가 참 용 기 리 여 사 월 개 동

【해설】　　　　오월임수는 사령하는 丁火는 왕성하고 壬水일간은 약하다. 그러므로 우선 癸水겁재를 쓰고 庚金편인으로 보좌한다. 庚金이 없으면 壬水를 도울 수 없고, 癸水가 없으면 사령하는 丁火를 제극할 수 없다. 오월임수는 辛金정인과 癸水겁재 중에서 구조를 참조하여 사용한다. 그 원리는 사월임수(巳月壬水)와 같다.

【원문】

庚癸兩透 科甲必然 庚壬兩透 官居極品 有庚無壬癸者 常人
경 계 량 투 과 갑 필 연 경 임 량 투 관 거 극 품 유 경 무 임 계 자 상 인

【해설】　　　　오월임수에 庚金편인과 癸水겁재가 투출하면 당연히 과거 급제한다. 庚金과 壬水가 투출해도 지위가 매우 높다. 그러나 庚金은 있는데 壬癸비겁이 없으면 평범한 사람이다.

751

3

십간의 월별 주용신과 보조용신

【원문】

或支成火局 全無金水 名才多身弱 富屋貧人 若又甲乙多者 僧
혹지성화국 전무금수 명재다신약 부옥빈인 약우갑을다자 승

道之命
도 지 명

【해설】　　만약 지지 火재성국이고 金水가 전혀 없으면 재다신약
(財多身弱)으로, 부잣집에서 태어났으나 결국은 가난해지는 사람이다.
만약 甲乙식상이 많으면 승도(僧道)이다.

【원문】

庚壬兩透 才旺生官 尚書
경 임 량 투 재 왕 생 관 상 서

시	일	월	연 (乾命)
辛	壬	壬	庚
亥	寅	午	午

己	戊	丁	丙	乙	甲	癸
丑	子	亥	戌	酉	申	未

【해설】　　일간이 寅午戌 화지(火地)에 있으나 시지 亥水가 일간
의 건록(建祿)이고, 수원(水源)인 庚辛이 투출해 약하지 않다. 강한 火재
성이 午火 중 己土를 생하여 재왕생관(財旺生官)이 되고, 申酉戌과 亥子
丑의 金水운으로 흘러 일간이 재관을 감당한다. 상서(尚書)를 지냈다.

【원문】

太守
태 수

시	일	월	연 (乾命)
甲	壬	丙	丁
辰	寅	午	酉

己	庚	辛	壬	癸	甲	乙
亥	子	丑	寅	卯	辰	巳

【해설】 　　　辰土 중 癸水가 있고 연지 酉金이 일간을 돕지만, 지지 寅午戌 火재성국에 丙丁이 투출하여 종세격(從勢格)⁽주⁾이다. 火재성을 돕는 寅卯운에 발전하였고, 辛丑과 庚운에는 용신이 대운을 극하여 평범하였다. 子운에는 종세하는 火를 극하여 사망하였다. 태수(太守)를 지냈다.

㊜ **종세격(從勢格)과 기명종세격(棄命從勢格)**　팔자에 인비의 도움이 없고 일간이 매우 약하거나, 인비가 있어도 일간이 인비의 도움을 받을 수 없는 경우에 이루어진다. 즉, 인비의 도움을 포기하고 식상과 재성과 관살 중 자신에게 유리한 육친으로 종한다. 식재관(食財官) 중 유리한 것을 판별할 수 없는 경우, 가장 강한 오행을 따르거나 통관(通關)하는 재성을 따르는 것이 일반적이다. 이와 같이 하나의 육친이 매우 강한 종격(從格)과 달리 자신에게 유리한 육친을 따르는 것이 종세격이다.

종세격에 대해 『적천수(適天髓)』에서는 "오양종기부종세 오음종세무정의(五陽從氣不從勢 五陰從勢無情義)"라 하였다. 즉, 甲丙戊庚壬 오양(五陽)은 기운의 흐름을 따르지 세력을 따르지 않으며, 乙丁己辛癸 오음은 세력을 따르지만 무정하여 의리를 지키지 않는다는 뜻이다.

753

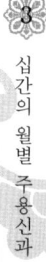

십 간 의 월 별 주 용 신 과 보 조 용 신

시	일	월	연(乾命)
庚	壬	戊	癸
戌	寅	午	丑

庚	辛	壬	癸	甲	乙	丙	丁
戌	亥	子	丑	寅	卯	辰	巳

지지가 寅午戌 火재성국이고, 丑戌의 뿌리가 있는 戊土칠살이 천간에 투출해서 재관이 왕성하므로 오월임수가 매우 약하다. 용신은 癸水이고, 희신은 庚金이다. 그런데 용신은 戊癸火로 기반(羈絆)이 되어 火로 변해 기구신이 되며, 희신은 寅午戌 火 바닥을 깔고 있어서 매우 미약하다.

초년의 丁巳와 丙辰운은 신약에 재관운이라 극히 흉하며, 乙卯운은 金水 희용신이 태궁(胎宮)과 사궁(死宮)에 빠지고 희신 庚金을 합하여 역할을 못 한다. 또한 재관이 흉이 되는 팔자 구조이고 일간을 설기하여 극설교집(剋洩交集)이 되므로 대흉의 운세다.

명주는 이 운에 폐와 신장에 이상이 있어 말을 못 하고 기침을 심하게 하는 증상이 있었으며, 甲戌년 寅월에는 木火가 모두 왕성하여 사망하였다.[사주 출처 『적천수(適天髓)』]

```
시   일   월   연(坤命)
乙   壬   戊   癸
巳   午   午   亥


乙 甲 癸 壬 辛 庚 己
丑 子 亥 戌 酉 申 未
```

위 사주를 보고 복성귀인(福星貴人)의 일주이므로 복록과 명리가 따르는 사주라고 보는 이는 없을 듯싶다. 사주의 전체적인 기운이 지지가 巳午未 火재성국을 이루고, 월간 戊土칠살이 월지에 양인(陽刃)을 두고 있어 火土의 권한이 강한 사주이다. 조열하고 신약한 사주라서 金水를 쓰는 데 의심의 여지가 없다.

오월임수(午月壬水)는 庚金으로 水의 근원을 삼고 癸水를 용신으로 하는데, 水의 근원인 庚金이 없는 경우에는 辛金으로 근원을 대신한다고 하였다. 억부로 보든 조후로 보든 金水를 쓰는 사주이다. 시지 巳火에 庚金이 있으나 바닥에 火가 너무 강해서 역할을 할 수 없으며, 연주에 水가 있으나 연간은 戊癸火로 역할이 묶이고, 연지 亥水는 멀리 巳火와 巳亥충으로 흔들리고 있다. 또한 지지 바닥이 火이므로 金水가 역할을 할 수 없는 사주이다.

이런 상황을 참고하여 명주가 교통사고로 사망한 양력 1986년 6월 21일의 운기 영향을 살펴본다.[사주 출처 『교통사고일진의 명리학적 분석』(논문,박효순)]

시	일	월	연
乙	丙	甲	丙
未	申	午	寅

① 연간 丙火는 사주 연간 癸水를 수화상충(水火相沖)한다.

② 연지 寅木은 인해합목(寅亥合木)으로 연지 亥水를 묶고, 팔자의 구신을 부추기는 역할을 한다.

③ 일지 申金은 시지인 巳火 역마를 巳申형한다. 전체적으로 약한 일간의 병인 火를 더 조장하는 기운이다.

⑥ 미월임수(未月壬水)

> **주용신** 辛 **보조용신** 甲癸
>
> 己土가 사령하여 약하다. 辛金정인으로 壬水의 근원을 삼고 甲木식신으로 土를 제극하며, 癸水겁재로 壬水를 보좌한다.

【원문】

六月壬水 己土當權 丁火退氣 先用辛金癸水 次用甲木劈土 六
육월임수 기토당권 정화퇴기 선용신금계수 차용갑목벽토 육

月壬水 先辛後甲 次取癸水
월임수 선신후갑 차취계수

【해설】　　　　미월임수는 己土가 사령하고 午월의 丁火가 물러가는 달이다. 먼저 辛金정인으로 수원(水源)을 발하게 하고, 甲木식신으로 土관살을 제극한다. 다음에 癸水겁재로 壬水를 돕는다.

【원문】

辛甲兩透 富貴清高 甲藏辛透 貢監生員 辛藏甲透 異途武職 甲
신갑량투　부귀청고　갑장신투　공감생원　신장갑투　이도무직　갑

壬兩透 無傷 有治國之貴 即甲藏壬出無破 是拾芥之才 或支多
임량투　무상　유치국지귀　즉갑장임출무파　시습개지재　혹지다

土火 又只清貧
토화　우지청빈

【해설】　　　　미월임수에 辛金정인과 甲木식신이 투출하면 부귀하고, 甲木은 지장간에 있고 辛金이 투출하면 생원(生員) 정도의 벼슬은 한다. 辛金이 지장간에 있고 甲木이 투출한 경우에는 다른 방법으로 출세하거나 무관(武官)이 된다. 甲木과 壬水가 투출하고 힘이 있는 경우 나라를 다스릴 정도로 귀하다. 또한 甲木이 지장간에 있고, 壬水가 투출하여 파괴되지 않는 경우 중간 정도의 생활은 한다. 만약 지지에 火土재관이 많으면 청빈한 사람이다.

【원문】

或一派己土 此假從殺格 爲人奸詐 且主孤貧 得甲乙出制可救
혹일파기토　차가종살격　위인간사　차주고빈　득갑을출제가구

凡土居生旺之地 須用木制方妙
범토거생왕지지　수용목제방묘

【해설】　　　만약 미월임수가 한 무리의 戊土관살을 보았는데 金水
인비의 도움이 없으면 진종(眞從)이 되고, 한 무리의 己土관살이 있으면
가종살격(假從殺格)이다. 未월은 木의 묘고(墓庫)가 되고 木이 가종하는
土기운을 거스르므로, 이 격에 해당하면 위인이 간사하고 고독하며 가
난하다. 甲乙식상이 나타나서 己土를 제극하면 가종살격이 되지 않는
다. 土가 생왕지(生旺地)에 앉아 기세가 있으면 대개의 경우 木으로 이
를 제극해야 묘하다.

【원문】

或支成木局 洩水太過 當用金水爲貴 以金爲妻 水爲子
혹 지 성 목 국　설 수 태 과　당 용 금 수 위 귀　이 금 위 처　수 위 자

【해설】　　　만약 미월임수에 지지가 木식상국이면 水를 지나치
게 설기한다. 그러므로 金水인비로 설기가 되는 水를 도와야 귀하다. 이
경우 水를 용신으로 하며 金이 처이고 水가 자식이다.

미월임수 해설

시	일	월	연(乾命)
癸	壬	乙	丙
卯	午	未	辰

壬	辛	庚	己	戊	丁	丙
寅	丑	子	亥	戌	酉	申

시간 癸水가 미월임수를 돕고 있다. 그러나 癸水는 사지(死地)에 있고, 도움이 되는 수고(水庫) 辰土는 너무 멀리 있어서 무력하다. 수원(水源)을 발하는 辛金이 없고 일간을 돕는 癸水도 허울뿐이며, 팔자 전체에 극설(剋洩)하는 식상과 재관이 차지하고 있어 태쇠(太衰)의 명조이다. 태쇠인 경우에는 일간을 극상(剋傷)하는 관살을 쓴다. 일반적인 용신법에서처럼 방조(幫助)하는 인수와 비겁을 쓰는 것은 오히려 흉하다.

실제로 丙申과 丁酉운은 지지가 申酉金으로 일간을 생조하여 흉할 것 같지만, 丙丁火가 천간에 있어 개두(蓋頭)하므로 문제없다. 戊戌운은 용신인 관살운으로 넉넉한 생활을 하였다. 己亥운 중 亥水는 일간을 생조하여 흉할 것 같지만 亥卯未가 되어 해결이 되는데, 이 운에 약간의 손해는 있었다. 庚子운에 들어서자 기구신이 한꺼번에 밀려들어 집안이 망하고 본인도 죽었다.[사주 출처 『사주첩경(四柱捷徑)』]

참고로 극왕과 태쇠일 경우의 용신 원칙을 알아보자. 극왕자(極旺者)는 인수와 비겁으로만 이루어진 경우이고, 태왕자(太旺者)는 다른 육친이 있으나 인수와 비겁이 주도하는 경우이다. 또 태쇠자(太衰者)는 다른 육친이 있으나 식상과 재관이 주도하는 경우이고, 극쇠자(極衰者)는 식상과 재관으로만 이루어진 경우이다.

또한 팔자 구조가 인수와 비겁이 매우 강하고, 다른 육친은 앉은 지지에 설기가 되거나 지지가 살지(殺地)인 경우에도 극왕자로 분류된다. 이는 태왕과 태쇠를 구분할 때 일정한 법칙이 없이 팔자 각 글자의 역량을 잘 살펴야 한다는 것을 의미한다. 위와 같은 분류에 따라 용신을 쓰는 방법을 "극왕방조 태왕희설 태쇠극상 극쇠설기(極旺幫助 太旺喜洩 太衰剋傷 極衰洩氣)"라 한다. 이를 순서대로 표시하고 용신법을 요약하면 다음과 같다.

분류	극쇠	태쇠	쇠약	중화	왕성	태왕	극왕
용신법	설기	극상	부축	중화	극설	설기	방조

예를 들어, 木이 태왕한 경우 金으로 제극하지 않고 火로 설기하는 것
이 좋고, 木이 극왕한 경우 火로 설기하지 않고 水로 방조하며, 木이 태
쇠한 경우 水로 방조하지 않고 金으로 극상하며, 木이 극쇠한 경우 土를
쓰지 않고 火로 설기한다는 의미다.

시	일	월	연 (坤命)
辛	壬	癸	乙
丑	申	未	未

庚	己	戊	丁	丙	乙	甲
寅	丑	子	亥	戌	酉	申

관살의 달인 未월생의 壬水는 세력이 약하기 때문에 수원(水源)이 되
는 辛金을 쓰는 것이 급하다. 마침 시간에 辛金이 투출해 있고 일지에 申
金이 있으며, 일간을 방조하는 癸水가 투출하여 약한 팔자가 강해졌다.
바로 약화위강(弱化爲強)이 된 것이다. 이런 상황에 강력하지는 않지만
무리를 이룬 土관살을 제극하는 乙木이 투출하였다. 언뜻 구색이 제대
로 갖춰져서 재물을 쉽게 얻을 수 있는 습개지재(拾芥之財)의 바탕이 있
어 보인다.

남편의 상황은 다음과 같은 이유로 문제가 있다.

① 관살혼잡에 이를 제극하는 乙木의 역량이 부족하다. 乙木이 未土에
   뿌리가 있지만 甲木이 투출한 것보다는 못하다.

② 월과 일 사이에 선전(旋轉)이 되어 남편궁과의 교류가 시원치 않다.
   壬→癸, 申←未로 꽈배기처럼 꼬여 있어 흐름이 엉킨다.

③ 남편궁으로는 일간의 진입이 불가능하다. 癸未월주로 진입하는 경우

에 申酉가 공망이 되는 자공망(自空亡)이 되기 때문이다.

실제로 丁亥대운에 남편과 다툼이 있어 1998년(戊寅년)에 이혼하였다. 해에서 들어오는 戊土관살이 자매인 癸水와 합을 하므로 남편의 바람이 다툼의 원인이었을 것이다. 2001년(辛巳년) 재성운에 빚 대신에 노래방을 인수하였으며, 2003년(癸未년)에 관살의 기운이 들어와 다른 남자와 동거를 시작하였다. 2007년 현재 당사자의 근황을 알 수 없지만, 앞으로의 대운 흐름으로 보아 남자 기운이 끝날 것 같지 않다.

7 신월임수(申月壬水)

주용신 戊   보조용신 丁

월에서 생을 얻어 강한 물이다. 戊土칠살을 제방으로 사용하며, 丁火정재를 사용하여 戊土를 돕고 庚金을 제극한다.

【원문】

七月壬水 庚金司令 壬得申之長生 源流自遠 轉弱爲强 專用戊
칠 월 임 수 경 금 사 령 임 득 신 지 장 생 원 류 자 원 전 약 위 강 전 용 무

土 次取丁火佐戊制庚 但用辰戌之戊 不用申中受病之戊 戊丁
토 차 취 정 화 좌 무 제 경 단 용 진 술 지 무 불 용 신 중 수 병 지 무 무 정

俱透 科甲生員 戊透天干 丁藏午戌 恩封可待 特忌戊癸化合 卽
구 투 과 갑 생 원 무 투 천 간 정 장 오 술 은 봉 가 대 특 기 무 계 화 합 즉

支見寅戌 年出丁火 可許衣衿 或丁戊兩藏 富中取貴
지 견 인 술 연 출 정 화 가 허 의 금 혹 정 무 량 장 부 중 취 귀

【해설】　　　　　신월임수는 庚金이 사령하는 달에 있다. 壬水일간이 월에서 장생(長生)을 얻어 멀리까지 가는 강한 물이 되었다. 戊土칠살을 제방으로 사용하고, 다음에 丁火정재로 戊土를 생하고 庚金편인을 제극한다. 申 중의 약한 戊土는 물기가 있어서 제방 역할을 못 하므로 戊土는 辰戌 중의 戊土를 사용한다. 戊土와 丁火가 투출한 경우 공명을 이루는데, 戊土가 천간에 투출하고 丁火가 담겨 있는 午戌이 온전하면 국가의 녹을 먹는다. 戊癸합을 하면 흉하다. 지지에 寅戌을 보고 연주에 丁火정재가 있으면 의식(衣食) 걱정은 없으며, 丁火와 戊土가 지장간에만 있으면 재물로 명예를 얻는다.

【원문】

或四柱多壬戊又透干 名假殺化權 閬苑之仙 支中見甲 亦不忌
혹사주다임무우투간　명가살화권　랑원지선　지중견갑　역불기

也 但太多者 常人 有庚居申 頗有衣祿
야　단태다자　상인　유경거신　파유의록

【해설】　　　　　만약 신월임수에 壬水와 戊土가 많고 모두 천간에 투출한 경우 가살화권(假殺化權)이 되어 궁궐에서 신선 같은 생활을 한다. 이 경우 지지에 甲木식신이 있어도 申월 중의 庚金이 제극하여 두렵지 않으나, 대부분 평범하다. 庚金편인이 申 위에 있으면 의식과 녹(祿)이 있다.

【원문】

或戊多而透 得一甲制 略貴 無甲常人 或一派甲木 又見火多
혹무다이투　득일갑제　약귀　무갑상인　혹일파갑목　우견화다

無庚出者 別祖離鄉隨緣度日 蓋申中之庚 不能救也
무경출자　별조리향수연도일　개신중지경　불능구야

【해설】 만약 신월임수에 戊土칠살이 많이 투출한 경우 甲木식신이 1개만 있어도 약간은 귀하고, 甲木이 없으면 평범한 사람이다. 甲木이 무리로 있고 火재성이 많은 경우는 설기가 많아서, 庚金편인이 없으면 조상과 고향을 떠나 객지에서 살게 된다. 투출하지 않고 申에 있는 庚金 지장간으로는 대개 기운이 약하여 구제할 수 없다.

【원문】

七月壬水 專用戊土 丁火爲佐
칠 월 임 수　전 용 무 토　정 화 위 좌

【해설】 신월임수는 戊土 위주로 쓰고 丁火로 보조한다.

【원문】

此用戊丙 按院
차 용 무 병　안 원

시	일	월	연 (乾命)
壬	壬	庚	戊
寅	辰	申	寅

丁	丙	乙	甲	癸	壬	辛
卯	寅	丑	子	亥	戌	酉

【해설】 寅 중 丙火가 연간 戊土를 생하여 戊土를 용신으로 한다. 안원(按院) 벼슬을 하였다.

【원문】

此身旺任才 丁戊俱透 尚書
차 신 왕 임 재　정 무 구 투　상 서

시	일	월	연 (乾命)
丙	壬	戊	丁
午	辰	申	亥

辛	壬	癸	甲	乙	丙	丁
丑	寅	卯	辰	巳	午	未

【해설】　　　　신왕한 사주이므로 강한 재성을 감당할 수 있다. 신월 임수에 필요한 丁火와 戊土가 갖춰져서 상서(尙書) 벼슬을 하였다. 가을 물이 근원을 얻었으므로 추수통원(秋水通源)의 상이다. 언뜻 신약해 보이지만, 辰 중 癸水에 뿌리가 있고 申辰이 유취(類聚)하여 신왕한 사주이다. 용신은 조후 원칙상 戊土와 丁火를 쓰는데, 둘 다 천간에 투출하여 모양이 아름답다. 단, 戊土는 월령 申金에 설기가 심하여 약한데, 마침 丁火가 바짝 붙어서 도와주어 이른바 재자약살(財滋弱殺. p.397 참조)이 되므로 용신은 火가 된다.

　운의 흐름은 젊어서 바로 火 용신운이고 木火운으로 흘러 상서(尙書)가 되었다. 이와 같이 申酉월의 壬癸가 왕성한 경우를 추수통원이라 하며, 사주 격국이 혼탁해지지 않는 한 부귀한 사람이 많다.

　그러나 이 사주에 대해 전혀 다른 시각도 있다. 신월임수로 申酉월 壬癸일에 해당하여 추수통원은 되었지만, 천간에 丁丙이 있고 바닥이 午戌 화국(火局)을 이루어 조열하며, 이 기운을 받는 土관성이 너무 강해서 이를 통관시키는 申金이 용신이 되고 水는 희신이 된다고 보는 것이다.

명주는 寅대운에 사망하였는데, 그 이유는 ① 용신을 寅申충하고, ② 용신 申金이 절지(絶地)이며, ③ 丙寅의 丙火가 팔자의 강한 火를 충발(沖發)시키고, ④ 寅午戌 화국(火局)이 되어 팔자의 기신을 왕성하게 하였기 때문이다.

【원문】

此用辰中戊土 依人而富
차 용 진 중 무 토   의 인 이 부

시	일	월	연 (乾命)
辛	壬	庚	癸
亥	辰	申	酉

癸	甲	乙	丙	丁	戊	己
丑	寅	卯	辰	巳	午	未

【해설】　　辰 중 戊土를 써서 부자가 되었다.[주]

_____

[주] 원문 해석이 잘못되었다. 지지 申酉에 庚辛이 투출하여 태왕(太旺)하며, '극왕방조(極旺幇助) 태왕희설(太旺喜洩)'의 원칙에 따라 설기하는 亥 중의 甲木식신을 용신으로 삼는 것이 맞다. 그러므로 辰卯寅운에 부자가 된 것이다.

시　일　월　연 (乾命)

甲　壬　庚　戊

辰　申　申　申

丁　丙　乙　甲　癸　壬　辛

卯　寅　丑　子　亥　戌　酉

　　신월임수에 金인수가 강해서 신왕한 사주이다. 戊土칠살을 용신으로 쓰자니 설기하는 金이 워낙 거세서 힘을 쓸 수 없으며, 이렇게 약한 戊土를 도울 丁火정재가 없는 것이 흠이다. 차선으로 시간의 甲木식신을 용신으로 삼을 수도 있지만 팔자에 金이 강하고 월령을 얻지 못하였다. 즉, 용신으로 삼을 수 있는 글자가 모두 역할을 못 하는 형편이다. 운도 기구신운인 金水로 흐른다. 용신 무력에 운의 흐름이 좋지 않아 60년 동안 공부를 하였지만 가난하였다. 또한 자신의 밑에서 공부한 이는 등과(登科)하였지만 자신은 작은 벼슬도 못 하였다.[사주 출처『적천수(適天髓)』]

시　일　월　연 (乾命)

庚　壬　甲　乙

戌　申　申　酉

丁　戊　己　庚　辛　壬　癸

丑　寅　卯　辰　巳　午　未

지지 申酉戌 金인수국에 庚金이 투출하여 신왕이고 금다수탁(金多水濁)이다. 신월임수는 戊土 위주로 쓰고 丁火로 보조한다고 하지만, 위 사주와 같이 金인수가 강해서 신왕한 경우에는 土관살을 쓰면 오히려 관인상생(官印相生)으로 병이 되므로 쓸 수 없다. 결국 신왕의 원인이 되는 金인수를 다스릴 戌 중 丁火를 용신으로 하고, 월간 甲木을 희신으로 한다. 대운의 흐름은 木火로 흘러 좋아 보인다.

실제, 음력 2003년 1월 18일 저녁 6시경(戊寅운 癸未년 甲寅월 壬寅일 己酉시) 술자리에서 사소한 시비 끝에 같이 일하던 동업자에게 칼로 살해당한 사람이다.

이유를 살펴보면, 가장 먼저 눈에 들어오는 것이 일시의 선전(旋轉) 현상이다. 즉, 일시의 관계가 천간은 庚→壬, 지지는 戌←申의 구조로 되어 있다. 이런 사주는 정신적 혼란, 이혼, 요절 등에 노출되기 쉽다.

다음으로, 寅운은 팔자의 강한 金을 충발(沖發)시켜 기신운이 강해지고, 한편으로는 희신을 약화시킨다. 또한 육신궁인 일지가 기신이고, 재성이 무력한 사주에 일지를 충하는 운이므로 수명에 좋은 영향을 못 준다.

살해당한 未년은 시(時)를 戌未형하는데, 형으로 튀어나온 장간들이 원명에 나쁜 영향을 주고 있다. 장간 己土는 희신을 甲己土로 기반(羈絆)하고, 장간 辛은 乙을 乙辛충한다. 또한 형으로 丁火가 튀어나와 용신이 유력해진다고 생각할 수 있으나 태세의 癸와 丁癸충이 되어 아무 역할을 못 한다. 이러한 운과 태세의 영향 이외에 명주의 기운이 너무 강하고 선전의 영향으로 성격이 괴팍하여 살해까지 당한 것으로 판단된다.

8 유월임수(酉月壬水)

| 주용신 甲 | 보조용신 庚 |

금백수청(金白水淸)의 상태가 된다. 甲木식신을 써서 戊土가 흙탕물로 만드는
것을 막으며, 庚金편인은 甲木이 없는 경우에 사용한다.

【원문】

八月壬水 辛金司權 正金白水淸 忌戊土爲病 專用甲木 甲木一
팔 월 임 수 신 금 사 권 정 금 백 수 청 기 무 토 위 병 전 용 갑 목 갑 목 일

透制戊 壬水澈底澄淸 名高翰苑 若甲出時干 功名顯達 設見庚
투 제 무 임 수 철 저 징 청 명 고 한 원 약 갑 출 시 간 공 명 현 달 설 견 경

破 又屬常人 卽甲藏支 無庚 秀才可許
파 우 속 상 인 즉 갑 장 지 무 경 수 재 가 허

【해설】　　　　유월임수는 辛金이 사령하여 금백수청(金白水淸)[주]이
된다. 戊土칠살이 흙탕물을 만들 수 있으므로 오로지 甲木식신만 쓴다.
甲木이 투출하여 戊土를 제극하면 壬水가 맑아져서 공명이 높아진다.
만약 甲木이 시간에 투출하면 공명을 이룰 수 있지만, 甲木을 庚金편인
이 손상하면 탈식(奪食)이 되어 평범한 사람이고, 庚金이 없으면 선비나
생원(生員) 정도는 된다.

───────────────────

[주] 금백수청은 양기성상격(兩氣成象格)의 하나를 말할 때도 있다. 양기성상격은 팔자가
　　상생하는 두 가지 오행으로만 이루어진 경우이다. 그러므로 상극하는 두 가지 오행,
　　예를 들어 水火로 이루어진 경우에는 양기성상으로 보지 않는다. 양신성상(兩神成象)
　　이라고도 한다. 이 격은 두 오행이 화합하고 협력하는 구조로 특별하게 취급하는 경
　　우도 있지만, 일반적으로 억부 원칙에 따라 용신을 정하면 된다.

或天干有壬 支見申亥 此非用甲 戊土作用 亥雖有甲 又有申中
혹천간유임　지견신해　차비용갑　무토작용　해수유갑　우유신중

之金制甲 秀才一定 且富足多才
지금제갑　수재일정　차부족다재

【해설】　　　　만약 유월임수가 천간에 壬水가 투출하고 지지에 申
金과 亥水가 있는 경우, 甲木식신을 사용하지 않고 戊土칠살로 물기운
을 조절한다. 亥水 중에 지장간 甲木이 있으나 申 중 庚金이 甲木을 극하
므로 사용하지 않는다. 이 경우 선비는 될 수 있으며, 재주가 많고 재물
이 풍족하다.

【원문】

或無戊 多金水者 主人清才濁 困苦寒儒
혹무무　다금수자　주인청재탁　곤고한유

769

【해설】　　　　만약 유월임수에 戊土칠살이 없고 金水인비가 많은 경
우 사람은 맑지만 재주가 없다. 고생하고 가난한 유생(儒生)이다.

【원문】

無甲用金 發水之源 名獨水三犯庚辛 號曰體全之象
무갑용금　발수지원　명독수삼범경신　호왈체전지상

【해설】　　　　甲木이 없고 金인수를 쓰는 경우 金은 물의 원천이 된다.
1개의 水가 3개의 庚辛金을 보는 경우를 체전지상(體全之象)이라 한다.

3
십간의 월별 주용신과 보조용신

【원문】

八月壬水 專用甲木 庚金次之 用甲者 水妻木子

팔월임수 전용갑목 경금차지 용갑자 수처목자

【해설】 　　유월임수는 甲木을 우선 쓰고, 다음에 庚金을 쓴다. 甲木을 용신으로 삼는 경우 水가 처이고 木이 자식이 된다.

【원문】

龍虎控天門 又曰壬趨艮格 探花^{주1)}

용호공천문 우왈임추간격 탐화

	시	일	월	연 (乾命)
	壬	壬	丁	辛
	寅	辰	酉	酉

庚	辛	壬	癸	甲	乙	丙
寅	卯	辰	巳	午	未	申

【해설】 　　寅木과 辰土 사이에 卯를 끼고 있으며, 월의 酉가 卯酉충으로 卯 천문(天門)을 허충(虛沖)하여 불러오는 육임추간격(六壬趨艮格)^{주2)}이다. 寅궁의 甲木이 상하지 않아서 甲午운에 높은 벼슬을 하였다.

㉾ 1) 원문의 탐화(探花)는 진월무토 해설을 참조한다.

   2) 육임추간격은 壬水일간의 지지에 寅木이 있을 때 이루어지는 격이다. 寅木이 있으면 寅亥합으로 壬水의 건록(建祿)인 亥水를 불러와서 귀하게 되므로 귀격으로 본다. 간궁(艮宮)에 寅木이 있어 이를 따른다는 의미로 추간(趨艮)이라는 말을 쓴다.

【원문】

印旺身强 富大貴小
인 왕 신 강 부 대 귀 소

	시	일	월	연 (乾命)
	庚	壬	己	壬
	戌	子	酉	子

丙	乙	甲	癸	壬	辛	庚
辰	卯	寅	丑	子	亥	戌

【해설】   인수가 왕성한 신왕사주이다. 운이 水木으로 흘러 戌 중 丁火정재를 인화(引火)하므로 부자는 될 수 있었다. 투출한 월간의 己土정관은 壬水를 흙탕물로 만들어 귀함이 작았다.

【원문】

身旺無依 一生貧苦
신 왕 무 의 일 생 빈 고

십간의 월별 주용신과 보조용신

시　일　월　연(乾命)

己　壬　丁　丙

酉　子　酉　子

甲　癸　壬　辛　庚　己　戊

辰　卯　寅　丑　子　亥　戌

【해설】　　金水가 강한 신왕사주이다. 丙丁재성과 己土정관이 뿌리가 없어 의지할 곳이 없고, 강한 壬水를 설기할 木식상도 없어 평생 가난하고 고통스럽게 살았다. 투출한 己土도 壬水를 탁하게 만들 뿐이다.

【원문】

庚甲兩透 詞林
경 갑 량 투 사 림

___

시　일　월　연(乾命)

甲　壬　乙　庚

辰　子　酉　午

壬　辛　庚　己　戊　丁　丙

辰　卯　寅　丑　子　亥　戌

【해설】　　유월임수에 戊土를 제극하는 甲木과 보조하는 庚金이 투출하였다. 寅卯辰운에 용신인 甲木이 힘을 받아 사림(詞林) 벼슬을 하였다.

시　일　월　연 (乾命)

戊　壬　癸　己

申　申　酉　亥

丙　丁　戊　己　庚　辛　壬

寅　卯　辰　巳　午　未　申

　팔자에 음기인 金水가 강하고 태왕하여 木火를 찾는다. 태왕자희설 (太旺者喜洩)이므로 甲木식신을 쓰는 것이 가장 좋지만 투출하지 않아 아쉽다. 亥 중 甲木은 酉 중 庚金과 암충(暗沖)이 되어 못 쓰고, 火재성도 없어서 戊己칠살을 용신으로 한다. 천간 壬水가 있고 지지에 申金과 亥 水가 있는 경우, 戊土칠살을 써서 물기운을 조절하라 하였다. 戊土는 申 金에 뿌리가 있으나 설기하는 金이 많아 무력한 것이 흠인데, 다행히 운 이 초반부터 火土로 흘러 아름답다. 명주는 未土운에 벼슬길에 들어서 庚午와 己巳와 戊辰운에 발전하였다.[사주 출처 『적천수(滴天髓)』]

시　일　월　연 (乾命)

甲　壬　庚　戊

辰　申　申　申

戊　丁　丙　乙　甲　癸　壬　辛

辰　卯　寅　丑　子　亥　戌　酉

위 사주는 팔자 구조가 앞의 사주와 비슷하다. 총명하였으나 운의 도움이 없어 벼슬길에 들지 못하였다.

시　일　월　연 (乾命)

丁　壬　乙　乙

未　申　酉　巳

戊　己　庚　辛　壬　癸　甲
寅　卯　辰　巳　午　未　申

유월임수가 신왕하므로 木火로 설기하여야 한다. 연월의 乙木은 무력하여 未土에 뿌리가 있는 시간 丁火를 용신으로 삼는다. 壬午운은 火 바닥에 천간 壬水가 개두(蓋頭)하여 운의 길함을 살릴 수 없다. 辛巳운은 희신 乙木을 乙辛충하고, 일지 재성궁을 巳申형한다. 申酉戌과 巳酉丑의 관계로 이루어진 巳申형이라 金이 강화되고, 형으로 튀어나온 申 중 庚金은 천간의 乙木을 묶어버린다. 이와 같이 乙木을 무력하게 하는 것은 생재(生財)하는 식상을 무력하게 하여 부부 분란이 있다.

이 시기에 부부 파란이 있었던 이유는 궁성을 분석해보면 알 수 있다. ① 처궁인 일지가 기신궁이며, ② 신왕사주로 재성을 감당할 수 있으나 식상 乙木이 무력하고, ③ 재성혼잡(財星混雜)이며, ④ 처의 별인 재성이 모두 인수궁에 있어 손실 상태다.

또한 巳火 중 丙火는 丙庚충으로 암충(暗沖)되었고, 투출한 丁火는 未土에 뿌리가 있어 기운이 있고 일간과 유정한 상태다. 실제로 1998년(辛巳운, 戊寅년)에 이혼하고, 2001년(辛巳운, 辛巳년)에 재혼한 남성이다. 2007년 현재 작은 가게를 하고 있으나 수입이 좋지 않아 고민하고 있다.

窮
通
寶
鑑

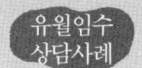
유월임수
상담사례

군겁쟁재 사주와 재물

며칠 전부터 컴퓨터의 마우스 포인터가 제멋대로 움직여서 마우스를 바꿔보기도 하고, 윈도우를 다시 깔아도 아무 소용이 없다. 이 때문에 머리가 아픈데 후배가 수리해본 다고 방문하였다. 그러나 후배도 컴퓨터엔 아마추어인지라 두어 시간 정도 만지작거리더니 결국 두 손을 들고 말았다. 어쨌든 고생하였으니 소주나 한잔 하자고 청하자 소주를 먹기 전에 잠깐 봐달라며 슬그머니 사주 하나를 들이밀었다.

시 일 월 연(乾命)
癸 壬 癸 甲
卯 午 酉 辰

庚 己 戊 丁 丙 乙 甲
辰 卯 寅 丑 子 亥 戌

"사회 후배인데 큰 식당을 해요. 돈 좀 벌 사주인지 봐주고 내년 운도 봐주세요." 말을 꺼내놓고는 저 혼자 사주풀이를 시작하였다. 이 후배가 이미 팔자 보는 수준이 반 풍수의 경지에 올라 있었다.

"酉월은 쇠에 속한 달이라. 쇠의 계절인 가을 중간에 큰 물로 태어났고, 강한 물이 태어난 시(時)의 卯木을 아낌없이 살려주어 깔고 앉아 있는 재물 방석에 나무기운이 거침 없이 모인다. 흐름이 좋고 모양도 좋아 이만 하면 돈을 모으겠네요." 한다.

과연 후배의 말이 맞을까? 사람의 심리는 자신이 친밀한 글자에 들락날락하게 마련이다. 위 팔자에서 자신을 뜻하는 글자인 壬과 친밀한 것들을 보면 다음과 같다.

이 방법을 '친밀도의 역삼각, 심리의 역삼각'이라고 이름을 붙여본다. 酉월 쇠의 달에 태어난 壬이라는 물이 양 옆에 癸라는 물 형제를 거느리고 있는 상황이다. 壬은 양이고 癸는 음이다. 양은 음과 찰떡궁합이라 위치를 떠나 친밀도가 더 커진다. 壬癸는 결국 강한 밀착성으로 물의 막을 형성한다. 물이 이렇게 커지면 불이 필요한데 팔자에 불이라고는 午밖에 없다. 따라서 군겁쟁재(群劫爭財)가 된다. 무리를 지은 壬癸비겁이 재물인 午를 두고 다투는 형편이다. 무리를 지은 군겁(群劫)은 어떤 특성을 나타낼까? 즉각적 행동, 충동적 심리, 상황을 무시하는 마음, 경솔함, 대항성 등이다. 이런 기운들이 지나치게 강해져서 재물을 부순다. 이런 사람은 돌아가는 상황을 제대로 받아들이기 힘들고, 상황을 분석하기보다는 돌파력만 있으면 어떤 일이라도 이룰 수 있다고 자신하다가 끝도 없이 추락할 가능성이 높다.

이야기를 듣던 후배가 실제 상황을 말해주었다. 2005년에 매우 큰 규모의 식당을 차렸는데 현재 적자이고, 2006년에 한몫 잡을 생각을 하고 있다는 것이다. 현재 丁丑운으로 丁火가 재물이 되지만 일간에게는 차례가 안 간다. 선후론(先後論)으로 볼 때 丁壬합으로 재물을 얻기보다는 丁癸충으로 깨지는 것이 우선이기 때문이다. 운의 지지 丑은 酉丑으로 金인수국이 되므로 기구신운이 된다. 이런 상황에 돈을 벌기는 어렵겠다.

그 후 2007년 6월 초 후배로부터 소식을 들었다. 쌓이는 적자를 감당할 수 없어서 가게를 처분하려고 동분서주하는데, 말만 있을 뿐 정작 매매가 이루어지지 않아 피가 마르는 하루하루를 보내고 있다 하였다.

⑨ 술월임수(戌月壬水)

주용신 甲　　보조용신 丙

물로 향하는 달에 있어 성격이 너그럽다. 甲木식신으로 土를 헤치고, 丙火로 조후한다.

【원문】

九月壬水進氣 其性將厚 若一派壬水 見一甲 制戌中之戊 戊又
구 월 임 수 진 기　기 성 장 후　약 일 파 임 수　견 일 갑　제 술 중 지 무　무 우

出干 斯用丙火 此格清貴極矣 正合一將當關 羣邪自伏 或不見
출 간　사 용 병 화　차 격 청 귀 극 의　정 합 일 장 당 관　군 사 자 복　혹 불 견

丙戊 亦不爲妙
병 무　역 불 위 묘

【해설】　　　술월임수는 壬水가 물을 향하여 나아가는 달이므로 壬水의 성격이 너그럽다. 한 무리의 戊土가 있는 경우 甲木식신으로 戌 중 戊土를 제극하고, 戊土칠살이 천간에 투출하고 丙火편재를 사용하면 매우 귀하다.

　이는 甲木인 한 명의 장수가 적들을 제압하는 형상이다. 만약 甲木이 있으나 丙火와 戊土를 보지 못하면, 재성으로 살을 생한 후 식상으로 제살하지 않는 것과 같아 좋은 팔자가 아니다.

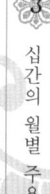

【원문】

或一派戊土 無一己庚雜亂 得一甲透時干 玉堂淸貴 卽甲透月
혹 일 파 무 토 무 일 기 경 잡 란 득 일 갑 투 시 간 옥 당 청 귀 즉 갑 투 월

上 亦主科甲 若支藏己土 一榜可圖 或庚乏丁 貧賤之人
상 역 주 과 갑 약 지 장 기 토 일 방 가 도 혹 경 핍 정 빈 천 지 인

【해설】　　　　만약 술월임수에 한 무리의 戊土칠살이 있고 己土가
있어 관살혼잡(官殺混雜)이 되거나, 庚金편인이 섞여 관살의 기운을 설
기하는 혼란이 없으며 甲木이 시간에 투출하면 옥당(玉堂)에 오를 정도
로 귀하다. 甲木이 월간에 투출하면 과거 급제한다. 만약 甲己합하는 己
土가 투출하지 않고 지장간에 있는 경우에는 한 번에 합격한다. 甲木으
로 제살하지 않고, 庚金편인이 화살(化殺)하는 경우는 좋지 않으므로 丁
火정재로 庚金을 제극한다. 따라서 丁火가 없으면 가난하고 천한 사람
이다.

【원문】

或丁透見甲 畧貴
혹 정 투 견 갑 약 귀

【해설】　　　　만약 丙火와 戊土가 없고 丁火정재와 甲木식신이 투출
한 경우 식신생재(食神生財. p.113 참조)하여 약간은 귀하게 될 수 있다.

【원문】

或水多乏丙者 又用戊土 常人
혹 수 다 핍 병 자 우 용 무 토 상 인

【해설】　　　만약 술월임수에 水비겁이 많고 丙火편재가 없어 戊土
칠살을 쓰는 경우에는 평범한 사람이다.

【원문】

九月壬水 專用甲木 次用丙火 用土者 火妻土子
구 월 임 수 전 용 갑 목 차 용 병 화 용 토 자 화 처 토 자

【해설】　　　술월임수는 오로지 甲木식신을 쓰고, 다음에 丙火를
쓴다. 土를 쓰는 경우 火가 처이고 土가 자식이다.

【원문】

身旺官旺 又得丙透 參政
신 왕 관 왕 우 득 병 투 참 정

	시	일	월	연 (乾命)
	辛	壬	戊	丙
	丑	辰	戌	寅

乙	甲	癸	壬	辛	庚	己
巳	辰	卯	寅	丑	子	亥

【해설】　　　신왕사주에 丙火가 투출하여 土관살을 도와 관살도 왕
하다. 관살을 제극하는 甲木식신이 없어 화살(化殺)하는 辛金정인을 용
신으로 삼는다. 참정(參政) 벼슬을 하였다.

십간의 월별 주용신과 보조용신

【원문】

支成四庫 一甲透時 太史
지 성 사 고 일 갑 투 시 태 사

시	일	월	연 (乾命)
甲	壬	戊	辛
辰	戌	戊	丑

辛	壬	癸	甲	乙	丙	丁
卯	辰	巳	午	未	申	酉

【해설】　　　　지지의 사고(四庫) 辰戌丑未가 관살이다. 甲木이 투출
하여 제살하고, 辛金이 무리를 지은 관살의 기운을 설기하여 중화를 이
루므로 태사(太史) 벼슬을 하였다.

술월임수 해설

시	일	월	연 (乾命)
壬	壬	壬	癸
寅	午	戌	巳

乙	丙	丁	戊	己	庚	辛
卯	辰	巳	午	未	申	酉

천간은 모두 水이고, 지지는 寅午戌 火재성국이다. 火를 더 강하게 하는 寅 중 甲木을 쓸 수 없고, 천간은 가볍고 지지는 무거우므로 金인수로 水를 생조한다.

辛酉와 庚申운은 金이 세력을 얻어 좋은 세월을 보냈고, 己未운은 신약에 관살 기운이 강해져서 고통이 심하였다. 戊午운은 기구신인 재성과 관살이 모이고, 일지인 건강궁을 오오자형(午午自刑)하여 사망하였다.[사주 출처 『적천수(適天髓)』]

시	일	월	연(乾命)
辛	壬	甲	己
丑	戌	戌	酉

丁	戊	己	庚	辛	壬	癸
卯	辰	巳	午	未	申	酉

술월임수는 甲木과 丙火를 주로 쓰며, 이 중 甲木식신을 쓸 수 있는 사주 구조를 상급으로 본다. 위 사주는 甲木을 써도 甲木이 酉戌 위에 있고, 甲己합으로 기반(羈絆)이 되어 戌 중 戊土를 제극하지 못한다. 팔자에 土관살이 강해서 신약하므로 투출한 辛金으로 제살할 수밖에 없는 중급 사주이다.

운의 흐름을 보면 癸酉와 壬申과 辛未운은 金水기운을 살려주어 문제가 없다. 庚午운은 庚金이 절각(截脚)되어 파란이 있고, 나머지 己巳운부터는 기구신운으로 흘러 흐름이 계속 흉하다.

작은 출판사를 다니다가 부친이 돌아가시면서 물려준 아파트를 처분한 자금으로 전업 작가를 꿈꾸며 습작에 전념하고 있는 남성이다. 결혼

에는 전혀 뜻이 없고, 중중의 고도비만 증상이 있다.

작가로 성공할 수 없을 것으로 판단되는데, 이유는 ① 관념적인 사고 능력을 보는 시간 편인궁에 정인성이 있어 조왕(助旺)하므로 문제가 없으나, 설기 능력을 보는 식신성이 기반이 되어 문제가 되며, ② 발설의 오행인 火가 전혀 없고, ③ 앞으로의 대운이 흉운으로 흐르기 때문이다.

⑩ 해월임수(亥月壬水)

주용신 戊   보조용신 丙庚

亥 중 壬水가 사령하여 매우 왕성하다. 戊土편관으로 壬水의 왕성함을 막고, 丙火편재로 戊土를 도우며, 庚金편인으로 甲木이 戊土를 해치는 것을 막는다.

【원문】

十月壬水司權 至旺之極 取戊爲用 若生辰日干 又見辰時 必須
십 월 임 수 사 권 지 왕 지 극 취 무 위 용 약 생 진 일 간 우 견 진 시 필 수

戊透 又須庚制甲 不傷戊土 戊庚兩全 定主登科乃第 位顯權高
무 투 우 수 경 제 갑 불 상 무 토 무 경 량 전 정 주 등 과 내 제 위 현 권 고

或甲出制戊 不見庚救者 斷之困窮 戊藏無制 可許生員 或戊庚
혹 갑 출 제 무 불 견 경 구 자 단 지 곤 궁 무 장 무 제 가 허 생 원 혹 무 경

兩透無甲者 亦主榮顯
량 투 무 갑 자 역 주 영 현

【해설】   해월임수는 亥 중 壬水가 사령하여 매우 왕성하므로 戊土편관을 사용한다. 만약 辰일과 辰시이면 戊土가 반드시 투출하여야 하며, 庚金편인이 있어 甲木식신이 戊土를 상하게 하는 것을 막아야 한

다. 막아줄 庚金이 없으면 곤궁하지만, 戊土와 庚金이 온전하면 매우 귀하다. 戊土가 지장간에 있으면 생원(生員) 정도의 벼슬은 한다. 戊土나 庚金이 투출하고 甲木이 없어도 발전한다.

【원문】

或支成木局 有甲乙出干 得庚透者 富貴 無庚者 平常
혹 지 성 목 국 유 갑 을 출 간 득 경 투 자 부 귀 무 경 자 평 상

【해설】　　만약 해월임수가 지지 木식상국이고, 甲乙식상이 천간에 있으며 庚金편인이 투출하면 부귀하다. 庚金이 투출하지 않으면 평범한 사람이다.

【원문】

或支成水局 不見戊己 名潤下格 運行西北 大富貴 行東南者 必危
혹 지 성 수 국 불 견 무 기 명 윤 하 격 운 행 서 북 대 부 귀 행 동 남 자 필 위

【해설】　　만약 해월임수가 지지 水비겁국이고 戊己土가 없으면 윤하격(潤下格)이다. 이 경우 운이 金水로 흐르면 크게 부귀하고, 木火로 흐르면 흉하다.

【원문】

或丙戊兩透 行火土運 名利雙全 或有丙無戊 可云衣祿 有戊無
혹 병 무 량 투 행 화 토 운 명 리 쌍 전 혹 유 병 무 무 가 운 의 록 유 무 무

丙 難許推盈 十月壬水 專用戊丙 次取庚金
병 난 허 추 영 십 월 임 수 전 용 무 병 차 취 경 금

【해설】 만약 해월임수에 丙火편재는 있고 戊土칠살이 없으면 의식(衣食)과 녹(祿)은 있다. 또한 戊土는 있고 이를 생하는 丙火가 없으면 발전하기 어렵다. 해월임수는 戊土와 丙火를 쓰고, 다음에 庚金을 취하는 것이 원칙이다. 己土는 물을 흐리고, 丁火는 丁壬합으로 관살을 생하지 못하므로 안 쓴다.

【원문】

得庚制甲 會元
득 경 제 갑 회 원

시	일	월	연 (乾命)
庚	壬	丁	庚
戌	戌	亥	子

甲	癸	壬	辛	庚	己	戊
午	巳	辰	卯	寅	丑	子

【해설】 해월임수는 戊土로 물기운을 막아야 한다. 庚金이 투출하여 관인상생(官印相生)을 이루고, 庚金이 戊土를 제지하는 甲木을 조절하여 회원(會元) 벼슬을 하였다.

【원문】

支見亥子 四柱無戊 名旺盛無依 爲憎
지 견 해 자 사 주 무 무 명 왕 성 무 의 위 증

```
시  일  월  연 (乾命)
辛  壬  辛  壬
亥  子  亥  申

戊  丁  丙  乙  甲  癸  壬
午  巳  辰  卯  寅  丑  子
```

【해설】　　지지에 亥子가 있고 辛이 투출해 왕성하다. 사주의 왕
성함을 제지하는 戊土칠살이 없어 왕성한데 일간이 의지할 곳이 없어 안
타깝다. 신왕무의(身旺無依)로 승도 팔자에 가까워 가난하고 고생한다.

해월임수 해설

```
시  일  월  연 (乾命)
庚  壬  癸  癸
子  子  亥  亥

丙  丁  戊  己  庚  辛  壬
辰  巳  午  未  申  酉  戌
```

　해월임수가 지지 水비겁국이고 戊己土가 투출하지 않았으므로 윤하
격(潤下格)이다. 윤하격은 일행득기격(一行得氣格) 중 종왕(從旺)의 하
나로, 강한 기운에 종하는 것이 좋으므로 金水운은 길하고 木火운은 불
길하다.

명주는 초반 壬戌운에 戌土기운이 있어 고통스런 시절을 보냈고, 辛酉와 庚申운에는 크게 발전하였으며, 己未운에는 처자도 재물도 모두 잃었다. 戊午운에는 극심한 가난을 감당하기 힘들었으며, 우울증으로 생을 마쳤다.[사주 출처 『적천수(適天髓)』]

	시	일	월	연 (乾命)
	庚	壬	己	丙
	子	申	亥	辰

丙	乙	甲	癸	壬	辛	庚
午	巳	辰	卯	寅	丑	子

786

해월임수일 경우 조후 원칙에 따라 丙火와 戊土를 쓰는 근본적인 이유는 일간 壬水를 왕성하게 보기 때문이고, 庚金으로 보조하는 것은 甲木식상이 소토(疏土)하는 것을 막기 위해서다. 그러나 위 사주처럼 관인상생(官印相生)이 되어 金관살이 일간을 왕성하게 하는 경우 庚金을 쓰는 것은 문제가 있다.

이 사주를 보면 申子辰 水비겁국으로 일간이 왕성하고, 시간 庚金이 뿌리가 있으며, 己土도 뿌리가 있다. 그러므로 희용신은 木火가 되는데, 연간 丙火가 용신이고 亥 중 甲木이 희신이다. 운의 흐름을 보면 초년은 水운으로 불미하고, 중장년이 木火로 흘러 좋다.

명주는 고등학교때부터 극심한 우울증과 대인기피증으로 약물을 복용하였고, 이로 인해 대학 진학을 포기하였다. 부모가 앞으로 제대로 된 인생을 살 수 있는지 물어왔던 남자이다. 희용신과 함께 운의 흐름을 보았을 때 문제가 없다.

窮
通
寶
鑑

명리적으로 우울증은 土인 비장(脾臟)이 지나치게 강할 때 기운의 울체(鬱滯)가 일어나고, 우울증 등으로 진전되기 쉽다고 본다. 즉 土 과다, 水 무력인 팔자에서 우울증이 일어나기 쉽다. 그러나 실제 임상을 해보면 위와 같이 火가 부족한 사주에서도 우울증 환자를 쉽게 본다. 납기(納氣)에는 능하지만 발산(發散)의 기운이 부족한 경우라고 할 수 있다.

🔟 자월임수(子月壬水)

> 주용신 戊   보조용신 丙
>
> 양인(羊刃)의 달에 있어 매우 왕성하다. 戊土편관으로 왕성한 물을 막고, 丙火편재로 戊土를 도와 조후한다.

【원문】

十一月壬水 陽刃幫身 較前更旺 先取戊土 次用丙火 丙戊兩透
십 일 월 임 수 양 인 방 신 교 전 경 왕 선 취 무 토 차 용 병 화 병 무 량 투

富貴榮華 有戊無丙 畧可言富 有丙無戊 好謀無成
부 귀 영 화 유 무 무 병 약 가 언 부 유 병 무 무 호 모 무 성

【해설】   자월임수는 양인(陽刃)의 달이라 亥월보다 壬水가 더욱 왕성하다. 戊土편관을 먼저 사용하고, 다음에 丙火편재를 쓴다. 戊土와 丙火가 모두 투출한 경우에는 부귀영화가 있다. 戊土만 있고 丙火가 없으면 부자이고, 丙火는 있는데 戊土가 없으면 도모하는 것은 많지만 이루어지는 것이 없다.

【원문】

或支成水局 丙不出干 卽有戊土 亦係庸人 或丙透得所 卽戊藏
혹지성수국 병불출간 즉유무토 역계용인 혹병투득소 즉무장

支 亦可顯達 須運得用方妙
지 역가현달 수운득용방묘

【해설】　　　자월임수가 지지 水비겁국이며, 丙火편재가 투출하지 않
고 戊土칠살이 있어도 추우므로 평범하다. 丙火가 투출하여 유력하고, 戊
土가 장간에 있으면 발전한다. 이 경우 반드시 운이 火土로 흘러야 좋다.

【원문】

或支成火局 一富而已
혹지성화국 일부이이

【해설】　　　자월임수에 지지가 火재성국이 되는 경우는 일간도 왕
성하고 재성도 왕성한 상태로 부자가 된다.

【원문】

或比見月時 年見丁火 平常之輩 支成四庫 富貴中人 或丁出時
혹비견월시 연견정화 평상지배 지성사고 부귀중인 혹정출시

干 名爲爭合 主名利難成
간 명위쟁합 주명리난성

【해설】　　　자월임수로 월시에 壬水비견이 있고 연주에 丁火정재
가 있으면 평범하며, 지지에 辰戌丑未 사고(四庫)가 있으면 부귀하다. 丁
火가 연간과 시간에 있으면 丁壬합이 쟁합이 되어 명리를 이루기 어렵다.

窮通寶鑑

【원문】

或壬子日 丁未時 雖不能科甲 亦有恩榮 何也 蓋用子中癸水爲

혹임자일 정미시 수불능과갑 역유은영 하야 개용자중계수위

官 號曰用神得地 亦主榮華

관 호왈용신득지 역주영화

【해설】　　　만약 壬子일 丁未시면 크게 귀하지는 않지만 영화는
있다. 이는 子 중 癸水가 丁火의 관살이지만, 丁火가 未土에 뿌리가 있어
용신득지(用神得地)의 상황이 되기 때문이다.

【원문】

十一月壬水 丙戊並用

십일월임수 병무병용

【해설】　　　자월임수는 丙戊를 같이 쓴다.

【원문】

天元一氣 段旺⁽ᵗʲ⁾得地 侍郎

천원일기 단왕 득지 시랑

시	일	월	연 (乾命)
壬	壬	壬	壬
寅	寅	子	寅

己	戊	丁	丙	乙	甲	癸
未	午	巳	辰	卯	寅	丑

789

3

십간의 월별 주용신과 보조용신

【해설】 천간이 모두 壬水로 천원일기격(天元一氣格. p.122 참조)이다. 寅 중 丙戊를 쓴다. 운이 火土로 흘러서 戊土칠살이 득지하여 시랑(侍郎) 벼슬을 하였다.

㈜ 원문의 단왕(段旺)은 살왕(殺旺)의 오기로 보인다.

【원문】

飛天祿馬格 尚書
비천록마격 상서

시	일	월	연 (乾命)
甲	壬	壬	壬
辰	子	子	子

己	戊	丁	丙	乙	甲	癸
未	午	巳	辰	卯	寅	丑

【해설】 수목상관격(水木傷官格)으로 시간 甲木을 용신으로 한다. 비천록마격(飛天祿馬格)[㈜]으로 길격(吉格)이며, 운이 木火로 향하여 좋다. 상서(尚書) 벼슬을 하였다.

㈜ **비천록마격** 녹마(祿馬) 중 녹은 관성(官星), 마는 재성(財星)을 뜻한다. 비천록마격은 녹마가 하늘을 날아오르는 것에 비유되는 길격이다. 이 격이 이루어지는 경우는 ① 庚子와 壬子일생이 팔자 중 子가 많은 경우, ② 辛亥와 癸亥일생이 팔자 중 亥가 많은 경우, ③ 丁巳일생으로 亥가 많은 경우, ④ 丙午일생이 午가 많은 경우이다. 단, 허충(虛沖)하는 지지의 합이나 충이 없고, 허충으로 끌어오는 글자가 이미 팔자에 있는 전

窮通寶鑑

실(塡實)이 되지 않아야 된다.

예를 들어, 壬子일생에 子가 많은 경우 사주에 없는 午를 허충하여 온다. 午 중에 있는 丁火는 재성이 되고, 午 중 己土는 관성이 되어 재관(財官)인 녹마를 끌어와 귀격(貴格)이 된다. 그러나 戊己관성이 이미 팔자에 투출해 있으면 전실이 되어 귀격의 효력이 떨어지고, 지지에 丑이 있으면 子丑합으로 기반(羈絆)이 되어 효력이 떨어진다.

그러나 이 격은 충으로 부수는 일은 있어도 허충으로 어떤 기운을 불러오기는 힘들며, 또한 실제 명을 봐도 부합이 되지 않는 것이 많다 하여 격국 분야에서 많은 비판이 있다.

자월임수 해설

시	일	월	연 (乾命)
辛	壬	丙	甲
亥	寅	子	申

癸	壬	辛	庚	己	戊	丁
未	午	巳	辰	卯	寅	丑

수억의 재물을 모은 사람이다. 팔자를 언뜻 보면, 丙火는 병신합수(丙辛合水)하고 앉은 자리인 월령과 수화상충(水火相沖)이 되어 뿌리가 없으며, 甲木은 앉은 자리와 금목상전(金木相戰)이 되어 자리가 불안하고, 壬水일간이 양인(羊刃)의 달인 子월생이므로 金水가 득기한 편협한 사주로 보인다.

그러나 일지 寅木은 월간에 투출한 丙火의 장생지이고 寅亥합이 되어 木식상을 강화시키며, 연과 월의 申子辰 수국(水局)은 木을 강화하여 월간 丙火를 생조하기에 넉넉하고, 월간 丙火는 팔자의 한랭함을 해결해 준다.

3

십간의 월별 주용신과 보조용신

자월임수는 火土를 써야 하는데 팔자에 강한 水를 막아줄 土관살이 없어 아쉽지만, 운의 흐름이 火土로 아름답게 흘러 이 또한 문제가 없다. 그러므로 재물의 기운이 문과 통로를 통하는 재기통문호(財氣通門戶)가 되어 수억의 재물을 모았다.[사주 출처 『적천수(適天髓)』]

<table>
<tr><td>시</td><td>일</td><td>월</td><td>연</td></tr>
<tr><td>庚</td><td>壬</td><td>壬</td><td>壬</td></tr>
<tr><td>子</td><td>辰</td><td>子</td><td>寅</td></tr>
</table>

己	戊	丁	丙	乙	甲	癸
未	午	巳	辰	卯	寅	丑

자월임수에 寅木상관을 쓰는 가상관격(假傷官格. p.125 참조) 사주이다. 운의 흐름과 함께 명주의 상황을 살펴보면 천간에 金水가 꽉 차 있어 천한(天寒)이고, 壬水일간이 子월에 申子辰 수국(水局)을 이루어 땅이 얼어붙어 지동(地凍)으로 천한지동(天寒地凍)의 형세다. 천한지동에 火土가 투출이 안 되어 파격(破格)이다.

그러나 연지 寅 중 丙火가 조후하여 일지 辰土로 극왕한 水에 대항하는 것보다 좋다. 즉, 寅木은 가상관으로 용신 작용을 한다. 팔자를 분류하면 윤하용상관격(潤下用傷官格)이며 가상관격도 된다.

초년 甲寅과 乙卯운에 변호사시험에 합격하여 직장생활을 하다가 丙辰대운 甲申년에 사망하였다. 가상관에 기신운인 金水운이 아닌데도 불발로 끝난 이유는 사주가 너무 한랭하기 때문이다. 또한 왕신(旺神)이 묘고(墓庫)에 있는 것을 꺼리는데, 壬水의 묘신이 辰土이므로 나쁘다. 이 사주가 천한지동을 면할 수 있도록 천간에 木火가 투출하였으면 불발로 끝나지 않았을 것이다.

  丙辰대운에 사망한 것은 운이 팔자의 왕성한 기운을 극하면 왕자(旺者)가 발동하여 오히려 대흉하다는 왕자노발(旺者怒發) 원칙과 같이 火土로 이루어진 대운이 왕성한 水를 극하였기 때문이다. 또한 일간을 丙壬충하고 일지를 진진자형(辰辰自刑)하였기 때문이기도 하다.

  사망한 甲申년은 용신을 寅申충하고, 용신 寅木이 申金의 자리에서 절지에 해당된다. 죽을 당시에도 자식이 없었다. 이는 자식인 관살 辰土가 망망대해에 있어서 의지할 곳이 없기 때문이다.

[사주 출처 『사주첩경(四柱捷徑)』]

12 축월임수(丑月壬水)

주용신 丙   보조용신 甲丁

왕성함이 극에 달하였다가 다시 약해진다. 丙火편재로 조후하고 甲木식신으로 丙火를 도우며, 丁火정재로 丙火를 보좌한다.

【원문】

十二月壬水 旺極復衰 何也 上半月癸辛主事 故旺 專用丙火 下
십 이 월 임 수 왕 극 복 쇠 하 야 상 반 월 계 신 주 사 고 왕 전 용 병 화 하

半月己土主事 故衰 亦用丙火 甲木佐之
반 월 기 토 주 사 고 쇠 역 용 병 화 갑 목 좌 지

십간의 월별 주용신과 보조용신

【해설】　　　　축월임수는 왕성함이 극에 달하였다가 다시 약해진다. 丑월의 상반기는 丑 중 癸水와 辛金이 주도하여 왕성하므로 丙火편재를 사용한다. 나머지 하반기는 丑 중 己土가 주도하여 쇠약해지므로 丙火 편재를 쓰고 甲木식신으로 보좌한다.

【원문】

有丙解凍 名利雙全 丙透甲出 科甲之貴 然四柱無壬 方妙 無丙
유병해동 명리쌍전 병투갑출 과갑지귀 연사주무임 방묘 무병

單寒之士
단한지사

【해설】　　　　축월임수에 丙火가 있으면 해동할 수 있기 때문에 명리(名利)를 얻고, 丙火와 甲木이 투출하면 과거 급제하여 명예를 얻는다. 그러나 사주에 丙壬충하는 壬水가 없어야 묘하다. 丙火가 없으면 가난한 선비에 불과하다.

【원문】

或四柱多壬 戊透制之 衣衿可望
혹사주다임 무투제지 의금가망

【해설】　　　　축월임수에 丙火가 없고 戊土가 투출하여 많은 壬水를 제극해도 한랭함이 해결되지 않는다. 이 경우 학생이나 유생(儒生) 정도는 가능하다.

794

窮通寶鑑

【원문】

或丁出時干 化合成木 月干又見丁火 無癸破格 亦主富貴

혹정출시간 화합성목 월간우견정화 무계파격 역주부귀

【해설】　　　만약 시간에 丁火가 있어 정임합목(丁壬合木)이 되고, 월간에 또 丁火가 있어 丁癸충이 안 될 경우에는 丁火로 조후를 할 수 있어 반드시 부귀하다.

【원문】

或支成金局 不見丙丁 名金寒水冷 一世孤貧 見火略可 卽丙透

혹지성금국 불견병정 명금한수랭 일세고빈 견화략가 즉병투

遇辛 亦不爲妙 見丁頗吉

우신 역불위묘 견정파길

【해설】　　　만약 축월임수에 지지가 巳酉丑 金인수국이고 조후하는 丙丁火를 보지 못하면 金水가 모두 차서 금한수랭(金寒水冷)이라 하며, 평생 외롭고 가난하다. 丙丁火가 있으면 약간 발전할 가능성이 있다. 투출한 丙火가 辛金을 만나 병신합수(丙辛合水)하면 丙火의 쓰임이 없어져서 묘함이 없다. 丁火를 보면 약간은 길하다.

【원문】

臘月壬水 先取丙火 丁甲爲佐 故水冷金寒愛丙丁 用火者 火子

납월임수 선취병화 정갑위좌 고수랭금한애병정 용화자 목처

火子

화 자

【해설】　　　축월임수는 먼저 丙火를 취하여 조후하고, 다음에 丁火와 甲木으로 보좌한다. 丑월의 찬 金水는 조후 위주로 丙丁火를 용신으로 하는 것이 좋다. 火를 쓰는 경우 木이 처이고 火가 자식이다.

【원문】

水旺居垣須有智　水土混雜必愚頑　壬癸路經南域　主健　富貴堪
수왕거원수유지　수토혼잡필우완　임계로경남역　주건　부귀감

圖　又云　惟有水木傷官格　才官相見始爲歡
도　우운　유유수목상관격　재관상견시위환

【해설】　　　축월임수의 왕성한 水가 土 제방 안에 있어 제극이 되면 지혜가 있지만, 水土가 혼잡된 경우에는 우둔하고 완고하다. 壬癸水가 남방 화지(火地)로 향하면 강건하고 매우 부귀하다. 水일간이 木을 만나는 수목상관격(水木傷官格)인 경우에는 재성과 관살을 보면 좋다.

축월임수 해설

시	일	월	연 (乾命)
辛	壬	辛	辛
丑	辰	丑	丑

甲	乙	丙	丁	戊	己	庚
午	未	申	酉	戌	亥	子

천간은 金水만 있고, 지지는 丑辰으로만 이루어진 팔자이다. 하늘과

땅이 언 상태로 천한지동(天寒地凍)이 되었다. 축월임수는 얼어붙은 땅에 있는 물로 조후가 시급하므로 丙丁火와 이를 생조하는 甲木 위주로 용신을 정하는데, 이 팔자에는 불기운이 한 점도 없어 정격(正格)인 경우 파격이 된다. 그러나 이 사주는 정격이 아닌 특수격에 해당된다. 丑중 辛金이 투출하여 무리를 이룬 土기운을 설기하고, 辛金은 壬水일간을 생하여 살인상생(殺印相生)에 종강격(從强格. p.139의 해월갑목 해설 참조)인 사주이다. 종강은 인비(印比)를 희용신으로 한다.

운의 흐름이 초반부터 비겁과 인수인 水金으로 흘러 아름다우며, 실제로 이 운에 크게 귀하게 되었다. 조후가 억부보다 우선하지 않음을 보여주는 예다.[사주 출처 『사주첩경(四柱捷徑)』]

시	일	월	연 (坤命)
丁	壬	丁	己
未	寅	丑	丑

甲	癸	壬	辛	庚	己	戊
申	未	午	巳	辰	卯	寅

축월임수가 시간에 丁火가 있어 정임합목(丁壬合木)이 되고, 월간에 또 있는 丁火가 丁癸충이 안 되면 丁火로 조후를 할 수 있어 반드시 부귀한 명이라 하였다. 위 사주가 바로 이런 경우이다. 용신이 丁火이고, 운도 木火로 흘러 흐름이 좋다.

왕약으로만 따지면 태쇠(太衰)한 사주이다. "태왕희설 극왕방조 태쇠극상 극쇠설기(太旺喜洩 極旺幇助 太衰剋傷 極衰洩氣)" 원칙으로 봐도 丁火를 용신으로 하는 데 문제가 없다. 이와 같이 조후 용신이 억부 용신과 일치하면 용신의 역량이 최고로 발휘되므로 상급 사주로 분류한다.

위 사주는 어떤 질병에 약할까? 오행의 전체 흐름이 土관살에 몰려 있는 관살혼잡(官殺混雜)이고, 金인수가 투출하지 않아 일간이 위축된다. 水가 무력하면 신장, 방광, 비뇨기 등 음(陰) 기운에 문제가 생길 수 있다. 실제로 2002년(壬午운, 壬午년)에 자궁암 수술을 받은 여성이다.

참고로, 다음은 자궁암에 걸린 사주들이다. 팔자 구조 중 火土 오행에 관심을 갖고 본다.

시	일	월	연 (坤命)
戊	己	丙	丙
辰	未	申	午

己	庚	辛	壬	癸	甲	乙
丑	寅	卯	辰	巳	午	未

▶ 1966년생으로 양력 2005년 7월 8일 자궁근종 수술을 하였다.

시	일	월	연 (坤命)
己	丙	丁	癸
亥	辰	巳	卯

甲	癸	壬	辛	庚	己	戊
子	亥	戌	酉	申	未	午

▶ 1963년생으로 1999년 자궁암 수술을 하였다.

시 일 월 연(坤命)

甲 甲 乙 癸

戌 戌 卯 未

壬 辛 庚 己 戊 丁 丙
戌 酉 申 未 午 巳 辰

▶ 1943년 생으로 음력 2004년 자궁암 수술을 하였다.

시 일 월 연(坤命)

丁 辛 戊 戊

酉 未 午 寅

辛 壬 癸 甲 乙 丙 丁
亥 子 丑 寅 卯 辰 巳

▶ 1938년생이다. 자궁암으로 1979년 사망하였다.

시 일 월 연(坤命)

辛 丙 壬 癸

卯 戌 戌 卯

己 戊 丁 丙 乙 甲 癸
巳 辰 卯 寅 丑 子 亥

▶ 1963년생 홍콩 여배우로, 2003년 자궁경부암의 후유증으로 사망하였다.

3
십간의 월별 주용신과 보조용신

4. 癸水의 월별 용신

① 인월계수(寅月癸水)

주용신 辛 보조용신 丙庚

우로(雨露)처럼 유약하다. 辛金편인으로 물의 원천을 삼으며, 丙火정재로 따뜻
하게 한다. 庚金정인은 보조로 사용한다.

【원문】

正月癸水 値三陽之後 雨露之精 其性至柔 先用辛金 生癸水之
정월계수 치삼양지후 우로지정 기성지유 선용신금 생계수지

源 次用丙火照暖 名陰陽和合 萬物發生 辛丙兩透 金榜有名
원 차용병화조난 명음양화합 만물발생 신병량투 금방유명

【해설】　　　인월계수는 삼양(三陽)을 지난 때로 우로(雨露)처럼 성
격이 매우 유약하다. 먼저 辛金편인으로 수원(水源)을 삼고 丙火정재로
따뜻하게 하면, 음양이 화합하여 만물이 생겨난다. 辛金과 丙火가 모두
투출하면 귀하다.

【원문】

或支成火局 辛金受傷 有壬出救者 富貴 無壬者 貧窮 或丙出天
혹지성화국 신금수상 유임출구자 부귀 무임자 빈궁 혹병출천

干 辛在酉丑 亦有衣衿 若辛丙皆無 貧寒下格 或辛透丙藏 恩
간 신재유축 역유의금 약신병개무 빈한하격 혹신투병장 은

榮之造 丙辛在柱 以富得官
영지조 병신재주 이부득관

【해설】　　　　인월계수의 지지에 火재성국이 있으면 辛金이 상한다.
따라서 壬水겁재가 나타나 火를 제극하면 부귀하고, 壬水가 없으면 가
난하다. 만약 丙火정재는 천간에 투출하고 辛金편인은 酉 또는 丑 속에
숨어 있으면 학생 신분이고, 辛金과 丙火가 모두 없으면 가난한 사람이
다. 辛金은 투출하고 丙火는 지장간에 있는 경우는 남의 도움으로 영화
를 보는 사람이다. 丙火와 辛金이 사주에 있으면 재물로 명예를 얻는다.

【원문】

或戊透月上 坐辰時 不見比劫 丙丁出干 此爲化合 定主腰金 見
혹무투월상 좌진시 불견비겁 병정출간 차위화합 정주요금 견

刑沖則否
형충즉부

【해설】　　　　만약 인월계수가 일간 癸水와 합하는 戊土가 월간에
있고 辰시생이며, 일간을 돕는 비겁이 없고 丙丁火가 천간에 있으면 합
화격(合化格. p.95 참조)이 된다. 이 경우 허리에 금띠를 두르는데, 사주
에 형충(刑沖)이 있으면 그렇지 않다.

【원문】

或支成水局 宜有丙透 無壬者 衣祿不少 若見丙火重重 又作
혹지성수국 의유병투 무임자 의록불소 약견병화중중 우작

貴推
귀추

【해설】 　　　　인월계수에 지지가 水비겁국이면 丙火가 투출해야 좋고, 丙火를 충하는 壬水가 없으면 의식(衣食)과 봉록이 적지 않다. 만약 丙火가 중중(重重)하면 귀하다.

【원문】

正月癸水 辛金爲主 庚金次之 丙亦不可少 若無庚辛 雖有丙火
정 월 계 수　신 금 위 주　경 금 차 지　병 역 불 가 소　약 무 경 신　수 유 병 화

無用之人 或火多土多 殘疾不免
무 용 지 인　혹 화 다 토 다　잔 질 불 면

【해설】 　　　　인월계수는 辛金편인 위주로 하고 庚金정인은 다음에 쓴다. 또한 인월계수에 丙火정재가 적으면 안 되며, 庚辛인수가 없으면 丙火가 있어도 하급의 사람이다. 만약 인월계수가 火土재관이 많으면 몸에 질병이 있다.

【원문】

用辛者 土妻金子
용 신 자　토 처 금 자

【해설】 　　　　인월계수가 辛金을 용신으로 하는 경우 土가 처이고 金이 자식이 된다.

시	일	월	연 (乾命)
癸	癸	戊	庚
丑	未	寅	戌

丙	乙	甲	癸	壬	辛	庚	己
戌	酉	申	未	午	巳	辰	卯

인월계수는 유약하므로 수원(水源)을 발하는 庚辛金 위주로 하고, 다음에 丙火로 따뜻하게 한다. 그러나 이 사주의 병은 土관살의 기운이 강해서 신약해진 것이므로 丙火를 못 쓴다. 용신은 土관살을 치는 寅 중의 甲木식상을 쓰는 방법과, 土관살을 흡수하는 庚金인수를 쓰는 방법이 있다. 약한 일간에 식상을 용신으로 쓰는 것은 문제가 있으므로 당연히 庚金인수를 쓴다. 庚金 용신은 일간과 멀리 있어 유정하지 않은 것이 흠이지만, 庚金이 천간에 투출하고 습토(濕土)의 조력을 받는 시간 癸水가 일간을 조력하여 위안이 된다.

명주의 상황을 보면, 중년 巳午未운은 관살을 생하고 용신인 庚金을 극하여 분주하기만 하였고, 甲申운에 군에서 공을 세워 벼슬을 하였다. 乙酉운에 승진하였으며, 丙戌운에 팔자의 병인 관살을 강하게 하고 용신을 극하여 사망하였다.[사주 출처 『사주첩경(四柱捷徑)』]

이와 같이 용신을 월령의 지장간에서 정하지 않는 것을 애가증진(愛假憎眞)이라 한다. 이 사주에서는 寅월의 정기(正氣)인 甲木이 진신(眞神)이 되는데, 寅월의 지장간 戊土가 투출하고 지지에 丑戌未가 있어 관살이 왕성하므로 甲木 진신이 관살을 제지할 수 없다. 이에 반해 월령의

생조를 받지 않는 庚金 가신(假神)은 寅월의 절지(絶地)로 무력하기는
하지만 왕성한 관살의 생조를 받아 용신으로 삼을 만하다. 따라서 癸水
입장에서 보면 土로 인해 약한 상황인데, 진신 甲木은 설기를 하고 있어
싫고 庚金 가신은 좋다. 이와 같은 상황을 애가증진이라 한다.

진신은 월령에서의 투출 여부를 떠나 월령과 지장간을 모두 진신으로
보기도 한다. 애가증진의 개념은 용신을 선정할 때 유력한 것, 즉 월령에
뿌리를 둔 글자를 용신으로 정한다는 원칙에서 예외다.

시	일	월	연 (乾命)
癸	癸	戊	乙
丑	酉	寅	酉

辛	壬	癸	甲	乙	丙	丁
未	申	酉	戌	亥	子	丑

월령 寅 중 戊土가 투출하고, 지지 巳酉丑합으로 관인상생(官印相生)
이 되어 癸水일간이 왕성하다. 金水가 강하므로 木火 중 용신을 정한다.
아쉽게도 火재성이 보이지 않아 월령에 뿌리가 있는 연간 乙木을 용신
으로 삼는다. 용신 乙木의 상황은 앉은 자리인 酉金은 태지(胎地)이고,
戊土와 목토상전(木土相戰)이 되어 유력하다고 볼 수 없다.

명주의 운의 흐름을 보면 丁丑과 丙子운은 팔자에 없는 火가 들어 문
제가 없고, 乙亥운에는 용신이 힘을 받아 벼슬에 들었으며, 甲戌운에는
승진하였다. 癸酉운은 신왕한 팔자를 더욱 신왕하게 하는 기구신운이
며, 용신인 乙木을 꺾어 지위에서 물러났다.[사주 출처 『적천수(適天髓)』]

② 묘월계수(卯月癸水)

주용신 庚　보조용신 辛

乙木식신이 사령하여 약하다. 庚金정인으로 수원(水源)을 삼고, 다음에 辛金편인을 쓴다.

【원문】

二月癸水 不剛不柔 乙木司令 洩弱元神 專用庚金爲用 辛金次
이 월 계 수　불 강 불 유　을 목 사 령　설 약 원 신　전 용 경 금 위 용　신 금 차

之 庚辛俱透 無丁出干者 貴由科甲 無庚辛者常人
지　경 신 구 투　무 정 출 간 자　귀 유 과 갑　무 경 신 자 상 인

【해설】　　　　묘월계수는 강하지도 약하지도 않지만, 乙木식신이 사령하여 癸水일간을 약하게 하므로 庚金정인으로 수원(水源)을 삼고, 辛金편인을 다음에 쓴다. 庚辛인수가 투출하고, 이를 극하는 丁火편재가 투출하지 않으면 공명을 이룬다. 庚辛이 투출하지 않으면 평범한 사람이다.

【원문】

或庚透辛藏 榮封有准 庚藏辛透 亦有衣衿 庚辛兩藏 富中取貴
혹 경 투 신 장　영 봉 유 준　경 장 신 투　역 유 의 금　경 신 량 장　부 중 취 귀

或刀筆揚名 或庚辛重見 有己丁出干者亦貴
혹 도 필 양 명　혹 경 신 중 견　유 기 정 출 간 자 역 귀

【해설】　　　　만약 묘월계수에 庚金정인이 투출하고 辛金은 지장간에 있으면 벼슬을 하고, 庚金은 지장간에 있고 辛金만 투출하면 학생이

다. 庚辛金이 모두 지장간에 있는 경우에는 재물로 귀하게 되거나, 문장으로 이름을 날린다. 庚辛을 지장간에서 또다시 보고 己土편관과 丁火편재가 천간에 나타나 있어도 귀하게 된다.

【원문】

或支成木局 月時又見木者 爲洩水太過 定主貧困多災 卽運入
혹지성목국 월시우견목자 위설수태과 정주빈곤다재 즉운입

西方 亦屬無用
서방 역속무용

【해설】　　만약 묘월계수가 지지에 木식상국을 이루고, 월과 시에서 또 木식상을 보는 경우에는 일간을 지나치게 설기하여 가난하고 재액이 있다. 이 경우에는 운이 木을 극하는 서방(西方)으로 흘러도 소용없다.

【원문】

水木傷官 又名飛天祿馬格 方伯
수목상관 우명비천록마격 방백

시	일	월	연 (乾命)
癸	癸	癸	丁
丑	亥	卯	未

丙	丁	戊	己	庚	辛	壬
申	酉	戌	亥	子	丑	寅

【해설】　　　지지가 亥卯未 木식상국이 되므로 수목상관(水木傷官)이고, 비천록마격(飛天祿馬格. p.816 참조)^{주)}이다. 방백(方伯) 벼슬을 하였으며, 丑 중 辛金이 용신이다.

주 이 사주를 亥卯未 木식상국이 되므로 비천록마격이 아닌 종아격(從兒格)으로 보는 경우가 있다. 그러나 癸水가 투출하고 지지 亥丑이 있는데 종아로 보는 것은 문제가 있다.

【원문】

用丑中辛金 又丁火出干 侍郞
용 축 중 신 금　우 정 화 출 간　시 랑

시	일	월	연 (乾命)
癸	癸	癸	丁
丑	卯	卯	亥

丙	丁	戊	己	庚	辛	壬
申	酉	戌	亥	子	丑	寅

807

【해설】　　　丑土 중의 辛金을 용신으로 하며, 丁火가 연간에 투출하여 시랑(侍郞) 벼슬을 하였다.

【원문】

庚辛兩透 位至閣老
경 신 량 투　위 지 각 로

3

십간의 월별 주용신과 보조용신

시	일	월	연(乾命)
辛㈜	癸	己	庚
酉	酉	卯	子

丙	乙	甲	癸	壬	辛	庚
戌	酉	申	未	午	巳	辰

【해설】　　묘월계수에 수원(水源)이 되는 庚金인수가 2개 투출하여 각로(閣老) 벼슬을 하였다.

㈜ 원문에는 시(時)가 庚申인데 庚辛이 양투(兩透)하였다는 내용으로 보아 辛酉가 맞으므로 정정하였다.

묘월계수 해설

시	일	월	연(乾命)
辛	癸	己	庚
酉	卯	卯	子

丙	乙	甲	癸	壬	辛	庚
戌	酉	申	未	午	巳	辰

이 사주는 월일에 일간 癸水의 천을귀인(天乙貴人)인 卯가 있으며, 일주 癸卯가 문창귀인(文昌貴人)㈜에 해당된다. 또한 己土생 庚金으로 신

약에 살인상생(殺印相生)이 되고, 庚金 생 子水, 子水 생 卯木이 되어 卯木이 癸일간의 수기(秀氣)를 발하므로 식상이 나타내는 문장이 뛰어난 명이다.

운의 흐름을 보면 巳午未 남방운은 팔자와 결합하여 오행이 상생으로 이어지는 원류를 이루고 통관(通關)시키는 역할을 하며, 이어지는 申酉戌운은 신약한 일간을 금생수(金生水)하여 돕는 운으로 운세의 흐름이 아름다워 승상(丞相) 벼슬을 하였다.

팔자의 자식은 신약하고 식상이 중중(重重)하여 자식의 역할이 떨어지며, 자식성은 子卯형과 卯酉충으로 깨져 있고, 자식궁인 시지 역시 卯酉충으로 흔들리고 있는 것이 눈에 띈다.

실제, 후손을 못 봐서 처제의 아들을 자식을 삼아 살다가 80세가 넘어 자식에게 쫓겨나서 죽었다. 죽은 丁亥운은 지지가 亥卯未 木식상국을 이루고, 丁火가 일간을 더욱 약하게 하는 운이다.[사주 출처 『연해자평(淵海子平)』]

한편, 이 사주가 귀한 이유를 납음오행을 이용한 공작조화로 설명하기도 한다. 일주 癸卯는 금박금(金箔金)인데 金이 卯木의 자리에 앉아 있어 자리가 마땅하지 않고, 시주 辛酉는 석류목(石榴木)인데 木이 金의 자리에 앉아 있어 역시 생을 받는 자리가 아니다. 그런데 일시를 서로 교차시켜 보면 서로에게 화평한 자리다. 이와 같이 일시나 월일 등의 납음오행이 서로 교차시켰을 때 마땅한 자리가 되는 경우를 공작조화라 하며, 문명에 밝은 상으로 과거에 합격한다고 본다. 특히 일시가 공작조화를 이루는 것을 더 귀하게 본다.

시	일	월	연 (乾命)
癸	癸	乙	戊
亥	卯	卯	午

壬	辛	庚	己	戊	丁	丙
戌	酉	申	未	午	巳	辰

묘월계수가 지지에 亥卯未 木식상국을 이루고 乙木이 투출하여 신약하다. 일간 癸水는 오로지 시간 癸水에 의지하는 상황인데, 초년과 중년 운이 火土재관으로 흘러 불미하다. 명주는 戊午운에 사망하였다. 사망한 해의 대운 중 戊土는 일간의 유일한 의지처인 癸水와 戊癸火하고, 午火는 신약한 일간을 더욱 신약하게 한다.

양생음사(陽生陰死)의 방법으로 이 사주를 보면, 일간 癸水는 卯木이 생지(生地)이고 亥水가 왕지(旺地)이므로 결코 약하다고 볼 수 없으며, 戊午운에 사망할 이유가 없다. 십이운성(十二運星)을 양생음사의 방법으로 적용하는 것이 헛되다는 것을 알 수 있는 사례다.[사주 출처 『적천수(適天髓)』]

㊟ 문창귀인은 일간을 기준으로 하여 사진과 대조하며, 일주 자체만 보기도 한다. 문창귀인이 있는 경우 재능이 비범하고 풍류를 즐기며, 희기(喜忌)를 보면 일간이 신왕해야 하고, 신약하면 능력을 충분히 발휘하지 못한다. 사주 중 형충과 공망을 싫어한다.

일 간	甲	乙	丙	丁	戊	己	庚	辛	壬	癸
문창귀인	巳	午	甲	酉	甲	酉	亥	子	寅	卯

卯月癸水

묘월계수
상담사례

살인백호 사주와 치료약

단정하고 강팍한 느낌의 이미를 가진 분이 친구와 함께 상담실을 찾아왔다. 같이 온 친구가 잠깐 자리를 뜬 사이 화장기 없는 뺨 위로 하염없이 눈물을 흘리며 자신의 사연을 이야기하는데, 괜스레 듣는 내가 민망해졌다.

이야기인즉 2004년 초부터 정상적이고 평범했던 남편의 눈치가 이상했다고 한다. 돈타령 명예타령으로 한 해를 보내더니 2004년 말 돈거래를 하는 전주의 부인과 바람이 났고, 2005년 초 가출하여 현재까지 2년 동안 별거 상태다. 여기까지는 그럴 수 있다고 치자. 문제는 바람난 남편이 부인에게 기득권을 주장하고 있고, 부인도 돌아오기를 기다렸다. 시댁에서도 남편의 일을 모르고, 친정부모가 아시면 크게 걱정하시기 때문에 2년 동안 혼자서 가슴앓이를 하였다는 젊은 부인은 남편이 원하면 자신의 몸을 떼어줄 수도 있다고 하였다.

811

```
    시  일  월  연(坤命)
    庚  癸  己  庚
    申  丑  卯  戌

  壬 癸 甲 乙 丙 丁 戊
  申 酉 戌 亥 子 丑 寅
```

사주를 보면 나무가 흙에 빙 둘러 묻혀 있고 불이 없는 게 문제다. 여자 팔자에 남자 기운이 너무 많은 것도 좋아 보이지 않는다.

이 분에게 치료약은 무엇일까? 일주론으로 살펴보자. 癸丑일 여자는 살인백호(殺人白虎)다! 즉 남자가 죽어나가는 일주로 흡혈귀이며, 남편을 능멸하고 사별한다. 아니면

3

십간의 월별 주용신과 보조용신

남편으로 인해 고통을 겪고 신음한다. 격이 갖춰지면 교육이나 의약업과 인연이 있고, 격이 떨어지면 물장사와 인연이 있거나 창녀다. 버린 팔자로 치료약이 없다는 말인데, 癸丑일주가 백호일주라는 것 외에는 동의할 수 없다.

묘월계수에 수원(水源)이 되는 庚金이 투출하고, 辛金이 지장간에 있는 경우 학생의 신분은 된다고 하였다. 그렇다면 충분치는 않으나 치료약이 이미 갖춰져 있는 것으로, 너무 좁은 시각으로 보았다는 문제가 있다. 많은 치료약 중 성격 중심으로 살펴본다. 일간 癸水는 육친 중 상관의 심리를 가지고 있다. 그러나 일지를 구성하고 있는 지장간의 구성을 보면 이러한 상관의 심리가 많이 줄어든다. 丑土일지 전체를 30일로 볼 때 지장간의 일수는 己土편관이 18일, 辛金편인이 3일, 癸水비견이 9일이다. 이런 지장간의 구성과 팔자에 관성의 기운이 강한 것을 고려하면 편관이 주도하고 상관의 기질이 약간 섞인 성격이 된다.

이 경우 보수적이고 자기 주장이 서툴며, 겉으로는 활동적으로 보이지만 내심은 완고하며, 인내심이나 성실함, 봉사성이 높은 성격이다. 또한 팔자에 자신을 뽑아내는 식상의 기운이 흙에 묻혀 있고, 재성의 기운은 없다. 그러므로 납기(納氣)에는 능하고 설기에는 서툴다.

즉, 참을성은 강하지만 주장하는 성향은 약하다. 이런 특성이 있는 분이 막연히 기다리며 참기만 하는 것은 일을 더 꼬이게 할 뿐이다. 성격으로 본 치료약은 집요하고 더 강력하게 자신을 주장하는 힘을 키우는 것이다.

③ 진월계수(辰月癸水)

주용신 丙   보조용신 辛甲

상반월인 청명(清明) 이후와 후반월인 곡우(穀雨) 이후를 나누어 본다.
① 상반월 : 불이 강하지 않으므로 오로지 丙火정재를 사용한다.
② 후반월 : 丙火정재를 사용하고, 辛金편인과 甲木상관으로 보좌한다.

【원문】

三月癸水 要分清明穀雨 清明後 火氣未熾 專用丙火 爲陰陽合
삼 월 계 수 요 분 청 명 곡 우 청 명 후 화 기 미 치 전 용 병 화 위 음 양 합

諧 穀雨後 雖用丙火 尚宜辛甲佐之 如辛卯 壬辰 癸未 丙辰 生
해 곡 우 후 수 용 병 화 상 의 신 갑 좌 지 여 신 묘 임 진 계 미 병 진 생

上半月 用丙火 顯達 生下半月 必無傷辛金癸水 方妙 然丙亦
상 반 월 용 병 화 현 달 생 하 반 월 필 무 상 신 금 계 수 방 묘 연 병 역

不可少 用丙 木妻火子^{주)}
불 가 소 용 병 목 처 화 자

【해설】   진월계수는 청명(清明)과 곡우(穀雨)로 나누어 본다.
청명 이후는 불기운이 강하지 않으므로 오로지 丙火정재만 사용하며,
곡우 후는 丙火정재를 사용하고 辛金편인과 甲木상관으로 보좌한다.

시	일	월	연
丙	癸	壬	辛
辰	未	辰	卯

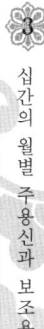

　예를 들어, 팔자가 위와 같이 辛卯년 壬辰월 癸未일 丙辰시로 청명 후인 경우는 丙火정재를 사용해야 발전한다. 곡우 후인 경우는 丙火정재가 적으면 안 되고 辛金편인과 癸水비견이 손상되지 않아야 묘하다. 丙火를 용신으로 하는 경우 木 희신이 처이고, 火 용신이 자식이다.

─────────────────────

㈜ 원문에 水子로 되어 있으나 火子가 맞으므로 정정하였다.

【원문】

三月癸水 從化者多 得化者榮祿 不化者平常
삼 월 계 수　종 화 자 다　득 화 자 영 록　불 화 자 평 상

【해설】　　　진월계수는 종화(從化)하는 경우가 많은데, 종화를 온전히 얻으면 영화가 있고 그렇지 않으면 평범하다.

【원문】

或支成水局 又見己土 無木 乃假殺格 有甲出者 常人
혹 지 성 수 국　우 견 기 토　무 목　내 가 살 격　유 갑 출 자　상 인

【해설】　　　만약 진월계수의 지지가 水비겁국이고 己土칠살이 있으며, 칠살을 제극하는 木식상이 없으면 가살격(假殺格)이다. 甲木이 투출한 경우 평범한 명이다.

【원문】

或支坐四庫 又得甲透 可謂顯達名揚 無甲者僧道孤苦
혹 지 좌 사 고　우 득 갑 투　가 위 현 달 명 양　무 갑 자 승 도 고 고

【해설】 만약 지지에 辰戌丑未 사고(四庫)가 있고 甲木이 투출하면 발전하지만, 甲木이 없으면 중이 되거나 외롭고 고통스럽다.

【원문】

或支成木局 無金 名傷官生才格 主聰明博學 衣祿充饒
혹 지 성 목 국 무 금 명 상 관 생 재 격 주 총 명 박 학 의 록 충 요

【해설】 만약 지지가 木식상국을 이루고 일간을 돕는 金이 없으면 상관생재격(傷官生財格)으로 총명하고 학식이 있으며 의식(衣食)이 풍부하다.

【원문】

三月癸水 辛甲皆酌用 下半月 土妻金子
삼 월 계 수 신 갑 개 작 용 하 반 월 토 처 금 자

【해설】 진월계수는 辛金과 甲木을 참조하여 사용한다. 辰월의 하반기에는 土가 처이고 金이 자식이 된다.

【원문】

用辛無丙 辛金得所 倖人
용 신 무 병 신 금 득 소 행 인

시　일　월　연（乾命）
辛　癸　甲　丁
酉　亥　辰　酉

丁　戊　己　庚　辛　壬　癸
酉　戌　亥　子　丑　寅　卯

【해설】　　　　　丙火가 없으므로 辛金을 쓴다. 辛金이 酉金에 뿌리가
있고, 투출한 甲木과 丁火가 상관생재（傷官生財）를 이루어 부귀하다.

시　일　월　연（乾命）
甲　癸　壬　丙
寅　巳　辰　寅

己　戊　丁　丙　乙　甲　癸
亥　戌　酉　申　未　午　巳

【원문】

上半月生 官至總兵 下半月生武擧[주]
상 반 월 생 관 지 총 병 하 반 월 생 무 거

【해설】　　　　　상반월과 하반월에 태어난 두 사람이 동일한 사주를
가진 경우이다. 이 중 상반월생인 경우는 불기운이 강하지 않으므로 丙
火를 쓴다. 연간에 丙火가 투출하고 관인상생（官印相生）을 이루며, 운이

서북 방향으로 흘러 木식상을 조절하여 총병(總兵)이란 큰 벼슬에 올랐다. 하반월생인 경우는 불기운이 강하므로 辛金편인으로 수원(水源)을 만들어야 하는데 辛金이 없다. 다행히 申酉戌운으로 흐르며 무관이 되는 것에 그쳤다.

㊟ 무거는 무과와 같은 의미다.

【원문】

生下半月 出將入相
생 하 반 월 출 장 입 상

시	일	월	연 (乾命)
辛	癸	丙	戊
酉	丑	辰	午

癸	壬	辛	庚	己	戊	丁
亥	戌	酉	申	未	午	巳

【해설】 하반월생으로 수원(水源)을 발하는 辛金이 시간에 뿌리가 있고 관인상생을 이룬다. 나가서는 장수이며, 돌아와서는 재상이 되는 귀한 팔자이다.

【원문】

才資殺格 駙馬
재 자 살 격 부 마

시	일	월	연(乾命)
丙	癸	壬	丙
辰	丑	辰	寅

己	戊	丁	丙	乙	甲	癸
亥	戌	酉	申	未	午	巳

【해설】　　　　寅 중 甲木이 투출한 丙火재성을 돕고, 丙火는 土관살을 돕는다. 辰丑 습토(濕土)에 土金이 살인상생(殺印相生)하고, 용신인 丙火가 인수를 해치지 않으므로 처로 인해 귀하게 된다. 또한 운이 申酉戌로 흘러 신약을 해결하므로 좋다. 부마(駙馬)가 되었다.

진월계수 해설

시	일	월	연(乾命)
甲	癸	壬	丙
寅	巳	辰	戌

己	戊	丁	丙	乙	甲	癸
亥	戌	酉	申	未	午	巳

진월계수로 매우 약하므로 육친 중 어느 하나에 종하지 않으면 편할 날이 없다. 과연 종할 수 있는 사주인지를 먼저 살펴본다. ① 자좌(自坐) 巳火에 庚金인수를 가지고 있으나 시지 寅 중 丙火와 충하고, 기(氣)인 庚金

이 질(質)인 巳火에 있어 무력하므로 癸水일간을 돕지 못하며, ② 월간 壬水가 습토인 辰土에 뿌리가 있어 일간 癸를 도울 수 있을 것 같지만 바닥이 火土이고, 연간과 丙壬충이 되어 자신이 살기에도 바빠서 일간을 도울 여력이 없다. 그러므로 팔자의 일간이 어디 의지할 곳이 없는 고립무원의 형세다. 종을 하는 것이 당연하지만 월간 壬水가 있어 가종(假從)을 한다.

만약 종을 한다면 어디에 종을 할까? 甲木도 뿌리가 있고 丙火도 巳火에 뿌리를 두고 있지만, 팔자 전체의 형세가 목생화(木生火) 화생토(火生土)로 흘러 土관살이 강해지므로 가종 중 종살(從殺)을 하는 것이 마땅하다.

운의 흐름은 ① 甲午와 乙未운은 火재성국으로 종살하는 살을 돕는 운이므로 관직에 진출하고, ② 丙申과 丁酉운은 申酉戌로 흐르는 운으로 불미할 듯하지만 개두(蓋頭)된 것이 丙丁이라 평탄하였으며, ③ 戊戌운에는 종살격에 관살이 오고 화고(火庫)가 와서 대귀하였고, ④ 己亥운 중 亥운에는 일간 癸水를 도와 가종격(假從格. p.506 참조)에 종을 못 하게 하는 기운이 오며, 앉은 자리인 巳火재성을 巳亥충하여 사망하고 말았다. 사망운은 왕신충발(旺神沖發)의 상황이기도 하다.[사주 출처 『사주첩경(四柱捷徑)』]

시	일	월	연 (坤命)
丙	癸	庚	乙
辰	卯	辰	未

丁	丙	乙	甲	癸	壬	辛
亥	戌	酉	申	未	午	巳

명주는 첫 결혼에서 자식을 못 낳아 이혼하고 자식 있는 남자와 재혼하였다. 재혼 후 신장 이식을 하고 중풍으로 고생하다 2004년(癸未년)에

뜻하지 않은 자궁외임신의 후유증으로 장기간 병원 신세를 졌다.

용신 선정을 통해 각 육친의 역할에 대해 알아본다. 진월계수가 상반월에 태어난 경우 丙火를 쓰라는 것은 팔자에 金水가 세력이 있을 경우 통용되는 원칙이다. 金水가 없을 때 丙火를 쓰면 강한 土기운을 부추겨서 오히려 병이 된다. 이 사주도 지지 寅卯辰과 亥卯未로 일간을 설기하는 木이 강하고 바닥의 土가 강해서, 丙火를 쓰면 약한 일간을 더욱 약하게 하는 꼴이 된다. 이 사주는 일간이 약하고 관살이 강하므로 인비(印比) 중 비겁인 水를 용신, 인수인 金을 희신으로 한다.

희용기구한신의 기준으로 볼 때 남편은 어떨까? 기신은 土관살이 되는데, 남편별이 기신성(忌神星)이고 월지인 남편궁이 기신궁이므로 남편복이 없다. 또한 신약에 관살혼잡(官殺混雜)인 점도 부부관계에 문제가 있게 한다. 水가 용신이면 金이 남편이고, 水가 자식이 된다. 그러면 남편은 월간 庚金이 되는데, 乙庚金으로 연간 乙木에게 정이 기울고 일간을 생하는 것에는 뜻이 없다.

자식은 왜 없을까? 금부수자(金夫水子)인데 水인 자식이 없다. 이 외에도 곤명에 火土가 너무 강해서 생산에 지장이 있음을 바로 알 수 있다. 마찬가지로 火土가 강해 水를 제극하므로 신장에도 문제가 있다. 『적천수(適天髓)』에 나온 다음 사주를 참조한다.

시	일	월	연 (乾命)
丁	戊	戊	辛
巳	戌	戌	未

庚	辛	壬	癸	甲	乙	丙	丁
寅	卯	辰	巳	午	未	申	酉

위 팔자에 대해 이르기를 "癸巳운에는 팔자에 水의 뿌리가 없어 火를 조절할 수 없으므로 사피풍으로 죽었는데, 이는 火土가 癸水를 말려서 신장 역할이 없어졌기 때문이다." 하였다.

④ 사월계수(巳月癸水)

주용신 辛   보조용신 庚壬

丙火가 사령하여 조열(燥熱)한 달에 있다. 辛金편인으로 癸水의 원천을 삼고 庚金정인으로 보좌하며, 壬水겁재로 辛金을 극하는 丁火를 합으로 묶는다.

【원문】

四月癸水 喜辛金爲用 無辛用庚 若辛高透 不見丁火 加以壬透
사 월 계 수   희 신 금 위 용   무 신 용 경   약 신 고 투   불 견 정 화   가 이 임 투

主科名榮貴 聲播四夷 若有丁破格 貧無立錐 有壬可免 辛藏無
주 과 명 영 귀   성 파 사 이   약 유 정 파 격   빈 무 립 추   유 임 가 면   신 장 무

丁 貢監衣衿
정 공 감 의 금

【해설】   사월계수는 辛金편인을 사용하는데, 辛金이 없으면 庚金정인을 사용한다. 만일 辛金이 투출하고 이를 손상하는 丁火편재가 없으며 壬水겁재가 투출하면 귀하고 명성이 있다. 만약 丁火가 있어 辛金이 파괴되면 매우 가난하다. 그러나 壬水가 있으면 丁壬합으로 丁火의 손상을 피할 수 있다. 辛金이 지장간에 있고 丁火가 없으면 재주가 있어서, 학생으로 선발되지는 않지만 재물을 내고 공부하는 학생 정도는 될 수 있다.

【원문】

或一派火土乏辛 即有己庚 亦不能生水 又無比肩羊刃 必至熬
혹일파화토핍신 즉유기경 역불능생수 우무비견양인 필지오

乾癸水 損目無疑 若庚壬兩透 洩制火土 名劫印化晉 極貴之造
건계수 손목무의 약경임량투 설제화토 명겁인화진 극귀지조

有丁見干者 則否 如有庚無壬 亦無丁破金者 堪入儒林 有庚無
유정견간자 즉부 여유경무임 역무정파금자 감입유림 유경무

辛者 異路成名 總之四月癸水 專用辛金方妙
신자 이로성명 총지사월계수 전용신금방묘

【해설】　　　만약 사월계수에 한 무리의 火土재관이 있고 辛金편인
이 없는 경우에는 己土와 庚金이 있어도 癸水일간을 생할 수 없다. 또한
癸水비견이나 丑土양인이 없는 경우에는 반드시 癸水가 메말라서 눈이
손상된다. 만약 庚金과 壬水가 모두 투출하여 火土를 극설(尅洩)하면 겁
인화진(劫印化晉)이란 매우 귀한 명조가 되지만, 丁火가 천간에 나타나
면 그렇지 않다. 庚金은 있는데 壬水가 없고 丁火가 庚金을 파괴하지 않
는 경우 학자가 될 수 있고, 庚金은 있고 辛金이 없는 경우에는 다른 방
법으로 이름을 떨친다. 종합해보면 사월계수는 辛金을 써야 묘하다.

【원문】

辛透庚藏 身强殺旺 方伯
신투경장 신강살왕 방백

시	일	월	연 (乾命)
辛	癸	己	甲
酉	酉	巳	辰

丙	乙	甲	癸	壬	辛	庚
子	亥	戌	酉	申	未	午

【해설】　　　辛金이 투출하고 庚金이 지장간에 있으며, 巳酉丑 지
지 위에 辛金이 있어 일간 癸水가 왕성하다. 또한 월간에 투출한 己土칠
살도 왕성하여 신강살왕(身强殺旺)이 된다. 방백(方伯) 벼슬을 하였다.

【원문】

才旺生官 尚書
재 왕 생 관　상 서

시	일	월	연 (乾命)
癸	癸	己	甲
亥	酉	巳	寅

丙	乙	甲	癸	壬	辛	庚
子	亥	戌	酉	申	未	午

【해설】　　　木의 생을 받는 巳火재성이 己土칠살을 생하여 재왕생
관(財旺生官)이 되고, 일간이 신왕하여 상서(尚書) 벼슬을 하였다.

```
시  일  월  연 (乾命)
壬  癸  乙  丁
子  酉  巳  丑

戊  己  庚  辛  壬  癸  甲
戌  亥  子  丑  寅  卯  辰
```

사월계수는 뜨겁고 약하다. 辛金으로 수원(水源)을 삼아 일간 癸水를
돕는 것이 가장 좋은 용신법이다. 또한 辛金을 진극(眞剋)하는 丁火의
투출을 가장 꺼리는데, 연간에 丁火가 투출하고 乙木의 생을 받고 있다.
그러나 일간 癸水가 巳酉 금국(金局)의 자리 위에 있고, 壬子비겁이 시
주에 있어 辛金의 도움이 없어도 기운이 아주 약하지 않다. 팔자에 일간
을 돕는 기운이 충분해서 재관을 쓸 수 있으며, 용신 壬水가 중년 金水운
의 도움을 받아 흐름이 길하다. 명주는 중년에 벼슬에 올라 군수(郡守)
가 되었고, 아들 일곱을 모두 잘 키웠다.[사주 출처 『적천수(滴天髓)』]

```
시  일  월  연 (乾命)
丙  癸  丁  戊
辰  丑  巳  戌

甲  癸  壬  辛  庚  己  戊
子  亥  戌  酉  申  未  午
```

癸水일간 주변이 온통 火土재관으로, 종살격(從殺格)에 가까운 사주이지만 신약사주로 보는 것이 맞다. 신약으로 보는 이유는 ① 癸水일간이 丑土양인의 자리에 있고, ② 시지에 수고(水庫)가 되는 辰 중 癸水가 있으며, ③ 운이 金水로 흐르기 때문이다.

대운을 보면 金水 희용신으로 흘러 아름답다. 중견 건설업체의 사장으로, 2007년 현재 행복한 가정생활을 하며 왕성한 활동을 하고 있다. 만약 이 사주를 종살격으로 판단하여 火土재관을 희용신으로 보면 평생 불발인 파격 사주가 된다.

종격 판단에는 명의 구조와 함께 대운이 영향을 미칠 수 있다. 다음 사주를 참조한다.

시	일	월	연 (乾命)
壬	丙	戊	壬
辰	申	申	戌

乙	甲	癸	壬	辛	庚	己
卯	寅	丑	子	亥	戌	酉

태사(太史) 벼슬을 한 사주인데, 서락오(徐樂吾)는 『적천수평주(適天髓評註)』에서 "이 사주는 운이 金水로 흐르므로 종살격으로 봐야 한다[행운일파금수 공시종살격(行運一派金水 恐是從殺格)]" 하였다. 이것은 종살을 결정할 때 대운의 흐름도 고려하라는 뜻이다.

⑤ 오월계수(午月癸水)

주용신 辛   보조용신 庚壬癸

뿌리가 없어 매우 약하다. 庚辛인수가 일간을 돕게 하며, 壬癸비겁으로 癸水일
간을 돕는다.

【원문】

五月癸水 至弱無根 必須庚辛爲生身之本 但丁火司權 金難敵
오월계수 지약무근 필수경신위생신지본 단정화사권 금난적

火 安能滋養癸水 宜見比劫 方得辛金之用 五月癸水 庚辛壬參
화 안능자양계수 의견비겁 방득신금지용 오월계수 경신임참

酌 並用可也
작 병용가야

【해설】   오월계수는 뿌리가 없어 매우 약하다. 반드시 庚辛인
수가 일간을 생해야 한다. 午월은 丁火가 사령하는데 金이 火를 극하기
는 어려우므로 壬癸비겁으로 癸水일간을 도와야 辛金이 역할을 한다.
따라서 오월임수는 팔자 구조를 참조하여 庚辛과 壬水를 같이 쓴다.

【원문】

如庚辛透干 又見壬癸者 定主鍾鼎^{주)} 名家 或有金透 支見申子辰
여경신투간 우견임계자 정주종정 명가 혹유금투 지견신자진

者 亦主金榜掛名 或無水出干 支只一水 雖有庚辛 一富之造 故
자 역주금방괘명 혹무수출간 지지일수 수유경신 일부지조 고

日 水源會夏 富重貴輕 又曰 金水會夏天 富貴永無邊 運行火
왈 수 원 회 하 부 중 귀 경 우 왈 금 수 회 하 천 부 귀 영 무 변 운 행 화

土地 快樂似神仙
토 지 쾌 락 사 신 선

【해설】　　　　이와 같이 오월계수에 庚辛인수가 투출하고 壬癸비겁이 있으면 부귀한 생활을 한다. 만약 金이 투출하고 지지에 申子辰이 있으면 과거 급제한다. 水가 천간에 투출하지 않고 지지에 1개만 있는 경우는 庚辛金이 있어도 단지 부유할 뿐이다. 이르기를 "水의 근원이 여름에 모이면 재물은 많지만 귀함은 작으며, 金水가 여름 천간인 巳午未월의 팔자에 모이면 부귀가 무궁하여 운이 火土 지지로 흘러도 즐거움이 신선과 같다." 하였다.

㊁ 원문의 종정(鍾鼎)은 종이 울리는 소리로 사람을 불러 모아 솥을 벌여놓고 밥을 먹는 것과 같은 부유한 생활을 의미한다. 종명정식(鍾鳴鼎食)이라고도 한다.

【원문】

或支成火局 無壬出干 定主僧道 或二壬一庚同透 衣錦腰金
혹 지 성 화 국 무 임 출 간 정 주 승 도 혹 이 임 일 경 동 투 의 금 요 금

【해설】　　　　만약 오월계수에 지지가 火재성국이고 壬水가 투출하지 않으면 승도(僧道)이다. 壬水 2개와 庚金 1개가 투출한 경우에는 비단옷에 금띠를 두르는 출세를 한다.

십간의 월별 주용신과 보조용신

【원문】

或一派己土 無甲出制 此作從殺而論 又主大貴 凡從殺者 切不
혹 일 파 기 토 무 갑 출 제 차 작 종 살 이 론 우 주 대 귀 범 종 살 자 절 불

可破格方吉
가 파 격 방 길

【해설】　　　　오월계수에 한 무리의 己土칠살이 있고 甲木상관이 이를 제극하지 않으면 종살격(從殺格)으로 매우 귀하다. 그러나 파격(破格)이 안 되어야 종살격의 길함이 있다.

오월계수 해설

시	일	월	연 (乾命)
丙	癸	庚	己
辰	巳	午	丑

癸	甲	乙	丙	丁	戊	己
亥	子	丑	寅	卯	辰	巳

　　오월계수가 무력하고 火土재관이 강하여 종살격(從殺格)에 가까운 사주이다. 그러나 巳와 丑에 뿌리가 있는 庚金이 투출하여 癸水일간을 도우므로 종살은 되지 않는다. 또 庚金의 상황을 보면 앉은 자리가 살지(殺地)로 무력하다. 결국 관살은 강하고 일간은 약한 살중신경(殺重身輕)의 사주이며, 용신 庚金은 무력하다.

　　초반의 己巳와 戊辰운은 팔자의 병인 관살을 키우는 시기여서 흉하다. 이 중 1971년(戊辰운, 辛亥년)은 亥水가 신체궁인 일지를 충하고, 충을 당하는 왕신 火가 노발하는 왕신충발(旺神沖發)의 상황으로 충발된 火가 무력한 용신 庚金을 극한다. 1971년 23세의 나이로 자살하였다.[사주 출처 『사주첩경(四柱捷徑)』]

```
시   일   월   연 (乾命)
癸   癸   庚   己
亥   酉   午   酉

癸  甲  乙  丙  丁  戊  己
亥  子  丑  寅  卯  辰  巳
```

정기신(精氣神)의 개념을 이용하여 사주를 분석해보면, 정(精)인 庚辛 인수는 월간에 투출하여 힘이 있으므로 문제가 없고, 기(氣)인 일간은 酉金의 자리 위에 있어 유력하다. 그러나 신(神)인 식상과 관살은 무력해서 문제가 된다.

운의 흐름은 초반의 己巳와 戊辰운은 관살운이고, 중년운에는 木식상운이 이어진다. 이는 팔자에 부족한 신(神)을 보충하는 길운이다. 팔자와 대운을 결합하면 정기신이 완전하여 중상급의 명조로 분류할 수 있다. 서울대 의대를 졸업한 후 2007년 현재 서울의 모 대학병원에 정형외과 의사로 재직하고 있다.

⑥ 미월계수(未月癸水)

주용신 辛   보조용신 庚壬癸

상반월과 하반월의 金기운에 차이가 있으므로 사용하는 방법이 약간 다르다.
庚辛인수가 일간을 생하게 하며, 壬癸비겁으로 癸水일간을 돕는다.
① 상반월 : 火가 강하므로 비겁으로 돕는 것이 좋다.
② 하반월 : 金기운이 오므로 비겁을 사용하지 않아도 된다.

【원문】

六月癸水 有上下月之分 下半月庚辛有氣 上半月庚辛休囚
육월계수 유상하월지분 하반월경신유기 상반월경신휴수

【해설】　　　　미월계수는 상반월과 하반월로 나누어 살펴본다. 상반
월은 庚辛金이 휴수(休囚)가 되어 약하며, 하반월에는 庚辛金이 기력이
있다.

【원문】

凡六癸日 多不驗者 何也 俗士不知此理 因未中有乙己同宮 破
범육계일 다불험자 하야 속사부지차리 인미중유을기동궁 파

而不破 故癸水不能從殺 所以專用庚辛 如上半月金神衰弱 火
이불파 고계수불능종살 소이전용경신 여상반월금신쇠약 화

氣炎烈 宜比劫助身 可云富貴 與五月一理 下半月庚辛有氣 卽
기염렬 의비겁조신 가운부귀 여오월일리 하반월경신유기 즉

無比劫亦可 又忌丁透 卽丁在支亦不吉 其生剋制化 與五月略同
무비겁역가 우기정투 즉정재지역불길 기생극제화 여오월략동

【해설】　　　未월 癸일생 팔자에 대해 맞추지 못하는 경우가 많은데 이는 이치를 모르기 때문이다. 월인 未土 중에는 乙木과 己土가 같이 있어서 지장간 자체에서 목극토(木剋土)가 된다. 따라서 己土가 癸水를 파(破)하지 못하고, 癸水일간이 종살격(從殺格)이 될 수 없다. 庚辛인수를 사용한다. 예를 들어, 상반월에는 金이 약하고 火가 강하므로 壬癸비겁으로 도우면 부귀하다. 午월과 같은 이치다. 하반월에는 庚辛이 기력이 있어 壬癸의 도움이 없어도 되지만, 丁火편재가 투출하면 흉하다. 丁火가 지장간에 있어도 마찬가지다. 미월계수의 생극제화의 이치는 오월계수(午月癸水)와 같다

【원문】

下半月庚辛得地 宰輔^{주)}

하 반 월 경 신 득 지 　 재 보

시	일	월	연 (乾命)
庚	癸	癸	乙
申	未	未	酉

丙	丁	戊	己	庚	辛	壬
子	丑	寅	卯	辰	巳	午

【해설】　　　未월 하반월생으로 庚辛인수가 세력을 얻는다. 뿌리가 있는 庚金이 투출하여 재상(宰相) 벼슬을 하였다.

㈜ 재보는 재상과 같은 의미다.

【원문】

上半月 庚辛尚弱 知州
상반월 경신상약 지주

시 일 월 연 (乾命)

丙 癸 辛 己

辰 未 未 未

甲 乙 丙 丁 戊 己 庚
子 丑 寅 卯 辰 巳 午

【해설】　　　　未월의 상반월은 庚辛이 약하다. 그러나 辰에 癸水가 있고 용신인 辛金이 투출하여 중화를 이루므로 지주(知州) 벼슬을 하였다.

미월계수 해설

시 일 월 연 (乾命)

乙 癸 辛 己

卯 亥 未 巳

甲 乙 丙 丁 戊 己 庚
子 丑 寅 卯 辰 巳 午

평생 돈을 벌었지만 소비가 많아서 모은 재산이 없었다. 재물과 인연이 없었던 이유는 다음과 같다.

① 운의 흐름이 불미하다. 미월계수가 약하고, 지지가 亥卯未 木식상국으로 설기가 심하여 신약한 사주이다. 월간에 투출한 辛金으로 수원(水源)을 삼고 亥 중 壬水로 일간을 보좌한다. 운의 흐름은 중년에서 말년에 이르기까지 계속 기신인 木의 흐름이 이어지고, 火土재관의 기운이 강해지는 운으로 평생에 걸쳐 희용신운이 없다.

② 일지가 재성궁인데 이곳에 비견이 있어 재성궁이 파궁(破宮)이 되었다.

③ 巳火재성이 巳亥충이 되고 흐름이 이어지지 않는다. 또한 재성이 있는 己巳를 기준으로 하면 戌亥가 공망이다. 이는 일간이 재성으로 진입하면 일지 공망인 자공망(自空亡)이 되므로, 재성으로의 진입이 곤란하다는 것을 의미한다.

④ 巳火재성이 정인궁인 연지에 있어 파궁이 되었다.[사주 출처 『명리실증총담(命理實證叢談)』]

시	일	월	연 (乾命)
戊	癸	辛	己
午	丑	未	丑

甲	乙	丙	丁	戊	己	庚
子	丑	寅	卯	辰	巳	午

위 사주는 신약사주라는 견해와 가화격(假化格)^{주)}이라는 견해, 두 가지로 살펴볼 수 있다.

① 신약사주라는 견해 : 팔자에 火土기운이 강하다. 丑 중에 뿌리가 있는

辛金이 월간에 투출하여 수원(水源)이 되고, 癸水일간이 습토(濕土)
위에 있어 종살격(從殺格)은 되지 않으므로 신약사주로 분류된다. 신
약사주이면 金水가 희용신이고 木火가 기구신이 된다. 결론적으로
이 사주는 운에 木火가 계속되어 좋은 명은 아니라고 본다.

② 가화격이라는 견해 : 무계합화(戊癸合火)가 되고 화기(化氣)인 火를
극하는 오행은 없지만, 화기(化氣) 부족으로 진화(眞化)는 안 되고 가
화가 된다는 것이다. 화기가 부족한 가화격에는 화기를 돕는 운이 좋
으므로 대운에서 木火운이 오면 길하다. 그러므로 신약사주라는 견
해와 반대의 결론이 나온다.

소방서의 평직원으로 시작하여 2007년 현재 동기생 중 유일하게 서울
에서 소방서장을 하고 있다. 이외에 당사자의 여러 정황으로 미루어 볼
때 가화격으로 보는 것이 맞다.

㈜ 가화격은 일간을 포함하여 합이 이루어지는 합화격(合化格) 또는 화격(化格), 화기격
(化氣格), 종화격(從化格) 중에서 순수하게 합화(合化)를 이루지 못하고 거짓으로 합화
(合化)를 이루는 격이다. 가화의 원인은 화(化)하는 어느 한 천간이 뿌리가 있거나, 화
하는 오행을 극하는 오행이 있거나, 서로 합을 하려는 쟁합(爭合)이 있기 때문이다.
일부에서는 진정한 화격을 보기 어려운 상황에서 가화는 더욱 보기 어렵다 하여 용도
폐기하자는 주장도 있다. 그러나 아직도 용신을 정할 때 가화를 합화격으로 볼 것인
지, 아니면 일반 내격으로 보고 용신을 정할 것인지에 대해 논란이 있다.

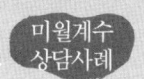

이유 있는 죽음

　　일요일에 사전 약속이 되어 있던 상담을 기분 좋게 마치고 밀린 일을 하고 있는데, 갑자기 문이 열리더니 중년의 도사차림을 한 분이 들어섰다. 스님은 아닌 것 같은데, 짐짓 도사인 양 합장하여 인사를 하더니 맞은편에 앉았다. 느릿느릿 풀어놓은 사연의 요점은 사주팔자를 배울 수 있는지 자기 그릇을 봐달라는 것이다. 그리고 사주 하나를 적더니 丙子년에 살해당한 이유를 살펴봐달라고 하였다. 자신의 선생이 될 만한지 미리 나를 시험하는 듯한 태도로, 시험을 보는 기분이 매우 불쾌하였다.

　　사주를 쳐다보고 있는데 힌트를 준다고 또 몇 마디 하였다. "癸卯일에 태어났으면 천을, 천주, 복성, 학당에 문창귀인까지 있어 참 좋은 날에 태어났는데 이상하죠?" 산 넘고 강 건너 왔다는 분에게 면박을 줄 수는 없고, 툴툴대며 사주를 건성건성 풀기 시작하였다.

	시	일	월	연(坤命)
	壬	癸	癸	庚
	子	卯	未	午

丙	丁	戊	己	庚	辛	壬
子	丑	寅	卯	辰	巳	午

　　위 팔자는 시(時)에 壬子가 있지만, 바닥에 나무의 기운과 불기운이 뒤엉켜 약한 사주이다. 약할 때는 엄마의 젖가슴이 필요하므로 생년의 庚金 쇠기운을 엄마로 삼는다. 엄마인 庚金이 앉은 자리는 원래 아버지자리인 불의 자리다. 불의 자리에 쇠가 앉아서 자리가 마땅치 않은데, 바닥이 강한 午火의 불이니 위치가 잘못되었다. 자식을 도와주

기는커녕 자신이 살아남기도 힘든 상황이다.

　이런 구조에 1996년 丙子년이 오면, 丙子 중 丙은 丙庚충하여 필요한 엄마 기운을 더욱 약하게 하고, 丙子 중 子는 子午충으로 몸뚱이인 午火의 불을 꺼버리는 한편 육신이 사는 터인 일지 卯를 子卯형으로 흔들어댄다. 운에서 오는 丙子기운이 젖줄을 잘라버리고 육신의 불을 꺼버리니, 이 정도면 대흉이 나타날 만하다.

⑦ 신월계수(申月癸水)

주용신 丁　보조용신 甲

申 중 庚金이 사령하여 지나치게 강하고 예리하다. 丁火편재를 사용하여 金을 단련하고, 甲木상관으로 丁火를 돕는다.

【원문】

七月癸水　正母旺子相之時　癸雖死申　殊不知申中有庚生之　名
칠월계수　정모왕자상지시　계수사신　수부지신중유경생지　명

死處逢生　弱中復強　卽運行西北　亦不死也　但庚司令　剛銳極矣
사처봉생　약중복강　즉운행서북　역불사야　단경사령　강예극의

必取丁火爲用　或丁透有甲　名有燄之火　必主科甲　或丁透無甲
필취정화위용　혹정투유갑　명유염지화　필주과갑　혹정투무갑

又無壬癸　卽有一二庚金　亦有生監　有二丁更妙　或金多乏丁制
우무임계　즉유일이경금　역유생감　유이정경묘　혹금다핍정제

者 貧困之人
자 빈곤지인

【해설】　　　　신월계수는 어미가 자식을 돕는 때다. 십이운성의 양순음역 방법에 의하면 癸일간은 申월에 죽는다고 하는데, 申 중에 庚金이 있어 癸水일간을 생하므로 이른바 사처봉생(死處逢生)이 되어 약하면서도 강하다. 그러므로 운의 흐름이 서북으로 흘러도 癸水일간은 죽지 않는다. 그러나 申 중 庚金이 사령하여 지나치게 강하고 예리하므로 丁火편재를 사용한다. 만약 丁火와 甲木이 투출하면 불꽃을 내는 불이 되어 공명을 이룬다. 丁火는 있고 甲木이 없는데 壬癸비겁이 없고 1~2개의 庚金정인이 있으면 생원(生員) 벼슬은 한다. 그러나 2개의 丁火가 있으면 묘하다. 金인수는 많은데 丁火가 金을 제극하는 것이 부족하면 빈곤하다.

【원문】

或一丁坐午 名獨才格 主金玉滿堂 富中取貴 若在未戌 則是
혹 일 정 좌 오　명 독 재 격　주 금 옥 만 당　부 중 취 귀　약 재 미 술　즉 시

常人 或柱見二戌二未 又得丙丁藏支 干見甲出 無水 亦作富貴
상 인　혹 주 견 이 술 이 미　우 득 병 정 장 지　간 견 갑 출　무 수　역 작 부 귀

而推
이 추

【해설】　　　　신월계수에 丁火 1개가 午에 앉으면 독재격(獨財格)이라 한다. 이 격에 해당하는 경우 부자이고 재물이 있으며 귀하다. 지지에 未와 戌이 있으면 평범한 사람이다. 또 未나 戌이 2개씩 있고 丙丁재성이 장간에 있으며, 甲木상관이 투출하고 水비겁이 없는 경우 역시 부귀하다.

【원문】

傷官生財格 丁甲兩出 位至尚書
상 관 생 재 격　정 갑 량 출　위 지 상 서

```
          시    일    월    연(乾命)
          甲    癸    戊    丁
          寅    卯    申    酉


      辛    壬    癸    甲    乙    丙    丁
      丑    寅    卯    辰    巳    午    未
```

【해설】　　　상관생재격(傷官生財格)으로 丁火와 甲木이 투출하여 강한 申酉金을 다스려서 상서(尙書) 벼슬을 하였다. 丁火가 사지(死地)인 酉金에 있지만 지지 寅卯에서 힘을 받고, 운이 木火로 흘러 역할을 한다.

【원문】

丁火得位 大富壽考 子貴
정 화 득 위　대 부 수 고　자 귀

```
          시    일    월    연(乾命)
          乙    癸    庚    戊
          卯    未    申    午


      丁    丙    乙    甲    癸    壬    辛
      卯    寅    丑    子    亥    戌    酉
```

【해설】　　　　지지 亥卯未 木식상국에 乙木이 투출하고 未 중 丁火
가 있어 큰돈을 모으고 장수하였다. 자식들도 잘 되었다. 癸水가 신약하
므로 金水인비(印比)가 희용신이 되며, 운이 金水로 흘러 좋다. 丁卯운
은 일간을 충하고, 희용신인 金水가 태지(胎地)와 사지(死地)로 기운이
끊겨 사망하였다.

【원문】

火無力 又被辛合 身旺無依 貧僧
화 무 력 우 피 신 합　신 왕 무 의　빈 승

시	일	월	연 (乾命)
辛	癸	丙	辛
酉	酉	申	酉

己	庚	辛	壬	癸	甲	乙
丑	寅	卯	辰	巳	午	未

839

【해설】　　　　바닥이 申酉이고 辛金이 투출하여 신왕하다. 강한 金
을 제어하여야 할 丙火가 뿌리가 없고 丙辛합이 되어 역할을 못 하므로
신왕무의(身旺無依)의 상이 되었다. 가난한 승도(僧道)의 명이다.

3
십
간
의
월
별
주
용
신
과
보
조
용
신

시 일 월 연 (乾命)
庚 癸 丙 辛
申 巳 申 丑

己 庚 辛 壬 癸 甲 乙
丑 寅 卯 辰 巳 午 未

신월계수가 庚申시를 만나 신왕한 사주이며, 희용신은 木火가 된다. 丙火가 일지의 건록(建祿)이 되므로 용신이 되고, 희신은 木식상이다.

재물과 관련하여 이 사주의 특징을 살펴보면 다음과 같다.

① 인수과다로 재물의 원신(源神)을 흐리게 한다. 신왕한 팔자는 재관을 감당할 수 있다고 하지만, 위 팔자는 木식상이 없고 金인수만 강하여 재물을 낳는 원신을 깨는 작용을 하기 때문이다.

② 丑칠살은 신왕한 사주에 관인상생이 되어 일간에 도움이 안 되고, 원신이 없는 火재성의 기운을 설기하는 역할만 한다.

③ 재성은 합으로 기반(羈絆)이 되어 역할을 못 한다. 월간 丙火는 일지 巳火의 건록이고 식신궁에 있어 생왕(生旺)하며, 巳火는 재성이 일지에 있어 조왕(助旺)하므로 역할을 충분히 할 것 같지만 병신합수(丙辛合水)와 사신합수(巳申合水)로 합이 되어 역할을 못 한다.

④ 일간이 투출한 丙火재성으로 진입하면 辰巳가 공망이 되어 일지를 공망으로 만들므로 자공망(自空亡)이 되어 재물과는 인연이 없다.

명주는 甲午와 乙未운에 물려받은 부모의 유산이 많았으나, 癸巳운에 접어들면서 사신합수(巳申合水)로 비겁 기운이 강해져서 거지가 되었다.[사주 출처 『중국고대산명술(中國古代算命術)』]

```
        시   일   월   연 (坤命)
        甲   癸   庚   戊
        寅   亥   申   戌

      癸  甲  乙  丙  丁  戊  己
      丑  寅  卯  辰  巳  午  未
```

　『적천수(適天髓)』에 '시기소시 종기소종 복수부귀 영호무궁(始其所始 終其所終 福壽富貴 永乎無窮)'이라는 말이 있다. 줄여서 시종득소(始終得所)라 하는데, 이는 위 사주와 같이 각 간지가 구슬을 꿰듯이 상생으로 이어져 있는 상태다.

　서락오(徐樂吾)는 『적천수평주(適天髓評註)』에서 위 사주의 명주에 대해 "향방으로 출발해 벼슬이 황당에 이르렀고, 1처2첩과 아들 13명을 두었으며, 자식이 모두 출세한 큰 부자로 90세 넘게 살았다."고 설명하였다.

　서락오가 예로 든 위 사주의 명주보다 60년 후에 태어난 1958년생 여자를 부부관계 중심으로 먼저 부부관계에 나쁜 영향을 주는 요소부터 알아보자.

① 신월계수는 庚金의 살기가 예리하여 丁火를 쓰고 甲木으로 보조하는 것이 원칙이다. 이 사주의 경우 연월일시의 기운이 모두 甲木에 몰려 있어 보조하는 데는 문제가 없지만, 용신인 戌 중 丁火가 戌 묘고(墓庫)에 있어 강한 木을 설기하기에는 부족하다. 결국 전체적인 형세가 식상에 모여 있는 상관지명(傷官之命)이다.

② 신왕해서 관살혼잡의 영향을 덜 받지만 戌 중 戊土, 申 중 戊己土, 亥

중 戊土, 寅 중 戊土의 암부(暗夫)가 박혀 있는 탁한 사주이다.

③ 일간 자체의 심리로 볼 때 癸水는 상관의 속성을 가지고 있고, 일지 비견으로 인해 상관의 속성이 강화된다.

이렇게 부부관계에 흉한 요소가 있지만, 연간에 戊土가 투출하고 중년운의 흐름이 火로 관살을 생조하여 부부관계에 흉이 없을 것처럼 보인다.

그러나 남편은 양력 1986년 8월 28일 출근길에 다른 차의 바퀴에 튕겨 나온 돌에 맞아 중상을 입고 9월 5일 사망하였다. 사망한 丁巳운의 丙寅년은 火 용신운이지만 남편궁인 월을 寅巳申으로 형하는 운이다.

2005년 현재 혼인신고 없이 동거 중이며 중산층에 못 미치는 생활을 하고 있다.

8 유월계수(酉月癸水)

> **주용신** 辛　**보조용신** 丙
>
> 금백수청(金白水淸)의 상태다. 辛金편인으로 일간을 보좌하고, 丙火정재로 조후하여 金水를 따뜻하게 한다.

【원문】

八月癸水 辛金虛靈 非頑金可比 正金白水淸 故取辛金爲用 丙
팔 월 계 수 　신 금 허 령 　비 완 금 가 비 　정 금 백 수 청 　고 취 신 금 위 용 　병

火佐之 名水暖金溫 如丙與辛隔位同透 主科甲功名 或丙透辛
화 좌 지 　명 수 난 금 온 　여 병 여 신 격 위 동 투 　주 과 갑 공 명 　혹 병 투 신

藏 一榜之士 或土多剋水 生意中人 八月癸水 丙辛皆用
장 　일 방 지 사 　혹 토 다 극 수 　생 의 중 인 　팔 월 계 수 　병 신 개 용

【해설】　　　　유월계수는 양순음역(陽順陰逆)의 운성으로 따지면 사궁(死宮)에 앉아 약하니 허령(虛靈)하여 강한 金은 아니지만 금백수청(金白水淸)의 형상이다. 辛金편인을 쓰고 丙火정재로 보좌하면 金水가 모두 따뜻해진다. 丙火와 辛金이 합이 안 되게 떨어져서 투출하면 공명이 있다. 만약 丙火는 투출하였는데 辛金이 지장간에 있으면 한 번은 시험에 붙는 선비다. 土관살이 많아 水비겁을 제극하면 중인(中人)의 복이 있다. 유월계수는 丙火와 辛金을 모두 쓴다.

【원문】

乙庚化金以助辛 太守
을 경 화 금 이 조 신　태 수

시	일	월	연 (乾命)
丙	癸	乙	庚
辰	亥	酉	寅

壬	辛	庚	己	戊	丁	丙
辰	卯	寅	丑	子	亥	戌

【해설】　　　　乙庚합하여 酉 중 辛金을 돕고, 寅亥합하여 丙火를 도우며, 丙火는 장생(長生)을 만나 중화를 이뤄 귀하다. 태수(太守)를 지냈다.

【원문】

金水多 丁透丙藏 四柱不雜 福壽綿長
금 수 다 정 투 병 장 사 주 부 잡 복 수 면 장

3
십
간
의
월
별
주
용
신
과
보
조
용
신

<table>
<tr><td>시</td><td>일</td><td>월</td><td>연(乾命)</td></tr>
<tr><td>癸</td><td>癸</td><td>丁</td><td>辛</td></tr>
<tr><td>亥</td><td>巳</td><td>酉</td><td>酉</td></tr>
</table>

庚	辛	壬	癸	甲	乙	丙
寅	卯	辰	巳	午	未	申

【해설】　　　金水가 많은 사주로 丁火가 투출하고 巳 중 丙火가 있으며, 사주가 탁하지 않아 복을 얻고 장수하였다.

유월계수 해설

<table>
<tr><td>시</td><td>일</td><td>월</td><td>연(乾命)</td></tr>
<tr><td>庚</td><td>癸</td><td>乙</td><td>庚</td></tr>
<tr><td>申</td><td>卯</td><td>酉</td><td>辰</td></tr>
</table>

壬	辛	庚	己	戊	丁	丙
辰	卯	寅	丑	子	亥	戌

　　유월계수로 金인수가 강하여 신왕한 사주임을 고려하여 용신을 정해 본다. 먼저 辰土관살을 쓰는 방법을 생각할 수 있다. 그러나 진유합금(辰酉合金)하여 용신으로 사용하기에 무력하며, 인수가 강한데 관살을 쓰는 것은 관인상생(官印相生)의 우려가 있으므로 용신으로 쓸 수 없다. 두 번째로 식상인 乙木과 卯木을 용신으로 생각할 수 있는데, 천간 乙木은 酉

의 태지(胎地)에 있어 무력하고 乙庚金이 되어 용신으로 쓸 수 없으며, 卯木은 월지와 卯酉충이 되어 쓸 수 없다. 한편 이 사주를 申의 지장간 庚이 卯의 지장간 乙과 乙庚 암합(暗合)하여 충을 해소하므로 귀격으로 보기도 하는데, 암합과 암충이 되는 간지는 용신으로 하기에 부적당하다.

그렇다면 원명에는 없으나 행운용신(行運用神)으로 火재성을 쓰는 것은 어떨까? 이는 金이 너무 왕해서 火로 다스릴 수 없는 상황이다. 섣불리 火를 쓰면 왕자노발(旺者怒發)이 되어 팔자의 혼란만 부채질하여 형상(刑傷)과 파재만 일어나는 형국이 된다.

이런 상황으로 볼 때 이 사주는 인수가 강한 종강격(從强格. p.139 참조)으로 볼 수밖에 없다. 그러므로 팔자의 강한 기운이 종하는 金인수운과 水비겁운이 좋으며, 火재성운은 매우 나쁘다.

운의 흐름은 초반의 火운을 제외하고는 金水로 흘러 운의 흐름이 아름답다. 金水운에 행정원장을 지냈다.[사주 출처 『자평진전(子平眞詮)』]

시	일	월	연 (乾命)
丙	癸	丁	辛
辰	亥	酉	丑

庚	辛	壬	癸	甲	乙	丙
寅	卯	辰	巳	午	未	申

지지 巳酉丑에 辛金이 투출하고, 金水를 따뜻하게 하는 丙丁火가 천간에 투출하였으며, 丙과 辛이 서로 떨어져 있어 합이 안 되므로 유월계수가 공명을 얻는 조건을 모두 갖췄다. 신왕한 사주로 희용신이 木火이다. 아쉬운 것은 木식상이 없어 소통에 문제가 있는 것인데, 마침 초년에

대운이 乙未와 甲午로 흘러 이 문제가 해결된다. 팔자도 공명을 이룰 구조이고, 대운의 흐름도 좋다.

　1981년(乙未운, 辛酉년) 탤런트로 데뷔하여 2007년 현재까지 왕성한 활동을 하고 있는 홍콩의 배우 겸 가수인 유덕화(劉德華)의 명이다.

⑨ 술월계수(戌月癸水)

> 주용신 辛　보조용신 甲壬癸
>
> 월의 지장간 戊土가 일간을 지나치게 제극해서 약한 상태다. 辛金편인으로 수원(水源)을 삼고 甲木상관으로 戊土를 소토(疏土)하며, 壬癸비겁으로 甲木을 돕는다.

【원문】

九月癸水 失令無根 戊土司權 剋制太過 專用辛金發水之源 要
구 월 계 수　실 령 무 근　무 토 사 권　극 제 태 과　전 용 신 금 발 수 지 원　요

比肩滋甲制戊方妙
비 견 자 갑 제 무 방 묘

【해설】　　　　술월계수는 戊土가 사령하여 계절의 도움이 없고 뿌리가 없다. 월령 戊土의 제극이 지나치므로 오로지 辛金편인으로 수원(水源)을 삼는다. 壬癸비겁이 甲木상관을 도와 戊土정관을 극해야 묘하다.

【원문】

或辛甲兩透 支見子癸 定主平步青雲 或癸甲兩透 富貴成名 或
혹 신 갑 량 투　지 견 자 계　정 주 평 보 청 운　혹 계 갑 량 투　부 귀 성 명　혹

有甲辛無癸者 亦有恩封 或有甲癸無辛者 富大貴小 有甲無癸
유 갑 신 무 계 자　역 유 은 봉　혹 유 갑 계 무 신 자　부 대 귀 소　유 갑 무 계

辛者 常人 二者俱無 貧賤之格
신 자 상 인　이 자 구 무　빈 천 지 격

【해설】　　　만약 술월계수에 辛金편인과 甲木상관이 투출하고 子
중 癸水를 보면 높은 공명을 이룬다. 甲木과 辛金이 있고 癸水비견이 없
어도 벼슬은 한다. 또한 甲木과 癸水는 있고 辛金이 없으면 재물은 많고
명예는 작다. 甲木이 있는데 癸水와 辛金이 투출하지 않은 경우는 평범
한 사람에 불과하며, 癸水와 辛金이 모두 없는 경우에는 빈천하다.

【원문】

或有甲見壬者 頗許衣衿
혹 유 갑 견 임 자　파 허 의 금

【해설】　　　만약 술월계수의 甲木이 壬水를 보면 학생이다.

【원문】

九月癸水 辛甲並用
구 월 계 수　신 갑 병 용

【해설】　　　술월계수는 辛金과 甲木을 같이 쓴다.

【원문】

食神生才格 總督
식 신 생 재 격　총 독

```
시   일   월   연 (乾命)
甲   癸   丙   乙 ㈜
寅   卯   戌   亥

己   庚   辛   壬   癸   甲   乙
卯   辰   巳   午   未   申   酉
```

【해설】　　　　바닥에 寅卯를 깔고 있는 甲木이 투출하여 월령의 戊土를 소토한다. 甲木이 월간 丙火를 생하여 식신생재(食神生財. p.113 참조)가 되어 총독(總督) 벼슬을 하였다. 또한 지지에 戌亥와 寅卯가 있어 子丑을 공협(控夾)하므로 재관을 감당할 수 있다.

㈜ 원문에는 癸亥년으로 되어 있으나 乙亥년이 맞으므로 정정하였다.

【원문】

甲辛俱無 爲人奴僕
갑 신 구 무 위 인 노 복

```
시   일   월   연 (乾命)
癸   癸   庚   壬
亥   丑   戌   辰

丁   丙   乙   甲   癸   壬   辛
巳   辰   卯   寅   丑   子   亥
```

【해설】　　　　지지가 土관살이고, 월령의 장간 戊土를 제극하는 甲木이 투출하지 않았다. 甲木과 수원(水源)을 발하는 辛金이 없어 노비의 신분이었다.

술월계수 해설

```
시   일   월   연 (坤命)

丙   癸   甲   己

辰   亥   戌   未


辛   庚   己   戊   丁   丙   乙

巳   辰   卯   寅   丑   子   亥
```

　　술월계수에 丙火가 바짝 붙어 있고, 팔자에 土가 강하여 아주 약한 상태다. 월간 甲木으로 소토(疏土)하는 것을 생각할 수 있으나 바닥에 土가 워낙 강하고, 연간 己土가 합을 하려 해서 역할을 하기 힘들다. 일지 亥水에 목을 매고 있는 癸水를 돕는 다른 방법으로 戌 중 辛金을 생각해 볼 수 있지만, 이는 戌 중 丁火와 未 중 丁火의 공격을 받아 역할을 하기 힘들다.

　　신약에 용신이 무력하여 하급에 속하는 사주이다. 가난 때문에 가족과 살지 못하고 절 살림을 하다가 절에서 사망하였다.[사주 출처 『적천수(適天髓)』]

　　참고로 부자 사주의 특징은 팔자가 상중하 중 상중에는 속하고, 재성이 일간과 친밀하고 왕성하며, 재성이 희용신으로 파괴되지 않고, 재성이 천을귀인(天乙貴人)이나 천덕귀인(天德貴人) 또는 월덕귀인(月德貴人)이 된다.

```
시 일 월 연 (乾命)
丁 癸 甲 己
巳 未 戌 卯


丁 戊 己 庚 辛 壬 癸
卯 辰 巳 午 未 申 酉
```

술월계수가 火土가 강하여 조열(燥熱)하다. 戌 중 辛金을 쓰려 하지만 암충(暗沖)으로 쓸 수 없고, 일간이 연지 卯木에 뿌리를 두고 있는 甲木에 의지할 수밖에 없다. 이런 기본적인 상황을 참고하여 명주가 바람을 피울 사람인지 살펴본다.

명주가 바람둥이라는 것은 다음과 같은 사주 상황으로 알 수 있다.

① 일간 癸水는 육친 심리로 상관에 배속된다.

② 戌 중 丁火, 未 중 丁火, 巳 중 丙火, 시간 丁火로 재성이 일간과 친밀하고 재성혼잡(財星混雜)이 되어 있다.

③ 명주가 의지하는 甲木상관은 새로운 기운을 탐하는 성분으로, 월간 식신궁에 있어 조왕(助旺)한 상태이며 그 역할을 확실히 한다.

④ 戌 기준으로 보면 연지 卯木은 도화이고, 일주와 월주는 같은 순(旬) 내에 있어 친밀하므로 쉽게 진입할 수 있다.

명주는 대만의 영화계에 종사하며 천하의 바람둥이로 알려졌던 남성이다.[사주 출처 『명리실증총담(命理實證叢談)』]

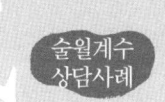

戌月癸水

백호와 관살혼잡 사주

  팔자 구조상 내 남자에 만족하지 못하고 남의 남자를 쳐다보며 바람을 피우는 사주가 따로 있다. 이른바 맑지 않은 탁한 사주이다. 간통죄를 폐지해야 한다는 논란이 있는 이 때에 자기가 행복해지기 위해 바람을 피우는 것이야 뭐라 핀잔할 수 없지만, 그들의 남편과 부인은 억장이 무너지고 피가 솟구칠 노릇이다. 다음의 여자 팔자 하나를 살펴보자.

시 일 월 연(坤命)
辛 癸 丙 乙
酉 丑 戌 卯

癸 壬 辛 庚 己 戊 丁
巳 辰 卯 寅 丑 子 亥

  癸丑일에 태어났다. 이 날 태어난 여자는 살인백호라 하여 남편을 능멸하고 남편 때문에 신음하게 된다고 하지만, 여자의 60분의 1이 모두 이렇다는 것은 말이 안 된다. 단지 그럴 가능성이 높다는 것이며, 진짜 그런지는 팔자를 더 쪼개봐야 알 수 있다.

  특별한 몇몇 경우를 제외하고는 보통 아내를 간섭하고 규제하는 것이 남편의 성분이다. 이런 관계는 팔자 구조에도 그대로 적용된다. 위 팔자에서 여자 자신을 뜻하는 글자는 팔자 중 일 밑에 있는 癸라는 물기운이고, 이 물을 막고 규제하는 성분이 흙이고 남편이다. 바로 월과 일 밑에 있는 丑戌이다. 남편이 2개로, 남편에게 집중력이 떨어지는 관살혼잡의 사주이다. 그러나 이와 같이 남편을 2개 깔고 있는 사주도 많이 있으며, 이런 여성들이 모두 다 바람을 피우면 대한민국은 큰 혼란이 일어날 것이다.

그런데 이 팔자는 이런 백호(白虎)와 관살혼잡(官殺混雜) 이외에 바람을 피우게 하는 요소가 또 있다. 천간은 丙辛합이 되고, 지지는 卯戌합과 酉丑합이 된다. 즉, 팔자가 합으로 얽혀 있어서 혼탁한 다합유정(多合有情)의 상황이다. 또한 남편궁이 丑戌형으로 흔들리는 것도 바람을 피우는 데 일조를 한다.

실제, 결혼 1주년 기념으로 남편과 설악산에 다녀왔으나 직장 동료와 바람이 나서 이 동료와의 새출발을 심각하게 생각하고 있다.

⑩ 해월계수(亥月癸水)

주용신 庚   보조용신 辛丁

亥 중 甲木이 있어 왕성하면서도 약하다. 庚辛인수를 써서 일간을 돕고, 丁火 재성으로 인수를 조절한다.

【원문】

十月癸水 旺中有弱 何也 因亥搖木 洩散元神 宜用庚辛爲妙 得
십 월 계 수 왕 중 유 약 하 야 인 해 요 목 설 산 원 신 의 용 경 신 위 묘 득

庚辛兩透 不見丁傷者 功名有准
경 신 량 투 불 견 정 상 자 공 명 유 준

【해설】   해월계수는 물이 물을 만났지만, 亥 중 甲木이 있어 설기시키므로 왕성하면서도 약하다. 따라서 庚辛인수를 써야 일간을 도와 묘하다. 庚辛이 투출하고 丁火에게 손상되지 않으면 공명이 있다.

【원문】

或支成木局 有丁出干 爲木旺火相 制住庚辛不生水 必主淸寒
혹지성목국 유정출간 위목왕화상 제주경신불생수 필주청한

或成木局 干見丙丁 異路之榮
혹성목국 간견병정 이로지영

【해설】　　　만약 해월계수에 지지가 木식상국이고 丁火재성이 천간에 투출하면 왕성한 木식상이 火재성을 생한다. 이 경우 火재성이 극하는 庚辛金인수가 일간 癸水를 돕지 못하여 맑기는 하지만 가난하다. 지지가 木식상국이고 천간에 丙丁火를 보면 다른 방법으로 영화를 본다.

【원문】

或一派壬水 不見戊制 名冬水汪洋 奔波到老 若得戊透 淸貴
혹일파임수 불견무제 명동수왕양 분파도로 약득무투 청귀

堪誇
감과

【해설】　　　만약 해월계수에 한 무리의 壬水겁재가 있고 戊土정관이 제극하지 않으면, 겨울 물이 기세가 너무 왕성하여 늙도록 분란과 파란이 있는 명이다. 그러나 戊土가 천간에 투출하면 맑고 귀하다.

【원문】

或一派庚辛 得丁出制 主名利雙全 若不見丁 又主貧薄
혹일파경신 득정출제 주명리쌍전 약불견정 우주빈박

【해설】　　　　만약 해월계수에 한 무리의 庚辛인수가 있고 丁火가 투출하여 이를 제극하면 명예와 재물을 얻는다. 丁火를 보지 못하면 빈천하고 박복하다.

【원문】

或四柱火多 名才多身弱 富屋貧人

혹 사 주 화 다　명 재 다 신 약　부 옥 빈 인

【해설】　　　　만약 해월계수 사주에 火재성이 많으면 재다신약(財多身弱)사주로, 겉으로는 부자처럼 보이지만 가난한 사람이다.

【원문】

天元一氣格 惜無火土

천 원 일 기 격　석 무 화 토

시	일	월	연 (乾命)
癸	癸	癸	癸
亥	丑	亥	卯

丙	丁	戊	己	庚	辛	壬
辰	巳	午	未	申	酉	戌

【해설】　　　　천간이 한 기운으로 이루어진 천원일기격(天元一氣格. p.122 참조)이고, 팔자에 火土기운이 전혀 없다. 초반에 金운으로 흘러 크게 귀하지 않다.

【원문】

飛天祿馬格 進士
비천록마격 진사

```
시  일  월  연 (乾命)
壬  癸  辛  壬
子  亥  亥  申

戊  丁  丙  乙  甲  癸  壬
午  巳  辰  卯  寅  丑  子
```

【해설】　　　　癸亥일주가 亥水가 많으면 巳火를 허충(虛沖)하여 비천록마격(飛天祿馬格. p.791 참조)가 된다. 녹마란 관살과 재성으로 巳火 중 丙火가 재성이 되고, 巳火 중 戊土가 관살이 된다. 또한 금수쌍청격(金水雙淸格)에도 해당된다. 水를 설기하는 甲寅과 乙卯운에 발전하고, 火운에는 쟁재(爭財)가 되어 좋지 않았다. 진사(進士) 벼슬을 하였다.

해월계수 해설

```
시  일  월  연 (乾命)
癸  癸  辛  丁
亥  亥  亥  丑

甲  乙  丙  丁  戊  己  庚
辰  巳  午  未  申  酉  戌
```

해월계수는 庚辛이 투출하고 丁火가 손상되지 않으면 공명이 있다 하였는데, 이는 亥 중 甲木이 있어 설기가 심하다고 보기 때문이다. 이 사주는 水비겁이 너무 왕성하여 火로 金인수를 조절하고, 土관살로 거센 물을 막아야 한다. 특히 丑土 위에 있는 丁火가 손상되어 운에서 이를 도와야 한다. 마침 중년에 丁未와 丙午운이 온다. 이 때 관찰사 벼슬을 하였다.[사주 출처 『적천수(適天髓)』]

시	일	월	연(乾命)
庚	癸	己	辛
申	巳	亥	酉

壬	癸	甲	乙	丙	丁	戊
辰	巳	午	未	申	酉	戌

癸巳일생으로 巳 중 戊土가 정관이고, 丙火가 정재가 되어 재관쌍미격(財官雙美格)에 해당된다. 그러나 이런 고전 격국이론을 접어두고 일반적인 방법으로 위 사주를 풀이해보자. 지지 申酉戌 금국(金局)에 庚辛이 투출하여 癸水일간을 도우므로 신왕한 사주이다. 극하는 관살은 팔자에 金이 강해서 관인상생(官印相生)의 우려가 있으므로 사용할 수 없고, 팔자 전체적으로 水가 강해서 음양용신법(陰陽用神法)에 따라 木火를 쓰는 것이 맞다. 대운은 木火로 아름답게 흐르고 있다.

실제, 명주는 申酉대운에 운세 기복이 심하다가, 木火운에 크게 부를 이룬 관광회사 사장이다.

왕자(旺者)이므로 재관을 감당할 수 있고, 월이 갑목맹아(甲木萌芽)가 되어 식상이 제 역할을 하며, 앉은 자리인 巳火가 재성을 깔고 있고, 신왕사주에 운이 희용신의 흐름을 보이는 것으로도 재물이 많은 것을 충분히 설명할 수 있는데 굳이 고전 격국인 재관쌍미를 들먹일 필요가 없다. 또한 재관쌍미격이라 해도 재관을 감당하기 위해서는 일단 신왕이 필수 조건이다. 예를 들어, 다음의 곤명은 신약에 재관쌍미의 일주이지만 신약하다.

이혼하여 혼자 살고 있는 여성으로 재물이나 명예와는 거리가 멀다.

시	일	월	연 (坤命)
丙	癸	丁	甲
辰	巳	丑	午

庚	辛	壬	癸	甲	乙	丙
午	未	申	酉	戌	亥	子

857

⑪ 자월계수(子月癸水)

주용신 丙 보조용신 辛

찬 계절에 있다. 먼저 丙火정재를 사용하여 추위를 해결하고, 辛金편인으로 癸水일간을 돕는다.

【원문】

十一月癸水 值冰凍之時 金水無交歡之象 專用丙火解凍 庶不
십일월계수 치빙동지시 금수무교환지상 전용병화해동 서불

3
십간의 월별 주용신과 보조용신

致成冰 又要辛金滋扶 無丙有辛 不妙 凡冬季癸水 有丙透解凍
치성빙 우요신금자부 무병유신 불묘 범동계계수 유병투해동

則金溫水暖 兩兩相生 要不見壬透 自然登科及第 紫誥金章
즉금온수난 양량상생 요불견임투 자연등과급제 자고금장

【해설】 자월계수는 찬 시기라 金水를 좋아하지 않는다. 먼저
丙火정재를 사용하여 해동하고, 얼음이 얼지 않으면 辛金편인이 癸水일
간을 돕는 것이 중요하다. 丙火는 있고 辛金이 없으면 좋은 사주가 아니
다. 겨울 癸水는 丙火가 투출해서 해동하며, 金水가 따뜻해져 서로 생하
고 壬癸겁재가 투출하지 않아서 귀하고 공명을 이룬다.

【원문】

或一派壬水 無丙出干 寒困之士 一派癸水 孤賤之流 或支成水
혹일파임수 무병출간 한곤지사 일파계수 고천지류 혹지성수

局 得丙火重出干者 又主蟒袍玉帶之榮
국 득병화중출간자 우주망포옥대지영

【해설】 자월계수에 壬水가 무리지어 있고, 천간에 丙火가 투
출하지 않으면 춥고 가난한 선비다. 癸水가 무리지어 있으면 고독하고
천하다. 지지 水비겁국이고 丙火가 천간에 거듭 투출하면 크게 귀하다.

【원문】

或支成金局 丙火無踪者 芒鞋革履之流
혹지성금국 병화무종자 망혜혁리지류

【해설】　　　　만약 자월계수의 지지가 金인수국이고 丙火가 전혀 없으면 짚신을 가죽신으로 여기는 가난한 생활을 한다.

【원문】
如辛年 丙月 癸日 有火者 主恩榮寵錫 繞膝芝蘭 無火者 捐資
여신년 병월 계일 유화자 주은영총석 요슬지란 무화자 연자

得貴 位重當朝
득귀 위중당조

【해설】　　　　辛년 丙월 癸일에 火가 있으면 임금의 은총을 받고 좋은 곳에 산다. 火가 없으면 재물을 이용하여 귀하게 되고 조정의 주요 위치에 있게 된다.

【원문】
或一派戊己 名殺重身輕 非貧卽夭
혹 일 파 무 기 명 살 중 신 경 비 빈 즉 요

【해설】　　　　만약 자월계수에 한 무리의 戊己관살이 있으면 살중신경(殺重身輕)으로 가난하지 않으면 요절한다.

【원문】
用火者 木妻火子 用辛者 土妻金子
용 화 자 목 처 화 자 용 신 자 토 처 금 자

【해설】　　　　자월계수가 火를 쓰는 경우 木이 처이고 火가 자식이며, 辛을 쓰는 경우에는 土가 처이고 金이 자식이다.

시	일	월	연 (乾命)
戊	癸	丙	己
午	未	子	酉

己	庚	辛	壬	癸	甲	乙
巳	午	未	申	酉	戌	亥

자월계수가 지지에 巳午未 火재성국을 깔고 있고, 火土가 투출하여 재관(財官)이 무거우므로 신약사주이다. 이 사주에 대해 木식상이 없어 관살을 제극하지 않으므로 신약이 되었다고 설명할 수도 있지만, 辛金이 투출하지 않은 것을 더 중요하게 봐야 한다. 木식상이 있더라도 위 사주와 같이 火재성이 강하면 식상생재(食傷生財)로, 결국은 투출한 土관살에 힘이 실리기 때문이다. 자월계수는 조후하는 丙火와 일간을 생조하는 辛金이 투출해야 성격이 된다는 점을 상기하면, 이 사주의 기신은 土관살이고 희용신은 金水인비가 된다.

운의 흐름은 癸酉와 壬申운이 희용신운으로 대길하고, 辛未운은 지지가 기신으로 흉하다. 희용신운에 좌이(佐貳) 벼슬을 거쳐 관찰사(觀察使)에까지 이르렀다가 辛未운에 요절하였다.

또한 『적천수(適天髓)』 원문에서 명주의 성정에 대해 이르기를 "사치하고 호사를 좋아하며 권력을 탐하는 것이 남달랐다."고 하였다. 그 이유는 ① 木식상이 없고 투출한 재성이 일간에 바짝 붙어 있으며, ② 식상의 제극을 받지 않는 戊土정관이 시간에 있으면서 戊癸합을 이루고, ③ 팔자에 水土가 혼잡되어 혼탁한 데 있다.[사주 출처 『적천수(適天髓)』]

시　일　월　연（坤命）

丙　癸　甲　癸

辰　巳　子　巳

辛　庚　己　戊　丁　丙　乙
未　午　巳　辰　卯　寅　丑

　　경기도에서 대형 학원을 경영하던 여성 원장이다. 1998년 전후의 상
황을 살펴보자. 자월계수에 조후하는 丙火가 투출하였으나 연간 癸水가
그 역할을 방해하고, 일간을 돕는 辛金이 투출하지 않은 것이 흠이다. 결
국 火土재관이 강해져서 신약하므로 희용신은 金水인비가 된다. 월간
식상이 식신궁에 자리하여 조왕(助旺)하고, 시간의 丙火재성이 일지에
뿌리가 있어 교육사업과 인연이 있지만, 팔자에 인수가 없어 의욕만 있
고 욕심이 과한 팔자가 되어버렸다.

　　1997년(戊辰운, 丁丑년) 세간(歲干)인 재성이 동하면서 재물 욕심이
생겨 학원에 3억여 원을 투자하였다. 이 해는 丁火가 약한 癸水를 丁癸
충하고, 대운과 세운에서 오는 기신의 기운이 강해져서 재물이 팔자의
독이 되는 해다. 또한 1998년(戊辰운, 戊寅년)은 寅木식상이 월간의 甲
木을 생조하여 생재하는 기운이 있을 것 같지만, 운과 해에서 들어오는
戊土가 기신이고 戊癸합으로 희신을 합거하여 구신으로 변하므로 대흉
하다. 이 해에 명주는 학원 보증으로 살던 집을 없애고, 경영 부진으로
학원을 폐업하였다.

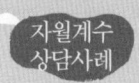

자월계수
상담사례

운기의 방해와 망하는 이유

오후 늦게 멀리 경상도에서 찾아온 도인 같은 분과 함께 소주나 할까 하여 정리를 하는데 전화가 걸려왔다. 근처에 있는데 방문해도 되느냐는 것이었다. 밤 10시의 늦은 시간에 무슨 내용일까? 상담실에 들어서는 여자 두 분이 반갑게 인사를 하는데, 1년쯤 전인가 역학 원고를 기고하던 잡지사 기자와 그 분의 숙모님이다. 숙모님은 사업을 하는 남편이 부도 위기에 몰리고 게다가 남편의 바람 문제까지 있어 가슴앓이를 하다 상담을 청하였었다. 상담을 하며 대성통곡을 하여 기억에 남는데, 이번에는 1년 전과 달리 매우 밝아진 표정으로 남편이 설립 준비 중인 회사의 상호를 지어 달라 부탁하였다. 그리고 같이 온 기자분은 전에 다니던 잡지사 사장님의 운세를 물었다. 남의 사주는 왜 보냐고 핀잔을 주는데도, 일을 같이 하자는 제안이 있다며 간단히 흐름만이라도 봐달라고 떼를 썼다.

862

	시	일	월	연(乾命)
	辛	癸	戊	庚
	酉	未	子	戌

乙	甲	癸	壬	辛	庚	己
未	午	巳	辰	卯	寅	丑

"이 분, 잡지사 망하지 않았나요?" 예전에 이 분이 잡지사를 시작할 때 운기를 봐달라고 부탁하여 사업할 때가 아니라고 말린 적이 있었다. 그런데 무리해서 잡지사를 시작하여 망하지 않았냐고 물은 것이다. 기자분 말이 망하긴 하였는데 잡지사를 다시 하려고 한다는 것이다.

"운기로 볼 때 또 망할 텐데 무슨 사업을……. 사업할 그릇도 아니고 시기도 아닌데……." 슬쩍 운을 떼고 팔자를 들여다보니 가장 큰 특징이 팔자가 한랭하다는 것이다. 일간을 돕는 辛金이 시간에 있어 살중신경(殺重身輕)을 해결해주지만, 이 사주에 더 필요한 것은 辛金보다도 불기운이다. 불은 일간에게 재성에 해당된다. 戌과 未 속에 丁火 재성의 불이 숨어 있지만 월의 癸水와 암충(暗沖)이 되어 온기를 내뿜을 상황이 아니다.

예전에 상담하였던 2004년(甲申년)은 대운인 壬辰과 결합하여 申子辰 비겁국이 되므로 약하디 약한 불기운을 그나마 꺼버린다. 사업을 해봐야 결과가 뻔한 운세였다. 2005년(乙酉년)도 마찬가지고, 2006년(丙戌년)은 불기운이 오긴 오지만 壬辰이라는 대운 속에서 살펴볼 때 큰 사업은 안 된다. 조금 고생하다가 2013년에 대운이 바뀌면 약간 희망이 있는 흐름이다. 그리고 근본적으로 이 팔자는 식신생재(食神生財)와 인연이 없고 관인상생(官印相生) 쪽으로 나아가야 그나마 풀리는 구조이다. 이런 분이 시기가 아닌데도 사업을 한다고 하니 안 망하면 이상하지 않은가? 이런 분에게 반드시 망할 거라는 악담은 할 수 없지만, 그래도 눈치가 있는 분이라면 운기의 도움이 전혀 없다는 말이 무슨 뜻인지 다 알 것이다.

863

⑫ 축월계수(丑月癸水)

주용신 丙 보조용신 壬戊

냉기가 강한 상태다. 먼저 丙火정재로 해동하고, 壬水겁재로 水火가 어울려 태양이 더 빛나게 하며, 戊土정관으로 물기운을 조절한다.

十二月癸水　寒極成冰　萬物不能舒泰　宜丙火解凍　或丙透年時
십 이 월 계 수　한 극 성 빙　만 물 불 능 서 태　의 병 화 해 동　혹 병 투 년 시

加以壬透　支中多戊　名水輔陽光　主顯達名臣　無戊者　異途之職
가 이 임 투　지 중 다 무　명 수 보 양 광　주 현 달 명 신　무 무 자　이 도 지 직

若有丙無壬　釁門之客　有壬無丙　戊又出干者　皂隷之流
약 유 병 무 임　흔 문 지 객　유 임 무 병　무 우 출 간 자　조 례 지 류

【해설】　　　축월계수는 냉기가 강해서 어는 시기로 만물이 태평하지 못하므로 丙火정재로 해동하는 것이 당연하다. 만약 丙火정재가 연과 시에 투출하고 壬水겁재도 투출하며 지지 중 戊土정관이 많으면, 물이 도와서 태양이 더욱 밝아지는 형세로 발전하고 공명이 있다. 戊土가 없는 경우에는 일반 벼슬이 아닌 다른 일을 갖는다. 만약 丙火와 壬水가 없으면 공부만 하며, 壬水가 있고 丙火가 없으며 戊土가 투출하면 천하다.

864

【원문】

或支見子丑　比肩出干　卽有丙透　不能解凍　此屬平常　或無癸水
혹 지 견 자 축　비 견 출 간　즉 유 병 투　불 능 해 동　차 속 평 상　혹 무 계 수

有辛與合　亦不爲美　有丁出　頗吉
유 신 여 합　역 불 위 미　유 정 출　파 길

【해설】　　　만약 축월계수의 지지에 子丑이 있어 월과 亥子丑을 이루고 천간에 癸水비견이 있는 경우, 丙火가 해동을 할 수 없으므로 평범한 사람이다. 癸水가 없고 辛金이 丙火를 병신합수(丙辛合水)하여도 좋지 않으나, 丁火가 투출하면 좋다.

窮通寶鑑

【원문】

或一片癸己會黨 年透丁火 名雪後燈光 夜生者貴 日生者否 若

혹 일 편 계 기 회 당 　 연 투 정 화 　 명 설 후 등 광 　 야 생 자 귀 　 일 생 자 부 　 약

無丁火 又主孤貧

무 정 화 　 우 주 고 빈

【해설】　　　축월계수가 癸水와 己土가 무리를 이루고 연(年)에 丁
火가 투출하면, 눈이 온 후 등불이 밝게 빛나는 모양이다. 밤에 태어난
사람은 귀하고, 낮에 태어난 사람은 귀하지 않다. 만약 丁火가 없으면 외
롭고 가난하다.

【원문】

或支成水局 無丙者 四海爲家 一生勞苦

혹 지 성 수 국 　 무 병 자 　 사 해 위 가 　 일 생 로 고

【해설】　　　만약 축월계수에 지지가 水비겁국이고 丙火가 없으면
사해(四海)가 집이 되어 평생 노고가 많다.

【원문】

或支成火局 有庚辛透者 衣食充足 無金出 孤苦零丁

혹 지 성 화 국 　 유 경 신 투 자 　 의 식 충 족 　 무 금 출 　 고 고 령 정

【해설】　　　만약 지지가 火재성국을 이루고 庚辛인수가 투출하면
의식(衣食)이 충분하지만, 金이 나타나지 않으면 외롭고 고생한다.

【원문】

或支成金局 丙透得地 名金溫水暖 彼此相生 定許光大門閭 聲
혹지성금국 병투득지 명금온수난 피차상생 정허광대문려 성

馳翰苑 乏丙者 即文章駭世 總爲孫山
치한원 핍병자 즉문장해세 총위손산

【해설】　　　　만약 축월계수의 지지가 金인수국을 이루고 투출한 丙
火가 자리를 얻으면, 金水가 따뜻하고 서로 생하므로 가정이 번창하고
명성을 떨친다. 丙火가 부족한 경우에는 문장으로 세상을 놀라게 하지
만 실속이 없다.

【원문】

或支成木局 洩水太過 主殘病呻吟 得金出干輔救 技藝之流
혹지성목국 설수태과 주잔병신음 득금출간보구 기예지류

【해설】　　　　만약 축월계수가 지지 木식상국이면 癸水를 지나치게
설기하여 질병으로 신음한다. 이 경우 金이 투출하여 癸水를 도우면 기
예(技藝)가 있다.

【원문】

凡冬月用丙 須丙火得地方妙 不然 即重重丙火出干 安能輕許
범동월용병 수병화득지방묘 불연 즉중중병화출간 안능경허

富貴哉
부귀재

【해설】 겨울 癸水는 대개 丙火를 쓰며, 丙火가 득지(得地)하여 세력을 얻어야 사주가 묘하다. 그렇지 않고 뿌리가 없는 丙火가 천간에 거듭 나타나면 부귀하지 않다.

축월계수 해설

```
     시   일   월   연 (乾命)
     癸   癸   乙   癸
     丑   丑   丑   丑

  戊  己  庚  辛  壬  癸  甲
  午  未  申  酉  戌  亥  子
```

천간에 癸水가 셋이고 지지는 丑土로만 이루어져 지진일기격(支辰一氣格)[주]이다. 전통적으로 지진일기는 격국이 맑아 귀격(貴格)으로 분류된다. 신왕하고 살왕(殺旺)하며, 丑 중 辛金이 있어 살인상생(殺印相生)이 되므로 언뜻 보면 부귀한 격으로 보인다. 그러나 축월계수는 몹시 추운 겨울철 물로 흙과 함께 얼어 있어, 土는 냉습하고 水는 약하여 정체되는 형상이다. 이에 대해 위천리(韋千里)는 "火가 없어 체용(體用)이 분리되지 않아 파격이 된다." 하였다. 즉, 체용이 나뉘지 않아 어떤 기운도 쓸 수 없으므로 기운의 움직임이 전혀 없는 상이다.

기운이 돌려면 한 점 火라도 있어야 한다. 그래야 조후도 하고 팔자를 밝힐 수 있다. 월간에 외롭게 乙木이 있지만 火가 없어서 아무 역할도 못한다. 공부를 하였으나 가업을 잇지 못하였고, 위인이 유약하여 아무 것도 이룬 것이 없었다. 결국은 거지가 되었다.[사주 출처 『적천수(適天髓)』]

십간의 월별 주용신과 보조용신

시	일	월	연 (乾命)
丙	癸	乙	癸
辰	未	丑	卯

戊	己	庚	辛	壬	癸	甲
午	未	申	酉	戌	亥	子

축월계수이므로 丙火로 조후하고, 壬水를 써서 수화기제(水火旣濟)를 도모하는 것이 원칙이다. 그러나 위 사주와 같이 土관살이 강한 경우, 火 재성은 팔자의 편협함을 부추겨서 丙火가 오히려 일간의 병이 될 수도 있다. 만약 일간 癸水가 매우 약함에도 불구하고 억지로 丙火를 쓴다 해도 丙火는 수고(水庫)인 辰土에 앉아 실지(失地)하고, 지지에 土의 설기가 강하여 癸水를 해동할 능력이 없다. 그러므로 이 사주의 용신은 강한 土관살을 설기하는 辛金이고, 희신은 연간인 癸水비견이다. 그러나 金 水를 쓰는 경우 오히려 팔자의 냉습을 부추겨서 희용신이 온전히 길하 지는 못하다. 이와 같이 억부용신과 조후용신이 어긋나는 경우에는 큰 발전을 기대하기 힘들다.

명주는 서울에 살며 화물차를 운전하여 근근이 생계를 유지하였는데, 양력 2006년(辛酉운, 丙戌년) 7월 24일 차량 충돌을 피하다가 전신주를 들이받아 전치 1년의 중상을 입었다.

사고운을 용신과 관련하여 살펴보면 ① 辛酉운은 월간과 연지를 乙辛 충하고 卯酉충하여 팔자의 기신인 土관살을 제극하는 식상 기운을 무력 하게 하고, ② 丙戌년의 戌은 육신궁인 일지 未와 戌未형을 한다. 또한 팔자의 강한 기신 관살을 더욱 강하게 한다.

㈜ 지진일기격(地辰一氣格)은 사주가 하나의 지지로 구성된 경우이다. 천간이나 지지가 한 가지로 이루어져 크게 귀하다고 보지만, 다른 격들과 마찬가지로 육친의 구성과 왕약에 따른 오행통변이 우선이다. 사주가 귀하기 위해서는 어떤 격국을 막론하고 상하정협(上下情協)으로 간지가 서로 보호하고 배반하지 않아야 한다. 참고로 『명리신론(命理新論)』에 나와 있는 사주를 제시한다.

시	일	월	연(坤命)
己	癸	癸	乙
未	未	未	未

己	戊	丁	丙	乙	甲
丑	子	亥	戌	酉	申

지지에 火土 세력이 강하고, 시(時)에 己土칠살이 강하다. 다행히 천간의 乙癸가 일간을 돕지만 지지의 강한 未土칠살을 감당하지 못한다. 가정이 가난하여 결혼도 못 하고, 丙戌대운까지 은행원으로 종사하였다.

궁통보감 강해

글쓴이 | 이을로
펴낸이 | 유재영
펴낸곳 | 동학사

기　획 | 이화진
편　집 | 김기숙
디자인 | 김수아

1판 1쇄 | 2007년 12월 13일
1판 6쇄 | 2022년 10월 31일
출판등록 | 1987년 11월 27일 제10-149

주소 | 04083 서울 마포구 토정로 53(합정동)
전화 | 324-6130, 324-6131 · 팩스| 324-6135

E-메일 | dhsbook@hanmail.net
홈페이지 | www.donghaksa.co.kr
www.green-home.co.kr

ISBN 978- 89-7190-235-6　03150

이 책은 실로 꿰맨 사철제본으로 튼튼합니다.
잘못된 책은 구매처에서 교환하시고, 출판사 교환이 요할 경우에는
사유를 적어 도서와 함께 위의 주소로 보내주세요.
저자와의 협의에 의해 인지는 생략합니다.